Fédération Internationale des Instituts d'Études Médiévales
TEXTES ET ÉTUDES DU MOYEN AGE, 69

LA COMPILACIÓN DEL SABER EN LA EDAD MEDIA
LA COMPILATION DU SAVOIR AU MOYEN AGE
THE COMPILATION OF KNOWLEDGE IN THE MIDDLE AGES

Fédération Internationale des Instituts d'Études Médiévales
───────────────────

Présidents honoraires
>L.E. Boyle (†) (Biblioteca Apostolica Vaticana e Commissio Leonina, 1987-1999)
>L. Holtz (Institut de Recherche et d'Histoire des Textes, Paris, 1999-2003)

Président
>J. Hamesse (Université Catholique de Louvain, Louvain-la-Neuve)

Vice-Président
>O. Merisalo (University of Jyväskylä)

Sécretaire
>J. Meirinhos (Universidade do Porto)

Membres du Comité
>O. R. Constable (University of Notre Dame)
>G. Dinkova Bruun (Pontifical Institute of Mediaeval Studies, Toronto)
>M. J. Muñoz Jiménez (Universidad Complutense de Madrid)
>A. Oliva (Commissio Leonina, Paris)
>O. Pecere (Università degli Studi di Cassino)

Fédération Internationale des Instituts d'Études Médiévales
TEXTES ET ÉTUDES DU MOYEN AGE, 69

LA COMPILACIÓN DEL SABER EN LA EDAD MEDIA

LA COMPILATION DU SAVOIR AU MOYEN AGE

THE COMPILATION OF KNOWLEDGE IN THE MIDDLE AGES

Editado por
María José Muñoz, Patricia Cañizares y Cristina Martín

Porto
2013

ISBN: 978-2-503-55034-3

All rights reserved. No part of this publication may be reproduced, stored in a retrieval system or transmitted, in any form or by any means, electronic, mechanical, photocopying, recording or otherwhise, without the prior permission of the publisher.

© 2013 Fédération Internationale des Instituts d'Études Médiévales.
Gabinete de Filosofia Medieval / Faculdade de Letras da Universidade do Porto / P-4150-564 Porto / Portugal.

ÍNDICE

Presentación... 9

Jacqueline HAMESSE, De la manducation des textes à l'apprentissage du savoir: l'évolution des florilèges médiévaux.. 11

César CHAPARRO GÓMEZ, La fábula latina medieval: un itinerario complejo de imitaciones y recreaciones.................... 33

Carmen CODOÑER MERINO, De glosarios, vocabularios, definiciones y etimologías... 61

Noemí BARRERA-GÓMEZ, Bartholomaeus Anglicus como compilador. Fuentes y autoridades en el *Liber de Deo* del *De proprietatibus rerum*... 85

Lidia BUONO, La festa della Purificazione negli omeliari di Montecassino: il *Sermo* Ap. 128 dello Pseudo Agostino... 105

Mª Teresa CALLEJAS BERDONÉS, El *Epitoma rei militaris* de Vegecio en el *Manipulus Florum*... 115

Patricia CAÑIZARES FERRIZ - Irene VILLARROEL FERNÁNDEZ, De enciclopedia a florilegio: el *Speculum Doctrinale* de Vicente de Beauvais en el *Vademecum* del conde de Haro... 131

Marta CRUZ TRUJILLO, La selección de extractos atribuidos a Ptolomeo en el manuscrito 981 de la Abadía de Montserrat... 147

Florencia CUADRA GARCÍA - Matilde CONDE SALAZAR, Compilaciones medievales de contenido ortográfico............... 161

Emiliano J. CUCCIA, La recepción de las *Auctoritates Aristotelis* en la doctrina del sujeto de las virtudes morales de Juan Duns Escoto.. 181

Greti DINKOVA-BRUUN, Manuscript Barlow 21: A Verse Encyclopedia on the Seven Days of Creation........................ 195

Ivana DOBCHEVA, The Umbrella of Carolingian Computus........... 211

Christophe ERISMANN, Le rôle des *compendia* dans la transmission de la logique aristotélicienne. Remarques liminaires... 231

Francesco FIORENTINO, Il compendio logico di Giovanni Buridano... 241

Francesca GALLI, Un manuale di ottica spirituale: il *De Luce* di Bartolomeo da Bologna O.F.M... 263

Ana GÓMEZ RABAL, *Auctoritates Platonis*: la presencia de Platón en algunos florilegios y léxicos filosóficos............................ 283

Marek Thue KRETSCHMER, Un recueil pour connaître l'homme et le monde: savoir géographique, historique et moral dans le manuscrit Madrid, Biblioteca Nacional 8816.......................... 301

Eleonora LOMBARDO, *Auctoritates* e sermoni. Un caso di studio: i sermoni su Sant´Antonio di Padova (XIII-XIV secolo) e l´agiografia.. 315

Guadalupe LOPETEGUI SEMPERENA, La retórica en el *Speculum Maius* de Vicente de Beauvais.. 333

Laura LÓPEZ FIGUEROA, A propósito de *Tereoperica*, compilación médica altomedieval de exitosa tradición posterior.. 349

Ana Isabel MARTÍN FERREIRA, Génesis, estructura y pervivencia de un compendio médico salernitano: El *Breviarum* de Johannes de Sancto Paulo... 367

Rino MODONUTTI, Due domenicani di fronte alla storia: fra Giovanni Colonna e lo *Speculum historiale* di Vincenzo di Beauvais.. 383

Rubén PERETÓ RIVAS, La compilación como práctica terapéutica en Evagrio Póntico.. 399

Pedro J. QUETGLAS NICOLAU, Las cualidades poéticas de Miró Bonfill... 417

Georgina RABASSÓ, El cielo y la tierra en el *Hortus deliciarum* de Herrada de Hohenbourg.. 429

Victoria RECIO MUÑOZ, La *Practica* de Plateario: un ejemplo de la recepción de la Escuela de Salerno en los compendios y enciclopedias del siglo XIII.. 447

Antonia RÍSQUEZ MADRID, *Contentus terenalis*. Presentación y edición de la obra.. 465

Cristina de la ROSA CUBO, El final de la compilación médica en el siglo XIV: la *Summa medicinae*... 483

Ana Belén SÁNCHEZ-PRIETO, *Auctoritati innitens maiorum...* El método de composición de Rabano Mauro en el *De Institutione Clericorum*.. 495

José Filipe SILVA, Hugh of St. Victor and Robert Kilwardby on Science.. 515

Lorenza TROMBONI, Note sulla figura del tiranno nelle compilazioni filosofiche di Girolamo Savonarola..................... 533

Tomas ZAHORA - Dmitri NIKULIN - Constant MEWS - David SQUIRE, Decompiling the *Speculum morale*. Uncovering the Franciscan voices in an encyclopedia of ethics with the aid of Factotum software... 557

Giorgia ZOLLINO, Poliziano e il lessico *Suda*................................... 577

Louis HOLTZ, Conclusions.. 593

Índice de manuscritos.. 607

Índice de autores y obras antiguos, medievales y renacentistas....... 611

Índice de autores modernos... 621

PRESENTACIÓN

En este volumen se ofrecen las contribuciones al Coloquio internacional *La compilación del saber en la Edad Media / La compilation du savoir au Moyen Age / The Compilation of Knowledge in the Middle Ages*, organizado por el Departamento de Filología Latina de la Universidad Complutense de Madrid del 20 al 22 de junio de 2012.

El objetivo del Coloquio fue analizar la práctica de la compilación en sus diversas realizaciones y determinar, por una parte, el alcance de su contribución al saber medieval y, por otra, su papel como instrumento del trabajo intelectual y como mediadora en la transmisión de la cultura.

La práctica de la compilación de textos de otros autores, existente ya desde la Antigüedad, se desarrolló durante la Edad Media con diversas técnicas de organización del material, que experimentaron una difusión notable y llegaron a dar vida a diversos géneros literarios como la enciclopedia, el florilegio y el compendio.

Las producciones de este tipo pertenecen, desde un punto de vista literario, a la llamada literatura de préstamo o de plagio y por ello han sido obras menospreciadas, aunque este tipo de «literatura en segundo grado» está recibiendo mayor atención en la actualidad.

Buena prueba de ese interés son las cuatro ponencias y las treinta comunicaciones que hoy se editan. Las ponencias fueron impartidas por reconocidos especialistas: la profesora Jacqueline Hamesse de la Universidad de Lovaina-La-Nueva, que impartió la lección inaugural, el profesor César Chaparro, de la Universidad de Extremadura, la profesora Carmen Codoñer, de la Universidad de Salamanca, y el profesor Louis Holtz, que cerró el Coloquio con la presentación de las Conclusiones. Por su parte, las comunicaciones fueron realizadas por estudiosos de Universidades e Institutos de Investigación de varios continentes, algo que constituye una buena muestra de la vitalidad que tiene el tema entre los medievalistas de todo el mundo.

Las editoras queremos y debemos agradecer la colaboración de diversas personas e instituciones que hicieron posible la celebración del Coloquio y, con ello, la realización de este libro. En primer lugar vaya nuestro agradecimiento a los miembros del Comité científico: Jacqueline Hamesse, José Meirinhos, Carmen Codoñer Merino, César Chaparro Gómez, Tomás González Rolán, Louis Holtz y Pedro Quetglas Nicolau, responsables de la revisión y aceptación de las comunicaciones presentadas y, posteriormente, de la revisión para su publicación.

Queremos también mostrar nuestro agradecimiento a las diferentes instituciones y personas que nos han dado su apoyo y financiación para la celebración de este Coloquio y la posterior publicación de los resultados en este volumen. En primer lugar, queremos agradecer a la doctora Mercedes Molina, Vicerrectora de Transferencia y directora de la Fundación General de la Universidad Complutense de Madrid, su asistencia en el acto inaugural del Coloquio. Con su asistencia en representación de la Universidad, nos sentimos respaldados y apoyados por nuestra institución en unos momentos en los que nuestro campo del saber y nuestras disciplinas cuentan cada vez con menor consideración y crédito en la sociedad.

Vaya nuestra gratitud a la facultad de Filología, que nos acogió, y en especial al Vicedecano de Investigación, Dr. Eugenio Luján, por su apoyo personal y su gestión institucional para contribuir a la financiación del coloquio; y gracias también a los miembros del Departamento de Filología latina por haber aprobado y secundado la iniciativa de organizar el coloquio anual de la Fédération Internationale des Instituts d'Études Médiévales, institución a la agradecemos la confianza que han depositado en nosotros, al igual que a la editorial Brepols.

Hemos contado, finalmente, con el patrocinio de la Fundación Ana María Aldama Roy, que cumple así con su objetivo de promocionar la investigación y difusión de los estudios latinos. Si citamos en último lugar este patrocinio, es porque la Fundación mantiene vivo el nombre y el recuerdo de Ana María Aldama Roy, a quien estuvo dedicado el Coloquio. La Dra. Aldama fue profesora del departamento de Filología Latina de la Universidad Complutense y se dedicó con enorme interés y aprovechamiento al estudio de los florilegios medievales conservados en España. Por ello, el Coloquio, organizado por su departamento y dedicado a la compilación del saber en la Edad Media, fue el lugar idóneo para honrar su memoria. Con seguridad, Ana María habría puesto sus grandes dotes de organización y todo el entusiasmo que la caracterizaba para el éxito del encuentro y ha sido nuestra guía y modelo en todo el proceso de preparación de este volumen.

LAS EDITORAS

JACQUELINE HAMESSE[*]

DE LA MANDUCATION DES TEXTES A L'APPRENTISSAGE DU SAVOIR: L'EVOLUTION DES FLORILEGES MEDIEVAUX

A la mémoire de Ana Aldama Roy

Le succès rencontré par le thème de ce colloque auprès des médiévistes et le nombre de communications proposées aux organisatrices illustrent à merveille l'intérêt que suscite encore actuellement la technique de la compilation dans leurs recherches. Mais, comment dominer l'ensemble de la documentation présentée et introduire en un exposé ce thème aussi fructueux? Je suis très honorée de faire aujourd'hui cette conférence inaugurale sur un sujet qui est au centre des recherches réalisées ici à Madrid dans une équipe qui se consacre depuis plusieurs années à l'étude des florilèges. Dès le début, la difficulté inhérente à cet honneur ne m'a pas échappé. La compilation et les florilèges qui en découlent constituent un monde encore trop peu et trop mal connu, malgré l'intérêt qu'ils suscitent depuis ces dernières décennies. Faire comprendre l'étendue et la richesse de ce monde, essayer de cerner l'évolution de la technique et donner un aperçu de ses différentes facettes constitue un véritable défi. Comment rendre compte de cette complexité ainsi que de la variété de ces recueils qui nous mènent du haut moyen âge jusqu'à la fin du 17e siècle? Quels que soient les progrès déjà réalisés dans ce domaine depuis plus d'un demi-siècle, nous n'en sommes encore qu'au début de l'étude de cette littérature qui a pourtant servi d'instrument de travail à des générations d'intellectuels et dont bien des aspects nous échappent encore. Seuls des projets d'équipe, comme celui de Madrid, pourront faire nettement progresser notre connaissance en la matière. Après un état de la question, j'essayerai donc de faire entrevoir la spécificité de ces compilations en faisant d'abord un survol historique, puis en me livrant à un examen méthodologique de certains d'entre eux et en mettant l'accent sur leurs caractéristiques. Je terminerai l'exposé par des exemples provenant de la période scolastique qui est celle que je connais le

---

[*] Université Catholique de Louvain. jacqueline.hamesse@gmail.com.

mieux et qui vous permettra d'avoir un aperçu de diverses compilations qui étaient en général à la base des instruments de travail de l'époque, l'évolution des problèmes ainsi qu'une illustration des points qui restent encore en suspens.

1. ETAT DE LA QUESTION

La compilation a déjà fait couler beaucoup d'encre depuis plusieurs années. Il n'est que de voir les nombreuses publications sorties de presse sur ce sujet pour se rendre compte que les chercheurs ont enfin réalisé l'importance donnée à cette technique depuis l'Antiquité tardive et surtout pendant l'époque médiévale[1]. Il a fallu du temps pour que la notion négative et péjorative de plagiat qui s'y attachait d'abord, fasse place aux aspects positifs relevés dans les nombreux recueils qui témoignent encore de son usage pendant un millénaire et même après. Pour bien comprendre cette évolution, des témoignages d'époque seraient très utiles pour que nous puissions mieux saisir l'ensemble des aspects de la technique et essayer d'illustrer le passage d'une notion négative aux caractéristiques positives du terme[2]. Malheureusement, les définitions d'époque de la notion ne sont pas nombreuses, surtout pendant le haut moyen âge. On trouve une information intéressante au début du 12ᵉ siècle: Thierry, l'abbé du monastère bénédictin de Saint–Trond demande à son futur successeur Raoul de rédiger des manuels: «quasdam que utilissimas *compilationes* plenas plurimarum sententiarum scribendas ... »[3]. Il n'est plus question de pillage dans ce texte

---

[1] Cfr. HATHAWAY, «*Compilatio*: from Plagiarism to Compiling», *Viator*,20(1989) 19.

[2] Heureusement, ces dernières années ont aussi été marquées par la mise au point de grandes bases de données textuelles qui nous permettent de chercher de nouvelles attestations d'un vocable. Même si le terme semble assez rare, dans l'état de nos connaissances, on trouve cependant une attestation qui peut nous mettre sur la voie. En effet, dans sa première lettre, Raoul de Saint-Trond utilise le terme '*pila*'. Or, nous savons grâce à l'étymologie que *pila* est à l'origine de *compilatio*.

[3] Cfr. *Gesta*, VIII, 4, édition critique de P. TOMBEUR, sous presse dans le *Corpus christianorum*, CM 257A (2013). Le texte édité s'efforce de suivre fidèlement le manuscrit de base de la 1ère moitié du 12e siècle et donc contemporain de l'oeuvre. Ce manuscrit offre la caractéristique de séparer toujours les enclitiques des mots sur lesquels ils portent, sauf exception clairement motivée, due à l'apparition d'un lemme spécifique se terminant en –*que*. On retrouve clairement cette caractéristique dans les manuscrits issus à cette époque du scriptorium de Saint-Trond (cfr. l'introduction).

et le terme est désormais devenu neutre: «Ad quae probanda, cum per campos sanctarum scripturarum aliquando luderemus hac pila, multis et variis auctoritatum floribus respersimus nostra vestigia». Autre attestation du 12e siècle, celle de Pierre Lombard[4].

Comme le colloque est centré sur la compilation appliquée à de très nombreux domaines, et que les autres orateurs témoigneront certainement de cette variété, j'ai choisi de privilégier l'étude d'une application en particulier, celle des florilèges (à ne pas confondre avec les encyclopédies) qui illustrent parfaitement les divers aspects de la technique et nous aident à mieux comprendre tant ses imperfections que ses avantages.

Mais comment aborder la variété des différents ensembles de citations qui nous mènent de l'Antiquité tardive à travers le haut moyen âge jusqu'à la fin du 17e siècle ? Certes, nous disposons désormais pour nous aider de divers instruments de travail élaborés pendant le 20e siècle. Malgré les progrès réalisés, il faut bien avouer que de nombreuses recherches restent encore à entreprendre. Les inventaires manquent la plupart du temps et nous risquons souvent de passer à côté de témoignages importants, faute de relevés suffisants établis par nos prédécesseurs. Beaucoup de compilations n'ont pas encore été identifiées et dorment toujours dans les fonds de manuscrits. Bon nombre de compositions illustrant ce 'genre' ont servi d'instruments de travail à des générations d'intellectuels, mais bien des aspects de la technique utilisée nous échappent, notamment faute de témoignages d'époque à ce sujet. Seule la découverte de nouvelles compilations ainsi que leur identification dans les bibliothèques qui n'ont pas encore été inventoriées et qui gardent toujours leurs secrets, pourront faire progresser notre connaissance. Il convient donc à ce stade d'essayer de donner un aperçu de leur spécificité, en se livrant à un examen méthodologique de certaines d'entre elles. La terminologie utilisée pour les désigner s'avère tout aussi révélatrice afin de bien comprendre leur évolution. Ensuite, des exemples provenant de la période scolastique proprement dite illustreront l'exposé, avant d'en arriver à un exposé des divers problèmes posés par la technique utilisée et de répondre aux questions restées encore en suspens, notamment à propos de leur succès pendant un millénaire, puisqu'elles constituèrent des instruments de travail et des recueils de sources utilisés par de nombreux intellectuels du moyen âge.

---

[4] A propos de cet auteur, on lira avec intérêt l'article de E. SPAGNESI, «Distinguere, compilare, componere. Metodo teologico e metodo canonistico nel XII secolo», in *Pietro Lombardo*. Atti del XLIII Convegno storico internazionale (Todi, 8-10 ottobre 2006), Spoleto 2007, pp.193-224.

Le travail d'un compilateur consistant à réunir des citations d'auteur(s) en un volume existait déjà dès l'Antiquité[5]. Il suffit de rappeler ici la littérature doxographique, les chaînes d'extraits ainsi que les recueils de citations datant de cette époque. Témoins de la culture classique et gardiens de textes séculaires, ils ont connu un grand succès tant chez les grecs que chez les latins et ont, dans certains cas, joué un rôle essentiel dans la *translatio studiorum*[6]. Grâce à ces recueils, nous pouvons avoir désormais un accès sélectif certes, et même parfois très limité, à la documentation utilisée, soit dans un but didactique et documentaire ou comme initiation culturelle. Ces recueils datant du haut moyen âge sont d'ailleurs parfois les seuls témoins qui nous sont parvenus de textes aujourd'hui disparus[7]. La période scolastique a perpétué cette tradition. Le succès qu'ils ont connu ainsi que l'exploitation qui en fut faite pour de multiples raisons et dans des domaines très différents, justifie la présence de nombreux articles qui leur sont consacrés dans ce volume[8].

Pour bien comprendre l'évolution qui s'est produite au cours des siècles, il importe de cerner les diverses caractéristiques de cette littérature de seconde main. Les termes utilisés pour les désigner illustrent déjà leur spécificité. En effet, les florilèges, comme les anthologies d'ailleurs — ces deux termes étant souvent confondus à tort —, font partie d'un « genre » plus vaste qu'on pourrait appeler des recueils de citations ou des morceaux choisis.

Cette définition est théorique et ne correspond pas nécessairement, dans de nombreux cas, à la réalité. En effet, elle soulève une série de problèmes posés par l'étude des différents témoins retrouvés: les citations sont-elles vraiment littérales ou non ? Comment les critères de sélection des extraits à retenir furent-ils mis au point ? Quels sont les destinataires du travail ? Les compilateurs chargés de choisir les extraits avaient-ils toujours la compétence

---

[5] *La citation dans l'Antiquité* sous la direction de C. Darbo-Peschanski, Actes du Colloque du PARSA (Lyon ENS, 6-8 novembre 2002), Editions Jérôme Millon, Grenoble 2004.

[6] Cfr. J. HAMESSE, «*Translatio studiorum* et instruments de travail philosophiques médiévaux à l'époque scolastique», in M. Sgarbi (ed.), Translatio studiorum. *Ancient, Medieval, and Modern Bearers of Intellectual History*, (Brill's Studies in Intellectual History, 217) Brill, Leiden - Boston 2012, pp. 91-105.

[7] Cfr. U. TUOMARLA, *La citation mode d'emploi. Sur le fonctionnement discursif du discours rapporté direct*, Academia Scientiarum Fennica, Helsinki 1999.

[8] L'article de E. RANNER publié dans le *Lexicon des Mittelalters*, IV, c.566-569 donne un aperçu intéressant de la complexité de ces recueils et des problèmes rencontrés lorsqu'on veut les étudier.

nécessaire pour faire ces choix ? S'agit-il uniquement de regrouper une série de phrases provenant d'œuvres originales ou bien le compilateur est-il intervenu personnellement pour apporter des modifications, supprimer certains éléments importants ou, au contraire, faire des résumés ainsi que des ajouts explicatifs ?

Les questions qui viennent d'être posées illustrent bien les divergences qui existent entre les chercheurs modernes lorsqu'il s'agit d'établir une définition du genre. En effet, tout évolue dans le temps et les besoins ne sont certainement pas les mêmes pendant l'Antiquité et durant le moyen âge. Les questions qui se posent au fil des siècles ne sont pas identiques. Le climat intellectuel évolue suivant les époques. Qui plus est, la période médiévale couvre globalement un millénaire. Il est donc indispensable de nuancer le propos en fonction des changements de mentalité, des critères chronologiques ainsi que de l'emploi qui fut fait de cette documentation par les utilisateurs, dans des recueils appartenant à des disciplines très différentes.

Plusieurs contributions importantes publiées depuis une vingtaine d'années permettent d'avancer et de mieux comprendre les caractéristiques des florilèges de l'Antiquité et du haut moyen âge[9]. Elles sont essentiellement centrées sur les auteurs classiques, patristiques et spirituels[10]. Il suffit donc

---

[9] La meilleure synthèse pour l'ensemble de la période est due à M. SPALLONE, «I percorsi del testo: *accessus*, commentari, florilegi», in *Lo spazio letterario di Roma antica, III: La ricezione del testo*, Salerno Editrice, Roma 1990, pp.387-471. Son étude très complète et documentée prend aussi en compte les florilèges classiques du haut moyen âge. D'autre part, l'étude des classiques latins a donné lieu à plusieurs publications de B. MUNK OLSEN: «Les classiques latins dans les florilèges médiévaux antérieurs au XIIIe siècle», 1ère partie, *Revue d'histoire des textes*, 9 (1979) 47-121; 2ème partie, 10 (1980) 115-164; un répertoire de manuscrits très utile, ID., *L'Etude des auteurs classiques latins aux XIe et XIIe siècles*, Editions du CNRS, Paris 1985-1989. Trois tomes, dont le deuxième contient un chapitre consacré aux florilèges (pp. 837-877); un recueil d'articles intitulé *La réception de la littérature classique au Moyen Age (IXe – XIIe siècle)*: choix d'articles publié par des collègues à l'occasion de son soixantième anniversaire, Museum Tusculanum Press, Copenhague 1995. Mais les travaux de cet érudit ne vont pas au-delà du XIIe siècle. Pour le XIIIe siècle, on peut compléter la documentation rassemblée par B. Munk Olsen grâce à l'article de TH. FALMAGNE, «Les cisterciens et les nouvelles formes d'organisation des florilèges aux 12e et 13e siècles», *Archivum latinitatis medii aevi*, LV (1997) 73-176.

[10] Pour les florilèges patristiques, il est utile de consulter M.A. and R.H. ROUSE, «Florilegia of Patristic Texts», in *Les genres littéraires dans les sources théologiques et philosophiques médiévales. Définition, critique, exploitation* (Publications de l'Institut d'Etudes Médiévales. Textes, Etudes, Congrès, 5),

d'y renvoyer pour avoir un aperçu plus complet de cette production littéraire déjà florissante pendant cette époque. En effet, les florilèges plus tardifs seront héritiers de cette littérature, même s'ils témoigneront à leur tour de particularités propres, dues à des besoins différents et à la découverte de textes nouveaux. Pendant le bas moyen âge, la période scolastique va donner lieu à un développement et à une diversification extraordinaires de ces recueils et donnera en plus naissance à un 'sous-genre nouveau': les florilèges philosophiques, dont nous aurons l'occasion de décrire les caractéristiques.

On constate d'ailleurs que ces trente dernières années ont permis de progresser considérablement dans l'étude de cette littérature de seconde main. En effet, en 1981, lors d'un colloque organisé sur les genres littéraires dans les sources philosophiques et théologiques médiévales, plusieurs définitions différentes leur ont été données[11]. Même si des points communs y apparaissent, il existe aussi certaines divergences dues essentiellement aux particularités du matériel exploité ainsi qu'aux limites chronologiques prises en compte par chaque chercheur. Pour comprendre exactement la portée du terme, il est indispensable de tenir compte des évolutions que les florilèges ont connues au fil des siècles ainsi que dans les diverses aires géographiques qui les ont vu naître. Grâce à l'intérêt porté à ces compilations depuis trente ans, on peut désormais aborder le sujet de manière plus précise et plus détaillée en se fondant sur les résultats de recherches plus récentes qui nous apportent des éléments nouveaux permettant d'affiner nos analyses.

La terminologie technique désignant les divers recueils résultant d'une compilation est très souvent porteuse de sens. Mais, comme ce point a déjà été traité ailleurs, il ne convient pas de s'y attarder[12].

Université Catholique de Louvain, Louvain-la-Neuve 1982, pp.165-180; E. DEKKERS, «Quelques notes sur des florilèges augustiniens anciens et médiévaux», in *Collectanea Augustiniana. Mélanges T.J. Van Bavel*, Institut historique augustinien, Louvain 1990, pp.27-44.

[11] *Les genres littéraires dans les sources théologiques et philosophiques médiévales. Définition, critique et exploitation* (Publications de l'Institut d'Etudes médiévales. Textes, Etudes, Congrès, 5), Louvain-la-Neuve 1982.

[12] Cfr. J. HAMESSE, «Le vocabulaire des florilèges médiévaux», in O. Weijers (ed.), *Méthodes et instruments du travail intellectuel au moyen âge. Etudes sur le vocabulaire* (CIVICIMA – Etudes sur le vocabulaire intellectuel du moyen âge, III), Brepols, Turnhout 1990, pp. 209-230; ID. «L'évolution des notions de florilège et d'autorité pendant l'époque médiévale», in R. Ceulemans - P. De Leemans (eds.), *Florilegia from Antiquity to the Renaissance: The Construction of Authority*, Leuven 2013.

2. SURVOL HISTORIQUE

Si les florilèges existent depuis le haut moyen âge pour répondre aux besoins de l'étude et à l'accès des textes à connaître, on constate cependant une évolution du genre, tenant compte au cours des siècles de l'accroissement progressif de la production littéraire dans tous les domaines et des besoins divers des intellectuels, des universitaires et des religieux. D'autre part, à cette époque, les intellectuels sont plus attirés par l'apprentissage des belles lettres et par l'acquisition d'une culture générale de base. Ce sont donc les auteurs classiques qui attirent avant tout un public cultivé de même que la littérature chrétienne dont ils sont nourris[13]. On constate d'ailleurs qu'il n'existe pas encore d'opposition entre la littérature et la doctrine chrétiennes puisque les recueils mis en circulation ont la plupart du temps des connotations théologiques[14]. Les traductions latines faites par Boèce des œuvres logiques d'Aristote ne posent pas problème, ni même les commentaires qu'il en fait, parce que l'héritage classique ne remet pas en cause la suprématie de la doctrine de l'Eglise. Même la logique ne peut porter ombrage parce qu'elle est considérée essentiellement comme un instrument destiné à mieux raisonner et à comprendre les nuances du patrimoine classique et patristique. Avant le 8e siècle, peu de manuscrits contenant les

---

[13] Cfr. A. COMPAGNON, *La seconde main ou le travail de la citation*, Editions du Seuil, Paris 1979.

[14] Par exemple, les *Dicta Catonis*, oeuvre d'un élève d'Acuin, se composent d'extraits du commentaire de Chalcidius au Timée, du *De trinitate* et du *De civitate Dei* de saint Augustin, du commentaire de Boèce aux *Catégories* d'Aristote, de gloses sur Prudence et de citations extraites des *Libri quaestionum naturalium* de Sénèque. On y trouve donc des citations de textes philosophiques anciens, mais le titre donné à ce recueil, dans certains manuscrits, à savoir *De imagine Dei,* illustre bien l'intérêt théologique du compilateur. A propos de cet opuscule, cfr. Z. ZIMMERMANN, «*Candidus*, Ein Beitrag zur Geschichte der Frühscholastik», *Divus Thomas, Jahrbuch für Philosophie und speculative Theologie*, III, Serie 7 (1929) 30-60; J. MARENBON, *From the Circle of Alciun to the School of Auxerre. Logic, Theology and Philosophy in the early Middle Ages* (Cambridge Sudies in Medieval Life and Thought. Third Series, 15). University Press, Cambridge 1981, pp.33-34; J.J. CONTRENI, «The Carolingian School: Letters from the Classroom», in *Giovanni Scoto nel suo tempo. L'organizzazione del sapere in età carolingia* (Atti dei Convegni dell'Accademia Tudertina e del Centro di studi sulla spiritualità medievale. Nuova Serie, 1), CISAM, Spoleto 1989, pp. 100-101.

œuvres des auteurs classiques latins étaient d'ailleurs en circulation, comme l'a bien montré B. Munk Olsen[15].

Pour pallier cette pénurie, les recueils de citations vont devenir plus nombreux dès le 9e siècle avec le développement des écoles. Au début, ils étaient consacrés par priorité à la Bible, aux auteurs classiques, patristiques et théologiques, suivant en cela les besoins d'une élite intellectuelle et des clercs de l'époque[16]. Des savants très cultivés pour leur temps, amateurs de belles lettres, vont s'atteler à rendre cette documentation accessible. Il suffit de citer entre autres les initiatives de Loup de Ferrières et de Florus de Lyon pour en avoir un aperçu.

Des manuels scolaires, sous forme d'extraits et de citations, ne tarderont pas à voir eux aussi le jour pour tenter de donner aux écoliers d'abord, aux étudiants ensuite une documentation indispensable destinée à l'apprentissage des disciplines enseignées dans le cadre du *trivium* et du *quadrivium*. D'autre part, pour compléter le matériel didactique indispensable à diffuser et à connaître, on y trouve aussi des listes de sentences ainsi que des proverbes faciles à mémoriser[17]. Parmi ces listes, il faut mentionner les *Sententiae philosophorum* attribuées à Publilius Syrus, qui accompagnent en général les citations d'auteurs classiques[18]. Il s'agit en fait de proverbes classés par ordre alphabétique qui véhiculent une sagesse populaire. On trouve aussi

---

[15] Cfr. B. MUNK OLSEN, *La réception de la littérature classique au moyen...*, pp. 21-23.

[16] Il est donc possible de trouver dans un même recueil des citations d'auteurs païens par opposition aux *sancti*, les auteurs chrétiens, soit des citations d'auteurs païens ayant traité de morale par rapport aux *auctores*, les auteurs littéraires, soit encore des citations d'auteurs en prose par opposition aux poètes. De même, les poètes sont nommés *auctores* par opposition aux prosateurs désignés comme *philosophi*. Cfr. G. PARE, A. BRUNET, P. TREMBLAY, *La Renaissance du XIIe siècle. Les écoles et l'enseignement* (Publications de l'Institut d'Etudes médiévales d'Ottawa, III), Vrin, Paris-Ottawa 1933, pp.153-154.

[17] A propos des proverbes et sentences de l'Antiquité, il faut consulter l'ouvrage de P. ROOS, *Sentenza e Proverbio nell'Antichità e i Distici di Catone. Il testo latino e volgarizzamenti italiani. Con una scelta e traduzione delle massime e delle frasi proverbiali latine classiche più importanti o ancora vive oggi nel mondo moderno*, Editrice Morcelliana, Brescia 1984.

[18] Cfr. *Publilii Syri Sententiae* ad fidem codicum optimorum primum recensuit E. WOELFFLIN, Teubner, Lipsiae 1869; F. GIANCOTTI, *Ricerche sulla tradizione manoscritta delle Sentenze di Publilio Siro* (Biblioteca di cultura contemporanea, LXXIX), D'Anna, Messina-Firenze 1963; M.D. REEVE, «*Publilius*», in L.D. Reynolds (ed.), *Texts and Transmission. A survey of the Latin Classics*, Clarendon Press, Oxford 1986, pp.327-329.

fréquemment les *Disticha Catonis* qui transmettent en de courtes phrases des préceptes destinés à inculquer des règles de vie honnête en accord avec les bonnes moeurs[19]. Il existe d'autres séries, comme les *Proverbia philosophorum* du Pseudo-Caecilius Balbus qui apparaissent aussi dans les recueils de cette époque.

Au début du moyen âge, l'important est d'avoir accès aux textes des auteurs qu'il convient d'étudier ou de connaître, que ce soit dans un but pédagogique ou non, mais l'objectif didactique l'emporte le plus souvent[20]. Dans les recueils documentaires, on a tendance aussi à donner des textes plus longs, parfois des passages entiers d'œuvres, à côté de courtes phrases faciles à mémoriser, afin d'alimenter la lecture des intellectuels et de leur permettre d'acquérir un certain niveau de culture indispensable. Certains parlent d'ailleurs dans ce cas de *libri manuales*, rassemblant en un volume l'essentiel de la documentation à propos d'un sujet[21].

Un recueil très intéressant et représentatif du haut moyen âge, fut composé au 11e siècle; il s'agit du *Collectaneum* d'Hadoard, bibliothécaire à Corbie, qui illustre parfaitement les intérêts d'un compilateur et la manière de concevoir un recueil de textes à cette époque. L'autographe de l'œuvre est conservé dans un manuscrit de la Bibliothèque vaticane (*Reg.lat.*, 1762). Malheureusement, le titre donné par le catalogueur est différent de celui que le compilateur avait lui-même attribué à son travail dans l'incipit de l'oeuvre qu'il a rédigée, à savoir *collectio*[22]. En plus, fait assez rare à cette époque, Hadoard se nomme à la fin de son prologue: «...hoc opus explicuit, nomen cui est Hadoardus, ordine presbiteri officioque cluit».

---

[19] Cfr. M. BOAS, «*De librorum Catonianorum historia atque compositione*», *Mnemosyne*, 42 (1914) 17-46: *Disticha Catonis* recensuit et apparatus critico instruxit M. Boas. Opus post Marci Boas mortem edendum curavit H.J. BOTSCHUYVER, North-Holland, Amsterdam 1952.

[20] Cfr. J. HAMESSE, «La survie de quelques auteurs classiques dans les collections de textes philosophiques du moyen âge», in F.T. Coulson - A.A. Grotans (eds.), *Classica et beneventana. Essays presented to Virginia Brown on the Occasion of her 65th birthday* (Textes et études du moyen âge, 36), Brepols, Turnhout 2008, pp. 73-86.

[21] Cfr. E.M. SANFORD, «The Use of Classical Latin Authors in the Libri Manuales», *Transactions and Proceedings of the American Philological Association*, 55 (1924) 190-248.

[22] Ce florilège a été publié dès 1889 par P. SCHWENKE, «Des Presbyter Hadoardus Cicero-Excerpte nach E. Narducci's Abschrift des Cod. Vat. Reg. 1762», in *Philologus, Zeitschrift für der Klassische Alterthum*. Fuenfter Supplementband, Göttingen 1889, pp.397-588.

Ce cas met ainsi en lumière le problème posé par les titres de ces « collections de textes ». Qu'il s'agisse d'un *collectaneum* ou d'une *collectio*, la différence entre les deux vocables n'est pas énorme. En effet, ces termes techniques visent un contenu très général et désignent un assemblage de textes disparates: passages plus ou moins longs, extraits de plusieurs auteurs, ainsi que citations courtes pouvant être mémorisées facilement. Le problème ne se situe pas au niveau du sens technique du terme utilisé. Mais on peut regretter que les spécialistes modernes n'aient pas repris le titre original donné par l'auteur lui-même dans l'*incipit* de son travail, en le substituant par un autre. Et, malheureusement, tous les chercheurs continuent encore aujourd'hui de parler à tort du *Collectaneum* d'Hadoard. C'est d'autant plus regrettable que le travail réalisé par ce bibliothécaire n'est pas un florilège, au sens strict du terme, mais qu'il correspond plus à un recueil de textes « philosophiques », comme on peut le lire sous la plume de l'auteur[23]. L'ensemble est représentatif des intérêts du compilateur et contient essentiellement des passages assez longs d'ailleurs de diverses œuvres philosophiques (disponibles à l'époque) de Cicéron auxquels sont joints des extraits de Salluste, de Macrobe et de Martianus Capella, ainsi que des sentences de Publilius Syrus. Les manuscrits de ces ouvrages se trouvaient probablement dans la bibliothèque de Saint-Pierre à Corbie et sont représentatifs de la littérature «philosophique» de cette époque. Quand Hadoard parle ici de «philosophie», il s'agit essentiellement de morale, à tel point que certains chercheurs modernes ont qualifié son recueil de «théologique».

A cette époque, on trouve des citations d'ouvrages philosophiques anciens (œuvres de Cicéron, Sénèque, Lucrèce, Apulée, Platon, Boèce etc.) dans les florilèges d'auteurs classiques. Le but de ces recueils d'extraits était de mettre ainsi à la disposition des médiévaux sous forme condensée, les textes disponibles ainsi que les *auctoritates* d'auteurs anciens, que les extraits soient théologiques, littéraires ou moraux. Dans ce cas, comme pour la *collectio* constituée par Hadoard il n'est pas toujours possible de distinguer une anthologie d'un florilège[24]. On constate aussi que les citations à but

---

[23] Cfr. Vat. Reg. 1762, f.4: «Incipit de divina natura *collettio* quaedam secundum Tullium Ciceronem ceterosque philosophos ab ipso commemoratos ...».

[24] Cfr. PH. DELHAYE, «Florilèges médiévaux d'éthique», *Dictionnaire de Spiritualité*, V (1964) col. 460.

éthique sont très recherchées[25]. Elles circulent avec les autres extraits, mais ne constituent pas encore un genre littéraire à part entière. Dans le cadre du *trivium*, l'enseignement de l'éthique s'imposait dès le haut moyen âge à côté de celui de la rhétorique et de la logique. Ces trois disciplines étaient destinées à apprendre aux élèves à bien vivre, à s'exprimer correctement et à maîtriser les règles du raisonnement, indispensables dans la discussion.

La compilation d'Hadoard permet de mieux comprendre la littérature d'abrégés et de compilations qui circulaient dans les milieux érudits de son temps. Puis, à partir du 11e siècle, on constate une évolution des contenus et des objectifs, comme l'écrivait très bien M. Gibson: «This was the period of the great *compendia*: designed to contain within two covers all that was needed for the study of one subject, as logic, or a related group, as grammar, logic, rhetoric ... These *compendia* contain the basic material for the study of the *artes* in the eleventh century. For us they show what was available and what was not, and the passages in the available texts: ideally it offered also the most relevant and up-to-date commentary. It represents a *choice* of texts, moving slowly towards the « right » choice, the non-essential being rejected: and it is the medium for discussion of these texts. The choice and arrangement —often as a marginal gloss— reflects the librarian and the *scriptorium* as well as the teacher. Their *discussion* however is the beginning of new, and finally independent work»[26].

Dès le 12e siècle, on assiste effectivement à une spécialisation plus grande des instruments de travail. En effet, pour répondre à une demande croissante et pour rendre accessible l'essentiel de la production littéraire et scientifique en constante augmentation, ce «genre littéraire» se diversifie rapidement. La meilleure preuve en est la multiplication des termes techniques destinés à désigner et distinguer ces nouveaux « outils » et impliquant des nuances à propos de leur contenu. Cette évolution correspond aussi à un changement progressif de mentalité. On ne cherche plus seulement à se procurer les textes pour se cultiver, mais il devient impératif de trouver la documentation utile à connaître que ce soit pour étudier, enseigner, écrire ou prêcher. L'ordre cistercien va d'ailleurs jouer un rôle déterminant pour permettre un accès rapide à la documentation qu'ils contiennent, en créant

---

[25] Ainsi, le manuscrit Douai, *Bibliothèque municipale*, 749-II, comporte l'incipit suivant au f.23r: «incipit proverbia ex diversorum auctorum libris in unum collecta moribus instruendis viciisque destruendis proferenda».

[26] Cfr. M. GIBSON, «The *Artes* in the Eleventh Century», in *Arts libéraux et Philosophie au moyen âge*. Actes du 4e Congrès international de philosophie médiévaleInstitut d'Etudes médiévales – Paris, Vrin, Montréal 1969, p.124.

index et tables qui faciliteront la consultation et le repérage des passages utiles rassemblés dans un recueil[27]. D'autre part, les écoles cathédrales et autres auront aussi un rôle à jouer dans le développement et la diffusion de ces instruments de travail[28].

Avec l'afflux des textes traduits en latin, la culture antique d'origine grecque et arabe arrive progressivement en Occident, enrichissant considérablement le patrimoine culturel latin dès le 11e siècle. De nouveaux textes scientifiques et philosophiques deviennent ainsi accessibles et se répandent en Europe occidentale, accroissant de manière sensible la production littéraire et scientifique à connaître et élargissant aussi la documentation disponible. Il devint alors de plus en plus difficile pour une seule personne de dominer l'ensemble des connaissances. Afin de répondre à la demande et aux besoins des intellectuels soucieux d'entrer en contact avec ces œuvres, des instruments de travail de plus en plus nombreux voient le jour, destinés à satisfaire les utilisateurs potentiels. En effet, les textes complets des nouveaux ouvrages ainsi mis en circulation étaient peu nombreux et donc peu accessibles. Les manuscrits étaient chers, les copies complètes étaient rares et les fonds de bibliothèques encore peu fournis[29]. Afin de contourner cette difficulté, les ouvrages furent donc résumés, découpés en passages jugés indispensables à connaître et souvent réduits à des citations ou à des extraits faciles à mémoriser. On assistera par conséquent dès le 12e siècle à une évolution du concept même de « lecture » et à un changement d'état d'esprit. Les intellectuels devront se contenter d'une lecture de textes morcelés et la *ruminatio* monastique fera place à

---

[27] Cfr. R.H. ROUSE, «Cistercian Aids to Study in the Thirteenth Century», *Studies in Cistercian History*, 2 (1976) 123-134; TH. FALMAGNE, «Les cisterciens et les nouvelles formes d'organisation des florilèges aux 12e et 13e siècles», *Archivum latinitatis medii aevi*, LV (1997) 73-176.

[28] Le cas des *Quaestiones in musica*, compilation, attribuée à tort à Raoul de Saint-Trond, sont vraisemblablement issues de la cathédrale de Liège à la fin du 11e siècle (peut-être sous l'impulsion de Francon de Liège). Cfr. P. TOMBEUR, *Ouvrages techniques de compilation et problèmes linguistiques et paléographiques. Le cas des* Quaestiones in musica, sous presse dans l'*Archivum latinitatis medii aevi*.

[29] Cfr. B. FERNANDEZ DE LA CUESTA GONZALEZ, *En la senda del* florilegium Gallicum; *Edicion y estudio del florilegio del manuscrito Córdoba, Archivo Capitular 150* (Textes et études du moyen âge, 45), FIDEM, Louvain-la-Neuve 2008, p. 39, qui explique que les trois manuscrits qui conservent le *Florilegium Duacense* comportent un prologue qui mentionne explicitement les circonstances économiques et culturelles qui sont à l'origine du recueil.

l'*utilitas* et à la *brevitas*. Ces termes se retrouveront d'ailleurs dans presque tous les prologues de florilèges conservés à partir de cette époque.

Dès le début du 13ᵉ siècle, avec l'invasion massive de l'aristotélisme dans le monde latin, un nouveau « sous-genre » va se développer rapidement: les florilèges philosophiques. La caractéristique des nouveaux recueils qui voient le jour à l'époque universitaire, basés essentiellement sur les œuvres nouvellement traduites d'Aristote, est de prendre en considération l'ensemble du savoir philosophique accessible. Certains prologues axés sur la division des diverses parties de la philosophie illustrent bien cette préoccupation. Leur importance n'a pas encore été suffisamment soulignée jusqu'à ce jour. En effet, il n'existe toujours pas de synthèse les concernant, tant leur nombre fut important. Des travaux épars ont permis d'entrevoir le rôle qu'ils ont joué à l'époque scolastique dans la vie intellectuelle médiévale[30]. Et pourtant, lorsqu'on ouvre un texte écrit par les intellectuels du temps, qui se servaient beaucoup d'Aristote comme *auctoritas* mise à l'appui de leurs doctrines, on se rend compte que la plupart d'entre eux ne le citaient pas toujours d'après la version latine originale, encore peu accessible à tous pour les raisons évoquées plus haut, mais bien à partir des nombreux florilèges circulant tant dans les milieux universitaires que dans les *studia* des ordres religieux. Se pose alors souvent l'épineux problème de l'identification de la source exacte des citations.

Outre les florilèges philosophiques, les 13ᵉ et 14ᵉ siècles se distinguent aussi par la création de nouveaux instruments de travail destinés aux prédicateurs. Afin de faciliter l'accès à ce matériel, des index et des tables sont constitués pour faciliter le repérage des passages pouvant être utiles. L'abondance de la documentation disponible à cette époque demandait des techniques nouvelles pour pouvoir être aisément consultable. Outre ces nouveaux outils mis à la disposition des lecteurs et des utilisateurs, on voit aussi apparaître une organisation de la page et du texte plus systématique. Désormais, on donne des titres aux œuvres et on les divise en chapitres et en paragraphes pour faciliter la lecture. L'utilité devient primordiale pour dominer la documentation disponible.

---

[30] La meilleure étude d'ensemble de cette littérature reste celle de M. GRABMANN, *Methoden und Hilfsmittel des Aristotelesstudiums im Mittelalter* (Sitzungsberichte der Bayerischen Akademie der Wissenschaften. Philosophisch-historische Abteilung. Jahrgang 1939, Heft 5), Akademie der Wissenschaften, München 1939. La publication dépasse d'ailleurs largement le cadre des florilèges aristotéliciens pour envisager toutes les sortes d'instruments de travail réalisés pendant le moyen âge pour l'étude de l'aristotélisme.

Pour résumer ce qui précède, on peut situer désormais avec précision l'origine et l'apparition des florilèges purement philosophiques pendant le 12e siècle. Puis à l'époque scolastique, avec l'avènement de l'aristotélisme dans les milieux universitaires et érudits, des recueils nouveaux vont voir le jour et se développer pour répondre à un besoin. Ils constitueront une nouvelle catégorie spécifique et se distingueront des autres instruments de travail faits à partir de sources différentes. Faciles à recopier et à transporter, ces instruments de travail vont se diffuser avec une très grande rapidité dans tous les pays et toutes les universités.

3. Methodes de travail des compilateurs

Il existait différentes méthodes de travail tant dans l'Antiquité que pendant le moyen âge pour composer un florilège. Nous avons la chance d'avoir conservé un témoignage direct datant du haut moyen âge. En effet, Florus de Lyon a laissé des traces de son travail dans un manuscrit. Pour faciliter la récolte du matériel, il identifie lui-même à l'aide de certains signes les passages à recopier par le copiste. Le travail réalisé par Florus de Lyon est en tous points remarquable et constitue un très bon exemple tant au point de vue paléographique que méthodologique, comme l'a bien montré L.Holtz[31]. Florus de Lyon qui avait déjà acquis une bibliothèque personnelle contenant plusieurs manuscrits (fait rare à son époque), a laissé des indications concernant son travail de compilateur dans plusieurs d'entre eux. En effet, il a notamment isolé dans un de ses manuscrits contenant le texte de saint Jérôme une série de passages qui ont servi à la composition d'un florilège commentant les Epîtres de Paul[32]. Il semble avoir fait la même chose dans un autre codex rassemblant les œuvres de Grégoire le Grand[33]. Ce témoignage très ancien est d'autant plus intéressant qu'il est rare d'avoir gardé des traces concernant les diverses étapes d'une compilation. D'un point de vue méthodologique, nous pouvons voir ainsi un auteur de cette époque au travail, ainsi que sa conception du choix des passages à retenir. Autre fait à

---

[31] Cfr. L. HOLTZ, «La minuscule marginale et interlinéaire de Florus de Lyon», in P. Chiesa e L. Piselli (eds.), *Gli autografi medievali. Problemi paleografici e filologici*, (Quaderni di cultura mediolatina, 5), Centro italiano di studi sull'alto medioevo, Spoleto 1994, pp.149-166.

[32] Cfr. P.-I. FRANSEN, «Description de la collection hiéronymienne de Florus de Lyon sur l'Apôtre», *Revue bénédictine,* XCIV, 1-2 (1984) 195-228.

[33] Cfr. P.-I. FRANSEN, «Description de la collection de Florus de Lyon sur l'Apôtre», *Revue bénédictine*, XCVIII, 3-4 (1988) 278-317.

souligner: Florus laisse dans les marges certaines explications et gloses de sa main, qui se retrouveront dans les florilèges. De plus, travaillant avec un *socius*, on peut apprécier la minutie qu'il met à préparer la copie qui sera effectuée par son secrétaire. Nous avons conservé le résultat réalisé par les deux hommes, à savoir les florilèges contenant les extraits recopiés et accompagnés de brefs commentaires de Florus.

Il n'est pas le seul compilateur du moyen âge à nous aider à comprendre la méthode utilisée. Hadoard, son contemporain, comme on l'a vu plus haut, en parle *explicitis verbis*, dans la préface en vers de sa *Collectio*. Il explique qu'en tant que gardien (*custos*) des livres contenus dans sa bibliothèque, il a résumé (*contraxit*) les ouvrages qu'il lisait, puis a consigné les extraits sur des tablettes de cire (*in tabulis*) afin de les rassembler et de reproduire ainsi par le biais des extraits une image (*effigiem*) des livres en question[34].

Dans d'autres cas, le compilateur travaillait seul et choisissait les phrases ou les paragraphes à retenir. Il se contentait de faire la sélection et n'intervenait pas dans les textes originaux, soit pour expliquer des mots difficiles ou pour commenter des passages obscurs. Mais, il n'en allait pas toujours ainsi et certains compilateurs n'hésitaient pas à résumer à leur manière des passages trop longs ou à passer sous silence des textes qui ne leur paraissaient pas être en conformité avec la doctrine chrétienne. Leurs interventions relevaient alors d'une certaine censure.

Lorsque des florilèges antérieurs existaient, ils n'hésitaient pas non plus à s'en inspirer ou à les recopier en ajoutant ou non des passages supplémentaires. C'est le cas déjà dans les *Collectanea* d'Heiric d'Auxerre qui avoue dans sa préface avoir recopié dans la première partie de sa compilation le cours de son maître Loup de Ferrières —(*Haec Lupus, haec nitido passim uersabat in ore/ Compensans aptis singula temporibus*)— qui avait rassemblé des citations de Valère Maxime et de Suétone. Puis dans la deuxième partie du recueil, il reprend des extraits du cours donné par un autre professeur, Aimon d'Auxerre[35]. Certains compilateurs n'hésitaient d'ailleurs pas en recopiant à apporter des modifications aux textes qu'ils empruntaient à leurs prédécesseurs, comme l'avoue à la fin du 12e siècle,

---

[34] Città del Vaticano, *Reg. lat.* 1762: «Ipse etenim dum forte foret nam bibliothecae/ Custos, contraxit quae libuit relegi./ Impressa in tabulis cumulata repleuit et ipsas / Ni uacuans aliter condere sic quiuerat, / Consiliumque habuit seruandi gratia sensim, / Vt libri tandem redderet effigiem» (vers 31-36).

[35] Cfr. B. MUNK-OLSEN, *ibid.*, p.53, n.2 et p.100.

l'auteur de la préface du florilège conservé à Heiligenkreuz[36]. Ce dernier nous y explique aussi comment il a procédé: il s'agit essentiellement du fruit de ses lectures scolaires, axées surtout sur l'éthique, la physique et quelques passages spéculatifs (*theorice*)[37]. De même, ils ne rédigeaient pas toujours eux-mêmes leur prologue, mais empruntaient parfois à d'autres des introductions ou des *accessus* qui ne correspondaient pas nécessairement au contenu de leur travail, sans se rendre compte de l'incohérence manifeste qui pouvait en résulter pour les utilisateurs[38].

Le compilateur du *Florilegium angelicum*, élaboré pendant la seconde moitié du 12e siècle, donne lui aussi des éléments intéressants dans la préface de son recueil. Il y avoue notamment avoir emprunté une partie de sa documentation à des florilèges existants (*defloravi flosculos*) afin de pouvoir présenter des gerbes (*manipulos*) facilement utilisables[39].

La récupération de matériel préexistant continuera après cette époque et bon nombre de florilèges philosophiques, composés à partir du 13e siècle, contiendront aussi des extraits antérieurs qu'un compilateur complètera à l'aide de citations provenant soit de nouveaux textes traduits, soit de commentaires contemporains. Ces recueils destinés notamment à introduire ceux qui le souhaitaient à l'aristotélisme, devaient être revus et augmentés régulièrement pour garder toute leur actualité. Comme il s'agissait d'instruments de travail très utilisés, les lecteurs et utilisateurs n'hésitaient pas non plus à participer à cette actualisation en ajoutant des extraits supplémentaires dans les marges ainsi que des gloses explicatives qui entraient progressivement dans le contenu et devenaient ainsi partie intégrante de la documentation au fur et à mesure de la transmission des textes. Aussi est-il toujours difficile de dater de manière précise les recueils mis ensuite en circulation.

---

[36] Nous en avons la preuve sous la plume du compilateur du *Florilegium Sancticrucianum*: « …et ut [sentencie memoria digne] edificatione proficerent, saniori sensui cooptavi». Cité par B. MUNK OLSEN, *ibid.*, p.53, n.2

[37] Cfr. G. GLAUCHE, «Einige Bemerkungen zum Florileg von Heiligenkreuz», in J. Autenrieth und F. Brunhölzl (eds.), *Festschtift Bernhard Bischoff zu seinem 65. Geburtstag*, A. Hiersemann, Stuttgart 1971, p.305, n.25: «… ex maiori parte scolasticos libellos meos postpositurus … in quo quaedam inveniuntur quae ethice, quaedam phisice, quaedam vero quae theorice supponuntur».

[38] Cfr. E.A. QUAIN, «The Mediaeval *Accessus ad Auctores*», *Traditio*, 3 (1945) 215-264; M. SPALLONE, *I percorsi medievali del testo …*, pp. 392-412.

[39] La préface complète du florilège a été éditée par B. MUNK OLSEN dans «Note sur quelques prefaces de florilèges latins du XIIe siècle», *Revue romane*, VIII 1-2 (1973) 195.

Il existe plusieurs manières de concevoir un florilège. Soit, on se limite à un seul auteur dont on retient des extraits représentatifs de toutes les œuvres, ce qui implique évidemment une subjectivité de la part du compilateur: ce qui est important pour l'un, ne l'est pas nécessairement pour un autre. Soit au contraire, on rassemble la documentation provenant d'un ou de plusieurs auteurs à propos d'une même matière. Ou bien encore, on choisit une série de concepts accompagnés d'extraits de divers ouvrages. Dans ce dernier cas, le compilateur classe en général les concepts par ordre alphabétique afin que les utilisateurs puissent retrouver rapidement et sans problème l'ensemble des passages importants, concernant l'étude d'un terme. On aboutit ainsi à trois sortes de florilèges: les florilèges d'auteur(s) qui suivent en général l'ordre du texte original, les florilèges systématiques classés par matière, et enfin les florilèges classés dans l'ordre alphabétique du premier mot des citations.

Ce triple classement se retrouve déjà dans certains recueils du haut moyen âge et va se perpétuer et se développer à l'époque scolastique. La plupart d'entre eux servaient dans le cadre scolaire puis universitaire, fournissant l'essentiel des œuvres écrites par des auteurs mis au programme. Puis, naissent les instruments de travail destinés aux prédicateurs, rassemblant soit des *distinctiones*, soit des *exempla* ou encore des *auctoritates* qui pouvaient être utilisées dans les sermons[40]. Dès le 13e siècle, on constate qu'un même florilège peut être composé tant pour les universitaires que pour les prédicateurs[41]. Cette double destination explique en partie la portée générale de la plupart des extraits retenus ainsi que la brièveté des citations destinées à être apprises par coeur. Les exercices imposés aux étudiants dans le cadre de leurs études les habituaient à mémoriser une grande partie de la matière. Il n'est donc pas étonnant que bon nombre de citations transmises par les florilèges ne soient pas passées littéralement dans les exercices scolaires obligatoires, ainsi que dans la rédaction des commentaires ou les explications de textes. Il en va de même pour les extraits utilisés dans les sermons.

[40] Ces florilèges répondaient à un souhait exprimé par Humbert de Romans dans le premier livre de son *De eruditione praedicatorum*: «Circa materias sermonum sive collationum nota, quod interdum multis difficiulius est invenire *materias utiles*, et laudabiles, de quibus fiat sermo, quam inventa materi, de ipsa sermonem contexere. Et ideo expedit quod praedicator semper habeat *in promptu* materias ad praedicandum vel conferendum de Deo...», cité par F. HEINTKE, *Humbert von Romans der fünfte Ordenmeister der Dominikaner* (Historisches Studien, Heft 222), Akademie Verlag, Berlin 1993, p.110.

[41] Cfr. C. VON NOLCKEN, «Some Alphabetical Compendia and how Preachers used them in fourteenth Century England», *Viator*, 12 (1981) 271-288.

A cette époque, les florilèges constituaient en général des réservoirs d'*auctoritates*. Mais, comme on vient de le voir, les citations devaient servir dans des contextes divers. Aussi les compilateurs se sentaient-ils libres de modifier le texte et même parfois le sens pour rendre les extraits conformes aux doctrines théologiques et leur donner une portée universelle. Les citations ne reproduisaient donc plus fidèlement les textes originaux.

A l'époque scolastique, le recours aux *auctoritates* faisait partie intégrante de l'explication des textes et était devenu indispensable pour donner plus de poids aux doctrines philosophiques originales élaborées par les intellectuels, ce qui explique le succès extraordinaire que connut Aristote et le grand nombre d'instruments de travail qui furent réalisés à partir de ses œuvres. Si, pendant le haut moyen, on faisait aussi appel à des *auctoritates*, c'était plutôt parce que les auteurs classiques étaient les seuls témoins accessibles de la culture. Mais dès l'introduction de l'aristotélisme, la philosophie se développe dans les milieux universitaires et modifie considérablement la manière d'aborder l'étude de la nature et les questions spéculatives. La doctrine chrétienne ne suffisait plus à répondre aux interrogations à propos de la création du monde et des problèmes physiques et métaphysiques. La théologie qui avait nourri ces intellectuels ne répondait pas à toutes les questions qu'ils se posaient et il était de bon ton de faire appel aux doctrines nouvelles pour étayer l'élaboration de diverses théories philosophiques.

Afin de fournir une documentation pertinente et destinée à tous les publics, il n'était d'ailleurs pas rare que dans des ordres religieux, plusieurs membres travaillent en équipe pour réunir la documentation nécessaire aux études ou au travail scientifique, comme en témoignent Albert le Grand et Vincent de Beauvais. Les ordres mendiants ont joué un rôle très important dans la composition et la diffusion des florilèges à partir du 13e siècle. Comme les perspectives nouvelles présentées par les doctrines philosophiques faisaient peur aux théologiens qui craignaient qu'elles n'entrent en contradiction avec l'enseignement de l'Eglise, les représentants de ces ordres ont censuré de nombreux textes pour leur donner une portée plus universelle. Les compilateurs ont donc commencé à expurger de nombreux passages et à ne donner dans les florilèges qu'ils composaient que des extraits pouvant être mis entre toutes les mains, mais qui ne rendaient plus compte de la substance contenue dans la philosophie du Stagirite. La censure était exercée dès le 13e siècle par des théologiens craignant que ces théories nouvelles ne corrompent les esprits et soient mal interprétées par des étudiants qui n'avaient pas une formation suffisante pour les mettre en cause ou les discuter. Il était donc fondamental d'opérer des choix dans les extraits rassemblés et d'éliminer des passages ambigus afin de se mettre à l'abri de condamnations ecclésiastiques. C'est ainsi qu'on retrouve de nombreuses citations qui sont souvent très générales et ont une portée universelle adaptable à de nombreux contextes.

Pour toutes ces raisons, la plupart des florilèges philosophiques de cette époque ne constituent plus qu'un pâle reflet des doctrines originales des auteurs pillés, mais ils avaient l'avantage de pouvoir être utilisés par tous, qu'il s'agisse d'étudiants ou de prédicateurs. Grâce à leur caractère pratique et synthétique, ils pouvaient être très facilement recopiés par des intellectuels pauvres qui n'avaient pas les moyens d'acquérir les manuscrits contenant les œuvres complètes des auteurs, ce qui explique aussi leur succès.

Comme pour les époques précédentes, certains compilateurs se servaient parfois d'un matériel préexistant pour composer leur florilège. Ainsi les *Parvi flores*, compilation consacrée à la philosophie aristotélicienne à la fin du 13e siècle, contiennent-ils un prologue qui ne fut pas rédigé par son compilateur, puisqu'il circulait indépendamment dans des manuscrits antérieurs. A cela s'ajoute un florilège plus ancien des œuvres logiques ainsi qu'un autre contenant des extraits d'éthique provenant d'œuvres d'auteurs classiques (Sénèque, Boèce, Apulée), déjà en circulation antérieurement, récupérés eux aussi dans cet instrument de travail philosophique. Comme l'ambition du compilateur était de donner des extraits de toutes les œuvres d'Aristote traduites en latin et connues à son époque, il ajoute alors lui-même à ce matériel emprunté des extraits des œuvres récemment traduites du grec et qui n'avaient pas encore été compilées.

En réalisant son travail, il fait des choix qui ne sont pas toujours judicieux. La plupart des citations ne sont pas littérales. Une seule phrase suffit parfois à résumer tout un chapitre. La plupart des citations sont très courtes et peuvent donc être facilement mémorisées. Elles suivent en général l'ordre du texte dans chaque œuvre, mais le contenu ne reflète absolument pas les subtilités de nombreuses doctrines aristotéliciennes. A cette époque, la *brevitas* est déjà de mise pour diverses raisons. Le compilateur, en rassemblant la documentation, a visiblement censuré bon nombre de passages afin de pouvoir mettre son travail entre toutes les mains. Ce fait n'est pas étonnant de la part d'un lecteur franciscain enseignant dans son couvent à Montpellier[42]. Comme il travaille à une époque où la philosophie thomiste est encore sous le coup des condamnations ecclésiastiques, il emprunte de

---

[42] Cfr. J. HAMESSE, «Johannes de Fonte, compilateur des *Parvi flores*? Le témoignage de plusieurs manuscripts conservés à la Bibliothèque Vaticane», *Archivum Franciscanum Historicum*, 88 (1995) 515-531.

nombreux extraits à Thomas d'Aquin sans jamais le nommer, mais en les mettant essentiellement au nom du *Commentator*, qui, comme on le sait, désignait Averroès à cette époque.

4. CONCLUSIONS

La complexité de ces recueils est patente. Les problèmes rencontrés, lorsqu'on les étudie, sont très nombreux et comme les florilèges recouvrent des domaines de sources très différents, chaque catégorie devrait faire l'objet d'une étude particulière rédigée par un spécialiste en la matière. Comme certains points communs émergent des recherches faites précédemment, cet exposé a tenté de les prendre en compte en les situant aussi dans des limites chronologiques. En effet, il existe en plus une évolution entre le haut et le bas moyen âge dont il est indispensable de tenir compte. On pourrait encore écrire plusieurs pages à propos de ces recueils à succès. Dans de nombreux cas, ils ont constitué les témoins privilégiés de textes antérieurs, base de la culture ou de l'enseignement.

Leur contenu est toujours révélateur du niveau culturel d'un milieu et illustre la méthode de travail propre aux intellectuels d'une époque. On peut y retracer les intérêts des utilisateurs de chaque période et voir ainsi se constituer progressivement une sorte de répertoire des textes les plus lus et les plus appréciés par les médiévaux. Leur emploi dans les milieux scolaires, monastiques et universitaires, illustre leur caractère universel, malgré leur contenu constitué essentiellement à partir d'une documentation de seconde main.

Tout en reconnaissant leur utilité, il faut admettre cependant que ces recueils sont parfois très décevants à cause de l'appauvrissement qu'ils apportent à la richesse d'une pensée originale. Certains auteurs médiévaux, conscients de ces limites, n'ont d'ailleurs pas hésité à porter un jugement sur ces compilations et à souligner les défauts inhérents à ces instruments de travail. Robert de Melun avait déjà dénoncé les dangers d'un recours abusif aux recueils de gloses dès le 12e siècle, parce qu'ils occultaient souvent le sens original des textes, lorsque le lecteur se limitait à lire ou à étudier seulement une collection d'explications plus ou moins intéressantes au lieu d'essayer de saisir la portée profonde d'un passage[43]. De même le bénédictin

---

[43] Cfr. *De modis colligendi summas et docendi*. Tel est le titre donné à la préface dans certains manuscrits des *Sententiae*. Cfr. R.M. MARTIN, *Oeuvres de Robert de Melun*. T. III: *Sententie,* vol.I. Texte inédit (Spicilegium Sacrum Lovaniense, 21), Peeters, Louvain 1947, pp. XIV-XV.

Engelbert d'Admont (1250-1331), qui avait fait ses études chez les dominicains à Padoue, centre pourtant très réputé à l'époque, souligne-t-il leurs limites après son retour au monastère, là où il avait désormais accès au texte intégral de plusieurs œuvres. Il illustre leurs carences et leurs défauts et reproche à certains professeurs d'avoir occulté l'originalité de la pensée d'un auteur en se basant sur ces recueils d'extraits pour faire cours, plutôt que sur les œuvres complètes. Il en résultait donc dans l'enseignement un appauvrissement regrettable à cause d'une simplification excessive des difficultés de compréhension et de la suppression des nuances. Aussi se réjouit-il d'être rentré dans son monastère pour avoir accès aux *originalia* des auteurs expliqués aux cours et pour pouvoir retrouver dans ces œuvres les expressions authentiques et les questions difficiles que son professeur n'avait pas abordées ou bien avait passées sous silence dans son enseignement[44].

Il est alors très surprenant de constater que, malgré leur pauvreté doctrinale, leur caractère toujours incomplet et souvent l'inexactitude des références données ou la corruption du texte de certains passages, quelques florilèges aient continué à être utilisés à la Renaissance et même au-delà[45]. Malgré les critiques des humanistes, certains recueils sont encore mis à jour, enrichis et diffusés et l'invention de l'imprimerie va leur donner un nouvel essor. On constate en effet que les premiers imprimeurs s'installaient souvent près des universités et choisissaient les textes à succès pour en faire de nouvelles éditions. Les instruments de travail en faisaient partie et trouvaient toujours acquéreurs auprès des étudiants qui recherchaient ces recueils pratiques et utiles.

Mais, grâce à l'imprimerie aussi, les oeuvres complètes des auteurs commenceront à circuler et deviendront plus accessibles à tous. La lecture

---

[44] Cfr. P.T. WICHNER, «Zwei Bucherverzeichnisse des 14. Jahrh. in der Admonter Stiftsbibliothek», *Zentralblatt für Bibliothekswesen,* Bd. I, Beihefte 4 (1889) 509: «... Deinde post quinquennium audivi Theologiam Paduae in domo Praedicatorum sub magistris lectoribus. Tunc ibidem in eodem studio quatuor annos mansi. Et deinde ad claustrum meum rediens in Admundam, totum studium meum posui *ad originalia inquirenda et perlegenda*: quorum Deo dante pervidi et perlegi numerum competentem, et inveni in quibusdam eorum multa breviter et succincte posita et dicta. Quae aliqui magni doctores *in terminacionibus aliquarum difficilium quaestionum*, non expressis nominatim, nec in dictis eorum auctoritatibus posuerunt quod *forsitan factum est gracia brevitatis*».

[45] Cfr. J. HAMESSE, «Un cas intéressant de pasage des manuscrits aux livres imprimés: les manuels philosophiques médiévaux», in O. Merisalo - C. Tristano (eds.), *Dal libro manoscritto al libro stampato*. Atti del Convegni Internationale di Studio (Roma, 10-12 décembre 2009), Spoleto 2010, p.23-38.

des intellectuels se fera d'ailleurs désormais sur cette base. Les florilèges ne serviront plus à l'acquisition d'une culture indispensable. Ils resteront uniquement en circulation à cause de leur caractère pratique et seront considérés comme des réservoirs de citations, des recueils maniables et faciles à transporter. Beaucoup d'intellectuels chercheront à retrouver le texte original des sources et le sens philologique des imprimeurs se développera au détriment d'une littérature de seconde main. On assiste d'ailleurs aussi à la même époque à un changement de mentalité. Le recours aux *auctoritates* qui faisait partie intégrante de la méthode scolastique va progressivement tendre à disparaître et sera remplacé par la mise en valeur de la *ratio*. L'expérimentation se développera dans tous les domaines et remplacera le recours aux arguments du passé. Après avoir connu une existence longue et prospère, ce «genre littéraire» va laisser la place à une autre manière de penser et l'esprit critique finira par l'emporter, limitant fortement la portée des citations médiévales. De nouvelles traductions faites à partir de manuscrits grecs retrouvés vont donner une nouvelle impulsion aux études et à la fin du 17e siècle les manuels médiévaux deviendront complètement obsolètes. Mais, certaines des citations qu'ils véhiculaient circulent encore dans les œuvres de plusieurs auteurs modernes et quelques adages ont survécu et sont passés dans le langage courant de nos contemporains, témoins d'une sagesse populaire.

César Chaparro Gómez*

LA FÁBULA LATINA MEDIEVAL: UN ITINERARIO COMPLEJO DE IMITACIONES Y RECREACIONES

1. Consideraciones generales

Tomo prestadas las palabras de uno de los mejores conocedores de la fábula grecolatina, el Dr. Rodríguez Adrados, palabras que han de servir de introducción y, especialmente, de justificación del título que encabeza estas líneas:

> Pocos géneros literarios, si es que existe alguno, presentan una continuidad mayor a lo largo de su historia que la fábula, desde Sumeria hasta nuestros días. Ha pasado de literatura en literatura, de lengua en lengua, produciendo incesantes derivaciones, imitaciones, recreaciones. Siempre igual y siempre diferente, ha absorbido religiones, filosofías y culturas diversas, a las que ha servido de expresión. Pero también de contraste, pues la fábula ha comportado siempre un elemento de crítica, realismo y popularismo...Y es que la fábula es un género popular y tradicional, esencialmente 'abierto', que vive en infinitas variantes, como tantos otros géneros populares. Los mismos copistas de los manuscritos se creen autorizados a introducir variantes intencionadas de contenido, estilo o lengua. Hay infinitas contaminaciones, prosificaciones, versificaciones. Las fábulas pasan de los ejemplos sueltos a las colecciones y al revés, indefinidamente. Y las colecciones aumentan o disminuyen su material, se escinden,... Para los cínicos la fábula era un arma al tiempo de enseñanza y de ataque, mezcla de serio y de broma. Pero luego la fábula volvió a prosificarse, en medio de un pulular de redacciones múltiples, moralizándose y usándose en la enseñanza en general, no sólo por parte de los cínicos, sino en las escuelas[1].

En estas líneas se encuentra magníficamente reflejada la complejidad inherente a la temática fabulística y la necesidad, por tanto, de (dejando al

---

* Departamento de Ciencias de la Antigüedad. Universidad de Extremadura. chaparro@unex.es.

[1] F. Rodríguez Adrados, *Historia de la fábula greco-latina*, I, Ed. Universidad Complutense, Madrid 1979, pp. 11-12.

lado otra serie de aspectos, vertientes y problemas, entre los que está sin duda el de la reconstrucción de un *stemma* en el que se contemple la tradición de todas y cada una de las fábulas) acotar el terreno de nuestra reflexión. Sin entrar en prolijas distinciones, se puede afirmar que la fábula occidental se desarrolló, en un principio, en un marco o vertiente de uso popular y oral; que dicha fábula, aun manteniendo características de sus orígenes orales, pasó plenamente al ámbito de la creación literaria escrita, cuyo *status* alcanzó gracias a la progresiva formalización del género, especialmente en su modalidad poética, y a la reunión en colecciones; y que la fábula, incardinada en primera fila como uno de los *progymnasmata*, conoció un desarrollo y difusión inusitados, especialmente relacionados con la actividad didáctica y escolar, bien en su vertiente de enseñanza general bien en el de la intencionalidad moral que progresivamente se apodera de ella[2].

La fábula latina medieval, la de tradición grecolatina comúnmente denominada esópica, se puede dividir, desde un punto de vista formal, en dos grandes corrientes: las paráfrasis en prosa y las colecciones poéticas. Dentro de la primera destacan, entre otros muchos, el *Romulus*, el *grammaticus* Ademaro de Chabannes y, a partir de finales del siglo XII, Odón de Cheriton o John Sheppey; en la segunda sobresalen el *Aesopus* de Gualtero Ánglico, el *Novus Aesopus* del *magister* Alejandro Neckam o las fábulas del poeta de Asti. En una acepción más o menos estricta, todos ellos eran *magistri*, hombres de escuela, familiarizados por tanto con las técnicas de enseñanza y aprendizaje gramaticales y retóricas por ellos asumidas y a la vez impartidas; eran, igualmente, hombres religiosos y de Iglesia, conocedores de las Sagradas Escrituras y de sus diversas interpretaciones y sentidos (histórico, moral y alegórico). Eran a la vez hijos de su tiempo, hombres interesados por la naturaleza y sus misterios y por lo tanto por los animales (elementos esenciales de las fábulas y portadores de actitudes y valores), lectores de autores como Aristóteles, Plinio o Isidoro de Sevilla, que se convierten así en

---

[2] C. CHAPARRO GÓMEZ, «Una parte del programa educativo del Humanismo: los ejercicios elementales de composición literaria», in *Actas del Simposio internacional IV Centenario de la publicación de la 'Minerva' del Brocense (1587-1987)*, Institución Cultural El Brocense, Cáceres 1989, pp. 119-128. Nos hacemos eco asimismo de las certeras palabras de L. ESTEBAN («Las fábulas esópicas, texto escolar en la alta y baja Edad Media», *Helmantica*, 136-138 (1994) 487) cuando afirma: «El itinerario seguido por los principales fabulistas y sus colecciones a través de los manuscritos y su transmisión…ha carecido por lo general, de estudios en torno a su incidencia en el ámbito escolar, algo que sin embargo los Humanistas entendieron muy bien».

parte integrante del patrimonio cultural de los que frecuentaban las escuelas[3]. Es por ello que su tratamiento de la fábula, sus realizaciones en prosa o en verso, tendrán que ver ineludiblemente con el ambiente y entorno en el que se desarrollan, con las preocupaciones e intenciones que les animan; estarán insertas, en una palabra, en el marco de sus escuelas y monasterios. Sus fábulas son antes que nada, aunque no sólo, piezas escolares.

En un más que necesario resumen y con una cierta simplificación, hemos de decir que la escuela grecolatina (dejados a un lado los movimientos cínico y estoico, introductores de la fábula en la escuela como recurso moralizador y vehículo de sus ideologías) se sirvió de la fábula como medio facilitador en el proceso de aprendizaje, tal como queda constatado en los autores clásicos y de modo especial en Cicerón y Quintiliano, cuyos textos son bien conocidos. Desde el *magister ludi* hasta el *rhetor*, pasando por el *grammaticus*, todos advirtieron su beneficioso uso en los procesos de aprendizaje lecto-escritor, gramatical y retórico. Las manifestaciones son múltiples. La capacidad didáctica de los relatos atribuidos a Esopo hizo de la fábula un instrumento esencial en la formación escolar.

En el ámbito tardoantiguo y medieval las funciones llevadas a cabo por la fábula esópica fueron aún más importantes: el *Aesopus*, eternamente presente en los *auctores* que se debían aprender en la escuela, no era sólo utilizado para ejercitar la lengua, el estilo o la memoria; su contenido exaltaba siempre una intención moral y pedagógica. La moral coge poco a poco ventaja sobre la fábula propia y verdadera mientras la figura del fabulista pierde color más y más. Las síntesis o colecciones medievales, a menudo anónimas, se rehacen indefectiblemente con los nombres estereotipados de Esopo y Aviano, pero sus autores ignoran que el supuesto Esopo es en realidad Fedro, mediato o no, a través de la paráfrasis del *Romulus*, al tiempo que sobrevaloran el interés de la obra de aquel modesto epígono que en realidad fue Aviano, independiente sólo en la métrica y en los argumentos. Puestas más o menos libremente en lenguas vulgares, estas colecciones en los siglos siguientes y en ambientes en los que el latín se comprendía poco y bajo los nombres de *Ysopets* y de *Avionnets* continuaron ejerciendo en las escuelas su función de amaestramiento moral.

Va a ser, de ese modo, en los *Progymnasmata* donde la fábula encontrará en lugar privilegiado, el adecuado acomodo para su definitiva inserción como recurso de aprendizaje escolar. Sin embargo, la serie *progymnasmática* (preferentemente la de Aftonio) no constituye, como las

---

[3] Un desarrollo más pormenorizado de estas afirmaciones puede verse en F. BERTINI, *Interpreti medievali di Fedro*, Ed. Liguori, Napoli 1998, pp. 9-11.

Categorías aristotélicas, un cuadro lógico de direcciones mentales o de conceptos fundamentales que permitan el funcionamiento del espíritu, sino más bien un conjunto de medios, confirmados por el uso y la experiencia, que posibilita al futuro orador disponer, en todas las circunstancias de su actividad profesional, o incluso en sus conversaciones o intercambios epistolares, de las bazas necesarias para el cumplimiento de su objetivo: hacerse comprender y, en la medida de lo posible, conseguir la convicción del otro. Sin entrar en el detalle de estos temas o «preludios oratorios», hay que afirmar que van dirigidos a niños o adolescentes más o menos atentos. Por ello la brevedad es reconocida como un mérito, en un hábil uso dosificado de lo concreto y lo abstracto[4]. El *Progymnasma* no es el artificio del sofista –en el sentido peyorativo del término- sino el producto el maestro-educador. Sin duda alguna, en este aspecto jugaron un papel importantísimo los ejemplos aducidos que eran recogidos e incorporados a los programas educativos. De esa manera, tras el aprendizaje de unos contenidos lógicos, iba la asunción por parte de los alumnos de unas «direcciones» morales (*res honestas et utiles perdiscant* se dice en una recomendación que se hace en el Renacimiento a favor de los *Progymnasmata*).

Por otra parte, el éxito continuado del *progymnasma* se debe a la capacidad de transformarse el texto y ser asimilado por los maestros para cualquier tipo de composición. Es el carácter de obras, difundidas y practicadas en las escuelas, que no son consideradas textos *ne varietur* a los que el respeto y admiración prohibirían cambiar la menor fórmula. Son más bien un material puesto a la disposición de los maestros para que ellos lo puedan tratar según las circunstancias, edad o aptitudes intelectuales de los niños o adolescentes a los que se destina: de ahí las abreviaciones y desarrollos, la transformación de un texto en un corto diálogo entre maestro y alumno, la fragmentación de un capítulo o parágrafo en pequeñas frases o simples fórmulas, la reasunción total de la materia y la incorporación de notas o comentarios anteriores, su prosificación o versificación según sea el

---

[4] Estos temas, como así los llamará también Erasmo en su *Liber de ratione studii*, están a medio camino entre el arte de la argumentación y el arte de la demostración. Se presentan bajo la apariencia lógica, pero es la lógica de la palabra «empeñada», de la palabra destinada a instruir y adoctrinar, moralmente, a los espíritus jóvenes. Por otra parte, acerca de la *breuitas* puede verse nuestro trabajo «Aportación a la estética de la fábula grecolatina: análisis y valoración de la breuitas *fedriana*», *Emerita*, LIV (1986) 123-150.

caso. De esa manera, la popularidad de los *progymnasmata* se debería al número y variedad de tratamientos que han podido sufrir y que a veces (no es el caso de la fábula) vuelve irreconocible al texto primitivo. Pero ese es el precio a pagar por la capacidad de transformarse para hacerse más asequible al público estudiantil y conferirle, mediante esquemas explicativos, más eficacia.

En el ámbito de esa actividad didáctica se generaron colecciones de corte y finalidad específicamente didácticos, destinadas a pedagogos y gramáticos encargados de la formación primaria del alumno y a profesores de retórica responsables de la formación de los adolescentes. La característica de esta fabulística didáctica es que los relatos están acompañados de indicaciones para su posible utilización contextual, así como del significado simbólico, formulado en clave exclusivamente moralista. La memorización y repetición de fábulas esópicas constituyen, pues, la primera experiencia literaria del alumno, enriquecida además con la experiencia moralizadora. Tenemos así que el aprendizaje de un moralismo elemental y básico en la escuela estuvo siempre vinculado al ejercicio gramatical, sintáctico, estilístico, elementos todos ellos necesarios para adquirir una formación mínima imprescindible para desenvolverse en público. A esto seguía otro tipo de ejercicios: la prosificación, si la fábula-modelo estaba en verso y al revés, o sea, la redacción métrica a partir de modelos en prosa; la variación, consistente en realizar distintos tipos de paráfrasis (literales, resúmenes, ampliaciones a base de digresiones, etc.); la comparación simbólico-referencial entre la historieta narrada y casos reales; la formulación de moralejas distintas de la del modelo, pero manteniendo intacto el relato; la elaboración de nuevas fábulas, pero partiendo de una moraleja dada[5].

Resumiendo estas consideraciones generales, en la fabulística latina medieval, nos vamos a encontrar colecciones en las que, siguiendo el ejemplo práctico del rétor Aftonio[6] y sin olvidar en ningún momento el

---

[5] C. CHAPARRO GÓMEZ, «La fábula latina: entre ejercicio escolar y pieza literaria», *Forma breve*, 3 (2005) 33-53; este trabajo, traducido al francés («Le fable latine entre exercice scolaire et oeuvre littéraire») apareció en *Le Fablier. Revue des Amis de Jean de La Fontaine*, 18 (2007) 17-27.

[6] El rétor Aftonio no fue un simple teórico de los *progymnasmata*. Por suerte para la transmisión fabulística dejó una colección de fábulas (cuarenta) que, al igual que su andamiaje teórico, en la práctica marcaron un canon de realización concreta. Sus fábulas, sometidas a una remodelación notable, tienen una clara intención didáctica, destacando por su brevedad, dentro de una estructura que podríamos calificar de tradicional y cuyo final con frecuencia corta y abrevia; siguen esquemas

barniz moralista, la pretensión didáctica predomina casi exclusivamente; nos toparemos con otras colecciones, en las que –como productos naturales de un tiempo y espacio concretos- el virtuosismo literario obscurecerá de alguna manera el propósito didáctico-moral; otro grupo de apólogos estará claramente encaminado a su utilización en los sermones y homilías en el seno de la Iglesia; finalmente, en no pocas colecciones fabulísticas el elemento de crítica social y religiosa impregnará cada una de las realizaciones concretas[7].

2. El modelo clásico: Fedro

Veamos, en primer lugar, una fábula de creación original de FEDRO (5.3), *Caluus et musca*. Este es el texto del que partiremos en el análisis de imitaciones y recreaciones posteriores:

> Calui momordit musca nudatum caput;
> quam opprimere captans alapam sibi duxit grauem.
> Tunc illa irridens: «Punctum uolucris paruulae
> uoluisti morte ulcisci; quid facies tibi,
> iniuriae qui addideris contumeliam?».   5
> Respondit: «Mecum facile redeo in gratiam,
> quia non fuisse mentem laedendi scio.
> Sed te, contempti generis animal improbum,
> quae delectaris bibere humanum sanguinem,
> optem necare uel maiore incommodo».   10
> Hoc argumentum ueniam dari docet
> qui casu peccat. Nam qui consilio est nocens,
> illum esse quamuis dignum poena iudico.

simétricos de exposición y presentan un estilo «simple» o *aphelés,* precisamente el recomendado por los rétores para la fábula. Dicho estilo se caracteriza por las antítesis y paralelismos, la ausencia de períodos complejos y aún la rareza del estilo indirecto, pero sobre todo por un vocabulario ni rebuscado ni difícil, con predominio de un léxico común, pero no vulgar. Se resumen en el purismo no excesivo, mezclado de naturalidad.

[7] C. CHAPARRO GÓMEZ, «Verso y prosa en la fábula latina medieval» in M. C. Díaz y Díaz - J. M. Díaz de Bustamante, *Poesía latina medieval (Siglos V-XV),* Sismel Ed. del Galluzzo, Firenze 2005, pp. 245-261; ID., «Non bene pro toto libertas uenditur auro*: Versiones medievales de la fábula* Lupus ad canem», in Aires A. Nascimento - Paulo F. Alberto (eds.), *Actas do IV Congresso Internacional de Latim Medieval Hispânico*, Centro de Estudos Clássicos, Lisboa 2006, pp. 317-331.

Esta fábula es creación original de Fedro, encuadrada en la temática fedriana, de raíz estoica, de la tajante división buenos / malos y el consiguiente castigo de estos últimos. La maldad está concretada en esta ocasión en la insignificante, jactanciosa e insensata mosca, símbolo de todo lo que la ideología cínica rechaza y odia. No olvidemos que en Fedro se dan íntimamente unidos los dos estratos, el cínico y el estoico moralista[8]. La estructura de la fábula responde a la propia de una fábula de situación, ampliada hasta convertirse en fábula de debate o agónica entre el hombre y la mosca. La oposición en el conflicto es verbal, más que física, por lo que no es necesario que la victoria del hombre se vea reflejada en la muerte del despreciable animal. La superioridad del hombre se manifiesta en su alocución, que se inicia en tono irónico, respondiendo a la pregunta burlona de la mosca, para acabar en violenta indignación[9]. Según las pautas estructuralistas propuestas por R. Adrados, la fábula se divide en tres bloques: situación, diálogo o enfrentamiento y moralidad o epimitio. En los dos primeros versos se presenta la situación de los dos protagonistas (A/B). Entre los versos 3 a 10, ambos mantienen un diálogo en el que ocupa la mayor parte (cinco versos de ocho) la respuesta del hombre. La fábula termina con un epimitio, que en nuestra opinión se divide a su vez en dos (origen probablemente de la doble moraleja que aparece en algunas de las versiones posteriores): a) merece perdón el que obra mal pero inconscientemente; b) hay que perseguir el mal por pequeño que sea, aún a costa de producirnos algún daño.

A la hora de enjuiciar las acciones y los comportamientos de los antagonistas (base de la formulación moral del final de la fábula), se advierte que en referencia a los hechos, éstos son presentados de manera desproporcionada: frente a la acción del malo, el insignificante *punctum uolucris paruulae* de la mosca, la respuesta humana es contundente: el castigo de la muerte (*morte ulcisci*), dando pie a una de las conclusiones de la moraleja final, «hay que perseguir al malvado incluso si este es insignificante y aun a costa de dañarnos» (*maiore incommodo*). En referencia a los personajes y, especialmente, en su caracterización está el aspecto más significativo de la fábula: el hombre es apenas descrito o caracterizado (*nudatum* referido a *caput* del v. 1, por otra parte innecesario); sin embargo, la caracterización de la mosca es muy marcada, sobre todo

---

[8] C. CHAPARRO GÓMEZ, «La parresía y la anaídeia fedrianas: contenido y originalidad», *Anuario de Estudios Filológicos*, 5 (1982) 33-43.

[9] Sobre todo esto resulta muy instructiva la introducción de M. MAÑAS NÚÑEZ a la edición y traducción de Fedro y Aviano: *Fábulas*, Ed. Akal, Madrid 1998.

desde el punto de vista moral: además de *irridens* (actitud burlona) y algún dato más, la mosca es denominada *animal improbum contempti generis* (personificación del mal), «animal malvado de una especie despreciable», prototipo del vicio que «chupa la sangre de los hombres» sin aportar nada positivo. En cuanto al epimitio, llama la atención que la primera parte del mismo (la que se refiere al perdón del error si el malvado obró inconscientemente, motivo que tendrá posteriormente largo y fructífero desarrollo, sobre todo en el Cristianismo) no tiene reflejo alguno en el desarrollo anterior de la acción. Por otra parte, el texto fedriano es presentado formalmente de manera antitética en un constante enfrentamiento *ego/tu*, que se traducen en paralelismos constantes (*tibi, mecum, te*, etc.); alguna interrogación retórica (*quid facies tibi?*), aliteraciones (*uolucris paruulae uoluisti*) son parte de los recursos literarios utilizados por Fedro en este sencilla, pero no vulgar (léxicamente hablando) fábula.

3. PARÁFRASIS MEDIEVALES EN PROSA

Entre las paráfrasis posteriores realizadas en prosa, de un marcado carácter didáctico o escolar, están las existentes en el ROMVLVS VULGARIS 2,13 (A) y en la colección de ADEMARVS 66 (B)[10]:

(A)   Qui sibi iniuriam facit, *alio pulsante* ridendus *non* est, <ut haec fabula narrat>:
    Vt caluo fuit iniuriosa musca, et nudum caput capillis assiduo morsu tundebat, ille sibi alapis non parcebat, uolens *inimicam capere*. Illa ridens plus faciebat, et caluus *ad eam sic* ait: Mortem queris, improba. *Nam facile* mecum redeo in gratiam; *tu autem* mea morieris alapa.
    Hec fabula de iniuriosis qui sibi inimicos creant.

(B)   Caluo iniuriosa fuit musca, et nudum caput capillis assiduo morsu tundebat. Ille sibi alapis non parcebat, uolens *iniquam rapere*; illa ridens plus faciebat. Et caluus ait: Mortem quaeris, improba, *facilem; si tamen* mecum redieris in gratiam, *non* morieris mea alapa.
    Iniuriosis, qui sibi inimicos creant; et qui sibi iniuriam facit, *aliis plus* ridendus est.

---

[10] Los textos presentados en paralelo están tomados de F. BERTINI, in *Favolisti Latini Medievali*, III, Università di Genova, Genova 1988, pp. 192-193. En cada texto están subrayados los vocablos que no aparecen en el otro.

Romulus es, como se sabe, una colección de fábulas, datable a partir del siglo IV d. C. aproximadamente. En opinión de R. Adrados es el fundamento de casi todas las colecciones de fábulas medievales, cuyos autores son eminentemente «escolares». Su característica formal más importante es que tiene promitio y epimitio claramente diferenciados. Por lo demás es una prosificación abreviada de la fábula de Fedro, que es reducida a apenas tres líneas. En estilo yuxtapuesto y de sencilla coordinación, en un toma y daca antitético igualmente simple (*ille...illa*), el diálogo entre los antagonistas de la fábula de Fedro es reducido a un escueto monólogo del hombre. Todo hace pensar que estamos ante un tipo de fábula muy parecida a las reelaboradas por Aftonio en su colección de fábulas «retóricas». Aunque se han eliminado otros matices, sobre todo la acción, y los personajes son indicados de manera escueta, el personaje central de la fábula (la mosca) no ha perdido su caracterización sicológica y moral (*ridens... iniuriosa... inimica... improba*), incluso la ha aumentado; es el texto de Fedro reducido a su quintaesencia, sin recursos literarios y sin la *uis* crítica y jocosa de su fábula. La doble moraleja nada tiene que ver con la que aparece en Fedro: la *moralitas* empieza a tener vida propia, separada del texto.

El *grammaticus* Ademaro, a quien pertenece el siguiente texto, elaboró (aunque es muy discutida su paternidad) una síntesis de los temas fabulísticos, atendiendo principalmente a dos colecciones anteriores: *Romulus* y Fedro. Por lo que afecta al aspecto formal de la narración, él seguía al pie de la letra bien a *Romulus* bien a Fedro, según cánones hoy difíciles de descubrir, o contaminando los dos textos mediante su unión. Ademaro en suma adoptó, al reelaborar sus 67 fábulas, la técnica plagiario-compilatoria que caracterizó su obra principal, el *Chronicon*, y otros escritos menores. El hecho de que el *Romulu*s estuviera en prosa y Fedro en verso no causó ninguna dificultad al monje, porque en el siglo XI Ademaro difícilmente advertía la estructura métrica del senario yámbico fedriano, como ya un siglo antes la monja Rosvita estaba convencida de que las comedias de Terencio fueron escritas en prosa.

El texto de Ademaro es muy semejante en estructura y estilo al que aparece en el *Romulus*; sin embargo, hay un par de datos importantes que lo separan de su fuente. Me refiero en primer lugar al hecho de que sólo existe epimitio, aunque este es doble y muy forzado en su expresión; de hecho contiene una suerte de anacoluto, por lo que se hace indispensable poner un signo que divida las dos partes, la segunda de las cuales está en contraste o al menos no se corresponde con lo que cuenta la fábula: «y quien se proporciona daño a sí solo, debe ser aún más objeto de risa por parte de los demás». En segundo lugar, la contestación verbal del calvo a la acción de la mosca cambia radicalmente en su parte final con respecto a la que aparece en la fuente y a la que aparecerá en versiones posteriores, haciéndola muy novedosa y, sobre todo al introducir el tema del perdón, muy adecuada a la creencia y práctica cristianas (*si tamen mecum redieris in gratiam, non morieris mea alapa*). Por lo demás, las diferencias con la fuente del *Romulus* son escasas: *iniquam* por *inimicam*, *rapere* por *capere*, supresión de *ad eam sic* y la mencionada de *facilem* (concertado con *mortem*) por *facile*. Es, por lo tanto, una fábula de corte retórico escolar, con atención especial a las moralejas, en la línea de Aftonio y del *Romulus*. Del mismo tipo serían también las colecciones que, se sabe, Alcuino en el siglo VIII y Remigio en el IX querían hacer para el uso de sus alumnos.

4. RECREACIONES MEDIEVALES POÉTICAS

Un segundo bloque de paráfrasis fabulísticas latinas medievales estaría constituido, entre otros de menor importancia, por las recreaciones poéticas de las colecciones de GUALTERO ÁNGLICO y ALEJANDRO NECKAM. Estas se encuadran en el denominado «Renacimiento del siglo XII», en el que se asiste –por lo que se refiere al ámbito de la fabulística latina-, a un notable reflorecimiento de la producción en verso, que viene a sustituir y contraponerse, aunque en afinidad temática esencial, a las precedentes producciones prosísticas, que centradas preferentemente en las reelaboraciones, a menudo al pie de la letra y comúnmente privadas de originalidad artística, de las fábulas de Fedro, habían encontrado en el anónimo compilador del *Romulus* y en Ademaro de Chabannes sus más acreditados representantes. Las colecciones fabulísticas en verso, a diferencia del *Romulus* y de Ademaro, presentan una indudable superioridad literaria y, aunque en una común finalidad didáctica, revelan en sus autores una tendencia destacada hacia la expresión *ornata*, el cuidado de los detalles y la utilización de las figuras retóricas y de los principales procedimientos compositivos medievales[11]. Así pues, a la motivación didáctica, escolástica, se uniría una más que evidente motivación técnica, en el intento de considerar esas breves composiciones sobre todo como ejemplos de estilo *ornatus*, como *specimina* del arte retórico y versificatorio: figuras retóricas y

---

[11] Estos se verán teorizados y ampliamente ejemplificados en los innumerables tratados de retórica y de versificación que en las postrimerías del XII y a lo largo del XIII, caracterizan la reflexión crítica y teórica sobre la poesía y su elaboración técnica y estilística.

procedimientos compositivos, que se pueden encontrar codificados en las *artes* y en las *poetriae* de los siglos XII y XIII.

Así pues, los textos de Gualtero Ánglico y Alejandro Neckam, aunque elaborados dentro del ámbito de la actividad escolar y de formación, presentan una característica particular, que tiene distintas vertientes: son piezas escolares que además de servir para la enseñanza y la moralización pretenden deleitar, divertir o agradar, por una parte, y por otra, ejercer la crítica (de forma muchas veces velada) hacia actitudes, personas y grupos concretos. Son piezas, pues, interpretadas como *ioci*, tal como fueron entendidas sus piezas por el fabulista Fedro, a quien siguen mayoritariamente y a mayor o menor distancia, según la influencia directa o indirecta del *Romulus*. Si leemos atentamente el prólogo del *Aesopus* de Gualtero, recordaremos el prólogo al libro I de las fábulas fedrianas que dice: *Duplex libelli dos est; quod risum mouet et quod prudente uitam consilio monet*. El texto de Gualtero empieza así:

    Vt iuuet, ut prosit, conatur pagina presens:
      Dulcius arrident seria picta iocis.
    Ortulus iste parit fructum cum flore, fauorem
      Flos et fructus emunt; hic nitet, ille sapit.
    Si fructus plus flore placet, fructum lege; si flos   5
      Plus fructu, florem; si duo, carpe duo...

La fábula es, pues, un *iocus* o *lusus*, es una narración *ficta*, que *mouet risum*, pero también *prudenti uitam consilio monet*, empujando así *ad cogitandum*; en ella se halla, pues, una notable *utilitas*. Marco escolar, por tanto, en el que no se olvida ni el sesgo moralizante ni la vertiente de crítica, pero en el que las piezas destacan por su exquisita elaboración literaria. De hecho, algunos de estos aspectos se empiezan a observar ya en las tempranas copias de Gualtero. En muchos de los manuscritos que preservan la obra de este autor el texto en verso está acompañado de un extenso aparato académico para beneficio de maestros y alumnos. Glosas interlineales proporcionan sinónimos para un nuevo y poco familiar vocabulario, mientras que la falta de comprensión del alumno de frecuentes versos obscuros era facilitada por marcas y números. Anotaciones marginales indican la división en libros y capítulos y señalan unas especialmente memorables formulaciones del contenido moral de la fábula. Muchos códices ofrecen detallados recuentos de cada fábula en prosa; estos sumarios pueden basarse en una reducción de los propios versos de Gualtero o en la versión latina de alguna otra fábula. Los comentarios en prosa, comúnmente suplementos de las propias moralejas de Gualtero con adicionales promitios y epimitios, son sacados de una variedad de fuentes y destacados entre otros textos del currículo gramatical contemporáneo[12].

En cuanto a la forma de las versificaciones de Gualtero y Neckam, éstas adoptan el dístico elegíaco como metro, presentan un elenco extenso de rebuscadas, aunque conocidas en las escuelas, figuras literarias y su léxico es algo más elevado, sin llegar a una extrema dificultad, que el que aparece en fábulas precedentes. No obstante si el juego literario llegaba en la forma a ocultar el verdadero fin del relato fabulístico, las glosas y los comentarios o explicaciones lo reintegraban al camino de su correcta interpretación y comprensión.

La fuente inmediata de Gualtero era un *Romulus* temprano conocido hoy en su *Recensio gallicana*, escrito en el siglo V o VI en una prosa latina nada sofisticada. Las fábulas de Gualtero permanecen en todo fieles a su fuente en sus detalles narrativos y en sus tendencias morales. El aspecto más distintivo de la colección de Gualtero es la implacable demostración de su brillantez verbal; cada fábula es adornada por una diferente y a veces fuera de lugar combinación de figuras retóricas. Por otra parte, las fábulas de Gualtero nunca desbancaron completamente a Aviano, pero ganaron rápidamente terreno para ser leídas en el currículo de latín elemental. La complejidad del dístico elegíaco proporcionó al alumno medieval un sin fin de retos en el análisis y construcción, mientras que la dicción sofisticada del poeta ofrecía materiales útiles para un estudio del vocabulario. El maestro de escuela explotaría también la costumbre de este fabulista de condensar cada moraleja de la fábula en un dístico conclusivo; estas *moralitates* eran a su vez asignadas separadamente para su memorización y explicación[13]. En

---

[12] No más tarde del siglo XIII muchos comentaristas académicos añadieron de forma sorprendente detallados y alegóricos epimitios a cada fábula. Comúnmente etiquetados como *moraliter* o *spiritualiter*, estas explicaciones identifican los caracteres de los animales de la fábula con grupos humanos particulares específicamente, a menudo con situaciones religiosas. Esta misma técnica exegética es familiar desde su uso en las tardías «moralizaciones» medievales de textos de las *Metamorfosis* de Ovidio y de los *Gesta Romanorum,* pero su extendida aplicación a la fábula esópica hasta la tardía Edad Media había escapado hasta ahora a la noticia escolar.

[13] Además de la introducción que antecede a la edición de A. E. WRIGHT (*The Fables of Walter of England*, Pontifical Institute of Mediaeval Studies, Toronto 1997), resulta muy interesante en estos aspectos la segunda parte del estudio, realizada por J. PLANAS BÁDENAS, que precede al texto latino y castellano de las *Romulae Fabulae* (ms. 1213 de la Biblioteca Universitaria de Bolonia) de Gualtero

concreto la fábula *de musca et caluo* aparece con el número 32 de su *Aesopus*:

> Musca p*r*emit caluu*m*; caluus uult led*er*e muscam;
>   Vt musca*m* feriat, se ferit; illa ridet.
> Caluus ait: «Te parca iubet uicina iocari;
>   Si ferior, rides; si feriare, cades.
> Sospes ero deties (*sic*) itus (*sic*), semel icta peribis: 5
>   Est mea p*r*ompta michi gratia, surda tibi».
> Iure pot*est* ledi ludens ut ledat; in ipsum,
>   Unde breuis cepit lesio, magna reddit (*sic*).

La fábula consta de ocho versos divididos en tres partes; los dos primeros presentan la situación, los cuatro siguientes conforman el monólogo del calvo (ya no hay diálogo como pasó igualmente en las versiones precedentes) y los dos últimos, que son el epimitio, contienen la moraleja del relato. Se encuentran, más o menos explícitos, todos los elementos presentes en la fábula original de Fedro: la afrenta de la mosca, el enfado del calvo, la burla del animal, la contestación verbal con amenaza de muerte y la moraleja final. Esta última es relativamente novedosa en la tradición de esta fábula; parece ir dirigida, más que al hombre, a la mosca con la advertencia de que «no juegue a hacer daño, ya que una pequeña afrenta se puede convertir en algo más grave». Aunque la situación y el desarrollo de la acción son muy semejantes a las que nos encontramos en la fábula de Fedro, sin embargo los ecos textuales son mínimos (*ridet-ridens* nos lleva al *irridens* fedriano y *michi gratia* al *in gratiam* fedriano y poco más). La moralización de la fábula se consigue exclusivamente con el epimitio; la caracterización de la mosca se lleva a cabo por su acción y actitud y apenas un adjetivo como *surda* se le puede adjudicar, referida a su suerte o ventura.

Formalmente, el texto está estructurado de manera paralelística y antitética (*musca-caluus, ictus-icta, mihi-tibi*) en estilo preferentemente yuxtapuesto, lo cual sin duda favorecería su fácil aprendizaje y memorización. La fábula, aunque se trata de una elaboración muy abreviada, está llena de figuras retóricas. Veamos algunas de ellas. Ya el primer verso de la misma es muestra más que clara de su cuidadosa elaboración; aparte de la aliteración (presente a lo largo de todo el poema, como *ledi ludens ut ledat*

Ánglico, in *Fabulae. Las fábulas latinas de Esopo. Libro de estudios*, Ars Magna – Biblioteca Universitaria di Bologna, Madrid – Bolonia 2001. El texto latino que aportamos pertenece a esta edición.

del v. 7) nos encontramos con un complejo quiasmo con poliptoton nominal (*musca-muscam, caluus-caluum*), anadiplosis (*caluum* cierra una frase y *caluus*, la misma palabra, abre la siguiente) y *commutatio* o retruécano (lo que es sujeto en el primer miembro es objeto en el segundo y viceversa); poliptoton verbal múltiple (*feriat, ferit, ferior, feriare*); anáfora (*si ferior...si feriare*); dicolon (*si ferior, rides, si feriare, cades*); un nuevo quiasmo en el v. 5 (*sospes ero deties ictus, icta semel peribis*); elipsis frecuentes (*surda tibi*); paronomasia (*ledi ludens ut ledat*). A ello se une la introducción del valor simbólico del número (de connotaciones bíblicas) y el uso del concreto por una cantidad en general (*decies...semel*), además de la referencia poética a la muerte próxima como *parca uicina*. Todo esto nos hace ver que estamos ante una pieza muy elaborada literariamente, a pesar de su brevedad; con presencia de figuras retóricas, muchas de ellas facilitadoras de su retención fácil en la memoria, a lo que contribuye su presentación paralelística; pieza, no obstante, que no ha perdido su vertiente moralizadora (de ahí el epimitio) y escolar, a cuyo sesgo contribuyen sin duda las glosas que se incorporan al texto y, finalmente, versión que tiene una carga de crítica concreta (creo que términos como *iocari* y *ludens* contribuyen a ello) como se puede observar en las paráfrasis en prosa que muy tempranamente empiezan a acompañar a cualquier fábula[14].

El *Novus Aesopus* es el nombre con el que se conoce la colección de fábulas de Alejandro Neckam, quien entre otras obras compuso también numerosísimos sermones[15]. Como su contemporáneo Gualtero, tradujo el mismo texto en el mismo metro elegíaco, sin embargo fue bien distinto el destino de ambas obras. El *Aesopus* de Gualtero gozó en los siglos sucesivos de una notoriedad tal que ocultó no sólo a Fedro sino incluso al *Romulus*. El *Novus Aesopus* de Neckam aunque en algunos aspectos más correcto y elegante, no conoció tal suerte. La fábula *de musca et caluo* ocupa el número 19 de su colección[16]:

---

[14] A. BISANTI, «L'*ornatus* in funzione didascalica nel prologo di Gualtiero Anglico», *Sandalion*, 12-13 (1989-1990) 139-163.

[15] Nuestro autor en contraposición con la práctica predicatoria generalmente utilizada en el siglo XII, hace un uso bastante frecuente de *exempla*. Neckam los presenta al auditorio como parábolas de las que saca enseñanzas, echando mano libremente de un personal bagaje cultural, hoy bastante inexplorado.

[16] A. Neckam, *Novus Aesopus*, Ed. G. GARBUGINO, in *Favolisti Latini Medievali*, II, Università di Genova, Genova 1987.

Musca caput calui studio turbauerat acri,
  quod cedens caluus sepe fugarat eam.
Musca leuis ridens tanto magis hunc stimulabat,
  cedebat mutilum quo magis ille caput.
Caluus ait: «Rides, quia tu me cedere cogis;   5
  multotiens cedam quo semel intereas».
Dixit, et instantem uiolento percutit ictu;
  attrita sanie sordida musca fuit.
Hinc minimus discat non infestare potentem,
  qui punit subito quod tulit ipse diu.   10

La fábula de Neckam está estructurada de manera algo diferente de la observada en Gualtero. Aquí la exposición de la situación ocupa cuatro versos, el monólogo del calvo dos (sigue sin haber diálogo); se introduce en dos versos algo totalmente novedoso, ya que se pasa de las palabras a la acción y, por lo tanto, lo que en otros autores desde Fedro era un deseo o intención, aquí se lleva a efecto: se produce la muerte de la mosca. El golpe dado a la mosca en Neckam (para terminar la fábula en una justa pena por la insolencia o para preparar el camino a la nueva moral que se propone) pudo muy bien estar inspirado en un precedente seudovirgiliano. Este autor era buen conocedor de Virgilio y en particular de la *Appendix* virgiliana. La hipótesis más plausible es que en la fábula *de musca et caluo* Neckam tuviese en mente un pasaje del *Culex* (los argumentos son afines: la mosca y el mosquito son ambos insectos alados fastidiosos y molestos)[17]. En el *Romulus*, en Ademaro y en Gualtero subsiste una cierta fidelidad al modelo no comparable al *coup de théâtre* de Neckam (la muerte del insecto) que parece dar la impresión de mostrarse original y reelaborar el modelo según exigencias personales, a la luz de la necesidad didáctica y moral diversa de la que tenía Fedro y de la que movía a sus contemporáneos, que no tocaron el esqueleto de la fábula y se limitaron a eliminar el intercambio entre el calvo y la mosca, sin reemplazar el espacio dejado vacío con nuevas imágenes o desarrollos de la fábula.

Finalmente, en dos versos se presenta un epimitio, también algo novedoso: en vez del tema de «perdonar al que yerra sin querer», se inserta una casi antitética moral de «el más débil no ha de molestar al poderoso, dispuesto a vengarse de las molestias que ha soportado». Lo que más sorprende a primera vista es que la moraleja fedriana parecía más apropiada

---

[17] Además en la obrita de la *Appendix* hay versos que pueden ser la fuente del texto de Neckam (en concreto el v. 188 que se inicia *obtritum morti misit*...parece estar en la base del *attrita sanie*...de Neckam: ambos compuestos de *tero*).

y adaptable al mundo de Neckam, una moraleja fácilmente legible en clave cristiana y religiosa, según la cual los errores en Fedro podían ser fácilmente reinterpretados según el concepto de «pecado», voluntario o no y del eventual perdón concedido, como ya hizo Ademaro, quien pone en boca del calvo palabras cercanas al pensamiento cristiano y al perdón: *Si tamen mecum redieris in gratiam, non morieris mea alapa*, aunque esto no es seguido del epimitio correspondiente.

Formalmente, la versión de Neckam es semejante a la de Gualtero: dísticos elegíacos, léxico elegante y abundancia de figuras retóricas. Entre éstas, destacan las anáforas del tipo *musca...musca*; aliteraciones, algunas de las cuales están muy bien logradas, como *percutit ictu* para denotar el golpe o *sanie sordida musca*, sonidos interdentales para reflejar la sordidez; dicolon con rima interna en *multotiens cedam quo semel intereas*; poliptoton nominal en *calui...caluus* y verbal (hay varios), alguno muy llamativo (*cedens...cedebat...cedere...cedam*); parison en el último verso, cuya estructura es pronombre relativo+verbo+adverbio (*qui punit subito...quod tulit diu*). Como se ve, se trata de un texto elaborado y elegante, presentado de forma paralelística, que igualmente apunta a su finalidad escolar para una más fácil retención memorística.

En el primer verso de Neckam vuelve una *iunctura* ya presente en Fedro, *calui caput*, colocada en Neckam en posición aliterada (*musca caput calui*); *caput* no es definido en Neckam en el primer verso, sin embargo en el v. 4 se introduce el adjetivo *mutilum*, variante del fedriano *nudatum* (v. 2). Al inicio del verso 2 tenemos en ambos autores un pronombre relativo, referido a la mosca en Fedro y a la cabeza en Neckam. En el v. 3 de Neckam la *musca* es referida como *leuis*, adjetivo sólo en apariencia de ornato simple, pero en realidad interesante, tanto como para dar sentido a toda la fábula; el participio *irridens* de Fedro se torna *ridens* en Neckam. El adverbio *multotiens* (que es variante del *decies* de Gualtero) es posclásico y aparece en autores de los siglos V y VI. En definitiva, en los ocho versos que preceden a la moraleja, se observa la eliminación de algunas entradas (sutiles e ingeniosas en el original fedriano, pero inútiles en la reelaboración del fabulista medieval) y la inserción de nuevas escenas en la economía dramática de la fábula, como es la mencionada muerte.

Un creativo espíritu de *aemulatio* con respecto a Fedro y a otros autores demuestra Neckam tanto en la forma como en el contenido y un análisis de la fábula reinterpretada por nuestro autor parece exigir un estudio más profundo de los dos personajes, que intervienen en el pasaje, que evidentemente son portadores de valores y significados nuevos e imprevisibles para la visión fedriana; probablemente en la determinación de la originalidad de la fábula de Neckam ha intervenido el hecho de las dos figuras protagonistas, que están caracterizadas y hasta caricaturizadas en el Medievo por una simbología muy particular.

De hecho, hay estudios muy interesantes sobre la figura del calvo y su simbología en el ámbito medieval[18], y más en concreto en la fabulística: esta figura (ya desde el ambiente fabulístico de Ademaro, como lo demuestra su fábula «El calvo y el hortelano») es un símbolo altamente religioso, símbolo de Cristo y en general del hombre religioso y de iglesia (aquí habría que introducir, como es lógico, el tema de la tonsura, eclesial y jurídica, muy relacionado con ello). En esta simbología positiva, que hunde sus raíces en los textos bíblicos, el *caluus* es ejemplo y representación del hombre de iglesia, del hombre con tonsura, del hombre justo, que actúa con instrumentos religioso-jurídicos: *alapa et ictu*. A la luz de esta simbología, hay que interpretar en sentidos más estrictos y concretos los términos *alapa*, de complejo significado técnico relativo a la investidura, e *ictus* como «los golpes que se dan en la administración de la justicia» (quizás el *iure* de Gualtero también tiene que ver con esto).

En este sentido, a su vez, la figura de la mosca, coprotagonista antagónica del calvo, se presenta como símbolo del mal y del pecado. En textos bíblicos e igualmente en comentarios patrísticos *muscas et tabanos intellegere debemus...daemones et erraticos spiritus*. La mosca se identifica, pues, con el *diabolus*; es más, el nombre de Baalzebub que aparece entre otros textos en *Reg.* II 1,1-18, literalmente significa «dios-mosca» o «señor de las moscas». Simétricamente al calvo que significaba en Fedro hombre bueno y sabio y ahora adquiere el significado de hombre religioso y de iglesia, la mosca no sólo significa animal o ser asqueroso y molesto, cosa que sucede en Fedro, sino que adquiere la simbología concreta de «fuerzas del mal» o «demonio». Ello se comprueba aún más por la adjetivación que acompaña a *musca* en Neckam: de una parte *leuis* («ligera» desde el punto de vista ético, moralmente «frívola»), de otra, *sordida* con el significado escriturístico moral de cosa inmunda o contaminada. Algo parecido habría que decir de *sanie* (v. 8), vocablo que parece sacado del texto bíblico de

---

[18] Sobre todo en los siguientes artículos: M. UGOLINI- P. LERZA, «Ipotesi di lettura di due favole di Ademaro di Chabannes (XXIV, LXVI) », in *Favolisti Latini Medievali*, I, Università di Genova, Genova 1984, pp. 91-104; A. BOATTI, «La simbologia della favola *de musca et calvo* del *Novus Aesopus* di Alessandro Neckam», in *Favolisti Latini Medievali e Umanistici*, VII, Università di Genova. Genova 1998, pp. 39-51.

Ezech. 32,5 (*implebo colles tuos sanie tua*). Resumiendo, Neckam con elementos extraídos del contexto virgiliano que tan bien conocía y de las Sagradas Escrituras que conocía aún mejor (no olvidemos que fue un excelente predicador, autor de numerosos *Sermones*) conformó una fábula que, aunque de clara ascendencia fedriana (de hecho mantuvo las características positiva y negativa de los personajes), sin embargo trascendió el significado de los mismos, dotándoles de una simbología nueva, reinterpretándolos según una nueva clave de lectura, la vertiente religiosa del siglo XII en el que él vivió, sin perder de vista el sesgo didáctico y escolar, en este caso más vertido al terreno de la enseñanza y adoctrinamiento religiosos (como hemos dicho, usaba muchos *exempla* en sus sermones) que tiene toda su colección fabulística.

5. La fábula en el marco de la predicación cristiana

En la parte final de esta contribución (y recogiendo las últimas palabras sobre la predicación y la utilización en ella de *exempla* y más en concreto de relatos fabulísticos), voy a examinar el quehacer de dos autores de evidentes relaciones entre sí, ya que el segundo tomó como base de elaboración de su *corpus* fabulístico –no en su totalidad, desde luego- al primero. Ambos compusieron fábulas en prosa, pertenecieron a la cultura anglosajona de los siglos XIII y XIV y ejercieron su magisterio en el ámbito de la Iglesia y –lo que para nosotros es más importante- utilizaron y adaptaron el género fabulístico para su utilización en la predicación. Nos referimos a Odón de Cheriton y John Sheppey[19].

Pero antes de fijar la atención en su producción fabulística he de enmarcar de forma muy breve la actividad predicatoria de estos personajes, tema imprescindible para entender su labor como fabulistas. Como es bien sabido, hay que decir en primer lugar que es a partir del IV Concilio de Letrán (1215), convocado por Inocencio III, cuando de manera general se recupera la *praedicatio ad populum*, la destinada al común de los fieles. Dicha recuperación o nuevo impulso se tradujo en un aumento de la

---

[19] C. Chaparro Gómez – Mª I. Martínez Trapiello, «Selección y adaptación de las fábulas clásicas en algunos autores de la Edad Media», in Mª D. García de Paso - G. Rodríguez Herrera (eds.), *Selección, manipulación y uso metaliterario de los autores clásicos*, Libros Pórtico, Zaragoza 2009, pp. 37-60. Tanto los textos de la colección de Odón de Cheriton como los de las fábulas de J. Sheppey han sido tomados (y así son transcritos) de L. Hervieux, *Les fabulistes latins*, IV, Hildesheim – New York 1970 (reimp.).

demanda de «instrumentos de predicación», esto es, material orientado al ejercicio pastoral de la misma, entre los que estaban las compilaciones o colecciones de *exempla, parabolae* o *similitudines* o de modelos de sermones[20]. Los predicadores se veían obligados a hacer accesibles y comprensibles sus sermones, utilizando en muchos casos la lengua vernácula, y adaptándose a un léxico y a unas formas de hablar determinadas. Además, para la memorización, se utilizaron estrategias de rimas y repeticiones y era habitual encontrar en los sermones comparaciones con la vida cotidiana y recitados ejemplares para ilustrar el mensaje religioso. Los predicadores se fijaban en las verdades de fe y en los comportamientos y actitudes, que se traducían concreta y esencialmente en suprimir la superstición y la herejía y en afianzar la moral cristiana. Y esto era realizado con simplicidad e insistencia: una sola idea era explicada de varias maneras e ilustrada con varios ejemplos. Ya veremos cómo esta connotación (simplicidad + insistencia) puede estar en la base de la agrupación, por parte de Sheppey preferentemente, de varias fábulas que tienen como tema la erradicación de un vicio o pecado y que son presentadas a partir de la primera con el sintagma *alia de eodem*.

La utilización de las fábulas en la predicación –dentro del amplio campo de los *exempla*- acentúa su finalidad pedagógica, presente ya en los *progymnasmata* escolares. Los trazos propios de la fábula (doble sentido de un recitado, pero limitado a una transferencia en bloque, anécdota breve y lineal unida a un sentido moral por una comparación y una generalización) se solapan mejor con los del *exemplum*. De esa manera, la permeabilidad de las colecciones de *exempla* y fábulas es evidente. El recitado breve figurado engloba tres subconjuntos en los que cada uno guarda su originalidad: el ejemplo, la fábula y la parábola bíblica y sus derivados. Los tipos de textos se distribuyen en una progresión en la complejidad, y en la que intervienen a su vez tres criterios: la inducción (ilustración por un caso particular), la analogía y la transposición detallada. Se podría decir que el ejemplo distrae de la seriedad de los dogmas, la fábula responde a la puerilidad de los espíritus y la parábola es el lenguaje apropiado para aquellos que quieren conocer los secretos del Reino.

Además, este uso nos lleva a la constatación de los lugares a donde debemos ir para encontrar dichas fábulas. Estas se hallan de forma dispersa en textos más bien extensos, como es el caso de los sermones, o bien en colecciones enteras de fábulas (Odón y Sheppey utilizaron ambos vehículos

---

[20] De hecho Odón insiste en el prefacio de sus *Sermones* en la importancia de ilustrarlos con *exempla*, para hacerlos así más asequibles y eficaces.

de difusión). Las colecciones de fábulas, a diferencia de las insertas en otras obras, tienen su propio *decorum* basado en la imitación de la forma de los antiguos modelos. Para la fábula, la colección constituye un espacio en donde el sentido nace de una interferencia sutil entre la unidad y la totalidad. Ella existe de salida en una colección legada por la tradición, y que se traduce o adapta, se acorta o se expande.

Por otra parte, su finalidad no es la lectura agradable y complaciente, sino su uso por parte de los oradores; es fácil para un orador utilizar una colección de fábulas si estas son bosquejadas brevemente y las moralizaciones son cortas y de general aplicación. La utilidad moral puede venir dada, en todo caso, por un simple título en el que se manifiesta el vicio que la fábula ataca (*De auaritia*); de esa manera, el orador - predicador es capaz de adaptar la fábula a unas circunstancias concretas. Tan solo con que el autor esté dispuesto a romper el *decorum* de la generalidad, una fábula puede ser considerada vehículo potencial de una crítica o sátira más específica y concreta. Así lo hicieron Odón de Cheriton y John Sheppey, que prefirieron dejar en la fábula la marca de una crítica social específica, al cambiar la utilización de los términos morales y físicos (débil – fuerte) por los sociales y económicos (pobre – rico, señor - villano), causando una significativa diferencia en el modo en el que la audiencia tiende a responder a una fábula.

Es esta última característica la que Arnold C. Henderson adjudica en primer lugar a lo que él denomina el grupo más innovador de fabulistas medievales, franceses e ingleses, y en el que tienen lugar preferente Odón y Sheppey[21]. Junto a la aplicación social específica, hay que citar la presencia de moralizaciones más elaboradas, que en ciertos autores (más en Odón que en Sheppey) se asemejan a la alegoría de la exégesis bíblica que practicaban los Santos Padres -con sus interpretaciones moral y mística-, introducidas formalmente con los términos *moraliter, spiritualiter* o *mystice*. Y a todo ello habría que añadir dos características más: un estilo coloquial, con diálogos vivos y chispeantes, mucho más flexibles y no tan restringidos en la forma como sus modelos, y la utilización de citas bíblicas y de los Santos Padres, que devuelven a la fábula al ámbito de la seriedad.

---

[21] A. C. HENDERSON, *Moralized Beasts: The Development of Medieval Fable and Bestiary, Particularly from the Twelfth through the Fifteenth Centuries in England and France* (Tesis mecanografiada), University of California, Berkeley 1973.

Y aunque estos dos autores (Odón y Sheppey) confeccionan sus fábulas con la mira puesta en la predicación, sin embargo hay importantes diferencias entre ellos. En cuanto a la colección de Odón, un somero análisis del prólogo que las precede, deja patente la índole de la misma. En primer lugar, el elenco fabulístico tiene como finalidad «servir de alimento al alma», glosando una cita de Gregorio Magno. Dicho objetivo se consigue mejor «con ejemplos que con palabras». En otro orden de cosas, ya en el mismo prólogo Odón hace mención de los temas y personajes más frecuentes en sus fábulas: los jerarcas eclesiásticos, su despreocupación por los asuntos espirituales, su relación con los pobres, etc. (*Sed plerique spicas [corporeas, scilicet] decimas et oblationes, diligentissime metunt, animas Diabolo per prauam uitam uel negligentiam offerunt*).

La lectura de las fábulas de Odón deja ver inmediatamente que la fábula en sus manos no es más que una excusa, que su objetivo fundamental es combatir los defectos y los vicios de la época; tiene, por tanto, una clara lectura de crítica sociológica y religiosa; de ahí que las moralejas o epimitios, todos ellos, como es lógico, de contenido moral, sean enormemente exagerados en su contenido y extensión. La fábula se torna así en un cuadro o marco vacíos que se llenan con la moraleja, con la crítica, con el ataque duro e irónico. Son piezas, pues, de carácter negativo; no se pretende, como objetivo primordial, la enseñanza o la moralización; se busca y se hace, sobre todo, la crítica. La consustancial finalidad didáctica y moralizante que tradicionalmente ha tenido la fábula casi desaparece para dejar paso a la sátira.

Tres son los ámbitos en los que esta se ejerce: 1) las jerarquías -tanto civiles como eclesiásticas- y órdenes monacales; 2) la nobleza y los ricos, y 3) finalmente, las costumbres. La fábula en las manos de Odón es de esta manera un mosaico de la realidad social y religiosa de su tiempo, muy cercano al que aparece en la poesía goliárdica europea. De hecho, la primera de las fábulas de la colección de Odón (*Qualiter elegerunt sibi regem ligna*) marca la pauta de su crítica a las jerarquías (elección de rey): la conclusión es que los que llegan a los más altos cargos «devoran» a sus súbditos, como hacen los protagonistas de las fábulas. Leer las fábulas de Odón es hacer un recorrido por la más variada muestra de hombres presas del vicio: de los soldados borrachos y fanfarrones, los ciegos de amor, los aduladores, los avaros, los abogados y picapleitos, las prostitutas y los lupanares, los necios e ignorantes, los arribistas, los curiosos, los falsos, los tacaños, las mujeres demasiado pintadas y embadurnadas y un largo etcétera de prototipos humanos[22]. Y todos, como en las fábulas, tendrán su castigo: el inflado se desintegrará como la rana que quiso ser como un buey (fábula LXII); el avaro lo perderá todo en su afán de acumular, como le sucedió al milano que por querer tener muchas perdices al mismo tiempo, dejó caer todas (fábula XXXVIII); el ciego por amor sufrirá la burla de los demás, como le pasó al sapo que pensaba, ciego de amor hacia su hijo, que este era el más hermoso de los animales (fábula XIV).

En resumen, y atendiendo al contenido, las fábulas de Odón son fábulas en el sentido de que son relatos cuyos protagonistas son los animales; la mayoría de ellos, relatos que se remontan a la tradición esópica, y en general, a la tradición grecolatina y más en concreto la identificada en el *Romulus*. Pero hay en ellas ingredientes, como la crítica, la burla, la ironía y la parodia –ingredientes que se encuentran también sin duda en la fábula, pero en menor grado- que las convierten, como ya hemos apuntado, en auténticas sátiras: la fábula no es nada más que un marco en el que se encuadra la sátira.

En cuanto a la forma de las fábulas de Odón, estas son en general mucho más extensas que sus fuentes y su estructura más corriente es: la de un título, un subtítulo (que viene a ser un resumen, en forma negativa y de crítica, del contenido esencial de la fábula: *Contra illos qui iactant se habere quod non habent, Contra curiosos,* etc.), el desarrollo del relato fabulístico propiamente dicho y finalmente, como un desdibujado epimitio, la interpretación o explicación de la fábula; en muchos casos, esta última parte es tan extensa como el resto. Es ahí donde aparecen los marcados tintes bíblicos, como uno de los ingredientes principales de las fábulas de Odón. Esto tiene mucho que ver, como es obvio, con los epimitios alegóricos añadidos por los comentaristas a partir del siglo XIII a cada fábula, comúnmente etiquetados como *moraliter* o *spiritualiter (mystice)*, explicaciones que identifican los caracteres de los animales de la fábula con grupos humanos particulares y a menudo con situaciones religiosas.

Por su parte, la visión general que se saca de la lectura de las setenta y tres fábulas del obispo Sheppey no es tan uniforme como la observada con la colección de Odón. En general, podemos afirmar como aspectos característicos de las fábulas de Sheppey los siguientes: en primer lugar, su brevedad respecto a los modelos, brevedad que se logra de diferentes maneras: o bien el autor acelera el final, para lo que suprime la última parte del apólogo, como es el caso de las fábulas I, III y VII; o bien elimina partes

---

[22] Somos deudores de la introducción que E. SÁNCHEZ SALOR hace a la traducción castellana de las fábulas de Odón de Cheriton (*Fábulas latinas medievales*, Ed. Akal, Madrid 1992).

a lo largo de toda la fábula, como los *uerba dicendi* introductorios de los parlamentos (*Cui lupus... et agnus... et lupus* ...de la primera fábula), o lo consigue mediante la supresión de la adjetivación, hecho este que, además de privar de riqueza expresiva a la narración, destierra la connotación moral de los personajes; o también recurre a participios para reemplazar toda una oración[23].

La segunda de las características es la agrupación de más de una fábula bajo un mismo lema, con la introducción como subtítulo del sintagma *alia de eodem*. Este recurso, utilizado también, aunque en menor medida por Odón, tiene en Sheppey una significación especial. Efectivamente, utilizar varios apólogos para ilustrar un mismo tema puede ser el motivo por el que en ocasiones Sheppey dota a sus fábulas de una intención moral distinta de la de sus modelos. El autor recurre, entonces, a composiciones que por su argumento se adecuan al tema que él ha propuesto, por más que en sus fuentes la intencionalidad sea diferente, y en algunos casos no duda en adaptar el modelo, suprimiendo lo que no incumbe al tema. El caso más significativo es el de la fábula XIII, *Ceruus ad fontem*, que adoctrina, como *alia de eodem*, sobre el tema de la vanagloria; para ello Sheppey ha eliminado una parte de la fábula que no le interesa, como es el vituperio que de sus patas hace el ciervo (*Crura uero tenuia uituperauit*). Sólo importa la alabanza de los hermosos cuernos, gloria vana, pues no le sirven al animal para salvar su vida. Especial es igualmente el caso de la fábula VI de Sheppey, *Lupus et grus*; tan diferente de *Romulus* como de Odón, esta fábula de Sheppey no tiene la misma intención moral que sus modelos: este la dirige contra los ingratos, en tanto que *Romulus* advierte sobre el peligro de favorecer a los malvados y Odón se sirve de ella como ejemplo de la opresión de los señores sobre sus vasallos.

En otro orden de cosas, tomando como criterio el orden en que aparecen las fábulas en la colección de Sheppey, parece sugerirse lo siguiente: El autor comienza su repertorio siguiendo preferentemente el modelo del *Romulus*, como se puede comprobar en las catorce primeras composiciones, que siguen fielmente el texto e incluso el orden numérico del modelo. Las fábulas carecen en general de promitio y epimitio, excepción hecha de la primera, que tiene promitio, y de la decimoprimera, con un epimitio igual al del *Romulus*. Sheppey sólo utiliza las obras de Odón para aumentar el número de ejemplos a añadir al asunto propuesto. Pero es a partir de la fábula XV

---

[23] Hasta tal punto llega la brevedad en la colección de Sheppey que A. C. HENDERSON (op. cit.) llega a decir: «Presumably these fables were summaries to be expanded as the ocassion warranted».

cuando la situación se invierte y Sheppey toma como fuente primera de inspiración a Odón (obsérvese igualmente el cambio de intención moral). Desde la XV hasta el final hay cincuenta y nueve fábulas, catorce de las cuales se encuentran también en *Romulus*. Igualmente, desde la fábula decimoquinta encontramos con preferencia los temas de crítica social y religiosa, centrada esta en la época del autor: *sic est de iudicibus modernis* de la XXIV o *sic est in diebus modernis* de la XXX. En este conjunto de apólogos, su modelo principal es Odón, autor que, como hemos visto, se sirve de las fábulas como pretexto para desplegar sus dotes de predicador, aguijoneando incesantemente y con duras críticas las conciencias de sus contemporáneos. Parece, pues, que Sheppey, hombre de iglesia a la vez que maestro, comienza su colección de fábulas siguiendo la huella recorrida anteriormente por otros autores, conocidos o anónimos, que se sirven de la tradición fabulística grecolatina (de Esopo - Fedro – *Romulus*), con una intención eminentemente didáctico-escolar, presentando fábulas sencillas y breves en su mayoría, incluso sin moralizaciones añadidas, para pasar posteriormente a dar mayor relevancia a los aspectos críticos y moralizantes, especialmente para fustigar los vicios y sobre todo el despotismo de los poderosos, aspectos tan gratos a su modelo Odón.

Fijándonos en las fábulas que tienen como fuente a Odón (y que constituyen la mayor parte), podemos hacer varias consideraciones, en orden a desentrañar la finalidad compositiva de Sheppey. Se observa una clara diferencia entre dos bloques de las mismas: el grupo de la XV a la XXVI y de la LXXI a la LXXIII, en primer lugar, y el bloque de la XXVII a la LXX, en segundo lugar. Globalmente considerados ambos grupos, podemos decir que en el primero de ellos, Sheppey siguiendo el más puro paradigma de Odón dirige sus apólogos contra unos grupos determinados y concretos, como son los prelados, los jueces y los magnates en general, criticando su ambición, impiedad o negligencia. En el segundo de los bloques, Sheppey se abstiene de la crítica social y eclesiástica de su tiempo, alejándose de la posición radical de su fuente, y se dedica a atacar vicios y pecados en general, sin estar dirigidos contra un grupo social o religioso concreto (*De auaritia, De adulatione, De inuidia, De ingratitudine, De infidelitate e inconstantia*, etc. son los subtítulos de sus fábulas). Sin duda, entre las razones que se han de argüir para comprender esta diferencia, estaría su nombramiento como obispo de Rochester en 1353, lo que sin duda atemperó su juicio sobre ciertas realidades contemporáneas. Son asimismo las fábulas de este segundo grupo en las que en sus epimitios –en general mucho más breves que los de su fuente- Sheppey recurre al uso de las citas, que van desde la utilización de versos medievales, pasando por el recurso a los clásicos, de los que encontramos citas de Séneca, Cicerón u Horacio, hasta sentencias de los Santos Padres y, como no podía ser de otra manera tratándose de un pastor de la Iglesia, el empleo de citas bíblicas de ambos Testamentos.

En esa utilización interesada y original, incluso correctora, de las fábulas de Odón por parte de Sheppey, nos encontramos con casos muy interesantes. Así en la fábula XXXIII, *Asinus et porcus*, Sheppey ataca el pecado de la envidia (lema principal en este caso), encarnada por el asno, que desea llevar la vida ociosa y regalada del puerco, animal con el que Odón identifica a los perezosos y glotones, contra los que dirige su fábula (compárense los textos puestos a continuación). Para Odón los ricos que nada hacen sino comer y estar ociosos son el puerco, mientras que el asno, animal que el propio Cristo utiliza como cabalgadura, es comparado con el hombre justo. Odón presenta al asno en una versión positiva, alejada de la tradición fedriana, en la que este animal es símbolo de la estupidez y de otros vicios. La valoración de Odón está, pues, más de acuerdo con el punto de vista cristiano con que el Medievo contempla al asno, a través de su representación en los Evangelios; sirva de ejemplo la imagen de Cristo entrando triunfante en Jerusalén montado en un asno, hecho al que alude Odón en su epimitio. La figura del asno en Sheppey aparece con connotaciones negativas en todas las fábulas en las que interviene, excepto en la XII, *Equus et asinus,* en la que el comportamiento del asno tiene más que ver con las virtudes de la paciencia y humildad, frente al altanero caballo.

SHEPPEY
XXXIII. [ASINVS ET PORCVS.]
Alia de eodem.

Asinus uidens quod Porco dabatur in domo panis pulmentum et alia quedam, grossusque et [pinguis] fiebat, et quod in nullo *laborabat nisi* in *comedendo* et *dormiendo* loquebatur secum, dicens: *Ego cotidie* grauiter *laboro*, pungor et uerberor, *et parum* mihi datur ad uescendum. Certe *fingam me infirmam(sic);* et *fecit sic*. Et ueniens mane *Dominus* domus ad stabulum et inueniens Asinum contra morem iacentem, *stimulauit eum* dicens: Surge.

ODÓN
XXXIII. - DE ASINO ET PORCO.
Contra pigros et carnem fouentes.

Asinus frequenter *uidit quod Porco in domo dabatur panis et pulmentum*, drasca et huiusmodi, *et nichil laborabat nisi,* quando bene *com(m)ederat, iuuit dormitum*. Cogitauit Asinus: Porcus iste bene se habet, bene com(m)edit et bibit, et nichil laborat; *ego tota die laboro et parum* com(m)edo; *fingam me infirmum. Fecit sic*: in pace iacuit. *Stimulauit eum Dominus* eius; surgere noluit, sed ingemuit. *Ait Dominus* uxori sue: *Asinus noster infirmatur*. Dixit Domina: Ex quo

Et Asinus, eleuans modicum caput, reclinauit et iacuit suspirans. Et *ait Dominus* Domine domus: *Asinus noster infirmatur*; habe curam illius. Domina itaque fecit eum portari in domum et poni iuxta Porcum, et ministrauit *ei panem et farinam et aquam*. *Asinus in principio*, vt suam fictionem tegeret, *parum comedit*, et post modum magis et magis, et cepit bene *impinguari*; *et dixit intra se*: *Modo habeo bonum*. Cum autem *Porcus* socius suus fuisset ad plenum *impinguatus*, vocatus est *carnifex*, qui veniens *percussit Porcum securi in capite* et occidit eum. *Quod uidens Asinus*, tremefactus multum, *ait intra se*: Estne hic finis impinguacionis et quietis? *Certe malo laborare et* more *pristino* pasci. Et statim *exiuit* in curiam, *saltans* et rudens *coram Domino suo*. Et sic *restitutus est* suo officio.

ita est, demus ei *panem, farinam*, et portemus *ei aquam*. Fecerunt sic. *Asinus parum comedit in principio*, postea satis, et inpinguatus est. Et *dixit* Asinus *penes se*: *Modo habeo bonum* seculum. Item, quando Porcus fuit inpinguatus, fecit Dominus domus uenire carnificem cum securi et cultello, ut Porcum interficiet *(sic)*. *Carnifex* cum *securi percussit Porcum in capite* quod cecidit, cum cultello extraxit sanguinem de gutture. *Quod uidens Asinus* exterritus est, timens ne ipsum interficerent, cum inpinguatus esset; et *ait penes se*: *Certe malo laborare* et uitam *pristinam* ducere quam sic interfici. *Exiuit* stabulum et *saltauit ante Dominum suum*. Quod uidens Dominus *restituit* eum pristino officio et bona morte mortuus est.

Porcus significat diuites qui bene se induunt et bene comedunt et nichil laborant. Hii sunt clerici, usurarii, porci Diaboli, in quos intrauit spiritus inmundus et misit eos in mare, id est in amaritudinem culpe et tandem in amaritudinem gehenne. Asinus, quem equitat Christus, est uir iustus, siue in studio, siue in claustro, siue in campo labori deditus, et melius est quod in labore portemus Christum in supernam Ierusalem quam, sicut porci Diaboli precipitemur in gehennam, quam securim dampnationis super caput recipere. Huiusmodi in labore hominum non sunt; ideo cum hominibus non flagellabuntur, sed cum demonibus. Isa[ias]: Propter hoc mittet Dominus, Deus exercituum, in pinguibus eius tenuitatem.

Volvamos al principio, a las líneas iniciales que hablaban de la complejidad del fenómeno fabulístico y más en concreto del carácter esencialmente «abierto» de este género. En manos de unos y de otros, sin olvidar su origen oral, la fábula ha sido un ejercicio escolar entre los *progymnasmata*, sencillo y adoctrinador (*Romulus, Ademarus*), o una pieza literaria de alto valor artístico (Gualtero Ánglico, A. Neckam); la fábula se ha ampliado y abreviado, se ha prosificado y versificado su texto, etc. En los últimos autores, Odón de Cheriton y John de Sheppey, la fábula responde a una finalidad eminentemente pragmática, su utilización por estos *magistri* y hombres de Iglesia para ejemplificar (enseñando y deleitando) sus doctrinas en las homilías y sermones, al lado de las parábolas y los *exempla*. Cada uno, sin embargo, debido a sus circunstancias personales y sociales, lo hace de manera diferente, como hemos podido comprobar; las han adaptado, pues, a un tiempo y a un lugar concretos. Ese es, al fin y al cabo, el valor de la fábula, su capacidad de adaptación. Hoy diríamos (remedando el argot del mundo empresarial y del empleo) su versatilidad.

Carmen Codoñer Merino[*]

DE GLOSARIOS, VOCABULARIOS, DEFINICIONES Y ETIMOLOGÍAS

1. Glosas y Glosarios

Los glosarios de distinta época que nos han llegado, son innumerables. Todos sabemos que el *CGL* unido al *Glossarium Ansileubi*, conocido como *Liber Glossarum,* no contiene el total de los glosarios existentes, aunque su presentación nos ofrece una idea muy clara de cuáles son los problemas que plantea su estudio.

La primera pregunta que uno se formula es cuándo comienzan a hacerse necesarios los glosarios.

1. 1. *Glossae*

A ello se suma, de manera significativa, que la palabra *glossa* no se da más que cuatro veces antes del siglo VIII, y es sabido que las palabras surgen cuando existe un objeto al que ser aplicadas. No existe palabra si no hay referente. Las cuatro ocasiones en que aparece *glossa* son las siguientes[1]:

> Varr. *LL* 7. 10
> Quod addit templa ut si<n>t *tesca*, aiunt sancta esse *qui glossas scripserunt*. Id est falsum: nam Curia Hostilia templum est et sanctum non est; sed hoc ut putarent aedem sacram esse templum, <eo uidetur> esse factum quod in urbe Roma pleraeque aedes sacrae sunt templa, eadem sancta, et quod *loca quaedam agrestia*, quae alicuius dei sunt, dicuntur *tesca*.
>
> [Sobre el añadido *tesca* a 'templum', los que escribieron glosas dicen que significa que son 'sancta'. Es falso, pues la Curia Hostilia es un 'templum' y no es 'sanctum'. El pensar que un 'templum' es 'sacrum', parece que se

---

[*] Universidad de Salamanca. codo@usal.es
[1] No incluyo el uso que hace Ausonio dándole un doble sentido en un contexto erótico-pornográfico: *Epigr.* 86.1-2. Eune quod uxoris grauidae putria inguina lambis,/ Festinas *glossas* non natis tradere natis.

debe a que en Roma muchas 'templa' son 'sancta', y a que algunos lugares del campo, dedicados a un dios, se llaman *tesca*.]

Quint. 1.1.35
Illud non poenitebit curasse, cum scribere nomina puer (quemadmodum moris est) coeperit, ne hanc operam *in uocabulis uulgaribus* et forte occurrentibus perdat. Protinus enim potest *interpretationem linguae secretioris*, quas Graeci γλωσσας uocant, dum aliud agitur, *ediscere* et inter prima elementa consequi rem postea proprium tempus desideraturam.

[No está de más ocuparse de que, cuando el niño comience a escribir, no pierda el tiempo transcribiendo palabras usuales, que son frecuentes. Puede aprender, al mismo tiempo que escribe, el *significado* de ese lenguaje tan poco conocido que los griegos llaman 'glosas' y adquirir, en los primeros pasos del aprendizaje, un conocimiento que más tarde echará de menos].

Isid. 1.30 De glossis.
Glossa Graeca interpretatione linguae sortitur nomen. Hanc philosophi *aduerbum* dicunt, quia uocem illam, de cuius requiritur, u n o et singulari uerbo designat. Quid enim illud sit in u n o uerbo positum declarat, ut 'conticiscere est tacere'. Item: "Latus haurit apertum", 'haurit, percutit'. Item cum 'terminum' dicimus 'finem', aut 'populatas' interpretamur esse 'uastatas' et omnino cum u n i u s uerbi rem u n o verbo manifestamus.

[La denominación 'glosa' responde al significado del nombre en griego. Los filósofos lo llaman *ad uerbum* porque la palabra por la que se pregunta, la designa con una sola palabra y solo una. Explica que es lo transmite una sola palabra, como, por ejemplo, 'conticiscere est tacere'. También: "Latus haurit apertum", 'haurit, percutit'. También cuando decimos que 'terminum' es 'finem', aut 'populatas' lo hacemos equivalente a 'uastatas'.]

Existen diferencias entre los tres pasajes. Varrón habla de la adición de *tesca* a la palabra *templum*. Para que sea comprensible *tesca*, los escritores de glosas buscan un término equivalente más trivial y lo encuentran en *sancta*. Varrón rechaza la equivalencia que es errónea. No han entendido la palabra y explica las razones de la confusión. Sea o no acertada la equivalencia, el significado de la palabra *glossa* es claro.

En Quintiliano la 'glosa' es, según la terminología griega, la *interpretatio* de una palabra no habitual, selecta, que necesita ser 'explicada' a los niños. No se trata de una equivalencia, sino de una explicación; una especie de definición tal como la encontramos actualmente en los diccionarios.

Isidoro coloca el capítulo sobre la glosa dentro de un grupo de capítulos dedicados a la palabra; sigue a *de analogia*, *de etymologia* y precede a *de differentiis*. Son todos capítulos destinados a facilitar la comprensión del significado de los vocablos.

El primero, equivalente en latín a *similium comparatio siue proportio* pertenece al campo de la morfología y, en principio, ayuda a diferenciar los significados de palabras utilizando procedimientos basados en la *qualitas, comparatio, genus, numerus, figura, casus,* desinencias, *tempora*. Por ejemplo, si se quiere saber si *limes* es masculino o femenino, se le compara con *trames*; como la declinación es igual en todo se concluye que es masculino.

La 'etimología' es un procedimiento que permite conocer la 'fuerza' de una palabra (*uis uerbi uel nominis*), es decir, su significado, mediante la *interpretatio*; la *interpretatio* permite acceder al origen del término, y esto, a su vez, nos ayuda a conocer y transmitir la razón que ha llevado a imponer a cada ser u objeto su nombre. No hay restricción en el número de palabras de que consta una 'etimología', puesto que no sólo incluye el significado de la palabra, sino las razones que subyacen a que esa palabra posea ese significado y no otro.

La finalidad de la 'glosa' es más sencilla; simplemente se intenta hacer comprensibles las palabras que pertenecen a un nivel de lengua más literario o especializado. La *etymologia* nos lleva a la razón que ha llevado a imponer un nombre y, por ende, al significado; la glosa se limita a la equivalencia pasando de un registro lingüístico más elevado a uno compartido por más gente. La insistencia en que a una sola palabra solamente debe corresponder en la glosa una sola palabra, subraya la diferencia entre *etymologia* y *glossa*. Además de la exigencia de pertenecer a distintos niveles de lengua, la *glossa* no se interesa por el significado, no hay definición, solamente equivalencia. Varrón no habla de la necesidad de reducirlo a una sola palabra, la exigencia de la palabra única es un añadido que marca la definición isidoriana.

Me interesa detenerme en Isidoro. Casiodoro en sus *Institutiones* (2.3.14), utiliza los mismos ejemplos que Isidoro: *populatas/uastatas*, pero lo hace en el apartado destinado a la dialéctica, y en concreto dentro de la *definitio*. El conocimiento que Isidoro tenía de Casiodoro puede llevarnos a pensar que hay que atribuir a Isidoro la ampliación y adaptación del pasaje.

Entre los textos que han inspirado a Casiodoro en la redacción del capítulo está el *de definitionibus* de Mario Victorino[2], el cual, con

---

[2] Ed. Stangl, p. 20, Texto de P. HADOT, *Marius Victorinus. Recherches sur sa vie et ses oeuvres*, Paris, Études Augustiniennes, 1971.

independencia de Casiodoro, ha sido también el modelo directo de Isidoro en el capítulo destinado a la *definitio*.

Mario Victorino admite que existe una *definitio* adecuada para los *rhetores*, que se separa abiertamente de la capacidad de definir (334.16-17 *longe a uirtute definiendi separatur*. Dedica un amplio espacio a este tipo de *definitio*, para pasar en 336-30 a la *definitio philosophorum*:

> Ergo definitio quae philosophorum est in rebus exprimendis –quae explicat quid sit, *non* quale sit– quemadmodum membris suis constare debeat exponemus

Nos interesa la quinta:

Mar. Vict. 350.22	Cassiod.	Isid. 2.29.6
Ergo *definitio* quae *philosophorum* *est* *in* *rebus exprimendis* –quae explicat *quid* sit, non *quale* sit– *quemadmodum membris suis constare debeat* exponemus		*Definitio est philosophorum, quae in rebus exprimendis explicat quid* res ipsa *sit, qualis sit,* et *quemadmodum membris suis constare debeat.*
	Definitio uero definitionum *est oratio breuis uniuscuisque rei naturam a communione diuisam propria significatione concludens.*	*Est* enim *oratio breuis uniuscuiusque rei naturam a communione diuisam propria significatione concludens.*
Quinta species definitionis est quam κατ'αντιλεχιν *diximus, Latine ad uerbum possumus dicere. Haec uocem illam de cuius re quaeritur alio sermone designat, uno ac singulari, et quodam modo, quid illud sit uno uerbo positum, uno uerbo alio declarat, ut 'conticescere' est 'tacere',* item latus apertum 'haurit' 'percutit'; *item cum 'terminum' dicimus*	*Quinta species definitionis est, quam graece cata antilexin, latine aduerbium dicimus. Haec uocem illam, de cuius re quaeritur, alio sermone designat uno ac singulari, et quodammodo quid illud sit in uno uerbo positum, uno uerbo alio declarat, ut: 'conticiscere est tacere.'* Item cum 'terminum' dicimus	*Quinta species definitionis est quam* κατ'αντιλεχιν *diximus, Latine aduerb[i]um possumus dicere. Haec uocem illam de cuius re quaeritur alio sermone designat, uno ac singulari, et quodam modo, quid illud sit uno uerbo positum, uno uerbo alio declarat, ut 'conticescere' est 'tacere', item cum 'terminum' dicimus 'finem',* aut

'finem', aut 'populatas' interpretamur esse 'uastatas'; et omnino cum unius uerbi rem uerbo manifestiore alio declaramus, haec erit quinta de qua loquimur definitio[3].	'finem', aut 'populatas' interpretamur esse 'uastatas.'	*'populatas' interpretamur esse 'uastatas'; et omnino cum unius uerbi rem uerbo manifestiore alio declaramus, haec erit quinta de qua loquimur definitio.*

Es decir, Isidoro –que en este caso ha manejado a ambos autores–, al introducir la glosa, al igual que la diferencia, la etimología y la analogía en el libro destinado a la gramática ha modificado radicalmente el concepto de definición basado en estos tres procedimientos y desde esa perspectiva será considerada la glosa a partir de entonces[4]. Lo cual da carta de ciudadanía a una realidad de carácter menor que tal vez no tenía nombre.

1. 2. *Glossaria*

Una cosa es la 'glosa' y otra los *glossaria* como compendios de glosas[5]. El único autor que habla de *glossaria* antes del siglo VIII, es *Aulo Gelio* (18.7.2). Favorino, el filósofo-gramático admirado por Gelio, solicita a otro gramático (calificado en el resumen previo al desarrollo del capítulo como *intempestiuum*)[6] si al término griego δημογοριας le corresponde en latín *contiones*. Y añade:

---

[3] La *etymologia* la coloca en el apartado de gramática. Después de hablar de las *uirtutes* dice (1.2): *Addendum est etiam de etymologiis et orthographia... etymologia uero est aut uera aut uerisimilis demonstratio, declarans ex qua origine uerba descendant*. En cuanto a la *analogia* es el décimotercer tipo de *definitio*: *Tertia decima est species definitionis g-kat' g-analogian, id est iuxta rationem, quae proportio dicitur, cum aliquid quod disputari licet cum altero id esse dicitur, quod illud est alterum propter rationalem similitudinem*.

[4] La innovación que tal transferencia implica se confirma cuando observamos que junto a estos dos modos de definición ha introducido también la etimología, perteneciente a otra división de las definiciones, más genérica.

[5] No se da el nombre de glosario a la recopilación de glosas sobre un autor concreto.

[6] Este calificativo no afecta a la inteligencia de Domitius, el gramático que dialoga con Favorito. Alude a la inoportunidad de sus reacciones que, en otro contexto, tal vez fueran dignas de tener en cuenta.

> Dubito quippe et requiro an ueterum eorum qui electius locuti sunt pro uerbis et oratione dixerit quis 'contionem'.

[Tengo dudas y me pregunto si algún escritor antiguo de esos que hablaban con toda precisión dijo '*contio*' para referirse a un discurso.]

A lo que el gramático contesta:

> Nulla prorsus bonae salutis spes reliqua est, cum uos quoque, philosophorum inlustrissimi, nihil iam aliud quam uerba auctoritatesque uerborum cordi habetis. Mittam autem librum tibi, in quo id reperias quod quaeris. Ego enim grammaticus uitae iam atque morum disciplinas quaero, uos philosophi mera estis, ut M. Cato ait, mortualia; *glosaria* namque colligitis et *lexidia*, res *taetras* et *inanes* et *friuolas* tamquam mulierum uoces praeficarum.

[Ahora sí que ya no queda esperanza alguna de salud mental, si también a vosotros, destacadísimos filósofos, no os interesa nada más que buscar la garantía de un autor para cada palabra. Bueno, te enviaré un libro en el que encontrarás lo que buscas, Porque yo, me ocupo de las materias que tratan de la vida y moral de los gramáticos, vosotros los filósofos sois meros 'sudarios'; os dedicáis a elaborar *glossaria* y *lexidia*, cuestiones absurdas, banales y frívolas como las voces de las plañideras]

Domicio envía el libro[7]:

> 5. Misit autem paulo post Fauorino librum, quem promiserta –Verri, opinor, Flacci erat–, in quo scripta aad hoc genus quaestionis pertinentia haec fuerunt: " 'senatum' dici et pro loco et pro hominibus, 'ciuitatem' et pro loco et oppido et pro iure quoque omnium et pro hominum multitudine, 'tribus' quoque et 'decurias' dici et pro loco et pro iure et pro hominibus, 'contionem' autem tria significare: locum suggestumque unde uerba fierent... Item significare coetum populi adsistentis.

El pasaje completo plantea varios problemas. En todo caso la posibilidad de resolverlos es complicada. En primer lugar, no sabemos hasta que punto el libro de Verrio Flaco –que Gelio identifica más adelante con el libro enviado– se corresponde con el Festo que nosotros conocemos. Suponiendo que Festo haya respetado la naturaleza del libro de Verrio Flaco, el concepto de *glossaria* y *lexidia* manejado por este gramático, no se corresponde con el de 'glosario' que nosotros le damos. Como se ve por la transcripción que de él

---

[7] En opinión de Gelio, (18.7.5) el libro que le envía es el libro de Verrio Flaco, libro que, según dice Gelio, estaba falto de ejemplos: § 8 *Exempla in eo libro scripta non erant*.

hace Gelio, estamos ante definiciones que no atienden al significado en sentido estricto, sino a la adecuación de la palabra a referentes concretos: '*senatus*' se puede decir del lugar y de los hombres que lo ocupan, '*ciuitas*'. La afinidad entre todas ellas va más allá de la *grammatica* y desde luego, de la glosa en el sentido que se le da actualmente.

Favorino pide al gramático información sobre la propiedad de uso de un término, en qué autores se encuentra, muy en la línea del interés de Aulo Gelio por la *proprietas* y el rescate de una terminología que amenaza con desaparecer. La reacción de Domicio es extemporánea, pero lo que le manda es adecuado a lo que se le ha solicitado: la *proprietas* en el uso de un término. Domicio mantiene así su postura de gramático-filósofo, y su desprecio por el tipo de recopilaciones por el llamadas *lexidia* y *glossaria*, realidades que ha mencionado en un mal momento para ridiculizar una pregunta que estaba en la línea del libro que le proporciona.

Ahora bien, aunque el libro de donde se toma la respuesta no responda a *glossaria* ni *lexidia*, el hecho de que Domicio los haya mencionado significa que ya en el siglo II existían glosarios elementales dirigidos a solventar dudas de carácter básico, a aclarar palabras que ya no eran de uso común. Salvando las distancias, hay que pensar que Mario Victorino, en el s. IV, pone como vocablos de uso relativamente raro: *conticiscere*, *terminum* y *populatas*[8], palabras que no entran siquiera en la categoría de literarias, a no ser que se entienda por 'literario' el discurso escrito.

Así vista la situación, ignoramos cuál era la estructura de estos glosarios, cuáles los textos que interesaba despojar, quiénes eran sus destinatarios. La última cuestión parece, en principio, la que tiene más fácil respuesta: los *litteratores*, los *grammatici* y en general, los *eruditi*, cada uno a nivel distinto.

2. DICCIONARIOS Y VOCABULARIOS

2. 1. El diccionario

A diferencia del glosario, en el diccionario, bajo la perspectiva actual, se impone la definición, aunque no se prescinda de la equivalencia. Se considera un avance respecto a la glosa la adecuación a un criterio homogéneo en la resolución de las entradas y el abarcar todo tipo de palabras, más y menos conocidas, así como la exclusión de los nombres propios.

---

[8] *Verr.* 3. 122.

En algunos manuscritos se concede el título de diccionario al compendio de Papías, en la primera mitad del siglo XI[9], extensa compilación de palabras que, a pesar del título, se nutre del mismo material del que, en principio, se nutren los glosarios, incluyendo, claro está, los glosarios mismos[10].

Pero no es en este «primer diccionario" en sí mismo donde hay que buscar la superación del glosario en el ámbito de la definición. La consulta de algunas de las primeras entradas de Papías nos lleva casi siempre a lemas que reproducen glosarios preexistentes:

    a aa   vox dolentis quae est interiectio, uel a est prepositio.
    Abacuc interpretatur amplexans; proprium est propheta.
    abactus ab actu remotus, de mediis ablatus; unde latrones abactores dicuntur.
    abactor est fur iumentorum et pecorum quem uulgo abigerum uocant ab abigendo scilicet.
    Abai   Iulius mense qui et Quintilis; hebraeum est.

La primera entrada adopta el tipo de definición propio de la materia de donde procede: la gramática. La segunda es un nombre sacro, un nombre propio que no admite definición, sino interpretación. El tercero es una definición por etimología; el cuarto, por fin, es una definición al uso, mientras que el quinto se limita a la equivalencia en latín, por tratarse de nuevo de un nombre propio hebreo. El recurso a los glosarios es evidente, trasladados casi siempre sin cambio alguno. La pregunta que cabe hacer es ¿en qué sentido puede considerarse innovadora esta obra cuyo título quiso el autor que fuera *Elementarium doctrinae erudimentum*?[11] Terminada la parte tópica con que se inicia el prefacio, Papías, tras admitir el carácter abierto de

---

[9] V. de Angelis, *Papiae elementarium. Littera A. (A-Aequus)*, Cisalpino-Goliardica, Milano 1977. En los manuscritos utilizados por de Angelis para su edición alterna como título, en orden descendente de frecuencia: *Elementarium*; *dictionarium* y *vocabularium* en proporción similar; *glossarium*. De Angelis nos informa en la introducción que también recibe otros nombres: *alphabetum, de significatis uocabulorum, Papias uocabulista, Breuiarium, Materia uerborum*.

[10] Papías en el prefacio menciona multitud de autores y comentarios; el canon clásico: Virgilio, Horacio, Cicerón y Juvenal; los grandes autores cristianos: Isidoro encabezando, Agustín, Jerónimo, Ambrosio, Gregorio y junto a ellos Boecio y Prisciano; Comentaristas de Virgilio, de Boecio; historiadores: *de gestis Longobardorum Romanorumque*, la *Historia Ecclesiastica* de Eusebio y Orosio; autores de glosas: Placido, Euquerio y Fulgencio. Remigio y Aimo (sic). Y no solo latinos, también griegos: Hipócrates, Galeno y Platón. A cada uno le asigna una sigla que seguirá a la palabra tomada de él.

[11] Transcripción del ejemplar de Venecia 1491.

su obra (*semper aliquid superabundauit quo alterius assurget*), pasa a establecer los principios a que va a estar sometida cada una de las palabras tratadas:

> ... quasi quasdam regulas omnibus subiungemus. Si quidem Masculinum .M. Femininum .F. Neutrum .N. duorum uel trium communia generum .c. uel .o. dubia similiter denotabimus. Declinatio autem nominis prima .p. secunda s. tertia .t. quarta .q. quinta .v. certis litteris discernetur. Anomala uero uel casu deficientia su propria significatione cognoscentur. Verborum quoque coniugatio per primam et secundam personam uel per infinitiuum in quibus semper agnoscitur designabitur. Incertus autem temporis tenor, si longa fuerit syllaba uirgula, sin autem breuis puncto notabitur. Nam diphthongi, positionis et caeterorum patentium apicibus supersedendum esse putabimus.

De cada nombre se indicará: género y declinación; los verbos se presentarán en primera, segunda persona o infinitivo de modo que se conozca la conjugación a que pertenecen. Se marcará la cantidad silábica, aunque en los casos de norma no se hará. Sólo después pasa a hablar del orden alfabético que, afirma, será completo.

Es decir, podemos concluir que el avance con respecto a los glosarios no se lo da la homogeneidad en la definición ni la alfabetización total, sino la presencia de indicaciones que ayuden gramaticalmente a quien lo consulta. De hecho, como hemos visto en las palabras anteriores, si eliminamos las marcas que debieran acompañar a la palabra en Papías, la forma de la entrada no difiere en nada de la recogida en los glosarios[12].

2. 2. El vocabulario

Si prescindimos de la Enciclopedia, todavía nos queda otra forma de organizar el vocabulario: seleccionando los términos relativos a un área limitada a un referente determinado. Por ejemplo, la vida cotidiana, los enseres de labranza, etc. etc. Las obras de Alexander Neckam, *de utensilibus* o *de altare sacerdotis*, aunque bajo diferentes formatos (vocabulario y comentario respectivamente) entran dentro de esta categoría.

2. 3. Un vocabulario especial

También el libro X de las *Etimologías* de Isidoro de Sevilla, si aceptamos esta última definición de vocabulario, podría considerarse un

---

[12] Bajo esta forma aparece en la edición de referencia. Hay excepciones que hacen recordar entradas de enciclopedia

vocabulario reducido a las cualidades humanas que, accidentalmente, incluye las profesiones como manifestación de la personalidad de un hombre. Significa, por tanto, una forma de tratamiento infrecuente en el siglo VII. Coherente con el tratamiento dado al resto de las *Etymologiae*, sus propuestas de definición responden a la *etimología*, o sea, la búsqueda del significado de una palabra *per interpretationem* de su origen. De hecho no siempre es posible, puesto que el origen en ocasiones no se conoce, pero esa es la tendencia predominante.

Considero necesario reproducir parte del texto del capítulo 1.29 para hace más asequible lo que sigue y el segundo prólogo del libro X:

> Sunt autem etymologiae nominum, aut ex causa datae, ut 'reges' a recte agenda, aut ex origine, ut 'homo' quia sit ex humo, aut ex contrariis ut a lauando 'lutum', dum lutum non sit mundum, et 'lucus', quia umbra opacus parum luceat. Quaedam etiam facta sunt *ex nominum deriuatione, ut a prudentia 'prudens'*; quaedam autem *ex uocibus, ut a garrulitate 'garrulus'*; quaedam ex Graeca etimología orta et declinata sunt in Latinum, ut 'silua' 'domus'…

> 1. Origo quorundam nominum, id est unde ueniant, non pene omnibus patet. Proinde quaedam nascendi gratia huic operas interiecimus
> DE QUIBVSDAM VOCABVLIS HOMINVM. Licet origo nominum, unde ueniant, a philosophis eam teneat rationem, ut per denominationem homo ab humanitate, sapiens a sapientia nominetur, quia prius sapientia, deinde sapiens, tamen claret alia specialis in origine quorundam nominum causa, sicut homo ab humo, unde proprie homo est appellatus. Ex quibus exempli gratia quaedam in hoc opere posuimus.

En principio el primer prólogo no estaba pensado para formar parte de las *Etymologiae*. No aparece en varios manuscritos que se cuentan entre los más antiguos[13]. Es más, al decir claramente que el libro ha sido intercalado en la obra: *huic operi interiecimus*, está admitiendo el carácter posterior del libro que el autor *inserta* –no añade– sin especificar dónde, en una obra ya finalizada. El objetivo del inserto: *noscendi gratia* es banal en el contexto de las *Etymologiae*, puesto que estas, en su totalidad están concebidas con el fin de dar a conocer el origen «de las palabras"; de modo que lo que debiera ser justificación de la presencia del libro deja de tener sentido.

---

[13] Una exposición detallada del problemas en C. CODOÑER, *Introducción al libro X de las* Etymologiae: *su lugar dentro de esta obra, su valor como diccionario*, Logroño, Fundación San Millán de la Cogolla, 2002.

Pasemos al segundo prólogo que encierra mayor interés. Al igual que en el precedente el propósito que persigue es justificar el contenido del libro; *origo nominum, unde ueniant* se repite en el segundo prólogo, aunque al desaparecer la determinación *quorundam* presente en el primero, la frase adquiere un carácter general ausente del primero. A continuación se precisa cómo se va a proceder en busca del *origo*.

Si comparamos con el apartado del capítulo 29, destaca de inmediato un hecho. En el libro primero de *Etymologiae* Isidoro aborda de inmediato las clases de 'etimologías': *ex causa, ex origine* etc. Por el contrario en el segundo prólogo comienza por citar la concepción que de la etimología tienen los filósofos, para después oponer un tipo de 'etimología', entre los varios admitidos en el cap. 29, que afecta solamente a una parte de los nombres (*quorundam nominum*), como si estuviera introduciendo una objeción parcial a la teoría filosófica. Volvemos a encontrar la determinación restrictiva, pero con un significado completamente distinto al que tenía en el prólogo 1.

La etimología *per denominationem* propia de los filósofos y mencionada como una de las posibles en 1.29[14] no es rechazada de plano, se rechaza para un tipo concreto de nombres que se atienen a una etimología distinta; reduce el campo de los nombres a aquellos a los que conviene uno solo de los procedimientos etimológicos existentes al que no define directamente, sino utilizando una expresión ambigua: *alia specialis in origine... causa*. Es la ejemplificación: *sicut homo ab humo*, lo que lleva a la *etymologia ex origine* de 29. 3 completada con el mismo ejemplo. Y es la identificación de esta paridad lo que, en mi opinión, permite explicar qué es lo que entiende Isidoro por *etymologia ex origine* y por tanto por *origo*. El elemento material o inmaterial origen del referente cuya etimología se busca es la causa del nombre. El origen del ser humano es el elemento 'tierra' (*humus*), por eso se llama *homo*.

La reducción del libro a los adjetivos, señalados por el *quorundam* parte del supuesto de que las cualidades humanas han sido reproducidas en el léxico que se aplica para designarlas. Por ejemplo, el *auctor* por naturaleza es quien garantiza el valor de una cosa, por esa razón se buscó un derivado de *augeo* para designar esa cualidad. El proceso etimológico se invierte, no es el origen de la palabra lo que determina el significado, sino la naturaleza del

---

[14] Es la única vez que para referirse a una etimología utiliza este término. Tanto en 1. 29, capítulo en que expone los tipos de etimología posibles, como en el resto de la obra emplea *per deriuationem* o *a deriuatione*, y no con el sentido tan preciso como en este prólogo.

referente lo que explica la etimología. No interesa la etimología *per denominationem* porque el referente ya está definido en la palabra de la que procede: *sapiens a sapientia*.

En ocasiones, sin embargo, parece adoptar también él la etimología *per denominationem*. Por ejemplo, cuando dice que *aequus* procede de *aequitate*; sin embargo, la adición del *eo quod* deshace la obviedad implícita en la etimología *per denominationem*: *aequus est secundum naturam iustus dictus, ab aequitate, hoc est ab eo quod sit aequalis*. La *aequitas* como etimología es válida porque el hombre *aequus* es *aequalis* por naturaleza.

Las distintas cualidades, positivas o negativas, del hombre admiten la *etymologia ex origine*, un tipo de etimología *specialis* y que garantiza la *proprietas* del término sometido a examen. Propone una 'etimología' que demuestra que las palabras que designan cualidades del hombre o situaciones en que se encuentra responden *proprie* a su naturaleza. Un ensayo sobre la *proprietas* de un término partiendo de la naturaleza del referente, no del 'término' de donde procede. Por ejemplo, *amasius eo quod sit pronus ad amorem*. Aquí no ofrece 'etimología', sólo hay *causa*: un hombre 'enamoradizo' es llamado *amasius* simplemente porque posee esa cualidad. No se busca el origen formal del término con se califica al hombre, sino que se informa al lector por qué la cualidad de 'enamoradizo' recibe esa denominación. Muchas veces se da implícitamente, otras veces, como en *alumnus* la explicación que sigue no define *alumnus* sino por qué se le dice *alumnus*, porque el ser *alumnus* refleja la idea implícita de alimentar o ser alimentado.

El segundo prólogo, visto bajo esta luz, adquiere un valor especial. Sobre todo, por contener ciertas discrepancias o, por mejor decir, diferencias con respecto al capítulo 29 dedicado a la *etymologia*.

Es el único lugar en los veinte libros donde se habla de etimología *per denominationem*, citando a los filósofos como defensores de esa forma de etimología. En efecto, es sobre todo Boecio el que habla de ella en su comentario a las *Categorías de Aristóteles*[15]. Esto equivaldría a decir que Isidoro en el prólogo ha introducido un concepto que le es habitual bajo una

---

[15] Especialmente expresivo y afín al ejemplo aducido en el prólogo es 4. 281: ... *ut si quis dicta qui musicam nouit musicus est, et ab ea denominatur, et medicus qui medicinam, rursus qui grammaticam grammaticus, et ex his singulis rebus colligat uniuersaliter*, et quicumnque aliquam artem nouit eiusdem denominatione signatur, ut a grammatica grammaticus, a medicina medicus, et caetera huius modi.

denominación que no vuelve a utilizar en toda su obra y que encontramos únicamente en Boecio[16].

Por el contrario, el término *deriuatio* para referirse a ese mismo tipo de etimología en 1.29 no se encuentra más que en Isidoro[17].

La reducción del campo gramatical a los adjetivos y afines implica la renuncia a ser diccionario, puesto que la intención de universalidad es básica. Estaríamos ante un vocabulario especializado; al igual que hay vocabularios técnicos de plantas, de enfermedades, este podríamos decir que es un vocabulario dedicado a mostrar las múltiples posibilidades humanas de manifestarse, de insertarse socialmente, de comportarse y de ser. Pero tampoco es un vocabulario, porque en ocasiones supone que el referente es conocido para el lector.

Como es de suponer, pues, no hay que esperar homogeneidad total. Limitándonos a este libro podemos comprobarlo. No hay que perder de vista que, por tratarse de un vocabulario, los términos seleccionados proceden, con seguridad, algunas veces de glosarios, lo cual favorece la diversidad en el tratamiento, puesto que no siempre se regulariza la presentación. Comienzo con *alumnus*[18]:

> 1 *Al*umnus *ab al*endo uocatus, *licet et* qui alit et qui alitur alumnus dici potest; id est et qui nutrit et qui nutritur, sed melius tamen qui nutritur.
> 2. Amicus per deriuationem, *quasi a*nimi *cus*tos. Dictus autem proprie amicus *ab h*amo, id est a catena caritatis, unde et hami quod teneant.
> 3. Amator turpitudinis, *quia am*ore *tor*quetur libidinis.
> 4. Amabilis autem, *quod* sit amore dignus.
> 5. Amasi*us* eo *quod* sit pron*us* ad *am*orem.
> 6. Astutus *ab astu* uocatus, *quod* est callidi et cauti nominis, qui possit sine periculo fortiter aliquid facere.

---

[16] De acuerdo con las conclusiones que se derivan del análisis hecho por J. Fontaine sobre las fuentes isidorianas, el recurso al *Comentario a las Categorías* de Aristóteles obra de Boecio por parte de Isidoro es más que dudoso. El hecho de encontrarnos aquí con esta coincidencia no equivale a admitir el conocimiento de la obra por parte de Isidoro. Puede tratarse de *excerpta*, tomados de Boecio, que contienen el desarrollo del concepto.

[17] Lo más próximo es un pasaje de Tertuliano haciendo derivar *Phariam* de *pharao* (*ad nat.* 2.8) para lo cual usa *deriuatio* y dos pasajes de Agustín (*Contra Prisc.* 129 y *contra Cresc.* 4.11): ... quamuis quidam interdum etiam aeternale audeant dicere, ne latinae linguae deesse uideatur ab eodem nomine deriuatio y quod autem non tibi placet deriuatio nominis, ut a Donato donatistae appellentur... Los gramáticos utilizan *deriuatio* para referirse al procedimiento morfológico.

[18] Razones para prescindir de *aeros* y *auctor*.

La palabra debe contener la forma –más o menos modificada– que garantiza el significado. La etimología aparece bajo la forma 'correcta' en 1, 2b y 6. En 2b la etimología va acompañada por *proprie*, probablemente para indicar, por contraposición al anterior *per deriuationem*, que esta es la etimología *sensu stricto*[19]. En 6 la etimología en su primera parte podría figurar en cualquier diccionario etimológico actual.

Lo que despierta la atención en Isidoro es la segunda parte de los lemas. En el primero la entrada consta de etimología y definición: *qui alit et alitur; qui nutrit et nutritur*, es decir se corresponde con lo que se espera de un lema de diccionario.

Más representativo del modo de hacer isidoriano es el 6. Hemos dicho que la etimología es acertada: *ab astu*. Pero, de acuerdo con la idea de etimología manejada por el autor, el origen no adquiere valor de etimología sin la *interpretatio*: *quod*... Lo que hubiera podido ser una definición: *callidi et cauti nominis* se transforma gracias al *quod* en explicación. Si *astu* es etimología de *astutus* es porque *astutus* significa esto. Una palabra significa algo porque reproduce la esencia del referente. El etimólogo actual busca la forma que por evolución ha desembocado en el término que investiga. Para Isidoro la forma no tiene valor si no explica el significado. De manera que aporta como prueba del significado de la palabra el significado mismo en una especie de tautología: *astutus* procede de *astu*, es decir tiene el significado que le procede de *astu*, porque significa *astutus*. Dicho en sentido inverso: si formalmente mantuviera una relación de dependencia con *astu*, pero significara otra cosa, no dependería de *astu*. Por eso en las 'etimologías' isidorianas, no transcritas directamente de otro texto, es más importante la *interpretatio* que la etimología en sí misma. La 'etimología' se busca en función del significado[20].

Analicemos el 3. Es evidente que *amator* procede de *amo*, pero si *amicus, amator, amabilis, amasius* proceden de un mismo término, las

---

[19] Puede deducirse el sentido que Isidoro da a la etimología *per deriuationem*, lejano de la acepción que para nosotros tiene.

[20] Como dice J. FONTAINE, *Isidore et la culture classique dans l'Espagne wisigothique*, Etudes Augustiniennes, Paris 1959, vol. I, p. 43: «... l'esprit de la recherche étymologique d'Isidore est de l'ordre du pourquoi plutôt que de l'ordre du comment». Si bien, la conclusión a que llega Fontaine coincide plenamente con lo que estamos diciendo, el apartado que dedica a este punto persigue establecer la relación del modo de concebir la etimología por parte de Isidoro con teorías anteriores. A mí me interesa, sobre todo, comprender cuál era el concepto que el arzobispo de Sevilla tenía de la etimología y cuál el modo en que modo repercute sobre la función que le otorga.

diferencias de significado entre ellos quedan sin explicación. Hay que buscar, por tanto, etimologías que expliquen esas diferencias: *ama*tor *am*ore tor*quetur*. Incluso se puede prescindir del origen etimológico, pero no de la *interpretatio*: *Amabilis autem* quod *sit amore dignus* es el modo de presentación del término, en lugar de la entrada que esperaríamos: *Amabilis, qui est amore dignus*.

En el libro X tenemos una bien ordenada colección, en su mayoría adjetivos. Siguen un orden alfabético primario, al que se suma una mención en ocasiones consecutiva de términos enlazados por proximidad del significado: *amicus, amabilis, amasius*; *astutus, argutus*; *aequus, aequaeuus*; *animosus, animatus*; *ambitiosus, auidus, auarus*; *aduena, alienigena, accola, agricola*. Cada letra contiene un número no muy elevado de lemas, lo cual hace fácil el manejo y la búsqueda.

Una primera pregunta surge: el manejo ¿a qué finalidad concreta responde este vocabulario? ¿A quién y a qué está destinado un libro como este? Entre todos los libros de *Etymologiae* es el que menos encaja en los planteamientos que se adjudican a la obra.

Si pensamos en el posible destinatario las posibilidades quedan limitadas a la escuela, al reducido número de estudiantes que, en su mayoría, pasarán a ser clérigos. A la obligación de saber leer y comprender lo escrito, impuesta a los sacerdotes y reiteradamente expuesta en los Concilios, se añade la necesidad de dirigirse a los fieles colectiva o individualmente.

La proximidad de palabras de forma similar actúa a modo de 'diferencia' y así, no debe confundir *astutus* con *argutus*, aunque sus formas sean próximas. Isidoro por un lado transmite la idea de que cada cualidad tiene un nombre que le corresponde por naturaleza, y al mismo tiempo proporciona al lector un instrumento nemotécnico. Un modo de retener el significado de las palabras es recordar de dónde proceden: no olvidará el significado porque recuerda que *astutus* viene de *astu*, pero *argutus* de *argumentum*. Pero también por qué reciben ese nombre, aunque la etimología no exista: *amasius eo quod sit pronus ad amorem*.

La idea de buscar la *proprietas*, la perfecta adecuación entre palabra y referente, recurriendo a la *etymologia* parece tener aquí una aplicación relativamente estructurada: reducción a vocabulario y orden alfabético. Si pensamos en el siglo VII, este libro supone una confianza plena en que la *etymologia* como 'método' puede ayudar a comprender incluso la naturaleza del ser humano. Más bien parece un libro de notas destinado a transformarse en un tratado sobre el hombre, que un vocabulario destinado a la consulta.

Ese nivel de consciencia del valor de la palabra como fuente de conocimiento y de información, aunque erróneo en su punto de partida, es fuente de reflexiones en torno a esa misma palabra y sus referentes. Se pasa del glosario a la conciencia de que la glosa, la equivalencia de una palabra con otra no da cuenta real del significado, que es necesaria la *interpretatio*, una *interpretatio* que ligue el referente a la palabra que lo designa. Es un intento de darle un sentido al lenguaje transmisor de la naturaleza real del universo.

3. EL RETORNO A LOS GLOSARIOS

Un esfuerzo que se ve pronto interrumpido. Los siglos VIII al X son siglos de glosarios. En el siglo X encontramos un intento de reducir a glosario el *vocabulario* de Isidoro.

En el manuscrito Ripoll 74, entre las glosas que transmite se inserta el libro X isidoriano (ff. 28v-32r). Carece de prólogos y sigue de inmediato a la *glossa secunda*, como formando parte de ella[21].

Libro X	Ripoll 74
Aeros, uir fortis et sapiens (*om. T*).	
Auctor ab augendo dictus. Auctorem autem feminino genere dici non posse. Nam quaedam sunt quae in feminino flecti non possunt, ut cursor.	*Auctor ab augendo dictus*.
Alumnus ab alendo uocatus, licet et qui alit et qui alitur alumnus dici potest ; id est et *qui nutrit et qui nutritur*. Sed melius tamen qui nutritur.	*Alumnus ab alendo* **dictus** *qui nutrit et qui nutritur*.
[4]*Amicus*, per deriuationem, *quasi* animi *custos*. [5]Dictus autem proprie [Amator turpitudinis, quia amore torquetur libidinis *om. KCA*][22] amicus ab hamo, id est, a catena caritatis; unde et hami quod teneant.	*Amicus, quasi* amicicie (*IKTW*) custos.
Amabilis autem, quod sit amore dignus.	
Amasius, eo quod sit pronus ad amorem.	*Amasius, eo quod sit pronus ad mortem*.
[6]*Astutus ab astu uocatus, quod est callidi et cauti nominis, qui possit sine periculo fortiter* aliquid (*om. TW*) *facere*.	[6]*Astutus ab astu* **dictus**, *qui possit sine periculo fortiter facere*.

---

[21] Las últimas entradas de la *glossa secunda* son: zizania: iolium / Zacheus: humanum genus.

[22] Las siglas en cursiva corresponden a los manuscritos de *Etimologías*.

DE GLOSARIOS, VOCABULARIOS, DEFINICIONES   77

Argutus, quia *argumentum cito inuenit in loquendo.*
Acer, in unamquamque formam uegetus ac nimius (*om. T*).
Alacer, *a uelocitate et cursu,* quasi diceret aliger.
Armiger quod arma gerat (*om. T*)
Agilis, ab agendo aliquid celeriter, sicut docilis.
[7]*Aemulus,* eiusdem rei studiosus, quasi *imitator et amabilis. Alias inimicus inuenitur.*
Aequus est secundum naturam iustus dictus, *ab aequitate,* hoc est ab eo quod sit aequalis; unde et aequitas appellata, ab aequalitate quadam scilicet.
Aequaeuus, ab eo *quod sit aequalis alteri* aeuo, id est coaetaneus.
Adrogans, eo quod multum *rogetur, et ille* fastidiosus sit.

Audax proprie pro arrogante ponitur.
Animosus, quod sit animis et uiribus plenus.
Animatus, quasi *animo auctus,* quasi *animo firmatus.*
[8]*Aelatus,* pro eo *quod se* ipsum *eleuat super mensuram suam* dum magnus sibi uidetur de his quae agit.
Adtollens quod *se* eleuet et erigat.

Ambitiosus, quod honores ambiat.
[9]*Auidus dictus ab auendo; auere enim* cupere *est.* Hinc et
auarus qui plus desiderat qua non est illi opus. Nam quid est auarum esse ? Progredi ultra quam sufficit.
Auarus ex eo dictus, quod sit *auidus auri,* et numquam opibus expleatur, *et quantum plus habuerit* tantum *plus cupiat,* Flacci super hoc concordante sententia, qui ait: Semper auarus eget. Et

Argutus, qui *argumentum cito inuenit in loquendo.*
Acer, in unamquamque formam uegetus.

Alacer, a uelocitate et cursu.

Agilis, ab agendo aliquid celeriter, sicut docilis.
[7]*Aemulus, immitator et amabilis. Alio modo inimicus dicitur.*

Aequus ab aequitate

Alio modo aequus. *quod sit aequalis alteri.*
Adrogans, eo quod ab alio *rogetur, et ille* indignetur.
Adrogans superbus (*CGL* IV 7.24; 305.3; II 546.6)
Audax proprie pro arrogante ponitur.
Animosus, quod sit animis et uiribus plenus.
Animatus, animo auctus, animo firmatus.
[6]*Aelatus, qui* se eleuat super mensuram suam.

Adtollens, qui tollit *se* de similitudinem suam.
Ambitiosus, quod honores ambiat.
[9]*Auidus dictus ab abendo* et cupidando dictus. *Auere enim* cupidare *est.*
Auarus qui plus desiderat qua non est illi opus.

Auarus auidus auri, et quantum plus habuerit plus cupiat.

Sallustius: 'quod neque auaritia e copia, neque inopia minuatur.'

[10]*Amarus* a sapore translatum nomen habet. Est enim *insuauis*, nec nouit quemquam ad consortium suum aliqua *inuitare dulcedine*.

[10]*Amarus insuauis*, quia *dulcedine* sua nemo *inuitat*.

Los lemas omitidos son los siguientes: *aeros, amabilis, armiger*. Tengamos en cuenta que *aeros* y *armiger* son omitidos por *T*. Nos queda como eliminación propia *amabilis*. La conclusión inmediata es pensar en *T* o en una copia que tiene a *T* como modelo. La reducción, pues, no ha afectado casi al número de entradas, sino a su extensión.

Se ha reducido la parte de la «definición» a lo que se considera esencial. Siempre se eliminan las citas. La relación de causalidad, expresada con el *quod/quia* desaparece en unos casos y se añade en otros, siempre en la idea de simplificar la fuente. Por ejemplo, se añade en *amarus* y se elimina en *adtollens astutus* argutus *auarus*.

4. EL MUNDO DE LOS GLOSARIOS

4. 1. Distintos tipos de glosario

Si comparamos con la ordenación de una serie léxica, de motivación y realización distinta, pero que gira en torno al léxico, el *Appendix Probi*, la confrontación no ayuda: carece de orden alfabético o temático; los términos no están agrupados en función de desinencias. En efecto, aunque a veces una sucesión de vocablos con desinencias afines nos lleven a pensar en esa posibilidad[23], la serie que le sigue deshace la ilusión. En ocasiones, unas cuantas palabras revelan un grupo tematizado[24], seguido como en el caso anterior de otro grupo en que las palabras no tienen afinidad ninguna[25].

---

[23] Por ejemplo, del 3 al 11: *speculum... iugulus*, del 88 al 108: *ales, facies, cautes, pleues... syrtes, aedes, proles*.

[24] 169 *nouerca, nurus, socrus, neptis, anus*, seguido de *tundeo riuus, imago, pauor coluber*, etc.

[25] J.G.F. POWELL, «The appendix Probi as linguistic evidence: a reassessment», *The latin oof Roman lexicography*, Fabrizio Serra, Pisa-Roma 2011, pp. 75-120, concluye que, en origen, la *Appendix Probi* era una «collection of real and alleged scribal errors» (p.118) y acompañaban, a modo de observaciones, a un glosario bilingüe (p. 106).

¿Cómo se manejaban estos instrumentos de trabajo, si hay que considerarlos así?

Es relativamente fácil encontrar una explicación a los glosarios consagrados a recoger términos 'especializados' o 'técnicos' que ofrecen una cierta dificultad para el lector y hay un número apreciable de glosarios que están elaborados sobre esa base. En el volumen tercero del *Corpus Glossariorum Latinorum* encontramos, por ejemplo, *Hermeneumata* dedicados a equivalencias entre los nombres griegos de plantas y sus correspondientes latinos, que llegan a convertirse con el tiempo en glosarios 'latinos', sin rastro de grafía griega, porque suponen una aclaración del nombre técnico, ya aceptado en latín, mediante su equivalente popular.

De ahí *Hermeneumata* como los transmitidos por el códice de Siena F.V.8 que introduce ese tipo de léxico con el título de *Incipit ermeumma hoc est interpretatio pigmentorum uel herbarum*[26], pero que contiene equivalencias de términos como *arcea] ursine carne, alophilos]alienigenas*, etc.; y por el Vat. Reg. 1260 que, bajo el mismo título de *Hermeneumata*, despliega, en varios apartados, una miscelánea de secciones en torno a los tipos de medicamentos y su procedencia; en el contenido se muestra más fiel al título que el anterior[27]. El códice 69 de Montecassino, de contenido similar al manuscrito de Siena, que introduce la serie de palabras con un *Incipiunt uocabula herbarum*[28] que nos coloca ya en el terreno de los glosarios. El que todos ellos nos hayan llegado en manuscritos de los siglos IX y X no significa que fuese en aquellos momentos cuando se sintió la necesidad de elaborarlos.

Distinto es el caso de las glosas orientadas a aclarar dificultades terminológicas de autores concretos, como Juvenal[29] y con mucha frecuencia a favorecer la comprensión de las obras que los sacerdotes han de utilizar en sus ritos y ceremoniales y, sobre todo, los distintos libros de la Biblia[30].

---

[26] *CGL* 3.542-548

[27] *CGL* 3. 549 *Incipunt hermeneumata de decem speciebus medicamentorum. Hęc sunt de animalibus terrenis et marinis herbis uel seminibus lignis uel lapidibus floribus uel lacrimis sucibus et metallisque de graeco in latinum translatis.*

[28] *CGL* 3. 535-542

[29] *CGL* 5. 652-656.

[30] *Formulae spiritalis intellegentiae; Instructionum libri duo* (ed. C. MANDOLFO), *CChr.* 66, Brepols, Turnot 2004.

4. 2. El *Liber Glossarum*

Los glosarios sin un tema concreto, consistentes simplemente en una serie de palabras ordenadas, por lo general, de acuerdo a las dos primeras letras, son innumerables. Las coincidencias entre ellos son muchas, bastantes entradas son idénticas, hasta el punto de tener la sensación de que sobre un fondo común se han ido desarrollando glosarios que, pasando por diversas fases de crecimiento, añadiendo y eliminando lemas del texto que han recibido, han ido adquiriendo una identidad propia y así puede hablarse del *Abauus*, del *Affatim*, etc. El glosario de mayor envergadura al que actualmente se está dedicando atención es el llamado *Liber Glossarum*, también conocido como *Glossarium Ansileubi*[31].

Es difícil definirlo como glosario, diccionario o enciclopedia, aunque –si nuestro juicio se emite utilizando criterios actuales– la presencia de nombres propios nos inclinaría en primer lugar a prescindir del término diccionario. Se trata de una inmensa colección de términos con sus correspondientes definiciones, dentro de las que caben equivalencias, etimologías, diferencias y definiciones en sentido propio.

El proceso de elaboración que condujo al *Liber Glossarum* tal y como se nos ha transmitido tuvo que ser lento y laborioso. El número de documentos manejados para llegar al resultado final tuvo también que ser muy abundante y muy diverso[32]. Entre estos documentos es evidente que tuvieron figurar también glosarios ya existentes. Parece fuera de dudas que el procedimiento utilizado fue el del traslado a fichas de todas las entradas que interesaban, si exceptuamos, como es lógico, los glosarios, fuente de buen número de entradas. La organización del léxico en los glosarios mínimamente alfabetizados es probable que hicieran innecesario el paso a fichas.

Esto quiere decir que el origen geográfico de los documentos-fuente ha podido ser plural y que en muchos casos la producción de las fichas no ha ido acompañada de una identificación del original del que han sido tomadas. Y, sobre todo, indica que para llegar al documento final, al arquetipo, serían necesarias dos fases en lugar de una: copia en ficha del documento-fuente – en lugares distintos de acuerdo, tal vez, con el autor seleccionado– y copia de la ficha en el *Liber Glossarum*.

---

[31] *The Liber Glossarum. Edition of a Carolingian encyclopaedia*, Proyecto Financiado por *European Research Council* desde 2011, Coordinadora: Anne Grondeux (CNRS).

[32] Sobre esta cuestión G. BARBERO, «Contributi allo studio del Liber Glossarum», *Aevum*, 64 (1990) 151-174.

Si a estos dos determinantes, pluralidad de orígenes y paso intermedio consistente en fichas, añadimos que el número de personas encargadas de hacer las fichas tuvo que haber sido amplio, quedan explicadas las diferencias en la traslación más o menos correcta de las entradas: en función de la fuente, pero también del copista o más bien copistas. Esto quiere decir que sacar consecuencias generales sobre fenómenos que afectan a alguna o varias de las entradas requiere una argumentación muy sólida.

El *Liber Glossarum* marca algunas de sus entradas añadiendo la fuente de la que debemos suponer fue utilizada: Isidoro es frecuente y también frecuente es el genérico: glosario. Los estudios más numerosos hasta ahora que se han hecho sobre esta obra versan sobre lemas referentes a temas concretos. Me interesa particularmente las posibles fuentes y entre ellas, de modo especial los glosarios.

Cuando se comienza a trabajar sobre léxico, sobre glosarios en concreto, se tiene la sensación de que el estudio de fuentes puede conducirnos a intuir, al menos, cuáles fueron los problemas léxicos que se planteaban a un sociedad determinada en un momento determinado. Proseguir trabajando sobre glosarios significa darse cuenta de que un glosario es consecuencia de otro y, casi con seguridad, de la suma no de uno, sino de varios glosarios. El respeto a lo anteriormente existente, una especie de *auctoritas* que se les confiere, es la razón que guía el proceso: no perder nada de lo que ya existe. Este principio de actuación nos lleva a cierto escepticismo sobre la idea de sacar conclusiones sobre la representatividad de un glosario en relación con las necesidades del momento en que se edita.

Si bien es cierto que en algunos casos predomina una intención que apunta a una finalidad concreta, siempre existen elementos que anulan parcialmente una conclusión definitiva[33]. En el caso del códice Bodleian add. 44, Carlota Dionisotti avanza algunas conclusiones sobre el contenido del glosario transmitido. El hecho de que una parte considerable de las glosas están tomadas de las Notas Tironianas, le lleva a concluir el interés de los glosarios para los *notarii*. Del examen de los folios que proporciona en su artículo se llega a una conclusión semejante, pero sobre la que debe matizarse en el sentido apuntado antes. Junto a los términos de las Notas Tironianas a

---

[33] C. DIONISOTTI, «On the nature and transmission of Latin glossaries», *Les manuscrits de lexiques et glossaires de l'Antiquité tardive à la fin du Moyen Âge* (ed. Jacqueline Hamesse), FIDEM, Louvain-la-Neuve 1996, pp. 205-252. Una parte del artículo está dedicado al estudio de parte del ms. Bodleian add. 44, cuyo estudio anuncia que proseguirá en un futuro.

las que se añadido una glosa, abundan términos que tienen distinto origen, lo cual lleva a plantearnos una alternativa: o bien se trata de un glosario de rocedencia mixta o bien ha sido el copista del glosario 'tironiano' el que ha añadido términos procedentes de otro u otros glosarios. La pregunta final sigue siendo la misma: a quién va destinado el glosario que estamos analizando.

El afán de exhaustividad presente en la confección del *Liber Glossarum* llevó a sus programadores a intentar recoger todos los términos existentes en obras basadas en el léxico. Y, una vez terminado, el *Liber Glossarum* pasó a ser, a su vez, fuente de glosarios.

4. 3. Glosarios fuente del *Liber Glossarum*

Existe cierta tendencia a conceder la categoría de epítome o extracto del *Liber Glossarum* a todo cuerpo de glosas ordenado alfabéticamente que contenga un menor número de entradas que el *LG* siempre que sean coincidentes con glosas presentes en él. De ahí la sensación de que esta enorme compilación ha sido sistemáticamente saqueada durante los siglos siguientes a su composición.

Por poner un ejemplo de un glosario poco conocido, mencionaré un especímen visigodo perteneciente al siglo X, cuyos rasgos resultan interesantes por relación a otros ejemplares, también hispánicos, que coinciden en muchos puntos[34].

Es un glosario transmitido en un manuscrito misceláneo, en papel, del siglo XVII: Monasterio de El Escorial L I 15[35]. El contenido es misceláneo, transcripción de textos relacionados con el Monasterio de San Juan de la Peña y procedente de la Biblioteca del Conde Duque de Olivares que, a su vez lo había conseguido de la Biblioteca de Jerónimo Zurita.

El glosario va precedido de una nota que da una fecha aproximada del original; dice que esta copiado (f. 25): *ex codice uetustissimo litteris*

---

[34] Tratado con mayor amplitud en C. CODOÑER, «Los glosarios hispánicos y su posible relación con el *liber Glossarum*», en F. Alberto - D. Paniagua (eds.), *Ways of approaching knowledge in Late Antiquity. Schools and Scolarship*, Traugott Bautz, Nordhausen 2012, pp. 11-39.

[35] Una descripción completa del manuscrito y transcripción del glosario en A. PERIS, «Fragmento de un epítome del *Liber Glossarum* en un manuscrito de en torno al año 1000», *Veleia*, 14 (1997) 295-335. He hecho directamente la lectura y a veces, aunque muy raramente, la identificación de la palabra subyacente a la transmitida difiere de la del autor del artículo.

langobardicis (siue ut uocant gothicis) scripto ante annos sexcentos. Es decir, en un códice escrito en letra visigótica en torno al año 1000.

El hecho de ser obra de un copista del siglo XVII de un ejemplar en letra visigótica plantea el primer problema. La transcripción puede contener errores de comprensión de la letra original que influyen en las grafías, sin desechar la idea de que parte de esos errores se encontraban ya en el original[36]. En segundo lugar la parte conservada (879 glosas) corresponden a parte de la B, se inicia con bi- ya avanzada y termina con la C, en *cinari*. Esto indica el volumen que debía de tener el glosario inicialmente. La indicación que precede a la transcripción nos advierte que esa era la situación del glosario en el manuscrito del que está copiado (f. 25): *deerant in codice multa.*

Su editor considera que se trata de un resumen del *Liber Glossarum*, de acuerdo con la tendencia a ver en cualquier glosario posterior al *Liber Glossarum* y que contenga glosas presentes en él, el resultado de un selección hecha sobre el glosario por antonomasia, sin tener en cuenta que el *Liber Glossarum* es consecuencia de la fusión de múltiples fuentes, entre ellas glosarios. En realidad, el análisis de sus glosas, y la disposición de las mismas dentro del glosario llevan a una conclusión distinta.

Para empezar, la ordenación alfabética sigue en este manuscrito las dos primeras letras y, algunas veces (pocas), las tres primeras. No parece lógico extraer de un glosario alfabetizado totalmente, como el *Liber Glossarum* una serie de palabras para distribuirlas después, sin criterio ninguno que las agrupe. En caso de existir un orden temático se comprendería, pero no así. En segundo lugar: resulta extraño que el *Liber Glossarum* no se haya apropiado de una serie de términos de naturaleza técnica que no se encuentran en otros glosarios[37].

Este problema: tomar siempre el *Liber Glossarum* como origen de cualquier estudio de un glosario no conocido o, en su defecto, sustituirlo por el *Abauus* o el *Abstrusa*, deja en el vacío el análisis de esos numerosos glosarios, que podría tal vez conducirnos al mejor conocimiento de los cambios que tenían lugar cuando se procedía a la copia de un nuevo glosario; un proceso que suponía la fusión de un supuesto glosario original con el contenido de otro u otros glosarios, mezclándose así dos modelos que sólo se diferenciaban en parte, puesto que la mayoría de los lemas les eran comunes.

---

[36] Los glosarios transmitidos en manuscritos del siglo X contienen numerosos errores de lectura que deforman las palabras al punto de hacerlas irreconocibles en algunos casos.

[37] Por ejemplo, Cassino 69.

Tal vez nos ayudaría también a intuir de qué forma se integraron en los glosarios las entradas procedentes de textos como los de Euquerio o Isidoro y cuál pudo ser el criterio de selección en cada caso[38]. Cada glosario debe ser tratado como un *unicum* y, según esto, recibir una atención propia.

Naturalmente cuando hablo de 'intuir' pretendo dejar claro que no estoy pensando en una reconstrucción exacta del proceso, sino de una aproximación mínima a los núcleos que presentan en común los glosarios, ampliados en distintas direcciones. ¿Núcleos generados por zonas? ¿Núcleos generados por afinidades temáticas? El *Liber Glossarum* constituye el punto culminante de una larga y múltiple trayectoria que queda por estudiar; del mismo modo, pero a la inversa, el *Liber Glossarum* durante siglos seguirá proporcionando material para compilaciones de tipo léxico, sean glosarios, vocabularios o diccionarios.

El *Liber Glossarum* no responde a la idea que se desprende de su nombre; en él podemos encontrar equivalencias, definiciones, etimologías, entradas enciclopédicas y esa es la razón que impide encajarlo en cualquiera de las categorías habituales. No es un glosario, ni un diccionario, ni una enciclopedia porque la heterogeneidad es, por decirlo así, la norma. Quizás haya que suponer que el principal atractivo de un glosario como este para los usuarios medievales sea justamente lo que ha despertado el mayor interés entre los investigadores actuales, la incorporación sistemática de entradas relacionadas con un tema concreto: música, gramática, o cualquier otra disciplina que responda a una estructura escolar. Disponer de ellos en un solo, aunque enorme volumen, sin necesidad de recurrir a la consulta específica de los manuales correspondientes conferirían al *LG* un valor próximo al de una enciclopedia.

---

[38] Un interesante estudio sobre el tema en C. DIONISOTTI, «On the nature and transmission of Latin glossaries», en J. Hamesse (ed.), *Les manuscrits de lexiques et glossaires de l'Antiquité tardive à la fin du Moyen Âge*, FIDEM, Louvain-la-Neuve 1996, pp. 205-252.

Noemi Barrera-Gómez*

BARTHOLOMAEUS ANGLICUS COMO COMPILADOR. FUENTES Y AUTORIDADES EN EL *LIBER DE DEO* DEL *DE PROPRIETATIBUS RERUM*

1. Introducción

Uno de los siglos más representativos del fenómeno enciclopédico occidental, el XIII, dio a luz un número considerable de afortunadas compilaciones que pronto devinieron paradigma del contexto cultural de su época, tales como *De naturis rerum* de Alexander Neckham (1157-1217), *De natura rerum* de Thomas de Cantimpré (m. c. 1230-1240), *Speculum Maius* de Vicente de Beauvais (c.1194-1264), etc. A diferencia de estas composiciones, la obra del franciscano Bartholomaeus Anglicus (c.1203-1272), el *De Proprietatibus rerum*, no se compuso con la intención de satisfacer las necesidades de los círculos intelectuales del momento, sino, como el autor mismo explica en el prólogo y el epílogo, de los más simples y rudos que no pueden estudiar todas las lecturas de las autoridades que serían necesarias para comprender las oscuras analogías con el mundo físico de las que se sirven las Escrituras para describir las realidades espirituales. La exposición de las realidades físicas y espirituales desarrolladas a lo largo de los diecinueve libros que componen el *De Proprietatibus rerum*, por lo tanto, tienen como finalidad la correcta interpretación de las Escrituras. La obra no solo cumplió su función original (ser la base textual para la composición de sermones); además, fue objeto de una enorme difusión: a los 200 manuscritos completos hallados podemos sumar 66 manuscritos parciales y 44 versiones, así como dieciocho ediciones impresas hasta principios del siglo XVII[1]. A

---

* Investigadora predoctoral en el Departamento de Historia de la Filosofía, Estética y Filosofía de la Cultura; Facultad de Filosofía; Universidad de Barcelona. n.barrera.gomez@gmail.com.

[1] B. Van den Abeele, «Introduction générale» en B. Van den Abeele, H. Meyer, M. W. Twomey, B. Roling, R. J. Long (eds.), *Bartholomaeus Anglicus. De proprietatibus rerum. Volume I: Introduction générale, Prohemium, et Libri I-IV*, Brepols Publishers, Turnhout 2007, pp. 3- 43; aquí, p. 20.

esto se añade una temprana traducción de la compilación a seis lenguas vernáculas, con su correspondiente difusión.

La considerable popularidad que alcanzó la obra supone un estímulo para llevar a cabo un estudio que arroje luz sobre la manera de proceder propia de Bartholomaeus Anglicus en la composición de la enciclopedia. Pretende presentarse aquí la figura de Bartolomé el Inglés como compilador; atendiendo a dicha finalidad, los siguientes apartados se centrarán en el análisis del libro que abre el *De Proprietatibus rerum*: el *Liber I De Deo*.

El núcleo del estudio reside en el examen de las fuentes y autoridades empleadas para la confección de la obra. El uso y la mención de las mismas varían según el bloque temático que consideremos del *Liber I*. A lo largo de las siguientes páginas se reparará en los distintos criterios que sigue el autor respecto a sus fuentes y los motivos que le llevan a presentar tal distinción. Se analizará, en definitiva, el tipo de uso de estas fuentes, con el fin de advertir los objetivos que Bartolomé persigue en su manejo.

2. Estructura del *Liber I De Deo*

El libro I acerca de Dios del *De proprietatibus rerum* se compone de veintiún capítulos. El análisis de éstos permite distinguir tres partes, cada una fundamentada en una unidad de contenido común a los capítulos que la constituyen.

2.1. Bloques temáticos

El primer bloque temático, el más extenso de los tres, se divide a su vez en otros dos conjuntos. El primer subconjunto se compone de los capítulos primero al quinto[2]: *Unus immensus et incommutabilis Deus dicitur*; *De essentie unitate et personarum pluralitate*; *Quod quicquid dicitur de Deo, aut est essentia, aut notio, aut persona*; *De notionibus* y *Quod Deus cognoscitur in suo effectu*. En el segundo subconjunto que integra la primera parte del libro I, hallamos del sexto al decimoquinto capítulo: *Quid notificent nomina de Deo*; *De nominibus essentialium distinctionum*; *De nominibus concretis*; *De nominibus mediis*; *De nominibus adiectivis que pure significant divinam*

---

[2] Para las citas del *De proprietatibus rerum*, incluidos los títulos, seguimos aquí la edición crítica: M. W. Twomey, «Liber I» en B. Van den Abeele, H. Meyer, M.W. Twomey, B. Roling, R.J. Long (eds.), *Bartholomaeus Anglicus. De proprietatibus rerum. Volume I: Introduction générale, Prohemium, et Libri I-IV*, Brepols Publishers, Turnhout 2007, pp. 57- 82.

essentiam; *De illis que aliquid connotant positive*; *De his que connotant respectum*; *De nominum adiectivorum subdistinctione*; *De nominibus personalibus*; por último, *De notionum subdistinctione*. El primer bloque temático lo destina Bartolomé a la exposición de la doctrina trinitaria, primero mediante la explicación de la realidad unitrina de la divinidad (primer subconjunto) y, posteriormente, presentando una teoría de los nombres que completa dicha explicación (segundo subconjunto).

La segunda parte, más escueta, engloba dos capítulos, el decimosexto y decimoséptimo: *De proprietatibus divine essentie* y *Quomodo Bernardus describit Deum*. Ambos ofrecen una descripción de las propiedades de la naturaleza divina.

La tercera y última parte está compuesta por los cuatro últimos capítulos, del decimonoveno al vigésimo primero: *De nominibus que notificant Deum in suis operibus*; *De nominibus appropriatis*; *De nominibus transumptis*; *De diversis Christi nominibus quibus nuncupatur*. En estos capítulos hallamos la clasificación y explicación de los términos propios e impropios que simbólicamente se utilizan para nombrar a Dios.

2.2. Autoridades citadas y fuentes omitidas

Bartholomaeus Anglicus cita diversas fuentes utilizadas en la composición de su *Liber I*, tanto referentes a autores contemporáneos como a autoridades más alejadas de él en el tiempo. Para el primer bloque temático el Inglés dice utilizar las obras de Inocencio III (1161-1216), Agustín de Hipona (354-430), Boecio (480-524), Hugo (1096-1141) y Ricardo de san Víctor (m. 1173), Damasceno (c. 650-753) e Isidoro de Sevilla (c. 560-636). Los dos bloques temáticos restantes sintetizan fragmentos de Damasceno, Bernardo de Claraval (1090-1153), Isidoro de Sevilla y el *Libro de la Sabiduría*; asimismo, hallamos una mención a la figura de Hermes Trimegistro y otra a Dionisio Areopagita (Pseudo-Dionisio, c. siglos V y VI).

Las fuentes textuales de Bartolomé, sin embargo, no siempre coinciden con sus citas. Es probable la influencia textual, en el *Liber I*, de las *Sententiae* de Pedro Lombardo (c. 1095-1160), la *Summa aurea* de Guillermo de Auxerre (m. 1231) y la *Summa theologiae* de Alejandro de Hales (m. 1245)[3]. De igual manera, el análisis del texto de la enciclopedia revela que el autor no manejaba todas las autoridades citadas -o, al menos, no en todas las ocasiones- de primera mano. A esto hay que añadir un uso muy distinto de

---

[3] B. Van den Abeele, op. cit., pp. 7-9; M. W. Twomey, op. cit., pp. 58-59.

las mismas que guarda una estrecha relación con la idiosincrasia de los bloques temáticos que hemos distinguido en el libro.

El distinto empleo de las fuentes, así como la cita o la omisión de ciertos autores, responden a una intención por parte del autor que aquí nos proponemos analizar.

3. Inicio del libro I: declaración de intenciones del autor

Detengámonos a considerar de qué manera Bartolomé comienza su obra. Una vez entra el autor en materia, no es fortuito que sus primeras palabras sean de Inocencio III y provengan de una decretal. Es adecuado abordar el estudio del *De proprietatibus rerum* atendiendo a aquello que iba a suponer la primera impresión del lector, puesto que, como ocurre en la totalidad del género enciclopédico medieval, el orden y la disposición del contenido que presenta esta obra no carece de importancia.

3. 1. La decretal de Inocencio III

Dice mucho de la intención de un autor comenzar su obra citando una decretal. Bartolomé expresa con dicha referencia que la doctrina que presenta no va a desviarse del dogma establecido por la autoridad de la Iglesia. Al mismo tiempo, los decretos papales y los cánones gozaban de gran veracidad como fuentes para las obras compilatorias, de manera que su cita aporta fiabilidad[4]. Veamos en qué contexto se sitúa la referencia aquí tratada.

Inocencio III fue el único pontífice que convocó un concilio verdaderamente ecuménico en el siglo XIII, el Lateranense IV, en 1215. Poco después, en 1230, Gregorio IX (1170-1241) encargó a Raimundo de Peñafort (c. 1180-1275) una compilación de derecho canónico que completara la de Graciano. El jurista y reconocido profesor de Bolonia creó una obra en la que aunaba adecuadamente la legislación vigente hasta el momento con la nueva, incluyendo las decretales de Alejandro III e Inocencio III, así como los cánones de los concilios Lateranenses III y IV. En septiembre de 1234 el papa ratificó con la bula *Rex pacificus* la obra, cuyo nombre oficial, *Liber Extra*, fue remplazado hasta llegar a nosotros como *Decretales de Gregorio IX*. El pontífice la envió a diferentes universidades: París, Salamanca y, por

---

[4] J. Vergara, «El sentido del saber en la Escolástica medieval», *Espacio, Tiempo y Forma*, Serie III, *Historia Medieval*, 13 (2000) 421- 434, aquí p. 426.

supuesto, Bolonia, conocida por sus estudios de leyes[5]. El capítulo que abre el primero de los cinco libros en los que se divide la obra pertenece, precisamente, a los cánones del concilio IV de Letrán que el propio Inocencio III había completado. La fuente de Bartolomé es la obra de Raimundo, pues, al citarla en los capítulos primero y segundo, menciona el nombre de la nueva compilación: «Hucusque Innocentius *Extra* I, capitulo I»[6].

La figura de Inocencio III es especialmente significativa como referencia de autoridad eclesiástica, puesto que, en su pontificado, la *plenitudo potestatis* se defendió con gran empeño. Por otra parte, no debe obviarse la especial relevancia de este papa en la Orden de Frailes Menores a la que pertenece Bartolomé: fue quien la aprobó cuando todavía se encontraba en su estado inicial, formada por escasos miembros y sin una verdadera regla elaborada que les diera consistencia. Finalmente Francisco de Asís logró redactar la que sería regla oficial de la Orden, la *Regula bullata*, con la primordial ayuda del cardenal Hugolino: precisamente, el futuro para Gregorio IX[7].

Concluimos, con lo visto hasta aquí, la especial relevancia que posee la primera fuente que presenta Bartolomé: a la par que ofrece fiabilidad a la enciclopedia, implica una evidente intención de manifestar su avenencia respecto a la autoridad de la Iglesia. A esto hemos de añadir la significativa relación de los pontífices aludidos con la orden a la que pertenece el autor.

---

[5] S. KUTTNER, «El Código de Derecho Canónico en la Historia», *Revista española de Derecho Canónico*, 24 (1968) 301-314; G. GHIRLANDA, *El derecho en la Iglesia, misterio de comunión*, Ediciones Paulinas, Madrid 1990, pp. 91 y ss.; J. LE GOFF, *La Baja Edad Media*, Siglo XXI de España Editores, Madrid 1990, pp. 81, 234 y ss.; J. ORLANDIS, *Historia de la Iglesia*, volumen 1, *La iglesia antigua y medieval*, Ediciones Palabra, Madrid 1998, p. 366.

[6] Cap. II, 26, p. 70. Idéntica expresión, sin mencionar el nombre de Inocencio, en cap. I, 16-17, p. 69.

[7] Inocencio III aprobó en 1209 la Orden junto con la *Regula prima*, una primera regla que consistía básicamente en un conjunto de textos del Evangelio que Francisco observaba en su ideal de vida. A partir de su aprobación la fraternidad comienza a expandirse, incrementando con ello la necesidad de una regla con normas jurídicas. Después de un intento que fracasa, Francisco escribe, con la mencionada ayuda del cardenal Hugolino, la *Regula bullata*, donde sí se define satisfactoriamente la organización de la Orden. Honorio III la aprueba en 1223. J.M. MOLINER, *Espiritualidad medieval: los mendicantes*, El Monte Carmelo, Burgos 1974, pp. 49 y ss.; M. CANTERA y S. CANTERA, *Las Órdenes religiosas en la Iglesia medieval: siglos XIII a XV*, Arco Libros, Madrid 1998, pp. 26 y ss.

3. 2. Agustín de Hipona y el dogma trinitario

La enciclopedia abre su primer libro con la referencia a una autoridad político-religiosa por un interés determinado, como acaba de mencionarse. El texto de los dos primeros capítulos guarda una dependencia absoluta con su fuente, el *Liber Extra*. Bartolomé omite ciertos pasajes, pero no realiza añadidos al contenido que provengan de otra fuente ni cita a ninguna otra autoridad. La relevancia que se otorga en la obra a esta primera fuente es la manera que posee el autor de declarar que su doctrina va a ser un fiel reflejo de la ortodoxia.

Si así procede Bartholomaeus Anglicus en su *De proprietatibus rerum*, la versión romance de Vicente de Burgos, editada por primera vez en 1494, presenta una diferencia que altera lo que Bartolomé había dispuesto como primera impresión de sus lectores. Leemos al final del primer capítulo de la versión romance:

> (…) como todo es provado en la decretal de la *Alta Trinidad y fe católica*, donde son escriptas las palabras del glorioso dotor sant Augustín, dichas en su primero libro de la *Trinidad*.[8]

El texto romance hace así una identificación entre la autoridad de Inocencio III y la de Agustín de Hipona, creando, asimismo, una sensación de inalterabilidad en el tiempo de la doctrina expuesta. Agustín no tardará en ser citado en el texto latino, pues hallamos su referencia al final del tercer capítulo, pero no es casual que Bartholomaeus Anglicus se reserve hasta entonces la mención a este autor, como veremos en el siguiente apartado. La versión romance, al adelantar su cita, confiere una preponderancia a Agustín sobre el resto de autoridades que, junto a él, son citadas en el capítulo III: Boecio, Hugo y Ricardo de san Víctor. Pese a que Bartolomé no tenga la intención de resaltar la autoridad del Africano en el texto latino y, por lo tanto, no dé a entender tal cosa, cabe señalar que el análisis del contenido doctrinal de la exposición trinitaria que hallamos en estos capítulos del *De proprietatibus rerum*, así como el del contexto histórico que envuelve el desarrollo de las cuestiones trinitarias, muestran que ciertamente sí se da una supremacía de Agustín respecto al resto de autoridades citadas.

En primer lugar, señalemos de dónde surge esta mención a Agustín situada entre los dos capítulos -el primero y el segundo- que reproducen el texto de Inocencio III. La referencia no es originaria de la versión romance;

---

[8] Barcelona, B. C., Inc. 471, f.11rb.

ésta fue introducida por la versión francesa que Jean Corbechon, miembro de la Orden de san Agustín, preparó por orden de Carlos V en la segunda mitad del siglo XIV: el *Livre des propriétés des choses*, entregado al monarca en 1372. Leemos al final del primer capítulo del *Livre I*:

> Tout ce chapitre se trouve écrit dans la décrétale intitulée *De la souveraine vérité*, au premier chapitre, et ce sont les paroles de saint Agustin dans son premier livre sur la *Trinité*.[9]

La versión romance no duda en copiar la referencia e, incluso, en acompañar del adjetivo «glorioso» varias menciones a Agustín de Hipona.

Equiparar el reconocimiento a la autoridad de Inocencio III con la de Agustín conlleva la afirmación implícita de que la doctrina ortodoxa -que es la que presentará la enciclopedia- va a asentarse sobre las bases agustinianas, sin que exista contradicción alguna entre el pensamiento ortodoxo del Africano y la formulación del dogma actual representada en el texto de la decretal.

Aunque el texto latino del *De proprietatibus rerum* no manifieste, como sí hace el romance, la igualdad entre las dos autoridades mencionadas, Agustín es el más antiguo de los filósofos citados en el capítulo III, de manera que también se le confiere cierto valor iniciático en la formulación ortodoxa del dogma trinitario. El pensamiento trinitario agustiniano es el fundamento e inicio de la teología latina. Marca un punto de inflexión respecto al pensamiento anterior, ya que, en cierta manera, lo culmina, a la vez que inicia la posterior concepción trinitaria de la latinidad que desarrollarán los siglos venideros. Por significativa que resulte la Trinidad como imagen creadora en los siglos XII y XIII, así como poco monolítico el discurso acerca de Dios, Agustín siempre va a suponer el obligado referente del estudio trinitario. Su doctrina, basada en la unidad esencial divina, resulta un punto de arranque idóneo para, posteriormente, tratar sobre todas las cuestiones que entrañen cierto peligro a la hora de preservar la unicidad de Dios. Este tipo de cuestiones problemáticas, tales como si las propiedades de las personas divinas son o no la esencia de Dios, eran objeto de debate en los círculos intelectuales de los mencionados siglos.

---

[9] Seguimos aquí la antología de textos preparada en francés moderno por Bernard Ribémont: *Le Livre des propriétés des choses. Une encyclopédie au XIVe siècle*. Introduction, mise en français moderne et notes par B. RIBEMONT, Éditions Stock, París 1999, p. 62.

Twomey indica en su estudio sobre el primer libro del *De proprietatibus rerum* que el autor, para su exposición trinitaria, repara en las doctrinas de base, en última instancia, agustiniana[10]. Veamos más detenidamente las autoridades a las que Bartolomé recurre en el apartado que trataremos a continuación, donde se observará lo acertado de la afirmación de Twomey.

4. Diferente uso de autoridades en el *Liber I*

Bartolomé recurre a una serie de fuentes y autoridades de dos maneras distintas. La primera corresponde prácticamente por entero a la parte inicial de su obra, aquella que trata acerca de la cuestión trinitaria. En estos capítulos no aparecen citadas todas las fuentes textuales que se utilizaron para su composición y las que sí se citan pudieron no ser manejadas de primera mano por Bartholomaeus, pues no se da una dependencia directa entre sus textos y la obra del Inglés. Lo relevante de los autores que aquí se mencionan es su faceta de autoridad: son especialmente significativos porque sus doctrinas suponen una determinada e importante contribución en la evolución del pensamiento trinitario.

El otro modo en que nuestro autor recurre a las fuentes pertenece a las partes que hemos denominado segunda y tercera del libro I. La aportación en este punto de la obra no es doctrinal, sino textual. Lo relevante son los textos determinados que toma de los autores, entre los que se incluyen Bernardo de Claraval, Isidoro, el *Libro de la Sabiduría* y Damasceno, el más recurrido de ellos, junto con la mención que éste último hace del Pseudo-Dionisio.

4. 1. Aportación doctrinal

Los dos primeros capítulos del libro reproducen ciertos fragmentos de la decretal de Inocencio III en la que se expone la cuestión trinitaria. En el tercer capítulo, el autor ofrece una clasificación de los tres modos que tienen las cosas de «ser en Dios» o «ser dichas de Él», esto es, esencia, propiedades o personas[11]. A continuación, Bartolomé retoma la formulación trinitaria y expone tanto la diferencia real de origen entre las tres personas divinas como la igualdad esencial entre ellas. Al final del capítulo se afirma que esta conciliación conceptual entre la trinidad personal y la unidad esencial divina

---

[10] M. W. Twomey, op. cit., p. 61.

[11] «Ut autem dicta et dicenda apertius elucescant, notandum est iuxta sanctorum traditionem quod quicquid in Deo est aut de Deo dicitur, aut est essentia aut notio aut persona», cap. III, 1-6, p. 70.

que se ha presentado se encuentra en Boecio, Hugo de san Víctor, Agustín y Ricardo de san Víctor.

El *De proprietatibus rerum* se caracteriza por un estilo claro y conciso, totalmente estructurado para facilitar al lector la comprensión de la materia tratada. El orden lógico de la exposición en estos primeros capítulos, sobre todo teniendo en cuenta el estilo del autor, parece que se encuentre alterado: para que la exposición fuera coherente y plenamente comprensible, la clasificación presentada en el tercer capítulo debería ser lo primero que el lector hallase en el libro, pues el contenido de los dos primeros capítulos ya proporciona información que explica las tres «cosas que son en Dios». Como hemos apuntado más arriba, esta excepcionalidad en el estilo expositivo del autor se debe a su interés en que las primeras palabras del libro sean las de la autoridad político-religiosa de Inocencio III. La presentación del dogma trinitario del texto de la decretal en los dos primeros capítulos y la mención de las cuatro autoridades en el tercero nos sugiere algo más por parte del autor: la afirmación implícita de que son estos autores los que, mediante su aportación a la reflexión trinitaria, han llevado al dogma a la actual formulación que la Iglesia proclama, presentada en esta obra bajo la mencionada decretal. Los autores que utilizará Bartolomé serán aquéllos de los que la teología occidental ortodoxa -y, por lo tanto, Bartolomé mismo- tome el contenido doctrinal necesario para llegar a dicha formulación dogmática. La línea de pensamiento en que se enmarca el Inglés se nos presenta suficientemente definida sólo con atender a las autoridades a las que recurre, de uso común dentro de la Orden de Frailes Menores a la que el autor pertenecer.

El hecho de que de la decretal se realice una copia prácticamente literal dentro de un apartado en el que el autor no reproduce citas textuales evidencia la función especial que ésta desarrolla. Bartolomé omite ciertos párrafos del texto de Inocencio III en los que cabe reparar para comprender qué objetivo persigue el Inglés en su libro sobre Dios. Por una parte, comprobamos que el autor deja de lado todas aquellas cuestiones que no pertenezcan a la propia realidad trinitaria divina: los párrafos sobre cristología, sacramentos, etc. Por otra parte, es sumamente interesante comprobar cómo Bartolomé elude toda mención a posibles interpretaciones conflictivas del dogma expuesto. Esto ocurre cuando, al copiar el texto de la decretal, Bartolomé omite un apartado en el que Inocencio III alude al peligro que se derivaría de un análisis racional del misterio unitrino erróneo: podría darse una concepción de la esencia de Dios como parte constitutiva de de la divinidad. La decretal explica el error de Joaquín de Fiore (c. 1135-1202) en este preciso punto, pues él tachaba de peligrosa la doctrina de Pedro

Lombardo (c. 1110-1160), al afirmar éste que las personas divinas son «cierta cosa suma»[12]. Esto podría interpretarse de manera equivocada, pues parece que haga emerger una cuaternidad en Dios -Padre, Hijo, Espíritu Santo y esencia común-, motivo por el cual Joaquín niega que las personas sean cosa alguna. La decretal confirma la veracidad de la doctrina de Pedro Lombardo, afirmando con él cierta realidad suprema incomprensible e inefable[13]. Bartolomé no menciona explícitamente la cuestión en torno a la cuaternidad ni las disputas entre los diferentes autores, pero su exposición de la doctrina trinitaria aleja intencionadamente cualquier implicación problemática[14].

Al margen de las autoridades ya mencionadas, hallamos en los capítulos que conforman el primer bloque temático otras dos citas: una referencia a Damasceno, en el capítulo V, y la cita de un pasaje de las *Etymologiae* de Isidoro, en el capítulo XIV. Ésta última es una mención puntual; es la única ocasión en que Bartolomé, en estos capítulos en los que trata la condición trinitaria divina, hace alusión a una obra y un libro concretos que le han servido de fuente textual[15], a excepción, como se ha tratado, de la decretal de Inocencio III. El Inglés copia aquí un fragmento de Isidoro literalmente, omitiendo una única proposición: la que hace referencia a la doctrina que compara la Trinidad divina con la trinidad que se da en el hombre (memoria, inteligencia y voluntad)[16]. Elude nuevamente Bartolomé aquello que no trate estrictamente la unitrinidad divina, y con ello evita mencionar disquisiciones filosóficas que añadirían complejidad a la explicación.

Damasceno, por el contrario, se cita como al resto de filósofos de este apartado (Agustín, Boecio, Hugo y Ricardo de San Víctor): por su autoridad en el tema preciso que Bartolomé está desarrollando, sin tomarse exactamente como fuente textual. No se especifica del autor ninguna obra en particular, sino que se menciona como autoridad en la doctrina que se está tratando: en este caso, la posibilidad del conocimiento divino por parte de las criaturas. Damasceno se cita en un contexto muy concreto, pero no aparece junto a los nombres de las autoridades cuyas doctrinas son tomadas para la exposición sobre la Trinidad que realiza Bartolomé. Hallamos, sin embargo, cierta anticipación en Damasceno de la teoría de los nombres que presenta el

---

[12] Gregorio IX, *Decretalium compilatio*, cap. 2, X, I, 1.
[13] *Id.*
[14] Especialmente en cap. III, 6-8 y cap. XIV, 16-19.
[15] El *De proprietatibus rerum* cita aquí el libro VI de las *Etymologiae*. La referencia está claramente equivocada: es en el libro VII, *De deo, angelis et sanctis*, donde hallamos la fuente textual de Bartolomé (l. VII, cap. IV, 1-2).
[16] Isidoro, *Etymologiae*, l. VII, cap. IV, 1-2.

Inglés. Veamos con más detenimiento la relación del autor con estos capítulos del *De proprietatibus rerum*.

4. 1. 1. Damasceno como *auctoritas*. La posibilidad del conocimiento divino

Bartolomé asegura en el capítulo V que las criaturas no pueden conocer la esencia divina, es decir, qué es Dios, y refuerza su postura citando en este punto a Damasceno. En su *Expositio*, el de Damasco declara que no puede entenderse ni decirse nada de Dios fuera de lo que ha sido trasmitido por la revelación[17]. Sin embargo, no sólo ofrece una explicación de los nombres con los que se describe la divinidad, sino que, además, atribuye cierto conocimiento, si bien imperfecto, al discurso afirmativo de Dios como principio y creador de todas las cosas, exactamente como Bartolomé hace a lo largo del libro I. Aquello que se dice sobre Dios no declara su esencia o naturaleza, sino las propiedades de ésta. Lo único que puede llegar a comprenderse de la divinidad es su propia incomprensibilidad e infinitud, por lo que Damasceno, siguiendo la tendencia del Pseudo-Dionisio, como también hará Escoto Eriúgena, sostiene que, una vez exploradas las vías catafática o positiva y apofática o negativa para describir a Dios, la manera más adecuada de expresarse sobre la divinidad es la vía de la eminencia o superlativa[18].

Bartolomé no describirá a Dios como suprasustancia, es decir, no utiliza la vía superlativa, hasta que no presente la propia definición de Damasceno en el capítulo XVI. Este tipo de discurso no tiene cabida en la primera parte de su obra, la concerniente al dogma trinitario. Sin embargo, puesto que Bartolomé se dispone a comenzar su clasificación de los nombres en el capítulo VI, precisamente dedicado a los nombres esenciales, puntualiza el Inglés previamente que, aunque no se pueda entender la esencia de Dios, algo podemos conocer de ella al describirla de manera positiva, como causa universal de todas las cosas. También hace mención a la vía negativa, justificando así el lenguaje de las Escrituras. Damasceno supone una importante autoridad en este punto del discurso de Bartolomé. La diferencia respecto a los autores citados en el capítulo III es que el Inglés no confiere a Damasceno autoridad en la formación de la doctrina trinitaria, únicamente en la posibilidad del conocimiento divino. Tampoco no omite las citas de Damasceno en los bloques temáticos siguientes, en los que el autor es

---

[17] Damasceno, *Expositio*, I, 2.
[18] *Ibid.*, I, 4 y I, 12-B.

ampliamente utilizado como fuente textual, pero no lo nombra en los capítulos en los que expone su explicación de los nombres de la Trinidad, pese a la cercanía entre algunos textos de ambos autores. Esta decisión queda justificada si reparamos en las disputas que, durante siglos, giraron en torno a la cuestión del *Filioque*, pues Damasceno defiende la postura contraria a la ortodoxia latina: según se afirma en Oriente, el Espíritu procede del Padre a través del Hijo[19]. Bartolomé, fiel a su manera de proceder, no hace referencia en su texto a estas disputas, pero matiza en el capítulo tercero que el Espíritu recibe su ser tanto del Padre como el Hijo, siendo ambos un único principio de aquél.

En lo que respecta a la doctrina de los nombres de Damasceno, son significativos numerosos fragmentos de los libros I y III de su *Expositio*. Cabe decir, sin embargo, que la clasificación de nombres de Bartolomé es considerablemente más completa que la que ofrece Damasceno en su obra[20].

4. 1. 2. Agustín de Hipona

La aportación doctrinal de Agustín de Hipona a la reflexión trinitaria latina es incuestionable. Su disertación sobre las diferentes maneras de hablar de Dios supone un obligado inicio del tema. En el *De Trinitate* afirma el de Hipona que las Escrituras contienen locuciones que designan la igualdad de la sustancia divina en la Trinidad. Se hallan también pasajes que refieren la diferencia de origen, sin que ésta exprese inferioridad de ningún tipo, pues la sustancia de Padre, Hijo y Espíritu es idéntica. Los nombres con los que se manifiesta la distinción en cuanto a la procedencia no son esenciales, no se predican de la sustancia divina; tampoco son, sin embargo, accidentes. Refieren a Dios de una manera diferente: según la relación (*ad aliquid*). La

---

[19] Como puede leerse en su *Expositio*, I, 8.
[20] Podemos observar la relación entre *Exp.* I, 9 y I, 10 con el texto de Bartolomé: concretamente, con los nombres que clasifica como adjetivos esenciales privativos (cap. X), también con los sustantivos esenciales generales y abstractos (cap. VII) y, por último, con los nombres esenciales adjetivos que connotan posición y que refieren a las relaciones entre el Creador y las criaturas (caps. XI y XII). La explicación que leemos en *Exp.*, I, 12-B, se asemeja a la que realiza Bartolomé sobre los nombres nocionales concretos; igualmente, en *Exp.* III, 7, hallamos una matización que también se encuentra en la enciclopedia y a la que Bartolomé le confiere importancia por su implicación doctrinal: un cuantitativo dicho en neutro refiere a la esencia, mientras que uno dicho en masculino refiere a la persona (cap. XIII).

realidad propia de cada persona se basa en sus relaciones inamovibles, concluye san Agustín[21].

La sustancia es el mismo ser divino, pero la relación tampoco cae fuera de esta dimensión del ser, pues no altera en nada la sustancia divina[22]. La teoría de las relaciones posibilita al autor afirmar la distinción real de las personas, quedando a salvo de todo modalismo[23], mientras que garantiza el monoteísmo trino con la noción de *substantia* que expone, pues afirma una igualdad entitativa de las personas. Agustín expone por primera vez en el pensamiento trinitario una doctrina teológica sólida en la que el uso de las relaciones divinas deviene eje articulador de la unitrinidad de Dios.

En cuanto a la función de Agustín de Hipona como fuente del *Liber I* de Bartolomé, puede señalarse una considerable similitud de estos primeros capítulos de la enciclopedia respecto al *De Trinitate*[24].

4. 1. 3. Boecio

En su *Utrum Pater et Filius et Spiritus Sanctus de divinitate substantialiter praedicentur*, Boecio discurre acerca de aquello que implica distinción personal en la divinidad y concluye que debe tratarse de relaciones predicamentales, es decir, que Padre, Hijo y Espíritu Santo no son predicados sustanciales sino relativos. Este opúsculo no añade nada nuevo a lo que Agustín desarrolló en el *De Trinitate*, siguiendo el romano la teoría de éste al explicar de qué manera debemos referir a Dios según si lo significamos en cuanto a su naturaleza o en cuanto a las relaciones de origen.

---

[21] Agustín, *De Trinitate* I, 7, 14; II, 1, 2 y V, 5, 6.

[22] N. BLÁZQUEZ, «El concepto de substancia según san Agustín. Los libros De Trinitate», *Augustinus*, 14 (1969) 305-350; aquí, p. 332.

[23] Aunque de manera muy diferente a la época de Agustín, las acusaciones de modalismo reaparecen en los siglos XII y XIII, debido, en esta ocasión, a las conclusiones que alcanzaba el pensamiento dialéctico (*e.g.* Abelardo, en el siglo XII, y Durando de San Porciano, en el XIII).

[24] Es interesante reparar en los fragmentos que tratan la diferencia de origen de las personas divinas, así como la igualdad en la esencia y en las obras (*De Trin.* I, 5, 8; IV, 21, 30; I, 5, 8 y I, 6, 12-13), las propiedades personales (*De Trin.* V, 5, 6; cfr. V, 6, 7 y V, 7, 8), la común espiración del Espíritu Santo (*De Trin.* V, 14, 15 y XV, 26, 47), los nombres esenciales (*De Trin.* V, 8, 9 y V, 10, 11), los numerales que remiten o bien a esencia o bien a las personas (*De Trin.* VI, 2, 3) y los adjetivos esenciales que connotan una relación entre el Creador y las criaturas (cfr. *De Trin.* V, 11-12).

En el *De Trinitate*, obra con la que Boecio pretende defender la ortodoxia contra la herejía arriana, se desarrolla de forma más completa la doctrina trinitaria. El objetivo del autor es mostrar la manera en que Padre, Hijo y Espíritu Santo son una idéntica y única sustancia.

En el *De Trinitate*, el romano todavía no ha madurado su definición de persona ni ha expuesto la diferencia entre sustancia y subsistencia, tan relevantes para la evolución del posterior pensamiento trinitario. En su obra *Contra Eutychen et Nestorium* llega a la conclusión de que las herejías y controversias que pretende rebatir surgen a causa de las dudas que se crean en torno a los conceptos de «naturaleza» y «persona», por lo que cree pertinente definirlos. El gran mérito reconocido a Boecio en los siglos posteriores es la diferencia que establece entre *subsistere* y *substare* mediante consideraciones filosóficas (concretamente, la relación con los accidentes) [25] y, sobre todo, su definición de «persona», que, siguiendo la tarea que iniciaron tiempo atrás los Padres capadocios, pretende resolver los malentendidos provocados por la terminología entre griegos y latinos en la doctrina trinitaria.

Tras considerar estas tres obras de Boecio puede observarse que, si bien esta última supone la mayor aportación al dogma trinitario y, sin duda, sus conclusiones fueron reconocidas[26], son las dos anteriores las que muestran una relación más directa con el contenido que presenta la obra de Bartolomé.

4. 1. 4. Hugo de san Víctor

Al desarrollar el dogma trinitario, Bartolomé cita cuatro autores, pero la lista se reduce a dos cuando pasa a considerar el estudio de las relaciones, en el capítulo III: Agustín y Hugo de san Víctor. La aportación del primero al pensamiento trinitario es amplia, como se ha especificado; el segundo parte precisamente de la obra agustiniana y desarrolla su doctrina de las relaciones. Ciertos capítulos de la *Summa Sententiarum* de Hugo de san Víctor, donde trata la cuestión trinitaria, suponen una evidente influencia para la

---

[25] J. PICASSO, *Boecio: Cinco opúsculos teológicos*, en *Opuscula Sacra*, Pontificia Universidad Católica del Perú, Lima 2002, p. 77.

[26] «Persona» queda definida como la sustancia individual de naturaleza racional: «naturae rationabilis indiuidua substantia» (Boecio, *Contra Eutychen et Nestorium*, PL 64, 1343C-D). Esta definición se adoptará, durante los siglos posteriores, hasta que Ricardo de san Víctor la revise, reflexión que apreciará Tomás de Aquino.

composición de la teoría de los nombres que presenta el libro I del *De Proprietatibus rerum*.

Explica Hugo en la *Summa* que Dios, pese a no poder ser realmente conocido, se ha manifestado en su obra de tal manera que le es posible a la criatura racional adquirir cierto conocimiento divino. La creación presenta señales de la perfecta Trinidad indivisa que manifiestan aquello que debe pensarse acerca de Dios de modo primordial: esto mismo, que es Trinidad[27]. Hugo pasa a discurrir en su obra de qué manera se aplican los términos a la divinidad, de modo que también desarrolla una clasificación de los nombres[28]. Hallamos cierta relación entre el contenido expuesto por Bartolomé en los capítulos que dedica a la doctrina trinitaria respecto a los fragmentos en que Hugo de san Víctor trata sobre la unidad de la esencia divina, las propiedades personales y su relación con las personas trinitarias, así como en la clasificación de los nombres esenciales y aquellos mediante los cuales se distingue la Trinidad. Todas estas cuestiones las desarrolla el autor entre los capítulos VII y XI de la *Summa Sententiarum*, I[29].

4. 1. 5. Ricardo de san Víctor

El pensamiento de Ricardo de san Víctor, en gran parte, es deudor del agustiniano, pues crea sobre su doctrina una ontología de la sustancia que le permite solventar las dificultades de conjugar la única esencia absoluta divina con la pluralidad personal basada en la diferencia relativa. Los primeros dos libros de su *De Trinitate* muestran la teología de la sustancia que realiza el autor: deduce aquí que, haya una o más personas en la divinidad, éstas serán una única unidad sustancial; a continuación, pasa a tratar las propiedades de la esencia o naturaleza divina[30].

Su principal aportación y novedad respecto al pensamiento anterior es la doctrina trinitaria que desarrolla en el tercer libro del *De Trinitate*, basada en uno de los atributos con los que Dios se identifica: el amor. La Trinidad se presenta como la plena comunicación de amor que se deduce por su absoluta

---

[27] Hugo de san Víctor, *Summa Sententiarum*, I, caps. VI y X.
[28] *Ibid.*, caps. VII-XI.
[29] Varios fragmentos de la enciclopedia guardan una estrecha semejanza con el texto de la *Summa Sententiarum*: por ejemplo, los términos esenciales adjetivos que connotan posición del esquema de Bartolomé (cap. XII) con *Summa Sent.*, I, cap. XI (PL 175, 58D-59D); los sustantivos esenciales medios (cap. IX) y los términos personales (cap. XIV) con *Summa Sent.*, I, cap. XI (PL 175, 60A-C); los términos nocionales (cap. XV), por último, con *Summa Sent.*, I, cap. XI (PL 175, 60C-D).
[30] Ricardo de san Víctor, *De Trinitate*, I y II, respectivamente.

perfección. La identidad de las personas con la esencia divina queda garantizada, así como la verdadera distinción de éstas: se distinguen por las propiedades del amor supremo, la *caritas*, común a las tres. Su doctrina, sin embargo, no puede mantenerse con la noción de persona aceptada de común acuerdo: aquélla que Boecio proporcionó. Considera el autor que es necesario matizarla y emprende dicha tarea en el libro cuarto del *De Trinitate*, donde reflexiona, no solo sobre su concepto, sino también sobre la realidad de las personas. Tras analizar qué implica la subsistencia y qué la existencia, concluye el Victorino que, para significar a las personas divinas de la mejor manera posible, la expresión trinitaria debe entenderse bajo la fórmula de «una esencia, tres existencias»[31]. Siguiendo las argumentaciones de Ricardo, «persona» no puede definirse como cualquier existencia, sino solo aquella que es individual e incomunicable; la persona divina se definirá, por lo tanto, como existencia incomunicable de naturaleza divina[32].

Determinante para la evolución del pensamiento trinitario en estos siglos, Ricardo es, sin embargo, el autor que menos influencia directa mantiene con respecto al texto de Bartolomé.

4. 2. Reproducción literal

Una vez concluida la explicación trinitaria, Bartolomé pasa a ofrecer, a lo largo de los capítulos XVI y XVII, dos descripciones de la divinidad tomadas de Damasceno y de san Bernardo[33]. En ellas se enumera todo lo que pueda decirse de Dios, de la manera en la que se procedería si hubiera que definirlo (por lo tanto, se habla de Dios como absoluto, de la esencia divina trinitaria). Para ello, el autor reproduce literalmente los textos de las autoridades que cita; no atiende al pensamiento general de éstas, sino que utiliza ciertos párrafos apropiados a su intención donde cree pertinente. No distingue Bartolomé aquí el sentido en que debe entenderse aquello que se dice de Dios, pues esto ya lo ha matizado en el primer bloque temático del libro. En el capítulo XVI, una vez ha finalizado la descripción divina de Damasceno, Bartolomé recurre a una célebre sentencia hermética que compara la perfección de la esencia divina con la de una esfera. La máxima,

---

[31] *Ibid.*, IV, caps. 3-4, 9, 11-13, 15 y 19.
[32] *Ibid.*, caps. 21-23.
[33] Bartolomé copia en el capítulo XVI la *Expositio* de Damasceno: *Exp.* I, 8, 13 y 14. En el capítulo XVII, hallamos los fragmentos de Bernardo de Claraval: *De Consideratione*, V, 5 y 11.

atribuida a la figura de Hermes Trimegisto, es la segunda definición de Dios que aparece en *El libro de los veinticuatro filósofos*[34].

La tercera parte del libro I es idéntica en el uso de autoridades a la segunda. Con el fin de puntualizar el sentido simbólico que debe aplicarse en la exégesis bíblica, ofrece Bartolomé, en el capítulo XVIII, una clasificación de los tres modos, en general simbólicos, de referir a Dios: apropiación, translación y semejanza. Para la explicación de cada uno de ellos, llevada a cabo en los tres capítulos restantes del libro I, toma el texto del autor que le conviene, obviando la función que éste ejerce en la obra original en la cual se enmarca[35]. Utiliza principalmente las obras de Isidoro de Sevilla y Damasceno (éste último incluye una referencia al Pseudo-Dionisio que Bartolomé también reproduce)[36]. El autor acaba con una cita del *Libro de la Sabiduría*, la única mención que se hace en el libro I de un texto de las Escrituras.

El hecho de que el Inglés, en estos dos últimos bloques temáticos, tome los párrafos que le convienen, según lo que pretenda exponer en cada apartado, no conlleva que la elección de sus fuentes sea fortuita. Damasceno es uno de los autores más representativos de la especulación sobre la posibilidad del conocimiento divino que podemos obtener mediante el mundo material. Le es adecuado a Bartolomé para explicar, a través de sus textos, los nombres dichos de Dios por sus efectos atribuidos por translación. De igual

---

[34] «Deus est sphaera infinita cuius centrum est ubique, circumferentia nusquam», en *El libro de los veinticuatro filósofos*, trad., intr., y notas por P. LUCENTINI, Siruela, Madrid 2000, pp. 46-47. Las primeras referencias de la máxima se encuentran en la segunda mitad del siglo XII. La fama que alcanzará la comparación de la divinidad a una esfera extiende su uso en el tiempo, siendo utilizada por numerosos autores: es conocido, por ejemplo, el que de ella realizan Nicolás de Cusa -en la primera mitad del siglo XV- y François Rabelais -primera mitad del siglo XVI- hasta que Pascal, en el siglo XVII, deja de aplicarla a la divinidad para tomarla como descripción de la propia naturaleza espacial.

[35] Por ejemplo, Isidoro presenta su enumeración de nombres propios como inicio de la explicación del significado de los términos que empleamos al hablar de Dios. Pertenecen estos nombres a un pasaje donde el estudio de las etimologías le permite definir los atributos divinos (Isidoro, *Etymologiae*, VII, cap. I, 18-40). Como esto no le conviene a Bartolomé para el actual apartado, pues con este fin ya utilizó un fragmento de la *Expositio* de Damasceno, tomará del texto de Isidoro únicamente la enumeración y el significado correspondiente a cada nombre propio.

[36] Isidoro, *Etymologiae*, VII, caps. I y II; Damasceno, *Expositio*, I, caps. 11 y 12A; *Libro de la Sabiduría* 7,22-26. Bartolomé acostumbra a tomar los fragmentos de Damasceno de manera más fiel y monolítica, mientras que los de Isidoro se encuentran más sintetizados.

manera, la obra de Isidoro, representante de la desenfrenada tradición simbólica del enciclopedismo de la Alta Edad Media, le es idónea en su explicación de los nombres apropiados a Dios y los dichos por semejanza. Tampoco es casual que, a la hora de ofrecer una descripción general de Dios, tome nuevamente a Damasceno, tras observar la herencia neoplatónica que, en su mayoría, recoge la presente enciclopedia en las fuentes de las que se halla compuesta.

5. Conclusión: el carácter compilador de Bartolomé el Inglés

El análisis de las fuentes y autoridades utilizadas para la composición del *Liber I De Deo* ofrece información de la manera en que el autor procede como compilador: por una parte, del estilo que caracteriza su exposición; por otra parte, sobre la intención que le mueve a presentar ciertas autoridades o a omitir ciertas fuentes textuales.

Hemos observado cómo el Inglés evita hacer referencia al modo incorrecto en que podría entenderse aquello que explica, así como tampoco mencionará autores o corrientes de pensamiento problemáticos en torno a cierta cuestión. Omite toda alusión al contexto cultural de la doctrina que expone, pese a que sus fuentes textuales contengan dichas menciones. A lo largo de su exposición, sin embargo, Bartolomé ofrece la información suficiente como para que la interpretación del lector no se desvíe de lo aceptado por el dogma. De esta manera gravita el autor alrededor de los puntos problemáticos: ofreciendo una clara explicación de los conceptos que incluye cierta anticipación a dichos puntos, y dejando a un lado su mención explícita y la complejidad que la acompañaría en la mayoría de los casos.

Esta manera de proceder posibilita que el discurso característico del libro estudiado se aleje de disquisiciones filosóficas y teológicas complejas, limitándose a exponer de forma clara y precisa. El contenido se explica de manera sencilla, si bien constantemente remite a conceptos tras los cuales encontramos una gran carga doctrinal.

Por otra parte, el diferente uso de los autores que aquí se ha especificado manifiesta que Bartolomé el Inglés, a lo largo de su libro I, posee una intención propia imposible de reducir a la mera recopilación del conocimiento que se considerara relevante en la época que contextualiza al autor y a su obra. El empleo que hace el Inglés de los textos tiene una finalidad que se contrasta tras el análisis de los capítulos, pues se deduce, en el desarrollo de la materia, una estructura propia no expuesta explícitamente por el autor. El hecho de que este tipo de obra, la enciclopedia, se presente como composición de fragmentos de autoridades no implica, pues, una falta de propósito doctrinal por parte del autor; más bien se trata de una manera distinta de materializar su idea: a la vez que dirige, mediante el uso de los autores, el contenido inherente a la exposición de los fragmentos que emplea, ofrece un conocimiento adecuado de las autoridades que destacan en las determinadas cuestiones en las que se han utilizado, siempre teniendo presente la propia tradición ideológica que mantiene el autor.

Lidia Buono[*]

LA FESTA DELLA PURIFICAZIONE NEGLI OMELIARI DI MONTECASSINO: IL *SERMO* AP. 128 DELLO PSEUDO AGOSTINO

La solennità della Purificazione è la prima tra le feste orientali in onore della Madonna ad essere introdotta a Roma - nel sacramentario gregoriano adrianeo conserva il nome greco di *Ypapanti* -; essa trova il suo fondamento nel Vangelo di Luca 2, 22-40, che ci riferisce come Maria, trascorsi quaranta giorni dal parto si recò al tempio con Giuseppe per consacrare il primogenito al Signore, secondo quanto prescritto dalla legge ebraica alle donne divenute madri[1]. Al tempio li accoglie il vecchio Simeone, *homo iste iustus et timoratus* cui era stato profetizzato che non sarebbe morto senza aver visto il Messia. Simeone riconosciuto in Gesù il Salvatore si profonde in una preghiera di ringraziamento, il cantico del *Nunc dimittis*.

La nostra analisi prende l'avvio dal manoscritto Casin. 98[2], un omeliario in scrittura beneventana dedicato in gran parte a festività in onore della Madonna e di san Giovanni Battista; il codice, allestito per la dedicazione della basilica desideriana del 1071 e arricchito da uno straordinario apparato ornamentale, si apre proprio con la sezione omiletica dedicata alla festività della *Purificazione*. La scelta è funzionale a sottolineare non solo l'eclettismo, quanto un altro aspetto proprio delle collezioni omiletiche della tradizione beneventano-cassinese e, più in generale dei manoscritti liturgici prodotti in quell'area: a partire infatti dalla metà del secolo XI il monastero cassinese, per impulso dell'abate Desiderio, sarà coinvolto nel più generale recupero dell'identità liturgica della Chiesa di Roma, che ha la sua acme nell'opera di papa Gregorio VII[3]. I codici relativi a quel periodo consentono

---

[*]Laboratorio per lo studio del libro antico. Università degli Studi di Cassino e del Lazio Meridionale. l.buono@unicas.it.
[1] Cfr. Lv. 12, 2.
[2] Montecassino, Archivio dell'Abbazia.
[3] Rientra in questo processo la revisione del Pontificale Romano Germanico in cui Montecassino esercita un ruolo significativo e che porterà alla redazione del Pontificale Romano del XII secolo.

dunque di verificare i cambiamenti e gli adattamenti verificatisi nella pratica liturgica.

Nel manoscritto la sezione patristica della festività è costituita dal *sermo* ap. 128, 1-6 (*Dominus deus noster – excelsum*), dal centone *Hodiernus - mundi*, entrambi attribuiti allo Pseudo Agostino, dall'omelia I, 18 di Beda (*Sollempnitatem – reficit*) e infine dal brano acefalo [...] *luminibus - ire* dal *Sermo in purificatione s. Mariae* di Ambrogio Autpertus; essa è preceduta dalla lettura dal Ct 5, 2-8 *Aperi michi*. I brani omiletici selezionati mostrano dei parallelismi con l'omeliario romano, che rappresenta evidentemente una fonte per il nostro redattore; ma in tale scelta si colgono anche alcune novità, di probabile natura dottrinale, che sono in linea con il rinnovamento promosso dall'abate Desiderio.

Il *sermo* ap. 128, secondo una tecnica non nuova ai compilatori di testi omiletici, costituisce un pastiche letterario con passi desunti da opere agostiniane, ma anche dal *De epiphaniis* di Gregorio Nazianzeno, nella traduzione di Rufino e, in misura minore, da Pietro Crisologo[4]. Tra le opere agostiniane utilizzate compare il *sermo* 369 (definitivamente attribuito da Lambot[5] al vescovo di Ippona), da cui è desunta l'invocazione alla Madonna del § 2 l. 13: *Lacta mater*, di cui ci occuperemo più avanti.

Il *sermo* ap. 128 compare due volte nell'omeliario romano di Alano di Farfa: una prima volta è presente nella versione *longior* nel set testuale in *Natale Domini* (Alano I, 2a), la seconda con l'incipit dal § 2 l. 19, *Sic namque* (Alano I, 49), e con opportune modifiche testuali che lo adattino a quella festa, fra i sermoni *De Purificatione sanctae Mariae*. In entrambe le versioni dell'antico sermonario l'*explicit* coincide con la fine del sermone[6].

Raymond Étaix individuando nel codice della Bibliothèque Nationale di Parigi lat. 10612 del IX secolo il testimone che conserva il testo del *sermo* ap.

---

[4] Per l'edizione del testo e l'identificazione dei singoli passi cfr. R. ÉTAIX, «Le sermon ps. Augustin ap. 128» in Id. «Sermon inédit de saint Augustin sur la Circoncision dans un ancien manuscrit de Saragosse», *Revue d'Études Augustiniennes* 26 (1980) 80-87; cfr. anche J. MACHIELSEN, *Clavis patristica pseudepigraphorum Medii Aevi. Opera omiletica*, IA, Brepols, Turnhout 1990, n. 913 (*Corpus Christianorum. Series Latina*).

[5] C. LAMBOT, «L'authenticité du sermon CCCLXIX de Saint Augustin pour la fête de Noël», *Revue bénédictine*, 79 (1969) 115-128.

[6] Il sermone è utilizzato per le due festività anche negli omeliari romani di Eginone di Verona e di San Pietro in Vaticano; per i rapporti tra i diversi testimoni dell'antico omeliario romano cfr. J.-P. BOUHOT, «L'homéliaire de Saint-Pierre du Vatican au milieu du VIIe siècle et sa postérité», *Recherches Augustiniennes*, 20 (1985) 87-115.

128 nella sua forma originale, rileva le divergenze tra il testo del codice parigino e quello del ms. Cambridge, University Library Add. 3479[7] nonché delle due versioni in cui il sermone compare nel codice Clm 4564 della Bayerische Staatsbibliothek di Monaco, testimone in carolina del IX secolo (Benediktbeuern) della *pars hiemalis* dell'omeliario di Alano[8]:

- nella versione per la festa del Natale Étaix osserva l'aggiunta all'inizio del testo omiletico di tre linee che coincidono con l'incipit del sermo 145 di Pietro Crisologo, nonché l'omissione di quattro passi, caduti probabilmente per omoteleuto;

- nella versione riadattata per la festa della Purificazione, lo studioso rileva l'omissione del § 1 e di gran parte del § 2, e una serie di interpolazioni fra cui segnalo, come funzionali alla presente ricerca: il passo aggiunto al § 2 linea 19, il passo alle linee 3-4 del § 3; l'aggiunta del passo alla linea 6 del § 5. Inoltre, in entrambe le versioni del sermone presenti nel codice Monacense Clm 4564, ma anche in altri autorevoli testimoni, non presi in esame nell'edizione Étaix, come i codici della Bayerische Staatsbibliothek di Monaco Clm 18092, 17194[9], merita di essere sottolineata l'omissione del breve passo *Electus est piscator ne superbiret orator* alle ll. 1-2 del § 6: considerata l'antichità dei testimoni che la esibiscono, quest'ultima omissione deve essersi dunque prodotta molto presto.

In un cospicuo gruppo di sermonari in scrittura beneventana, il *sermo* ap. 128 è presente nel set per la festa in onore della Madonna, con la sola

---

[7] Il manoscritto della metà del IX secolo (Saint-Mihiel) costituisce uno dei testimoni più antichi.

[8] Il codice appartiene al gruppo dei testimoni bavaresi dell'omeliario di Alano di Farfa.

[9] München, Bayerische Staatsbibliothek Clm 18092 (seconda metà del sec. VIII, Tegernsee), è considerato il testimone più puro della *pars hiemalis* dell'omeliario romano, cfr. R. GRÉGOIRE, *Homéliaires liturgiques médiévaux. Analyse de manuscrits*, CISAM, Spoleto 1980, p. 135 (Biblioteca degli Studi Medievali, 12); per il codice München, Bayerische Staatsbibliothek Clm 17194, (prima metà del IX secolo, Schäftlarn), è stato possibile effettuare il controllo soltanto per il sermone natalizio e non per il *sermo in Purificatione*, poiché nella riproduzione digitale presente nel sito della biblioteca di Monaco sembrerebbe mancare la rispettiva carta. La collazione è stata altresì effettuata sui manoscritti del gruppo francese: il passo è omesso in entrambe le versioni del sermone presenti nel codice Paris. lat. 3783 (metà del sec. XI, Moissac), nella versione natalizia presente nel codice di Bourge, Bibliothèque Municipale 44 (sec. XI) e nelle due versioni del codice della Bibliothèque Municipale et Universitaire di Clermont-Ferrand 1512 (seconda metà del sec. X).

eccezione del manoscritto Vat. lat. 4222[10] (prima metà del sec. XI) che, replicando il modello di Alano, presenta anche la versione più lunga per il *Natale Domini* (*Sermo de Natalis Domini*).

I manoscritti più antichi, come il codice della Biblioteca Capitolare di Benevento 13, databile al secolo X/XI[11], i manoscritti dell'Archivio dell'Abbazia di Montecassino 100, 103, 534, attribuiti all'inizio o alla prima metà dell'undecimo[12], e il Casin. 106[II], assegnato da Francis Newton alla prima età desideriana[13], presentano la versione con l'*incipit* dal § 2 l. 19 *Sic namque fratres olim per prophetam* in sintonia con il vecchio sermonario romano. Tuttavia in questi manoscritti il sermone è in forma più breve rispetto al modello antico: il testo si interrompe infatti alla fine del § 6. I testimoni beneventani, in maniera coerente con la collocazione dell'omelia nella festività del 2 febbraio, accolgono le modifiche/interpolazioni introdotte per adattare il testo alla particolare occasione liturgica; esse sono finalizzate a meglio precisare l'episodio del vecchio Simeone che accoglie il piccolo Gesù al tempio e il cui Cantico di ringraziamento *Nunc dimitte Domine servum tuum* risuona più volte nel testo[14]. L'analisi delle varianti permette di rilevare una notevole consonanza con il codice di Monaco Clm 4564, il che lascia supporre la presenza in area beneventana di un testimone del sermone molto vicino a questo manoscritto, da cui i compilatori devono aver attinto. Questi stessi codici, accogliendo la lezione presente già nei testimoni Monacensi Clm 4564 e 18092, ma anche nel Paris. lat. 3783, esibiscono l'*incipit* nella versione interpolata *Sic namque fratres olim per prophetam* (§ 2 l. 19) cui fanno seguire la forma verbale *prophetatum est*, non altrimenti attestata nella

---

[10] Cfr. E.A. LOEW, *The Beneventan Script.*, o. c., pp. 148-149.

[11] Cfr. J. MALLET - A. THIBAUT, *Les manuscrits en écriture bénéventaine de la Bibliothèque Capitulaire de Bénévent*. I. *Manuscrits 1-18*, CNRS, Paris 1984, p. 206.

[12] Per le datazioni dei codici in scrittura beneventana si fa riferimento ai fondamentali lavori di E.A. LOEW, *The Beneventan Script. A History of the South Italian Minuscule*, I, *Hand List of Beneventan Mss.*, a cura di V. Brown, Edizioni di storia e Letteratura, Roma 1980² (Sussidi eruditi, 34); F. NEWTON, *The Scriptorium and Library at Monte Cassino, 1058-1105*, Cambridge University Press, Cambridge 1999 (Cambridge Studies in Palaeography and Codicology, 7).

[13] F. NEWTON, *The Scriptorium*, o. c., p. 357.

[14] È il caso delle due interpolazioni rispettivamente alle linee 3-4 del § 3: in templo praesentabatur et a Symeone sene famoso, annoso, probato, coronato cognoscebatur; e alla linea 6 del § 5: Adoratus est in templo puer Christus a sene Symeone gestatur est in ulnas a quo ipse regebat.

tradizione manoscritta del sermone[15]. L'espressione, cui il Benev. 13 e il Vat. lat. 4222 (*versio brevior*) aggiungono anche il nome del profeta David, è funzionale all'introduzione del successivo versetto salmico: *Mater Sion* (Ps 86, 5). Va peraltro osservato che nel codice Vaticano, il testo del sermone nella versione per la Purificazione, mutilo per la caduta di due carte, si arresta alla l. 3 del § 3 e non permette di verificare se l'*explicit*, come negli altri testimoni, coincidesse con la fine del § 6 e se dunque il modello del suo compilatore, anche in questo caso, mostrasse una più stretta parentela con gli altri beneventani[16].

Tra i testimoni dell'XI secolo, il codice della Biblioteca Vallicelliana di Roma A 16 costituisce un'eccezione. Il codice presenta infatti per la festa della Purificazione testi desunti dal sermonario romano (Alano I, 47; Alano I, 50a; Alano I, 49), mentre del *sermo* ap. 128, peraltro unito senza soluzione di continuità al brano omiletico che lo precede, esibisce il § 1 e il § 2 fino alla l. 18 (explicit *quod elegit*), vale a dire esattamente la parte omessa in tutti gli altri testimoni, nella sua versione rimaneggiata. Con ogni probabilità, si tratta dell'eccentrica scelta di un qualche centro scrittorio periferico, come dimostrerebbe anche la non eccellente qualità della scrittura. Inoltre l'interpolazione *de te genitrix* (§ 1 l. 16) davanti alla frase ... *natus est sine patris in terris* accomuna questo manoscritto ai codici cassinesi 98, 101, 110, 115 e Vall. T XVI[17] che presentano l'aggiunta nella forma *de te dei genitrix*.

Questi testimoni più tardi[18] segnalano una chiara discontinuità nell'uso del sermone; essi infatti lo impiegano ancora nella sezione testuale dedicata alla Purificazione ma, con una sostanziale differenza rispetto ai codici più antichi: tutti reintroducono il § 1 e la parte in precedenza omessa del § 2 ed esibiscono l'incipit dal § 1 *Dominus noster Iesus Christus, fratres karissimi,*

---

[15] La forma verbale è tuttavia attestata nell'*incipit* del sermone citato nell'Ordo *In Purificatione sancte Marie* del *Liber ordinarius* di Benevento dell'XI secolo; la testimonianza conferma il carattere beneventano/cassinese di questa versione del sermone, cfr. l'edizione di T.F. KELLY, *The Ordinal of Montecassino and Benevento. Breviarium sive ordo officiorum 11th Century*, Academic Press, Fribourg 2008, p. 332 (Spicilegium Friburgense, 45).

[16] Cfr. H. BARRÉ, «Un Homéliaire bénéventain du Xe siècle. (Vatican lat. 4222)», in *Mélanges Eugène Tisserant* VI, Biblioteca Apostolica Vaticana, Città del Vaticano 1964, p. 114 (Studi e Testi, 236).

[17] Codice composto della Biblioteca Vallicelliana di Roma attribuito al sec. XI/XII, cfr. E.A. LOEW, *The Beneventan Script.*, o. c., p. 131.

[18] Casin. 98, ultimo quarto dell'XI secolo; Casin. 101, 110 fine dell'XI secolo; Casin. 115, XII/XIII, per le datazioni cfr. ancora E.A. LOEW, *The Beneventan Script.*, o. c., pp. 66, 68-69.

qui in aeternum est cunctor, emendato dall'interpolazione dal *sermo* 145 di Pietro Crisologo, presente invece nella versione riservata al *Natale Domini* dell'omeliario di Alano di Farfa. Tuttavia, anche in questi manoscritti, la coincidenza dell'*explicit* con la fine del § 6, rappresenta la caratteristica connotante del sermone nella tradizione in beneventana. Da un punto di vista dottrinale la reintroduzione della parte iniziale non può che essere spiegata con il venir meno delle ragioni che avevano inizialmente portato all'eliminazione: il tema squisitamente cristologico che caratterizza la parte omessa, era forse ritenuto meno idoneo alla solennità della Purificazione, soprattutto in un'epoca in cui non si era ancora definita la fisionomia di questa festa in senso mariologico.

È opportuno infine sottolineare alcune caratteristiche della redazione beneventana del *sermo* ap. 128:

- nei codici più recenti la frase *Sit namque* (§ 2 l. 19) utilizzata come incipit della versione per la festa della Madonna, recupera la forma originaria del *sermo* I 2a di Alano *Sic namque praedicatum est*[19];

- gli stessi manoscritti sono accomunati dall'impiego della lezione *foeta* al posto del tradito *facta* nella frase al § 1 l. 19 *mater foeta sed incorrupta*, riferita alla Madre di Cristo[20]. La lezione *foeta*, forse tautologica se attribuita a *mater*, doveva tuttavia sottolineare con il suo pregnante significato il valore del parto senza macchia della Vergine;

- questi stessi codici presentano inoltre al § 5 l. 6 la variante *iumentorum* in sostituzione del più frequente *mansuetorum*. Nel Cassinese 106, che pure

---

[19] Esibiscono la forma *praedictum* nella versione del sermone per il Natale e per la festa della Purificazione i manoscritti del gruppo bavarese: München, Bayerische Bibliothek Clm 4564, 17194, 18092; il gruppo dei codici francesi: Bourge, Bibliothèque Municipale 44 (presenta la sola versione per il *Natale Domini*), Clermont-Ferrand, Bibliothèque Municipale et Universitaire 1512 (in entrambe le versioni del sermone), Paris, Bibliothèque Nationale lat. 3783 (in entrambe le versioni del sermone), il Casin. 117 (sec. XI/XII) che presenta il *sermo* nella versione per il Natale. Presentano la forma *praedicatum/predicatum* il Vat. lat. 4222 (forma *longior*), i Casin. 98, 101, 110, 115, il Vall. T XVI, cfr. anche R. ÉTAIX, «Le sermon ps. Augustin ap. 128», o. c., 83.

[20] Presentano la lezione *facta* i già citati manoscritti testimoni dell'omeliario di Alano di Farfa: München, Bayerische Staatsbibliothek Clm 4564, 17194, 18092; il gruppo dei codici francesi: Bourge, Bibliothèque Municipale 44, Clermont-Ferrand, Bibliothèque Municipale et Universitaire 1512, Paris, Bibliothèque Nationale lat. 3783. La lezione *feta* è presente invece nel codice München, Bayerische Staatsbibliothek Clm 7953, versione abbreviata dell'omeliario di Eginone di Verona.

reca la variante più antica *mansuetorum*, essa è corretta nell'interlinea in *iumentorum*[21].

Ma più importa notare che la duplice redazione del sermone trasmessa dai codici in beneventana è testimoniata dal *Liber ordinarius* dell'Abbazia di Montecassino e della Chiesa di Benevento (Ordo officii) della fine dell'XI secolo. Nella descrizione dedicata alle letture per la festa della Purificazione nei codici trascritti a Montecassino – cito in particolare l'Urb. lat. 585 e Mazarine 364, entrambi attribuiti all'età dell'abate Oderisio[22] – si legge: *In secunda vigilia de sermonibus sancti Augustini Dominus noster Ihesus Christus fratres karissimi ...*; nel *Liber ordinarius* allestito per il monastero di santa Maria di Porta Somma e basato sulle pratiche liturgiche di Santa Sofia di Benevento[23] si legge: *Quarta lectio et secunda vigilia de sermonibus sancti Augustini Sic namque olim prophetatum est*[24]. Il fenomeno mostra che nell'Abbazia di Montecassino in epoca desideriana era in uso una versione del sermone in cui erano stati reintrodotti i paragrafi iniziali in precedenza tagliati; ciò postula la presenza di un nuovo modello – di cui non resterebbe tuttavia alcuna traccia – ma sarebbe altresì frutto di una riflessione di carattere squisitamente esegetico, a cui si deve probabilmente, come vedremo, un'ulteriore e non meno significativa variante.

Ma è dapprima necessario sottolineare che proprio le lezioni introdotte come note interlineari nel Casin. 106 forniscono il segnale di una discontinuità nella redazione del sermone agostiniano e attribuiscono al codice il ruolo di anello intermedio nella tradizione manoscritta del testo.

Tra le peculiarità rilevate nella tradizione beneventana del sermone, va infatti ancora segnalata quella che costituisce forse la novità più importante e non solo dal punto di vista filologico. Come abbiamo già visto, al § 2 l. 13 viene inserita l'invocazione alla Madonna: *Lacta, mater, Christum et Dominum et cibum nostrum* desunta dal sermo 369 ll. 10-16 di Agostino[25]. In

---

[21] Nello stesso codice la forma verbale *predictum* compare come nota interlineare sulla lezione *prophetatum* presente nell'incipit e peculiare, come abbiamo visto, dei codici più antichi.

[22] Biblioteca Apostolica Vaticana, Urb. Lat. 585; Paris, Bibliothèque Mazarine 364. Per la datazione dei due codici cfr. T.F. KELLY, *The Ordinal*, o. c., 39.

[23] Il testo fondamentale è quello del manoscritto di Napoli, Biblioteca Nazionale VI E 43 (1099-1118), cfr. T.F. KELLY, *The Ordinal*, o. c., 40.

[24] Cfr. ancora T. F. KELLY, *The Ordinal*, o. c., p. 332.

[25] Il riferimento è all'edizione di C. LAMBOT, «L'authenticité», o. c., 124. L'invocazione, molto utilizzata nei sermoni medievali, è altresì presente nel Sacramentario Gelasiano, tra le orazioni in *Octava Domini*, cfr. H. BARRÉ, *Prières*

tutti i testimoni in beneventana presi in esame, l'invocazione è preceduta dall'*Ave Maria* nella sua versione cosiddetta biblica, vale a dire espressa con le stesse parole del Vangelo, unendo il saluto dell'angelo e di santa Elisabetta a Maria, rispettivamente Luca 1, 28 e 1, 42: *Ave gratia plena, Dominus tecum. Benedicta tu in mulieribus et benedictus fructus ventris tui.* L'analisi di questo aspetto del sermone non può prescindere da considerazioni più generali relative alla eucologia mariana e alle sue origini. Come osservava Davide Montagna in un ampio saggio dedicato alla liturgia mariana primitiva «... la figura di Maria viene riscoperta in tutta la sua grandezza nei testi evangelici»[26]. La profonda ricchezza espressiva del testo biblico viene infatti impiegata nella primitiva eucologia mariana, il cui carattere risulta prevalentemente laudativo. In modo particolare l'utilizzo nella liturgia del periodo natalizio della pericope evangelica di Luca relativa all'Annunciazione conferiva un maggior rilievo al saluto dell'angelo a Maria, veicolandone l'impiego in ulteriori forme di pietà mariana: così dunque il χα□ρε, la *salutatio* angelica, pervade la preghiera del cristianesimo delle origini, saldandosi con la benedizione di santa Elisabetta, probabilmente in virtù della frase in comune *benedicta tu in mulieribus*. Va altresì sottolineato che nel corso del V secolo, così fortemente influenzato dal concilio efesino del 431, proprio in omelie del ciclo natalizio e per l'Ipapante sono presenti invocazioni di lode a Maria nella forma dei χαιρετισμοί[27], espressioni laudative ispirate appunto dal saluto angelico e utilizzate in testi mariani della chiesa greco-bizantina. L'*Ave Maria*, nella sua versione biblica, era inoltre già utilizzata come antifona nelle antiche liturgie orientali di san Giacomo e di san Marco[28]. Per tornare all'Occidente latino, l'*Ave Maria* compare come antifona d'offertorio in antifonari medievali, anteriormente all'anno 1000: è infatti utilizzata nell'offertorio della IV Domenica di Avvento nel celebre

---

anciennes de l'Occident a la Mère du Saveur. Des origines à saint Anselme, P. Lethielleux, Paris 1963, pp. 24, 34-35.

[26] Cfr. D.M. MONTAGNA, «La liturgia mariana primitiva. Saggio di orientamento», *Marianum*, 24 (1962) 106.

[27] Si fa riferimento ad omelie di Proclo di Costantinopoli e Teodoto di Ancira, cfr. D.M. MONTAGNA, «La liturgia mariana», o. c., pp. 107-108.

[28] La liturgia siriaca di san Giacomo e quella alessandrina di san Marco concludono la formula con la significativa clausola ... □τι σωτ□ρα □τεκες τ□ν ψυχ□ν □μ□ν «perché hai generato il salvatore delle anime nostre», cfr. l'edizione di F.E. BRIGHTMAN, *Liturgies Eastern and Western* I, Clarendon Press, Oxford 1896, pp. 56, 128; sull'argomento cfr. anche B. CAPELLE, «La liturgie Mariale en Occident», *Maria*, 1 (1949) 237.

Antifonario di Compiègne[29] e per il mercoledì delle Tempora di Avvento e della festa del 25 marzo anche in altri antifonari datati al IX[30]. L'inserimento della formula eucologica nel codice di Compiègne si inscrive in un *milieu* culturale in cui era gradualmente maturata l'assimilazione da parte della liturgia ufficiale di formule di invocazioni rivolte alla Madre di Dio, adottate in maniera del tutto spontanea dalla pietà popolare.

In questa analisi ho cercato di delineare il processo attraverso cui la formula eucologica rivolta alla Vergine venne inserita all'interno della prima parte del *sermo* ap. 128, incentrata sul parto salvifico di Maria e strettamente connessa alla pericope lucana dell'Annunciazione: già nel § 1 ll. 14-15 è infatti citato il saluto angelico come primo momento di agnizione del ruolo della Vergine nella storia dell'uomo. D'altra parte il testo dell'Ave Maria è presente anche in altri codici liturgici datati alla fine dell'XI secolo, come il messale Casin. 127 (p. 23), in cui compare come *Offertorium* per la IV Domenica di Avvento e ancora come *Tractus* e *Offertorium* per la festa dell'Annunciazione (p. 379); il breviario d'Oderisio, Mazarine 364 (f. 21v), dove precede la preghiera *Ad te domina mea misericordissima*; è presente altresì nel più antico messale in beneventana, il manoscritto della Biblioteca Capitolare di Benevento 33 (c. 17v) attribuito al X/XI secolo[31], dove compare già come *Tractus* e *Offertorium* nella festa dell'Annunciazione. In definitiva la lode a Maria espressa con il saluto angelico divenne nel corso dell'XI secolo un elemento caratterizzante della religiosità monastica[32]. A tal proposito non si può non ricordare la figura di san Pier Damiani, autore

---

[29] Il Par. lat. 17436 (seconda metà del IX secolo) contiene i testi dell'Antifonario della Messa e dell'Ufficio, cfr. ancora H. BARRÉ, *Prières anciennes*, o. c., p. 35.

[30] Cfr. R.-J. HESBERT, *Antiphonale missarum sextuplex*, Vromant - Cº, Bruxelles 1935, 5b, 7bis, 33b. Dello stretto legame con le liturgie orientali permane traccia anche nelle antifone trascritte nelle due lingue, greca e latina, presenti ad esempio nell'Antifonario di Mont-Blandin (VIII-IX), Bruxelles, Bibliothèque Royale, 10127-10144, cf. ID, *Antiphonale* o. c., 29a.

[31] Cfr. J. MALLET - A. THIBAUT, *Les manuscrits en écriture bénéventaine de la Bibliothèque Capitulaire de Bénévent. II. Manuscrits 19-23, 25-31, 33-40, 42, 44, 66, 68 et fragments. Formulaires liturgiques (messes)*, CNRS, Paris-Turnhout 1997, p. 168.

[32] Cfr. R. GRÉGOIRE, *Maria nella tradizione spirituale benedettina medievale*, in C. M. Piastra (ed.), *Gli studi di Mariologia Medievale. Bilancio storiografico*. Atti del I Convegno Mariologico della Fondazione Ezio Franceschini con la collaborazione della Biblioteca Palatina di Parma e del Dipartimento di Storia dell'Università di Parma (Parma 7-8 novembre 1997), Firenze 2001, pp. 97-109.

prolifico di testi per il culto mariano, che con la Montecassino desideriana intrattenne uno stretto e fecondo rapporto. Soffermandoci solo sull'invocazione a Maria nella forma dell'*Ave* va evidenziato che proprio a san Pier Damiani si deve la raccomandazione ad introdurre il saluto angelico tra gli ossequi quotidiani alla Vergine: ... *ut ante sacrosanctum altare cotidie beatae Dei genitricis accederet, et reverenter verticem curvans angelicum hunc atque evangelicum versiculum decantaret*: Ave Maria, gratia plena ...[33].

---

[33]Petrus Damianus, *Epist.* 106: MGH, *Briefe*, IV, 3, p. 174 l. 9.

María Teresa Callejas Berdonés*

EL *EPITOMA REI MILITARIS* DE VEGECIO EN EL *MANIPULUS FLORUM*

1. Introducción

Los famosos versos de la *Eneida* del libro VI (850-853), que Anquises dirige a su hijo Eneas: «…tu regere imperio populos, Romane, memento/ (hae tibi erunt artes) pacisque imponere morem,/ parcere subiectis et debellare superbos.», unidos a la profecía puesta por Livio (I, 16, 6) en boca de Próculo Julio, tras desaparecer Rómulo: «Abi, nuntia» inquit «Romanis, caelestes ita uelle ut mea Roma caput orbis terrarum sit; proinde rem militarem colant sciantque et ita posteris tradant nullas opes humanas armis Romanis resistere posse.»[1], representan las dos caras de la misma moneda que reflejan la imagen tradicional de la Roma imperialista, difundida muy especialmente con la *pax augustea* y desarrollada en la época imperial subsiguiente.

Si Virgilio y Tito Livio habían prestado su voz a la ideología del *princeps*, cuatro siglos más tarde, podría afirmarse que también Vegecio, por sugerencia de Teodosio I (379-395 d. C.) -con toda probabilidad[2]-, compuso

---

* Profesora Titular de Filología latina. Dpto. de Filología latina. Universidad Complutense de Madrid. callejas@filol.ucm.es. Proyecto de investigación de I+D «Los florilegios conservados en España V» (Ref: FFI2012-36297), financiado por la DGCYT del Ministerio de Economía y Competitividad español.

[1] Para el texto virgiliano seguimos como edición de referencia la de R.A.B. Mynors, *P. Vergili Maronis Opera*, Oxford University Press, New York 1969, p. 254. Para el de Livio la de R.M. Ogilvie, *Titi Livi Ab urbe condita*, Oxford University Press, New York 1974, p. 22.

[2] Sigue *sub iudice* la cuestión del destinatario del tratado, si bien la opinión mayoritaria continúa inclinándose por la hipótesis de Teodosio I el Grande. Cfr. N.P. Milner, *Vegetius: Epitome of Military Science*, Liverpool University Press, Liverpool 1996², pp. XL-XLI; Ph. Richardot, «La datation du *De re militari* de Végèce», *Latomus*, 57 (1998) 136-147; M.D. Reeve, *Vegetius. Epitoma rei militaris*, Oxford University Press, Oxford 2004, pp. VIII-X; D. Paniagua, «La *Epitoma rei*

el tratado militar denominado *Epitoma rei militaris*, el único compendio completo de ciencia militar romana que nos ha llegado de la Antigüedad. El autor, teniendo como punto de referencia la grandeza de Roma de épocas anteriores, y comprobando que la raíz de todos los males y la última razón de la decadencia general del Imperio estaba en la debilidad política, y la causa de ésta en la desmilitarización de Roma, pretende introducir diferentes mejoras en el ejército del siglo IV, recuperando las antiguas costumbres militares romanas que tan buenos resultados dieron en el pasado. De este modo la obra respondía a la política teodosiana de recuperación de los valores morales y militares en un nuevo intento de restaurar el Imperio Romano que se tambaleaba ante el acoso de los pueblos bárbaros, el empobrecimiento de las provincias, las luchas internas…, entre otros acontecimientos dignos de mencionar. Así el escritor decide componer por propia iniciativa el Libro I y continúa, a instancias del emperador[3], con la elaboración de los siguientes, consciente de que estos asuntos son de la máxima importancia para su destinatario.

La obra consta de cuatro libros: el primero dedicado a la leva y a la formación de los reclutas; el segundo a la organización de la legión; el tercero a la táctica militar y el cuarto al asedio y defensa de las ciudades y a la guerra naval.

Vegecio al final del capítulo octavo del libro I (1,8,10), después de citar las fuentes que utiliza, confiesa cuál es el carácter de su *opusculum* –según su denominación--, y afirma: «Nihil enim mihi auctoritatis assumo sed horum quos supra rettuli, quae dispersa sunt velut in ordinem epitomata[4] conscribo»[5]. Es decir, hace referencia expresa a su método de trabajo, a su

---

militaris de Vegecio y el *imperator inuictus*», *Voces*, 14 (2003) 165-183; CH. ALLMAND, *The De re militari of Vegetius. The Reception, Transmission and Legacy of a Roman Text in the Middle Ages*, Cambridge University Press, New York 2011, p. 1. Entre los últimos trabajos que proponen otras hipótesis, cfr. CH. MICHAEL, *Vegetius in Context: Establishing the Date of the Epitoma Rei Militaris*, Franz Steiner Verlag, Stuttgart 2007.

[3] Cfr. *praef.* 2, 8-9: *Nam libellum de dilectu atque exercitatione tironum dudum tamquam famulus obtuli; non tamen culpatus abscessi.* Nec formido iussus adgredi opus, quod spontaneum cessit inpune.

[4] Ésta es la única vez que aparece el término *epitoma* en la obra.

[5] Para el texto de Vegecio seguimos como edición de referencia la de M.D. REEVE, *Vegetius. Epitoma rei militaris*, Oxford University Press, Oxford 2004.

labor de compilación a partir de los diferentes literatos que antes de él trataron sobre la misma materia[6].

De otro lado, al poner de manifiesto en el prólogo del libro I[7] su propósito de escribir la obra objeto de nuestra atención, el escritor sostiene: «... in hoc opusculo nec verborum concinnitas sit necessaria nec acumen ingenii, sed labor diligens ac fidelis, ut quae apud diversos historicos vel armorum disciplinam docentes dispersa et involuta celantur, pro utilitate Romana proferantur in medium», concentrando su argumentación en torno al motivo de la *utilitas*, uno de los tópicos de los prólogos de los tratados técnico-científicos, tópico que volvemos a encontrar al final del prefacio del libro IV[8]: «...nec laboris pigebit, *cum omnibus profutura condantur*».

De estas declaraciones queremos destacar para esta ocasión los siguientes apartados:

-El primero, Vegecio es un compilador del saber en el siglo IV d. C. Declara escribir *epitomata* que él entiende como una recopilación ordenada de los escritos concernientes a la materia escogida, que en su caso es la *res militaris*[9]. En este sentido su obra es una muestra más de la denominada «literatura de los compendios» que precisamente en su tiempo alcanzó gran auge[10]. Sobre este aspecto del carácter de compendio del tratado insiste de

---

[6] Las obras consultadas por Vegecio no se han conservado o sólo parcialmente. Sobre las fuentes del *Epitoma* cfr. entre otros M. SCHANZ, «Zu den Quellen des Vegetius», *Hermes*, 16 (1881) 137-146; D. SCHENK, *Flavius Vegetius Renatus. Die Quellen der Epitoma rei militaris*, Dieterich, Leipzig 1930 (=reimp. 1963), N.P. MILNER, op. cit., pp. XVII-XXV; D. PANIAGUA, *Flavio Vegecio Renato. Compendio de técnica militar*, Cátedra, Madrid 2006, pp. 59-63; M. FORMISANO, *Vegezio. L' arte della guerra romana*, Classici greci e latini, Milano 2006², pp. 16-19.

[7] Veg. *praef.* 1, 4. Sobre la importancia de los prólogos en la literatura técnico científica y la comunicación del escritor con el destinatario, cfr. C. Santini - N. Scivoletto (eds.), *Prefazioni, prologhi, proemi di opere técnico-scientifiche latine*, Herder, vol. I-II, Roma 1990-1992; M. FORMISANO, «*Auctor*, *Utilitas*, *Princeps*. L' *Epitoma rei militaris* e il *De rebus bellicis* tra tecnica e letteratura», *Voces*, 14 (2003) 155-164.

[8] Veg. *praef.* 4, 8.

[9] Sobre la Literatura *De re militari* cfr. V. GIUFFRÉ, *La letteratura* «de re militari». Appunti per una storia degli ordinamenti militari, Jovene, Napoli 1974; M. LENOIR, «La littérature *de re militari*», en C. Nicolet (ed.), *Les littératures techniques dans l'Antiquité romaine*, Fondation Hardt, Genève 1996, pp.77-78.

[10] Basta citar los *Breviarios* de Eutropio y de Festo, o el *Liber de Caesaribus* de Aurelio Victor; aparte del *Libro de los prodigios* de Obsequente o el tratado

nuevo al final del libro I (28,1): «Haec fidei ac deuotionis intuiti, imperator inuicte, de uniuersis auctoribus, qui re militaris disciplinam litteris mandauerunt, *in hunc libellum enucleata congessi,* ut in dilectu atque exercitatione tironum si quis diligens uelit existere, ad antiquae uirtutis imitationem facile conroborare possit exercitum». Y también en otros pasajes del *Epitoma* encontramos expresiones que se refieren a este aspecto como, por ejemplo, en el libro II, *praef.* 3: «breviter comprehendere», o en el libro III, *praef.*4: «...adbreviare iussisti».

-En segundo lugar, el prefacio ya mencionado que abre el *Epitoma*, está elaborado conforme a la tradición de los prólogos en la literatura técnico-científica[11]: en él el autor, utilizando los tópicos retóricos de la falsa modestia y de la *captatio benevolentiae*, se rebaja ante la elevada figura del destinatario, el emperador, considerándose bastante inferior a los antiguos escritores pero reconociendo que el género que va a cultivar no necesita agudeza de ingenio sino un trabajo concienzudo y fiel, según se ha indicado.

En efecto, es sabido que el tratado de Vegecio se inserta desde el punto de vista literario en la denominada prosa técnico-científica, representada en la Literatura latina por «un número de obras heterogéneas que configuran un apartado singular»[12]. Al margen de la antigua polémica suscitada por estos escritos técnicos, polémica relacionada con las concepciones literarias de la actualidad, las obras clasificadas bajo este epígrafe son consideradas como obras secundarias, pertenecientes a un género inferior no puede aspirar a la gloria literaria, un *genus humile*, como afirma P. Parroni[13]: «La utilidad es la que salva la materia», y «por ella estos escritos tienen su razón de ser».

militar *De rebus bellicis*. Cfr. I. MORENO, «Los autores de resúmenes», en C. Codoñer (ed.), *Historia de la Literatura Latina*, Cátedra, Madrid 1997, pp.700-705.

[11] Cfr. C. Santini - N. Scivoletto (eds.), *Prefazioni, prologhi...*, op. cit.

[12] Cfr. A. RAMOS, «Literatura técnica de la época republicana. La prosa técnica», en C. Codoñer (ed.), *Historia de la literatura latina*, op. cit., pp.755-56. Cfr. asimismo P. PARRONI, «Scienza e produzione letteraria», en G. Cavallo - P. Fedeli - A. Giardina (dir.), *Lo spazio letterario di Roma antica*, I, *La produzione del testo*, Salerno Editrice, Roma 1989, pp. 469-505; M. FORMISANO, *Tecnica e scrittura. Le letterature tecnico-scientifiche nello spazio letterario tardolatino*, Carocci editore, Roma 2001; C. SANTINI, *Letteratura scientifica e tecnica di Grecia e Roma*, Carocci editore, Roma 2002; D. PANIAGUA, *El panorama literario técnico-científico en Roma (siglos I-II d. C.): «et docere et delectare»*, Ediciones de la Universidad de Salamanca, Salamanca 2006.

[13] «Scienza e produzione letteraria», a. cit., p. 483. El criterio de la *utilitas* está presente asimismo en otros géneros literarios de la Literatura latina, de modo especial en el historiográfico.

Estamos, pues, en presencia de un autor secundario del período postclásico, contemporáneo, por otra parte, en la Literatura latina pagana de figuras sin duda más relevantes que la suya, como Ausonio, Amiano Marcelino o Claudiano , y en la Literatura latina cristiana con padres de la Iglesia de la talla de San Ambrosio, San Agustín o San Jerónimo, razón por la que en principio Vegecio no parecía reunir las condiciones necesarias para competir en influencia en la Edad Media ni con los autores latinos mencionados ni con los escritores más importantes del período clásico.

Pero como se observa en otros casos de pervivencia y transmisión de los autores clásicos greco-latinos de la Antigüedad a la Edad Media y al Renacimiento, autores 'secundarios' que en la Literatura latina no destacaban ni ocupaban las primeras líneas de los cánones establecidos, a la hora de estudiar su influencia en las etapas posteriores, se pone de manifiesto que en las mencionadas épocas son revalorizados y ocupan sorprendentemente un lugar muy elevado en los nuevos cánones creados por los lectores y receptores de tales tiempos.

Y este es el caso de Vegecio, cuya obra tuvo una gran difusión, sobre todo en la Edad Media, época en la que, como se ha puesto de manifiesto en numerosos estudios -y particularmente de investigadores españoles, según se verá-, este técnico latino es considerado la *auctoritas* suprema en la materia de la *res militaris*, de manera que se puede afirmar que nuestro autor se convirtió en un 'clásico' del Medievo[14].

Los estudiosos de la influencia del *Epitoma* en este período histórico han valorado la obra vegeciana atendiendo a diferentes aspectos[15], entre los que se pueden destacar:

1. El gran número de testimonios manuscritos: gracias a los trabajos de Shrader[16], Reeve[17], y el más reciente de Allmand[18], que completa a los anteriores, se han catalogado más de 240 códices pertenecientes a los siglos

---

[14] Cfr. CH. ALLMAND, *The De re militari of Vegetius...*, op. cit., p. I.

[15] Cfr. CH. ALLMAND, *The De re militari of Vegetius...*, op. cit., pp. V-VI, cuyo índice recoge los múltiples intereses que han guiado a los estudiosos a la lectura del tratado. En este trabajo, obviamente, sólo atendemos a algunos de ellos.

[16] Cfr. C.R. SHRADER, «A handlist of extant manuscripts containing the *De re military* of Flavius Vegetius Renatus», *Scriptorium*, 33 (1979) 280-305 (fruto de su tesis doctoral sobre el tema publicada en 1976).

[17] Último editor de la obra: M.D. REEVE, *Vegetius. Epitoma...*, op. cit. Cfr. también otros trabajos de este autor, en especial el de «The transmission of Vegetius's *Epitoma rei militaris*», *Aevum*, 74 (2000) 243-354.

[18] *The De re militari of Vegetius...*, op. cit., pp. 354-366, en las que recoge en el Apéndice II la lista exhaustiva de todos los testimonios.

IX-XV; a estos códices que contienen el texto latino, hay que añadir unas 100 traducciones realizadas a las distintas lenguas vernáculas, y a éstas hay que sumar un número considerable de extractos, dejando al margen las citas indirectas. Según el citado Shrader, entre otros[19], sólo la *Historia Naturalis* de Plinio el Viejo supera en número de manuscritos a nuestro autor, siendo el segundo en popularidad entre los autores técnicos. Por tanto, con semejante tradición manuscrita diseminada por toda la geografía europea no es extraña la enorme difusión del *Epitoma*.

2. También ha sido valorada la influencia del tratado como obra didáctica que pretende instruir sobre la *disciplina militaris*. En este sentido, se ha estudiado el opúsculo, teniendo en cuenta su influencia en el pensamiento militar y en la práctica de la guerra medieval, así como manual de formación de príncipes[20].

3. Otros estudios han atendido finalmente a diversos aspectos de la obra, como el que nos interesa resaltar en este trabajo: el tratado también es el resultado de un trabajo de compilación (*epitomata*). El propio escritor, según se indicaba en páginas anteriores, elabora su ejemplar 'manipulando' las fuentes que utiliza[21], como cualquier compilador de florilegios medievales[22].

---

[19] Cfr., por ejemplo, N.P. MILNER, op. cit., p. XIII.

[20] Cfr. CH. ALLMAND, *The De re militari of Vegetius...*, op. cit., pp. 249-349; J.G. MONTEIRO - J.E. BRAGA, *Vegécio. Compêndio da arte militar*, Universidade de Coimbra, Coimbra 2009, p. 107. En este apartado asimismo es digno de destacar la prolífica lista de trabajos españoles dedicados a la presencia de Vegecio en nuestras Letras. Entre ellos sobresalen los de T. GONZÁLEZ - P. SAQUERO, «El Epitoma rei militaris de Flavio Vegecio traducido al castellano en el siglo XV. Edición de los 'Dichos de Séneca en el acto de la caballería', de Alfonso de Cartagena», *Miscelánea medieval murciana*, XIV, 1987-88, 103-150; F. GARCÍA, *Castilla y León frente al Islam. Estrategias de expansión y tácticas militares (siglos XI-XIII)*, Sevilla 1998; IDEM, «La didáctica militar en la Literatura castellana (segunda mitad del siglo XIII-primera mitad del XIV)», *AEM*, 19 (1989) 271-274; M.F. DEL BARRIO, «El *De re militari* de Vegecio en el *De preconiis Hispanie* de Juan Gil de Zamora», *Actas do IV Congresso Internacional de Latim Medieval Hispánico*, Lisboa 2006, 203-217; IDEM, «Un resumen inédito de los Strategemata de Frontino como fuente del libro XII del De Preconiis Hispanie de Gil de Zamora», *CFCEst.Lat.*, 26 (2006) 1, 101-146; M.E. ROCA, «El Libro de la guerra y la traducción de Vegecio por Fray Alfonso de San Cristóbal», *AEM*, 37/1 (2007) 267-304.

[21] Cfr. T. GONZÁLEZ - P. SAQUERO, «El *Epitoma rei militaris*...», a. cit., p. 108; J.G. MONTEIRO - J.E. BRAGA, *Vegécio. Compêndio...*, op.cit., pp. 103-ss., y la bibliografía allí citada.

[22] Sobre el método de trabajo empleado por los autores de florilegios medievales, Cfr. B. FERNÁNDEZ DE LA CUESTA, *En la senda del Florilegium*

Nuestro trabajo se inserta, pues, en esta última línea de investigación apuntada, con el objetivo de dar a conocer los extractos del tratado vegeciano en una de las colecciones de florilegios medievales más importantes.

2. LOS *EXCERPTA* DEL *EPITOMA* EN EL *MANIPULUS FLORUM*

Vegecio es una de las *auctoritates* recopiladas en el *Manipulus Florum* de Thomas Hibernicus o Tomás de Irlanda, uno de los florilegios de mayor difusión de la Edad Media[23]. Se trata de un florilegio temático, compilado en la Sorbona a principios del siglo XIV (1306), que sobrevive en más de ciento ochenta manuscritos y en más de cincuenta ediciones impresas entre los años 1483 y 1887. Contiene aproximadamente unos seis mil *excerpta* atribuidos a diferentes autores clásicos, patrísticos y medievales, todos prosistas. Los extractos se organizan en este documento a través de categorías conceptuales, agrupadas bajo 266 entradas presentadas en orden alfabético y, a su vez, se identifican también --dentro de cada entrada-- mediante las letras del alfabeto, duplicando las letras cuando el número de entradas de un determinado lema supera las veintitrés. El florilegio tuvo una gran difusión como instrumento de predicación y obra de referencia fundamental para la composición de sermones[24], si bien en un trabajo reciente Chris.L. Nighman[25] ha demostrado que su autor pretende proporcionar una selección de autoridades para el estudio individual de los estudiantes universitarios.

La presencia de los *excerpta* del *Epitoma* en las diferentes categorías conceptuales del florilegio no es demasiado significativa. Entre tales categorías podemos distinguir dos bloques evidentes:

Gallicum. Edición y estudio del florilegio del ms. Córdoba, Archivo capitular 150, Fédération internationale des Instituts d'Études Médiévales, Louvain-La-Neuve 2008, pp.39-44 (Textes et Études du Moyen Âge, 45); A.M. ALDAMA - M.J. MUÑOZ, «Selección y manipulación de los autores clásicos en los florilegios latinos», in M.D. García - G Rodríguez (eds.), *Selección, manipulación y uso metaliterario de los autores clásicos*, Zaragoza 2009, pp.80-82.

[23] Cfr. CH.L. NIGHMAN, «The Electronic *Manipulus florum* Project (www.manipulusflorum.com)».

[24] R.H. ROUSE - M.A. ROUSE, *Preachers, Florilegia and Sermons. Studies on the 'Manipulus Florum' of Thomas of Ireland*, Pontifical Institute of Mediaeval Studies, Toronto 1979.

[25] Apud M.J. MUÑOZ, «Formas de coexistencia de los autores y obras en los florilegios latinos», en M.J. Muñoz (ed.), *El florilegio: Espacio de encuentro de los autores antiguos y medievales*, Oporto 2011, pp. 24-27, p. 22, n. 27.

1. el referido expresamente al léxico militar, sistematizado bajo los lemas de *Bellum*, *Exercitatio* y *Militia*.
2. el clasificado bajo lemas diferentes como *Consilium, Presumptio* y *Venia*.

Los extractos más numerosos corresponden a las entradas *Bellum* (17) y *Militia* (13), mientras que el resto de lemas mencionados contienen sólo un *excerptum* vegeciano, lo que en un principio resulta sorprendente para una 'entrada' como la de *Exercitatio*, término propio del léxico militar, aunque no exclusivo, que Vegecio utiliza repetidamente para referirse al adiestramiento y a los ejercicios de los soldados, en especial en el libro I. La razón tal vez sea que el compilador ya había citado otros textos de Vegecio en la entrada *Bellum*, a la que remite al final de *exercitatio,* mediante el sistema de referencias cruzadas o llamadas a otros lemas relacionados, procedimiento característico de este florilegio[26].

De otro lado, hemos podido constatar que de los cuatro libros del *Epitoma*, los extractos más numerosos recogidos en las entradas *Bellum* y *Militia* pertenecen a los libros I y III, si bien con diferente distribución que procedemos a detallar: de los 17 extractos recopilados en el lema *Bellum*, ocho están sacados del libro I del *Epitoma* y el resto del III, excepto un fragmento perteneciente al libro IV, en concreto del final del libro, dedicado a la guerra naval. En la entrada *Militia* sólo hay cuatro extractos recogidos del libro I, dos del II y el resto del libro III. La preferencia del compilador por estas partes de la obra podría justificarse por razones prácticas[27]: en el caso de *Bellum*, porque la selección del libro I contiene muchos consejos sobre la selección y formación de los reclutas que seguían siendo de gran utilidad para un compilador de principios del siglo XIV; en el caso de *Militia*, porque la mitad de los extractos resumidos del libro III corresponden al capítulo 26, en el que Vegecio incluye las célebres *Regulae bellorum generales*, que alcanzaron a su vez tan gran difusión en la Edad Media[28].

---

[26] Cfr M.J. MUÑOZ, «Marcial en el manuscrito 246 de la Biblioteca de Santa Cruz de Valladolid», en *Actas del VI Congreso de Humanismo y Tradición Clásica. Homenaje al profesor Juan Gil Fernández*, 2010 (en prensa); C. MEDINA - I. VILLALBA, «El florilegio temático del Ms. 246 de la Biblioteca de Sta. Cruz de Valladolid. Edición y comentario filológico del 'título' *Fortitudo*», *Manipulus studiorum. Homenaje a la profesora Ana María Aldama Roy*, 2011 (en prensa).

[27] Cfr. M.F. DEL BARRIO, «El *De re militari* de Vegecio...», a. cit., p. 205.

[28] Cfr. T. GONZÁLEZ - P. SAQUERO, «El *Epitoma rei militaris*...», a. cit., p. 117; M.F. DEL BARRIO, «La selección de textos *De re militari* en la biblioteca del conde de Haro», en M.J. Muñoz (ed.), *El florilegio: espacio de encuentro de los autores antiguos y medievales*, Oporto 2011, p. 185.

Presentamos en la siguiente tabla una selección de los pasajes vegecianos contenidos en el florilegio, dada la imposibilidad de mostrar todos los escogidos. Como norma general los *excerpta* mantienen en el documento, dentro de cada lema, el orden contemplado en la obra original. Asimismo, al final de la cita se indica la referencia a la fuente, si bien con relativa frecuencia se observa que la asignación es errónea.

Empezamos por la presencia de los *excerpta* en la entrada *Bellum*, la primera de las reseñadas que introduce extractos de Vegecio. La selección vegeciana en este lema se encuentra a partir de la letra *x*. El primero de los fragmentos contiene consejos de carácter general sobre el conocimiento del arte militar, en los que está incluida una de las más célebres sentencias de la obra:

M.D.Reeve[29]:	*Manipulus Florum*[30]:
VEG.mil.1,1,7-8:	*Bellum*, x:
Scientia *enim* rei bellicae dimicandi nutrit audaciam: *nemo facere* metuit quod se bene didicisse confidit. *Etenim* in certamine bellorum exercitata paucitas ad victoriam promptior est, *rudis* et indocta multitudo exposita semper ad caedem.	Sciencia rei bellice dimicandi nutrit audaciam: *nemo enim facile* metuit quod se bene didicisse confidit, *et* in certamine bellorum exercitata paucitas ad uictoriam promptior est. *Ruralis autem* et indocta multitudo exposita semper ad cedem.
13 rudis εβ: rudis autem δ	Vegecius de re militari Libro I. capitulo II

En el texto seleccionado destacamos en cursiva las variantes textuales observadas que comentamos a continuación:

- la transposición de la partícula *enim*, que carecía de sentido al comienzo de un extracto descontextualizado,
- la lectura que ofrece el ms. de *facile* en lugar de *facere*, que le cambia el sentido frente a toda la tradición del *Epitoma*. Esta variante puede recibir diferentes interpretaciones: tal vez sea debida a un error de copia, o bien a una mala lectura de la abreviatura o a la escritura ilegible.

De otro lado, es curioso que el error se produzca en una de las máximas más célebres y de mayor pervivencia de Vegecio: «nemo facere metuit quod se bene didicisse confidit», transmitida regularmente en textos con extractos de Vegecio, como en la traducción francesa medieval estudiada por L.

---

[29] M.D.REEVE, ed. cit., ad loc..
[30] Seguimos como edición de referencia la mencionada edición electrónica de CH. L. NIGHMAN, cfr. n. 23.

Löfstedt[31], o en el *Tratado de la guerra que fizo Séneca*, traducido al castellano en el siglo XV por Alfonso de Cartagena[32], o en la selección de Vegecio en el *De preconiis Hispanie* de Juan Gil de Zamora [33], por citar algunos ejemplos representativos, muestra, de otro lado, de la gran difusión de la obra en textos de diferente naturaleza: florilegios, traducciones, colecciones de sentencias, dichos, etc.[34].

- La variante *ruralis autem* por *rudis et,* que se hace eco de la rama δ, una de las tres ramas en que se divide la tradición manuscrita del *Epitoma*[35].

Siguen a este primer *excerptum* de carácter teórico otra serie más práctica correspondiente al libro I. Entre ellos queremos resaltar los recopilados de los primeros capítulos (2º, 3º, 4º, 6º..., dedicados a cuestiones como de qué regiones deben elegirse los reclutas-; o si son más útiles los soldados procedentes del campo o de la ciudad; o sobre la edad más apropiada para el soldado; o sobre las cualidades físicas, etc.). Entre éstos hemos seleccionado el correspondiente a la letra *y*:

M.D.Reeve:	*Manipulus Florum*:
VEG.mil.1,2,2-5:	*Bellum, y:*
Constat quidem in omnibus locis et ignavos et strenuos nasci, *sed* tamen et gens gentem praecedit in bello et plaga caeli ad robur non tantum corporum sed etiam animorum plurimum valet; *quo loco ea, quae a doctissimis hominibus comprobata sunt, non*	Constat quidem in omnibus locis et ignauos et strenuos nasci, tamen et gens gentem precedit in bello et plaga celi ad robur, non tantum corporum sed et iam animorum plurimum ualet.

[31] «Aucuns notables extraits du Livre de Végèce», *Neuphilologische Mitteilungen* 83 (1982) 297-312.

[32] Cfr. T. GONZÁLEZ - P. SAQUERO, «El *Epitoma rei militaris*...», a. cit., p. 122.

[33] Cfr. M.F. DEL BARRIO, «El *De re militari* de Vegecio...», a. cit., p. 204.

[34] Cfr. para mayor exhaustividad el mencionado trabajo de CH. ALLMAND.

[35] Cfr. M.F. DEL BARRIO, *Edición crítica y traducción del* Epitoma rei militaris *de Vegetius, libros III y IV, a la luz de los manuscritos españoles y de los más antiguos testimonios europeos*, tesis doctoral, Universidad Complutense de Madrid, Madrid 1982; M.T. CALLEJAS, *Edición crítica y traducción del* Epitoma rei militaris *de Vegetius, libros I y II, a la luz de los manuscritos españoles y de los más antiguos testimonios europeos*, tesis doctoral, Universidad Complutense de Madrid, Madrid 1982, ediciones en las que se defiende el establecimiento de un *stemma* tripartito del texto, admitido después con variaciones en la última edición del texto de M.D. REEVE, cfr. n. 5.

omittam.

Omnes nationes, quae vicinae sunt soli, nimio calore siccitas, amplius quidem sapere, sed minus habere sanguinis dicunt *ac* propterea constantiam ac fiduciam comminus non habere pugnandi, quia metuunt vulnera qui exiguum sanguinem se habere noverunt. *Contra* septentrionales populi, remoti a solis ardoribus, inconsultiores quidem, sed tamen largo sanguine redundantes, sunt ad bella promptissimi. Tirones igitur de temperatioribus legendi sunt plagis, quibus et copia sanguinis suppetat ad vulnerum mortisque contemptum et non possit deesse prudentia, quae et modestiam servat in castris et non parum prodest in dimicatione consiliis.

Omnes naciones, que uicine sunt soli nimio calore siccitas, amplius quidem sapere, sed minus habere sanguinis dicunt; *hanc* propterea constanciam ac fiduciam comminus non habere pugnandi quia metuunt uulnera qui exiguum sanguinem se habere nouerunt. *Econtra* septentrionales populi remoti a solis ardoribus inconsultiores quidem, sed tamen largo sanguine redundantes sunt ad bella promptissimi. Tyrones, *id est bellatores*, igitur de temperatioribus eligendi sunt plagis quibus et copia sanguinis suppetat ad uulnerum mortisque contemptum et non possit deesse prudencia, que et modestiam seruat in castris et non parum prodest in dimicatione consiliis.

Vegecius de re militari Libro I. capitulo III.

Como puede observarse, el compilador adapta el texto vegeciano suprimiendo partículas (*sed*); reduciendo el texto (*quo…omittam*) que no le interesa para su selección, y añadiendo glosas explicativas (*Tyrones*: id est bellatores), según el método habitual de modificaciones del texto en estos instrumentos de trabajo.

Frente a la extensión del extracto anterior, el fragmento siguiente del mismo lema sorprende por su brevedad:

M.D.Reeve 2004
VEG.mil.1,20,6:
Ita fit, ut non de pugna sed de fuga cogitent qui in acie nudi exponuntur ad vulnera.

Manipulus Florum
Bellum, ae:
Ita fit, ut non de pugna sed de fuga cogitent qui in acie nudi exponuntur ad uulnera.
Vegecius ibidem capitulo XX.

El extracto corresponde al capítulo XX del libro I, en el que Vegecio trata del tipo de armas que utilizaron los antiguos. Es evidente que el compilador, al seleccionar este texto, deja de lado toda la información sobre el asunto que en la obra original se ofrece y tan sólo le interesa extractar las breves líneas que hacen referencia a la protección de los soldados.

Esta distinta forma de extractar pone de manifiesto los diferentes criterios seguidos por los autores que elaboran florilegios medievales: su labor de selección depende mucho de los objetivos que se proponen. En otros ejemplares de florilegios estudiados en un trabajo anterior[36], comprobamos que el autor de la selección se dejaba guiar por la curiosidad por múltiples aspectos de la Antigüedad, proporcionando una información exhaustiva, y haciéndonos partícipes de ella, mediante los comentarios y anotaciones marginales o interlineares; en esta ocasión, por el contrario, el criterio de selección del compilador es muy diferente. En palabras de J. Hamesse[37]: «El valor de los extractos escogidos y la calidad de los pasajes transmitidos dependen completamente del juicio y de la inteligencia del compilador...No siempre es fácil responder a las preguntas de qué método ha seguido en su elaboración y cuáles fueron sus objetivos».

Por último, diversos pasajes incluidos en el lema objeto de nuestra atención vuelven a hacer referencia a aspectos teóricos:

M.D.Reeve:
VEG.mil.3, *prol*.2,8:
Igitur qui desiderat pacem praeparet bellum; qui victoriam cupit milites imbuat diligenter; qui secundos optat eventus dimicet arte, non casu. Nemo provocare, nemo audet offendere, quem intellegit superiorem esse si pugnet.

Manipulus Florum:
Bellum, ah:
Qui desiderat pacem, preparet bellum; qui uictoriam cupit, milites imbuat diligenter; qui secundos optat euentus dimicet arte non casu. Nemo prouocare, nemo audet offendere quem intelligit superiorem ese, si pugnet.
Vegecius libro III. Capitulo I

Este extracto comienza con la sentencia más famosa de Vegecio: «*Qui desiderat pacem, praeparet bellum*», con la diferencia de que suprime la partícula ilativa que, una vez descontextualizado el fragmento del texto fuente, ya no tiene sentido en el texto receptor. Desde el punto de vista del

---

[36] Cfr. M.T. CALLEJAS, «Juvenal en el ms. de Douai, BM 749-II», en M.J. Muñoz (ed.), *El florilegio: Espacio de encuentro de los autores antiguos y medievales*, Oporto 2011, pp. 71-97.

[37] «Los florilegios filosóficos, instrumentos de trabajo de los intelectuales a finales de la Edad Media y en el Renacimiento», *EC*, 140 (2011), p. 16 (=J. HAMESSE, «Les florilèges philosophiques, instruments de travail des intellectuels à la fin du Moyen Âge et à la Renaissance», en L. Bianchi (ed.), *Filosofia e Teologia nel Trecento. Studi in ricordo di Eugenio Raudi*, (Textes et études du Moyen Âge 1), Fédération Internationale des Intituts d'Études Médiévales, Louvain-la-Neuve 1994, pp.479-508).

contenido, el compilador expone nuevos consejos que instruyen sobre la guerra a fin de resaltar la importancia de la instrucción de los soldados y del aprendizaje de la técnica del arte militar.

En suma, el autor de la selección parece ir alternando en el lema *Bellum* contenidos teóricos y prácticos en su lectura del *Epitoma*: extractos de carácter práctico (7, 11, 15), de carácter teórico (8, 9, 12, 13, 14, 16, 17) y mezcla de ambos en el fragmento número 10.

En cuanto a los *excerpta* vegecianos compilados en los lemas de significado distinto al militar, siguen manifestando el interés del autor de la selección por el texto del *Epitoma*, aunque no pertenezcan a dicho ámbito. Así en la entrada *Consilium* el recopilador recoge varias de las Reglas Generales ya señaladas –y, por cierto, las mismas que ofrece el lema *Militia* bajo la letra *N*. Éstas son:

M.D.Reeve:	*Manipulus Florum*:
VEG. mil. 3, 26, 5; 28-29:	*Consilium, h*:
Nulla consilia meliora sunt nisi illa, quae ignoraverit adversarius antequam facias.	Nulla consilia meliora sunt *sicut* illa, que ignorauerit aduersarius, antequam facias.
Cum consilium tuum cognoveris adversariis proditum, dispositionem mutare te convenit.	Cum *igitur* consilium tuum cognoueris aduersariis proditum, disposicionem mutare te conuenit.
Quid fieri debeat, tractato cum multis, quid vero facturus sis cum paucissimis ac fidelissimis vel potius ipse tecum.	Quid fieri debeat, tractato cum multis, quid uero facturus sis, cum paucissimis ac fidelissimis uel potius ipse tecum.
	Vegecius de re militari libro III

Como puede observarse, en esta ocasión las modificaciones realizadas del texto original son escasas: tan sólo la variante *sicut* por *nisi* de la tradición, y la adición de *igitur* en la Regla número 28.

En la voz *Exercitatio* el texto seleccionado contiene un fragmento en el que se insiste en la importancia de la práctica cotidiana y la continua ejercitación. También es observable la referencia errónea a la fuente:

M.D.Reeve:	*Manipulus Florum*:
VEG.mil. 3, 10, 1:	*Exercitatio e*:
Omnes artes omniaque opera cotidiano usu et iugi exercitatione proficiunt. Quod si in parvis verum est, quanto magis decet in maximis	Omnes artes omniaque opera cotidiano usu et iugi exercitatione proficiunt. Quod si in paruis uerum est, quanto magis decet in maximis

custodiri!   custodiri.
                                               Vegecius de re militari libro II

Por último, los lemas *Presumptio* y *Venia* tan sólo se hacen eco de dos breves pasajes vegecianos que, al quedar descontextualizados en la nueva obra, adquieren el tono más abierto de las sentencias:

M.D.Reeve: *Manipulus Florum*:
VEG. mil. 3, 6, 7:   *Presumptio, u*:
imperita rusticitas plura promittit et credit se scire quae nescit.   Imperita rusticitas plura promittit et credit se scire que nescit.
                                           Vegetius de re militari libro tercio
VEG. mil. 3, 5, 1:   *Venia, ae*:
nulla sit neglegentiae venia ubi de salute certatur;   Nulla sit *neglegenti* uenia ubi de salute certatur.
                                           Vegecius de re militari libro II

Para finalizar quiero señalar otra curiosa presencia de Vegecio en el *MF* bajo el lema *Militia O*, correspondiente al primer bloque señalado, y del que no hemos presentado ningún ejemplo por razones de espacio. La presencia vegeciana queda patente tras la copia del último extracto del tratado bajo el citado lema: el compilador en ésta y en otras letras de este lema – concretamente en *Militia Q, R, S, T, U, AB, AC, AD* y *AD--*, incluye varios textos de *Petrus Blesensis* con la referencia imprecisa de *in quadam epistola*[38]. En ellos el escritor medieval evoca en varias ocasiones al autor del *Epitoma* como autoridad en la materia. Es el caso del fragmento recogido bajo el lema *Militia AC*, donde afirma: «*Militaris hodie disciplina*, quam Vegetius Renatus ac plerique alii docuerunt, *prorsus evanuit*, et se in quamdam deliquendi libertatem, et scurrilitatis speciem deformavit.»[39], y continúa más adelante con el discurso nostálgico de que «en otro tiempo» –se supone que en el de Vegecio, es decir, en los tiempos antiguos— los soldados

---

[38] Hemos localizado la referencia concreta, ya que en el caso del lema *Militia*, la versión electrónica del *MF* no proporciona la fuente por tratarse de uno de los lemas que, de momento, sólo transcribe el texto de la edición de Venecia de 1493/95. Se trata, en efecto, de la *Epistola XCIV* de las *Epistolae* escritas por el autor medieval francés, dirigida *Ad J. Archidiaconum*. En ella el escritor se lamenta de la situación de los soldados de su época y de cúan alejados están *a virtute veterum militum*, introduciendo con tal motivo los párrafos vegecianos objeto de nuestro comentario.

[39] Seguimos como edición de referencia la versión electrónica de la *Patrologia Latina de J. P. Migne* (*Petri Blesensis Epistolae, Tempora* 1135-1204).

tenían mejor comportamiento que el que tienen en la actualidad, aduciendo como causa la ausencia de la *disciplina militaris*.

Podríamos decir que Tomás de Irlanda además de reconocer la *auctoritas* de Vegecio en la disciplina militar, con la cita de Pedro de Blois quiere poner remedio en su florilegio formativo, es decir, en el *Manipulus Florum*, a esa ausencia de la disciplina militar con la autoridad de Pedro de Blois.

3. Conclusión

El *Epitoma rei militaris* de Vegecio fue una obra de extraordinaria difusión en la Edad Media. Una parte importante de las enseñanzas del tratado resultaron aprovechables para el hombre medieval interesado por todos los aspectos de la milicia, tanto desde el punto de vista teórico como práctico. La obra en este período nos ha llegado en diferentes tipos de textos: manuscritos, florilegios, traducciones a las distintas lenguas, colecciones de sentencias, dichos, etc. Entre los florilegios medievales, Vegecio es recopilado también en el *Manipulus Florum*, uno de los de florilegios de mayor divulgación.

En el presente trabajo hemos ofrecido y comentado algunos de los pasajes del *Epitoma* escogidos por el compilador del *Manipulus*, prueba del interés suscitado por la obra y por su autor a quien se le consideró en esta época la *auctoritas* suprema en la *res militaris*.

Nuestro estudio, por otra parte, no sólo se ha dedicado a recopilar los fragmentos vegecianos del florilegio –de los que, por otra parte, tan sólo se han exhibido algunos ejemplos--, sino también a descubrir la doble presencia del escritor tardío en el documento: la presencia directa, de la que se ofrecen unas calas representativas para valorar el método de trabajo y las preferencias del compilador, y la presencia indirecta registrada en los textos de otros autores, a su vez seleccionados en el florilegio medieval, y que se hacen eco de su testimonio como, por ejemplo, el citado Pedro de Blois.

Patricia Cañizares Ferriz – Irene Villarroel*

DE ENCICLOPEDIA A FLORILEGIO: EL *SPECULUM DOCTRINALE* DE VICENTE DE BEAUVAIS EN EL *VADEMECUM* DEL CONDE DE HARO

1. Introducción

Desde hace unos años, varios miembros del proyecto de investigación de la Universidad Complutense de Madrid dedicado al estudio de los florilegios latinos conservados en España[1], nos hemos venido interesando en el contenido de una miscelánea que lleva por título *Vademecum* y que fue realizada en la primera mitad del siglo XV por encargo de don Pedro Fernández de Velasco, camarero mayor del rey Juan II, miembro del Real Consejo y, entre otros títulos, primer conde de Haro. Esta miscelánea, que incluye textos clásicos, cristianos y medievales escritos en latín, castellano y francés, ha llegado hasta nosotros en dos copias manuscritas que, al igual que el resto de volúmenes que pertenecieron al conde de Haro, se conservan actualmente entre los fondos de la Biblioteca Nacional de Madrid, bajo las signaturas 9.513 y 9.522.

La miscelánea está compuesta por textos que, como veremos, tienen cierto carácter programático. Entre ellos, se cuentan varios florilegios de diferente temática, algunos de los cuales ya hemos tenido ocasión de estudiar en otros lugares[2]. En esta ocasión, nuestro interés se ha centrado en un

---

* Profesora del Departamento de Filología Latina de la Universidad Complutense de Madrid. patca@filol.ucm.es. Becaria Formación de Personal Investigador de la Universidad Complutense de Madrid. irene.villarroel@pdi.ucm.es.

[1] Proyecto de investigación de I+D «Los florilegios conservados en España V» (Ref: FFI2012-36297), financiado por la DGCYT del Ministerio de Economía y Competitividad español, dirigido por María José Muñoz Jiménez. Las autoras queremos agradecer especialmente la ayuda prestada para la elaboración del trabajo al Profesor Gregorio Hinojo Andrés.

[2] P. Cañizares Ferriz, «Un florilegio de moral práctica perteneciente al *Vademecum* de la Biblioteca del conde de Haro», en *Perfiles de Grecia y Roma, Actas del XII Congreso Español de Estudios Clásicos* I, Madrid 2009, pp. 195-204; Ead. «Edición y estudio de un florilegio del *Vademecum* de la Biblioteca del conde

pequeño florilegio que reúne un elenco de definiciones de virtudes y vicios, que, como tendremos ocasión de demostrar, dependen, en última instancia, de una obra enciclopédica que conoció gran difusión a finales de la Edad Media: el *Speculum Doctrinale* del dominico Vicente de Beauvais.

Para poder entender el significado que tiene este florilegio en el marco del *Vademecum* del conde de Haro, creemos conveniente detenernos en la particular historia de los códices que transmiten la miscelánea, ya que ésta es representativa de los intereses intelectuales del conde de Haro. Según las investigaciones que hemos realizado en los últimos años, el actual ms. 9.513 de la Biblioteca Nacional de España, que es el original de la miscelánea, fue confeccionado en la biblioteca privada del conde de Haro entre 1425 y 1455, fecha en la que pasó a la biblioteca del Hospital de la Vera Cruz de Medina de Pomar, tras la dotación de libros que realizó para esta institución don Pedro Fernández de Velasco. El Hospital de la Vera Cruz de Medina de Pomar fue fundado por el propio conde unos años antes de la mencionada dotación de libros, en 1438, con el fin de acoger a trece hidalgos ancianos. La cuidada selección de libros escogidos para la dotación, entre los que se encontraba el actual ms. 9.513 del *Vademecum*, representaba la parte de la biblioteca particular del conde que él consideró más apropiada para los fines

de Haro», *Revue d'Histoire des Textes*, n.s.V (2010) 199-230; EAD. «Una selección de autores cristianos en el *Vademecum* del conde de Haro» en B. Antón Martínez-Mª.J. Muñoz Jiménez (eds.), *Estudios sobre florilegios y emblemas*, Valladolid 2011, pp. 49-59; EAD. «Los excerpta de la *Rethorica ad Herennium* del *Vademecum* del conde de Haro» en Mª.J. Muñoz Jiménez (ed.), *El florilegio: espacio de encuentro entre autores antiguos y medievales*, Oporto 2011, pp. 123-58; EAD., «El prólogo dedicado a Juan II de Vasco Ramírez de Guzmán: edición y estudio», *Revista de Literatura Medieval*, 23 (2011) 71-86; EAD. «Un 'florilegio de autor' inacabado: Séneca en el *Vademecum* del Conde de Haro», comunicación presentada en el *VI Convegno dell'Internationales Mittellateiner Komitee, Auctor et auctoritas in Latinis Medii Aevi Litteris*, Nápoles-Benevento 10-14 de diciembre de 2010 (en prensa); EAD. «El *Vademecum* del conde de Haro en el contexto de su biblioteca privada», en *Homenaje a Ana María Aldama Roy* (en prensa); Mª.J. MUÑOZ JIMÉNEZ, «Las *Auctoritates Aristotelis* en el *Vademecum* de la biblioteca del conde de Haro», en J. Meirinhos – O. Weijers (eds.), *Florilegium medievale. Éstudes offertes à Jacqueline Hamesse à l'occasion de son émeritat*, Lovaina-la-Nueva 2009, pp. 419-38; EAD. «Terencio en dos manuscritos de la biblioteca del conde de Haro», en *Humanismo y pervivencia del mundo clásico. Homenaje al profesor Antonio Prieto*, Alcañiz-Madrid 2010, IV. 5, pp. 2519-33; Mª.F. BARRIO VEGA, «La selección de textos de re militari en la biblioteca del conde de Haro» en Mª.J. Muñoz Jiménez (ed.), *El florilegio: espacio de encuentro entre autores antiguos y medievales*, Oporto 2011, pp. 159-90.

del Hospital, en particular para el adoctrinamiento de los hidalgos que residían en él, a cuyo número se sumó el propio conde a partir de 1459 hasta su muerte en 1470. Por su parte, la otra copia del *Vademecum*, el actual manuscrito 9.522, es una copia del 9.513 realizada en la biblioteca de Medina de Pomar, seguramente con el fin de que los hidalgos que residían en el Hospital dispusieran de más de un ejemplar de este *Vademecum*, ya que la reunión de textos presentes en él lo convertía en un libro emblemático de toda la biblioteca del Hospital[3]. En la miscelánea se condensaban las líneas temáticas que habían presidido la selección de libros realizada por el conde para el Hospital: la lectura de la Sagrada Escritura, el conocimiento de los principios de la filosofía moral en sus diferentes facetas y textos de contenido histórico, militar y caballeresco[4].

2. EL FLORILEGIO EN EL CONTEXTO DEL *VADEMECUM*

El florilegio que va a centrar nuestro estudio ocupa los folios 127v-135v del ms. 9.513 y los folios 104v-112v del ms. 9.522 y reúne un total de 157 extractos distribuidos en tres apartados: en primer lugar, 71 definiciones de las cuatro virtudes cardinales: Prudencia, Justicia, Fortaleza y Templanza, y de sus diferentes *species* o virtudes complementarias; en segundo término, 11 definiciones sobre las pasiones del alma; y por último, 75 extractos con definiciones de los siete vicios o pecados capitales y de sus vicios complementarios.

A la luz de su contenido, el florilegio constituye un compendio de definiciones sobre cuestiones relativas a la ética, más concretamente a la ética privada o *monastica*, es decir, aquella que enseña al hombre a dominarse a sí mismo y a orientarle a la realización de buenas acciones. La ética, en sus diferentes modalidades, ya sea privada, familiar o social, constituye, como hemos apuntado, una de las líneas temáticas de mayor peso en el *Vademecum*, algo que pone de manifiesto el interés especial que para el conde tuvieron este tipo de lecturas formativas.

De entre los 34 textos que componen el *Vademecum*, encontramos siete que tienen carácter moral y formativo:

---

[3] Así lo calificó J.N.H. Lawrance en su fundamental artículo sobre la biblioteca del conde de Haro; cfr. J.N.H. LAWRANCE, «Nueva luz sobre la biblioteca del conde Haro: inventario de 1455», *El Crotalón. Anuario de Filología española*, 1 (1984) 1073-1111, pp. 1088-1089.

[4] P. CAÑIZARES FERRIZ, «El *Vademecum* del conde de Haro en el contexto...», op.cit., en prensa.

1. Alonso de Cartagena, extracto del prólogo a su traducción del *De senectute* de Cicerón sobre los cinco fines de la lectura y el provecho que se debe sacar de ella.
Dize un famoso doctor canonista... (f. 1-1v del ms. 9513 y f. 1 del ms. 9522)

2. Terencio, *excerpta* de contenido moral.
Nos quoque senes est equm senibus (ff. 54-56v del ms. 9513 y ff. 47v-50v del ms. 9522)

3. *Excerpta* de las *Auctoritates Aristotelis*:
Auctoritates Primi Ethicorum (...) Rethorices (...) Politicorum (...) Ychonomice (...) De bona fortuna (ff. 61v-67 del ms. 9513 y ff. 53v-62 del ms. 9522)

4. Pseudo-Séneca, *De moribus*
Omne peccatum actio voluntaria est (ff. 87-90v del ms. 9513 y ff. 62-66v del ms. 9522)

5. Pseudo-Séneca, *Proverbia* (= Publilio Siro, *Sententiae*)
Alienum est omne quidquid optando euenit (ff. 90v-100v del ms. 9513 y ff. 66v-74v del ms. 9522)

6. Florilegio de moral práctica con *excerpta* de San Bernardo (*De consideratione*), Cicerón (*De officiis, De amicitia*), San Ambrosio (*De officiis*), epístola de San Agustín: *Siguese un proemio fecho por el autor...* (ff. 109-118 del ms. 9513 y ff. 98v-104v del ms. 9522)

7. Florilegio de virtudes y vicios:
Sequuntur definitiones quatuor virtutum cardinalium ...(ff. 127v-135v del ms. 9513 y ff. 104v-112v del ms. 9522)

El primer texto tiene un gran valor, ya que es el que abre la miscelánea. Se trata de un extracto del proemio de Alonso de Cartagena a su traducción del *De senectute* de Cicerón. Alonso de Cartagena fue conocido por la controversia que mantuvo con Leonardo Bruni a propósito de la traducción de la *Ética* de Aristóteles[5] y puede ser considerado una referencia intelectual para la nobleza castellana de esta primera mitad de siglo. Cartagena fue, de hecho, gran amigo y consejero intelectual del conde de Haro, de ahí que sea

---

[5] Cfr. T. GONZÁLEZ ROLÁN – A. MORENO HERNÁNDEZ – P. SAQUERO SUÁREZ-SOMONTE, *Humanismo y Teoría de la Traducción. Edición, versión española y estudio de la Controversia alphonsiana (Alfonso de Cartagena vs. L. Bruni y P. Cándido Decembrio)*, Madrid 2000.

precisamente un texto suyo el que presida la selección del *Vademecum*[6]. En este extracto Cartagena subraya la primacía que deben tener las lecturas edificantes sobre las demás. Más adelante leemos una selección de *excerpta* de Terencio que, como ha tenido ocasión de demostrar María José Muñoz, revisten la forma de sentencias morales[7]. Destaca también un florilegio de las *Auctoritates Aristotelis*, así como las copias completas del *De moribus* y los *Proverbia* atribuidos a Séneca. Gran interés tiene, por último, el florilegio de moral práctica confeccionado por el compilador del *Vademecum* con extractos de San Bernardo, Cicerón, San Ambrosio y San Agustín[8]. Todos estos textos ponen de manifiesto la importancia que tuvieron las lecturas de contenido moral en sus diferentes facetas en la formación del conde.

El conjunto de definiciones que conforman el florilegio de virtudes y vicios que aquí tratamos cierra, por tanto, la secuencia de lecturas relativas a la formación moral, y completa una de las tres modalidades de la ética, en este caso, la ética privada.

El interés por esta modalidad de la ética queda manifiesto, por otra parte, en los volúmenes que formaron parte de la propia biblioteca del conde de Haro, y más particularmente la parte de ella que él mismo seleccionó para los hidalgos de Medina de Pomar. En ella hallamos varios volúmenes tanto en latín como en castellano referidos a la ética *monastica*. En latín encontramos el *Memoriale virtutum* de Alonso de Cartagena conservado en dos copias, un pequeño tratado titulado *De quatuor principalibus virtutibus,* un *Speculum continentie et reformationis vite* y un tratado atribuido a Pietro de Crescenzi de Bolonia titulado *De quatuor virtutibus cardinalibus*, además del florilegio objeto de este estudio; por otro lado, en castellano, hallamos el *Vergel de Consolación*, traducción de la obra latina de Jacobo de Benevento y el *Oracional* de Alonso de Cartagena, a las que se pueden añadir dos obras más que, aunque no se dedican únicamente a esta temática, sí que la recogen en alguna de sus partes[9].

---

[6] Como muestra de la influencia que ejerció en los gustos literarios del conde de Haro, véase la carta que Cartagena le dirigió y que fue editada por J.N.H. LAWRANCE, *Un tratado de Alonso de Cartagena sobre la educación y los estudios literarios*, Barcelona 1979.

[7] Mª.J. MUÑOZ JIMÉNEZ, «Terencio en dos manuscritos... », op.cit.

[8] P. CAÑIZARES FERRIZ, «Un florilegio de moral práctica... », op.cit. y EAD. «Edición y estudio de un florilegio... », op.cit.

[9] Estas dos obras son *Del soberano bien*, traducción de las *Sententiae* de San Isidoro, y unos *Flores* de Petrarca. Para una información más detallada acerca del interés del conde de Haro por las obras sobre vicios y virtudes cfr. I. VILLARROEL FERNÁNDEZ, «Textos latinos y castellanos sobre vicios y virtudes en la biblioteca del

3. ESTUDIO INTERNO DEL FLORILEGIO

Una vez presentado el contexto en el que fue copiado este florilegio, nos centraremos ahora en su estudio interno. Como se ha dicho al comienzo, las definiciones del florilegio proceden de una obra de carácter enciclopédico que tuvo una difusión considerable a finales de la Edad Media, el *Speculum Doctrinale*, que es una de las tres partes de las que se componía la gran enciclopedia de Vicente de Beauvais, el *Speculum Maius*. Sin embargo, como tendremos ocasión de demostrar, la relación textual del florilegio con la obra de Beauvais es más compleja de lo que en un principio se podría pensar. Es más, el estudio de este florilegio nos ha permitido conocer algunos aspectos relevantes de la génesis y de la transmisión del *Speculum Doctrinale*.

En el *Speculum Doctrinale*, Vicente de Beauvais elaboró un exhaustivo tratado práctico sobre el saber, entendido éste como el camino para el acceso a la perfección. Beauvais planificó su teoría del saber como una progresión en cuatro fases o etapas: la fase sermoncial, la práctica, la mecánica y la teórica. Dentro de este proyecto cuatripartito, la ciencia práctica o filosofía moral ocupa el segundo estadio en su sistematización formativa. Esta ciencia, a su vez, se divide en tres partes: la ética *monastica* o privada, la ética familiar y la ética social o política. La ética *monastica*, a la que dedica los libros V y VI, presenta en la obra del dominico dos ámbitos de actuación: la moral privada de orden interior, a la que dedica los 177 capítulos del libro V, y la moral privada de orden exterior, a la que consagra los 135 capítulos del libro VI[10]. Nos interesa particularmente el libro V por cuanto en él están contenidas las definiciones que aparecen en el florilegio del *Vademecum*. Este libro V del *Doctrinale* se centra en el cultivo de las virtudes cardinales (caps. 19-105), en la medida en que estas virtudes condensan y contienen la base de todas las demás, y concluye con la exposición de las pasiones del alma y de los vicios (caps. 106-177).

La organización del contenido de este libro V sigue el mismo plan y disposición que el resto de la obra: Beauvais, en la mayoría de las ocasiones, prologa él mismo la materia que va a tratar con un breve texto que introduce bajo la rúbrica de *actor* o *auctor* y, a continuación, la materia en cuestión es ampliada con extractos de otros autores, clásicos, cristianos y medievales.

---

conde de Haro» en *Actas del VII Congreso de la Sociedad de Estudios Latinos (Toledo 13-16 junio de 2012)*, en prensa.

[10] J. VERGARA CIORDIA, «El *Speculum doctrinale* de Vicente de Beauvais: un ideal prehumanista en la escolástica medieval» en G. García, (ed.), *La idea de Europa en el siglo XVI*, Madrid 1999, pp. 73-107.

Beauvais, por tanto, utiliza para la composición de su enciclopedia –y esto es importante para su recepción posterior– una técnica similar a la empleada en los florilegios, pues selecciona textos de diferentes *auctoritates* con el fin de ilustrar y ampliar las materias que aborda.

Las definiciones que componen el florilegio del *Vademecum* pertenecen a los capítulos 19 a 175 de este libro V del *Speculum Doctrinale* y presentan la misma ordenación del texto que ofrece Beauvais. Ofrecemos a continuación el elenco de definiciones que componen el florilegio:

VIRTUS	SPECIES	CAP. SD	VIRTUS	SPECIES	CAP. SD
Prudentia		V. 19	Fortitudo		V. 71
	Memoria	V. 21		Magnificentia	V. 72
	Intelligentia	V. 22		Fiducia	
	Providentia	V. 25		Confidentia	
	Deliberatio	V. 26		Pusillanimitas	V. 74
	Consilium	V. 27		Strenuitas	V. 75
	Circumspectio			Exercitatio	V. 76
Iustitia		V. 30		Militia	V. 77
	Latria	V. 31		Patientia	V. 79
	Religio			Tollerantia	V. 83
	Humilitas	V. 38		Constantia	V. 85
	Reverentia	V. 39		Firmitas	
	Obedientia	V. 40		Longanimitas	
	Pietas	V. 41		Perseverantia	
	Humanitas	V. 43		Stabilitas	V. 86
	Mansuetudo			Securitas	V. 88
	Concordia	V. 44		Requies	
	Pax				
	Liberalitas	V. 46	Temperantia		V. 89
	Gratia	V. 53		Modestia	V. 90
	Moralitas	V. 56		Verecundia	V. 91
	Fides	V. 58		Taciturnitas	V. 92
	Veritas	V. 60		Moderatio	V. 93
	Lex	V. 61		Maturitas	V. 94
	Aequalitas	V. 63		Abstinentia	V. 95
	Iudicium			Sobrietas	V. 96
	Equitas			Pudicitia	V. 98
	Severitas	V. 66		Continentia	
	Misericordia	V. 67		Castitas	V. 99
	Compassio			Virginitas	V. 100
	Zelus	V. 69		Parcitas	V. 101
	Correptio			Sufficientia	V. 103

PASSIONES ANIMAE	CAPITULUM SD	PASSIONES ANIMAE	CAPITULUM SD
Amor	V. 109	Suspicio	V. 114
Spes	V. 110	Iudicium temerarium	
Gaudium	V. 111	Credulitas	V. 115
Dolor	V. 112	Fides	
Luctus		Error	V. 117
Timor	V. 113	Stultitia	V. 118

VITIUM	SPECIES	CAP. SD	VITIUM	SPECIES	CAP. SD
Superbia		V. 122	Avaritia		V. 144
	Temeritas	V. 123		Cupiditas	V. 146
	Insolentia	V. 124		Rapina	V. 149
	Presumptio			Violentia	
	Ambitio	V. 125		Furtum	
	Inanis gloria	V. 128		Fraus	
	Ypocrisis	V. 129		Fallacia	
Invidia		V. 130		Usura	
	Afflictio			Voluptas	V. 151
	Exultatio			Delitiae	V. 153
	Malitia	V. 132	Gula		V. 155
	Malignitas			Ingluvies	
	Nequitia			Crapula	
Ira		V. 133		Ebetudo	
	Iracundia			Ebrietas	V. 157
	Indignatio			Inepta laetitia	V. 159
	Odium	V. 135	Luxuria		V. 160
	Rancor			Lascivia	
	Discordia			Petulantia	
	Inimicitia			Adulterium	V. 162
	Crudelitas	V. 136		Mendatium	V. 165
	Impatientia	V. 138		Periurium	
	Querela			Adulatio	V. 167
	Tristitia			Detractatio	V. 169
	Amaritudo			Susurratio	
Pigritia		V. 141		Garrulitas	V. 170
	Torpor			Contentio	V. 171
	Ignavia			Protervia	
	Negligentia			Procacitas	V. 172

Tepiditas		Contumelia	
Sompnolentia		Blasphemia	
Ociositas	V. 142	Maledictio	V. 173
Accidia	V. 143	Ostentatio	V. 174
Desperatio		Iactantia	V. 175
		Arrogantia	

Los extractos tienen la particularidad de proceder, casi en su totalidad, de la parte que Beauvais firma con la rúbrica *actor* o *auctor*[11]. La elección de estos pasajes en el *Vademecum* se puede explicar por el hecho de que éstos ofrecen las definiciones generales de las virtudes y los vicios, mientras que los extractos de las demás *auctoritates* suelen ampliar o ilustrar la definición inicial. Aunque esta particularidad hace que el florilegio del *Vademecum* pueda ser considerado en sí mismo como un 'florilegio de autor', el hecho de que en ningún lugar se haga mención a la autoridad de Beauvais nos llevó a sospechar desde un principio que el florilegio del *Vademecum*, a pesar de tener el texto de Beauvais como fuente última, no tomó sus extractos directamente de él. La sospecha, como mostraremos a continuación, quedó confirmada una vez que estudiamos a fondo la historia del texto.

La hipótesis inicial de la que partimos estaba respaldada, además de por la ausencia del nombre de Beauvais en nuestro florilegio, por el hecho de que desde época temprana la obra del dominico, por su propio carácter enciclopédico, fue resumida en compendios más manejables, copiada parcialmente o extractada para otros usos. Del *Speculum Doctrinale*, por ejemplo, se nos han conservado varias copias de unas *Auctoritates* ordenadas alfabéticamente cuya fuente son precisamente los libros V y VI, dedicados a la ética *monastica*[12]. Y por si fuera poco, esta parte relativa a la ética *monastica* llegó a conocer, incluso, una traducción bizantina[13].

---

[11] Respecto a los extractos que aparecen bajo la rúbrica de *actor*, bajo esta designación Beauvais incluye, según sus palabras, opiniones propias, de los modernos doctores o información interesante de la que Beauvais no conoce el origen exacto pero a la que él reconoce una cierta autoridad (cf. *Apología actoris*, c.3 *de modo agendi et titulo libri*). De las definiciones recogidas en este florilegio, hemos comprobado que al menos 96 de las 157 se deben adscribir a autores como Conradus Hirsaugiensis, autor del *De fructibus carnis et spiritus* o el *Speculum virginum*, al que pertenecen 58 de las definiciones o a Alanus de Insulis, de cuya obra *De virtutibus, de vitiis, de donis Spiritus Sancti*, se han extraído 29 de las definiciones, además de otros autores como Hugo de San Víctor o Guido Faba.

[12] Hasta el momento hemos encontrado once copias de estas *Auctoritates philosophorum et poetarum*: Basel, Öffentliche Bibliothek der Universität, B.XI.3 (s.

Pero además de estos florilegios temáticos, la parte relativa a la ética privada conoció desde época temprana una tradición textual independiente del *Doctrinale*: al menos 12 manuscritos datados entre los siglos XIII y XVI transmiten independientemente los libros V y VI del *Doctrinale* bajo el título de *tractatus* o *liber de scientia practica*, en lo que parece que fue, en un principio, una copia parcial de la parte relativa a la ética privada:

1. Pisa, Biblioteca Cateriniana del Seminario, 54 (S. XIII) ff. 1r-64v, 71r-105v.
2. Perugia, Biblioteca Comunale Augusta, 1.096 (s. XIII) ff. 49r-137r.
3. London, British Library, Add. 18.334 (s. XIII) ff. 109r-129r.
4. Avignon, Bibliothèque Municipale d'Avignon, 228 (s. XIII-XIV) ff. 171r-265v.
5. Stuttgart, Württembergische Landesbibliothek, HB.III.35 (s. XIII-XIV) ff. 11ra-58ra.
6. Wien, Österreiche Nationalbibliohek, 4.827 (s. XIV-XV) ff. 173r-231v.
7. Basel, Öffentliche Bibliothek der Universität, B.IX.6 (S. XIV) ff. 9r-112v.
8. Tarragona, Biblioteca Pública del Estado en Tarragona, 94 (s. XV) ff. 3r-93v.
9. Milano, Biblioteca Nazionale Braidense, AD._XIV.38 (s. XV) ff. 1r-116v.
10. Shrewsbury, Library of Shrewsbury School, 5 (s. XV) ff. 7v-150v.
11. München, Bayerische Staatsbibliothek, Codices latini, 23.797 (s. XV) ff. 230r-303r.
12. Budapest, Egyetemi Könyvtar (University library), 112 (s. XVI) ff. 51r-144v.

XIII-XIV) ff. 238r-308r; Milano, Biblioteca Ambrosiana, P. 140 sup. (s. XIII-XIV) ff. 1v-147v; Soest, Stadtbibliothek, 18 (XIV med.) ff. 54-81v; New Haven, Yale University Library, Marston, 23 (s. XIV-XV) ff.1r-59v; Uppsala, Univ. Bibl. C. 333 (XIV-XV) ff. 3-11v; Firenze, Biblioteca Medicea Laurenziana, Redi, 100 ff. 2r-25r; San Marino (EE.UU), Huntington Library, HM 26959 (s. XV) ff. 1-97; Cesena, Biblioteca Malatestiana, fondo Comunitativo, 166.133 (s. XV) ff. 96r-147v; Eton Coll. 119 (s. XV), ff. 235-39; Regensburg, Fürst Thurn und Taxis Zentralarchiv, Hofbibliothek, 176 (s. XV); Sélestat, Bibliothèque Humaniste, 19 (s. XVI).

[13] Cfr. I. PÉREZ MARTÍN, «El libro de Actor. Una traducción bizantina del *Speculum Doctrinale* de Beauvais (Vat. Gr. 12 Y 1144)», *Révue des études byzantines*, 55 (1997) 81-136.

Llama la atención que algunos de estos manuscritos fueron realizados pocos años después de que Beauvais concluyera la versión *trifaria* del *Speculum Maius*, dentro de la cual se inscribe el *Speculum Doctrinale*, que fue terminada como pronto entre 1253 y 1257[14]. Otro hecho significativo es que algunas de estas copias parciales, las más tardías, transmiten el texto sin el nombre de Beauvais y bajo el elocuente epígrafe de *Flores*. En el caso de uno de ellos, el manuscrito 94 de la Biblioteca Pública de Tarragona sobre el que Irene Villarroel está realizando su tesis doctoral, se le añadieron al final unas sentencias que no pertenecían a Beauvais, con lo que la obra fue concebida, y de ahí su título, como un florilegio de moral práctica y no como una simple copia parcial del *Doctrinale*[15].

Teniendo en cuenta las particulares circunstancias de la transmisión del *Doctrinale* que acabamos de reseñar, para la identificación de la fuente del florilegio del *Vademecum* decidimos consultar el texto no sólo de tres de los ocho manuscritos conservados de todo el *Speculum Doctrinale* (mss. París, Bibliothèque de la Sorbonne, 53; París, Bibliothèque Nationale de France, 6.428 y Valencia, Archivo de la Catedral, 1) y del incunable impreso en Venecia en 1494 (Venecia: Hermannus Liechtenstein, 13 enero 1494 (ejemplar de la Real Academia de Historia, inc.19), sino que también quisimos cotejar el texto del florilegio con cinco de los doce manuscritos que transmiten la copia parcial de la obra de Beauvais (mss. Perugia, Biblioteca Comunale Augusta, 1.096; Avignon, Bibliothèque Municipale d'Avignon, 228; Tarragona, Biblioteca Pública del Estado en Tarragona, 94; Milano, Biblioteca Nazionale Braidense, AD. XIV.38 y Shrewsbury, Library of Shrewsbury School, 5). Descartamos desde un primer momento las *Auctoritates* alfabéticas, por el hecho de que presentan una ordenación y selección del texto de Beauvais distinta de la del florilegio del *Vademecum*.

Pues bien, tal y como hemos podido concluir por el examen de variantes, las definiciones del florilegio no fueron extractadas directamente de la obra completa, sino de una copia parcial del *Doctrinale*, esto es, de la parte correspondiente al libro V que transmiten los 12 manuscritos a los que nos

---

[14] Cfr. M. PAULMIER-FOUCART, «Étude sur l'état des connaissances au milieu du XIIIe siècle: Nouvelles recherches sur la genèse du *Speculum maius* de Vincent de Beauvais», *Spicae - Cahiers de l'Atelier Vincent de Beauvais*, 1 (1978) 91-121.

[15] Cfr. I. VILLARROEL FERNÁNDEZ, «*Flores philosophorum et poetarum*: el manuscrito 94 de la Biblioteca Pública del Estado en Tarragona», *Cuadernos de Filología Clásica. Estudios Latinos*, 30.2 (2010) 321-340; EAD. «Autores y obras extractados en el manuscrito 94 de la Biblioteca Pública de Tarragona: *Flores philosophorum et poetarum*» en M.J. Muñoz Jiménez (ed.), *El florilegio: espacio de encuentro de los autores antiguos y medievales*, Oporto 2011, pp. 209-217

hemos referido antes. Esta filiación queda confirmada por las más de 30 lecturas comunes significativas que hemos detectado entre el texto del florilegio y el de los cinco manuscritos colacionados que transmiten los libros V y VI del *Speculum Doctrinale*.

Una vez establecida la relación entre el texto del florilegio del *Vademecum* y el de la tradición parcial del *Doctrinale*, se nos plantea otra cuestión no menos importante: si el florilegio de la miscelánea es original, es decir, fue elaborado por el compilador del *Vademecum* para la miscelánea, o si, por el contrario, se trata de una copia de un florilegio ya existente. Ante la ausencia de otros testimonios manuscritos ajenos al *Vademecum*, nuestra argumentación para dilucidar esta cuestión se ha basado en dos tipos de indicios: por un lado, en la comprobación de la existencia en el *Vademecum* de otros florilegios originales confeccionados por el compilador; y en segundo término, en las evidencias textuales que se derivan de la copia del florilegio del manuscrito 9.513 que, como ya se ha dicho, es el original de la miscelánea.

Del análisis realizado de los otros florilegios que también transmite el *Vademecum*, podemos concluir que el compilador no sólo copió florilegios ya existentes, sino que también creó otros nuevos. Un ejemplo del primer caso es el florilegio de las *Auctoritates Aristotelis*, del que conocemos otra copia en un manuscrito ajeno a la biblioteca del conde de Haro, el ms. 17-25 de la Biblioteca del Cabildo de Toledo. Sin embargo, hay que decir que en otras ocasiones el compilador actuó también como florilegista. El caso más llamativo es el del miniflorilegio de moral práctica que incluye extractos de San Bernardo, Cicerón, San Ambrosio y San Agustín, donde los *excerpta* de los tres primeros autores fueron extraídos, según se ha demostrado, de tres volúmenes completos de estos autores que pertenecieron a la biblioteca del conde de Haro y que hoy se encuentran también en la Biblioteca Nacional[16]. El proceder del compilador del *Vademecum*, por tanto, no nos permite llegar a ninguna conclusión definitiva sobre la originalidad del florilegio de virtudes y vicios.

Sin embargo, el texto del florilegio del ms. 9513 sí que presenta un indicio que nos hace sospechar que el compilador del *Vademecum* realizó su propio florilegio, es decir, una selección original, para la miscelánea a partir de una copia parcial del *Doctrinale*. En el f. 130v, en la parte correspondiente a las trece *species* o virtudes complementarias de la templanza, el compilador

---

[16] Cfr. Mª.J. MUÑOZ JIMÉNEZ, «Las *Auctoritates Aristotelis*... » op.cit., pp. 419-438; P. CAÑIZARES FERRIZ, «Edición y estudio de un florilegio... », op.cit., pp. 209-211.

copió el comienzo de una definición de la clemencia que dejó incompleta, tachó y no incluyó en la numeración general de las diferentes *species*, lo que demuestra que la decisión de no terminar de copiar la definición y tacharla fue suya. Pues bien, esta definición pertenece al capítulo 93 del libro V del *Doctrinale*, de lo que se puede concluir que el compilador tuvo a la vista una versión más amplia del texto, sobre la que realizó una labor de selección. Esto es una muestra de la presencia activa del compilador, que no es un simple copista.

f. 130v del ms. 9513

De hecho, la selección y numeración de las diferentes *species* de las virtudes y vicios es una innovación del autor del florilegio, pues éstas no coinciden ni con las ofrecidas por Beauvais en su *Speculum Doctrinale*, ni con las que presentan las copias parciales de la enciclopedia. Esta es, por tanto, una de las innovaciones de mayor envergadura que presenta el florilegio con respecto a su fuente, y que lo dota de especial valor.

4. CONCLUSIONES

De todo lo expuesto se puede concluir que este conjunto de definiciones sobre vicios y virtudes constituye un florilegio original realizado por el compilador del *Vademecum* para la miscelánea sobre una copia parcial del *Speculum Doctrinale*. Esto significa, por tanto, que el florilegio del *Vademecum* constituye un florilegio 'de segunda mano', es decir, un florilegio realizado sobre un texto, que, a su vez, es una copia parcial de una obra enciclopédica. Esta circunstancia pone de manifiesto, además, la particular transmisión que conoció el texto de Beauvais desde muy temprano, pues el *Speculum Doctrinale*, según hemos podido constatar, se nos ha conservado de forma completa en un número inferior de manuscritos en que lo ha hecho de forma parcial[17]. Además, algunos de estos últimos manuscritos ni siquiera mencionan la autoría de Beauvais ni el título de la obra completa. Cabe pensar, por tanto, que el manuscrito que manejó el compilador del *Vademecum* para realizar el florilegio tampoco ofreciera ninguna referencia sobre Beauvais. Por otra parte, otros manuscritos parciales del *Doctrinale* fueron copiados y concebidos como auténticos florilegios, pues el propio Beauvais utilizó para elaborar su enciclopedia la técnica de la selección de pasajes con el fin de ilustrar la materia, y se basó incluso en florilegios tan difundidos como el *Florilegium Gallicum* para las citas de los autores[18].

En el contexto del *Vademecum*, este conjunto de definiciones corona la secuencia de lecturas relativas a la formación moral y completa una de las

---

[17] Hasta la actualidad hemos encontrado ocho copias completas del *Speculum doctrinale* frente a doce que conservan una copia parcial de los libros V y VI y once que contienen unas *Auctoritates* ordenadas alfabéticamente cuya fuente son también los libros V y VI del *Speculum doctrinale* de Beauvais.

[18] Véase, por ejemplo, en el caso de los extractos de Tibulo: B.L. ULLMAN, «Tibullus in the Mediaeval Florilegia», *Classical Philology*, 23 (1928) 128-174; I. VILLARROEL FERNÁNDEZ, «Tibulo en el manuscrito 94 de la Biblioteca Pública del Estado en Tarragona», *Boletín de la Real Academia de Buenas Letras de Barcelona*, LII (2011) 99-120.

tres modalidades de la ética, la ética *monastica*, por la que el conde de Haro se sintió especialmente interesado, a juzgar por el número de volúmenes de esta temática que encontramos en su biblioteca. El interés por este tipo de textos fue común a la nobleza castellana de la primera mitad del siglo XV, tal como ponen de manifiesto los inventarios de otras bibliotecas nobiliarias de la época y las reflexiones de intelectuales como Alonso de Cartagena. Precisamente Cartagena, en el citado prólogo a su traducción del *De senectute*, establece que las lecturas más recomendables son aquellas que conducen a las buenas acciones. Y de ellas destaca, primero, la lectura de la Sagrada Escritura y, en segundo lugar, la filosofía moral, pues ésta, según él, enseña el camino recto y «el medio de la virtud entre los estremos viçiosos»[19].

---

[19] «E commo las sçiençias sean muchas e muy diversas (...) e el tiempo de la nuestra hedad sea muy breve e non bastante para las alcançar todas, a aquellas se debe más inclinar que más derechamente contienen salud espiritual e endereçan nuestros autos por la carrera de la virtud. (...) E entre éstas, el primero e prinçipal lugar tiene la Divina Escritura, la qual contiene cosas que non son solamente complideras a saber, mas aun nesçesarias. E después della, la sçiençia moral, que nos demuestra la carrera derecha e el medio de la virtud entre los estremos viçiosos» (ff. 1-1v del ms. 9.513 y 1 del 9.522).

MARTA CRUZ TRUJILLO[*]

LA SELECCIÓN DE EXTRACTOS ATRIBUIDOS A PTOLOMEO EN EL MANUSCRITO 981 DE LA ABADÍA DE MONTSERRAT

1. INTRODUCCIÓN

El manuscrito 981 de la Abadía de Montserrat[1], del siglo XV, contiene un florilegio latino que reúne extractos de diversos autores clásicos, cristianos y medievales. Además presenta en catalán el título de una sección: *Auctoritats de alguns actors* así como unos consejos y máximas escritos en la hoja de guarda delantera; pese a ser unos textos breves los dos respaldan el origen catalán del códice, confeccionado muy posiblemente por un *dictator* de la Cancillería de Aragón[2]. Además, se trata de un códice muy cuidado en su presentación y factura, por lo que puede ser considerado un artículo de lujo al alcance sólo de unos pocos.

El florilegio ofrece una particular selección de autores que no hemos encontrado en ningún otro manuscrito, al menos de los que conocemos hasta el momento, por lo que puede ser considerado como un *unicum*. A continuación presento el índice del manuscrito:

- Sentencias morales y civiles (f. 1r)
- Flores sumpte a magistro Patrarca laureato (f. 2r - f. 29v)
- Auctoritates et summe Titi Liuii scilicet prime deche (f. 30r - f. 40v)
- Auctoritats de alguns actors (f. 41r - f. 50r)

---

[*] Becaria de Formación del Profesorado Universitario de la Universidad Complutense de Madrid. marta.cruztr@gmail.com.

[1] Esta comunicación se inscribe dentro del proyecto de investigación de I+D «Los florilegios conservados en España V» (Ref: FFI2012-36297), financiado por la DGCYT del Ministerio de Economía y Competitividad español.

[2] Cfr. M. CRUZ TRUJILLO, «Textos latinos y catalanes en el manuscrito 981 de la Abadía de Montserrat», en *Del latín a las lenguas romances: lengua entre lenguas, cultura entre culturas*, Actas del VII Congreso de la Sociedad de Estudios Latinos (Toledo 13-1 junio de 2012), en prensa.

- Auctoritates Candelabri Rethorici (f. 50v - f. 55r)
- Auctoritates auctorum infra designatorum in marginibus (f. 55v - f. 63v)
- Dicta philosophorum (f. 64r – f. 70v)
- Auctoritates et summe Parui Urbani (f. 71r - f. 74v)
- Auctoritates et versus Strelabi (f. 74v - f. 76v)
- *F[f]emina res ficta res subdola res maledicta* (f. 77r)
- Hec sunt de doctrinis et sapienciis Ptolomei magni strologi (f. 77r - f. 78r)
- Doctrina beati Bernardi abbatis Clare uallis que dicitur Speculum anime super emendationem uite (f. 78v - f. 80v)
- (Páginas en blanco) (f. 81r - f. 82v)
- De memoria (f. 83r)
- Sentencias (f. 83v)

El contenido del florilegio está dividido en dos tipos de secciones: por una parte, en «secciones de autor», según la terminología establecida por B. Munk Olsen[3], como unas *Flores sumpte a magistro Patrarca laureato* (que contienen extractos del *De remediis utriusque fortune* Petrarca), *Auctoritates et summe Titi Liuii scilicet prime deche* (que extractan la primera década de Livio), unas *Auctoritates Candelabri Rethorici* (obra de Bene de Florencia), las *Auctoritates et summe Parui Urbani* (con extractos del *Paruus Urbanus* atribuido a Daniel de Beccles), *Auctoritates et uersus Strelabi* (con textos de Pedro Abelardo), *Hec sunt de doctrinis et sapienciis Ptolomei magni strologi* (Ptolomeo) o la *Doctrina beati Bernardi abbatis Clare vallis que dicitur Speculum anime super emendationem uite* (con sentencias extraídas de las obras de San Bernardo). Por otra parte, las demás secciones agrupan extractos de diversos autores y presentan títulos muy parecidos: *Auctoritats de alguns actors*, *Auctoritates auctorum infra designatorum in marginibus* y *Dicta philosophorum*.

Se trata de un códice de tamaño reducido (aproximadamente 20 cm de alto por 15 de ancho) que debió de ser creado para un uso privado, aunque es posible pensar en un uso semi-privado, pues bien pudo confeccionarse para uso restringido de los consejeros de la Corona de Aragón, dado que los textos de la hoja de guarda delantera presentan una serie de preceptos para los consejeros de la Cancillería, que se agrupan bajo dos títulos significativos: *Les coses dauall escrites son comunes a consell* y *Les VIII davall escrites*

---

[3] Cfr. B. MUNK OLSEN, «Les classiques latins dans les florilèges médiévaux antérieurs au XIIIe siècle», *Revue d'Histoire des Textes,* 9 (1979) 47-121

pertanyen a sol càrrech dels consellers. Hay en el florilegio secciones que apuntan con un claro sentido moral, como la dedicada a los *dicta* de San Bernardo o a la obra *Urbanus Parvus* -también conocida como *Facetus*- atribuida a Daniel de Beccles y, al mismo tiempo, Petrarca, Livio y los demás autores escogidos para el florilegio han sido extractados con un punto de vista de moralidad práctica por parte del copilador, siendo modificadas y despojadas sus obras de su contexto original en la mayoría de las ocasiones.

2. LA SECCIÓN DEDICADA A PTOLOMEO

Este trabajo se centra en la sección del manuscrito 981 titulada *Hec sunt de doctrinis et sapienciis Ptolomei magni strologi*, que por su título lleva a pensar que contuviera una selección de la obra científica de Ptolomeo.

Esta sección es una de las más breves del florilegio, ya que consta de apenas folio y medio. Sus extractos comienzan a mitad del f. 77r, tras una serie de dichos presentados en forma de esquema de carácter misógino, y terminan en el folio 78r, que ocupan por completo. El título de la sección está escrito con cuidado, pero no presenta la decoración en rojo que tienen los títulos de las secciones anteriores (Cfr. Lámina I). Hay que tener en cuenta que nos encontramos casi al final del manuscrito y que los descuidos producidos por entregar la obra en plazo o por terminarla son más frecuentes.

Aunque el título *Hec sunt de doctrinis et sapienciis Ptolomei magni strologi*, parezca indicarnos que se recogen extractos del científico griego Ptolomeo, lo cierto es que, al examinar y leer el códice, el contenido, formado por 34 sentencias, no responde exactamente a lo esperado, según se va a exponer a continuación.

Para localizar el origen de esas 34 sentencias hemos de situarnos en la ciudad de Toledo, tesoro del saber, en la segunda mitad del siglo XII. A Toledo llegó Gerardo de Cremona a mediados de dicho siglo con la intención de encontrar un manuscrito árabe del *Almagesto* de Ptolomeo para traducirlo al latín, como bien cuentan sus discípulos en la *vita* que escribieron a la muerte de su maestro:

> [...] (Gerardus) amore tamen Almagesti, quem apud Latinos minime reperit, Toletum perrexit, ubi, librorum cuiuslibet facultatis habundantiam in Arabico cernens et Latinorum penurie de ipsis quam nouerat miseras, amore transferendi linguam edídicit Arabicam [...][4].

---

[4] Cfr. CH. BURNETT, «The coherence of the Arabic-Latin Translation Program in Toledo in the Twelfth Century», *Science in Context*, 14.1 (2001) 275.

Gerardo, en efecto, encontró en Toledo lo que buscaba y tradujo el *Almagesto* de Ptolomeo del árabe al latín con ayuda del mozárabe Galib; dicha traducción tuvo que ser realizada antes de 1175[5], ya que en esa fecha la traducción es mencionada por Daniel de Morley, quien coincidió en Toledo con Gerardo, según señala en su *Philosophia*:

> [...] Girardus Tholetanus, qui Galippo mixtarabe interpretante Almagesti (sic) latinavit, [...][6].

En dicha traducción Gerardo de Cremona incluyó un prólogo creado por él mismo, una adición bastante habitual en las traducciones del siglo XII, que constaba de tres partes:

- Una breve biografía de Ptolomeo;

- Una serie de 34 *dicta* de contenido moral que hacen referencia al comportamiento que se debe guardar ante Dios y que se debe llevar a lo largo de la vida, añadiendo una anécdota referente a Ptolomeo;

- Y por último, una breve historia sobre la transmisión de la obra *Almagesto*, en la que Gerardo explica que la versión latina no es sino una traducción de la versión árabe de al-Hajjaj[7].

Gracias a la traducción latina que realizó Gerardo de Cremona el *Almagesto* de Ptolomeo se introdujo en el ámbito científico europeo, y el prólogo añadido se transmitió y citó en numerosas ocasiones como si se tratara de una creación del propio Ptolomeo[8].

---

[5] P. Kunitzsch propone que la traducción hubiese sido realizada en torno al 1145 (Cfr. P. KUNITZSCH, «Gerard's Translations of Astronomical Texts, especially the Almagest», en P. Pizzamiglio (ed.), *Gerardo de Cremona*, Cremona 1992, p. 72).

[6] Cfr. G. MAURACH, «Daniel von Morley, *Philosophia*», *Mittellateinisches Jahrbuck*, 14 (1979) 244.

[7] Sobre la versión árabe que tradujo Gerardo de Cremona, cfr. P. KUNITZSCH, «The role of Al-Andalus in the transmission of Ptolemy's *Planispherium* and *Almagest*», *Zeitschrift für Geschichte der Arabisch-Islamischen Wissenschaften*, 9 (1994) 147-155.

[8] Por presentar algún ejemplo, Alberto Magno, en su comentario a la *Política* de Aristóteles, recoge la sentencia 8 y en *Le Roman de la Rose* de Jean de Meun se menciona la sentencia 2. Cfr. CH. BURNETT, «*Ptolomaeus in Almagesto dixit*: The

3. LOS EXTRACTOS: SU PROCEDENCIA Y SU CONTENIDO

Las 34 máximas morales que añade Gerardo de Cremona en el prólogo al *Almagestum* son las que en realidad se encuentran recogidas en el manuscrito 981 de la Abadía de Montserrat.

Tanto la biografía de Ptolomeo como las 34 sentencias extractadas en este florilegio fueron tomados por Gerardo de una colección de dichos populares árabe llamada *Mukhtar al-hikam wa mahasin al-kilam* (*Máximas selectas y los mejores dichos*), creada a mediados del s. XI y traducida al castellano antes del 1257 con el título *Los Bocados de Oro*. Posteriormente, la versión castellana se tradujo a su vez al latín a finales del s. XIII, esta vez bajo el título de *Liber philosophorum moralium antiquorum*, siendo ésta una nueva versión latina diferente de la Gerardo de Cremona[9].

En cuanto a los extractos del manuscrito 981, éstos se presentan bajo el título *Hec sunt de doctrinis et sapienciis Ptolomei magni strologi*, el cual está tomado de la frase que introduce las 34 sentencias en el prólogo al *Almagesto* creado por Gerardo. El traductor, justo después de señalar el año de la muerte de Ptolomeo, introduce las 34 sentencias tras la frase *Hec sunt de disciplinis et sapientiis Ptolomei huius*. La coincidencia con la versión latina es prácticamente exacta, excepto por dos variaciones mínimas y poco significativas: por un lado, el manuscrito presenta la variante *doctrinis* en lugar de *disciplinis*; por otro, *huius* tiene sentido en el texto completo de Gerardo como continuación de la biografía de Ptolomeo por su valor anafórico, pero es correctamente sustituido en el contexto del florilegio de Montserrat por la aposición *magni strologi* en referencia a Ptolomeo, con carácter explicativo, un procedimiento normalmente utilizado cuando un texto se saca de su contexto original.

Las sentencias, como ya he mencionado, hacen referencia al comportamiento que se debe guardar ante Dios y que se debe llevar a lo largo de la vida, con una breve anécdota moral referente a Ptolomeo. Estas sentencias se ajustan mucho mejor al contenido del florilegio que el *Almagestum* de Ptolomeo en sí, un tratado astronómico, ya que todos sus extractos son de carácter moral y no científico. El compilador sigue aquí el mismo procedimiento que en otras secciones del manuscrito como la

---

Transformation of Ptolemy's Almagest in its Transmission via arabic into Latin», en Ch. Burnett, *Transformationen der Antike: Transformationen antiker Wissenschaften*, Berlín 2010, pp. 115-140.

[9] Cfr. CH. BURNETT, «*Ptolomaeus in Almagesto dixit…*», p. 116.

dedicada a Bene de Florencia y su obra *Candelabrum Rhetoricum*[10]; en dicha sección se extractan solamente una serie de máximas que cierran el tratado de *ars dictaminis* del italiano. Esta elección responde al plan único del compilador a la hora de confeccionar su nueva obra. Encontramos, por tanto, obras de saber de distinto tipo, como en este caso de *ars dictaminis* (por la obra de Bene de Florencia) y de astrología (por el *Almagesto*) reunidas y reutilizadas viéndose despojadas de su sentido y contexto original.

La última sentencia, la número 34, no es tanto una sentencia como una anécdota con moraleja; en pocas palabras se narra cómo Ptolomeo aleccionó a un rey al almorzar con él:

> Quidam rex inuitauit Ptolomeum ad prandium, qui rogans se fore excusatum dixit: «Regibus contingit fere quod contingit considerancibus in picturis, que, cum a longe uidentur, placent, propinque uero non dulcescunt».

En la versión árabe de estos proverbios, sin embargo, esta sentencia se encontraba tras la número 20 y no al final de todas, siendo, pues, una innovación e intervención de Gerardo de Cremona, seguida por el compilador, quien, sin embargo, adapta la frase de introducción a las sentencias de Gerardo para crear el título de la sección en el florilegio.

En cuanto a la factura de la sección, lo más probable es que las 34 sentencias hayan sido extractadas directamente de un manuscrito que contuviese una copia completa del *Almagesto* de Ptolomeo y el copista del manuscrito 981 se hubiese encargado de adaptar la frase final de la biografía para darle un título a la nueva sección.

4. EDICIÓN DE LA SECCIÓN *HEC SUNT DE DOCTRINIS ET SAPIENCIIS PTOLOMEI MAGNI STROLOGI*

Para la colación de esta sección con los principales testimonios del *Almagesto* de Gerardo de Cremona he utilizado la edición de Ch. Burnett en su artículo «*Ptolomaeus in Almagesto dixit*: The Transformation of Ptolemy's Almagest in its Transmission via arabic into Latin»[11]. Burnett utiliza cuatro manuscritos y el consenso de todos ellos lo indico con la sigla C en el aparato que acompaña a la edición, aunque he incluido en el aparato de forma

---

[10] Cfr. M. CRUZ TRUJILLO, «El *Candelabrum* de Bene de Florencia en el manuscrito 981 de la Abadía de Montserrat», *Boletín de la Real Academia de Buenas Letras*, 52 (2011) 71-98.

[11] Cfr. CH. BURNETT, «*Ptolomaeus in Almagesto dixit*...», pp. 124-130.

específica el manuscrito Burney 275 de Londres (B) porque ofrece lecturas comunes con el florilegio.

Además he colacionado un testimonio no utilizado por Burnett, el manuscrito 10113 de la Biblioteca Nacional de Madrid, del siglo XIII, que procede de la Catedral de Toledo y que contiene el *Almagesto* completo de Gerardo de Cremona, incluida la introducción con las 34 sentencias que extracta el manuscrito de la Abadía de Montserrat. Por su fecha y por la procedencia de Toledo podemos pensar que es una copia muy cercana al original de Gerardo de Gerardo de Cremona y, como veremos, ofrece el texto más próximo al del florilegio de Montserrat.

En la edición he numerado cada uno de los extractos, pues son por lo general muy breves y de tan solo una línea, de manera que n el aparato crítico se remite al número de cada extracto, y no, como suele ser habitual, a la línea.

Conspectus Siglorum

f: Montserrat, Biblioteca de la Abadía de Montserrat, ms. 981.
B: Londres, British Library, ms. Burney 275.
T: Madrid, Biblioteca Nacional, ms. 10113.
C: Edición de Charles Burnett.

Hec sunt de doctrinis et sapienciis Ptolomei magni strologi

1 Conueniens est intelligenti pro Deo uerecundari, cum ea que sibi non sunt grata rogitat.

2 Intelligens est qui semper linguam suam reffrenat, nisi ad hoc ut de Deo loquatur.

3 Insipiens est qui sui ipsius ignorat quantitatem.

4 Cum aliquis sibi placet, ad hoc deductus est ut ira Dei sit supra ipsum.

5 In bono quod Deus operatur, quasi bonitatem largi datoris attendere debes, et in malis aduersis quasi purgacionis et eterne remuneracionis bonitatem.

6 Quanto plus fini apropinquas, bonum cum augmento operare.

7 Hominis disciplina sui intellectus socius est, et apud homines intercessor.

8 Non fuit mortuus qui scienciam uiuificauit, nec fuit pauper qui intellectui dominatus est.

9 Qui inter sapientes humilior est, sapiencior existit, sicut locus profundior magis habundat aqua omnibus aliis lacunis.

10 Non disseras nisi cum eo qui ueritatem concedit, nec respondeas nisi a te querenti consilium et cupide recipienti.

11 Tuum concilium non committas nisi ei qui eum celauerit.

12 Qui in mundo permanere uoluerit, cor paciens aduersantibus preparet.

13 Parua domus est dolor minor.

14 Plus gaudeas quod non dixisti errorem quam quod bene dicendo non tacuisti.

15 Cum irasceris, non extendas iram tuam ad peccandum et cum vindicte non fuerit dimissio debilitas, parce.

---

1 sibi *f*: ipsi *C T* ‖ **2** semper linguam suam *f*: linguam suam semper *C T* ‖ **4** sit supra ipsum *f*: super ipsum sit *C T* ‖ **5** malis aduersis *f T*: malis *supra* aduersis *B*: malis *C* ‖ **6** bonum *f C*: tanto plus bonum *T* ‖ **11** tuum concilium *f*: consilium tuum *T* ed. | nisi ei *f*: nisi *C* | eum *f*: ipsum *C*: *om. B* ‖ **15** non fuerit dimissio *f*: dimissio non fuerit *C T*: fuerit non dimissio *B*

17   Iustorum corda secretorum sunt munimenta.
18   Qui per alios non corrigitur, alii per ipsum corrigentur.
19   Manus intellectuum animarum tenent habenas.
20   Vulgi habenas regere melius est quam multos habere milites.
21   Fiducia est socius consolans, quam, licet non consequaris, eam tamen angariasti.
22   Securitas solitudinis dolorem remouet et pauor multitudinis consolacionem aufert.
23   Inter homines alcior existit qui non curat in cuius manu sit mundus.
24   Inuido uidetur quod alterius boni ablacio sibi sit bonum.
25   Homines lucrantur censum et census lucratur homines.
26   Qui scienciam suam ultra astuciam que in ipso est extendit est sicut pastor debilis cum multis ouibus.
27   Qui in dignitate sua ualde extollitur, in eius deposicione multum deprimitur.
28   Qui male operando uult celari, satis est discohopertus.
29   Qui in mendacio confidit, tempestiue defficiet ei.
30   Meditacio ueritatis existit clauis.
31   Intercessor est petentis anima.
32   Anima non egredietur a fiducia usque ad mortem.
33   Anima ignorans suo socio magis inimicabitur.
34   Quidam rex inuitauit Ptolomeum ad prandium, qui rogans se fore excusatum dixit: «Regibus contingit fere quod contingit considerancibus in picturis, que cum a longe uidentur placent, propinque uero non dulcescunt».

17 munimenta *f*: monimenta *C* || **23** existit *f T M*: existit mundo *C* || **24** sibi sit *f*: sit sibi *C T* || **27** deposicione *f*: amissione *C T* | multum *f B pr.*: nimis *C T* || **28** satis est discohopertus *f*: satis discoopertus est *C T* || **31** anima *f*: ala *C T*: ala vel anima *B* || **32** egredietur *f*: egreditur *C T* || **33** inimicabitur *f*: inimicatur *C T* || **34** in picturis *f*: picturas *C T*

5. ANÁLISIS DE LAS VARIANTES

El texto del florilegio del ms. 981 presenta un total de 19 variantes, de las cuales 13 son exclusivas del florilegio frente a toda la tradición manuscrita, es decir, que no coincide con ningún otro testimonio de los analizados. Dichas variantes propias son las siguientes:

1 sibi *f*: ipsi *C T*
2 semper linguam suam *f*: linguam suam semper *C T*
4 sit supra ipsum *f*: super ipsum sit *C T*
11 nisi ei *f*: nisi *C*
11 eum *f*: ipsum *C*: om. *B*
15 non fuerit dimissio *f*: dimissio non fuerit *C T*: fuerit non dimissio *B*
17 munimenta *f*: monimenta *C*
24 sibi sit *f*: sit sibi *C T*
27 deposicione *f*: amissione *C T*
28 satis est discohopertus *f*: satis discoopertus est *C T*
31 egredietur *f*: egreditur *C T*
33 inimicabitur *f*: inimicatur *C T*
34 in picturis *f*: picturas *C T*

Como se puede observar, las variantes propias son generalmente simples transposiciones como en *semper linguam suam* por *linguam suam semper* (sentencia 2).

De las cinco variantes que podemos considerar significativas, la primera corresponde a la sentencia número 5:

> 5. *In bono quod Deus operatur, quasi bonitatem largi datoris attendere debes, et in malis aduersis quasi purgacionis et eterne remuneracionis bonitatem.*

> malis aduersis *f T*: malis *supra* aduersis *B*: malis *C*

En esta sentencia el florilegio coincide con el manuscrito BNE 10113, al presentar *malis aduersis* frente a *malis*, que es la lectura de los demás manuscritos, aunque el de códice de Londres (B), Burney 275, escribe *aduersis* sobre *malis*.

Otra variante que apoyaría la relación entre el florilegio y el ms. BNE 10113 es la omisión en la sentencia 23 de la lectura *mundo* presentada por los manuscritos cotejados en la edición de Burnett:

23. *Inter homines alcior existit mundo qui non curat in cuius manu sit mundus.*

mundo *C*: om. *T f*

Dos coincidencias en cinco lecturas significativas de ambos códices parece un buen apoyo para establecer cierta relación entre ellos. Sin embargo, en sentencias posteriores contamos con variantes significativas en el florilegio que no coinciden con las del manuscrito 10113, sino con el manuscrito londinense (B). En la sentencia 27, el florilegio y el manuscrito de Londres presentan *multum* donde los demás ofrecen *nimis*:

27. *Qui in dignitate sua ualde extollitur, in eius deposicione multum deprimitur.*

multum *f B*: nimis *C T*

Y en la sentencia 31, donde el florilegio presenta la lectura *anima*, los demás manuscritos ofrecen *ala* excepto el de Londres, que presenta *ala uel anima*.

31. *Intercessor est petentis anima.*

anima *f*: ala uel anima *B*: ala *C*

Podría parecer que el florilegio está emparentado con el manuscrito inglés, pero hay un dato que muestra claramente que este códice inglés no pudo ser el modelo del texto del florilegio, porque éste en la sentencia 11 omite el término *eum*, que el manuscrito de Montserrat presenta:

11. Tuum concilium non committas nisi ei qui eum celauerit.

eum *f*: ipsum *C*: om. *B*

Pese a las divergencias es posible establecer una relación textual del texto del florilegio tanto con el manuscrito BNE 10113 como con el de Londres, Burney 275, especialmente por la coincidencia en la lectura *malis aduersis* del florilegio y el ms. 10113 y el añadido de *malis* en nota interlineal sobre *aduersis* en el códice de Londres, aunque el texto del florilegio no depende directamente de ninguno de los dos. Creo que el texto de los tres puede remitir a un modelo común copiado en Toledo, un dato que incluso puede ser apoyado por la historia externa de los códices: por una parte, el manuscrito de Londres puede ponerse en relación con el hecho de que Daniel de Morley llevó a su tierra diversos manuscritos desde Toledo; por otra, sabemos de la circulación en la Península Ibérica, más en concreto en la Corona de Aragón, de textos procedentes de Toledo y de uno de ellos pudo extractar las 34 sentencias el compilador del florilegio de Montserrat.

6. CONCLUSIONES

Se ha podido comprobar cómo el contenido real de la sección del florilegio de Montserrat titulada *Hec sunt de doctrinis et sapienciis Ptolomei magni strologi* no coincide exactamente con el título que presenta, un hecho común en muchas compilaciones. En este caso, los supuestos extractos de Ptolomeo han resultado ser las sentencias que Gerardo de Cremona añadió a la introducción de su traducción latina del *Almagesto*. Tal atribución no se debe al compilador del florilegio de Montserrat, como refleja el que el propio título de un artículo de Burnett sobre estas sentencias lleve el título de *Ptolomaeus in Almagesto dixit*. Posteriormente las 34 sentencias fueron citadas y consideradas como parte del *Almagesto* del propio Ptolomeo, y no como una adición de Gerardo de Cremona. Por otra parte, también en otras secciones del manuscrito 981 ocurre que *auctor* y *auctoritas* no coinciden. En la titulada *Auctoritats de alguns actors*, por ejemplo, podemos encontrar numerosas sentencias de Petrarca falsamente atribuidas a Séneca o Salustio[12].

Con la colación y estudio del texto se ha comprobado además que una sección cuya presencia extrañaba en el contexto del florilegio de carácter moral, ya que en un principio parecía ofrecer contenidos de carácter científico, en realidad extracta una serie de consejos y sentencias que encajan perfectamente en la línea de pensamiento del compilador que confeccionó el manuscrito 981 de la Abadía de Montserrat. La introducción al *Almagesto* de Gerardo de Cremona, las máximas del *Candelabrum* de Bene de Florencia, la primera década de Livio... todas estas obras y autores, despojados de su contexto original y subordinados al interés del compilador, se reúnen de este modo para constituir una nueva obra, el florilegio del manuscrito 981.

---

[12] Cfr. M. CRUZ TRUJILLO, «*Auctoritats de alguns actors* en el manuscrito 981 de la Abadía de Montserrat», en *Auctor et auctoritas in Latinis Medii Aevi litteris*, Atti del VI Convegno dell' *Internationales Mittellateiner Komitee (*10-14 de Noviembre de 2010*)*, en prensa.

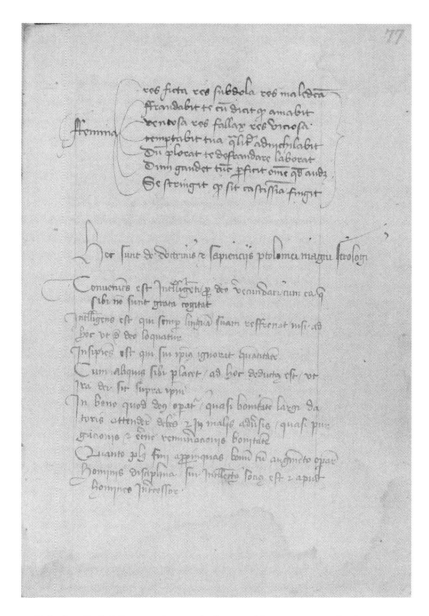

Lámina I: f. 77r, comienzo de la sección *Hec sunt de doctrinis et sapienciis Ptolomei magni strologi*.

Florencia Cuadra García – Matilde Conde Salazar[*]

COMPILACIONES MEDIEVALES DE CONTENIDO ORTOGRÁFICO

1. Aspectos generales

La compilación de textos literarios es una práctica que se remonta a la Antigüedad y responde a diferentes fines que determinan los criterios de preparación, selección y ordenación de los contenidos. Uno de los más usuales es el de la enseñanza, para la que constituían un instrumento de trabajo importante. Alcanzaron mucha relevancia en la Edad Media, época en la que se elaboran antologías muy numerosas y de temas muy variados, la mayoría todavía pendientes de edición y estudio. Algunas se centran en la gramática latina y, dentro de esta disciplina, encontramos composiciones dedicadas en particular a la ortografía. La gramática latina, dentro del acervo cultural de la Edad Media, ha sido uno de los campos menos conocidos.

Coincidimos con el planteamiento de Wrobel[1], editor del *Graecismus* (1212), cuando dice:

> Ad grammaticae disciplinae gradus [...] necessariam esse medii aeui grammaticorum notitiam nemo negabit [...] et utile fore ratus oblitteratam grammaticorum illorum instaurare memoriam.

> Para el desarrollo del estudio de la gramática [...] nadie negará que es necesario el conocimiento de los gramáticos de la Edad Media [...] y que será útil recuperar el recuerdo borrado de los mismos.

Durante mucho tiempo apenas se le prestó atención salvo en aspectos generales, hasta que, desde hace algunos años, han ido apareciendo numerosos trabajos encaminados al estudio de sus distintas facetas.

---

[*] Florencia Cuadra García es Doctora y Profesora de latín del IES Margarita Salas, Madrid, florcuga@yahoo.es. Matilde Conde Salazar es Investigadora Científica del CCHS. CSIC, Madrid, matilde.conde@cchs.csic.es.

[1] Ebrardus Bethuniensis, *Graecismus*, Ed. by I. Wrobel, G. Koebner, Breslau 1887, p. VII (Corpus grammaticorum Medii Aevii, 1).

Aun con todo, la ortografía es la parte de la gramática latina que ha ocupado y ocupa menos páginas tanto en estudios gramaticales generales como en específicos.

Hemos podido además constatar que son más numerosos los estudios dedicados a la misma en épocas anteriores y posteriores a la medieval[2]. También, observamos que en el marco de esta última son considerables los trabajos relativos a la etapa alto medieval[3], estudios que aumentan si nos

---

[2] Sírvannos de ejemplo, dentro de nuestras fronteras: L. JIMÉNEZ, «De orthographia latina», *Palaestra Latina*, (1941-1942) 66-74; IDEM, «La ortografía latina, su problemática y su posible restauración», *Helmantica*, 7 (1956) 209-260; IDEM, «Hacia una solución del problema ortográfico del latín», *ACFC*, 1 (1958) 4143; IDEM, «De orthographia latina», *Helmantica*, 9 (1958) 233-292; IDEM, «Orthographiae latinae summa principia», *VL*, 5 (1958) 26-32; IDEM, *Index Orthographicus*, Barcelona 1958; M.J. LÓPEZ DE AYALA, *Introducción a la ortografía latina*, Ediciones Clásicas S.A., Madrid 1994; L. NÚÑEZ, *Manual de paleografía: fundamentos e historia de la escritura latina hasta el siglo VIII*, Cátedra, Madrid 1994; A.I. MAGALLÓN, «Evolución del género de *orthographia* hasta Beda», in M. Pérez González (ed.), *Actas del I Congreso Nacional de Latín Medieval*, Universidad de León, León 1995, p. 293-299; J.A BLANCO, «Ortografía de las inscripciones romanas de Galicia», in A.Mª. Aldama (ed.), *De Roma al siglo XX*, vol. I, Universidad de Extremadura- U.N.E.D, Madrid 1996, pp. 43-50; D. NEGRILLO, *Orthographi*, Universidad de Granada, Granada 1998.

[3] Cfr. los trabajos de J.A. PUENTES ROMAY, *Grafías en el latín altomedieval. Contribución al estudio de la grafía latina en la Península*, Universidad de Santiago, Santiago de Compostela 1984; E. PÉREZ RODRÍGUEZ, *El latín de la cancillería de Fernando II: Estudio gráfico-fonético y morfológico basado en la documentación de los archivos de S. Isidoro y la Catedral de León*, Excma. Diputación Provincial de León. Institución Fray Bernardino de Sahagún, León 1986; J.A. PUENTES ROMAY, «Acerca de la pronunciación del latín altomedieval: a propósito de una teoría reciente», *Euphrosyne*, 22 (1994) 269-281; IDEM, «Las formas mici y nicil en la documentación latina altomedieval y cuestiones conexas», in A.Mª. Aldama (ed.), *De Roma al siglo XX*, vol. I, Universidad de Extremadura- U.N.E.D, Madrid 1996, pp. 545-550; M.P. ÁLVAREZ MAURIN, «Acotaciones de lugar en diplomas leoneses altomedievales», in A.Mª. Aldama (ed.), *De Roma al siglo XX*, vol. I, Universidad de Extremadura - U.N.E.D, Madrid 1996, pp. 473-480; J. DEGNI y A. PERI, «Per un catalogo dei codici grammaticali altomedievali», in M. Nonno, P. Paolis, L. Holtz (eds.), *Manuscripts and tradition of grammatical texts from Antiquity to the Renaissance*, Edizioni dell'Università degli Studi di Cassino, Cassino 2000, pp. 719-747; E. PÉREZ RODRÍGUEZ, «De la primera invención de las letras: Nebrija versus Isidoro», in J.M. Maestre, J.Pascual, L. Charlo (eds.), *Humanismo y pervivencia del mundo clásico,* vol. III.2, Laberinto, Madrid 2002, pp. 603-617; P. PAOLIS, «Miscellanee grammaticali altomedievali», in F. Gasti (ed.), *Grammatica e*

vamos a los siglos XIV-XV, y se multiplican en épocas posteriores[4]. Por lo que es en los siglos XII y XIII donde percibimos una mayor carencia[5], vacío que esperamos poder ayudar a subsanar a partir de las investigaciones que venimos desarrollando[6].

De la ortografía latina de esta etapa bajo medieval, con especial atención a nuestra Península, es de lo que nos vamos a ocupar en este trabajo, en el que mostraremos que el desconocimiento al que hacemos referencia no lleva implícita una falta de textos, pues, aunque no hemos encontrado, hasta el momento, obras de ortografía latina de autor español conocido, sí existen códices en suelo español de contenido ortográfico que revisten la

---

grammatici latini: teoria ed esegesi, Ibis, Pavia 2003, pp. 29-74; L. MUNZI, *Multiplex latinitas: testi grammaticali latini dell'Alto Medioevo,* Istituto universitario orientale, Nápoles 2004.

[4] Baste citar como ejemplo los trabajos presentados a distintos congresos: *Nebrija V centenario. Congreso Internacional de historiografía lingüística*, R. Escavy, J.M. Hdez. Terrés, A. Roldán (eds.), Universidad de Murcia, Murcia 1994; *Antonio de Nebrija: Edad Media y Renacimiento*, C. Codoñer, J.A. González (eds.), Universidad de Salamanca, Salamanca 1994; M.J. LÓPEZ DE AYALA, «Los ortógrafos del renacimiento. Huellas de los gramáticos latinos, variaciones e innovaciones», in M. Pérez González (ed.), *Actas Congreso internacional sobre Humanismo y Renacimiento*, Universidad de Leóm, León 1998, pp. 471-476.

[5] Cfr. M. PÉREZ GONZÁLEZ, *El latín de la cancillería castellana*, Universidad de Salamanca-León 1985 (Estudios filológicos, 171). Según este autor los siglos XII y XIII son la época medieval menos estudiada, porque incluso puntualiza que de los siglos XIV y XV hay más estudios hechos.

[6] Cfr. F. CUADRA GARCÍA, *La ortografía latina en la Baja Edad Media*, Tesis Doctoral 2008 (inédita); F. CUADRA GARCÍA, «La ortografía latina en el *Liber Vgutionis De dubiis accentibus*» in J. Costas Rodríguez (Coord.), *«Ad amicam amicissime scripta»: Homenaje a la profesora Mª José López de Ayala y* Genovés, Vol. I, Publicaciones de la Universidad Nacional de Educación a Distancia, Madrid 2005, pp. 203-212; EAD., «Los versos mnemotécnicos en los tratados de ortografía latina de la Baja Edad Media», *Cuadernos de Filología Clásica. Estudios Latinos*, 29.1 (2009) 117-129; EAD., «Versus ortographye: un poema anónimo de asunto ortográfico en época bajomedieval». in J. Luque, Mª D. Rincón, I. Velázquez (eds.), *Dulces Camenae, Poética y poesía latinas, EUG,* Sociedad de estudios latinos, Jaén-Granada 2010, pp. 593-605; EAD., «Las *Derivationes* de Hugutio Pisanus como fuente de tratados de ortografía latina bajomedievales», *Bulletin du Cange. Archivum latinitatis medii aevi*, 68 (2010) 49-80; EAD., «Aspectos ortográficos en las *Derivationes* de Hugutio Pisanus», *Euphrosyne*, 40 (2012) 169-189.

particularidad fundamental de que todos ellos son textos inéditos y, en algún caso, posible fuente de las ortografías latinas de siglos posteriores[7].

El conocimiento, estudio y edición de estos textos supondrá una herramienta base para profundizar en el estudio gramatical de esta época, al subsanar la ausencia de textos publicados, una de las mayores dificultades que se encuentra quien aborda el estudio de cualquiera de los aspectos de la gramática medieval[8], y en particular la ortografía.

2. LA ORTOGRAFÍA LATINA MEDIEVAL EN ESPAÑA[9]

Un recorrido por los centros culturales más importantes del momento en la península confirma lo que acabamos de decir. Los compendios que encontramos no son, en general, específicos de ortografía, sino de gramática en general y en ellos se insertan los temas de ortografía con un tratamiento difuminado en textos de diversos tipos.

No obstante, las investigaciones realizadas hasta el momento, nos han permitido encontrar en algunas bibliotecas españolas, además de referencias a la ortografía en obras gramaticales generales o en glosas interlineares y marginales de manuscritos gramaticales, códices, cuyo contenido es mayoritariamente de tema ortográfico[10], que constituyen una muestra de la importancia que se continuaba otorgando en ciertas escuelas de los siglos XII y XIII, como las italianas, a este aspecto fundamental de la lengua. Algunos de estos compendios cuya datación va desde el siglo XIII al siglo XV, son los siguientes:

- De contenido principalmente ortográfico

- El manuscrito 5-4-32, *Biblioteca Colombina de Sevilla*.
- El manuscrito 7-2-24, *Biblioteca Colombina de Sevilla*.

---

[7] Los códices a los que hacemos especial referencia y de los que hablaremos más adelante son el 5-4-32 de la Biblioteca Colombina de Sevilla, y el V. III. 10 de la Real Biblioteca del Escorial.

[8] Cfr. E. PÉREZ RODRÍGUEZ, *El* Verbiginale*: una gramática castellana del s. XIII*, Universidad de Valladolid, Valladolid 1990, p. 5.

[9] Cfr. F. CUADRA GARCÍA «Situación de la ortografía latina en España durante los siglos XII-XIII», in J. Martínez, O. de la Cruz, C. Ferrero (eds.), *Estudios de latín medieval hispánico*, SISMEL- Edizioni del Galluzzo, Firenze 2011, pp. 733-742 (collana: Millennio Medievale 92, serie: Strumenti e Studi 30).

[10] Ibid., pp. 739-741. En este trabajo esbozamos una recopilación de códices ubicados en bibliotecas españolas con contenido ortográfico.

- El manuscrito V.III.10, *Real Biblioteca de El Escorial.*

- Tratados de ortografía dentro de códices de contenido gramatical general

    - El manuscrito 8999 (=Aa 36), *Biblioteca Nacional de España*
    - El manuscrito 9748, *Biblioteca Nacional de España*

- Manuscritos con glosas interlineares y marginales

    - El manuscrito 82, *Biblioteca de la Universidad de Salamanca*
    - El manuscrito 2682, *Biblioteca de la Universidad de Salamanca*

Para no extendernos demasiado y ajustarnos a la dimensión establecida, en este trabajo vamos a analizar con más profundidad y detenimiento los mss. 5-4-32 y V. III. 10, hablaremos de forma más general de compendios que contienen tratados de ortografía junto con otros tratados gramaticales, y aludiremos de forma concisa a glosas interlineares y marginales de los manuscritos gramaticales de la Biblioteca de la Universidad de Salamanca que tienen relación con obras del ms. V. III. 10.

2.1. Los manuscritos 8999 (=Aa 36) y 9748, Biblioteca Nacional de España

En primer lugar hablaremos, en general, de los manuscritos que hemos elegido como ejemplo de compendios de asunto gramatical que recogen en sus páginas textos de contenido ortográfico.

a) El manuscrito 8999 (=Aa 36)

Es un códice en pergamino del siglo XIV que procede del Convento de Santo Tomás de Ávila[11]. Consta de 199 folios que engloban obras de Hugutio Pisanus.
Aparece descrito de la siguiente manera[12]:

---

[11] Cfr. G. DE ANDRÉS, «Colección de códices del Convento de Santo Tomás de Ávila en la Biblioteca Nacional», *Hispania Sacra*, 41 (1989) 121, n. 158.

Hugutio Pisanus:
1. Magne derivatione. Explicit liber Ugutionis Deo gratias ubi scripsit scribat semper cum domino vivit vivat in celis Raymundus nomine felix (ff. 1-183v).
2. Orthographia e índice alfabetico (ff. 184-199).—S. XIV, pergamino, 300 X 230 mm., 199 ff., ene. tafilete rojo con hierros dorados.
Los ff. 188 y 189 cortados. Texto a dos columnas. Iniciales miniadas en varios colores. En el lomo: «Ugutionis lexicon».
Olim: Aa. 36.

Aparece dividido en dos secciones. La primera comporta la obra de Hugutio, *Magne Derivatione* y la segunda queda englobada bajo el epígrafe, *Orthographia e índice alfabetico*.

Podemos deducir de esta catalogación que el contenido de este códice, como anunciábamos anteriormente, acoge parte de la obra de Hugutio Pisanus. Destacamos la parte que trata el tema de la ortografía ya que puede avalar, no sólo los trabajos que hemos elaborado resaltando la aportación de este autor en aspectos determinados de la misma[13], sino también nuestra hipótesis respecto a la posible autoría de algunos textos concretos en los que el autor se ocupa de esta parte de la gramática. Estos textos están ubicados, entre otros, en el manuscrito 5-4-32, *Biblioteca Colombina de Sevilla*[14].

A continuación aportamos el comienzo de la sección 2: *Orthographia*

---

[12] Cfr. R. FERNÁNDEZ POUSA, *Los manuscritos gramaticales latinos de la biblioteca nacional de Madrid*, Facultativo de Archivos, Bibliotecas y museos de la Real Academia Gallega, Madrid 1947, pp. 10-12, n. 7.

[13] Cfr. F. CUADRA GARCÍA, «Las *Derivationes* de Hugutio Pisanus...», o. c., pp. 49-80; EAD., «Aspectos ortográficos en las *Derivationes*...», o. c., pp. 169-189.

[14] Una vez que finalicemos los trabajos de investigación que estamos desarrollando en este punto concreto, estaremos en disposición de confirmar o no dicha autoría.

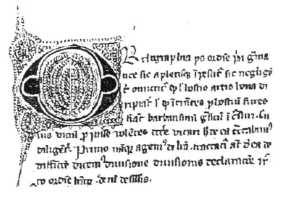

f. 184[15]

Orthographia pars ordine prima grammatice sic a plerisque impellitur sic negligenter omittitur quod uel hostio artis bona diripiantur uel quod intrantes per hostium fures fiant barbarismum graficum […] Litera est minima pars uocis composite […] Litera est uox indiuidua que scribi potest dicitur…

b) El manuscrito 9748

El códice 9748 de la Biblioteca Nacional que procede de Don Fernando José de Velasco y Ceballos[16], contiene una gramática de Juan de Pastrana, *Compendium gramatice*, fechada en 1462, como consta en la descripción del catálogo de manuscritos de dicha biblioteca:

Pastrana, Juan de
[Compendium gramatice]
Compendium gramatice breve et utile sive tractatus intitulatus Thesaurus pauperum sive expeculumpuerorum / editum a devoto Iohanne de Pastrana – 1462-
162h.; 30x 21 cm.
En h. 92: "Laus tibi Christe quoniam liber explicit iste. Qui fuit perfectus anno Domini millessimo CCCCLXII. Fernandus perfecit Inmaculata virgo Maria oret semper pro eo. Amen.- Ex libris de D.

---

[15] Las transcripciones que aparecen en este trabajo son nuestras.
[16] M. ESCAGEDO, *La biblioteca del camarista de Castilla Don Fernando José de Velasco y Ceballos*, Librería Moderna, Santander 1932, p. 21.

Fernando José de Velasco y Ceballos.- faltan las hojas iniciales y finales.
Incipit: "Declinatio in genitivo singulari" (h- 1r)
Explicit: "de albicio mey" ... "in est"

Otro explicit 162r [otra mano]

Iniciales en rojo, verde y azul con decoración de rasgueo. Inicial iluminada con figura de un fraile, en h. 98r. – Mutilada la h.10.
Enc.: mudéjar con clavos y broches metálico.
Olim: Vit. 2-14.

4r nomina
    7r verba
    10r genus femeninum
14v anormalia
47v gramatica est
49r nomen
49v uerbum
50v aduerbium
52v de regimine uerbi
53v de regimine genitiue
54v de regimine datiui
55v ablativo
58r aduerbia
59r de construcione?
62r ortographia
74v de metrificare
77r ¿ora incrementum?
78r de primis
83r de mediis
86v de ultimis
89v de accentu
93r partes orationis

Carmen Codoñer[17] señala que la Biblioteca de la Universidad de Salamanca cuenta con una gramática en latín del siglo XIV, sin atribución a ningún autor, pero que es obra de Juan de Pastrana, quien figura como autor

---

[17] Cfr. C. CODOÑER, «Los manuscritos gramaticales en la Universidad de Salamanca», in M. De Nonno, P. De Paolis, L. Holtz, (eds.), *Manuscripts and tradition of grammatical Texts from Antiquity to the Renaissance*, Edizioni dell'Università degli Studi di Cassino, Cassino 2000, p. 674.

de la misma en otros manuscritos que transmiten esta misma obra. En el códice de la Universidad de Salamanca falta la parte de la obra dedicada a la ortografía que sí aparece, sin embargo, en otros manuscritos, entre los que está el 9748 de la BNE, en el que, como podemos observar, la ortografía ocupa los ff. 62r-74v.

A continuación ofrecemos el comienzo del f. 62r *Orthographia*:

Ortographia est artificium quo litere hate/liate cum sua compagine dignoscitur. Dicitur autem ortographia ab ortos quot est rectum et graphos quod est scriptura que post tractans de repta scriptura literarum et sillabarum et ordine earum propter quod primum de litera secundum de sillaba erit smo. Est autem litera minor post dictionis que scribi potest. Dicitur enim litera que legita de lego legis que prebet iter legenti- Sunt autem litere uiginti due scilicet a.b.c.d. etc quorum quinque sunt vocales scilicet a.

2.2. Los manuscritos 5-4-32 y V. III. 10.

a) El manuscrito 5-4-32 de la Biblioteca Colombina de Sevilla (s. XV)[18]:

Según la catalogación[19] que existe de las obras de esta biblioteca contiene lo siguiente:

---

[18] Fernando Colón (1488-1539) reunió a lo largo de su vida más de quince mil volúmenes que constituyeron la llamada Biblioteca Colombina de Sevilla, de la que forma parte este manuscrito.

1. *Incipit Liber Vgutionis de dubijs accentibus* (h. 2 r.- 14 r.)
2. *Liber ortografie tracte de Prisciano* (h. 15 r.- 22 r.)
3. *Liber ortografie de regulis magistri Iohannis de Lune* (?)(h. 22v.-24v.)
Inc.: *Sicut in dictionibus incipientibus* a.c.e.g.(h.22v.)
4. Episcopius Paduanus (h. 36r.-37r.)
5. *Ratio Lune in* M°CCCC°XL *Corse* (h.38r.)

De este manuscrito, hemos estudiado los apartados 1, 2, 3 que son los que presentan obras de corte ortográfico y este análisis en profundidad nos lleva a proponer una nueva catalogación de los contenidos del mismo. Por ejemplo, el libro sobre los acentos (1), no ocupa los ff. 2r - 14r, sino sólo los ff. 2r-5r. También hemos identificado algunos fragmentos de la obra de Iohannes de Bononia, *orthographia* contenida en los ff. 22v-24v[20]. Además, hemos introducido en la catalogación otros textos que hasta el momento no habían sido catalogados y que hemos denominado: *De orthographia*, Anonymus I (ff. 5r-14r) y *De orthographia*, Anonymus II (ff. 24v-25r).

Teniendo esto en cuenta, la nueva catalogación que planteamos, acorde con los aspectos señalados, es la siguiente:

1. *Liber Vgutionis de dubijs accentibus* (ff. 2r- 5r)[21]
2. *De orthographia*, Anonymus I (ff. 5r-14r)
3. *Egutionis de orthographia* (ff. 15r- 22r)
4. Iohannes de Bononia, *orthographia* (ff. 22v-24v)
5. *De orthographia*, Anonymus II (ff. 24v-25r)

---

[19] Cfr. J.F. Sáez Guillén, *Catálogo de Manuscritos de la Biblioteca Colombina de Sevilla*, Cabildo de la Iglesia Catedral de Sevilla, Sevilla 2002.

[20] Este *magister* aparece nombrado Iohannes de Lana de Bononia en D. Gutiérrez Morán, «De fratre Joanne de Bononia qui dicitur de Lana († ca. 1350), baccalaureo Parisiensi», *Analecta Augustiniana*, 19 (1943-44) 180-209. En el *Dizionario biografico degli Italiani*, 1989, T. 37, pp. 77-79, aparece recogido: Della Lana (de Lana), Giovanni (Giovanni da Bologna). En el *Dictionnaire d'Histoire et de Géographie Ecclésiastiques*, 1998, ed. XXVII, p. Col. 208, aparece recogido: Jean de Lana de Bologna.

[21] Cfr. F. Cuadra García, «La ortografía latina en el *Liber Vgutionis*...», o. c., pp. 203-212.

Son 4 textos (de los siglos XII y XIII, salvo el fragmento de Iohannes de Bononia (4) que es del siglo XIV):

Catalogación de Guillén[22]	Nuestra catalogación
1. Incipit Liber Vgutionis de dubijs accentibus (h. 2 r.- 14 r.)	1. *Liber Vgutionis de dubijs accentibus* (ff. 2r- 5r)
	2. *De orthographia*, Anonymus I (ff. 5r-14r)
2. Liber ortografie tracte de Prisciano (h. 15 r.- 22 r.)	3. *Egutionis de orthographia* (ff. 15r- 22r)
3. Liber ortografie de regulis magistri Iohannis de Lune (?) (h. 22v.-24v.)	4. Iohannes de Bononia, *Orthographia* (ff. 22v-24v)
	5. *De orthographia*, Anonymus II (ff. 24v-25r)

b) El manuscrito V.III.10 de la Real Biblioteca de El Escorial (s. XV)[23]

De todo el contenido, que el autor de la catalogación[24] divide en XII apartados, nosotros hemos estudiado ya el III y el IX, y seguiremos estudiando el VIII, que son los apartados que tratan el tema de la ortografía. Nos referimos a los siguientes:

---

[22] Mantenemos en su totalidad la estructura y términos de la catalogación del autor.

[23] Perteneció a Don Diego Hurtado de Mendoza (1503-1575) que lo dejó en herencia, junto con el resto de sus manuscritos, a Felipe II que deseaba agregar una biblioteca al Monasterio de San Lorenzo del Escorial. En esta biblioteca puede verse su espléndida colección de libros italianos, manuscritos e incunables raros a la que pertenece el que nos ocupa.

[24] Cfr. G. ANTOLÍN, *Catálogo de los códices latinos de la Real biblioteca del Escorial*, Imprenta Helénica, Madrid 1916, vol. IV, pp. 186-87.

III. *Versus orthographye* (f. 94r-94v)[25]
VIII. 1(f. 99) *Magistri Venturae de Bergamo de ortographia*
2(f. 104v) *Additiones Joannis de Parma super ortographya*
IX. *Parisii de Altedo Ortographia* (f. 107r- 115v)

Estos dos códices (5-4-32 y V. III. 10) recogen obras que presentan el tema de la ortografía latina en diferentes formatos. Nos encontramos desde un resumen de la ortografía recopilada a partir de la obra de Priscianus hasta un completo tratado de ortografía, pasando por un poema anónimo de asunto ortográfico. Además, abarcan contenidos que hacen referencia a varios siglos, y presentan una importante diversidad desde el punto de vista estructural, con la peculiaridad, frente a épocas anteriores, del uso del verso mnemotécnico[26] como apoyo pedagógico a las explicaciones que los autores van aportando. Esta diversidad a la que nos referimos podemos esquematizarla de la siguiente manera:

-En prosa:
De orthographia, Anonymus I [ff. 6r; 6v; 7r; 7v-8r; 11v] (ms. 5-4-32)
De orthographia, Anonymus II (ms. 5-4-32)
Iohannes de Bononia, *Orthographia* (ms. 5-4-32)
Egutionis de orthographia (ms. 5-4-32)

-En verso:
El poema anónimo, *Versus orthographye* (ms. V.III.10)

-En prosa y verso:
De orthographia de Parisius de Altedo (ms. V.III.10)
De orthographia, Anonymus I [ff. 5r- 6r; 8v-9r; 9v-11v; 11v-14r] (ms. 5-4-32)

La especificidad del tema que tratan y el estilo variado de las composiciones afianzan, creemos, el interés del estudio y edición de estos manuscritos que supondrá, sin duda, un impulso para fomentar el comienzo

---

[25] Cfr. F. CUADRA GARCÍA, «*Versus ortographye*: un poema anónimo...», op.cit., pp. 593-605.
[26] Cfr. F. CUADRA GARCÍA, «Los versos mnemotécnicos en los tratados...», o. c., pp. 117-129.

de la elaboración de ese *corpus orthographicum* del que ya hablaron estudiosos de la materia[27].

c) Interrelación de contenidos

Desde la primera toma de contacto con el contenido de estos manuscritos (ambos del s. XV), lo que más nos ha llamado la atención es la semejanza que existe entre fragmentos completos de las obras de Parisius de Altedo (ms. V-III-10) y la *De orthographia*, Anonymus I (ms. 5-4-32), y, aunque de forma menos significativa, con algunos del tratado *Egutionis de orthographia* (ms. 5-4-32).

Por ejemplo:

PARISIVS, *Parisii de Althedo Ortographia*

(f. 108r 14-47) Diptongus est coniunctio duarum uocalium in eadem sillaba uim suam seruancium. Et dicitur a dya quod est duo, et ptongus sonus quia duarum uocalium sonum habet. In diptongis autem a et o preponuntur tantum u solum postponitur. E uero preponi potest et subici. Ex hiis uocalibus apud latinos sunt diptongi quattuor constitute, scilicet ae oe au eu, sed diptongus qui terminatur in u scribitur et profertur ex toto, ut 'audio, neutrum, eunicus', que uero in e desinit ex toto non scribitur nec profertur, ut 'musae, foenum'.

[*i uero in neutris diptongis non ponitur, licet post e positum ei diptongum faceret in antiquis*][28]

Diptongantur autem dictiones quattuor causis, scilicet formationis, ut 'musa'

ANONYMUS I, *De orthographia*

(f. 11v 5-27) Dyptongus est coniunctio duarum uocalium in eadem sillaba uim suam seruantium, et dicitur dyptongus a dya, quod est duo, et ptongus, quod est sonus, quia duos habet tongos idest sonos uocalium. In dyptongis a, o preponuntur, e et u postponuntur. Vnde quatuor sunt dyptongi apud latinos ae et oe, au et eu sed au et eu scribuntur et proferuntur ex toto apud latinos, ut 'audio et neutrum', sed ae et oe nec ex toto scribuntur nec ex toto proferuntur apud latinos, ut 'caelum et foenum'.

Dyptongantur autem dictiones IIII[or]

---

[27] Cfr. M.J. LÓPEZ DE AYALA, «Los ortógrafos del renacimiento...», o. c., p. 476; L. JIMÉNEZ, «La ortografía latina...», o. c., p. 257.

[28] Cfr. *Egutionis de orthographia,* f. 20v (22): Veteres enim i finalem, que est longa, per ei diptongum scribebant...

addita e, sic 'musae'...   de causis: causa formationis, ut
                                            'musa' addita e sic musae...

*Egutionis de orthographia,(f. 20v 22)
Veteres enim i finalem, que est longa, per
ei diptongum scribebant...

Abundando en este hecho, si nos fijamos, por ejemplo, en los fragmentos siguientes de Parisius (f. 108r) y su correspondencia con *De orthographia*, Anonymus I (f. 11v), apreciamos con claridad lo que venimos diciendo, ya que en ellos encontramos una importante coincidencia de contenido, excepto los versos que resaltamos, como vemos a continuación:

> (f. 108r) [I]n consonantibus similiter quedam preponuntur et quedam postponuntur aliis consonantibus in eadem sillaba, nam semiuocalis preponitur semiuocali ut m preponitur n, ut 'damnis, amnis' item s preponitur m, ut 'smaragdus' *unde uersus:*
>
> *M preponitur n in eadem seu probat amnis*
> *S preponitur m seu probat smirna smaragdus.*

> (f. 11v) In consonantibus similiter sunt preposite et quedam postposite aliis consonantibus in eadem, nam semiuocalis preponitur semiuocali in eadem sillaba, ut m preponitur n, ut 'omnis, damnum, amnis', item s preponitur m sequente, ut 'smirna, smaragdus'

Podemos observar también, utilizando este mismo párrafo, de qué manera parece que se va reelaborando la obra *De orthographia*, Anonymus I, para convertirse en la de Parisius. Vemos, por ejemplo, que en los fragmentos del *De orthographia*, Anonymus I (f. 11v) faltan los versos que aparecen en Parisius (f. 108r) que el autor de esta obra los incluye en otro fragmento, exactamente en el f. 8v, para que la coincidencia fuera total.

Si, como decimos, incorporamos dentro del fragmento correspondiente al f. 11v los versos de *De orthographia*, Anonymus I, del f. 8v y los escribimos a continuación, obtenemos como resultado el texto del f. 108r de Parisius:

COMPILACIONES MEDIEVALES DE CONTENIDO ORTOGRÁFICO 175

De orthographia, Anonymus I (ms. 5-4-32)

(f. 11v) In consonantibus similiter sunt preposite et quedam postposite aliis consonantibus in eadem, nam semiuocalis preponitur semiuocali in eadem sillaba, ut **m** preponitur **n**, ut 'omnis, damnum, amnis', item **s** preponitur **m** sequente, ut 'smirna, smaragdus'

(f. 8v) **M** preponitur **n** in eadem ceu probat amnis
S preponitur **m** ceu profert smirna smaragdus

Parisii de Altedo Ortographia (ms. V.III.10)

(f. 108r) [I]n consonantibus similiter quedam preponuntur et quedam postponuntur aliis consonantibus in eadem sillaba, nam semiuocalis preponitur semiuocali ut **m** preponitur **n**, ut 'damnis, amnis' item **s** preponitur **m**, ut 'smaragdus'unde uersus:

M preponitur **n** in eadem ceu probat amnis
S preponitur **m** ceu probat smirna smaragdus.

Podríamos hacer lo mismo con la mayoría de fragmentos, y llegar a los mismos resultados, lo que nos lleva a considerar dos hipótesis, una, que Parisius hubiera tenido en sus manos parte de la obra que hemos denominado *De orthographia*, Anonymus I y la hubiera sometido a una reelaboración para confeccionar la suya, y otra, que estos fragmentos coincidentes pudieran ser resúmenes de *magistri* a partir de la obra de Parisius, utilizados para explicar esta parte de la gramática a sus alumnos, es decir, compilaciones de textos, cuyo fin más extendido, como hemos señalado anteriormente, era el de la enseñanza, para la que constituían un instrumento de trabajo importante.

d) Fuentes en los manuscritos 5-4-32 y V. III. 10[29]

I. Manuscrito de Sevilla (5-4-32)

Podemos apreciar que las referencias citadas a lo largo de la obra (de diferentes épocas y temática) no están distribuidas de una manera homogénea ya que en unos apartados apenas se perciben, mientras que en otros se acumulan:

---

[29] Cfr. F. CUADRA GARCÍA, «Las *Derivationes* de Hugutio Pisanus…», o. c., pp. 49-80; EAD., «Aspectos ortográficos en las *Derivationes*…», o. c., en prensa..

En la parte I:
Priscianus, Isidorus y Johannes de Garlandia. Todas ellas citas de textos de tipo gramatical, de época medieval.

En la parte II es donde encontramos profusión de citas de tema y épocas diferentes:
- De tipo gramatical: Hugutio, Papias, Priscianus, Boecio, Garlandia, Remigio, Isidorus, Beda, Donatus.
- Otro tipo de obras: Iuuenalis, Ovidius, Aesopus, Macer, Vergilius, Teodolus, Horatius, Gualterius de Castiglione, Prudentius.

En los primeros párrafos de esta parte II las únicas citas que aparecen son de gramáticos, y a partir de ahí se entrelazan citas de gramáticos y de autores clásicos o de otro tipo de obras contenidas en la Biblia Sacra, que les sirven como ejemplo aclaratorio de la norma o regla que está explicando en cada momento el autor.

II. Manuscrito de El Escorial (V. III. 10)

El número de referencias (marcando u omitiendo el nombre del autor) es considerablemente menor. Entre estas fuentes, las citadas de forma habitual son Priscianus y Hugutio. La primera, más lejana en el tiempo, pero muy influyente a lo largo de toda la obra, es una fuente lógica pero que merece mencionarse, ya que la tendencia de los gramáticos de estos siglos bajomedievales era alejarse de este autor, que consideraban ampuloso, en pro de lo sucinto, y de manera especial con el surgimiento de las obras en verso[30]. La segunda, más próxima en el tiempo, tácita o claramente indicada, es utilizada frente a otros escritores cuyas obras estaban en pleno apogeo en el momento de la elaboración de esta obra de Parisius, como la *Summa Britonis* y el *Catholicon*. Esta opción por parte de Parisius puede indicar, y nuestras investigaciones lo confirman, que las *Derivationes* de Hugutio aportan un número considerable de elementos ortográficos[31].

Ambos autores sirven a Parisius para contrastar los aspectos ortográficos que se han mantenido de las distintas épocas y para, a partir de ahí, recopilar lo más importante que perdura en el siglo XIII y poner los cimientos para los siglos siguientes.

---

[30] Cfr. F. CUADRA GARCÍA, «Los versos mnemotécnicos en los tratados...», o. c., pp. 117-129.

[31] Cfr. F. CUADRA GARCÍA, «Aspectos ortográficos en las *Derivationes*...», o. c., pp. 174-187.

Además de las fuentes señaladas, a lo largo de la obra aparecen también otras muy bien escogidas para subrayar de manera muy clara y puntual la regla o norma que trata de explicar Parisius:

Plinius (f. 111v 586)
Virgilius (f. 113r 771)
Beda (f. 112r 650)
Papias (f. 114v 994)
Hemericus (f. 108v 170)

Así mismo, entre las fuentes tácitas, además de Priscianus y de Hugutio, nos hemos encontrado con unos versos en el cuerpo del texto, repetidos en la recopilación final, que forman parte del *Doctrinale*[32] y que pudieran ser la fuente directa de Parisius. Versos que, por otra parte, se encuentran entre los no coincidentes con los del *De orthographia*, Anonymus I:

Consona iota duplex duplices x zque fient
Iotaque composita simplex est sepe reperta
Simpla tamen z reperitur ut est peryzoma. [f. 114v 102-04]

En el siguiente esquema recogemos las fuentes coincidentes y no coincidentes que han utilizado los autores de los dos manuscritos. Entre las no coincidentes especificamos que, si bien el autor utilizado como referencia no es el mismo, sí coincide el tipo o temática de la obra utilizada.

	Ms. V.III.10 (B. E)		Ms. 5-4-32 (B.C.S)
Referencias Coincidentes	Priscianus Hugutio Beda Papias Ebrardus Bethuniensis Virgilius		Priscianus Hugutio Beda Papias Ebrardus Bethuniensis Virgilius
Referencias	Artes Lectoriae Gramáticos	Hemericus Alexander de Villa-Dei	Garlandia Remigio, Isidorus, Donatus, Boecio

---

[32] Alexander de Villa Dei, *Doctrinale*, Ed. by D. REICHLING, Hofmann, Berlín 1893, pp. 101-102 (v. 1600-1602).

| No Coincidentes | Otros | Plinius | Iuuenalis, Ovidius, Aesopus, Macer, Teodolus, Horatius, Gualterius de Castiglione, Prudentius. Biblia Sacra |

2.3. Los manuscritos gramaticales en la Biblioteca de la Universidad de Salamanca. Glosas interliniares y marginales que tiene relación con obras del ms. V. III. 10.

Entre los manuscritos gramaticales actualmente ubicados en la Biblioteca de la Universidad de Salamanca, datados entre los siglos XII y XVI, destacamos dos ejemplares de Priscianus del siglo XII (ms. 82) y (ms. 2682), porque recogen unas anotaciones peculiares, en tres tipos de letras distintas, de los siglos XIII y XIV. El contenido de algunas de estas glosas coincide con fragmentos del *De orthographia* de Parisius (s. XIII) del ms. V. III. 10[33]. Destacamos las siguientes[34]:

-Ms. 82: En este manuscrito Codoñer[35] señala ejemplos de glosas entre las que se encuentra una definición de *littera* y la explicación de una de ellas, la *K*.

Ejemplo de glosa marginal anotada de forma vertical es la explicación de *littera* que aparece en el f. 2r:

> Littera est uox que scribi potest indiuidua. Dicitur littera quasi legittera...uel a lituris ut quibusdam placet quod plerumque in ceratis tabulis antiqui scribere solebant.

Y que coincide con el pasaje del f. 107v 69ss del *De orthographia* de Parisius (s. XIII), donde el autor define el término *littera* de la siguiente manera:

> [E]st igitur littera minima pars composite uocis uel uox indiuidua que scribi potest, et dicitur a linio linis uel lituris qua in tabulis ceratis plerumque antiquis antiquiter scribebatur.

---

[33] Cfr. F. CUADRA GARCÍA «Situación de la ortografía latina...», o. c., pp. 738-739.

[34] El conjunto de las glosas a las que nos referimos queda pendiente de un estudio más pormenorizado que quedará reflejado en otro trabajo. Aquí nos limitamos a esbozar algunos ejemplos.

[35] Cfr. C. CODOÑER, «Los manuscritos gramaticales...», op.cit., p. 661.

-Ms. 2682: En este manuscrito también aparecen glosas interliniares y marginales del siglo XIII en los seis primeros folios y avanzada la obra hay también algunas del siglo XIV[36].

Entre los ejemplos de glosas interliniares las menos frecuentes son las paráfrasis, por ejemplo en el f. 3r:

> Dictiones terminantur uel desinunt apud latinos in uocalibus uel semiuocalibus apud grecos uero omnes[37].

El contenido de esta glosa parece hacer referencia a lo que explica Parisius en el siguiente pasaje del f. 107v 95ss:

> Inter consonantes quoque adinuicem est differenciam inuenire ex eis, namque alie a uocali e incipiunt uocem suam et terminant in se ipsis, alie contrarium facientes incipiunt a se ipsis et predictam terminant in uocalem. [...] A semiuocalium regula x una degenerat incipiens sonum ab i et terminans in se ipsam; fit autem per apostrophen xi greci nominis, cuius loco x littera est recepta, et ita ab i apud nos incipit, quia sic terminat apud grecos [...]

Además, esta biblioteca cuenta con un *Catholicon*[38], manuscrito de finales del s. XIV- principios del XV, que contiene toda la parte gramatical, entre ellas *De orthographia* (ff. 1r-8r)[39], y con una gramática en latín del s. XIV, a la que nos hemos referido más arriba[40].

3. CONCLUSIONES

Finalmente, sólo nos queda decir que hemos esbozado en este trabajo una serie de puntos que esperamos puedan contribuir a un mejor conocimiento de la situación de la ortografía de esta época bajomedieval, en particular en lo que atañe a suelo español, donde queda mucho por investigar ya que, como hemos señalado, existen códices de contenido ortográfico diseminados en los fondos de nuestras bibliotecas. Entre ellos nos hemos referido, muy particularmente, a los manuscritos 5-4-32 (*Biblioteca Colombina de Sevilla*) y V.III.10 (*Real Biblioteca de El Escorial*) como

---

[36] Ibid., pp. 661-662.
[37] Ibid., p. 662.
[38] El *Catholicon* de Iohannes de Ianua (1286).
[39] Ibid., p. 673.
[40] Vd. apartado 2.1. b) EL MANUSCRITO 9748.

ejemplo de compendios cuyo contenido es mayoritariamente de tema ortográfico, y que revisten la particularidad fundamental de ser textos inéditos. Hemos resaltado en especial, además de nuestras aportaciones a la catalogación inicial del ms. 5-4-32 [vd. el apartado 2.2. a)], las coincidencias y discrepancias de forma y contenido que de manera significativa se perciben entre las obras que los conforman [vd. el apartado 2.2. c)], así como la interrelación de las principales fuentes (Priscianus, Hugutio Pisanus etc) en las que se apoyan sus diferentes autores (de nombre conocido o anónimos) [vd. el apartado 2.2. d)].

No hemos olvidado mencionar ejemplos de compendios que contienen referencias a la ortografía en obras gramaticales generales, como los manuscritos 8999 (=Aa 36) y 9748 (*Biblioteca Nacional de España*), y hemos destacado también unas glosas interlineares y marginales de manuscritos gramaticales (en los códices 2682 y 82 de la *Biblioteca de la Universidad de Salamanca*), en las que observamos cierta similitud con fragmentos de la obra de Parisius de Altedo, *De orthographia* ubicada en el manuscrito V.III.10 (*Real Biblioteca de El Escorial*).

Consideramos, no obstante, que el trabajo que en estas últimas líneas estamos resumiendo, no es sino un punto de partida que debe enlazar con otra serie de estudios encaminados a desvelar las múltiples incógnitas que todavía quedan por resolver en este interesante mundo de la ortografía latina. Pensamos que el estudio y edición de los textos que hemos señalado, además de suponer un impulso para fomentar el comienzo de la elaboración de ese *corpus orthographicum*, al que nos hemos referido, permitirá afianzar el saber medieval en su conjunto y ayudará también al estudio de la ortografía de las lenguas románicas, en general, y de las de nuestra península, en particular.

EMILIANO JAVIER CUCCIA*

LA RECEPCIÓN DE LAS *AUCTORITATES ARISTOTELIS* EN LA DOCTRINA DEL SUJETO DE LAS VIRTUDES MORALES DE JUAN DUNS ESCOTO

1. INTRODUCCIÓN

Sin lugar a dudas, el siglo XIII se conformó como una época de particular florecimiento intelectual en el Occidente cristiano, el cual se produjo –principalmente- a raíz de la influencia ejercida por el ingreso de las obras filosóficas griegas, judías y musulmanas traducidas al latín. En este sentido, jugó un rol destacado la recuperación de una gran cantidad de obras de Aristóteles (como la *Metafísica*, la *Ética Nicomaquea*, la *Política* y el *De anima*) que se creyeron perdidas durante siglos, y que luego fueron introducidas en el ámbito académico de las universidades medievales.

Pero las dificultades inherentes a la copia y reproducción de manuscritos llevaron a que la difusión completa de las obras del Estagirita fuera muy reducida en un principio. Con todo, esto no implicó un obstáculo insalvable para la propagación de la filosofía aristotélica. El genio medieval articuló una solución adecuada para eludir los inconvenientes. Tal solución consistió en un recurso ya utilizado con anterioridad: los florilegios. De este modo, conforme las traducciones latinas de Aristóteles comenzaron a extenderse, numerosas colecciones de citas copiadas desde estas obras se fueron multiplicando a punto tal que, durante gran parte del siglo XIII, la mayoría de los estudiantes -y también de los docentes- se nutrían de ellas, incapaces como estaban de acceder a muchas de las obras del autor que pretendían citar[1].

---

* Profesor y Licenciado en Filosofía por la UNCuyo; miembro del Centro de Estudios Filosóficos Medievales, Facultad de Filosofía y Letras, UNCuyo; y becario doctoral del CONICET (Argentina). Dirección Postal: Bernardo Ortiz 456, Godoy Cruz, Mendoza, Argentina (CP M5501CBH). ecuccia@gmail.com.

[285] Cfr. J. HAMESSE, *Les Auctoritates Aristotelis. Un florilège médiéval*. Étude historique et édition critique, Publications Universitaires-Béatrice-Nauwelaerts,

Frente al enorme beneficio proporcionado por los florilegios aristotélicos al poner a disposición de un importante número de académicos un conocimiento que fue completamente inaccesible durante siglos, debe considerarse como contraparte una desventaja significativa que es común a todos los florilegios[2]: en general, al mostrar una doctrina parcializada y sintetizada en unas pocas frases muchas veces inconexas, tal tipo de compilación contribuyó a deformar el pensamiento de Aristóteles, tergiversando el sentido de algunas afirmaciones o, incluso, omitiendo pasajes importantes de sus obras.

Por ello, cuando hacia finales de la centuria las obras del propio Aristóteles traducidas al latín podían ser consultadas en los centros académicos más importantes –como, por caso, la Universidad de París- las referencias a las citas contenidas en los florilegios aristotélicos fueron disminuyendo notablemente en cantidad, y los distintos autores se volcaron a la lectura y estudio de las obras íntegras del Estagirita. Así, en figuras como Tomás de Aquino, Enrique de Gante o Duns Escoto abundan las referencias a las obras de Aristóteles traducidas completamente al latín por especialistas como Guillermo de Moerbecke o Roberto Grosseteste. Sin embargo, aún en estos autores pueden encontrarse algunas referencias circunstanciales a diversos florilegios, las cuales son capaces de despertar la curiosidad de los investigadores contemporáneos[3].

El objetivo del presente trabajo es analizar la aparición en la *Ordinatio* III 33 de Duns Escoto de una referencia indirecta a una cita de la *Ética Nicomaquea* siguiendo el texto presente en el florilegio conocido como *Auctoritates Aristotelis,* y dejando de lado la traducción de Grosseteste que utiliza en el resto de la distinción. Este análisis debería llevar, por un lado, a

---

Louvain-Paris 1974, p.10 (Series Philosophes Médiévaux 17). Gracias a la labor realizada por Jacques-Guy Bougerol se tiene certeza que entre los importantes maestros del siglo XIII que utilizaron las citas de los florilegios para referirse a la doctrina Aristotélica debe contarse a eminentes figuras de la teología medieval tales como Alejandro de Hales y San Buenaventura. Cfr. J.G. BOUGEROL, «Dossier pour l'étude des rapports entre saint Bonaventure et Aristote», *Archives d' histoire doctrinale et littéraire du moyen age*, 40 (1973) 135-222. Cit. también en HAMESSE, *Les Auctoritates Aristotelis...* p.13.

[2] Cfr. J. HAMESSE, *Les Auctoritates Aristotelis...* p. 10.

[3] Como ejemplo de utilización de florilegios aristotélicos por parte de Enrique de Gante pueden citarse los descubrimientos detallados por Raymond Macken con ocasión de la elaboración de la edición crítica de las *Questiones Quodlibetales* I del *Doctor Solemnis.* Cfr. R. MACKEN, «Les sources d'Henri de Gand», *Revue Philosophique de Louvain*, 76/29 (1978) 5-28.

vislumbrar la razón por la cual el Doctor Sutil introduce este cambio de fuente y, por otro, a plantear la posibilidad de que los florilegios aristotélicos hayan gozado de una importancia imperecedera durante los siglos posteriores al XIII, incluso para aquellos autores que ya poseían acceso a las obras aristotélicas traducidas en su totalidad.

Para cumplir con lo propuesto, en primer lugar se brindará una breve síntesis de la doctrina contenida en la *Ordinatio* III 33 de Escoto y se presentará la referencia hecha en tal texto a la sentencia incluida en las *Auctoritates Aristotelis*. En segundo lugar, se analizará el contenido de dicha sentencia frente al pasaje de la *Ética Nicomaquea* al que refiere. Y en tercer lugar, se intentará explicar cuál sería el motivo de esta sustitución de fuentes.

2. *ORDINATIO* III, 33 DE DUNS ESCOTO

En la distinción 33 de su *Ordinatio* III, el maestro franciscano Duns Escoto analiza la cuestión referida al sujeto de las virtudes morales y desarrolla allí una doctrina por demás controvertida en tanto niega que tales hábitos puedan residir en la apetencia sensible del hombre. Así, se opone abiertamente a la posición -tradicional hasta su tiempo- que colocaba las virtudes de fortaleza y templanza en los apetitos irascible y concupiscible respectivamente, y propone colocarlas ▯junto con la justicia▯ en la voluntad.

Esta cuestión, referida al sujeto de las virtudes morales, parecería tener, a primera vista, muy poca importancia. Sin embargo, dentro de la óptica escolástica, el problema de la locación de las mismas esconde, nada más ni nada menos, que la determinación de lo que sea la virtud moral y de lo que sea una persona virtuosa[4]. Así, lo que en el fondo propone el Maestro Escocés es un cambio más profundo que afecta la concepción misma de la perfección moral y de la ética en general.

En trabajos anteriores se ha demostrado que esta doctrina es fuertemente deudora de la previa consideración de la primacía de la voluntad sobre las restantes potencias humanas -incluida la inteligencia- en el ámbito de la acción humana[5]. Tal superioridad fue una nota constante que también se hizo

---

[4] Cfr. B. KENT, *Virtues of the will: the transformation of ethics in the late thirteenth century*, The Catholic University of America Press: Washington, D.C., 1995, p. 199.

[5] Cfr. E. CUCCIA, «El sujeto de las virtudes morales: divergencias entre Tomás de Aquino y Juan Duns Escoto frente a la distinción XXXIII del tercer libro de las *Sentencias*», en J.J. Herrera (Ed.) *Fuentes del Pensamiento Medieval: continuidad y*

presente en los escritos de otros teólogos franciscanos de finales del siglo XIII y principios del XIV como Walter de Brujas, Guillermo de la Mare y Gonzalo de Balboa[6]. Los propios argumentos brindados por Escoto dan cuenta del peso que tiene en su consideración la necesidad de defender la primacía de la voluntad sobre las restantes potencias humanas en tanto se constituye como la única facultad moral del hombre.

Al hablar del exclusivo carácter libre de la voluntad, el Beato se refiere a que la voluntad es la única potencia indeterminada que posee el hombre. Tal indeterminación se refiere no sólo a la inclinación hacia cosas opuestas, sino también en el modo de actuar: la voluntad puede obrar rectamente o no. Es por esto que necesita algo que la incline decididamente para obrar de un modo recto. Y ésta es la función de la virtud moral: dirigir hacia el bien la acción de aquellas potencias que, de suyo, pueden actuar correcta o incorrectamente. Y como toda virtud moral, en tanto hábito, reside en aquella potencia cuya acción perfecciona, entonces la virtud moral debe residir en la voluntad[7].

Ahora bien, por más que la doctrina de Escoto se apoye fundamentalmente en su comprensión de la voluntad como única facultad libre, el Sutil también buscó argumentar a favor de su postura a partir de la autoridad de Aristóteles[8]. Quizá el argumento más fuerte en este sentido lo

divergencias, UNSTA, San Miguel de Tucumán 2012, pp. 105-114; y «Primacía de la voluntad y virtud moral en Juan Duns Escoto», *Tópicos*, 42 (2012) –en prensa.

[6] Para una síntesis referida a las posiciones de los autores citados cfr. B. KENT, *Virtues of the will...* pp. 104-108.

[7] Cfr. Duns Escoto, *Ordinatio* III, d. 33, q. un., n. 22 (128 – 136) [Cfr. B. Ioannis Duns Scoti. *Opera omnia*. Vol. 10, Ed. by B. HECHICH, B. HUCULAK, J. PERCAN, and S. RUIZ DE LOIZAGA. Typis Vaticanis, Città del Vaticano 2007 (*Ordinatio* III, dist. 26–40) pp. 141 – 175. Todas las citas corresponden a la edición mencionada].

[8] El destacado estudioso del pensamiento escotista, Allan B. Wolter, insinuó que este uso de la autoridad aristotélica por parte del Doctor Sutil se debería fundamentalmente a un intento de combatir a los defensores de las posiciones contrarias, quienes basaron sus argumentaciones en las ideas del Estagirita (Cfr. A. B. WOLTER, *Duns Scoto on the will and morality,* Ed. by W. Frank, The Catholic University of America Press, Washington, D. C. 1997, p. 76). Si bien es cierto que una de los objetivos que persigue Escoto al citar al Filósofo es refutar las interpretaciones de otros teólogos (como Tomás de Aquino, por ejemplo), no parece correcto pensar que esta función negativa haya sido el único motivo para traer a la palestra la doctrina de Aristóteles. En efecto, la multiplicación de referencias a la *Ética* y la *Política* parece poner en duda que tal recurso haya sido obligado por las circunstancias. Por el contrario, lo que parece cierto es que Escoto encuentra en

constituya la referencia que hace a la definición aristotélica de virtud moral, presente en el libro II de la *Ética Nicomaquea*[9]. Según esta definición, toda virtud moral es un hábito electivo. Pero la elección (también según su interpretación de Aristóteles)[10] es un acto del apetito conciliativo, es decir, de la voluntad y de la razón conjuntamente, aunque corresponde de un modo más propio a la voluntad puesto que es esta última la que opera con el juicio presupuesto de la razón. Así, como el hábito reside en aquella potencia a la cual pertenece la operación que perfecciona, entonces el hábito moral es, de suyo, propio de la voluntad[11].

También remite a la disquisición sobre la felicidad propia del hombre que Aristóteles trata hacia la mitad del libro I de la *Ética Nicomaquea*[12], o al texto del primer libro de la *Política* donde Aristóteles afirma que es más importante que la virtud esté presente en el que manda que en el que obedece. Aplicando este principio al alma humana, Escoto afirma que los apetitos concupiscible e irascible son ante la voluntad como el súbdito ante el gobernante y que, por este motivo, conviene que sea la voluntad la que posea las virtudes morales y no los apetitos[13].

Aristóteles manifestaciones de una sabiduría profunda, que debe ser buscada por todo teólogo pero que no ha sido correctamente interpretada por sus oponentes. Cfr. en este sentido lo que Bonnie Kent afirma acerca de la recepción de Aristóteles en la escuela franciscana de los siglos XIII y XIV en B. KENT, *Virtues of the will...*, pp. 39-93.

[9] Cfr. Aristóteles, *Ética Nicomaquea* II, c. 6, 1106^b 36 – 1107^a 1. (Aristóteles, *Ética a Nicómaco*, 7° Edición bilingüe, traducción de J. MARÍAS y M. ARAUJO, introducción y notas de J. MARÍAS. Centro de estudios políticos y constitucionales, Madrid 1999. Todas las citas corresponden a la edición mencionada).

[10] Cfr. Aristóteles, *Ética Nicomaquea* VI, c. 2, 1139^a 22 – 23.

[11] Cfr. Duns Escoto, *Ordinatio* III, d. 33, q. un., n. 7 (27-32); y *Lectura* III, d. 33, q. un., n. 9, (43-45). [B. Ioannis Duns Scoti. *Opera omnia*, Vol. 21, Ed. by B. HECHICH, B. HUCULAK, J. PERCAN, S. RUIZ DE LOIZAGA, and C. SACO ALARCÓN. Typis Vaticanis, Città del Vaticano 2003 (*Lectura* III, dist. 18–40) pp. 267 – 295. Todas las citas corresponden a la edición mencionada].

[12] Cfr. Duns Escoto, *Ordinatio* III, d. 33, q. un., n. 17 (92-117); y *Lectura* III, d. 33, q. un., n. 21, (107-114).

[13] Cfr. Duns Escoto, *Ordinatio* III, d. 33, q. un., n. 15 (73 – 76); y *Lectura* III, 33, q. un., n. 23 (129-131). (Aristóteles, *Política* I, 13 1260^a 14-20: Aristóteles *La Política*. Edición bilingüe, traducción de J. MARÍAS y M. ARAUJO, introducción y notas de J. MARÍAS. Centro de Estudios Políticos y Constitucionales, Madrid 1951. Todas las citas corresponden a la edición mencionada).

En todos los casos anteriores, Escoto extrae sus citas de las propias obras de Aristóteles traducidas al latín por Grosseteste[14] -en el caso de la *Ética*- y por Guillermo de Moerbecke[15] -en el caso de la *Política*. Sin embargo, en el párrafo 9 del texto hace la siguiente referencia indirecta a la *Ética*:

> Además, la virtud es principio de actos elogiables, según el II libro de la *Ética*; pero se debe el elogio sólo al que obra voluntariamente. Por consiguiente, la virtud –a través de la cual obra elogiablemente- es de aquello a quien pertenece el obrar libremente *per se*: y aquello es la voluntad[16].

Si bien el Maestro Escocés afirma basarse en el texto del segundo libro de la *Ética Nicomaquea*, la nota correspondiente en la edición crítica del texto advierte que, en este caso, el autor no se apoya en la traducción de Grosseteste sino en una cita del florilegio posteriormente conocido como *Auctoritates Aristotelis*[17]. ¿Por qué este cambio repentino en la fuente utilizada? Para comenzar a responder tal interrogante será necesario dedicar algunas líneas al análisis tanto de la cita del florilegio como del texto aristotélico al que hace referencia.

3. *ETHICA* II, CAPÍTULO 5 Y LAS *AUCTORITATES ARISTOTELIS*

En el pasaje citado anteriormente, Juan Duns Escoto parece basar su argumentación en una referencia indirecta al libro II de la *Ética Nicomaquea*. Pero, en realidad, el texto en que se apoya corresponde a una frase contenida en el florilegio *Auctoritates Aristotelis*. Más concretamente, se trata de la sentencia número 37 de la sección correspondiente al libro de la *Ética*, según

---

[14] Cfr. Aristoteles Latinus, *Ethica Nicomachea. Translatio Roberti Grosseteste Lincolniensis sive 'Liber Ethicorum' (Recensio Pura et Recensio Recognita)*, XXVI³, Ed. by R.A. GAUTHIER, Brill-Desclée De Brouwer, Leiden-Bruxelles 1972-1974.

[15] Aristoteles Latinus, *Politica (libri I-II.11). Translatio prior imperfecta interprete Guillelmo de Moerbeka (?)*, XXIX¹, Ed. by P. MICHAUD-QUANTIN, Desclée De Brouwer, Bruges-Paris 1961.

[16] Duns Escoto, *Ordinatio* III, d. 33, q. un., n. 9 (35 – 37).

[17] Se dice «posteriormente conocido como *Auctoritates Aristotelis*» porque a la fecha en que Escoto escribió su obra tal florilegio no había tomado su formato definitivo. Sin embargo muchas de las citas que luego formaron parte del mismo ya se encontraban en circulación en diferentes manuscritos. Cfr. J. HAMESSE, *Les Auctoritates Aristotelis*... pp. 12 y 13.

la edición del texto realizada por Jacqueline Hamesse[18]. Dicha sentencia refiere -tal como indica la editora del florilegio- al libro *Beta*, capítulo 5 de la obra aristotélica. Puntualmente, al pasaje 1106a 15-17, según la edición Bekker.

En general, la doctrina que se expresa en el pasaje del florilegio no parece diferir sustancialmente de lo dicho por el Estagirita. Incluso parecería tratarse de una reproducción casi literal del texto aristotélico. Entonces, ¿cómo puede señalarse con tanta seguridad que Escoto basa su argumentación en el texto del florilegio y no en el del propio Aristóteles? Una sola palabra es aquí la clave: *laudabile*. En efecto, se ha visto cómo Escoto se refiere a la virtud como «principio de acciones elogiables» o «dignas de encomio». Esto es lo que se afirma en la sentencia de las *Auctoritates*: «*Virtus est habitus, quia habentem se perficit et opus ejus laudabile reddit*»[19]. Sin embargo, el texto del Filósofo -según la traducción latina de Grosseteste- difiere ligeramente: «*Omnis virtus, cuius utique fuerit virtus, et id bene habens perficit et opus eius bene reddit*»[20].

Es claro que hay una divergencia en la letra de ambas citas. Ahora bien, ¿implica una oposición radical entre ambos textos, de manera tal que debería afirmarse que la cita de las *Auctoritates* expresa una doctrina ajena a Aristóteles? La respuesta es negativa[21]. Sin embargo, la parquedad de la sentencia del florilegio junto con la sustitución del término *bene* por *laudabile*, sin traicionar positivamente lo enunciado en la fuente original, dejan relegado en la oscuridad de lo no-dicho el sentido más profundo de lo que el Estagirita pretendió transmitir en su texto.

En efecto, para entender de un modo pleno la cita del Filósofo es necesario realizar un breve repaso de algunas de las ideas centrales de la *Ética Nicomaquea*. El tratado de la Ética se circunscribe al estudio del bien propiamente humano. Este bien es identificado con la felicidad, la cual es determinada por las actividades de acuerdo con la virtud[22]. Pero toda la finalidad del estudio de esta ciencia no consiste simplemente en conocer lo que sea el bien propio del hombre y las características que debe reunir, sino

---

[18] Cfr. *Auctoritates Aristotelis*, 12, 37 (ed. J. HAMESSE, p. 235).

[19] «La virtud es un hábito, puesto que perfecciona al que la posee y vuelve elogiable su obra».

[20] «Toda virtud, de lo que sea virtud, perfecciona bien aquello que la posee y realiza bien su obra».

[21] Incluso, en unas líneas anteriores el Estagirita expresa con total claridad que son la virtud y el vicio de cada uno las respectivas razones por las que se puede ser elogiado o censurado (II, c. 5 1105^b 31-1106^a 2).

[22] Cfr. *Ética Nicomaquea* I, c. 10, 1100^b 7-10 y c. 13, 1102^a 5-6.

en ser hombres buenos[23]. Así, como el bien humano es lo mismo que la felicidad y la felicidad no es otra cosa que «la actividad del alma según la virtud perfecta»[24], sólo el virtuoso podrá ser considerado *bueno* en el pleno sentido ético del término[25].

Ahora bien, ser virtuoso para Aristóteles significa no sólo ejecutar acciones que externamente estén de acuerdo con la virtud (esto es, elección de un justo medio entre dos extremos, relativo a cada uno y determinado por la recta razón), sino también reunir ciertas condiciones internas al ejecutarlas: hacerlas con conocimiento, eligiéndolas por ellas mismas, y con una actitud firme e inconmovible[26]. Como «una golondrina no hace verano»[27] así tampoco una acción aislada podría ser plenamente considerada como *buena*. Sólo puede ser llamada así cuando ella misma brota desde el interior de un hombre que reúne las condiciones enumeradas: el hombre *habituado* al bien, es decir, el hombre virtuoso.

Claro que no se quiere decir con esto que las acciones aisladas que se ajustan a las condiciones externas de la virtud pero que no son realizadas al modo del virtuoso carezcan de valor. Es la repetición constante de estas acciones la que, poco a poco, lleva a generar las disposiciones internas del virtuoso. Pero, en cuanto tales, no son aún *buenas* en el sentido que Aristóteles desea enfatizar.

Así, las acciones no son justas, morigeradas, valientes, etc., simplemente porque sean de tal tipo sino, fundamentalmente, porque son hechas de tal modo: como las hace el justo, el morigerado, el valiente y, en general, el prudente. Y es esto lo que se expresa en la cita considerada más arriba: «Toda virtud, de lo que sea virtud, perfecciona bien aquello que la posee y realiza bien su obra». La obra sólo es plenamente buena cuando es realizada virtuosamente.

En cambio, el texto de las *Auctoritates*, al limitar su referencia al carácter laudable que posee todo acto informado por la virtud, no es capaz de transmitir con total integridad la profundidad de la doctrina ética de Aristóteles. Así, si bien es cierto que para el Estagirita la virtud es causa de que la obra del que la posee se vuelva laudable –algo que repite en más de un

---

[23] *Ética Nicomaquea* II, 2 1103^b 26-28.
[24] *Ética Nicomaquea* I, c. 13, 1102^a 5-6 (ed. cit. p. 16).
[25] *Ética Nicomaquea* I c. 7, 1098^a 7-20.
[26] *Ética Nicomaquea* II, c. 4, 1105^a 28-^{b} 1.
[27] *Ética Nicomaquea* I, c. 7, 1098^a 19 (ed. cit. p. 9).

lugar[28]-, la cita del florilegio no acierta en brindar la causa por la cual esto es así. En otras palabras, en las *Auctoritates* se afirma que la virtud perfecciona al poseedor y hace laudable su obra, pero no se dice en qué sentido perfecciona al poseedor ni por qué su obra es digna de encomio.

4. Escoto y la autoridad del florilegio

Una vez analizados los matices que distinguen lo expresado por la cita de las *Auctoritates* del texto original de Aristóteles, deben indagarse ahora las razones que podrían haber motivado a Duns Escoto para remitirse al primer texto y no al segundo. Ante todo, es necesario aclarar que aquí no se intenta juzgar la legitimidad ni de tal recurso ni del argumento que el franciscano desarrolla a partir de él. Ya se ha aclarado que la afirmación de la virtud como causa de acciones laudables es una doctrina auténticamente aristotélica y el Sutil podría haber basado la misma tesis en una multitud de otras citas de la *Ética*. Con todo, la aparición de una referencia aislada a un florilegio aristotélico en la obra de uno de los teólogos más importantes de principios del siglo XIV es capaz de despertar varios interrogantes con respecto a los motivos de su presencia.

¿Acaso es posible que Duns Escoto haya ignorado las diferencias manifiestas entre ambos textos y que, por ende, desconociera que se estaba refiriendo a una fuente distinta? Tal hipótesis es ciertamente verosímil, sobre todo si se tiene en cuenta la práctica común entre los teólogos de la Escolástica de citar de memoria y más o menos defectuosamente frases pertenecientes a diversas autoridades aprendidas o bien a lo largo de su formación o bien a través de medios no académicos como sermones, pláticas y similares[29].

Sin embargo, una lectura más detenida del todo de la distinción y una consideración del contexto dentro del cual el Sutil desarrolla su doctrina pueden poner en duda la hipótesis citada. En efecto, no debe olvidarse que, al momento de elaborar su *Ordinatio* III, Duns Escoto contaba -como se dijo más arriba- con acceso a la traducción latina completa de la *Ética Nicomaquea* realizada por Roberto Grosseteste. Y los pasajes citados en la

---

[28] Además del pasaje enunciado en la nota 20, Aristóteles afirma que la virtud es causa de que el acto sea digno de encomio o alabanza en I, c. 12, 1101^b 31-32; I, c. 13, 1103^a 9-10 y II, c. 9, 1109^b 24, entre otros.

[29] J.G. Bougerol destaca la ocurrencia esporádica de este tipo de citas en algunos escritos de Buenaventura de Fidanza. Cfr. J.G. BOUGEROL, *Introduction à Saint Bonaventure*, Vrin, Paris 1988, pp. 49-50.

primera parte de este trabajo constituyen evidencia suficiente de la lectura y utilización sistemática que realizó de tal edición[30].

Por otro lado, la sentencia aristotélica ya era bien conocida según su formulación correcta en el ambiente académico parisino. Tomás de Aquino la cita y hace suya en por lo menos dos de sus obras: su *Sententia libri Ethicorum*[31] y sus *Quaestiones disputatae de virtutibus in communi*[32]. En ambos casos el Aquinate insiste en que la virtud moral posee la capacidad de hacer buena la obra del sujeto en el que reside. Y puntualmente en el segundo texto, declara que es por ese motivo que las virtudes morales de fortaleza y templanza no residirían en la voluntad[33].

Existe evidencia suficiente para demostrar que Escoto estaba al tanto de los argumentos brindados por el Doctor Angélico. De hecho, los mismos son recuperados de un modo casi textual en la *Ordinatio* III, 33 del Sutil[34]. Por lo

---

[30] Uno de los signos que manifiestan el detalle con que Duns Escoto estudió la edición latina de la *Ética* elaborada por Grosseteste es el hecho de que el Sutil reproduzca en su texto ▫con una precisión notable▫ los comentarios de Eustratio de Nicea contenidos en la traducción del Obispo de Lincoln. Cfr. Duns Escoto, *Ordinatio* III, d. 33, n. 2 (8-11): «I *Ethicorum* dicit Philosophus quod sunt in parte irrationali animae, Commentator [Eustratio] autem exponit quod sunt in eo quod est medium inter plantativam et rationalem; talis non est voluntas, sed appetitus sensitivus».

[31] Cfr. Tomás de Aquino, *Sententia Libri Ethicorum*, II, 6, nn. 2 et 3 cura et studio Fratrum praedicatorum, vol 1, Ad Sanctae Sabinae, Romae 1969.

[32] Cfr. Tomás de Aquino, *De virtutibus in communi* a5, co. Textum Taurini 1953 editum ac automato translatum a Roberto Busa SJ in taenias magneticas denuo recognovit Enrique Alarcón atque instruxit. Fuente:
http://www.corpusthomisticum.org/qdw103.html#65595.

[33] Tomás de Aquino explica por qué dichas virtudes no podrían residir en la voluntad del siguiente modo: «…no es necesario el hábito de la virtud para aquello hacia lo cual alguna potencia se ordena por la misma *ratio* de la potencia. La virtud ordena las potencias hacia el bien, pues la misma es la que hace bueno al poseedor y vuelve buena su obra. Pero la voluntad tiene desde la *ratio* de su potencia aquello que la virtud hace acerca de las otras potencias, pues su objeto es el bien. Por lo tanto, tender de este modo hacia el bien se encuentra para la voluntad como tender hacia lo deleitable para el concupiscible, y como ser ordenado hacia el sonido se encuentra para el oído. Por lo que la voluntad no necesita ningún hábito de virtud que la incline hacia el bien que es proporcionado a sí misma porque tiende hacia éste desde la misma *ratio* de la potencia. Pero necesita el hábito de la virtud para el bien que trasciende la proporción de la potencia». Tomás de Aquino, *De virtutibus in communi* a5, co.

[34] Cfr. Duns Escoto, *Ordinatio* III, d. 33, n. 11 (46 - 53).

tanto, es altamente probable que, si Escoto conocía estos argumentos, también conociera la fuente aristotélica en la cual se fundamentaban. De esta manera, el conocimiento que el Teólogo Franciscano tenía tanto de la edición latina de la *Ética* como de las tesis tomasinas basadas en la traducción de Grosseteste abre ciertamente la posibilidad de que él también estuviese al tanto de las diferencias entre la sentencia del florilegio y la fuente original.

Entonces, ¿se estaría tratando aquí con un caso de tergiversación consciente de la doctrina aristotélica por parte del Maestro Franciscano, mediante lo cual buscaría atribuir a la pluma del Estagirita sentencias que este último nunca defendió? No sería correcto afirmar tal cosa por dos motivos principales. En primer lugar, porque -como ya se dijo- la consideración de la virtud como causa de acciones laudables es también uno de los puntos que se desarrollan en la *Ética* del Filósofo, aunque no en el lugar ni del modo exactos que muestra la cita del florilegio. Segundo, porque no se vislumbra una razón que hiciera precisa tal tergiversación. En efecto, si Escoto hubiese detectado que la cita de Aristóteles no era correcta, podría o bien haberla dejado de lado o bien haberla corregido de forma explícita sin necesidad de intentar una sustitución de textos[35].

¿Cuál sería entonces la razón que lo habría llevado a remitirse a la autoridad de Aristóteles mediante un florilegio y no a través de la traducción latina de su obra? Sin lugar a dudas no es una pregunta que tenga una respuesta simple. Pero, si es lícito realizar una lectura entre líneas sobre el texto escotista, sería posible formular, por lo menos, dos hipótesis.

Para exponer la primera de ellas es necesario focalizar la atención en lo que el Franciscano afirma en dos lugares de su *Ordinatio* III, 33. Primero, el párrafo 25 donde intenta argumentar en contra de aquellos que negaban la existencia de las virtudes morales en la voluntad sosteniendo que esta potencia podía dirigirse hacia el acto bueno por la sola determinación de la

---

[35] Ciertamente, Escoto corrige una afirmación del Estagirita en el mismo texto de la *Ordinatio* III, 33. En el párrafo 5 se plantea como objeción a su doctrina que las virtudes morales deben estar en los apetitos sensibles para que estos sean movidos deleitablemente por la razón. Esto sería así ya que, según lo que dice Aristóteles en el I° libro de la *Política*, «la razón domina al apetito inferior con gobierno despótico» en tanto este apetito puede ser movido en forma contraria a la razón [Cfr. Duns Escoto, *Ordinatio* III, d. 33, n. 5 (15 - 19)]. En el párrafo 65, el Sutil responde a esta objeción aclarando que la afirmación de Aristóteles está condicionada por su desconocimiento de la Revelación sobrenatural, por causa del cual «consideró que la condición de la naturaleza humana corrupta era la condición de la naturaleza instituida» [Duns Escoto, *Ordinatio* III, d. 33, n. 65 (469 - 471).

razón y sin poseer la virtud[36]. Contra ellos Escoto declara que, aún si la voluntad pudiese ser determinada en su obrar por la razón –lo cual sería igualmente falso-, la virtud no es puesta en las potencias para que éstas obren rectamente sino para que lo hagan «pronta y deleitablemente»[37]. El segundo es el párrafo 43 donde manifiesta explícitamente que la voluntad puede dirigirse por su propia determinación hacia el acto bueno antes de poseer el hábito ya que, justamente, es a causa de la repetición de actos buenos que se genera la virtud[38]. Ambos extractos enfatizan claramente que la función de la virtud moral no es hacer buena la obra de la voluntad sino facilitar y hacer placentera la misma, y es por esto que la hace laudable[39]. Por su parte, la acción es buena producto del orden impreso por la autodeterminación de la voluntad según el mandato de la razón recta[40].

En este contexto, colocar una cita de Aristóteles declarando que la virtud moral es el hábito que hace que las acciones sean buenas generaría, por lo menos, una fuerte confusión. En cambio, la cita del florilegio, que sólo señala a la virtud como causa de acciones laudables, limitaría este peligro e imposibilitaría de antemano cualquier interpretación errónea, sin contradecir necesariamente lo afirmado por el Filósofo. De este modo, el recurso a las *Auctoritates* le permitiría a Escoto, además de brindar un argumento favorable para colocar la virtud moral en la voluntad, hacerlo de un modo tal que, según su parecer, exprese más adecuadamente el sentido auténtico de la doctrina aristotélica acerca de la naturaleza de las virtudes morales[41].

---

[36] Entre ellos hay que contar, como se dijo más arriba, a Tomás de Aquino (cfr. Tomás de Aquino, *De virtutibus in communi*, a5 co.).

[37] Cfr. Duns Escoto, *Ordinatio* III, d. 33, n. 25 (153 - 156)

[38] Cfr. Duns Escoto, *Ordinatio* III, d. 33, n. 43 (282 - 287)

[39] De hecho, cuando Escoto hace referencia al rol de la virtud como causa de que las potencias obren «pronta y deleitablemente», los editores del texto crítico de la *Ordinatio* III 33 remiten, mediante una nota a pie, a la cita de la *Ética Nicomaquea* II, 5 1106 a 15-17: «Toda virtud, de lo que sea virtud, perfecciona bien aquello que la posee y realiza bien su obra» (Cfr. B. Ioannis Duns Scoti. *Opera omnia*. Vol. 10, Ed. by B. HECHICH - B. HUCULAK- J. PERCAN - S. RUIZ DE LOIZAGA, Typis Vaticanis, Città del Vaticano 2007: *Ordinatio* III, d. 33 nota 29 p. 154).

[40] Cfr. Duns Escoto, *Quodlibet*, q. 18. Ed. by A. B. WOLTER, The Catholic University of America Press, Washington, D. C. 1997, pp. 169 – 173.

[41] En este sentido se encuentra también la opinión de Bonnie Kent quien asegura que Escoto pensaba que Aristóteles jamás podría haber defendido seriamente la sentencia según la cual sólo la posesión de la virtud moral aseguraba la bondad de la obra, so pena de que todo su sistema ético cayera en un irremediable círculo vicioso. Cfr. B. KENT, «Rethinking Moral Dispositions: Scotus on the Virtues» in T.

Por otro lado, la segunda hipótesis surge a partir de la consideración del lugar en que aparece y la función que cumple la cita del florilegio dentro de la estructura del texto escotista. Se trata de uno de los argumentos que apuntan a desmentir las objeciones enfrentadas a la tesis central: un *sed contra*. En este sentido, es un argumento de autoridad que busca, por un lado, relativizar la certeza de las impugnaciones a la tesis y, por otro, apuntalar esta última mostrando que es verosímil pero que, por supuesto, debería ser demostrada. Así, una referencia tal no podrá jamás constituir el fundamento principal de la cuestión pero no deja de ser un soporte importante de la misma.

Desde este punto de vista, el argumento brindado por Escoto podría representar una postura doctrinal presente con anterioridad en el ambiente académico parisino. Tal posición podría haber surgido a partir de la autoridad de Aristóteles pero mediada por el texto del florilegio. Si tal fuese el caso, lo que habría hecho Escoto sería haber rescatado una tesis comúnmente difundida en su ambiente. Y por más que él supiera que la misma se basaba en un texto que no era completamente fiel al original, aún así habría respetado íntegramente su formulación, consciente de que, por un lado, el texto del florilegio no contradecía lo afirmado por el Filósofo y que, por otro, la doctrina contenida en la tesis expresaba una verdad que -si bien no era concluyente- podía perfectamente ser demostrada apelando a fuentes de autoridad más fidedignas, como la traducción de Grosseteste, y a razonamientos más elaborados como los que brinda a lo largo de todo su escrito.

5. Conclusión

Ciertamente estas dos hipótesis propuestas requerirían sendos trabajos exclusivos para ser comprobadas o rechazadas. Por lo tanto, no es éste el objetivo del presente escrito ni podría adelantarse ninguna conclusión en este sentido.

Lo que sí debería afirmarse sin temor a caer en error es que ambas conjeturas no son incompatibles entre sí. Y -lo que es más importante- ambas insinúan para el florilegio aristotélico un rol de suma importancia cuyo descubrimiento podría romper con el menosprecio generalizado que sufre la llamada «literatura en segundo grado». Al comienzo de este trabajo se dijo que la tarea desempeñada por los florilegios aristotélicos durante el siglo XIII

Williams (ed.) *The Cambridge Companion to Duns Scotus*, Cambridge University Press, Cambridge 2003, p. 359.

había sido la de constituir vehículos de comunicación de la filosofía recientemente descubierta frente a la dificultad técnica que implicaba la reproducción de los manuscritos. Pero la aparición de una cita extraída de un florilegio en la obra principal de un autor como Juan Duns Escoto, quien poseía acceso a las traducciones completas elaboradas desde el texto del Estagirita, obliga a reconsiderar esta teoría.

Se ha visto que, si bien podría tratarse de una cita aprendida de memoria y colocada al pasar -como ha sido el caso en otros importantes teólogos-, existen motivos serios para dudar que Escoto desconociese la divergencia entre la sentencia del florilegio y el texto aristotélico. De este modo, si recurrió a las *Auctoritates* aún con conocimiento de su falta de adecuación total con respecto al original, esto podría haberse debido, por lo menos, a dos causas distintas.

Siguiendo cualquiera de estos caminos puede corroborarse que, ante los ojos del Sutil, el texto del florilegio o bien contiene el sentido auténtico de lo que Aristóteles quiso expresar en su obra, o bien representa una tradición interpretativa que se hallaba presente en su tiempo y que debía ser respetada y tenida en cuenta. Sea cual fuere el caso, el florilegio aristotélico deja aquí de ser un instrumento limitado y deficiente pero imprescindible debido a las circunstancias, para convertirse en una verdadera fuente de sabiduría filosófica con autoridad propia.

Si lo planteado fue el caso también de otros autores contemporáneos o posteriores a Escoto es algo que debería ser indagado. Lo que es indudable es que este tipo de descubrimientos muestran a las claras la necesidad de establecer nuevos caminos de investigación que permitan develar el verdadero peso que los florilegios medievales -en este caso, los aristotélicos- han tenido en la conformación del pensamiento filosófico occidental.

GRETI DINKOVA-BRUUN[*]

MANUSCRIPT BARLOW 21: A VERSE ENCYCLOPEDIA ON THE SEVEN DAYS OF CREATION

The early fourteenth-century Bodleian manuscript Barlow 21 contains a long anonymous poem entitled *Liber Exameron*. As the title suggests, this previously unedited and little studied work is based on the biblical narrative of creation. However, a close examination of its contents shows that the six biblical days of Genesis provide simply an organizational frame for versifying a large amount of encyclopedic knowledge on both the natural and supernatural world. In its impressive 20700 rhymed hexameters, the *Liber Exameron* expounds a wide class of topics, from theology, astronomy and astrology to weather phenomena, botany and zoology[1]. These subjects are covered in Books I to V, while in the final book of the poem the author deals with human anatomy and physiology, presenting in some detail the different parts of the human body, the various bodily fluids, and the five senses. Finally, Book VI contains also a section on different nations, geographical regions, and famous historical figures. In short, as its prologue states, the *Liber Exameron* represents an attempt to glorify the Creator of all things by

---

[*] Pontifical Institute of Mediaeval Studies, Toronto. greti.dinkova.bruun @utoronto.ca. I should like to thank Professor Peter Stotz for reading an earlier draft of this article. His comments and suggestions are always greatly appreciated.

[1] The parchment codex Barlow 21 (henceforth *B*) contains 576 pages, with 7 paper flyleaves at the beginning, which are numbered I-XIV (VI, VIII, XIII and XIV are blank). Pages 576-577 are also of paper and the preceding parchment pages 572-574 are left blank. The medieval section of the manuscript is written in a clear and legible Gothic script, with multiple changes of scribal hands. The poem is copied in single columns, with 37 lines per column. It is surrounded by glosses, often dense. For a cursory description of the manuscript, see F. MADAN, *et al.*, *A summary catalogue of western manuscripts in the Bodleian Library at Oxford which have not hitherto been catalogued in the Quarto series* (7 vols. in 8 [vol. II in 2 parts], Oxford 1895-1953, vol. II, part 2, p. 1055, no. 6459. The manuscript is also mentioned in H. WALTHER, *Initia Carminum ac Versuum Medii Aevi Posterioris Latinorum*, Göttingen 1959, 2nd ed., Göttingen 1969, no. 13258.

expressing in verse (*arte metrica*) the teachings of the philosophers and of the other *auctores*[2].

The knowledge of the natural world exhibited in the poem is indeed impressive, but even more remarkable is the hexameral organization of the material. Medieval encyclopedias are generally not organized in this manner. Neither Isidore of Seville's *Etymologiae*, Rabanus Maurus's *De universo* or Bartholomeus Anglicus's *De proprietatibus rerum* (to mention only a few of the most well-known medieval encyclopedic compilations) are constructed to represent the gradual creation of the world as seen in the first chapter of the Bible. Rather, the material included in them is organized either according to scientific topics, such as the liberal arts, law and medicine, natural resources and biology, ecclesiology and theology, as is seen in Isidore; or hierarchically, from God and the celestial inhabitants to man and his faith in God to other living creatures and plants to gems and garden tools, as is the case with Rabanus Maurus. Many of the same topics are found also in the *Liber Exameron* but they are arranged according to God's creational plan, an approach that both provides the poet with an organizational principle that is easy to follow and links his work to a higher plane of universal meaning.

This connection to a higher signification is underscored also by the presence at the end of each of the first five books of the poem of a section entitled *Allegoria secundum Ysidorum* that adds a further exegetical dimension to the text and connects the physicality of God's creation to the spirituality of Christian theology and morality. Interestingly, there is no *allegoria* following Book VI, but at the end of the poem a prose text is copied under the title *Sentencia Beati Augustini de ymagine Dei in homine* which could be seen as playing the same role as the allegorical passages inspired by Isidore and which can be identified as Chapter 35 of the Ps.-Augustinian compilation *De spiritu et anima liber unus*[3].

---

[2] The prologue is 63 verses long (see *B*, pp. 1-2). The hexameters in question come at its very end; they read:
>Ad laudes huius digne magnalia cuius
>Scribere non quimus studio scribenda subimus
>Teque creaturis quod nostri dicere iuris
>Fas est ex parte metrica nunc scribimus arte;
>Sepius auctorum uel dogmata philosophorum
>Tangimus in multis uerborum scemate cultis.

[3] According to Professor Jacqueline Hamesse, who has been working on this text in the past years, it is preserved in over 500 manuscripts. The compilation, dating from the twelfth century, comprises excerpts mostly from the works of Augustine but some other ancient and medieval authors are represented as well. For an edition of

The so-called Isidorian allegories are the most intriguing feature of the *Liber Exameron*, even though, with their 1490 lines in total, they account for slightly over 7% of the entire length of the poem[4]. It is not unusual to include spiritual explanations in an encyclopedic work. The best example for this practice is Rabanus Maurus who states that his *De universo* will present the reader with three types of material dealing, first, with the nature of things (*de rerum natura*), second with the properties of words (*de verborum proprietatibus*), and third with the mystical signification of things (*de mystica rerum significatione*)[5]. Rabanus is true to his word. The *De universo* is as much an encyclopedia of knowledge of the natural world as it is a companion to biblical exegesis. Terms upon terms are introduced by the Carolingian encyclopedist to be explained allegorically. This is biblical interpretation on a micro level, matching each real thing to its mystical nature. The picture painted by these individual elements is simply a result of their being gathered together in clusters of topical interconnectedness. To this extent Rabanus's *De universo* is composed like an impressionist painting in which the multitude of single dots creates the intricacy of the pictorial representation.

The *Liber Exameron* is different. While adopting the exegetical method used throughout the Middle Ages, the poem makes much broader exegetical connections that create a Christological and ecclesiological meta-reality parallel to the cosmic events of the Creation narrative. Thus, the genesis of the world with all its different components is compared to the birth of Christian faith with all its characteristic attributes.

An excellent example of this «macro» exegesis is seen in the *Allegoria secundum Ysidorum*-section added at the end of Creation Day One. The passage spans over 233 hexameters and is charged with meaning[6]. The relationship between the Bible, the text of the *Liber Exameron* and the sources used by the anonymous poet can be represented as follows:

---

the chapter in question, see P.L. 40, cols. 805-806.

[4] The length of the *Allegoria secundum Ysidorum* is 233 verses in Book 1 (pp. 30-37 in the manuscript), 623 in Book 2 (pp. 80-97), 280 verses in Book 3 (pp. 184-189), 210 verses in Book 4 (pp. 258-264), and 144 verses in Book 5 (pp. 365-369).

[5] See P.L. 111, col. 9B.

[6] For a partial edition of this section of the *Liber Exameron*, see the Appendix to the article.

Text of Vulgate	*Liber Hexameron*	Source/Marginal Notes
Gen. 1:1 In principio creavit Deus caelum et terram.	principium = Christus caelum = spirituales (sc. homines) terram = carnales (sc. homines)	Isidore, *Quaestiones in Vetus Testamentum, In Genesim*, 1.2[7].
Gen. 1:2 Terra autem erat inanis et vacua et tenebrae super faciem abyssi et spiritus Dei ferebatur super aquas.	terra inanis et vacua = caro priuata germine uirtutis et spe salutis tenebrae super faciem abyssi = cecitas et ignorantia texerunt nostras mentes super aquas = super cor nostrum tenebrosum et fluidum	Isidore, *Quaestiones in Vetus Testamentum, In Genesim*, 1.2-3.
Gen. 1:3 Dixitque Deus: Fiat lux et facta est lux.	lux = fides	Isidore, *Quaestiones in Vetus Testamentum, In Genesim*, 1.4.
Gen. 1:4-5 Et uidit Deus lucem quod esset bona et divisit lucem et tenebras, appellauitque lucem diem et tenebras noctem factumque est vespere et mane dies unus.	divisit lucem et tenebras = diuisit iustos, i.e. filios dei et lucis a peccatoribus tamquam a tenebris, iustos uocans diem et illos noctem.	Isidore, *Quaestiones in Vetus Testamentum, In Genesim*, 1.5; Isidore, *Sententiarum libri tres*, I.29[8]; Haymo of Halberstadt, *De varietate librorum sive De amore coelestis patriae libri tres*, III.26[9].

As is seen in this table, the famous opening words of the Bible: «In

---

[7] Isidore's text is printed in P.L. 83, cols. 207B-434A.

[8] For a critical edition of Isidore's *Sententiae*, see *Sancti Isidori Hispalensis episcopi Sententiarum libri tres*, Ed. by P. CAZIER, CCSL 111, Brepols, Turnhout 1998.

[9] Haymo's text is printed in P.L. 118, cols. 875A-958D.

principio creavit Deus caelum et terram» can be translated allegorically to mean: «In Christo creavit Deus spirituales et carnales» (or «God created in Christ the spiritual and the carnal men».) The spiritual men are those who meditate on heavenly matters, love goodness and perform worthy deeds; in brief, those who seek with all their might to live in the light, even when they are surrounded by the murkiness of night (vv. 5-13 in the edition below). The carnal men, or Adam's sons, are those who, in contrast, dwell in the darkness of their carnality, with hearts filled with filth, ruin, and death (vv. 25-26).

The formless and empty earth, *terra inanis et vacua*, symbolizes the human flesh deprived from the seed of virtue and, in consequence, lacking any hope for salvation (v. 30). Separated from the boon of Christian belief, the body lies in the mud teeming with vice, dishonesty, and impiety, insipid without the benefits of faith. In the meanwhile, the blackness that hangs over the abyss contributes to the dark imagery of human baseness by being likened to the moral blindness and profound obscurity of ignorance that envelop the mind and submerge it in sin and depravity. In this gloom and despair «the Spirit of God hovers over the waters» (Gen. 1:2), as though taking stock of the situation. These waters are symbolic of the human heart, a heart that in the poet's poignant description is devious and shady, lying and treacherous, avaricious and poisonous, corrupt and sinful, fluid, vain and mistrustful; in short, a prisoner in a carnal cell of flesh (vv. 59-64).

At this moment God takes pity and utters the most important words of all: «Let there be light» (Gen. 1:3). What is light really in the grand scheme of cosmic creation? It is nothing else but Christian faith, through which a rebirth of the human race is effected in the first day of Genesis. This primordial light of faith descends in the abyss of carnality and elevates man to the heights of heaven by revealing to him the mystery of the Holy Trinity (vv. 87-88). The salvific effects of faith are of unimaginable magnitude, and the poet expresses his wonder at such a splendid gift in a series of verses, in which the words «hac» referring to faith through which salvation is achieved and «nos» referring to us who are the beneficiaries of this divine bequest are repeated in every verse for a striking alliterative and emotional effect (vv. 89-101). By giving faith to us, asserts the anonymous versifier, God saved us from death and made us fit for life. He purified and expiated us, cleansed and adorned us, reconciled us to ourselves, consecrated us and blessed us with virtue, saved us and placed us among the stars. Faith teaches, illuminates, inspires, and guides us towards perceiving truth and away from spiritual death. Thus «Fiat lux» in the physical world is paralleled to «Fiat fides» in the Christian universe. In both cases, the event is of universal and transformative importance. Finally, after the world is brightened by light and the Christian believers are illuminated by faith, God in his eternal wisdom and omnipotence separates the just (*iustos*) from the unjust (*iniustos*) in the same way in which he divided day and night (vv. 111-114). The gloss links this event to Ephesians 5:8, where Jesus says: «Fuistis aliquando tenebre, nunc autem lux in Domino». The sinners, who love darkness and hate light, are thus thrust into Hell to suffer eternal pain in dreariness, while the righteous are rewarded for their merits in the bright splendor of Heaven. The torments which the *peccatores* will endure for their wickedness are vividly described by the poet who amasses an impressive array of words for agony and anguish to paint a chilling picture of unimaginable suffering (vv. 121-127).

So concludes Day One, the most important of all days, during which the meaning of all human history is established with divine brilliance and grace. Without light there is no world and life, while without faith there is no hope and salvation; this is the fundamental principle of God's creation. The poet's major source of inspiration for the allegorical meaning of the events of this first day of Genesis is Isidore. In fact, two works of the Bishop of Seville are used by the poet in this context, namely, the *Quaestiones in Vetus Testamentum* and the *Sententiae*. No wonder then that this section of the poem is given the title *Allegoria secundum Ysidorum*. However, when Isidore's brief and slightly monotonous texts are compared with the *Liber Exameron*'s extensive and elaborate treatment of the same material, the reader is immediately made aware that Isidore has provided only the kernel of exegetical meaning which then has been expanded by the poet into a rich and skillful poetic composition. Stylistically, the allegories in the *Liber Exameron* are definitely above the utilitarian verse techniques employed in the mainstream medieval didactic versifications. In truth, they reveal an author with a significant poetic talent[10].

The method employed by the poet in his composition of the *Liber Exameron* is revealed by two sets of marginal glosses found in Barlow 21, the first representing a list of rubrics that divide the text into smaller more manageable units; and the second adding useful prose outlines of the much longer versification. Both types of annotations represent visual and textual

---

[10] Other medieval poets who versify the same biblical account are discussed in G. DINKOVA-BRUUN, «Why Versify the Bible in the Later Middle Ages and for Whom?: The Story of Creation in Verse», in P. Stotz (ed.), *Dichten als Stoff-Vermittlung: Formen, Ziele, Wirkungen. Beiträge zur Praxis der Versifikation lateinischer Texte im Mittelalter* (Medienwandel – Medienwechsel – Medienwissen, Band 5), Chronos Verlag, Zürich 2008, pp. 41-55.

aids meant to facilitate the reading and the understanding of the poem. The explanatory glosses vary in length, from short notes copied on a couple of lines to extensive comments and often direct quotations from the Bible or other sources covering densely the entire fields of the margins. The glossing is consistent throughout the manuscript, a fact suggesting that it was probably an integral part of the original conception of the work. Few sources are explicitly mentioned in the glosses, even though Isidore seems to have been among the glossator's favourite authorities. For example, in the allegorical section discussed above, the marginal notes encompass mostly quotations from Isidore's *Quaestiones* and *Sententiae*, to which also biblical verses and passages from Haymo of Halberstadt's *De amore celestis patriae* are added, especially in the section on the punishments of Hell (as shown in the Table above). In addition, even a cursory reading of the versification dedicated to Day 3, reveals a close affinity of the poetic text with the third book of Ambrose's *Exameron* (on which more below). Thus, even at this early stage of Quellenforschung, it become clear that the author of the *Liber Exameron* was acquainted with a number of theological and encyclopedic texts.

However, Isidore remains the most influential source upon the poet for the sections that present the mystical interpretation of the creation narrative. As has been shown already, he was familiar with Isidore's *Quaestiones in Vetus Testamentum* and *Sententiae*, which were used throughout the versification. It is to be expected that he knew also the *Etymologiae*, although no direct links to that Isidorian work have been confirmed. In some cases, very long passages from Isidore's treatises are copied in the margins of the manuscript in close proximity to the verse rendition of the same material. An excellent example of this practice is the marginal note on p. 260 of manuscript Barlow 21 that was added in the section explaining the allegorical meaning of the fourth day of creation[11]. The gloss, copying almost verbatim

---

[11] The text of this gloss reads: «Iuxta sensuum enim capacitatem singulis sermo dominicus congruit; et cum sit pro uniuscuiusque (cuiusque *B*) intellectu diuersus, in se tamen permanet (pernet *B*) unus. In libris sacris ideo quedam obscura, quedam aperta reperiuntur, ut intellectus lectoris et studium augeatur. Nam si cuncta paterent, statim intellecta uilescerent. Rursus, si cuncta clausa existerent, cito diffidentiam gignerent» (Isidore, *Sententiae*, I.18.5-6.19-27, CCSL 111, p. 63). Sic ergo disposita sunt, ut quedam quasi nuda facilius intelligantur, quedam uero occultantur, ut studii labore discantur. «Nam pleraque quanto plus latent, tanto magis exercicium prebent» (Isidore, *Sententiae*, I.18.6.29-31, CCSL 111, p. 63); et tanto plus gratiora existunt, quanto plus menti nostre laborem maiorem, ut intelligantur, imponunt. «Hec etiam dies quarta protulit micantium siderum turbam, .i. diuersarum uirtutum in ecclesia numerositatem, que in huius uite obscuritate tamquam in nocte

parts of chapter 18 (*De lege*) of Book I of Isidore's *Sententiae*, deals with the important issue of biblical obscurity and how its presence in Scripture has to be understood as a means for intellectual advancement[12]. To this a passage from Isidore's *Quaestiones* is attached, explaining that the flickering luminaries created in the fourth day symbolize the numerous Christian virtues which shine brightly in the dimness of the worldly life and illuminate the night of ignorance and confusion. It is clear that here the poet makes a threefold connection between God's plan, Christian allegory, and the human understanding of both.

At this point it is worth giving an example of how the poet handles some of the more typically encyclopedic sections that represent the bulk of the text of the *Liber Exameron*. After all, the allegorical passages, as interesting as they are, account for only a fraction of the entire work. Let us look then at Day 3, in which God gathers the waters in one place, creates the land and the seas, and makes the land grow seed-producing plants and fruit-bearing trees. These events, described in Genesis 1, verses 9-13, give the poet the opportunity both to talk about different water- and air-related phenomena and to enumerate various botanical species, with some animals also included in the account. In the first section he deals with, amongst others, lightning, rainbow, rain, snow, hail, dew, light, tempest, wind, and earthquake,[13] while in the mostly botanical part his corpus includes a number of trees (common and exotic), herbs (regular and medicinal), flowers and other vegetation[14].

---

refulgentes diuidant in hoc firmamento scripture sensibilia et intelligibilia quasi inter lucem perfectorum et tenebras paruulorum» (Isidore, *Quaestiones In Gen.*, 1.10, P.L. 83, col. 211AB).

[12] For further discussion on this topic, see G. DINKOVA-BRUUN, «Perturbations of the Soul: Alexander of Ashby and Aegidius of Paris on Understanding Biblical *Obscuritas*» (forthcoming in *Medium Aevum Quotidianum*).

[13] The rubrics in the margins of *B* read:

p. 133: De arcu celesti, Vnde pluuia dicta sit, Quid nimbus, Quid imber;

p. 134: Vnde grando, Vnde nix, Quare gelu, Quid pruina;

p. 135: Quid ros, Vnde caligo, Quare tenebre, Quid umbra, Quid lux, Quid lumen;

p. 136: Quid aura, Quid turbo, Quid tempestas, Vnde fragor, Vnde procella;

p. 137: Quid uentus, De qualitate uentorum, Auster;

p. 138: Aquilo, Eurus, Zephirus;

p. 139: Quare circa terrena non ad superiora mouetur uentus, Vnde sunt uentis tante uires;

p. 140: Vnde mouetur terra, De hiatu terre, etc.

[14] The rubrics in the margins of *B* comprise:

p. 154: De lilii specie, De ceruo;

The botanical entries in particular seem to follow no clear organizational principle, either alphabetical or by species. In fact, some of the plants, such as *helleborus, conium, palma, cipressus, cedrus* and *laurus* are treated repeatedly at various points instead of the author collecting together the information on any given species as in a regular encyclopedia. For example, the two instances where the cypress and the cedar are discussed are as many as three pages apart. In the first case (p. 160) they are grouped with trees that similarly to them grow in high places, such as pines and silver-firs, whereas on p. 163 they are presented together with the laurel, the palm tree, the poplar, and the willow. This arrangement might look arbitrary but in fact it follows precisely the text of Ambrose's *Exameron*, Book III, chapters 11 and 13, which deal with the creation, diversity and usefulness of the various trees[15]. Indeed, the passages on *cipressus* and *cedrus* in the *Liber Examerom* can be considered a versification of Ambrose's text, a conclusion that is supported also by the marginal glosses to these sections of the poem, which reproduce almost verbatim Ambrose's text (see below):

> De cedro et cipresso (*B*, p. 160)
> Erigit hinc gressus, dum tendit ad alta cipressus.[16]
> Inde cedrus scandit iter atque in[17] ardua pandit.
> De cedro (*B*, p. 163)
> Insuspendendis cedrus apta uel instituendis[18]

p. 155: De medicaminibus herbarum, De locusta, De serpente, De culice, De conio, De helleboro, De aconitis;
p. 156: De sturnis, De hilleboro, De mandragore, De apio, De conio, De hilleboro;
p. 157: Natura ouium et caprarum, De ceruo, De colubro, De dracone;
p. 160: De cipresso et cedro, De abiete, De piceis et lauro, De ilice, Descriptio rose;
p. 161: *De uite*;
p. 163: De cedro, De cipresso, De lauro et palma, De populo et salice;
p. 164: De buxo;
p. 165: De palma, De ficu;
p. 166: De malis granatis; De amigdalo; etc.

[15] Ambrose's text is found in *Sancti Ambrosii Exameron*, Ed. by C. SCHENKL, CSEL 32.1, F. Tempsky, Vienna - Prague 1896-1897, pp. 1-261.

[16] The gloss in the left margin of *B* reads: «Hinc pinus, hinc cupressus, hinc cedri in alta se sustulere cacumina» (with the exception of some small variations the text is from Ambrose, *Exameron*, III.11, CSEL 32.1, p. 90.15-16).

[17] in] *om. B*

[18] The gloss in the right margin of *B* reads: «Cedrus suspendendis tectorum apta culminibus sicut et cipressus eo quod huiusmodi materies procera sit spaciis, nec onerosa parietibus, et lacunaribus et fastigiis habilis» (with the exception of some

Summis tectorum fit culminibus uariorum.
Quamlibet annosa, quam maxima non onerosa,
Sed procera, leuis operi gratissima queuis.
   De cipresso (*B*, p. 163)
Culminibus primis, natura cuius ab imis,
Celsior excelsus, habilis manet alta cipressus.
Sicut habes scriptum, quod clamant Cantica dictum:[19]
«Tigna cipressina, laquearia nostra cedrina»,[20]
In quibus ornatum, robur simul et dominatum
Atque decus clarum satis innuit ecclesiarum.

  The observations presented above demonstrate that the Barlow *Liber Exameron* is a poetic pastiche, in which the texts of at least two major authorities – Ambrose and Isidore – are combined to create a new poetic universe. Ambrose provides the organization of the material, Isidore explains its meaning. The versifier, however, transforms these sources into a poem of ambitious scope and surprising originality. God's creation is thus celebrated by the poet in both his respect of tradition and in his courage to surpass it.
  Finally, it is important to mention that manuscript Barlow 21, in which the *Liber Exameron* is found, has an interesting ownership history that allows us to evaluate the reception, which the work enjoyed in later centuries. From a number of marginal notes at the beginning and the end of the codex it becomes apparent that the book has passed though the hands of three famous English collectors: first, Robert Hare (born in 1530), a recusant antiquary and benefactor of the University of Cambridge, who had the book in 1566[21]; second, Sir Henry Spelman (who lived between 1564 and 1641), a famous historian and numismatist who was one of the founders of the Royal Society

---

small variations the text is from Ambrose, *Exameron*, III.13, CSEL 32.1, p. 95.20-22).

[19] The gloss in the right margin of *B* reads: «Vnde Ecclesia dicit in Canticis: *Tigna domorum nostrarum cedrina, laquearia nostra cipressina*» (with the exception of some small variations the text is from Ambrose, *Exameron*, III.13, CSEL 32.1, pp. 95-96).

[20] Cfr. Cant. 1:16.

[21] See *Oxford Dictionary of National Biography (DNB)*: http://www.oxforddnb.com/view/article/12306. See also, A.G. WATSON, «Robert Hare's Books», in A.S.G. Edwards – V. Gillespie – R. Hanna (ed.), *The English medieval book: Studies in Memory of Jeremy Griffiths*, The British Library, London 2000, pp. 209-232, at pp. 214, 222. Reprinted with a short Addendum in A.G. WATSON, *Medieval Manuscripts in Post-Medieval England*, Ashgate, Aldershot – Burlington 2004, Chp. VI, pp. 209-232.

of Antiquaries[22]; and finally, Thomas Barlow, who died in 1691, keeper of the Bodleian Library between 1652-1657 and Bishop of Lincoln from 1675 until his death, who had the book in 1659[23], after which the codex seems to have been added to the holdings of the Bodleian Library in Oxford[24]. On pages IX-XII at the beginning of the manuscript we find a translation into English verse of the Prologue to the *Liber Exameron* written by Spelman «to whome the Manuscript belongeth» on September 5, 1616[25]. As stated on p. IV, Thomas Barlow received the book «ex dono viri et amici integerrimi Domini Veri Spilman Hinrici», and it is possible that Spelman prepared his translation on the occasion of presenting the codex to his friend. The illustrious company of owners of manuscript Barlow 21 shows that this was a book highly valued by the sixteenth and seventeenth-century intellectual elite. It is regrettable that very few modern scholars have exhibited similar interest in this fourteenth-century codex and the intriguing work it preserves.

APPENDIX

Allegoria secundum Ysidorum in Ms. Barlow 21 (*B*), Book 1, pp. 30-34.
    LM = Left Margin; RM = Right Margin.

      Principium queris? Documentis accipe ueris[26]   p. 30
      Principium Christum,[27] scriptura quod intimat istum[28],
      In quo formauit celum terramque creauit
      Ipse pater rerum, Deus orbis luxque dierum.
5   Per celum quales? Intellige spirituales[29],
      Qui bona mente serunt, qui gaudia celica querunt
      Mente, manu, uoce, contra mala corde feroce;
      Qui bona iuris amant, qui se mala spernere clamant
      Actibus et toto conamine, compare uoto
10   Intenti celis prece, pectore, corde, loquelis;

---

[22] See *DNB*: http://www.oxforddnb.com/view/article/26104.
[23] See *B*, p. VII: «Liber Tho. Barlow e Coll. Reg. Oxon. Iul. 22, 1659».
[24] See *DNB*: http://www.oxforddnb.com/view/article/1439?docPos=2.
[25] Inc.: «O boundlesse thou, that all thinge doste disepose».
[26] Gloss in LM: «*In principio fecit Deus celum et terram*» (Gen. 1:1).
[27] Consrtue: «ueris documentis accipe principium Christum (sc. esse)».
[28] Gloss in LM: «Ego *principium qui* (quia *Vulg.*) *et loquor uobis*» (John 8:25).
[29] Gloss in LM: «In hoc principio fecit Deus celum et terram, .i. spirituales qui celestia meditantur et querunt».

Qui bona sectantur, meditantur, iustificantur   p. 31
Fraudibus introrsus deletis pectore prorsus,
Hi lucem querunt, tenebre quandoque fuerunt[30],
Noctis nube trucis erepti munere lucis.
15 Terra carnales signantur, Adam sibi quales[31]
Progenuit primo sub sorde mali, lue, limo.
Quis nouus, eternus uel Adam malus atque ueternus?
Ille capax ceni iurisque[32] rapax alieni.
Hos male fraude sibi similes dedit ad mala scribi,
20 Quos caro carnales dat sensibus ac animales.
Non nouus eternos, set eos uetus ille ueternos[33]
Progenuit morti, quo mors carnis data sorti[34],
Qui[35] ueterem tunicam, ueterate mortis amicam,
Non abiecerunt, set in hac tenebras coluerunt,
25 Hi sub sorde mali, merito mortis generali,
Sunt quia terreni, sunt funere, sunt nece pleni.

Terra uacans uanis primum constabat inanis[36],
Euacuata bonis diuine condicionis.
Nostre terra quidem carnis iacuit male pridem,
30 Germine uirtutis ac spe priuata salutis,
Sordibus obcena, fideique bonis aliena,
Criminibus plena uariisque malis inamena,
Cui mors infesta, scelus atque dolus manifesta[37].
In carnis testa, menti sub clade molesta,
35 Vita minus festa[38], quo mors magis impia mesta[39],

---

[30] Cfr. Eph. 5:8.

[31] Gloss in RM: «In ipso fecit et carnales qui terrenum hominem necdum deposuerunt».

[32] iurisque] iuris *B*

[33] uetus ille ueternos] ille uetus eternos *B*. This emendation, as suggested by Professor Stotz, both takes care of some metrical irregularities and creates the same adjective opposition as seen in v. 17. Gloss in RM: «In Adam enim omnes moriuntur, set in Christo uiuificantur».

[34] sorti] est *add. B sup.l.*

[35] qui] quis *B*

[36] Gloss in RM: «*Terra autem erat inanis et uacua* (Gen. 1:2), terra scilicet carnis nostre priusquam doctrine acciperet formam».

[37] manifesta] sunt *add. B sup.l.*

[38] festa] est *add. B sup.l.*

Moribus incesta, carnis uitiis inhonesta,
Impia, funesta, nullis pietate modesta,
Actibus haut fulta, male mersa uoragine multa,
Prorsus inexculta, fidei sine dogmate stulta,
40   Donec doctrine sibi iure prius peregrine
Acciperent formam, fidei uite quoque normam.

Nocte sua crebre texere profunda tenebre[40]
Horroris missi, faciem nox texit abissi,
Cum funestorum nostras tenebrosa malorum
45   Nox texit mentes, lucis splendore carentes,
Non innitentes luci, tenebrosa scientes,
Ac insistentes uiciis, uiciosa sequentes,
Quas sibi subecit et eas habitacula fecit   p. 32
Hostis et aucta dedit mala, qui miseris scelus edit;
50   Quas facinus lesit, inuoluit, iniuit, inhesit
Et simul accessit, cumulato crimine pressit,
Quis[41] nimis obscuras dedit ignorantia curas
Dans sub mole necis animis obstacula cecis.

Set sacer atque bonus, iuris fideique patronus[42]
55   Spiritus ille dator, purgator, uiuificator
Iure ferebatur, quibus orbis sanctificatur.
Tunc infecundas, modo non steriles super undas
Sic bonus effertur, ad quem decus omne refertur.
Cor super exosum, cor prauum, cor tenebrosum,
60   Cor sibi mendosum, cor mobile, corque dolosum,
Corque uenenosum, cor auarum, corque probrosum,
Zelo corrosum, corruptum, cor uitiosum,
Labile cor fluidum, cor uanum, cor malefidum,
Cor numquam solidum, sub carcere corporei dum
65   Sensus desudat et factis abdita nudat.

---

[39] mesta] est *add. B sup.l.*
[40] Gloss in RM: «*Et tenebre erant super faciem abissi* (Gen. 1:2), quia delictorum cecitas et ignorancie profunda obscuritas corda nostra tegebat».
[41] quis] *intellege* quibus
[42] Gloss in LM: «*Spiritus autem dei ferebatur super aquas* (Gen. 1:2), .i. super cor nostrum tenebrosum et fluidum quasi super aquas iam superferebatur in quo subsistentes requiesceremus».

        Mens carpit[43] pura, dat spiritus huic sua iura,
        Vt magis expurget uitiis cor, quod malus urget
        Hostis et exercet, bonus hoc a labe cohercet.
        Quique bonus[44] parcet, malus omnes fraudibus arcet.
70   Nos malus extollit, humiles bonus a nece tollit,
        Cuius gratuito sub mentis amore perito,
        Non meriti dono fideique speique colono
        Munere ditamur et flatu uiuificamur,
        Vnda mundamur, lauacri uirtute sacramur[45],
75   Extra purgamur, set et intus purificamur,
        Funere priuamur, uitaque beatificamur,
        Celo donamur, quo diuite glorificamur[46],
        Luce decoramur et lumine letificamur.

        «Fiat lux», dixit et celo lumina fixit[47]
80   Hocque potens dicto, non tunc ut mane relicto,
        Carne prius natis, fidei post iure renatis,
        Enituit gratis lux plene credulitatis.
        Facta die prima fidei lux uertit ad ima[48],
        Est quia prima fides et ab hac conuersio uires   p. 33
85   Prima sibi sumit et ab his maiora resumit
        Robora uirtutis, que dant insigne salutis.
        Huius habes munus, si credis quod Deus unus
        Sit pater et natus et spiritus ipse beatus.
        Hac nos influxit, hac nos a morte reduxit,
90   Hac nos indulsit, mundo Deus ipse refulsit;
        Hac nos ditauit, hac nos uite reparauit;
        Hac nos purgauit, hac nos a labe piauit;

---

[43] carpit] *Stotz*, capit *B*

[44] bonus] est *add. B sup.l.*

[45] Gloss in LM: «Huius scilicet spiritus uiuificaremur flatu et unda abluimur».

[46] After verse 77 the manuscript includes a hexameter that intrudes on the grammar, the sense, and the rhyme pattern of the poem. It seems that it has been copied here by mistake. It reads: «Qui decus est plenum, qui mundi lumen amenum».

[47] Gloss in LM: «Dixit quoque Deus: *Fiat lux* (Gen. 1:3), .i. illuminacio credulitatis appareat».

[48] Gloss in LM: «<Prim>a die lucem fidei dedit, quia prima est in conuersione fides. Vnde et illud primum in preceptis mandatum est: *Dominus Deus tuus Deus unus est*» (cf. Mark 12:29). The gloss appears in the margins of two pages, i.e. the bottom of p. 32 and the top of p. 33.

Hac nos mundauit, hac nos melius decorauit;
Hac nos aptauit, hac nos sibi conciliauit;
95 Hac conformauit, hac nos sibi consociauit;
Hac nos ornauit, hac nos ad iura uocauit;
Hac nos optauit, hac nos meritos adamauit;
Hac nos sacrauit, hac nos uirtute beauit;
Hac nos saluauit, hac nos super astra locauit;
100 Hac illustrauit, docuit nos, irradiauit;
Hac inspirauit, dedit, attulit, insinuauit;
Hac cupit impleri, cupit hanc et in orbe teneri;
Vtque sciam ueri, iubet hanc sub morte tueri.
Qua se forte tegunt qui sub fidei uice degunt[49],
105 Dissiliunt multi minus eius robore fulti.

Omnia prenoscens, meritorum iura reposcens[50],
In cuius cura iam fiunt ipsa futura,
Cuius palpebre clarescunt luce tenebre,[51]
Qui cernit cuncta consistendi uice functa,
110 Quemque[52] latent nulla noctis caligine pulla
Principio crebras diuisit luce tenebras,
Hanc his exemit, tenebras lucemque diremit,
Scilicet iniustos, scelere impietatis onustos
Ac meritis[53] iustos, uirtutum luce uenustos,
115 Eloquiis doctis signans sub nomine noctis
Moribus obscuros, mentis sine lumine, duros
Corde ad credendum, fidei quoque luce fruendum.
Luminis exosos, opera uite tenebrosos,
Expertes fidei, uere sine luce diei,
120 Carcere sub ceco, tormento fraudibus equo,
In quo pena, metus, rigor, ardor, lacrima, fletus,   p. 34
Sulfureus nidor, frigus, cruciatio, stridor,

---

[49] Gloss in RM: «Multi enim ad horam credunt et in hora temptationis recedunt» (cf. Luke 8:13).

[50] Gloss in RM: «Iam tunc Deus iuxta prescientie sue graciam diuisit iustos, i.e. filios Dei et lucis a peccatoribus tamquam a tenebris, iustos uocans diem et illos noctem ut dicitur: *Fuistis* (eratis enim *Vulg.*) *aliquando tenebre, nunc autem lux in Domino*» (Eph. 5:8).

[51] Cfr. Ps. 138:12.

[52] quemque] quique B a.c., quamque B p.c.

[53] meritis] *Stotz*, merita B

        Et dolor et languor, lamentum, clamor et angor,
        Mors, gemitus, pestis, pene cumulatio, testis[54]
125   Et labor et cura, meror, consumptio dura,
        Cum male dampnatis manibus pedibusque ligatis[55]
        Per prauos mores penas subeunt grauiores.
        Qui? Male uiuentes, mala nulla cauenda cauentes,
        Ad mala gaudentes, non se, non crimina flentes,
130   Mundo presentes, mundana pericla sequentes,
        Lubrica querentes, complentes, retinentes,
        Etsi credentes factis Dominum fugientes[56].

Note: The remaining 101 verses of the *Allegoria* (pp. 34-37 in *B*) deal with the punishments of the wicked and the rewards of the righteous.

---

[54] testis] est *add. B sup.l.*

[55] Gloss in LM: «Ligatis manibus et pedibus proiciuntur mali in tenebras exteriores» (cfr. Matth. 22:13).

[56] Gloss in LM: «Multi credentes Dominum factis negant» (cfr. Titus 1:16).

IVANA DOBCHEVA[*]

THE UMBRELLA OF CAROLINGIAN COMPUTUS

1. INTRODUCTION

Thinking about the transmission of knowledge during the Early Middle Ages usually makes one regret the decline of earlier scientific thought. It was only trough the translations from Greek and Arabic made in the twelfth century that the Latin West rediscovered important scientific texts such as the works of Ptolemy, Aristotle and Euclid (to name just a few)[1]. Until then, however, the science of Late Antiquity (often termed natural philosophy) had to be saved in the digested and compressed form of medieval encyclopaedias. To use Charles Jones' evaluation of the period, «Roman tradition, diluted through the works of Capella and Macrobius, and combated in vain by Boethius, ebbs away into the tiny surveys of Isidore's and Bede's *De natura rerum*»[2].

An overview of early medieval science, however, should not be so pessimistic. The beginnings of it were modest indeed, but the overall progress and scholarly zeal were considerable enough to serve as a firm foundation for the renaissance of the twelfth century. In this article I propose to examine a short section of this development during the early Carolingian empire, a period termed renaissance because of the cultural and educational flourishing, which was supported and encouraged by Charlemagne himself[3].

[*] Central European University, Budapest. dobcheva_ivana"@ceu-budapest.edu.

[1] On translations during the twelfth century see M.-T. D'ALVERNY, «Translations and Translators», in R. L. Benson - G. Constable (eds.), *Renaissance and Renewal in the Twelfth Century*, Harvard University Press, Cambridge, MA 1982, pp. 421-462. For the fragmentary knowledge of Euclid's *Elements* see M. FOLKERTS, *Euclid in the Medieval Europe*, Overdale Books, Winnipeg 1989 (Questio de rerum natura, 2).

[2] See the introduction to Bede, *Opera de Temporibus*, Ed. by C. W. JONES, Medieval Academy of America, Cambridge MA 1943, p. 125.

[3] There has been much debate about the terminology. See P. LEHMANN, «Das Problem der Karolingischen Renaissance», *I problemi della cività carolingia.*

This cultural phenomenon was not limited only to the Aachen court and school. As early as the ninth century itinerant teachers and students had established intellectual networks of remarkable proportions which are attested by letter correspondence, written records of personal contacts, and manuscript transmissions. The most important side of this renewal was the initiated at that time social and educational reform. Since Charlemagne addressed his admonition towards learning to the whole clergy regardless of their origin, previous education, or inclination towards study, the scope of this initial educational program had to be limited. In this respect, even the Late Antique encyclopaedias, labelled tiny by Jones, could have been too overwhelming with their technical treatment of science[4]. Thus, the body of knowledge needed to be like a wide and shallow well so that everyone could approach and drink from it without any danger of drowning in the depths.

As an example of such a safe ground I shall examined here medieval computus (the study of time reckoning) which provided an umbrella to shelter a significant part of late antique cosmology and natural philosophy regarded auxiliary to it. The analysis is based firstly on the so-called program documents for the educational reform that started in the eighth century. Here my aim is to show how Charlemagne and his leading scholars envisaged computus as a field of study and what they contributed to advancing it in the school curriculum. Secondly, I shall briefly discuss the structure and content of a few manuscripts from the eighth and ninth centuries, focusing on their

---

Settimane di studio del centro italiano di studi sull' alto medioevo 1, Spoleto 1954, pp. 309-358; A. MONTEVERDI «Il problema del rinascimento carolino», ibid., pp. 359-371; G. W. TROMPF, «The Concept of the Carolingian Renaissance», *Journal of the History of Ideas*, 34.1 (1973) 3-26; J.L. NELSON, «On the Limits of the Carolingian Renaissance», in ead. *Politics and Ritual in Early Medieval Europe*, Hambledon Press, London 1986, pp. 49-68; J.J. CONTRENI, «The Carolingian Renaissance», in W. Treadgold (ed.), *Renaissances Before the Renaissance: cultural revivals of late antiquity and the Middle Ages*, Stanford University Press, Stanford 1984, pp. 59-74 and id. «Inharmonious Harmony: Education in the Carolingian World», *The Annals of Scholarship: Metastudies of the Humanities and Social Sciences* 1 (1980) pp. 81-96, both articles are reprinted in J.J. CONTRENI, *Carolingian Learning, Masters, and Manuscripts,* Variorum, Aldershot 1992, articles III and IV.

[4] Only by the middle of the ninth century Carolingian scholars turned their attention to the four Roman works on astronomy (the works of Pliny the Elder, Macrobius, Martianus Capella and Calcidius). For the revival of interest in planetary astronomy, evident in the works and commentaries of ninth-century scholars, see B. EASTWOOD, *Ordering the Heavens*, Brill, Leiden 2007.

conformity with and/ or discrepancy from the royal plan[5]. Hence, this twofold study is aimed to see 1) whether there was a well defined curriculum for studying computus institutionalised at court and introduced as an example for correct teaching in the empire, and 2) what the idiosyncrasies were during the execution of the project in local centres by individual (most often anonymous) *computistae*. It is not the aim of the present article to treat the diverse elements and material found in computistical collections. Instead, based on the analysis of a few representative case studies I shall argue for the possibility to differentiate between types of computistical manuscripts – some designed for the classroom, others for self-education and furthering computistical knowledge, and still others for general reference books or encyclopaedias of natural history. Such a division by form and content will better explain, in my view, the role(s) of computistical manuals in the transmission of knowledge about the natural world.

2. THE CHARACTER OF COMPUTISTICAL MANUSCRIPTS

It is disputed whether computus should be examined as a science, a simple technique, or a body of knowledge[6]. The central point in it was the calculation of the Christian calendar and, most importantly, the dates of Easter and the movable feasts. After much controversy by the seventh century a system providing a perpetual cycle table was established and soon accepted almost universally[7]. Paschal tables offered readymade data showing

---

[5] John Contreni has already pointed a general characteristic of the Carolingian renaissance, namely, the «tension between the demands of an official culture and its diverse manifestations». See J.J. CONTRENI, «The Carolingian Renaissance», p. 68.

[6] See the remark by F. Wallis in her introduction to Bede, F. WALLIS, *The Reckoning of Time*, Liverpool University Press, Liverpool 1999, p. xx, stating that «*Computus,* then, is not an observational science, or a physics of time, but a technique of patterning time into repeating cycles according to certain conventions». However, in looking at the manuscripts of computus and their overall character, she reached the conclusion that computus is neither simply technique, nor a science, but a body of knowledge devoted to time-reckoning with a wide encyclopaedic framework. See F. WALLIS, «The Church, the World and the Time: Prolegomena to a History of the Medieval Computus», in M.-C. Déprez-Masso (ed.) *Normes et pouvoir à la fin du Moyen Âge,* Éditions CERES, Montreal 1989, pp. 15-29, esp. 25.

[7] It is impossible to provide here ample bibliography on computus. For the history of computistics and computistical manuals see the comprehensive discussion in I. WARNTJES, *The Munich Computus: Text and Translation. Irish Computistics Between Isidore of Seville and the Venerable Bede and Its Reception in Carolingian*

the exact date for Easter, while a calendar of the twelve months displayed the fixed feasts. These tables were surrounded by short texts, or *lectiones*, giving basic information on the elements of the tables and a mathematical solution for calculating particular calendrical data, referred to as *argumenta*. A more thorough understanding of the technicalities of the Paschal tables (in which the duration of the solar and lunar year had to be put in concordance) necessitated further introduction to the study of the solar and lunar paths around the zodiac, the actual astronomical phenomena that mark the passing of time. Since Bede's *De temporum ratione* the «pure» computus was often accompanied by short excerpts on cosmology. The material initially added dealt almost exclusively with the two luminaries – the Sun and the Moon – and their course through the zodiacal signs. Later, however, the computistical corpus was augmented with both textual and visual data that was not necessary for understanding of computistical rules, but touched upon the broader context of music, prosody, prognostics, medicine, and astronomy. Because of this feature, computistical collections have long been examined as general books of references intended to educate the readers not only in computus, but also in basic natural philosophy[8].

In his study of the development of the calendar during the Carolingian period, Arno Borst differentiated between what he termed *kurze* and *lange Rahmentexte*, which were used to literally fill up the space in a codex where the calendar would take a maximum of twelve folios[9]. Within the former group are in essence the texts and tables essential for proper calculation of the liturgical year, that is, the already mentioned Paschal tables, *lectiones* and *argumenta*. Sometimes there were additional tables and verses meant to render information in a clear schematic manner and so to help memorise it

---

Times, Franz Steiner Verlag, Stuttgart 2010, pp. XXX-LVI, and also id., «Irische Komputistik zwischen Isidor von Sevilla und Beda Venerabilis: Ursprung, karolingische Rezeption und Forschungsperspektiven», *Viator*, (2011) 1-32 for reference to further literature on the topic.

[8] To his effect is Faith Wallis' characteristic of computistical compendia as «a sort of filing cabinet for the scattered fragments of ancient scientific erudition» in F. WALLIS, «Medicine in Medieval Calendar Manuscripts», in M.R. Schleissner (ed.), *Manuscript Sources of Medieval Medicine*, Garland, New York 1995, pp. 105-143, esp. 108. Charles W. Jones made an even more vivid comparison between computus and «a rolling snowball» growing in such a proportion that it needed «trimming» in C. W. JONES, *Saints' Lives and Chronicles in Early England*, Cornell University Press, Ithaca NY 1947, p. 7.

[9] A. BORST, *Die karolingische Kalenderreform*, Hahnsche Buchhandlung, Hannover 1998, pp. 500-518.

visually or verbally. Within the wider framework of texts, the *lange Rahmentexte*, one can find longer and more comprehensive treatises on computus explaining all its elements and minute details. Usually this was Bede's master work the *De temporum ratione* or its shorter versions the *De temporibus* and the *De ratione computi*; these were refashioned and replaced in the ninth and tenth centuries by the manuals by Carolingian scholars, such as Hrabanus' *De computo* and Helperic's *Liber de compoto*[10]. Other genres of texts added in this wider framework of calendar art were martyrologies and chronicles. Bede had already established the connection between computus and chronicles, devoting significant place in his *De temporum ratione* to the topic of the six ages of the world. Bede's works include sections on astronomy and cosmology which were, however, quite limited to topics closely connected to the Christian calendar science. From the diverse topics covered in his earlier work, *De natura rerum*, Bede transferred only the sections relevant to the lunar month, the tides as dependant on the moon's path, and the solar year to the *De temporum ratione*. There is no information on the course of the planets, nothing on meteorology. The same principle was adopted in earlier Carolingian computistical manuals, for which the works of Pliny, Martianus Capella and Macrobius were too dense and complicated for those with elementary schooling[11].

The texts from the first group, the *kurze Rahmentexte*, give the minimum data which a computistical manual had to cover and which is found with few exceptions in every computistical manuscript. At the same time, the constant reformulations, additions, and exclusions within the wider framework, the *lange Rahmentexte*, makes it difficult (if not impossible) to find two identical computistical manuscripts. To prove this point it is enough to glance at the abundance of computistical manuscripts as well as at the fluidity of the combination of excerpts displayed in Arno Borst's description of computistical manuscripts[12]. His method of looking at the material is guided

---

[10] The *De temporibus* and *De temporum ratione* are edited by C.W. JONES in Beda, *Opera de temporibus*, pp. 293-325 and 139-342 respectively. See also *Bede On the Nature of Things* and *On times*, tr. and comm. by C.B. KENDALL - F. WALLIS, Liverpool University Press, Liverpool 2010; *Bede: The Reckoning of Time*, tr. and comm. by F. WALLIS, Liverpool University Press, Liverpool 2010. For the question about Bede's dependency on Irish computus see D.Ó. CRÓINÍN, «Bede's Irish Computus» in Id. *Early Irish History and Chronology*, Four Courts Press, Dublin 2003, pp. 201-212.

[11] A. BORST, *Kalenderreform*, p. 503.

[12] A. BORST, *Schriften zur Komputistik im Frankenreich von 721 bis 818*, Hahnsche Buchhandlung, Hannover 2006, pp. 207-317.

by the aim of documenting every occurrence of the texts he edited. If one is, however, interested in the manuscripts as instances of the local understanding and teaching of computus, one needs a detailed record of the content of every manuscript with a local origin or provenance relating to computus.

As the aim of this article is not to focus on the computus in a particular centre, but to delineate main types of computistical manuals, I shall focus only on a few examples which in themselves provide evidence for the state and mode of teaching computus in the period. For this purpose it seems proper to apply a sociological approach to computistical manuscripts and to examine them as the physical realisation of a project carried out by a compiler (perhaps even the master himself) to supply the need of his students. In this respect it is important to analyse the content and design of the books with an awareness of their personal character and purpose. Namely, one has to consider whether it was teachers, professional *compotistae* or clerics who selected and shaped the material for their personal use or for that of a classroom.

3. THE BODY OF KNOWLEDGE AVAILABLE AT THE BEGINNING OF THE CAROLINGIAN PERIOD

The choice of material to be included depended of course on the source available at the time. Undoubtedly, there were computistical manuals among the books brought by missionaries to the continent in the seventh century. Around 690, for instance, Willibrord had the (now called) *Computus Cottonianus* made for his mission in Frisia[13]. By that time the tradition of structurally organised textbooks was already taking ground in Ireland. Three Irish examples – the *Computus Einsidlensis*, the *Munich computus* and the *De ratione conputandi*, composed between 689 and 727 – are preserved in continental manuscripts leaving no doubt as to their continental transmission[14]. To these manuals one must add the three works of Bede

---

[13] See I. WARNTJES, «The Computus Cottonianus of AD 689: A computistical formulary written for Willibrord's Frisian Mission», in I. Warntjes - D.Ó. Cróinín (eds.), *The Easter Controversy of Late Antique and the Early Middle Ages. Its Manuscripts, Texts, and Tables*, Brepols, Turnhout 2011, pp. 173-212.

[14] For the Munich computus see n. 5 above. *De ratione conputandi* is edited in M.WALSH and D.Ó CRÓINÍN, *Cummian's Letter* De controversia paschali, *Together with a Related Irish Computistical Tract,* De ratione conputandi, Pontifical Institute of Medieval Studies, Toronto 1988. For *Computus Einsidlensis* see J. BISAGNI - I.

mentioned above – the *De temporibus* (703), the *De natura rerum* (c. 703), and the *De temporum ratione* (725)[15].

Irish computistical manuals made no reference to the astronomical side of time-reckoning[16]. The evidence from textbooks, however, might not mirror the actual teaching of Irish missionaries on the continent. A prominent example is Virgilius of Salzburg (c. 700-784), an Irish man educated at Iona, who is known to have taught that the earth is a sphere and that there are other people living in the antipodes, below our habitable region[17]. Despite this scant information, the mere mention that the eighth-century Irish professed such a theory must raise the possibility that teachers could have extended oral lectures on computus beyond the material transmitted in their Irish or Anglo-Saxon textbooks and included cosmological material (in this case, Vergilius might have been using Isidore of Seville's *De natura rerum*). One should also keep in mind that the computistical texts were just one part of computistical manuscripts. Due to the lack of earlier manuscript witnesses it is unclear whether already in the Irish tradition «pure» computus was not meant to be accompanied by other texts, some of which touching upon cosmological or astronomical issues. With the relatively few publications within the field of early medieval science in Ireland and England and Irish

WARNTJES «The Early Old Irish Material in the Newly Discovered *Computus Einsidlensis* (c. AD 700)», *Ériu*, 58 (2008) 77-105.

[15] See note 8 and also Bede, *De natura rerum*, Ed. by CH.W. JONES, Turnhout 1975 (Corpus Christianorum series latina, 123A).

[16] See the conclusive remarks of I. WARNTJES, *Munich Computus*, p. LIII «Seventh-century computistics was a mathematical rather than an astronomical science. Basic lunar and solar theory for explaining the structure of the solar and lunar calendar was all they were concerned with in astronomical terms». A list of capitula part of the *De computo dialogus* from AD 658 (preserved in the Sirmond texts in MS Oxford, Bodleian Library, Bodley 309, f. 62r-v) includes chapter titles *de zoziaco circulo et de xii signis celi et eorum nominibus; de cursu solis et lunae per xii signa; de vii stellis errantibus; de ascensu solis et descensu hoc est quomodo crescit dies uel nox; de eclypsi soli et lunae*. These topics do not seem to be treated later in the manuscript, but if they are indeed genuine to the mid-seventh century collection, they present an evidence of interest in astronomical phenomena in Ireland already at that period. For further discussion see D.Ó. CRÓINÍN, «Bede's Irish Computus», pp. 202-3.

[17] «...si clarificatum fuerit, ita eum confiteri, quod alius mundus et alii hominess sub terra sint seu sol et luna – hunc habito concilio ad aecclesia pelle, sacerdotii honore privatum». See the letter of Pope Zachary to S. Boniface in MGH Epistolae (Quarto), vol. 3, Berlin 1892, p. 360.

and English missionaries in the Early Middle Ages, this topic must be treated with caution[18].

In order to see an example of how this body of knowledge was adopted on the continent I shall discuss briefly two computistical manuscripts from the second half of the eighth century which present interesting clues for the way they were used. The first is MS Paris, Bibliothèque national de France, lat. 7530 written between 779 and 796 in the abbey of Monte Cassino. Bernard Bischoff refered to it as an example of a teacher's personal collection of materials for instruction used in a period when no specific textbooks had been adopted yet[19]. Louis Holz who also studied the manuscript and analysed its features, concluded that it includes «des connaissances jugées nécessaires à l'époque et dans le lieu où le codex a été réalise»[20]. The compiler organised the manual starting with grammar, rhetoric, and dialectic and then proceeded to the discussion of numbers and computus. The material related to computus includes:

272r-276r	Priscian, *De figuris numerorum*
276v	Table for multiplication
277v-280r	Calendar
280v-281r	Bede, *De temporum ratione*, ch. 1 (finger reckoning)
281r	*Argumenta* for finding the moon in each month
281v	Table of the 12 months and the moon phases
	Verses on the sun's course through the zodiac
282r	*Horologium viatorum*
	On the number of days, the *nones* and *ides* in each month

---

[18] For the role of Anglo-Saxon missionaries see R.H. BREMMER JR. «Anglo-Saxon Continental Mission and the Transfer of Encyclopaedic Knowledge», in R.H. Bremmer Jr. - K. Dekker (eds.), *Foundations of Learning: The Transfer of Encyclopaedic Knowledge in the Early Middle Ages*, Peeters, Paris-Leuven-Dudley, MA 2007, pp. 19-50. The idea that there were no secular sources of scientific data in Ireland was advanced in M. SMYTH, *Understanding the universe in seventh-century Ireland*, Boydell Press, Woodbridge 1996. This idea is refuted in D. Cróinín's critical review of Smyth's book in *English Historical Review* 113 (1998) 397-98. See also D. CRÓINÍN, «The Irish as Mediators of Antique Culture on the Continent», in P.L. Butzer - D. Lohrmann (eds.), *Science in Western and Eastern Civilization in Carolingian Times*, Birhäuser Verlag, Basel 1993, pp. 41-52.

[19] B. BISCHOFF, «Libraries and School in the Carolingian Revival of Learning», in id., *Manuscripts and Libraries in the Age of Charlemagne,* Cambridge University Press, Cambrdige 2007, pp. 93-114, esp. 100.

[20] L. HOLZ, «Le Parisinus Latinus 7530, synthèse cassinienne des arts libéraux», *Studi Medievali* 3rd Series, 16 (1975) 97-152, esp. 99.

	Argumenta and table on how to find the weekday
282v-283v	Further argumenta for using the Paschal table
284v-287r	Paschal table
287v-287v bis	*Lectiones* and *argumenta*
288r-v	Isidore's *Etymologiae* VI, 17, 10-32 (*de ratione paschali festivitas et ut quid ita celebretur*)
289r-290v	World-chronicle based on Isidore's *Etymologiae* V, 38-39

It is interesting to note the smooth shift from the preceding discussion on dialectic (ff. 266r-272r) to Priscian's explanation of the Latin terminology of mathematics. In a way the *De figuris numerorum* reads like a «grammar of numerology». The student was thus introduced first to the different types of numbers (ordinal, cardinal, distributive numerals etc.) and then learnt how to multiply by 4, 7, 11, 15, 19, 28, 30 and 59, which are numbers particularly useful for calculating data in the Paschal tables. An excerpt from Bede's massive manual taught him how to do finger reckoning, while the short *argumenta* and additional tables were used to establish the weekday, the hour, and the position of the sun and moon within the zodiac. All this handy knowledge was set around the Christian calendar and the Paschal tables with the *argumenta* and *lectiones* providing the instructions for their use.

The selection of material was clearly guided by the aim of making a basic introduction to mathematics for the use of computus and not a more general discussion of natural history. The existence of another eighth-century manuscript, also originating from Monte Cassino – MS Bamberg, Staatsbibliothek, Patr. 61[21] – provides an irrefutable argument that scholars there had at their disposal Cassiodorus' *Insitutiones,* Isidore's *De natura rerum* and Gregory of Tours' *De cursu stellarum*. Having this in mind, the modest selection of text pertaining to computus in MS Paris, BnF, lat. 7530 and the virtually nonexistent treatment of astronomy or natural history can be explained by the limited scope of the school curriculum. There was available material which could have been arranged in a comprehensive manual devoted to computus and astronomy, but apparently the two fields of study were perceived as corresponding to different levels of instruction – computus for the novices and astronomy for the advanced independent readers.

A similar approach to the organisation of a manual for future clergy is presented in the MS St. Gall, Stiftsbibliothek, 225, dated between 760 and

---

[21]For a catalogue description see G. SUCKALE-REDLEFSEN, *Katalog der illuminierten Handschriften der Staatsbibliothek Bamberg.* Vol. 1: *Die Handschriften des 8. bis 11. Jahrhunderts*, Harrassowitz Verlag, Wiesbaden 2004, pp. 3-10.

797[22]. Although the table of contents placed at the beginning might be posterior to the codex (for the quire marks start with the first quire after it), the quire marks at the end of the quires and the running numbering of texts show that the manuscript was envisaged as a collection from the very start. Unlike the textbook of Monte Cassino, the St. Gall manuscript does not seem to be a school book for elementary education. To judge by the texts included, it served as a manual for the clergy, providing ample material for the correct understanding and explanation of the Scriptures with excerpts from Isidore's *Differentiarum libri duo* (pp. 33-61) and his *Allegoriae sacrae scripturae* (pp. 62-113) and other smaller exegetical texts on the different books of the Old and the New Testament. In between these sections there are several chapters on computus including:

pp. 114-119	Paschal tables (ch. VI)
pp. 120	*Horologium viatorum* (ch. VII)
	Incipit compotus: On the number of days, the *nones* and *ides* in each month; table for multiplication with 7 and 59 (ch. VIII)
pp. 122-125	*Argumenta* for the bissextile day (ch. VIIII), the *annus a mundi principio* (ch. X), the *annus domini* (ch. XI), the indiction (ch. XII), the *concurrentes* (ch. XIII), common and embolismic lunar year (ch. XIIII), the *annus a passione domini* (ch. XV)
pp. 126-127	Excerpt from Isidore, *DNR*, VII, 4-6 (on the seasons and their qualities) with the usual rota diagram (ch. XVI)

The comparison between the two manuscripts reveals that both collections offer more or less the same level of understanding on how to use the calendar and the Paschal table by the means of argumenta. In the latter example there is little reference to cosmology – the excerpt taken from Isidore on the qualities of the seasons, their duration, and the dates of their beginning and end. The first part of the explanation, *secundum naturalem*, is followed by his interpretation *iuxta allegoriam*, which makes this excerpt congruent with the immediate context of the manuscript, which includes also theological and exegetical material[23]. All this implies that the book was used

---

[22] For a detailed description of the manuscript and analysis of its computus sections see K. SPRINGSFELD, «Eine Beschreibung der Handschrift St. Gallen, Stiftsbibliothek, 225», in I. Warntjes - D.Ó. Cróinín (eds.), *Computus and Its Cultural Context in the Latin West, AD 300-1200*, Brepols, Turnhout 2006, pp. 204-237.

[23] Following Isidore's excerpt there are two chapters of immediate relevance for future or current clergymen: chapter XVII, *De sollemnitatibus* on pp. 126-129,

by a cleric for everyday references. Among the other duties of the clergy they were also responsible for the correct reckoning of the Christian calendar – a requirement that was repeated numerous times during the whole Middle Ages[24]. They could easily accomplish this task without understanding astronomical phenomena and their relation to time. This fact probably determined the character and scope of the material presented in this collection.

4. THE CAROLINGIAN COMPUTISTICAL TEXTBOOKS AND THE DRIVING FORCE OF CHARLEMAGNE'S *ADMONITIO GENERALIS*

One of the first continental comprehensive manuals on computus was compiled in the year 760 probably somewhere in the Rhine valley[25]. The so-called *Lectiones sive regula conputi* comprises almost exclusively computistical material in the form of *figurae*, *lectiones* or *argumenta*. The breadth of information suggests that its addressees were not novices in school but scholars who had already acquired elementary education (perhaps even mastered the kind of rule-of-thumb time-reckoning examined above) and could now engage in more advanced instruction and problem solving. As the content of the work is discussed by Arno Borst, I will only point to the section which marks the introduction of solar theory as a proper part of the textbook itself. These are three chapters on the course of the sun through the zodiac. The first (VIIII.5 *De cursu solis per signa*) gives a formula for calculating the sign the sun is in; the second (VIIII.6 *De nominibus signorum*) introduces the connection between the months and zodiacal signs, giving their Greek and Latin names; the third (VIIII.7 *De introitu solis in signa*) shows the calendar date when the sun enters each of the twelve signs. The minimal information set almost at the very end of the manual clearly reveals the distinction between computus and natural history still ruling at the

---

explains the etymology and meaning of church feasts, while chapter XVIII, *De grecis nominibus* on pp. 129-132, is a kind of a dictionary for liturgical terminology (explaining terms such as *theos, antifonum, agios* etc.)

[24] For discussion about capitulars addressing the computistical skills required from bishops in the ninth and tenth centuries see A. BORST, *The Ordering of Time: From Ancient Computus to the Modern Computer*, tr. A. Winnard, University of Chicago Press, Chicago 1993, pp. 47-48.

[25] For the argumentation see A. BORST, *Schriften*, pp. 527-8. The edition of the text is ibid. pp. 544-659.

time. As in previous textbooks the compiler only took solar theory into consideration.

This trait, however, changed in the next decades and the typical computistical manuscript from the ninth century already includes textual or visual material reflecting an interest going beyond mere calculation to the cosmic order which actually governs the passing of time. An explanation for this development presents itself when one considers the characteristic feature marking Charlemagne's rule. For, his impetus towards unification of his empire also influenced his vision of storing and managing knowledge. Just as he imposed one text of the Bible, one liturgy and one script so he insisted that there should be uniformity in the manuals produced at the time, including those for the study of computus. The *Admonitio generalis* from 789 documents Charlemagne's preoccupation with this matter. In it he demanded that bishops provide schooling for boys so that they would learn *psalmos, notas, cantus*, and *compotum*. Perhaps his requirement to use corrected handbooks was even more important[26].

Exactly what Charlemagne meant by *computus* remains unclear, however. Was it the narrowly defined calculation of Easter and the correct manipulation of tables and *argumenta* or was computus already a common term for time-reckoning and cosmology? Would the demand to use corrected books (if one accepts that this also referred to the study of computus) mean that teachers no longer had the liberty to use their own material (as in MS Paris, BnF, lat. 7530), but had to follow a manual approved by the court scholars that represented the royal idea of what comprised the curriculum?

The *Admonitio* itself does not provide the answers to these questions, but the court's ideas about it were perhaps mirrored in the composition of a new textbook, the *Annalis libellus* from 793, four years after Charlemagne's admonition was issued[27]. Unlike both the previous Irish and continental

---

[26] *Admonitio Generalis*, Ed. by A. BORETIUS, in *Capitularia regum francorum*, vol. 1, MGH Leges (Quarto), Hannover 1883, pp. 59-60. I have been unable to consult the new edition of the text – *Die Admonitio Generalis Karls des Grossen*, Ed. and comm. by H. MORDEK, K. ZEICHIEL-ECKES - M. GLATTHAAR, Hahnsche Buchhandlung, Hannnover 2012 (Monumenta Germaniae Historica. Fontes iuris Germanici antiqui in usum scholarum separatim editi 16).

[27] For edition and discussion of the textbook see A. BORST, *Schriften*, p. 660-772. There might have been another textbook composed earlier with the same purpose, the so called Fulda computus. On it see I. WARNTJES, «Irische Komputistik», p. 23. Another manual written in the same short period was Alcuin now lost *Libellus annalis*. The teaching of this manual can perhaps be deduced from his smaller treatises and letters to Charlemagne on the topic of computus. See K.

examples, this manual contains more extensive treatment of astronomical topics in the final sections. Chapters LXVI to LXVIII borrow material from the second and eighteenth books of Pliny's *Naturalis historia* inserting information on the five planets, on the Aselli group of stars in the constellation Cancer and in the Milky Way. These are followed by brief information on the date when the sun enters each sign, on the course of the sun and the moon through the zodiac, on the *interlunium*, on solar and lunar eclipses, and, finally, on the distances among the earth, the moon, the sun, and the fixed stars (chapters LXVIIIa to LXX).

By following the sociological approach and taking this manual to reflect the teaching practice of its producers, one can use the arrangement of the material as a reflection of a possible curriculum for a medieval computus class. In this particular case after mastering the computus the students were shown the physical workings of the universe and its relations to the progress of time. This information was not limited only to solar and lunar theory but also touched upon stellar and planetary astronomy. What is even more fundamental is the way the compiler explained eclipses with the help of geometric astronomy and so urged the reader to form a mental image of a geocentric universe with the two luminaries circling a stationary earth. Such an understanding could not be gathered only from the succinct information in the chapters. With the lack of diagrams within the manual a student needed the help of a teacher who (like the compiler himself) was already familiar with the detailed treatment of planetary order in the works of Bede or Pliny and could explain it verbally or perhaps even draw an image during teaching.

Perhaps this need of additional sources was the reason why Isidore's and Bede's homonymous works, *De natura rerum*, were often bound together with computistical texts. The content of the famous manuscript Cologne, Erzbischöfliche Diözesan- und Dombibliothek, 83^{II}, a computistical collection dated between 798 and 805, can serve as an example. Recently Immo Warntjes has shown that during the eighth century Cologne was a leading centre for the study of computus where different traditions and diverse source texts were fused in an attempt to come up with a well-structured manual[28]. If the *Lectiones conputi* is examined as the first great

---

SPRINGSFELD, *Alkuins Einfluss Auf Die Komputistik Zur Zeit Karls Des Grossen*, Franz Steiner, Stuttgart 2002.

[28] I. WARNTJES, «Köln als naturwissenschaftliches Zentrum in der Karolingerzeit: Die frühmittelalterliche Kölner Schule und der Beginn der fränkischen Komputistik», in H. Finger - H. Horst (eds.), *Mittelalterliche Handschriften der Kölner Dombibliothek*, Dombibliothek, Cologne 2012, pp. 41-96.

repository of computistical material[29], the Cologne manuscript can be viewed as a repository for material on computus and its relations to astronomy. A codicological examination, by which one can differentiate separate codicological units in this massive collection, also supports this conclusion:

2r-14v	World chronicle
15r-28v	Compilation of excerpts from Isidore, *Etym.* III, 1-16, 23-50 with additions on the units of time
29r-44v	*Computus Lunae* in 67 chapters drawing on Isidore and Bede; the *De computo dialogus* and the *De XIIII divisionibus temporis*
45r-69v	Introduction to the study of computus (etymologies and historical background), followed by *argumenta and regula*
70r-85v	Paschal tables, calendar, and diagrams
86r-125v	Sections from Bede, *De temporum ratione*
126r-145r	Isidore, *De natura rerum* with additions
146r-171v	The *Revised Aratus Latinus* (star catalogue)
172r-203r	Letters on the topic of computus
204r-218v	Short excerpts from Macrobius, Isidore and others on weights, measurements, and calendar reckoning

There is no doubt that the core of the book is the calendar and Paschal tables, surrounded by the brief *argumenta* and the lengthier treatise of Bede. As an introduction to the computus the reader finds a unified compilation of excerpts from Isidore (ff. 15r-28v). The presence of a table of contents at the front shows a consideration on the side of the compiler to offer easily digestible information on the role of numbers within the mathematical arts, the division of time and the cosmological framework within which time actually passes.

The presence in the same manuscript of two other booklets – the first, Isidore's *De natura rerum*, illustrated with the usual diagrams (ff. 126r-145r), the second a star catalogue (ff. 146r-171v) – puts even stronger emphasis on cosmology and astronomy. Such knowledge, as noted above, was not necessary for the simple calculation of the *argumenta* nor was it needed for using the tables for which the *lectiones* supply the terminology and explanations. Clearly, however, the *computistae* did not consider such information superfluous. The mere fact that this compiler took the opportunity to include these astronomical sections shows that he had a broad and deep understanding of the relation between computus and astronomy and therefore considered them as one body of knowledge.

---

[29] A. BORST, *Schriften*, p. 531.

There are, nevertheless, indications which show that at the beginning of the ninth century such an understanding was not widely accepted and the type of computistical manual used by the majority covered only the basic techniques for time-reckoning. This evidence comes from the *Capitula de quibus convocati compotistae interrogati fuerint* from 809, labelled by Jones as: «an early medieval licensing examination» on computistical topics[30]. The examined *compotistae*, gathered perhaps from throughout the empire, demonstrated that they had mastered rule of thumb calculations and could use the *argumenta* and tables. The disappointment came when they could not explain the reason behind the principles, which as noted above, were connected mainly with solar and lunar astronomy, a topic rarely presented in short computistical collections of the type found in MS Paris, BnF, lat. 7530 and MS St. Gall, Stiftsbibliothek, 225. The outcome of this computistical conference was the decision to put together a new revised and updated textbook. This led to the composition of the *Aachen encyclopaedia* (also referred to as the *Libri computi*) devised in seven books and around 150 chapters, which dealt with every aspect of computus, presenting an example of what computus should teach[31].

Within the broader context of computus in the fifth book excerpts from the works of Pliny, Macrobius, and Martianus Capella were added, as well as an *Aratea* star catalogue, which offered the reader a sound understanding of stellar and planetary astronomy, measurements, and distances. Many of the excerpts were supplied with diagrams to further facilitate comprehension of the material[32]. Until this time the breadth of computus had depended on the curiosity and erudition of the teacher, who was often the compiler of the manual. The idea behind the *Aachen encyclopaedia* was that the teacher would no longer be responsible for gathering material or discussing the scant allusions to cosmology and astronomy in manuals. The court scholars, who were presumably the most learned ones, did that task for their «provincial» colleagues so that all students would have access to the same body of

---

[30] C.W. JONES, «An Early Medieval Licensing Examination», *History of Education Quarterly* 3 (1963) 19-29.

[31] For edition and analysis of the text see A. BORST, *Schriften,* p. 1054-1334, and see also id., «Alcuin und die Enzyklopädie von 809», in P. L. Butzer - D. Lohrmann (eds.), *Science in Western and Eastern Civilization in Carolingian Times*, Birhäuser Verlag, Basel 1993, pp. 53-78.

[32] For discussion of the diagrams see B. EASTWOOD, «Planetary Diagrams for Roman Astronomy in Medieval Europe, ca. 800-1500», *Transactions of the American Philosophical society* new series, 94.3 (2004) i-xiv, 1-158.

knowledge even if their local library had no books on the topics or their teachers were ill-prepared.

This guiding principle of uniformity came, of course, with the cost of simplification. For example, the scholars who stood behind this collection were probably well aware that there was more than one version of the planetary order, but they followed only Pliny's account. For gathering further information, readers had to consult the primary sources from which these excerpts were taken and could not rely on the succinct data in the encyclopaedia. Such an individual approach seems more probable for those advancing to a higher level of education, one that could be equated with the liberal arts. As the number of such students was scarce in 809, the message of the encyclopaedia was directed at the majority who, following Charlemagne's orders, were suppose to study computus and not the liberal arts.

The *Aachen encyclopaedia* was important in propagating the widening of the discipline, but its reception was perhaps not as vast as it was planned. There are, in fact, only three extant complete copies of the encyclopaedia, one in Madrid (MS Madrid, Biblioteca national, 3307) and two in Rome (MSS Vatican city, Biblioteca Apostolica Vaticana, Vat. lat. 645 and Reg. lat. 309), which were all copies made for members of the Carolingian royal family[33]. Of course the list of manuscripts can be extended further if one adds the instances when separate chapters or groups of chapters were copied in later collections. Even with this in mind, it seems that only a few could afford a copy of this mammoth work, while the majority were content with borrowing parts of it for their local collections.

Even after the completion of the *Aachen encyclopaedia* and the revision that soon followed (the *Liber calculationis* from 818), scholars continued their efforts to organise knowledge on computus and natural history in comprehensive manuals using newly rediscovered or composed sources. The last example to be discussed here, MS Laon, Bibliothèque municipale, 422 written between 810-830, is marked by the personal impetus of its compiler

---

[33] See E. RAMIREZ-WEAVER, *Carolingian Innovation and Observation in the Paintings and Star Catalogs of Madrid, Biblioteca Nacional, Ms. 3307*, phd diss. New York University 2008, p. 106-108. A forth manuscript, now MS Paris, BnF, n.a.l. 456, is a late tenth-century copy with many gaps and substitutions.

who probably had access to rich library holdings[34]. Here is the schematic content:

1r-22v	Isidore, *De natura rerum*
22v-70v	Computistical-astronomical collection *Capitula de astronomia et compoti*
71r-73r	Benedictions
73v-91r	Isidore, *Sententiarum libri tres*

As noted by Barbara Obrist the manuscript presents a vast collection of texts and excerpts manifesting the desire of the person responsible for it to put every source about the structure and function of the universe in one place[35]. Judging by the ample borrowing from Carolingian computistical textbooks, the compiler was well aware of the sources available at the time and felt free to combine them. His independence is manifested, for example, in his choice to take only chapters pertaining to the calendar units from the *Aachen encyclopaedia*, but to replace the fifth book with an original compilation on astronomy and cosmology. Isidore's *De natura rerum* was used as an introduction to the manual. Clearly aware of its limitations, the compiler then added a collection of 104 chapters, combining sections from Bede's *De natura rerum*, Isidore's *Etymologiae*, and borrowing freely from previous major computistical manuals[36]. This was done in a premeditated manner so that there is no repetition of information or incongruence in the structure. From Bede, for example, only data not treated by Isidore was taken, referring to the planets, their order, apsides, and colours, to comets, to the zodiacal signs, the Milky Way and the course of the moon. As Bede's *De natura rerum* constituted the last, seventh, book of the *Aachen encycloaedia*, the inclusion of this material in a computistical manual was not a novelty. Original was, however, the method used in the Laon manuscript where Bede's work was broken up in chapters which were then arranged in the narrative in a logical sequence.

---

[34] The origin of the manuscript is uncertain. See J.J. CONTRENI, *The Cathedral School of Laon from 850 to 930, Its Manuscripts and Masters*, Arbeo-Gesellschaft, Munich 1978, pp. 47-48.

[35] B. OBRIST, «Les manuscrits du 'De cursu stellarum' de Grégoire de Tours et le manuscrit 422, Laon, Bibliothèque municipale», *Scriptorium*, 56 (2002) 335-345, esp. 343.

[36] For the exact location and identification of the computus excerpts see BORST, *Schriften*, pp. 238-9.

Additionally, the compiler also used sources that were less well known, such as Gregory of Tours' *De cursu stellarum* (ff. 54v-56v). This Christian description of the night sky complemented Isidore's account of the constellations from the *Etymologiae*, III, 71 (ff. 34v-35r), which also offered compressed mythological information. Another type of star catalogue, the Ps-Bede *De signis coelis* (ff. 26v-30v), might have attracted the reader more with its illustrations than with its usefulness for locating constellations in the sky. Despite its breadth and originality, this is still a manual on computus and astronomy and one must not think that students learnt liberal arts from it (for once it is not even certain if the book was used in a classroom environment at all). Notable, however, is the realised potential of computus as an umbrella subject for general knowledge on the universe, which, given the opportunity, was supplied with information from textual and visual, late antique and Christian sources.

5. Conclusions

Based on this analysis it is possible to discern three main factors for the existence of these different types of computistical manuscripts: 1) the courtly attempt to institutionalise the subject; 2) the monastic settings with the gradual increase of interest in natural history and liberal arts, and 3) the requirement that bishops know basic computus. The analysed manuscripts demonstrate a how astronomy was gradually introduced to the computistical manuals following the modest example of Bede and the Irish manuals brought by missionaries. The royally approved *Aachen encyclopaedia* greatly influenced the widening of computus, as it provided both an example and a database of excerpts which *computistae* could then include in their manuals and teachings in school. While previous manuals depended on the teacher's competence to explicate the brief astronomical data, Charlemagne's court scholars took the effort to compose a coherent and harmonious account of the cosmos illustrated with diagrams. It is, however, misleading to think that the royal example replaced all other manuals. The examples discussed above demonstrate that there were many differences between individual computistical compilations which ultimately depended on the personal interest and aim of the compiler. If a monastic school had a master skilled in teaching natural science, a computistical-astronomical manual could serve as an intermediate step from basic education to the liberal arts. Bishops, on the other hand, who had to be constantly reminded of their obligation to study computus, seem to have relied only on the basic rule of thumb calculations, tables, and memory-aid verses. In all respects, the above treated material has demonstrated the importance of studying individual computistical manuals not only as evidences for the development of computus (either in general or in particular centres), but also as the physical witnesses of the diverse level of comprehension and learning of astronomy within one period and often even within one centre. It is important to remind oneself that such diversity marks the character of the Middle Ages, of which the computus is just one topic.

CHRISTOPHE ERISMANN*

LE RÔLE DES *COMPENDIA* DANS LA TRANSMISSION DE LA LOGIQUE ARISTOTÉLICIENNE. REMARQUES LIMINAIRES

La pratique de la compilation du savoir a connu un développement fécond dans le monde byzantin. Le premier humanisme byzantin, pour reprendre la belle expression de Paul Lemerle, compile beaucoup; il suffit de mentionner les exemples de la *Suda* ou du *Lexicon* de Photius pour attester de l'affinité byzantine pour une approche encyclopédique du savoir. La philosophie, et plus particulièrement l'étude de la logique, est partie intégrante de ce phénomène. On observe une production importante de collections de définitions de termes logiques ou d'origine philosophique ainsi que de manuels de logique spécifiquement destinés à des lecteurs versés dans la théologie chrétienne. Les *compendia* de logique ont été particulièrement utilisés et très influents, et ce surtout à partir du septième siècle, dans les disputes opposant les partisans de la christologie du concile de Chalcédoine aux monophysites. Par *logique*, il faut entendre ici principalement le contenu de l'*Isagoge* de Porphyre et des *Catégories* d'Aristote, ou plus précisément des définitions de termes et des concepts provenant à l'origine de ces textes. Ils reflètent souvent l'enseignement et la pratique exégétique des maîtres de l'école néoplatonicienne d'Alexandrie.

Les manuels, résumés et florilèges ont joué un rôle important dans la transmission de la logique aristotélicienne. Plus fondamentalement, et c'est le point que nous souhaitons développer dans cet article, ils contribué au mouvement progressif d'acceptation de la logique aristotélicienne. Ils ont été également l'une des bases du développement d'une théologie plus philosophique.

1. DESCRIPTION DU CORPUS

Le corpus est vaste; il s'enrichit particulièrement à partir des VIe et VIIe siècles. Il prend presque toujours la forme de recueils de définitions de

---

*Université de Lausanne. Christophe.Erismann@unil.ch.

termes clés comme *essence*, *hypostase*, *nature*, *espèce*, etc. Les définitions combinent parfois des éléments propres à la tradition patristique et des éléments théoriques issus de la tradition philosophique d'étude de la logique. Bien souvent, ces textes, pour la part logique, réfèrent ultimement aux traités d'Aristote et de Porphyre mais dépendent plus directement de l'exégèse des traités logiques proposée par les maîtres de l'école néoplatonicienne d'Alexandrie, David et Elias notamment. Dans certains exemples de recueils de définitions – par exemple parmi les définitions attribuées à Maxime le Confesseur –, l'on distingue entre le sens d'un mot « selon les philosophes » et le sens « selon les Pères ». Ces définitions peuvent soit former une section à l'intérieur d'un traité, soit constituer un opuscule à part entière (comme les nombreuses collections de définitions circulant sous le noms de Maxime le Confesseur, dont certaines sont authentiques et d'autres non), soit, dans la version la plus complète, être développées en une véritable introduction à la logique dont l'exemple le plus abouti est la *Dialectica* de Jean Damascène[1]. Ce texte reflète dans sa structure l'ordre d'étude en vigueur dans l'école néoplatonicienne: à savoir d'abord la lecture des prolégomènes à la philosophie, puis l'étude de l'*Isagoge* de Porphyre et des *Catégories* d'Aristote. Les éléments de pure logique aristotélicienne sont plus présents dans les deux derniers types de textes.

Comme le note très justement Mossman Roueché, la perspective de rédaction de ces textes était utilitaire: « Their value admittedly lay in their utility: they transformed the formal, inaccessible lectures of the Alexandrian Aristotelians into easily digestible lists and summaries, which both preserved and transmitted the elements of classical logic, while making the tools of orderly argument available to the dogmatist »[2].

Ces écrits témoignent de l'importance croissante prise par les définitions des termes dans la pratique du discours théologique (une pratique intellectuelle qui se reflétera dans le monde latin dans le *Contre Eutychès et Nestorius* de Boèce). Comme le souligne M. Roueché, ce phénomène

---

[1] Sur la Dialectica, voir G. RICHTER, *Die Dialektik des Johannes von Damaskos: Eine Untersuchung des Textes nach seinen Quellen und seiner Bedeutung*, Passau 1964; K. OEHLER, «Die Dialektik des Johannes Damaskenos», in id., *Antike Philosophie und Byzantinisches Mittelalter*, Munich 1969, p. 287-99; A. SICLARI, *Giovanni di Damasco: La funzione della* Dialectica, Perugia 1978. Pour une discussion du contenu philosophique du texte, cfr. C. ERISMANN, «A world of hypostases: John of Damascus's rethinking of Aristotle's categorical ontology», *Studia Patristica*, 50 (2011) 251-269.

[2] M. ROUECHÉ, «Byzantine Philosophical Texts of the Seventh Century», *Jahrbuch der Österreichischen Byzantinistik*, 23 (1974) [61–76], p. 67.

s'atteste à la fois par « the use of the word ὅρος to describe the credal formulations of the ecumenical councils » et par « the gradual replacement within these formulations of the imprecise vocabulary of the evangelists by the scientific vocabulary of the philosophers »[3]. Une définition correcte des termes était souvent perçue comme un moyen sûr d'échapper à l'hérésie. Ainsi, dans cette optique, définir correctement *ousia* et *hypostasis* pour les questions trinitaires, puis comprendre adéquatement *physis* pour les questions christologiques, permet d'éviter l'erreur ou d'incliner vers une position jugée hérétique. Les formules dogmatiques débattues peuvent en effet, selon la signification que l'on donne aux mots qui les composent, exprimer un sens très différents. De là, l'importance et la nécessité de disposer de listes de définitions jugées correctes, comme le souligne à nouveau Mossman Rouèché: « The defining of the terms upon which an argument was to hang became in some cases the essence of the controversy, and it was inevitable that this should result in the elaboration and compilation of lists of 'correct' definitions for use in the literary warfare of the period ».

L'intérêt pour les ensembles de définitions est également attesté par la transmission des textes: l'on peut observer que dans certains cas, comme celui du traité *Viae Dux* d'Anastase du Sinaï[4], la section du texte contenant les définitions proposées va connaître une destinée propre en étant transmise indépendamment des écrits d'origine dont elle était une partie intégrante.

2. UN RÔLE HISTORIQUE

Nous ne pouvons analyser ici toute la richesse et la variété des ces œuvres ; il est en revanche possible de souligner le rôle tenu par ce genre littéraire dans un phénomène plus vaste, celui, progressif, d'acceptation de la logique aristotélicienne par les théologiens chrétiens[5].

---

[3] «A Middle Byzantine Handbook of Logic Terminology», *Jahrbuch der Österreichischen Byzantinistik*, 29 (1980) [71-98], p. 72.

[4] Cfr. la *descriptio codicum* proposée par K.H. UTHEMANN en préambule à son édition de ce texte pour le *Corpus Christianorum* (CCSG 8, Turnhout, Brepols, 1981).

[5] Pour une description synthétique de ce processus, cfr. M. FREDE, «Les *Catégories* d'Aristote et les Pères de l'Église grecs », in O. Bruun, L. Corti (éd.), *Les 'Catégories' et leur histoire*, Vrin, Paris 2005, p. 135-173. Cfr. aussi J. DE GHELLINCK, «Quelques appréciations de la dialectique et d'Aristote durant les conflits trinitaires du IVe siècle», *Revue d'histoire ecclésiastique*, 26 (1930) 5-42.

La logique – comme plus généralement la philosophie – a été regardée avec méfiance durant les premiers siècles du christianisme. L'usage de concepts philosophiques n'était pas perçu comme un gage de rigueur dans le raisonnement théologique, mais comme une référence indue à une science profane, païenne et exogène au christianisme. Cette attitude critique va peu à peu évoluer. Les grands auteurs cappadociens du IVe siècle – avant tout Basile de Césarée et Grégoire de Nysse – témoignent d'une bonne culture philosophique et n'hésitent pas à intégrer thèses et concepts philosophiques dans leur réflexion. Avec Léonce de Byzance et Maxime le Confesseur, ce point va devenir encore plus manifeste.

D'abord considérée comme une science extérieure au christianisme dont l'application à la théologie mène à l'hérésie, la logique est peu à peu acceptée, valorisée, puis va même être perçue comme condition de la formulation d'énoncés orthodoxes en ce qu'elle contribue à une juste définition des termes. Une image évocatrice est utilisée par Anastase du Sinaï (Anastasius Sinaiticus) dans la préface à la collection de définitions qu'il fournit dans son traité *Viae Dux* (I, 3, 26-33): souhaitant souligner que le fondement solide de toute connaissance rationnelle est constitué par des définitions correctes, il écrit que, sans de telles définitions, les controverses théologiques sont comme des batailles de nuit (*nuktomachia*) ou entre aveugles (*tuflomachia*). Anastase poursuit en insistant sur le fait que, selon lui, les hérétiques, en particulier à Alexandrie, aiment dogmatiser sur la nature ou l'hypostase du Christ, mais qu'ils n'ont aucune idée de ce que sont une nature ou une hypostase[6]. Le raisonnement implicite est évident: leur hérésie découle directement d'une compréhension inexacte des termes centraux, due à l'absence de définitions correctes.

Comment ce mouvement s'explique-t-il ? Différents éléments de réponse peuvent être invoqués. Le premier est que, dès le VIIe siècle, le paganisme ne représentait plus une menace importante pour un christianisme solidement implanté. Il devenait dès lors beaucoup plus facile d'intégrer l'héritage philosophique antique, de prendre l'or des Egyptiens, selon une

---

[6] Anastasius Sinaiticus, *Viae Dux*, éd. UTHEMANN, 19: 26-33: Ἀλλ' οὕτω πως ὥσπερ ἔν τινι νυκτομαχίᾳ, μᾶλλον δὲ τυφλομαχίᾳ, οἱ πολλοὶ τῶν αἱρετικῶν, οἷς συνετύχομεν, τὰ περὶ Χριστοῦ δογματίζειν ἐδοκίμαζον· οἷς ὡς ἀληθῶς καὶ πλατὺν γέλωτα κατεχέομεν, καὶ μάλιστα κατὰ τὴν Ἀλεξάνδρου πόλιν. Τί γὰρ ἂν καὶ ἔσται τούτου καταγελαστότερον; Περὶ φύσεως ἐδογμάτιζον καὶ τί ἐστι φύσεως ὅρος ὅλως οὐκ ἠπίσταντο· περὶ ὑποστάσεως ἐφιλονίκουν καὶ τί ἐστιν ὑπόστασις οὐκ ἐγίνωσκον. Καὶ τὰ λοιπὰ ὁμοίως.

métaphore d'origine biblique. Un deuxième argument tient au fait que les auteurs qui pratiquaient et enseignaient la logique aristotélicienne dans l'école philosophique la plus importante du temps – l'école néoplatonicienne d'Alexandrie – étaient, comme leur nom en témoigne, des chrétiens – que l'on pense à David, à Elias, au pseudo-Elias ou encore à Etienne. Même si leur christianisme ne se reflète pas dans leurs travaux, il peut avoir contribué à présenter leur travail en logique sous un jour plus favorable. Je souhaite ajouter à cette liste un nouvel argument, provenant de la transmission textuelle de la logique aristotélicienne. En effet, très vite, le contact au contenu logique ne s'est plus fait par l'entremise des textes eux-mêmes mais par la médiation des *compendia* et des florilèges. Les *compendia* ont contribué à cette acceptation de la logique, en atténuant la provenance païenne de leur contenu. En effet, le travail de compilation du savoir s'est accompagné de deux pratiques qui, l'une comme l'autre, ont dû faciliter l'acceptation du contenu des œuvres logiques: l'anonymisation des sources d'une part et le placement, souvent pseudépigraphique, sous le patronage d'autorités reconnues de l'autre.

Le problème de la logique ne réside pas tant dans son contenu que dans sa provenance, c'est-à-dire dans le profil intellectuel des auteurs qui ont contribué à son développement par la rédaction de traités. L'exemple le plus net est évidemment Porphyre. Un texte fondamental de l'enseignement tardo-antique en logique est l'*Isagoge*, notamment parce qu'il permet de penser le rapport entre individu et espèce. Or ce traité est l'œuvre d'un auteur, Porphyre, qui fut un adversaire acharné du christianisme contre lequel il rédigea un traité polémique[7]. Pourtant, des thèses clairement identifiables comme provenant de l'*Isagoge* vont être abondamment reprises par des auteurs chrétiens. Il suffit de mentionner son explication de l'individualité des individus par un faisceau de propriétés non essentielles. Il ne semble pas que les auteurs qui reprennent ces thèses les identifient comme porphyriennes – probablement parce qu'ils les ont lues dans un manuel ou un compendium, où elles étaient présentées de façon anonyme. En effet, la littérature de compilation, en tout cas dans le domaine logique, a pour habitude de taire la provenance des doctrines présentées, de les anonymiser. En effet, ces

---

[7] Un remarquable état de la recherche sur le traité *Contre les Chrétiens* de Porphyre a été proposé par M. ZAMBON dans sa notice «Porphyre de Tyr. Contra Christianos» in R. Goulet (dir.), *Dictionnaire des Philosophes antiques*, tome Vb, Paris, CNRS Editions, 2012, p. 1419-1447. Cfr. aussi R.M. BERCHMAN, *Porphyry against the Christians*, Brill, Leyde 2005.

ouvrages ne citent que rarement les noms des auteurs des théories qu'ils véhiculent (que ce soit Aristote, Porphyre ou les exégètes alexandrins dont les prolégomènes à la philosophie ou les commentaires ont été passablement repris). Contrairement à la pratique exégétique des néoplatoniciens, ce type de textes ne vise pas à expliquer ce que l'auteur commenté a cherché à dire, mais présente le contenu des textes souvent dans une forme simplifiée. Ainsi, de toute la *Dialectica* de Damascène, qui reprend les points principaux de l'*Isagoge* de Porphyre et des *Catégories* d'Aristote, Porphyre et Aristote ne sont jamais mentionnés comme sources des doctrines logiques. Le nom d'Aristote n'est mentionné que deux fois de toute la *Dialectica:* la première mention (éd. Kotter 116: 68-70) est relative au grand et au petit, la seconde (131: 45) se rapporte à la question du mouvement et fait référence au passage de *Physique* 224b 8-10. Ce qui veut dire qu'aucune des thèses fortes du traité aristotélicien – distinction entre substance première et substance seconde, primat ontologique des substances premières, etc. – n'est présentée comme une contribution d'Aristote.

Une autre caractéristique fréquente des *compendia* de logique est le placement de la doctrine logique présentée sous l'autorité indiscutable de théologiens reconnus tels Maxime le Confesseur. Voici deux exemples de titres de traités qui, tous deux, invoquent l'autorité de Maxime sur la présentation de concepts logiques:

> Ὅροι σὺν Θεῷ εἰς τὴν εἰσαγωγὴν Πορφυρίου καὶ εἰς τὰς κατηγορίας Ἀριστοτέλους: τοῦ αὐτοῦ Μαξίμου τοῦ ὁμολογητοῦ [cod. Athos Vatoped. Gr. 57, ff. 257vo-261 vo[8]]

> Τοῦ αὐτοῦ μακαριωτάτου Μαξίμου, εἰς τὴν εἰσαγωγὴν Πορφυρίου καὶ εἰς τὰς κατηγορίας Ἀριστοτέλους. Τί ὁρισμὸς καὶ τί ὅρος; [cod. Vaticanus gr. 507, ff. 130-131[9]]

Dans les deux cas, la subordination de l'autorité d'Aristote et de Porphyre à celle de Maxime est manifeste. Dans les deux cas aussi, il est fort probable que Maxime n'en soit pas l'auteur. L'on assiste à un phénomène similaire à celui que l'on peut observer dans le monde latin autour de l'opuscule anonyme résumant la doctrine des *Catégories* d'Aristote que l'on nomme aujourd'hui *Paraphrasis themistiana*. Ce texte a circulé durant le haut Moyen âge sous le titre *Categoriae decem* et surtout sous le nom

---

[8] Edité par M. ROUECHÉ, in «A Middle Byzantine…» op. cit.
[9] Edité par M. ROUECHÉ, in «Byzantine Philosophical Texts…» op. cit.

d'Augustin. Il est indéniable que cette fausse attribution à l'évêque d'Hippone a augmenté sa diffusion de même que son influence.

Les thèses et les concepts d'origine aristotélicienne n'apparaissent pas comme des éléments théoriques païens, mais comme des concepts validés par des auteurs de référence. En anonymisant les textes ou en les attribuant, de façon parfois indue, à des théologiens respectés, les *compendia* ont contribué à rendre ces outils conceptuels logiques beaucoup plus acceptables aux yeux des théologiens chrétiens.

Dans une perspective d'histoire doctrinale, l'étude de ces textes s'avère intéressante sur plusieurs points.

3. LA CONTRIBUTION DOCTRINALE

La contribution des *compendia* ne se limite pas à la dimension de transmission et d'acceptation de la logique, mais consiste aussi en un apport doctrinal. Ils ont contribué à la diffusion d'une certaine interprétation de la logique et de l'ontologie aristotéliciennes, issue de la réinterprétation, de la reformulation et de l'enrichissement de la logique porphyro-aristotélicienne par les auteurs chrétiens. Je me contenterai ici de mentionner deux aspects de cet apport: une compréhension de la substance privilégiant la substance seconde et l'introduction du concept d'*enhypostaton* pour exprimer la réalisation de la substance commune ou universelle dans un individu.

Le point principal de reformulation tient à la conception de la notion de substance, d'*ousia*. Au IVe siècle, Basile de Césarée et Grégoire de Nysse ont introduit une distinction qui va déterminer en profondeur toute la pensée patristique ultérieure. Ils proposent de distinguer l'*ousia* de l'hypostase, comme ce qui est commun de ce qui est particulier ou, pour le dire en termes philosophiques, comme l'universel du particulier[10]. Motivée par des questions théologiques, cette distinction va être généralement admise et utilisée également pour le monde sensible. La conséquence immédiate en est la redéfinition du concept d'*ousia*, de substance, qui en vient à ne signifier « plus que » l'essence commune, c'est-à-dire l'espèce ou le genre. Ainsi le concept aristotélicien d'*ousia*, exprimant tant la substance première – cet homme, ce cheval – que la substance seconde – l'espèce chat ou le genre

---

[10] Basile de Césarée soutient qu'il y a la même différence entre essence et hypostase qu'entre ce qui est commun et ce qui est particulier, par exemple entre animal et un certain homme: Οὐσία δὲ καὶ ὑπόστασις ταύτην ἔχει τὴν διαφορὰν ἣν ἔχει τὸ κοινὸν πρὸς τὸ καθ' ἕκαστον, οἷον ὡς ἔχει τὸ ζῷον πρὸς τὸν δεῖνα ἄνθρωπον (Lettre 236, éd. COURTONNE, vol. 3, 53: 1-3).

animal – est scindé en deux. *Ousia*, qui est désormais comprise comme une entité nécessairement commune à plusieurs individus, sert à exprimer l'espèce ou, pour utiliser le terme qui prévaut en contexte chrétien hellénophone, la nature. La notion d'individu – la substance première – est, quant à elle, rendue par *hypostase*. Léonce de Byzance et surtout Maxime le Confesseur vont systématiser ce geste théorique[11]. Les manuels de logique ultérieurs – comme la plupart des auteurs patristiques – vont adopter et répercuter ce changement conceptuel. Or, un tel geste théorique comporte une implication ontologique forte quant à l'existence des entités universelles. En effet, si toute substance est commune, c'est-à-dire universelle, et si l'on souhaite garantir la substantialité du monde sensible, il faut bien admettre une certaine réalité des entités universelles – ce dont attestent les *compendia* de logique. Ainsi, quand on lit que l'*ousia* subsiste en grec *pragmatikôs*, réellement, il est difficile de ne pas y voir une inflexion réaliste de la logique.

L'enrichissement, quant à lui, vient de l'ajout, au corpus standard de concepts logiques aristotéliciens tels *ousia* ou *eidos*, de concepts typiquement chrétiens. Le champ sémantique le plus développé est celui d'*hypostase* et de ses composés. *Hypostase* est bien évidemment un concept d'origine philosophique. Mais il va prendre une telle importance et revêtir des significations si différentes qu'il est permis de le considérer comme un ajout des auteurs chrétiens. Dans le domaine lié à l'ontologie du monde sensible, *hypostase* vient à désigner l'individu (*atomon*), la personne (*prosopon*) et à remplacer la notion aristotélicienne de substance première. Cette resémantisation s'accompagne de l'apparition de termes nouveaux, *enhypostaton*, enhypostasié, qui peut vouloir dire soit *existant*, soit *réalisé*

---

[11] Je ne peux que rejoindre le constat de L. Thunberg selon lequel: « for both Leontius [of Byzantium] and Maximus, Aristotle's *substantia prima* has more or less disappeared […] and thus the element of individuality is no longer safe-guarded by the term [οὐσία] in any of its senses », in L. THUNBERG, *Microcosm and Mediator. The Theological Anthropology of Maximus the Confessor*, Open Court, Chicago 1995, p. 84. Ce constat peut être étendu à toute la tradition qui dépend de Maxime le Confesseur.

Ainsi, Maxime peut affirmer qu'essence et nature sont la même chose, car les deux appartiennent à ce qui est commun et universel en tant qu'elles sont prédiquées de plusieurs individus qui diffèrent par le nombre et qu'elles ne sont jamais limitées à une seule personne. Cfr. *Opuscula Theologica et Polemica* 14, PG 91, 149 B: ἄμφω γάρ κοινόν καί καθόλου, ὡς κατὰ πολλῶν καὶ διαφερόντων τῷ ἀριθμῷ κατηγορούμενα, καί μήποτε καθοτιοῦν ἑνί προσώπῳ περιοριζόμενα.

dans une hypostase[12] ; *anhypostaton*, son correspondant négatif exprimant l'inexistence ou l'absence de réalisation dans une hypostase. Indépendamment d'un riche usage théologique, ces concepts sont intégrés dans la logique interne des *Catégories*, servant à exprimer le mode d'être de l'espèce dans ses individus, l'instanciation de l'universel spécifique. Comme en témoigne cette définition issue d'un recueil attribué à Maxime le Confesseur:

> L'*enhypostaton* est ce qui est commun selon l'essence, c'est-à-dire l'espèce en tant qu'elle subsiste réellement dans les individus qui lui sont subordonnés et non en tant que pensée en un pur concept.[13]

Il est difficile de sous-estimer l'intérêt doctrinal de cet ajout[14], qui permet de combler un manque terminologique dans les *Catégories*, un terme exprimant l'inhérence d'une entité dans une autre sur un mode autre que celui de l'accident, c'est-à-dire un concept pour penser l'immanence d'une entité essentielle.

Dans le cas de la logique dans la première pensée byzantine, comme en d'autres matières, l'étude du matériel scolaire, des instruments de travail, permet d'illustrer, voire de mieux cerner des évolutions culturelles importantes. Dans le cas précis des *compendia* de logique, ce sont des mutations doctrinales que cette étude permet de documenter, soulignant ainsi l'intérêt pour l'historien de considérer ces siècles comme un chapitre à part entière de la longue et riche histoire de la logique aristotélicienne.

---

[12] Pour une histoire de ce terme, voir le livre de B. GLEEDE, *The Development of the Term* ἐνυπόστατος *from Origen to John of Damascus*, Brill, Leiden 2012.

[13] Maxime, *Opuscula theologica et polemica* 14, PG 91, 149BC: Ἐνυπόστατόν ἐστι, τὸ κατὰ τὴν οὐσίαν κοινόν, ἤγουν τὸ εἶδος, τὸ ἐν τοῖς ὑπ' αὐτό ἀτόμοις πραγματικῶς ὑφιστάμενον, καὶ οὐκ ἐπινοίᾳ ψιλῇ θεωρούμενον. La caractérisation très ontologique de l'*ousia* dans ce passage – πραγματικῶς ὑφιστάμενον – témoigne d'une forte influence de Léonce de Byzance, auquel Maxime emprunte le concept de πρᾶγμα ὑφεστὼς (*Contra Nestorianos et Eutychianos*, PG 86, 1277C).

[14] Pour étude du concept d'*enhypostaton* dans l'ontologie de Maxime le Confesseur, cfr. C. ERISMANN «A logician for East and West: Maximus the Confessor on Universals», in D. Haynes (éd.), *Maximus the Confessor: A Saint for East and West*, Eugene, Oregon, Wipf and Stock, à paraître.

Francesco Fiorentino*

IL COMPENDIO LOGICO DI GIOVANNI BURIDANO

Giovanni Buridano nel II capitolo del III libro delle *Questioni sulle Meteore* racconta di aver assistito alla caduta di un fulmine sulla cappella del collegio parigino fondato dal card. Lemoine, di origine piccarda, che non può aver costruito la cappella se non dopo la previa autorizzazione pontificia pervenuta sicuramente il 30 agosto 1308. Dunque assumo, come già ha fatto A. Ghisalberti[1], il 30 agosto 1308 come *terminus post quem* si deve collocare la presenza buridaniana nel collegio parigino. Questa data va associata ad un documento dell'Università di Parigi risalente al 9 febbraio del 1328 è firmato da Buridano come rettore della stessa università[1].

Queste due evidenze disegnano i bordi sfumati della lunga carriera di Buridano, che volle *consenescere in Artibus*, senza mai iscriversi alla Facoltà di Teologia. Licenziatosi alle Arti dopo il 1320, Buridano divenne rettore nel 1327-1328 e nel 1340. Nominato canonico di Arras senza obbligo di residenza da Clemente VI il 19 giugno 1342, dal '47 concorse con altri maestri a ristrutturare l'amministrazione finanziaria e riorganizzare gli uffici religiosi; designato dall'Università di Parigi titolare di una cappellania nella chiesa di S. André-des-Arcs nel '48, un anno dopo ricevette un terzo beneficio sempre da Clemente VI[2].

Grazie al suo prestigio personale addivenne alla composizione di una vertenza confinale anglo-piccarda tra gli anni 1356 e 1358, l'ultima data certa sulla biografia buridaniana. Tutti questi benefici resero Buridano economicamente indipendente dall'Università di Parigi[3].

---

* Università degli studi di Bari «Aldo Moro» (Italia). fiorentino12@libero.it.

[1] Cfr. A. Ghisalberti, *Giovanni Buridano, dalla metafisica alla fisica*, Vita e Pensiero, Milano 1975, p. 9.

[1] Cfr. F. Fiorentino, *Giovanni Buridano dalla logica alla cosmologia*, Tesi di laurea, Università di Bari, Bari 1999, cap. 1, par. 2.

[2] Cfr. F. van Steenberghen, *La philosophie au XIII siècle*, Bloud - Gay, Louvain-Paris 1966, p. 79.

[3] Cfr. F. Fiorentino, Giovanni Buridano dalla logica alla cosmologia op. cit., cap. 1, par. 2.

Durante la sua intera carriera Buridano compose la sua opera più famosa: le *Summulae de dialectica,* diversamente appellate «Lectura de summa logicae». Quest'opera – come ha spiegato G. Klima[4], il traduttore dell'intera opera in inglese – fornisce un manuale completo di logica aristotelica, che approfondisce svariati temi di filosofia del linguaggio, della mente e della scienza. Tale manuale copre ogni aspetto della logica tardo-medievale al punto da essere trasmesso nella tradizione successiva sotto il nome di «compendium totius logicae», nome sancito nell'apparente *editio princeps* veneziana del 1499 ad opera di Giovanni Dorp, maestro all'Università di Parigi tra il 1493 ed il 1505[5].

L'opera di Buridano esordisce con la falsa attribuzione ad Aristotele della lettera ad Alessandro[6]. Questa lettera serve a Buridano per paragonare la ratiocinatio cum exercitio al dux dell'esercito. Come il dux dell'esercito, tale ratiocinatio, che equivale alla logica, ha due fini, l'uno di aggressione nell'estirpazione di tutti gli errori con la sofistica e l'alktro per la pace nella direzione dei corretti ragionamenti con la dialettica; questi due fini orientano la vita sia in senso speculativo sia pratico[7].

Con questo paragone Buridano intende trattare di tutta la logica, esponendo e supplendo le *Summulae* attribuite a Pietro Ispano[8], «immo etiam aliter aliquando quam ipse dixerit et scripserit dicendum et scribendum, prout mihi videbitur oportunum»[9]. Questo intento avvalla ad un tempo le opinioni di J. Pinborg[10] e di L. M. de Rijk[11], dal momento che Buridano si propone di assumere Pietro Ispano come base della sua esposizione, in modo tale da legittimare l'adozione delle *Summulae* ispaniane nei programmi universitari –

---

[4] Cfr. G. KLIMA, *Introduction*, in John Buridan, *Summulae de Dialectica*, trans. G. KLIMA, Yale University Press, New Haven - London 2001, pp. XXX-XXXI.

[5] Cfr. Ioannes Dorp, *Perutile compendium totius logice cum preclarissima solertissimi viri Joannis Dorp expositione*, ed. Venetiis 1499.

[6] Cfr. John Buridan, *Summulae de Dialectica* op. cit., p. 3.

[7] Cfr. ID., *Summulae de propositionibus*, ed. R. VAN DER LECQ, Brepols, Turnhout 2005, Prooemium, pp. 6-7 (Artistarium 10.1).

[8] Cfr. Petrus Hispanus, *Tractatus, called afterwards Summule logicales,* ed. L.M. DE RIJK, Assen, Van Gorcum 1972).

[9] Ioannes Buridanus, *Tractatus de propositionibus* op. cit., p. 7.

[10] Cfr. J. PINBORG, 'The *Summulae,* Tractatus 1, De introductionibus', in J. Pinborg (ed.), *The Logic of John Buridan*. Acts of the Third European Symposium of Medieval Logic and Semantics, Museum Tusculanum, Copenhagen 1976, p. 72

[11] Cfr. L.M. DE RIJK, *Introduction*, in *Ioannes Buridanus, Summulae de suppositionibus*, ed. R. VAN DER LECQ, Brepols, Turnhout 1995, p. XIV (Artistarium 1.4).

come ha pensato Pinborg –; ma tale esposizione dimostra fin dal principio un'autonomia speculativa, che non si addice ad un mero commento – come ha rillevato de Rijk.

Definita la dialettica come l'arte delle arti, che introduce ai principi di tutti i metodi, Buridano illustra il piano dell'opera:

> Istum librum dividemus in novem tractatus. Quorum primus est de propositionibus et earum partibus et passionibus; secundus erit de praedicabilibus; tertius de praedicamentis; quartus de suppositionibus; quintus de syllogismis; sextus de locis dialecticis; septimus de fallaciis; octavus apponetur de divisionibus, definitionibus, demonstrationibus, de quibus auctor noster in hoc libro suo non tractavit. Nonus erit de practica sophismatum. Sed in hac lectura istum ultimum tractatum ego exsequar cum lectura aliorum octo tractatuum[12].

Dunque, le *Summulae* di Buridano si compongono di nove trattati, che riguardano rispettivamente le proposizioni e le loro proprietà[13], i predicabili[14], le categorie, le supposizioni[15], i sillogismi, i *loci dialectici*, le *fallaciae*, le divisioni, le definizioni e le dimostrazioni[16], infine gli esercizi sofistici, con cui si applicano ai casi particolari i concetti assimilati nei precedenti trattati[17]. Mentre quest'ultimo trattato è indipendente dagli altri, il penultimo è aggiunto alle *Summulae* ispaniane e può avere un vago retroterra nella *Summa logicae* di Guglielmo d'Ockham.

Il primo trattato buridaniano è citato negli altri sotto il nome di de introductionibus, ossia con il nome del corrispondente trattato di Ispano. Il trattato buridaniano è formato di otto capitoli, di cui il primo de quibusdam praemittendis equivale ai capitoli 1-3 di Ispano, il secondo de nomine, verbo et oratione ai cap. 4-6, il terzo de propositione ai cap. 7-10, il quarto de oppositionibus propositionum cathegoricarum ai cap. 11-14, il quinto de aequipollentiis al cap. 18, il sesto de conversionibus propositionum al cap. 15, il settimo de propositionibus ipotheticis al cap. 16-17 e l'ottavo de

---

[12] Ioannes Buridanus, *Summulae de propositionibus* op. cit., cap. 1, p. 8.
[13] *Ibid.*
[14] Cfr. Id., *Summulae de praedicabilibus*, ed. L.M. DE RIJK, Ingenium, Nijmegen 1995 (Artistarium 10.2).
[15] Cfr. Id., *Summulae de suppositionibus* op. cit.
[16] Cfr. Id., *Summulae de demonstrationibus*, ed. L.M. DE RIJK, Haren, Groningen 2001 (Artistarium 10.8).
[17] Cfr. Id., *Summulae de practica sophismatum*, ed. F. PIRONET, Brepols, Turnhout 2004 (Artistarium 10.9).

propositionibus modalibus ai cap. 19-25 di Ispano[18]. L'ultimo capitolo occupa il 30% dell'intero trattato ed è esplicitamente vergato ad integrazione della trattazione ispaniana, che Buridano giudica insufficiente:

> Deinde notandum est circa totum capitulum quod auctor Summularum hic tractat de propositionibus modalibus valde succincte et incomplete. Ideo ad complendum tractatum ego non sequar textum ipsius, sed ponam textum alium prout mihi videbitur expedire[19].

Il primo capitolo prende le mosse dal suono, che rimanda immediatamente alla voce; essa è significativa, allorchè rimanda al concetto mentale, che regola ogni norma di significatività; tale rimando può essere naturale, ossia privo di ogni mediazione culturale, come il latrato del cane, o *ad placitum*, ossia imposto a significare da un primo istitutore secondo le regole linguistiche della sua comunità[20]. Dato il primato del piano mentale, le proposizioni mentali sono vere o false in sé, mentre quelle scritte e orali significano in modo vero o falso le proposizioni mentali e risultano convenzionali[21].

Come risulta dalle *Summulae de fallaciis,* la *suppositio materialis* consiste solo in una *ratio vocis* orale o scritta, in quanto dipende unicamente dall'uso dei segni *ad placitum*, ossia per istituzione volontaria. Invece, i termini mentali non si prestano all'uso volontario e la stessa *oratio mentalis* non possiede mai diverse significazioni o accezioni. Perciò, nessun termine della proposizione mentale può supporre *materialiter*; la *suppositio* dei termini mentali è sempre *personalis*. Ad esempio, alla proposizione orale «homo est species», in cui il termine «homo» sta per il concetto di uomo, corrisponde una *intentio secunda*, una proposizione che ha per soggetto il concetto di specie con cui il concetto specifico di uomo è conosciuto. Dunque, *in mente* non esiste possibilità di *fallacia*: il concetto di uomo e

---

[18] Cfr. G.E. HUGHES, «The Modal Logic of John Buridan», in G. Corsi - C. Mangione - M. Mugnani (eds.), *Atti del Convegno internazionale di storia della logica: Le teorie delle modalità,* Il Mulino, Bologna 1989, pp. 93-111; J. PINBORG, «Summulae, Tractatus 1 De introductionibus», in J. Pinborg (ed.), *The Logic of John Buridan* op. cit., pp. 74-75.

[19] Ioannes Buridanus, *Summulae de propositionibus* op. cit., cap. 8, p. 82.

[20] *Ibid.*, cap. 1, Pp. 13-14. Per l'origine boeziana del sintagma «ad placitum» cfr. J. ENGELS, «Origine, sens et survie du terme boécien *secundum placitum*», *Vivarium*, 1 (1963) 87–114.

[21] Cfr. L.M. DE RIJK, *introduction*, in Ioannes Buridanus, *Summulae de propositionibus* op. cit., p. xxv.

quello con cui esso è conosciuto, riescono inconfondibili. La *fallacia* dipende solo dal fatto che, *ad placitum,* si usa la medesima parola «homo» per designare sia gli uomini, sia il concetto di uomo[22].

Altrove[23] si è notato come Buridano nelle *Summulae* de suppositionibus, che concentra gli ultimi cinque dei dodici trattati di Pietro Ispano sui relativi, appellazione, ampliazione, restrizione e distribuzione, elimini di fatto la supposizione semplice, a prescindere che essa si riferisca ad una natura universale, dotata di uno statuto ontologico autonomo – alla maniera di Pietro Ispano – o ad un concetto mentale, sprovvisto di alcuna esistenza extra-,mentale – alla maniera di Ockham nella *Summa logicae*. Infatti, Buridano distingue le sole supposizioni personale e materiale in funzione della considerazione del termine secondo il suo significato ultimo, che rimonta alla prima istituzione del termine o secondo il suo significato immediato, imposto dalla comunità dei locutori in aggiunta o sostituzione della prima istituzione; la supposizione semplice diviene un caso di quella materiale, ossia si applica quando il termine è assunto in senso metaforico o *transumptive*. Conoscere le comuni improprietà linguistiche e prevedere quelle occasionali, è indispensabile per giungere a distinguere i casi in cui manca soltanto l'adeguazione delle parole al pensiero, da quelli in cui le parole stesse denunciano l'erroneità della *complexio* mentale.

Nel primo capitolo del *De propositionibus* Buridano sembra rigettare la teoria del *complexe significabile*:

> Sed statim tu quaeres: "si in rebus significatis vel re significata non sit aliqua complexio, quid ergo significat oratio mentalis qua scilicet intellectus dicit Deum esse Deum vel Deum non esse Deum?" Respondeo quod nihil ad extra plus vel aliud significat una dictarum orationum quam alia. Neutra enim significat aliud quam Deum ad extra; sed alio modo significat affirmativa et alio modo negativa, et illi modi sunt in anima illi conceptus complexivi quos secunda operatio intellectus addit supra simplices conceptus, qui designantur per illas copulas vocales 'est' et 'non est[24].

In altre parole, il sintagma «Deum esse» o «Deum non esse» non si riferiscono ad alcuna *res* diversa da Dio nel mondo extra-mentale, a prescindere dall'affermazione o dalla negazione; tale *res* corrisponde ad un concetto mentale semplice, a cui le operazioni intellettuali di composizione

---

[22] Cfr. F. FIORENTINO, *Giovanni Buridano dalla logica alla cosmologia* op. cit., cap. 2, par. 1.
[23] *Ibid.*, cap. 2, par. 1.
[24] Ioannes Buridanus, *Summulae de propositionibus* op. cit., cap. 1, p. 17.

aggiungono un concetto complessivo, ossia quello della copula in senso affermativo o negativo[25].

Il secondo capitolo si concentra sulle definizioni di nome, verbo ed asserzione. Mentre Pietro Ispano si limitava ai nomi scritti ed orali, Buridano non perde d'occhio il piano mentale[26]. Il nome aggiunge alla voce significativa il carattere ad *placitum* in assenza della connotazione temporale[27]; essa spetta al verbo[28]. L'asserzione è convenzionale e priva di connotazione temporale, ma ogni sua parte può essere significativa a prescindere dall'altra[29].

L'accentuazione del carattere convenzionale del linguaggio segnala la tendenza buridaniana ad evitare un'interpretazione ultra-rigorista della *virtus sermonis*, a vantaggio della *materia subiecta* e delle reali intenzioni degli autori e dei locutori, pur nell'improprietà di linguaggio.

Il criterio assoluto, che mira a un linguaggio perfetto, deve essere integrato e bilanciato da un criterio relativo, in base al quale si tiene conto di tutto ciò che può concorrere a facilitare di fatto la comunicazione orale e scritta, giustificando l'uso di espressioni improprie, che si rivelino più consuete, agevoli o efficaci delle espressioni proprie a cui potrebbero essere ricondotte. In tal senso, i fattori storici e psicologici del linguaggio acquistano una importanza notevole, sia quando si tratta di intendere il discorso altrui, sia quando si tratta di scegliere il *modus loquendi* più adatto alle circostanze. Il discorso può variare secondo il tempo, il luogo, la categoria degli uditori o dei lettori, soprattutto, secondo l'argomento e gli scopi dell'emittente. Ogni tipo di discorso ha alla sua origine una convenzione, a cui si sono sovrapposte o possono sovrapporsi altre convenzioni, più o meno durevoli. I risultati della convenzione possono essere resi stabili dall'uso, ma possono anche venir alterati o modificati. Non occorre solo che il linguaggio sia il più proprio possibile, ma anche che sia capito dal maggior numero possibile di locutori[30].

Nel terzo capitolo il primato del piano mentale comporta la restrizione alla sola proposizione scritta o orale della definizione di proposizione come

---

[25] *Ibid.*, cap. 3, p. 29.
[26] *Ibid.*, cap. 2, p. 19.
[27] *Ibid.*, cap. 2, pp. 18-20.
[28] *Ibid.*, cap. 2, p. 22.
[29] *Ibid.*, cap. 2, p. 25.
[30] Cfr. F. FIORENTINO, *Giovanni Buridano dalla logica alla cosmologia* op. cit., cap. 2, par. 1-3.

asserzione significativa del vero e del falso[31], perchè –come si è visto- la proposizione mentale non significa il vero o il falso, ma è essa stessa vera o falsa[32].

Il capitolo prosegue con la descrizione delle proposizioni esistenziali e modali, categoriche ed ipotetiche, universali, particolari, indefinite e singolari, affermative e negative[33].

Il quarto capitolo inerisce alle opposizioni delle proposizioni categoriche, che condividono gli stessi termini. Sei termini sono condivisi nello stesso ordine, le proposizioni possono essere contrarie, subcontrarie, contraddittorie e subalterne[34]. Le proposizioni per sé vere sono de materia naturali, quelle accidentalmente vere sono in materia contingente, mentre quelle impossibilmente vere sono in materia remota[35].

Mentre il quinto capitolo si focalizza sull'equipollenza come equivalenza formale delle proposizioni con il proprio valore logico[36], il sesto capitolo discute la tesi ispaniana della conversione delle proposizioni in semplici, accidentali e contra-posizioni. La conversione è per Buridano la conseguenza formale che vale tra due proposizioni che condividono gli stessi termini, ma nell'ordine contrario. Nella conversione semplice la quantità e la qualità restano immutate, mentre la conversione accidentale richiede il cambiamento della quantità del soggetto[37].

> Conversio per contrapositionem est facere de subiecto praedicatum et econverso manente eadem qualitate et quantitate, sed mutatis terminis finitis in terminos infinitos. Et sic convertuntur universalis affirmativa et particularis negativa, ut 'omnis homo est animal, ergo omne non animal est non homo' et 'quidam homo non est lapis, ergo quidam non lapis non est non homo. Notandum est quod ista conversio non est formalis. Tenet enim bene cum constantia terminorum, sed in terminis prò nullo supponentibus non oportet ipsam valere. Verbi gratia, non sequitur 'omnis homo est ens, ergo omne non ens est non homo', quoniam prima est vera et secunda est falsa, propter 20 hoc quod est affirmativa et subiectum eius prò nullo supponit, scilicet iste terminus infinitus 'non ens'. Similiter non sequitur 'quaedam chimaera non est homo, ergo quidam non homo non est non

---

[31] Cfr. Ioannes Buridanus, *Summulae de propositionibus* op.cit., cap. 3, p. 27.
[32] *Ibid.*, cap. 3, p. 28.
[33] *Ibid.*, cap. 3, pp. 28-36.
[34] La contraddizione è perfettamente inserita in un regime di logica bivalente con la lex contradictoriarum; cf. *ibid.*, cap. 4, p. 47.
[35] *Ibid.*, cap. 4, pp. 41-48.
[36] *Ibid.*, cap. 5, pp. 49-57.
[37] *Ibid.*, cap. 6, pp. 58-68.

chimera', quia prima est vera et secunda est falsa, nam contradictoria secundae est vera, scilicet 'omnis non homo est non chimaera', quia omnis non homo est ens et omne ens est non chimaera[38].

Vale a dire che, data la proposizione universale affermativa categorica esistenziale «omnis homo est animal», occorre in primo luogo scambiare il predicato con il soggetto, senza mutare la qualità e la quantità, ed in secondo luogo occorre trasformare il nuovo soggetto ed il nuovo predicato nei relativi termini negativi infiniti, ossia «non homo» e «non animal». Questa conversione è invalida nel caso in cui il predicato, che viene negato, non sia un ente, come la chimera.

Nel settimo capitolo Buridano respinge due teorie ispaniane[39]. Quanto alla prima:

> Videtur igitur mihi quod quando dicitur "propositio hypothetica est quae habet duas categoricas", hoc proprie loquendo non est verum, sed ad istum sensum quod propositio hypothetica continet duo praedicata et duo subiecta et duas copulas, et quod utrumque praedicatorum mediante una illarum copularum dicitur de uno illorum subiectorum; sed aggregatum ex uno subiecto et uno praedicato et sua copula non est una propositio, sed pars unius propositionis[40].

Dunque, le due proposizioni categoriche, che formano la proposizione ipotetica, devono avere due predicati, che si riferiscano allo stesso soggetto mediante la stessa copula; ma l'aggregato di tali predicati, della copula e del soggetto non equivale alla proposizione ipotetica, ma ad una sua parte.

In secondo luogo, data la distinzione ispaniana delle ipotetiche in condizionali, congiuntive, disgiuntive, causali, temporali e locali[41], Buridano specifica:

> Et tertia clausula debet etiam exponi secundum exigentiam praedictorum. Tamen notandum est quod istae regulae non habent locum in consequentiis ut nunc, quia illae non sunt simpliciter bonae consequentiae, sed solum ex suppositione alicuius contingentis quod sit vera, ut «Robertus est cum Buridano, ergo ipse est in vico Straminum». Et similiter non habent veritatem in consequentiis promissivis de futuro contingenti, ut «si venies ad me, dabo tibi equum». Potest enim antecedens esse verum consequente

---

[38] *Ibid.*, cap. 6, p. 66.
[39] Cfr. G.E. HUGHES, *The Modal Logic of John Buridan* op. cit., pp. 93-111.
[40] Ioannes Buridanus, *Summulae de propositionibus*, cap. 7, pp. 71-72.
[41] *Ibid.*, cap. 7, pp. 72-80.

existente falso. Et cum tamen apparuerit quod isti venienti dedit bonum equum, nullus arguet quod dixerit falsum, sed recommendabitur tamquam verus homo et veridicus[42].

Le conseguenze temporali *de praesenti* e *de futuro* non tollerano le normali regole logiche, applicate alle altre conseguenze, perché l'antecedente ed il conseguente esprimono due fatti contingenti e separati, la cui realizzazione concreta è indipendente; per cui può accadere che Roberto sia con Buridano e che entrambi non siano in Vico Stramino, ossia nei pressi della Facoltà delle Arti di Parigi, o che tu venga domani ed io non ti dia un cavallo o viceversa. Affinchè Roberto e Buridano, stando insieme, si trovino nei pressi delle Arti, occorre esplicitare una condizione, assente nella conseguenza, ossia il fatto che, mentre Roberto incontra Buridano, quest'ultimo si trova necessariamente in quel luogo; ma questa condizione non è più contingente.

> Sed etiam notandum est quod non est propria locutio quod antecedens sit causa consequentis, quia antecedens et consequens sunt duae propositiones, quarum quaelibet potest esse et formari alia non existente, ideo neutra est causa alterius. Oportet igitur intelligere quod antecedens sit causa consequentis idest scientia antecedentis scientiae consequentis, vel res significata per antecedens rei significatae per consequens, et hoc est melius[43].

Dunque, non c'è alcun legame di mera causazione tra l'antecedente ed il conseguente della conseguenza in senso realista; ma ciò che lega l'antecedente ed il conseguente, è solo la loro significazione o contenuto epistemico; per cui, date le proposizioni A e B, la conseguenza «se A, allora B» non implica che, se esiste A, esiste B, ma che, se A significa X, allora B significa Y o che, se io so che A, allora io so che B.

Buridano riconosce un rapporto di causazione in senso nominalista: esso non vale immediatamente tra l'antecedente ed il conseguente, come vorrebbe Ispano, ma tra la res supposta dall'antecedente e quella supposta dal conseguente.

La critica della posizione ispaniana continua nell'ultimo capitolo del *De propositionibus*, che presenta la teoria buridaniana sulle proposizioni modali, le loro qualità, quantità, equipollenze e conversioni. Qui Buridano non condivide la visione realista del modo come determinazione della res, a cui

---

[42] *Ibid.*, cap. 7, pp. 74-75.
[43] *Ibid.*, cap. 7, p. 77.

Buridano preferisce il termine[44]. Il modo determina il termine «copula» con la possibilità, l'impossibilità, la necessità, la contingenza, la verità e la falsità[45].

Poiché la proposizione «hominem possibile est non esse album» equivale alla proposizione «hominem non necese est esse album», è negativa con Aristotele. La prima proposizione è contraddittoria con la proposizione «hominem necese est esse album», ma non alla proposizione «hominem impossibile est esse album», che pure è negativa, intendendo la negazione secundum quid, ossia quanto al modo[46].

I modi della necessità e dell'impossibilità distribuiscono ad ogni tempo il significato, che diviene universale, mentre la possibilità può essere intesa in senso largo senza tempo ed in senso stretto per il futuro[47]: «et etiam singularis de dicto potest esse universalis vel particularis de modo»[48].

La necessità amplia la supposizione del soggetto in caso affermativo, facendolo esistere; se questa proposizione è l'antecedente di una conseguenza, il conseguente è anch'esso necessario[49].

> Restat aliqua dicere de modalibus de contingenti ad utrumlibet. Dicitur autem 'contingens ad utrumlibet', quia est possibile esse et possibile non esse, ut «Socratem contingit currere», quia Socrates potest currere et potest non currere. De sic contingenti dantur quattuor regulae. Prima est quod ad omnem propositionem de contingenti sequitur propositio de possibili tam affirmativa quam negativa. Secunda regula est quod omnis propositio de contingenti repugnat alicui propositioni de necessario et alicui de impossibili de eisdem terminis, scilicet omnis universalis omni particulari, et omnis particularis omni universali. Tertia regula est quod omnis propositio de contingenti convertitur in op positam qualitatem manente eadem quantitate et eodem ordine terminorum. Quarta regula est quod nulla propositio de contingenti convertitur in aliam de contingenti in terminis, sed omnis de contingenti convertitur in aliquam de possibili[50].

Dunque, la proposizione contingente è *ad utrumlibet*, nel senso che include entrambi i corni della contraddizione; per cui essa può essere sciolta solo in due proposizioni possibili, l'una affermativa e l'altra negativa. Tali

---

[44] *Ibid.*, cap. 8, p. 81.
[45] *Ibid.*, cap. 8, pp. 82, 84-85.
[46] *Ibid.*, cap. 8, pp. 88-89.
[47] *Ibid.*, cap. 8, pp. 89-90.
[48] *Ibid.*, cap. 8, p. 91.
[49] *Ibid.*, cap. 8, pp. 112-113.
[50] *Ibid.*, cap. 8, pp. 113-114.

proposizioni possono essere unite così da formare una proposizione copulativa de possibili, che significa l'originaria proposizione contingente[51].

In definitiva, le *Summulae* di Buridano esprimono l'ideale di quello che P. King ha definito approccio semantico genuinamente nominalista nei campi della natura delle inferenze, dei paradossi dell'auto-referenza, del linguaggio canonico, del significato e degli argomenti validi[52]. Questo approccio – secondo C. Dutihl Novaes[53] e Klima[54], Collega Buridano ai logici contemporanei. Invece, J. Zupko ha preferito un approccio puramente storico-dottrinale, volto a mostrare l'influenza di Buridano non nel secolo XX, ma nell'epoca immediatamente successiva a Buridano stesso[55].

Tale nominalismo si manifesta in molteplici luoghi del primo trattato, ad esempio allorchè Buridano esclude la mera causazione dell'antecedente sul conseguente, orientandosi verso una soluzione epistemica a dispetto di Ispano; di quest'ultimo Buridano non condivide neppure la visione realista del *modus significandi*, la scomposizione delle proposizioni ipotetiche e il trattamento delle conseguenze temporali *de praesenti* e *de futuro* per l'indipendenza del verificarsi empirico dell'antecedente e del conseguente.

Il nominalismo buridaniano risulta polarizzato attorno alla questione della proprietà / improprietà del linguaggio, questione che conduce Buridano,

---

[51] *Ibid.*, cap. 8, p. 115.

[52] Cfr. P. KING, *Jean Buridan's Logic. The Treatise on Supposition. The Treatrise on Consequences*, Reidel, Dodrhecht-Boston-Lancaster-Tokyo, 1985, p. 4.

[53] Cfr. C. DUTIHL NOVAES, «Buridan's Consequentia: Consequence and Inference within a Token-Based Semantics», *History and Philosophy of Logic*, 26 (2005) 277–297; *Formalizing Medieval Logical Theories: Suppositio, Consequentiae and Obligationes. Logic, Epistemology, and the Unity of Science,* Springer, Dordrecht 2007.

[54] Cfr. G. KLIMA, «The Essentialist Nominalism of John Buridan», *The Review of Metaphysics*, 58 (2005) 301-315.

[55] Cfr. J. ZUPKO, «Self-Knowledge and Self-Representation in Later Medieval Psychology», in P.J.J.M. Bakker - J. M. M. H. Thijssen (eds.), *Mind, Cognition and Representation: The Tradition of Commentaries on Aristotle's 'De anima'*, Ashgate, Aldershot-Burlington 2007, pp. 87–107; ID., «John Buridan on the Immateriality of the Human Intellect», in H. Lagerlund (ed.), *Forming the Mind: Essays on the Internal Senses and the Mind/Body Problem from Avicenna to the Medical Enlightenment*, Springer, Dordrecht 2007, pp. 129-147 (Studies in the History of the Philosophy of Mind 5); ID., *Horse Sense and Human Sense: The Heterogeneity of Sense Perception in Buridan's Philosophical Psychology,* in S. Knuuttila - P. Kärkkäinen (eds.), *Theories of Perception in Medieval and Early Modern Philosophy,* Springer, Dordrecht 2008, pp. 171-186 (Studies in the History of the Philosophy of Mind 6).

da un lato, al mentalismo e, dall'altro, al convenzionalismo. Infatti, per Buridano, il linguaggio non deve essere solo il più proprio *de virtute sermonis* – come vorrebbe Ockham secondo una certa critica[56] –, ma anche capito dal maggior numero dei locutori *de materia subiecta*.

Il primato del piano mentale comporta una ristrutturazione della supposizione, con la scomparsa di quella semplice e della natura comune, dotata di uno statuto extra-mentale alla maniera ispaniana. Non potendo avere parecchie significazioni ed accezioni, i concetti mentali godono solo di supposizione personale in quanto nomi di seconda intenzione, mentre la supposizione materiale è applicata ai nomi in quanto voci significative, orali o scritte *ad placitum*, prive della connotazione temporale, che spetta al verbo. Tali voci sono convenzionali, avendo un significato ultimo, dato dal primo istitutore del relativo segno linguistico, ed un significato immediato, assegnato dalla comunità dei locutori in aggiunta o sostituzione del primo.

Tale carattere convenzionale provoca ad un tempo il rischio di fallacia, assente sul piano mentale, e la sottolineatura dell'importanza dei fattori storici e psicologici del linguaggio.

La fortuna del *corpus* buridaniano – comprese le *Summulae de dialectica* – è legata a quella dell'ockhamismo e del nominalismo, che non va riferita alla immagine dello studioso del Terzo Millennio, ma a quella dei contemporanei ed immediati successori di Buridano stesso, ossia ad una visione centrata prevalentemente sull'esistenza solo mentale degli universali, le teorie della supposizione e dell'oggetto della scienza, che Buridano respinge di identificare con il *complexe significabile*[57]. Questo nominalismo non sembra sucettibile di essere ricondotto ad una teoria particolare, ma ad un metodo generale, che può essere identificato con la via moderna, ossia con un approccio fortemente logico-semantico a qualsiasi questione, approccio

---

[56] Cfr. F. BOTTIN, *Percorsi medievali. Problemi filosofici contemporanei*, Cleub, Bologna 2010, pp. 187-203 (La filosofia e il suo passato 34); R.L. FRIEDMAN, «Mental propositions before mental language», in J. Biard (ed.), *Le langage mentale du Moyen Age à l'age classique*, Peeters, Louvain 2009, pp. 96-115.

[57] Cfr. W.J. COURTENAY, *Was There an Ockhamist School?*, in M.J.F.M. Hoenen - J.H.J. Schneider - G. Wieland (eds.), *Philosophy and Learning: Universities in the Middle Ages, Brill, Leiden 1995*, pp. 26392; W.J. COURTENAY - K. TACHAU, «Ockham, Ockhamists and the English German Nation at Paris, 1339-1341», *History of Universities*, 2 (1982) 53-96; E.A. MOODY, «*Ockham, Buridan, and Nicholas of Autrecourt*», in J. Ross (ed.), *Inquiries into Medieval Philosophy*, Greenwood, Westport Conn.1971, pp. 275-315; T.K. SCOTT, «Nicholas of Autrecourt, Buridan and Ockhamism», *Journal of the History of Philosophy*, 9 (1971) 15-41.

sollecitato da Ockham e dall'introduzione delle *subtilitates Angliae* sul continente europeo[58].

Ad esempio, nel *Tractatus de universali reali* (ca. 1406-1418) dell'antiockhamista parigino Giovanni de Nova Domo Buridano, assieme a Marsiglio di Inghen, è collocato tra i seguaci di Ockham e del nominalismo[59].
La logica buridaniana diviene dominante all'Università di Parigi grazie all'attività di Pietro d'Ailly, cancelliere e fautore della *via moderna*. Nel 1474 Luigi XI, re di Francia, emana un decreto, con il quale proibisce l'insegnamento del nominalismo di Buridano, Ockham, Alberto di Sassonia, Marsiglio di Inghen, Pietro d'Ailly, Adamo di Wodeham e Gregorio di Rimini in favore del realismo di Alberto Magno, Tommaso d'Aquino, Alessandro di Hales, Bonaventura, Egidio Romano e Duns Scoto; tale decreto produce un effetto indesiderato ed opposto, ossia un accresciuto interesse verso il nominalismo, al punto che il decreto viene sopresso 7 anni più tardi[60]. La logica buridaniana viene reintrodotta da Tommaso Bricot e Geronimo Pardo[61].
Le idee e le opere di Buridano viaggiano con i suoi studenti e giovani colleghi, che fondano nuove università, ad esempio Alberto di Sassonia a Vienna[62] (1365) e Marsiglio di Inghen ad Heidelberg (1386)[63]. Lì il

---

[58] Cfr. O. BOULNOIS, «Ego ou cogito? Doute, tromperie divine et certitude de soi du XIVe au XVIe siécle», in O. Boulnois (ed.), *Généalogies du sujet. De saint Anselme à Malebranche*, Vrin, Paris 2007, pp. 171-213; T. GREGORY, *La promperie divine*, in *Mundana sapientia: forme di conoscenza nella cultura medievale*, Edizioni di Storia e Letteratura, Roma 1992, pp. 389-399; C. GRELLARD, *Croire et savoir. Les principes de la conaissance selon Nicolas d'Autrécourt*, Vrin, Paris 2005, pp. 7-24; E. KARGER, «Ockham and Wodeham on divine deception as a skeptical hypothesis», *Vivarium*, 42 (2004) 225-236; J. ZUPKO, «Buridan and Scepticism», *Journal of History of Phylosophy*, 31 (1993) 191-221.

[59] Cfr. Z. KALUZA, *Les querelles doctrinales à Paris. Nominalistes et réaliistes aux confins du XIV et du XV siècles*, Lubrina, Bergamo 1988, p. 20 (Quodlibet, 2); A. G. WEILER, «Un traité de Jean de Nova Domo sur les universaux», *Vivarium*, 6 (1968) 108-154.

[60] Cfr. L. GABRIEL, *The Paris Studìum: Robert of Sorbonne and His Legacy*, Josef Knecht, Frankfurt am Main 1992, pp. 121-135.

[61] Cfr. P. PÉREZ-ILZARBE, «John Buridan and Geronimo Pardo on the notion of propositio», in S. Ebbesen - R. L. Friedman (eds.), *John Buridan and Beyond: Topics in the Language Sciences, 1300–1700*, The Royal Danish Academy of Science and Letters, Copenhagen 2004, pp. 153-182.

[62] Cfr. J.M.M.H. THIJSSEN, «The Buridan School Reassessed: John Buridan and Albert of Saxony», *Vivarium*, 42.1 (2004) 18-42.

nominalismo è prevalente sulla scorta di Buridano e Marsiglio, che sono trattati come delle *auctoritates*. Nel 1406 Geronimo di Praga, sostenitore di Giovanni Hus, tenta d'introdurre il realismo sul tema degli universali, ricevendo l'attacco di Giovanni di Francoforte, bacelliere sentenziario, e venendo espulso dalla Facoltà. Sei anni più tardi anche l'insegnamento di Giovanni Wyclif è condannato e con esso la via realista[64].

Nel 1422 Giovanni di Francoforte nella veste di cancelliere avverte gli studenti e bacellieri di Heidelberg di rifuggire dalla via dei realisti, qualificati come «novorum dogmatum seminatores, qui linguis loquuntur novis, fictiones fingentes et cum realitatibus et universalibus se occupantes, meliora studia et salubriora negligentes, puta utilissimaphisicalia et moralia»[65]. Diversamente:

> [...] erit inicium destruccionis eius; quales enim et quantos viros in scientiis excellentes genuerit Biridanica et Marsiliana ac eorum sequencium doctrina in diversis studiis grammaticalibus, etas nostra vidit oculariter. Quam autem protervi, procaces atque insolentes alterius vie sint sectores, res ipsa monstrat. Non sunt idem fortes in respondendo. Verba multiplicant, aera verberant, tempus terunt, litus arant, ignem ponderant, ventum mensurant[66].

La chiara esaltazione della via di Buridano ed Inghen si accompagna con la completa denigrazione di ogni altra via. Buridano, in associazione con Marsiglio e Francoforte, seguita ad essere considerato un'*auctoritas* nella *Disputatio de daemonibus*, edita da Stefano Weber nel 1424-1425[67].

Gli antichi statuti dell'Università di Colonia, fondata nel 1389, prescrivono dal 1398 ai bacellieri di leggere le *Summulae* di Pietro Ispano o

---

[63] Cfr. M. MARKOWSKI, *Buridanica quae in codicibus manu scriptis bibliothecarum Monacensium asservantur,* Ossolineum, Breslau 1981; ID., «Johannes Buridans Kommentar zu Aristoteles' Organon in Mirceleuropas Bibliotheken», in *The Logic of John Buridan* op. cit., pp. 9-20; R. PALACZ, «Les traités de Jean Buridan, conservés dans les manuscrits de la Bibliothèque du Chapitre à Prague», *Mediaevalia Philosophica Polonorum*, 14 (1970) 53-54.

[64] Cfr. Z. KALUZA, «La question de Jérôme de Prague disputée à Heidelberg», in A. de Libera - A. Elamrani-Jamal - A. Galonnier (eds.), *Langages et philosophie. Hommage à A. Jolivet*, Vrin, Paris 1997, pp. 123-153.

[65] Cfr. Iohannes de Frankfurt, *Fortis armatus*, ed. R. NOT, in D. Walz, *Zwölf Werke des Heidelberger Theologen und Inquisitors,* Matthes Berlag, Heidelberg 2000, pp. 50-64.

[66] *Ibid.*, p. 62.

[67] Cfr. Stephanus Weber, *Disputatio de daemonibus*, ms. Civitas Vaticana, Biblioteca Apostolica, Vat. Pal. lat. 608, ff. 277r-284v.

Buridano, nonostante l'importanza della via realista soprattutto nel primo quarto del secolo XV. L'influenza delle opere logiche di Buridano e dei suoi seguaci nominalisti è avvertibile anche a Cracovia, Erfurt, Leipzig e Rostock, coesistendo con la *via antiqua*[68].

A Padova il nominalismo buridaniano è mediato da Pietro Veneto e Paolo della Pergola. In Spagna il ritorno di molti studenti parigini causa l'intensificazione del nominalismo ad Alcalá e Salamanca[69]. Lo stesso accade nel caso degli studenti di ritorno in Scozia all'Università di St. Andrews, dove la dottrina di Buridano è preferita solo a quella di Alberto Magno[70]; questa preferenza si realizza nel 1438 per decreto vescovile[71].

L'assunzione delle opere logiche di Buridano nei programmi delle università dell'Europa centrale favorisce la riproduzione e la circolazione manoscritta, che diviene molto ampia (figure 1-3). Nelle biblioteche dei conventi della Firenze umanistica sono presenti parecchi manoscritti di Buridano[72]. Nella biblioteca del convento di Santa Maria Novella reperiamo

---

[68] Cfr. M. MARKOWSKI, «*L'influence de Jean Buridan sur les universités d'Europe centrale*», in Z. Kaluza - P. Vignaux (eds.), *Preuve et raisons a l'Université de Paris*, Vrin, Paris 1984, pp. 149-163; ID., «Der Buridanismus an der Krakauer Universität im Mittelalter», in O. Pluta (ed.), *Die Philosophie im 14. und 15. Jahrhundert*, Gruner, Amsterdam 1988, pp. 244-259.

[69] Cfr. V. MUÑOZ DELGADO, «Pedro de Espinosa y la logica en Salamanca hasta 1550», *Anuario filosofico*, 16 (1986) 119-208.

[70] Cfr. J. ASHWORTH, *Language and Logic in the Post-Medieval Period*, Reidel, Dordrecht 1974, pp. 4-8.

[71] Cfr. A. BROADIE, *George Lokert, Late-Scholastic Logician*, Edinburgh University Press, Edinburgh 1983; ID., *The Circle of John Mah: Logic and Logickns in Pre-Reformation Scotland*, Oxford Universituy Press, Oxford 1985.

[72] Cfr. G. FEDERICI VESCOVINI, «Su alcuni manoscritti di Buridano», *Rivista critica di Storia della Filosofia*, 15 (1960) 413-427; E. GARIN, «La circolazione, in Italia, di pensatori quali Buridano», *Giornale critico della filosofia italiana*, 37 (1958) 153-154; M. MARKOWSKI, «Jean Buridan est-il l' auteur des questions sur les 'Seconds Analytiques'?», *Mediaevalia Philosophica Polonorum*, 12 (1966) 16-30. Un bel codice, composto da due volumi oggi rilegati, è presente nella Biblioteca Nazionale II, I, 81, e proviene dal fondo strozziano, *Strozzi, in fo. 189-90*, già *Magl. XXI, 124-5*; in tale codice, si leggono, in bello stile umanistico, le *Quaestiones super decem libros Ethicorum* di Buridano, con il numero della biblioteca dell'Acciaioli in persona che vi riporta brevi note marginali. In un libretto di un monaco vallombrosano, troviamo che nel 1336 il frate agostiniano Riccardo prestò «*due sesterni delle questioni di Bridano sopra 'l de senso et sensato*», ad esempio, a Pietro scrittore; il diligente frate ed Antonio Servito si fanno prestare da maestro Donato della piazza del grano il principio delle questioni della *Metafisica*, quelle del *De*

un *Britanus super libros Ethicorum*, e un *De morte et vita, de iuventute et senectute*, il V libro dei *Parva naturalia, Ioannis Buridani Quaestiones super Philosophiam moralem*; le *Quaestiones De anima* sono conservate in due manoscritti oggi presenti alla Nazionale: ms., Conv. a. 5. 1365, della biblioteca del convento della S. Annunziata, e ms., Conv. c. 4., 263, di Santa Croce, posseduto dal frate eremitano Kaspar de Columbaria, studente a Padova[73].

L'edizione veneziana del 1499 ad opera di Giovanni Dorp potrebbe sembrare *prima face* l'*editio princeps* delle *Summulae* di Buridano, a cui tutte le successive edizioni fanno riferimento. Così farebbe intendere il titolo «Compendium logicae doctissimi viri Ioannis Buridani cum expositione acutissimi Ioannis Dorp».

Invece, l'opera buridaniana resta inedita fino alla nostra epoca, perché Dorp realizza un commento, un po' come Averroè commenta il *corpus Aristotelicum* o come Buridano commenta Ispano. Vale a dire che Dorp copia solo i brevi riassunti, che Buridano antepone alle varie sezioni del suo testo, per edificare la propria impalcatura speculativa, ricca di precisazioni, introdotte da «notandum», tesi (propositio), dubbi (dubitatur) e domande (quaeritur) con le relative soluzioni (solutio).

Ad esempio, all'inizio del commento, Dorp copia solo «Dialectica est ars artium, ad omnium methodorum principia viam habens», con cui il testo originale comincia[74]. Segue una breve presentazione della struttura dell'opera, che è intenzionalmente privata dell'ultimo trattato buridaniano:

> Iste liber est logica et est Ioannis Buridani, qui in se continet novem tractatus partiales, in quorum primo determinat de propositionibus earumque partibus et passionibus et proprietatibus earum, in secundo de predicabilibus, in tertio de praedicamentis, in quarto de suppositionibus, in quinto de sillogismis, in sexto de locis dialecticis, in septimo de fallaciis, in

anima, ma anche e ripetutamente le questioni sulla *Fisica* e quelle sul *Peri Hermenias, sopra l'Arte vecchia*, ed infine le *Consequentiae;* cfr. N. BRENTANO KELLER, «Libretto di spese e ricordi di un monaco vallombrosano», *Bibliofilia*, 41 (1939) 1-34.

[73] Cfr. E. GARIN, «La circolazione, in Italia», 153-154.

[74] Cfr. Ioannes Dorp, *Perutile Compendium* op. cit., f. 1a. Il numero di pagina è calcolato manualmente in quanto assente sul testo.

octavo de divisionibus, definitionibus et demonstrationibus, in nono de solutionibus quorundam sophismatorum et ille non trahetur in textu[75].

Vale a dire che, mentre i primi tre trattati di Buridano vengono considerati, il nono è completamente cancellato; ma questa cancellazione non impedisce a Dorp di discutere tale trattato nel suo commento[76].
Dorp procede a trattare della dialettica in generale:

> In primo praemittit unum capitulum ante considerationem de istis propositionibus, partibus, passionibus, proprietatibus earundem, in cuius capituli principio ponitur definitio dialecticae[77].

Qui l'esposizione di Dorp comincia a risultare totalmente autonoma, dal momento che il paragone buridaniano della logica con il *dux* è sostituito con il duplice significato della dialettica come parte della logica, tramandata da Aristotele nei *Topica*, in senso stretto e come logica in senso lato. In accordo con le *Constitutiones* di Benedetto XIII (1411) e Martino V (1322), la logica può essere divisa in *docens* ed *utens* e quest'ultima a sua volta in dialettica, sofistica e dimostrativa. La logica *docens* può essere ripartita nella *logica nova*, che considera le argomentazioni nella loro totalità ed è tramandata nei *Priora*, *Posteriora*, *Topica* ed *Elenchi sophistici*, e nella *logica vetus*, che si occupa delle parti delle argomentazioni, ossia proposizioni e termini, ed è tramandata nel *Liber praedicabilium* di Porfirio e nei *Praedicamenta* e *Peri hermeneias* di Aristotele[78].

Dorp si concentra sul termine «ars» per differenziarlo dagli altri abiti intellettuali dell'*Ethica Nichomachea* e spiegare il primato della dialettica in funzione della massima comunanza; essa è assicurata perché la dialettica avvia ai principi di tutte le scienze, compresi i propri[79]. Quindi la logica «est ars comunissima, ars artium ratione applicationis, docens formare argumentationes ex cuiuslibet scientiae principiis»[80].

Una serie di sei dubbi interviene a mostrare che la logica è liberale, ma solo rispetto alle arti meccaniche, che «habent servire»[81]; in manifesto disaccordo con Buridano, la logica è solo pratica, perché serve a formare

---

[75] *Ibid.*
[76] *Ibid.*, cap. 3, f. 10a.
[77] *Ibid.*.
[78] *Ibid.*.
[79] *Ibid.*, f. 1AB.
[80] *Ibid.*, f. 1B.
[81] *Ibid.*.

argomenti e sillogismi, ed è una scienza solo in senso improprio, ossia come abito della conclusione dedotta per via sillogistica[82].

Nel primo capitolo Dorp, ripercorrendo la formazione del suono e la significatività della voce, abbolisce il primato del piano mentale ed il concetto complessivo in quanto esistente solo a livello mentale; nessun termine singolare può significare un individuo vago; un concetto generale non può rientrare in una conoscenza singolare; non esiste alcun concetto che possa denotare Socrate e connotare le sue circostanze[83].

Nel secondo capitolo il carattere convenzionale dei nomi dipende dall'autorità e non dalla priorità dell'istitutore rispetto alla comunità dei locutori; i nomi in funzione di aggettivo o di sostantivo non hanno lo stesso concetto[84].

Nel terzo capitolo Dorp avverte che, mentre la proposizione è sempre possibile, quella particolare può essere talvolta impossibile[85]; la proposizione mentale non può essere ridotta ad un unico atto mentale semplice, ma tale atto va ricondotto ai significati, che corrispondono ai concetti virtualmente inclusi nella proposizione mentale[86]. Per quanto l'intelletto possa dimostrare più cose successivamente con lo stesso atto mentale, esso può dimostrare che *Sortes est homo* e che un altro non lo è, non per la determinazione dell'intelletto o la libertà della volontà, ma per criteri estrinseci[87].

> [...] sicut dispositiones exsistentes in materia non possunt simul nisi unam formam educere, sic etiam actus demonstrativus non potest nisi unum certum suppositum demonstrare. Et sicut illae dispositiones accidentales non sunt determinatae, quantum est de se, ad potius educendam istam formam quam aliam, sic actus demonstrativus, quantum est de se, non est potius determinatus ad demonstrandum illud suppositum quam aliud. Etiam sicut dispositiones accidentales exsistentes in materia non determinantur per aliquod agens particulare ad educendam potius istam formam quam aliam, sic nec actus demonstrativus determinatur ab aliquo ente particulari ad potius demonstrandum istud suppositum quam aliud ; ergo, sicut formae accidentales exsistentes in materia limitantur ad educendam unam certam formam de potentia materiae ab agentibus universalibus, sic etiam actus

---

[82] *Ibid.*, f. 2A.
[83] *Ibid.*, ff. 3A-4A.
[84] *Ibid.*, f. 4B.
[85] *Ibid.*, cap. 3, f. 10a.
[86] *Ibid.*, f. 11b.
[87] *Ibid.*, f. 16a.

demonstrativus limitatur ab agentibus universalibus ad demonstrandum potius unum suppositum quam aliud[88].

Come la materia ha molteplici disposizioni accidentali, che sono naturalmente atte ad accogliere altrettante forme, restando indifferenti ad esse, così gli atti dimostrativi possono far scaturire molteplici dimostrazioni, senza prediligerne alcuna in particolare, ma sono determinati all'una o all'altra dimostrazione *ab agentibus universalibus*. L'intelletto particolare trova queste determinazioni ed impiega un determinato atto dimostrativo per ottenere una certa dimostrazione.

Il quarto capitolo si sofferma sulla predicazione essenziale, in cui nessuno degli estremi connota un estrinseco, ma il soggetto è assoluto o meno connotativo e la proprietà connotativa o più connotativa[89]. Segue un'ampia discussione sulla legge delle contraddittorie nelle proposizioni modali e temporali[90].

Nel sesto capitolo Dorp differenzia la significazione dell'intera proposizione condizionale da quelle dell'antecedente e del conseguente, perché la prima dipende dall'abitudine dell'antecedente e del conseguente a significare; per cui, è la mutazione dell'abitudine a provocare la mutazione della condizionale[91].

> Dubitatur primo utrum in mente sit aliqua copulativa negativa. De isto duae sunt opiniones, quarum prima est opinio Marsilii, quae ponit quod copulativa negativa vocalis vel scripta mentalis sit disiunctiva affirmativa. Et ad dubium respondetur secundum ipsam negative[92].

L'opinione di Marsiglio di Inghen ricorre sovente in opposizione ad un'altra opinione per formare una coppia di opinioni antagoniste, che si contraddistinguono per la sequela della via nominalista o realista.

In questo caso Marsiglio trasforma la proposizione copulativa negativa in una affermativa disgiuntiva, che esiste a livello mentale. Infatti, un'unica proposizione mentale sovrintende sia alla copulativa sia alla disgiuntiva, prima che sia negata[93].

---

[88] *Ibid.*, f. 17a.
[89] *Ibid.*, cap. 4, f. 21a.
[90] *Ibid.*, f. 22ab.
[91] *Ibid.*, cap. 6, f. 32a.
[92] *Ibid.*, f. 34a.
[93] *Ibid.*, f. 35b.

Sed secundum aliam viam, quae ponitur quod, sicut in voce et in scripto sunt copulativae negativae, non etiam et in mente[94].

Sed secundum aliam viam, quae ponitur quod in copulativa negativa negatio non solum negat copulam coniunctionalem, sed etiam cathegoricas componentes copulativam negativam, aliter respondetur quod ad veritatem copulativae negativae sufficit et requiritur veritas unius suarum partium propositionalium et principalium. Et ad falsitatem copulativae negativae sufficit et requiritur falsitas cuiuslibet suarum partium propositionalium et principalium[95].

L'opinione di Marsiglio sulle proposizioni modali de *necesse esse* si ripresenta nell'ottavo capitolo[96], dopo la trattazione dei modi di significare nelle cose e nelle proposizioni, distinzione che Buridano – ad avviso di Dorp – omette e «quam tamen videtur conveniens addere»[97].

In definitiva, pur muovendosi in un quadro sostanzialmente nominalista[98], Dorp assume le *Summulae de dialectica* di Buridano come la base della sua trattazione, in cui tuttavia Buridano è una e non l'unica autorità meritevole di considerazione all'interno della via moderna; quest'autorità è affiancata almeno da quella di Marsiglio di Inghen secondo una tradizione consolidata nelle università di area germanica, è opposta alla via realista e non viene seguita acriticamente da Dorp, ma soppesata e talvolta apertamente rigettata, come nel caso del fine della logica.

Ne scaturiscono parecchie soluzioni originali di Dorp, ad esempio in merito all'atto dimostrativo, alla predicazione essenziale ed alla proposizione mentale congiuntiva. E. Karger[99] ha segnalato il metodo negativo, che serve a stabilire il tipo di supposizione nel *Ttractatus de suppositionibus*. Ad esempio, data la proposizione affermativa «nullum animal omnis homo est», affinchè il tipo di supposizione possa essere scoperto, tale proposizione deve essere convertita nella negativa «Omne animal homo non est», sostituendo

---

[94] *Ibid.*.
[95] *Ibid.*, f. 35b.
[96] *Ibid.*, cap. 8, f. 40b.
[97] *Ibid.*, cap. 8, f. 39a.
[98] Cfr. E.J. ASHWORTH, «Singular Terms and Singular Concepts: From Buridan to the Early Sixteenth Century», in *John Buridan and Beyond* cit., pp. 121-151; S. MEIER-OESER «Mental Language and Mental Representation in Late Scholastic Logic», in *John Buridan and Beyond* op. cit., pp. 237–265.
[99] Cfr. E. KARGER, «A theory of immediate inferences contained in Buridan's logic», in K. Jacobi (ed.), *Argumentationstheorie. Scholastische Forschungen zu den logischen und semantischen Regeln korrekten Folgerns*, Brill, Leiden 1993, pp. 407-429.

«nullum» con «omne», cancellando «omnis» ed inserendo la negazione immediatamente prima della copula.

Francesca Galli*

UN MANUALE DI OTTICA SPIRITUALE: IL *DE LUCE* DI BARTOLOMEO DA BOLOGNA O.F.M.

Con queste parole David C. Lindberg introduceva, nel 1976, il suo *Theories of Vision from Al-Kindi to Kepler*, tuttora uno dei più autorevoli contribuiti dedicati all'approfondimento dell'ottica antica, medievale e rinascimentale:

> It is possible to view the science of optics simply as a narrow scientific specialty, occupying a modest place in the hierarchy of the sciences and responsible for a limited range of natural phenomena. But to many of its early practitioners it seemed much more than that. It appeared, rather, to be the most fundamental of the natural sciences, the key that would unlock nature's door and reveal her innermost secrets[1].

I meccanismi del processo visivo, le modalità di diffusione e gli effetti dei raggi luminosi, le metafore e analogie riconducibili alla cosiddetta metafisica o «philosophy of light»[2], si rivelano dunque oggetti di studio imprescindibili e costituiscono per noi una fondamentale chiave d'accesso al pensiero scientifico e teologico di molti importanti filosofi e intellettuali[3] del passato.

---

* Istituto di studi italiani, Università della Svizzera italiana, via Lambertenghi 10/A, Lugano. francesca.galli@usi.ch.

[1] D.C. LINDBERG, *Theories of Vision from Al-Kindi to Kepler*, Chicago UP, Chicago 1976, p. IX. Cfr. anche G. FEDERICI VESCOVINI, *Studi sulla prospettiva medievale*, Giappichelli, Torino 1965; «La visione e lo sguardo nel Medioevo/View and Vision in the Middle Ages, I», *Micrologus*, 5 (1997); «La visione e lo sguardo nel Medioevo/View and Vision in the Middle Ages, II», *Micrologus*, 6 (1998); D. G. DENERY II, *Seeing and Being seen in the Later Medieval World. Optics, Theology, and Religious life*, Cambridge UP, Cambridge (UK) 2005.

[2] LINDBERG, *Theories of Vision...*, p. 95.

[3] Per la peculiare accezione del termine in epoca medievale, cfr. J. LE GOFF, *Gli intellettuali nel Medioevo*, Mondadori, Milano 2008, pp. 3-13.

Per tale ragione sembra opportuno richiamare l'attenzione sul *De luce* di Bartolomeo da Bologna[4], un'opera spesso trascurata, ma che tuttavia, come sottolineato da Simon A. Gilson, «contains perhaps more information about light than any other single medieval work»[5].

1. UN *MAGISTER* FRANCESCANO

Nonostante affermati specialisti e critici letterari abbiano più volte auspicato una trattazione sistematica del libro di Bartolomeo, al di là di rapidi accenni e rari affondi esemplari ben poco è noto della vita e degli scritti del *magister* bolognese[6].

Nelle diverse ricostruzioni, talvolta contrastanti, della biografia del francescano[7], raccogliamo un novero di notizie relativamente esiguo sulle

---

[4] Cfr. I. SQUADRANI (ed.), «Tractatus de luce fr. Bartholomaei de Bononia», *Antonianum*, 7 (1932) 201-38; 337-76; 465-87 (= *De luce*), da cui sempre si cita per il testo dell'opera.

[5] S.A. GILSON, *Medieval Optics and the Theories of Light in the Works of Dante*, The Edwin Mellen Press, Lewinston-Queenston-Lampeter 2000, p. 234.

[6] Per approfondimenti circa la biografia del *frater*, il suo pensiero e i possibili punti di contatto con l'opera dantesca, cfr. E. LONGPRÉ, «Bartolommeo di Bologna. Un Maestro francescano del secolo XIII», *Studi francescani*, 20 (1923) 365-84; *De luce*, 201-27; C. PIANA, «Le questioni inedite *De glorificatione Beatae Mariae Virginis* di Bartolomeo da Bologna O.F.M. e le concezioni del Paradiso Dantesco», *L'Archiginnasio*, 33 (1938) 247-62; «Die Questiones disputatae de fide des Bartholomaus von Bologna», in M. Mückshoff (ed.), *Beiträge zur Geschichte der Philosophie und Theologie des Mittelalters*, 24 (1940) XVI-LX; J.A. MAZZEO, «Light metaphysics, Dante's *Convivio* and the letter to Can Grande della Scala», *Traditio*, 14 (1958) 191-229; «Bartolomeo da Bologna», in *Dizionario biografico degli italiani*, VI, Istituto dell'Enciclopedia Italiana Treccani, Roma 1964, pp. 686-90; E. GUIDUBALDI, *Dante europeo*, II, Olschki, Firenze 1966, pp. 411-30; ID., *Dante europeo*, III, Olschki, Firenze 1968, pp. 345-51; C. PIANA, *Chartularium studii Bononiensis S. Francisci (saec. XIII-XVI)*, Quaracchi, Firenze 1970, pp. 4-6; C. BOLOGNA, «La letteratura dell'Italia settentrionale nel Duecento», in *Storia e geografia della letteratura italiana*, I (*L'età medievale*), Einaudi, Torino 1987, pp. 101-88; J. LIZUN, *La dottrina della luce in Bartolomeo da Bologna O.Min. (+1294 ca.)*, Univ. Gregoriana, Roma 1993.

[7] Secondo la ricostruzione di Longpré, ad esempio, B. dovette studiare e, forse, insegnare a Parigi prima di entrare nell'*Ordo fratrum minorum*; per Mückshoff, invece, è da escludere una presenza del *magister* nella capitale francese anteriore all'ingresso nell'Ordine. Cfr. LONGPRÉ, «Bartolommeo di Bologna...», pp. 365-71; «Die Questiones disputatae...», pp. II-XXVII.

origini, la formazione, gli spostamenti e gli incarichi del *frater*. Pare piuttosto certo che Bartolomeo fu a Parigi, dapprima come studente e poi come *magister regens* in teologia, tra il 1267 e il 1276; fra Salimbene de Adam da Parma parla, nella sua *Cronica*, di un «*frater Bartholomaeus de Bononia magnus et cathedratus magister*»[8] e numerosi risultano i *Sermones* e le *Quaestiones disputatae* ascrivibili a questo periodo. In seguito, almeno dal 1282 fino al 1294, ultima data in cui il suo nome ricorre in alcune disposizioni testamentarie, il francescano si stabilì presso il convento minoritico di Bologna, ove ricoprì anche la funzione di ministro della provincia tra il 1285 e il 1289.

2. La tradizione manoscritta e i contenuti principali dell'opera

Benché il bolognese sia generalmente ricordato per i suoi contributi alla teologia mariana e per le sue perscrutazioni del cielo empireo, il *De luce*, frutto del «profondo ascolto dell'intero patrimonio luministico arabo-oxfordiano»[9], occupa certamente un posto di rilievo tra gli scritti attribuiti al *magister*.

Due manoscritti miscellanei tramandano il testo dell'opera. Il più antico (*Plut. XVII sin. 8* = F), risalente alla fine del XIII secolo e accuratamente descritto da Doucet, si trovava un tempo presso la biblioteca dello *studium* del convento minoritico di Santa Croce a Firenze e fa oggi parte del fondo Plutei della biblioteca Medicea Laurenziana; esso riporta una versione presumibilmente completa, benché anonima, del lavoro del *frater* e presenta numerose annotazioni ed appunti di lettura. Il secondo codice (*MS Canonici Pat. Lat. 52* = B), databile intorno alla metà del XIV secolo e proveniente dal monastero di san Bartolomeo di Borgo Pusterla (Vicenza), è attualmente custodito presso la Bodleian Library di Oxford. Questo testimone, che pure sintetizza o omette svariati paragrafi presenti in F, dà indicazioni precise in merito all'autore («*Incipit tractatus magistri Bartholomei Bononiensis de luce*», f. 96r) e comprende anche, al f. 99r-v, una *tabula* degli argomenti suddivisi in ordine alfabetico.

Come Bartolomeo stesso dichiara all'inizio della sua esposizione, il libro, databile probabilmente tra il 1270 e il 1280, è interamente dedicato all'«*exenteratio*» del versetto 12, capitolo VIII, del vangelo di Giovanni: «*Ego sum lux mundi; qui sequitur me, non ambulabit in tenebris, sed habebit*

---

[8] Longpré, «Bartolommeo di Bologna...», p. 368.
[9] Guidubaldi, *Dante europeo*, II, p. 416.

lucem vitae». Al fine di spiegare «*quare in proposito verbo Salvator se assimilavit luci*»[10] e in che modo si possa accogliere il «*lumen vitae*», il francescano propone una lunga e dettagliata dissertazione che ha per oggetto l'esame e l'illustrazione dei vari fenomeni luminosi (*lux, lumen, radius, splendor*)[11], delle caratteristiche specifiche della «*lux*»[12], delle modalità di diffusione e ricezione dei raggi sensibili e spirituali[13], delle qualità che dispongono all'illuminazione[14], degli effetti e delle «*operationes*» della luce terrena e, al contempo, di quella divina[15].

Il frequente raffronto, basato sull'analogia, tra le realtà materiali e il mondo ultraterreno costituisce il tratto peculiare e l'aspetto per noi più interessante del libro del *frater*. A tal proposito, è bene rilevare che, nel continuo passaggio dall'esperibile al sovrasensibile, il nostro autore, attenendosi fedelmente ai principi promulgati dalla Chiesa romana:

> makes a rather careful distinction between the divine light and the light radiating from heavenly bodies. He finds in the operation of material light suggestions as to the properties and workings of the divine or spiritual light. But the relationship between the two kinds of light is purely analogical and is never described as substantial or essential derivation[16].

Riteniamo significativo inserire qui almeno un estratto del *De luce*, così da poter verificare direttamente nel testo quanto affermato in astratto.

In una pagina dedicata all'esaltazione dell'*humilitas*[17], Bartolomeo inizia il proprio ragionamento sostenendo che l'efficacia dell'illuminazione aumenta «*quanto aliquid est magis imum*». Per spiegare tale concetto, il bolognese invita a considerare il «*mundus*» come una sorta di «*circulus magnus*», formato da cerchi concentrici i cui raggi si intersecano al centro:

---

[10] *De luce*, p. 230. Bartolomeo nell'introduzione ricorda infatti che Cristo «*in aliis Scripturae locis considerandum se nobis proponit sub diversarum rerum metaphoris*», come ad esempio «*leonis et agni, stellarum, solis et speculi*». Tuttavia, giacché «*fere omnes sunt opacae naturae*», la «*consideratio*» di queste sarà lasciata «*illis qui gaudent limpidioribus oculis*»; *ibid.*, p. 229.

[11] *Ibid.*, pp. 230-1.
[12] *Ibid.*, pp. 232-45; 482-6
[13] *Ibid.*, pp. 346-50.
[14] *Ibid.*, pp. 351-368.
[15] *Ibid.*, pp. 368-481; 486-7.
[16] MAZZEO, «Light metaphysics...», pp. 201-2.
[17] Per gli estratti che seguono, cfr. *De luce*, pp. 477-80.

mundus, secundum quod componitur ex sphaeris elementorum et caelorum seipsas includentium, est quasi quidam magnus circulus inter quem multi alii sunt ordinati, ita quod quanto aliquis propinquior est circulo circumferentiali, tanto ab eo plures sunt inclusi. Si quis autem ex exterioribus circulis protrahat lineas usque ad centrum, quanto aliquis circulus erit inferior, quanto etiam centro vicinior, tanto concursus praedictarum linearum erit super ipsum aggregatior, sicut patet in hac figura.

Poiché nel manoscritto fiorentino, f. 20r, uno spazio bianco pari a 15 righe segue l'indicazione «*sicut patet in hac figura*», è possibile ipotizzare che il libro stesso includesse almeno un'immagine esplicativa, sfortunatamente a noi non pervenuta. Non pare quindi inopportuno sintetizzare graficamente il contenuto di questo primo paragrafo:

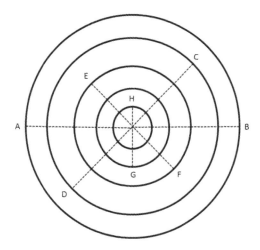

Fig. 1. Le sfere concentriche che costituiscono il «*mundus*»[18]

---

[18] Nella figura vediamo una serie di cerchi concentrici, che corrispondono alle sfere costitutive del «*mundus*», e diverse linee o raggi che da vari punti (A-H) di ogni circonferenza convergono verso il centro. Come è evidente, la concentrazione dei raggi è più elevata nel centro e nelle sfere ad esso più vicine e minore nelle aree periferiche. Allo stesso modo, poiché la terra si trova nel punto più basso e, al tempo stesso, centrale rispetto al resto dell'universo, essa godrà di una maggiore influenza da parte delle altre sfere rispetto a qualsiasi altro corpo.

Di conseguenza, il fatto che «*in terra plura generantur opera naturae quam in aliquo alio elemento*» si comprende facilmente tenendo presente che:

> quanto magis a circumferentia versus centrum proceditur, tanto magis spatium angustatur, de radiis autem nullus minuitur et ideo necesse est ut, diminuta spatii quantitate et non diminuta radiorum numerositate, quanto sphaera fuerit magis propinqua centro, tanto fiat super eam radiorum maior conglobatio: et ideo maior est aggregatio radiorum caelestium in sphaera ignis, quam in sphaera lunae, et maior in aëre quam in igne, et maior in aqua quam in aëre, super terram vero est maxima, sicut ipsa est infima.

La fecondità della terra, dovuta ad una maggiore irradiazione sensibile, trova un puntuale corrispettivo nell'abbondanza spirituale dell'anima umile:

> Ad huius ergo corporeae lucis similitudinem intelligendum est quod quanto aliqua anima in ordine spirituali universi per profundiorem humilitatem est magis ima, tanto, ceteris paribus, ipsa lux aeterna super animam illam suorum radiorum et virtutum est magis multiplicativa. Ex hac autem tam multiplici irradiatione in ea recepta sequuntur plura: nam ex vehementiori huiusmodi spiritualium radiorum aggregatione sequitur in ea intensior accensio spiritualis caloris sive divini amoris; ex maiori irradiatione sequitur maior illuminatio intellectivae partis; ex maiori etiam divinarum influentiarum aggregatione super eam facta sequitur maior virtutum receptio in ipsa, ut in pariendis pluribus effectibus magis inveniatur foecunda, sicut est, quantum ad hoc, de terra inter alia elementa.

La geometria, la scienza naturale, l'etica, la teologia si fondono così in un'unica riflessione che abbraccia al contempo la sfera fisica e metafisica, gli aspetti materiali e incorporei della vita dell'uomo.

3. FONTI E CARATTERISTICHE TESTUALI DI UN *TRACTATUS* SULLA LUCE

Tale operazione di sintesi e rielaborazione, è evidente, si fonda e ricorre frequentemente a teorie e concetti formulati ed approfonditi da filosofi e *perspectivisti* di ben altro spessore rispetto a Bartolomeo. Salvo rare intuizioni degne di nota, infatti, il francescano non è un pensatore originale, ma è piuttosto un maestro di scuola che, raccogliendo, semplificando, sviluppando contenuti desunti da altri autori, offre ai propri alunni una sorta di *vademecum* per muovere i primi passi nel complesso ambito della scienza ottica e della metafisica della luce.

Nella tabella sottostante sono elencate tutte le menzioni esplicite di altri testi presenti nel *De luce*:

	Autore e/o opera menzionati nel *De luce*	Ed. 1932
1	in libro *De Speculis* traditur	p. 229
2	in 5 et 6 et 7 *Scientiae et Perspectivae* docetur	p. 229
3	traditur hoc ab *Avicenna* in 6 *De Naturalibus*	p. 230
4	ut dicit *Commentator* super secundo *De Anima*, capitulo: *De visu et luce*	p. 231
5	ut dicitur in *Sex Principiis, capite de ubi*	p. 236
6	sicut dicit *Dionysius* in libro *De Divinis Nominibus*	p. 337
7	ut dicit *Philosophus* in 6 *Topicorum*	p. 337
8	notat *Dionysius*	p. 337
9	in *Perspectiva* declaratur	p. 340
10	plane declaratur in *Perspectiva scientia*	p. 341
11	dicit etiam *Philosophus* in *primo De Anima*	p. 344
12	ut habetur ex fine *primi Physicorum*	p. 344
13	sicut dicit beatus *Dionysius* in libro *De Angelica Ierarchia*	p. 346
14	ut dicit *Philosophus* in *primo Meteorum*	p. 347
15	sicut in IV *Perspectivae* ostenditur	p. 349
16	ostendit *Philosophus* in 7 *Physicorum*, dicens, secundum translationem *Commentatoris*	p. 354
17	ut docet *Philosophus* in fine *Posteriorum* et in prologo *Novae Metaphysicae*	p. 357
18	ut dicit idem *Philosophus*	p. 357
19	secundum *Philosophum*	p. 360
20	secundum beatum *Augustinum*, in libro *De Quantitate animae*	p. 364
21	[tradit] *Constales*, in libro *De differentia spiritus et animae*	p. 366
22	[tradit] *Avicenna*, in *Prima parte*	p. 366
23	idem tangit *Augustinus*, in libro *De spiritu et anima*	p. 366
24	innuit *Philosophus*, in libro *De somno et vigilia*	p. 366
25	ut *Avicenna* tradit	p. 366
26	ut dicit *Philosophus* in fine *primi Physicorum*	p. 369
27	sicut enim dicit *Dionysius*, in libro *De Divinis Nominibus*	p. 374
28	sicut dicit *Philosophus* in *secundo Metaphysicae*	p. 467
29	cum etiam dicat *Augustinus*	p. 467
30	et *Avicenna* in sua *Metaphysica*	p. 467
31	etiam dicit *Philosophus* in libro *Secretorum*	p. 467
32	sicut dicit *Commentator* super librum *De Angelica Hierarchia*	p. 468

33	ut dicit *Damascenus* in sua *Logica*	p. 468
34	in libro *De Ortu Scientiarum* redditur	p. 468
35	ut dicit *Philosophus,* in undecimo *Primae Philosophiae*	p. 468
36	ut *Augustinus* dicit, in libro *De Civitate Dei*	p. 468
37	ut dicit *Philosophus,* in secundo *De Anima,* capite *de vegetativa potentia*	p. 469
38	sicut ponit exemplum *Philosophus,* in secundo *De Anima*	p. 470
39	sicut enim docet *Dionysius,* in libro *De Divinis Nominibus*, c. 2	p. 473

Poiché si tratta per lo più di autori ed opere estremamente note e diffuse nel mondo universitario duecentesco (Aristotele, Dionigi Areopagita, Avicenna, Alhazen, etc.), non pare semplice risalire con certezza alle fonti precise del *magister*. Probabilmente ci troviamo spesso di fronte a citazioni che derivano a propria volta da florilegi o compilazioni di varia natura. Inoltre, se in alcuni casi è possibile identificare facilmente almeno i luoghi testuali cui Bartolomeo rimanda (ad esempio, abbiamo riprese pressoché letterali del *De divinis nominibus* e del *De angelica hierarchia*), altre volte non è chiaro a quale passo (o, eventualmente, a quale altra opera) il bolognese faccia riferimento (generico risulta, ad esempio, l'accenno al *De quantitate animae* di Agostino).

Oltre a tali menzioni esplicite, il *frater* inserisce talvolta, a conferma della validità di quanto dichiarato, richiami più generici: «*sicut opinari non dubitamus peritissimos in physica*»; «*nec hoc etiam dubitamus sentire peritissimos in naturali physica*»[19].

Pur senza definire con esattezza a quale corrente di pensiero o personaggio storico alluda, Bartolomeo non manca di prendere parte agli accesi dibatti che animano gli ambienti culturali contemporanei. Ad esempio, in piena conformità con l'ortodossia cattolica, il francescano riafferma la piena libertà dell'azione di Dio, «*agens absolutissimum*», e polemizza con «*aliqui philosophi*», i cosiddetti averroisti, i quali impongono al divino «*quod hoc ab eo fiat secundum necessitatem*»[20]. Meno evidente risulta invece la posizione dell'autore del *De luce* rispetto ad alcuni filosofi che «*modernis temporibus in Arabia philosophati sunt*» e sostengono che:

> intellectus humani in hoc consistere perfectionem post eius separationem a corpore, ut scilicet describatur in eo forma totius universi et perspicua cognitio eius, ut scilicet comprehendat qualiter sub prima causa ceterae

---

[19] *De luce*, pp. 232; 340.
[20] *Ibid.*, p. 362.

causae creatae et secundariae ordinentur, quousque perveniatur ad ultimum et extremum universi effectum[21].

In tal caso, infatti, si sfiora il delicato e controverso tema della perfezione dell'intelletto dopo la sua separazione dal corpo, ma il *magister* si limita a riferire l'opinione di altri senza addentrarsi nel problema specifico.

Nel complesso, come già osservava Squadrani, il debito di Bartolomeo nei confronti di altri pensatori è ben maggiore rispetto a quanto palesemente dichiarato. Tutto il libro, in particolare per gli aspetti scientifici, si basa, senza apportare sensibili variazioni o contributi, sulle teorie ottiche elaborate da Roberto Grossatesta (ad esempio, per quanto riguarda la diffusione sferica dei raggi luminosi), Roger Bacon (specialmente a proposito della generazione e moltiplicazione delle *species* nel mezzo) e altri grandi *perspectivisti*. La riflessione metafisica e teologica, che pure non si discosta dai canoni della tradizione antica e medievale, lascia maggiore spazio ad 'innesti' personali e originali, sempre affiancati e, per così dire, suffragati dal costante richiamo all'*auctoritas* della Sacra Scrittura:

Passo biblico citato	Ed. 1932	Passo biblico citato	Ed. 1932
Gv 8, 12	p. 227, 230, 351, 358, 361, 363	*Eb* 1, 3	p. 363
Gv 5, 39	p. 228	*Is* 48, 7	p. 363
Gb 28, 1	p. 228	*Sal* 38 (37), 11	p. 365
Is 30, 21	p. 229	*Sal* 58 (57), 9	p. 365
Gv 1, 9	p. 236, 348	*Ef* 4, 26	p. 365
Ez 5,5	p. 236	*Sap* 5, 7	p. 365
Lc 24, 46-7	p. 236	*Is* 57, 20	p. 365
At 1, 8	p. 236	*Sal* 34 (33), 9	p. 367
Eb 1, 2	p. 340	*Eb* 5, 14	p. 367
Eb 11, 3	p. 340	*Eb* 1, 3	p. 466
Gv 1, 5	p. 348	*Gv* 14, 9	p. 466
Ef 3, 8-9	p. 348	*Ap* 14, 13	p. 476
Dt 34, 10	p. 350	*Sir* 44, 20	p. 480
Dn 8, 16	p. 350	*Fil* 3, 13	p. 481
Sir 3, 19-20	p. 359	*Sal* 77, 11	p. 481
Sal 19 (18), 9	p. 360	*Ap* 19, 16	p. 483
Pr 6, 23	p. 360	*Ap* 17,14	p. 483

---

[21] *Ibid.*, pp. 361-2.

La ricchezza e varietà delle fonti citate e, al contempo, il polivalente approccio del *magister* ai diversi contenuti trattati ci consentono, per certi aspetti, di accostare il *De luce* al più celebre *Tractatus moralis de oculo* di Pierre de Limoges; anche nel caso del libro di Bartolomeo, infatti, ci troviamo di fronte ad un'opera «situated at the junction of two dynamic areas of intellectual history: the history of optical science and the history of pastoral care»[22].

Questa posizione intermedia, una sorta di 'ponte' tra discipline decisamente distanti tra loro, rende piuttosto difficile l'attribuzione dello scritto del francescano ad un genere testuale ben definito e la sua collocazione in una precisa branca del sapere. Il brano analizzato in precedenza, ma potremmo citare numerosi altri esempi, dà senz'altro prova di tale complessità: a definizioni geometriche di carattere manualistico, che dovevano persino essere illustrate da figure esplicative, si interseca una riflessione cosmologica sugli elementi naturali che a sua volta fornisce spunti e chiavi di lettura per alcune considerazioni morali e metafisiche. È forse per tale ragione che David C. Lindberg decise di includere il testo del bolognese nel suo *A Catalogue of Medieval and Renaissance Optical Manuscripts* e motivò poi questa scelta con l'aggiunta: «although the purpose of this treatise is ultimately theological, I have listed it because it contains a significant body of optical matter»[23].

Come già ricordato, il *De luce* è comunemente definito un *tractatus* e in questo modo lo scritto è classificato nel ms. di Oxford, sebbene il *frater* stesso non utilizzi mai tale termine all'interno dell'opera. Tuttavia, come hanno messo in luce diversi studiosi tra cui in particolare Jacqueline Hamesse a proposito della *Fisica* di Alberto Magno, il vocabolo *tractatus* è «ambiguo e può avere molti altri significati: sermone, parte di un libro esplicativo, questione da trattare o, più semplicemente, commentario a un'opera»[24].

Nel suo insieme, il lavoro di Bartolomeo risulta una trattazione organizzata secondo un meditato schema logico-argomentativo ed una precisa 'idea-libro'. I frequenti rimandi a concetti illustrati in precedenza o

---

[22] Cfr. la breve introduzione (pubblicata sulla quarta di copertina) della studiosa di ottica Suzanne Conklin Akbari (University of Toronto) al volume: Peter of Limoges, *The Moral Treatise on the Eye*, R. NEWHAUSER (ed.), PIMS, Toronto 2012

[23] D.C. LINDBERG, *A Catalogue of Medieval and Renaissance Optical Manuscripts*, PIMS, Toronto 1975, pp. 42-3.

[24] J. HAMESSE, «Parafrasi, florilegi e compendi», in G. Cavallo-C. Leonardi-E. Menestò (eds.), *Lo spazio letterario del Medioevo. 1. Il Medioevo latino*, III, Salerno, Roma 1995, p. 207.

approfonditi successivamente (ad esempio, «*ut dicitur in proximo praecedenti capitulo*»; «*probatur hoc infra latissime*»[25]), l'accenno a rappresentazioni grafiche e i riferimenti ai vari *capitula*[26] lasciano presupporre, nonostante alcune sviste e omissioni, un'accurata riflessione antecedente la stesura del testo e una dettagliata suddivisione dei contenuti da sviluppare.

Benché si tratti di formule ricorrenti e, per così dire, 'codificate', alcune espressioni inducono a valutare i possibili rapporti tra lo scritto a noi pervenuto e le eventuali esposizioni orali dello stesso. Ad esempio, a conclusione dei paragrafi dedicati alla generazione divina, Bartolomeo fa riferimento a «*multi auditores*» cui, per pigrizia, risulterà gradita la concisione imposta dalle contingenze:

> De quo etiam multa essent dicenda, sed prohibet brevitas, quae tamen est multis auditoribus grata, quos intus totaliter possidere videtur accidia[27].

«*Auditores*» potrebbe senz'altro costituire un semplice e generico richiamo ai destinatari del discorso; d'altra parte, giacché «*audiencia* è la parola che designa la lettura dello scolaro e [...] corrisponde a un rapporto col testo mediato da una percezione auditiva»[28], l'esplicita menzione di potenziali uditori suggerisce di confrontarsi con le possibili collocazioni del *De luce* all'interno dell'ampia e variegata categoria delle produzioni universitarie e apre nuove prospettive di ricerca e analisi sulla natura e le finalità del *tractatus*.

Ancora, possiamo osservare come alcuni aspetti richiamino gli usi e le consuetudini della predicazione due-trecentesca[29]. Ad esempio, il testo è

---

[25] *De luce*, pp. 343; 359.
[26] Si veda, ad esempio, *ibid.*, pp. 235; 343.
[27] *Ibid.*, p. 340.
[28] G. SEVERINO POLICA, «Libro, lettura, 'lezione'», in *Le scuole degli ordini mendicanti*, Centro di studi sulla spiritualità medievale, Todi 1978, pp. 380-1.
[29] Cfr. almeno G. BALDASSARRI, *Introduzione* a *Racconti esemplari di predicatori del Due e Trecento*, in G. Varanini-G. Baldassarri (eds.), Salerno, Roma 1993, pp. XIII-LXV; L. BATAILLON, *La prédication au XIIIe siècle en France et Italie*, Variorum, Aldershot-Brookfield Vt 1993; B.M. KIENZLE, «The Typology of the medieval Sermon and its Development in the Middle Ages: Report on Work in progress», in J. Hamesse-X. Hermand (eds.), *De l'homélie au sermon. Histoire de la predication medieval*, Université catholique de Louvain, Louvain-la-Neuve 1993, pp. 83-101; *La predicazione dei frati dalla metà del '200 alla fine del '300*, Fondazione Centro italiano di studi sull'alto Medioevo, Spoleto 1994.

incentrato e si sviluppa a partire da un unico versetto evangelico che corrisponde per certi versi al *thema* del *sermo modernus* e la lunga introduzione che apre il libro costituisce un accorato invito a dedicarsi alle Scritture e un'esaltazione dei tesori in esse racchiusi. Ciononostante, a differenza della pratica omiletica, l'opera non segue un preciso modello nello svolgimento del tema e, pur indicando più volte quale sia la 'retta via', non contiene esortazioni o ammonimenti diretti.

4. FORTUNA E RICEZIONE DEL *DE LUCE*

Anche la ricostruzione della ricezione dell'opera e l'individuazione delle rare tracce lasciate nella tradizione non fanno che ribadire una sostanziale poliedricità del *De luce*, una coesistenza di piani, immagini, vocaboli desunti dai più diversi campi del sapere[30]. Il libro di Bartolomeo si colloca in uno spazio intermedio e dinamico, uno spazio cui forse solo la peculiare *Weltanschauung* medievale poteva dare vita, a metà tra le aule universitarie e il pulpito, tra l'erudizione racchiusa nei pesanti volumi delle biblioteche e la libera divulgazione della piazza.

La difficile ricerca intorno alla fortuna di questo manuale di ottica può muovere i primi passi a partire da un'autocitazione dell'autore stesso: alcuni paragrafi dello scritto sulla luce, infatti, tornano pressoché identici in uno dei sermoni del bolognese, il *Sermo in Nativitate Domini*[31].

In questo testo, dedicato alla spiegazione del versetto evangelico «*Videamus hoc verbum, quod factum est, quod Dominus ostendit nobis*» (*Lc* 2, 15), il *magister* inserisce numerose considerazioni sulle diverse modalità di visione e sulla diffusione della luminosità sensibile e spirituale e, parlando delle differenti capacità di accogliere le irradiazioni divine, ripropone alcuni paragrafi, già inclusi nel *tractatus*, riguardanti i quattro gradi «*in genere*

---

[30] Cfr. le osservazioni di Laura Gaffuri a proposito dei 127 sermoni che il domenicano vicentino Bartolomeo da Breganze (1260-70) dedica alla vita della Vergine: «a metà strada, dunque, tra predicazione effettiva e testo destinato allo studio, molti dei sermoni di Bartolomeo appaiono comunque troppo lunghi perché potessero essere stati predicati e suggeriscono una destinazione diversa [...]. Coesistono dunque almeno due diversi livelli compositivi e questo va a confermare l'idea, esposta all'inizio, di una struttura 'fluttuante' dei sermoni, e non sempre riconducibile a rigide separazioni tra predicazione latina o volgare, solenne o popolare»: L. GAFFURI, «Nell'*Officina* del predicatore: gli strumenti per la composizione dei sermoni latini», in *La predicazione dei frati...*, p. 96.

[31] Data l'affinità tra i contenuti, il *Sermo in Nativitate Domini* è stato pubblicato in appendice al *Tractatus de luce*: *De luce*, pp. 488-94.

rerum spiritualiter [...] *et sensibiliter lucentium et illuminantium*»[32]. Purtroppo non abbiamo per ora una datazione precisa né del *De luce* né dei sermoni del francescano e non possiamo dunque stabilire con certezza in quale opera Bartolomeo abbia illustrato per la prima volta questa riflessione. Tuttavia, quale che sia la fonte originaria, è interessante osservare una perfetta adattabilità e convertibilità dei contenuti sia per la predicazione sia per la trattatistica scientifico-morale.

La presenza di alcuni capitoli del libro del *frater* nell'opera di un altro esponente dell'ordine minoritico, il *Liber de virtutibus et vitiis* di Servasanto da Faenza[33], dà ulteriore riprova della ricchezza e varietà di questo *tractatus*. Il medesimo passo sui quattro gradi di luminosità e altri brani riguardanti gli effetti positivi della fede nel predisporre l'anima a ricevere i raggi divini sono copiati quasi *ad litteram*, pur senza menzionare l'origine, nelle sezioni *de fide* e *de caritate* del *Liber*[34], una *summa* che rientra nell'ampio «number of texts which were produced in the later Middle Ages as educational tools for the pastoral care»[35]. Come ricorda Richard Newhauser, del resto, lo stesso predicatore romagnolo dichiara, nell'epilogo, di aver composto l'opera «*ut iuxta gregorianam sententiam mercedis predicantium particeps fierem, si eis ad predicandum materiam preparem*»[36]. Di nuovo, dunque, assistiamo ad uno 'slittamento' della riflessione scientifica e metafisica del *De luce* verso testi vicini o direttamente legati alla pratica omiletica.

---

[32] Per un confronto diretto tra i testi, cfr. *ibid.*, pp. 346-50 e 490-1. In merito alla presenza di nozioni di ottica all'interno di testi destinati alla predicazione, cfr. G. LEDDA, «Filosofia e ottica nella predicazione medievale», in G. Auzzas-G. Baffetti-C. Delcorno (eds.), *Letteratura in forma di sermone. Atti del Seminario di studi (Bologna 15-17 novembre 2001)*, Olschki, Firenze 2003, pp. 53-78.

[33] Cfr. L. OLIGER, «Servasanto da Faenza o.f.m. e il suo *Liber de virtutibus et vitiis*», in *Miscellanea Francesco Ehrle. Scritti di storia e paleografia*, I, Biblioteca Apostolica Vaticana, Roma 1924, pp. 148-89. È attualmente in preparazione un'edizione critica e commentata del *Liber* a cura del dott. Antonio Del Castello (Università degli Studi di Napoli Federico II - Dottorato di ricerca in Filologia moderna).

[34] Grazie alla disponibilità del dott. Del Castello mi è stato possibile confrontare alcuni passi del *De luce* (*De luce*, pp. 346-55) con l'edizione critica, di prossima pubblicazione, dei passi II, 1-4 e IV, 6 del *Liber de virtutibus et vitiis*.

[35] R. NEWHAUSER, *The treatise on vices and virtues in latin and the vernacular*, Brepols, Turnhout 1993, p. 130

[36] *Ibid.*

La ricomposizione dell'eredità del *tractatus* ci porta, infine, ad affrontare un'ultima questione, piuttosto intricata e tuttavia ineludibile, così introdotta da Maria Corti nel suo *Percorsi dell'invenzione*:

> Conobbe Dante questo testo? Prove non ce ne sono, anche se è probabile che in quegli anni Dante avesse contatti con i prodotti culturali bolognesi. [...] L'ipotesi che Dante conoscesse questo manuale si rafforza più alla lettura del *Convivio* che a quella del *Paradiso*. Nel Trattato III del *Convivio* non solo si rinvengono nozioni uguali, ma al cap. XIV 5 ci sono le definizioni di *luce*, *lume*, *raggio* e *splendore* con un generico rimando ai filosofi; l'ordine dei lessemi e l'aria manualistica del contesto sarebbero a favore dell'ipotesi. Certo è che nulla dell'afflato lirico del *Libro della Scala* e del *Paradiso* dantesco affiora nel *De luce*, meticolosamente preciso, elencatorio, estraneo a qualsiasi tipo di vibrazioni artistiche. Va comunque detto che in questo manuale l'uso tecnico dei lessemi del campo semantico della luce e l'esame dei fenomeni della luce diretta e riflessa sono condotti con probità e suggeriscono al lettore, di cui stimolano la curiosità, un confronto con gli usi danteschi [...][37].

Al di là di un più diffuso interesse nei confronti dei serrati legami culturali che intercorrono tra Parigi, Bologna e Firenze alla fine del Duecento[38], diversi sono gli studiosi che fin dagli inizi del Novecento hanno rilevato una specifica affinità tra l'esposizione di Bartolomeo e alcune teorie di ottica e *perspectiva* rielaborate dall'Alighieri. In un articolo del 1933 Leo Olschki, riprendendo a propria volta alcune intuizioni di Longpré, scrive che nell'opera del francescano «è compendiata con intelligenza tutta la metafisica della luce che ritroviamo in forma espositiva nel *Convivio* di Dante (Lib. II e III) e in forma poetica e mistica nel suo *Paradiso*»[39] e nella stessa direzione

---

[37] M. CORTI, *Percorsi dell'invenzione*, Einaudi, Torino 1993, p. 162.

[38] Cfr. M. CORTI, *Dante a un nuovo crocevia*, Libreria Commissionaria Sansoni, Firenze 1981, pp. 9-30. Cfr. inoltre *Dante e Bologna nei tempi di Dante*, Commissione per i testi di lingua, Bologna 1967 (in particolare, S. VANNI ROVIGHI, «Le 'disputazioni de li filosofanti'», *ibid.*, pp. 179-92).

[39] L. OLSCHKI, «Sacra doctrina e Theologia mystica. Il Canto XXX del Paradiso», *Il Giornale dantesco*, 36 (1933) 17. Si noti che anche Vincent Cantarino, pur senza citare Olschki, giudica l'opera in termini molto simili: «Based on Arabic and Jewish sources and accompanied by biblical and Christian autorities, the *De luce* is a compedium of the doctrines we find in a systematic form in the *Convivio* (II and III) and in mystic form in the *Paradiso*»: V. CANTARINO, «Dante and Islam: theory of light in the Paradiso», *Kentucky Romance Quarterly*, 14 (1968) 34. Quanto al ruolo della scienza ottica in Dante, cfr. almeno, oltre ai saggi citati, A. PARRONCHI,

si orientano alcune considerazioni di Celestino Piana, Vincent Cantarino, Egidio Guidubaldi, Maria Simonelli.

Alcune coincidenze biografiche e cronologiche non fanno che avallare ulteriormente l'importanza di un raffronto, da condursi sul piano storico-documentario e testuale, tra l'opera del bolognese e le creazioni dantesche. Ricordiamo, infatti, che l'autore della *Commedia* soggiornò e studiò nel capoluogo emiliano, «luogo più fertile del cibo che 'l suo alto intelletto desiderava»[40], proprio negli anni in cui il *magister*, rientrato da Parigi e già piuttosto noto, esercitava il proprio magistero all'interno della scuola francescana di Bologna. In seguito, nuovamente a Firenze verso la fine del XIII secolo, il poeta trascorse molto tempo, come ci informa egli stesso, «ne le scuole de li religiosi e a le disputazioni de li filosofanti»[41] e «frequentò sicuramente»[42], oltre alla scuola domenicana di Santa Maria Novella e a quella agostiniana di Santo Spirito, lo *Studium* di Santa Croce[43], nella cui biblioteca era custodita almeno una copia del libro di Bartolomeo. Sembra dunque plausibile che il giovane Dante, «uomo stupendamente curioso del sapere e della vita»[44] e profondamente bisognoso di «inserire il suo pensiero nel mondo»[45], abbia potuto, o a Bologna o, successivamente, presso la scuola francescana di Firenze, conoscere ed apprezzare l'insegnamento di Bartolomeo, «*magnus et cathedratus magister*».

«La perspettiva dantesca», *Studi danteschi*, 36 (1959) 5-103; S. CONKLIN AKBARI, *Seeing through the Veil. Optical Theory and Medieval Allegory*, University of Toronto Press, Toronto-Buffalo-London 2004; G. STABILE, *Dante e la filosofia della natura. Percezioni, linguaggi, cosmologie*, SISMEL-Edizioni del Galluzzo, Firenze 2007; M. ARIANI, *Lux inaccessibilis*, Aracne, Roma 2010; S. BETTINI, «L'ottica nella lirica italiana del Duecento. Cenni e osservazioni», *Studi e problemi di critica testuale*, 28 (2012) 9-28.

[40] Giovanni Boccaccio, *Trattatello in laude di Dante*, P.G. RICCI (ed.), Mondadori, Milano 1974, p. 500.

[41] *Conv.* II, XII 7; cfr. Dante Alighieri, *Convivio*, D. DE ROBERTIS-C. VASOLI (eds.), in Id., *Opere minori*, II, 1, Roma, Istituto dell'Enciclopedia Italiana Treccani, 2004, da cui sempre si cita per il testo del *Convivio*.

[42] *Ibid.*, p. 205.

[43] Cfr. almeno C.T. DAVIS, «The early collection of books of S. Croce in Florence», *Proceedings of the American Philosophical Society*, 107 (1963) 399-414; ID., *L'Italia di Dante*, Il Mulino, Bologna 1988, pp. 135-66; G. BRUNETTI-S. GENTILI, «Una biblioteca nella Firenze di Dante: i manoscritti di Santa Croce», in E. Russo (ed.), *Testimoni del vero*, Bulzoni, Roma 2000, pp. 21-55.

[44] CORTI, *Dante a un nuovo crocevia*, pp. 34-5.

[45] *Ibid.*, p. 9.

Un confronto puntuale tra alcuni paragrafi del *De luce* e il passo del *Convivio* menzionato dalla Corti corroborano tale ipotesi.

All'inizio del suo *tractatus* il bolognese opera una distinzione tra i diversi termini che designano il fenomeno luminoso e formula una precisa definizione di *lux, lumen, radius* e *splendor*:

> Ad cuius evidentiam notandum quod, sicut habetur in alia scientia et traditur hoc ab *Avicenna* in 6 *De Naturalibus*, refert inter lucem, lumen, radium et splendorem. Lux enim nominat naturam lucis consideratam et exsistentem in fonte suo, id est in ipso corpore lucido. Radius autem dicit generationem similitudinis vel intentionis illius fontalis lucis, quae est in corpore lucido, secundum diametralem processum factam in medio. Lumen vero nominat espansionem radiorum in medio factam secundum processum eorundem ad omnem positionis distantiam, id est, sursum, deorsum, ante et retro. [...]
> Splendor autem dicitur secundum quod radii procedentes a corpore lucido perveniunt ad aliud corpus tersum et politum et lucidum, ut ad ensem vel tabulam deauratam, et repercutiuntur a corpore illo retrorsum, et ex tali resultatione facta a corpore illo polito et lucido fit multiplicatio luminis in medio et illa luminis multiplicatio propriissime dicitur splendor.
> Ex praedictis autem, si quis consideret, patet quod lux est fontale principium omnium aliarum claritatum, scilicet radii, lumini et splendoris[46].

Anche Dante, nel libro III del suo *Convivio*, si sofferma sui medesimi lemmi:

> Ma però che qui è fatta menzione di luce e di splendore, a perfetto intendimento mostrerò la differenza di questi vocabuli, secondo che Avicenna sente. Dico che l'usanza de' filosofi è di chiamare 'luce' lo lume in quanto esso è nel suo fontale principio; di chiamare 'raggio' in quanto esso è per lo mezzo, dal principio al primo corpo dove si termina; di chiamare 'splendore' in quanto esso è in altra parte alluminata ripercosso[47].

Già a una prima lettura emergono numerose e «precise affinità di linguaggio»[48]. Si osservino, innanzitutto, le corrispondenze tra i termini latini

---

[46] *De luce*, pp. 230-1.
[47] *Conv.* III, XIV 5-6.
[48] M. MOCAN, *La trasparenza e il riflesso*, Mondadori, Milano 2007, p. 85. Già Maria Simonelli aveva osservato che: «ci sono le sicure influenze del teologo francescano Bartolomeo da Bologna – soprattutto con il *Tractatus de luce* – reperibili nel *Convivio*» (M. SIMONELLI, «Allegoria e simbolo dal *Convivio* alla *Commedia* sullo sfondo della cultura bolognese», in *Dante e Bologna nei tempi di Dante* 1964,

di Bartolomeo e quelli scelti dall'Alighieri per la sua trattazione in volgare: il sintagma «*fontale principium*», riferito al vocabolo *lux*, ritorna identico nell'espressione «fontale principio», volta a definire il lessema *luce*[49]; lo stesso si può dire di «*in medio*» che, nella descrizione del percorso compiuto dal raggio, diviene «per lo mezzo». Ancora, sembrerebbe di trovare nel «ripercosso» dantesco un'eco del «*repercutiuntur*» che Bartolomeo inserisce nella sua spiegazione del fenomeno designato come *splendor*.

Inizialmente, parrebbe ovvio presumere che le notevoli somiglianze attestabili tra i due estratti siano dovute alla fonte comune, Avicenna, che entrambi menzionano. Procedendo ad un esame diretto dell'opera del filosofo arabo[50], tuttavia, risulta evidente che, come già rilevarono Busnelli e Vandelli, a loro volta rifacendosi al Busetto, «Dante non citi direttamente Avicenna, ma si riferisca a cose lette in qualche suo espositore»[51]. Inoltre, benché le medesime definizioni ritornino in molti altri testi coevi[52], una

---

p. 209). In EAD., «Convivio», in *Enciclopedia dantesca*, II, Istituto della Enciclopedia Italiana Treccani, Roma 1970, pp. 193-203, la studiosa ribadisce che: «Quando nel terzo trattato (cap. VII e poi capp. XII-XIII) D. affronta il problema della causalità e il conseguente graduarsi dell'essere – dall'Essere in sé alla creatura, per maggiore o minore partecipazione -, il linguaggio aristotelico si fonde e si arricchisce di tonalità neo-platoniche che giungono a D. Probabilmente da Bartolomeo da Bologna e dal suo *Tractatus de luce*» (p. 203). Cfr. anche P. BOLLINI, *Dante visto dalla luna*, Dedalo, Bari 1994, pp. 260-99.

[49] Tale corrispondenza a proposito dell'espressione «fontale principio» è già stata segnalata da alcuni studiosi: cfr. MOCAN, *La trasparenza e il riflesso*, pp. 85-6; M. ARIANI, «'Metafore assolute': emanazionismo e sinestesie della luce fluente», in Id. (ed.), *La metafora in Dante*, Olschki, Firenze 2009, p. 200.

[50] Per il testo di Avicenna, cfr. Avicenna, *Liber de anima seu Sextus de Naturalibus I-III*, S. VAN RIET (ed.), E.Peeters-E.J.Brill, Louvain-Leiden 1972, pp. 170-1 (*Pars* III, c. 1).

[51] Dante Alighieri, *Il Convivio*, a c. di G. BUSNELLI-G. VANDELLI (eds.), Le Monnier, Firenze 1964, p. 419. Maria Simonelli parla a tal proposito di «punti scopertamente ripresi dal *Tractatus de luce*»: SIMONELLI, «Allegoria e simbolo…», p. 209, n. 6.

[52] Ad esempio, Bonaventura da Bagnoregio, *Sent.*, I, d. 9, dub. 7, in ID., *Opera omnia*, I, p. 190b; Tommaso d'Aquino, *Super Sent.*, II, d. 13, q. 1, a. 3; Alberto Magno, *De anima*, III, tr. 3, c. 8. Cfr. anche le definizioni raccolte da S.A. Gilson: GILSON, *Medieval Optics...*, pp. 56-7. Queste ulteriori 'incursioni testuali' danno certamente prova della grande diffusione e rilevanza di cui la questione della luce dovette godere in ambito medievale. Tuttavia, nessuno di questi *excerpta* sembra tanto accostabile, per lessico e sintassi, al paragrafo del *Convivio* quanto le definizioni di Bartolomeo.

comparazione diretta non ci ha finora permesso di identificare uno scritto che sia più vicino alla rielaborazione del *Convivio* di quello di Bartolomeo.

Questo primo riscontro apre senza dubbi nuovi scorci e percorsi di studio.

Innanzitutto quanto constatato ci impone di prendere in esame ed apprezzare, ancora una volta, la versatilità e duttilità del libro del bolognese, evocato in tali circostanze all'interno di un'opera che, secondo l'interpretazione di Cesare Vasoli, era stata pensata al fine di «offrire un insegnamento di sapienza filosofica» alle «anime nobili» impegnate nella «società civile»[53]. Inoltre, induce a proseguire nell'accostamento dei due autori, con la speranza di trovare ulteriori luoghi di contatto ed eventuali relazioni intertestuali. Poiché anche per l'Alighieri «si potrà ammettere o almeno sospettare l'attività di una memoria di letture non mediate, ma dirette, anche se temporaneamente lontane dal momento (o dalla durata dei diversi momenti) della composizione e stesura»[54], tali ricerche potrebbero contribuire alla ricomposizione del vasto patrimonio di nozioni ed immagini che Dante si trovò a «maneggiare, trasformare e piegare alle proprie esigenze»[55] nel corso del suo ricchissimo *iter* artistico e letterario. Il *De luce* costituisce, infatti, un interessante testimone del *milieu* scientifico e culturale in cui il creatore della *Commedia* si forma e scrive e può essere per certi aspetti considerato un 'precursore', nel senso borgesiano del termine[56], un travetto, per mantenere la metafora edile, di quell'«impalcatura dotta» su cui «s'innesta e cresce»[57] la meditazione dantesca intorno alla luce.

5. CONCLUSIONI

Dalla predicazione alla trattatistica morale e filosofica, il lavoro del bolognese «*cum legentibus crescit*»[58], assume nuove forme e nuove voci negli scritti di autori contemporanei o immediatamente successivi. Indubbiamente molto è ancora da approfondire, verificare, confutare, ricostruire, quanto alla figura di Bartolomeo, al *De luce* stesso, ai lasciti

---

[53] Alighieri, *Convivio*, DE ROBERTIS-VASOLI (eds.), p. XI.

[54] M. ARIANI, «"E sì come di lei bevve la gronda/de le palpebre mie» (Par. XXX 88): Dante e lo pseudo Dionigi Areopagita», in L. Battaglia Ricci (ed.), *Leggere Dante*, Longo, Ravenna 2003, p. 133. Cfr. anche L. GARGAN, «Per la biblioteca di Dante», *Giornale Storico della Letteratura Italiana*, 186 (2009) 169.

[55] ARIANI, «"E sì come di lei bevve la gronda…"», p. 133.

[56] Cfr. J.L. BORGES, *Nove saggi danteschi*, Adelphi, Milano 2011, p. 69.

[57] CORTI, *Percorsi dell'invenzione*, p. 159.

[58] Gregorio Magno, *Moralia in Iob* XX, I, 1, CCSL, vol. 143A, p. 1003.

rinvenibili in altri testi. Abbiamo tra le mani un'opera multiforme, caleidoscopica, una compilazione che, pur non brillando per originalità o profondità d'analisi, condensa in sé acquisizioni e aspetti fondamentali del pensiero tardo duecentesco. Notevoli questioni rimangono da chiarire e gli interrogativi sollevati sono forse più numerosi rispetto alle poche certezze emerse. Come interpretare oggi il termine *tractatus*? È possibile ricondurre il libro del *frater* ad una precisa tipologia testuale o dobbiamo forse ripensare alcune categorie e delineare una separazione tra i generi meno netta e più aperta a diverse contaminazioni? Quale apporto ermeneutico ci è offerto dalle riletture postere e dalle citazioni inserite in contesti lontani dall'originale?

Il manuale di ottica spirituale approntato dal dottore francescano si rivela così un interessante esempio e banco di prova per ragionare sul ruolo e l'importanza della cosiddetta 'letteratura minore' nella conservazione e trasmissione del sapere, per riflettere sul fondamentale compito del *magister*, mediatore e «tramite indispensabile»[59] all'interno delle vivaci officine del pensiero del Basso Medioevo, per «indagare i movimenti, i tentativi, le avventure, i barlumi e le premonizioni dello spirito umano»[60] che, periodicamente, affiorano e trovano espressione compiuta nell'«altezza d'ingegno»[61] dei grandi pensatori e scrittori di ogni epoca.

---

[59] C. FROVA, «Scuole e università», in G. Cavallo-C. Leonardi-E. Menestò (eds.), *Lo spazio letterario del Medioevo. 1. Il Medioevo latino*, II, Salerno, Roma 1994, p. 344.

[60] BORGES, *Nove saggi danteschi*, p. 69.

[61] *Inf.* X, v. 59.

Ana Gómez Rabal[*]

AUCTORITATES PLATONIS: LA PRESENCIA DE PLATÓN EN ALGUNOS FLORILEGIOS Y LÉXICOS FILOSÓFICOS

1. El orden platónico

Situémonos en Atenas durante las fiestas en honor a la diosa Atenea. Se reúnen Sócrates, Timeo, Hermócrates y Critias; falta una quinta y misteriosa persona cuyo nombre ignoramos. Este invitado, ausente, sí asistió a una reunión celebrada el día anterior en la que el anfitrión, Sócrates, trató sobre el tema más idóneo para celebrar a una diosa que desea orden, próspera armonía y poder para su ciudad, a saber, el tema del gobierno en el estado. El problema era arduo pero la pregunta se formuló de manera concisa y clara: ¿cuál es la mejor forma de gobierno y quiénes son los que deben ejercer el poder? Sócrates, el más viejo, experimentado y sabio de los allí reunidos, dio una respuesta contundente, la más conforme a la razón según sus oyentes, esto es, las leyes más perfectas, las que permitirán la mejor organización política serán las que creen una sociedad donde se respete de manera absoluta la división del trabajo, con dos grandes grupos, los campesinos y artesanos por una parte, los guardianes de la ciudad por otra. Se establecerá también la comunidad de bienes y de hijos para esos guardianes, así como la igualdad de sexos y la regulación del matrimonio según conveniencias sociales, aunque esta regulación los gobernantes –sean éstos hombres o mujeres– la mantendrán oculta, pareciendo hecho del azar la unión de buenos con buenos y de malos con malos.

---

[*] Institución Milá y Fontanals – CSIC (Barcelona). agrabal@imf.csic.es. Este trabajo se ha realizado en el marco del proyecto «Informatización del *Glossarium Mediae Latinitatis Cataloniae* (7)» (FFI2012-38077-C02-00), subproyecto «Ampliación y desarrollo de la base de datos *Corpus Documentale Latinum Cataloniae* (CODOLCAT)» (FFI2012-38077-C02-01), sufragado por el Ministerio de Economía y Competitividad, y del «Grupo de Investigación Consolidado *Glossarium Mediae Latinitatis Cataloniae*» (2009SGR705) de la Generalitat de Cataluña.

Nos estamos refiriendo a los primeros pasajes de la obra de Platón titulada *Timeo*. Acabamos de oír el resumen de la reunión que Platón no quiso que presenciáramos, resumen introductorio que precede al inicio del diálogo propiamente llamado *Timeo* y que marca el punto de arranque de la nueva reflexión de los cuatro personajes a la que asistiremos como lectores. En este caso Sócrates se convierte en el invitado y como tal, conforme a las leyes de la hospitalidad, es él quien elige el tema del discurso. Como el día anterior habló de una ciudad organizada según las leyes más idóneas para un buen gobierno, pero de una ciudad pensada y soñada por él, en ningún momento habitada por nadie, desea ahora oír una exposición que narre las vicisitudes de una ciudad como la que él describió, pero no abstracta, sino situada en una época concreta y en un lugar concreto; quiere ver cómo esa ciudad se organiza armónicamente, cómo lucha, cómo se llena de vida, cómo se ancla en la historia. Frente al silencio y la inmovilidad de la abstracción aspira a conocer el movimiento y la tensión de la vida[1].

Los interlocutores de Sócrates no dudan de que verá cumplido su deseo si escucha el extraño relato que Critias recordó el día anterior al salir de la reunión. Esta historia, aunque sorprendente, es auténtica y la conoce Critias porque, de niño, se la oyó contar a su abuelo Critias, el cual, a su vez, se la oyó a Solón, que en Egipto la escuchó de boca de un sacerdote de la ciudad de Sais (ciudad fundada, como Atenas, por Atenea, pero mil años más tarde). Vemos que esta historia que describe grandes y maravillosas hazañas realizadas por la ciudad de Atenas, que nueve mil años atrás poseyó «la mejor organización política de todas aquellas de las que bajo el cielo se tiene noticia»[2], llega a Sócrates a través de una larga y casi milagrosa tradición oral. En Atenas se había perdido su recuerdo porque según le contó el sacerdote egipcio a Solón, los griegos son un pueblo siempre joven[3], un pueblo de niños. En efecto, el griego es necesariamente un pueblo joven, porque, a grandes intervalos pero periódicamente, el fuego arrasador o el agua (ésta con menos intensidad) destruyen lo que cubre la superficie de la tierra y lo que en ella vive. Desaparecen así antiguas tradiciones y creencias y se aniquila la memoria del pasado. Tan solo Egipto escapa a este destino, pues inmediatamente inscribe o graba en lugares sagrados los

---

[1] Cfr. *Tim.* 19 B-C. Para el texto platónico, he consultado la edición de A. RIVAUD (ed. y trad.), *Platon: Œuvres complètes, tome X: Timée-Critias*, Société d'Édition *Les Belles Lettres*, Paris 1970[5].
[2] *Tim.* 23 C-D.
[3] *Tim.* 22 B.

acontecimientos destacados que recibe por tradición oral. De esta manera el pasado perdura y sigue viviendo presente en la memoria colectiva.

Mediante la utilización en las primeras páginas del *Timeo* del mito de las catástrofes cíclicas, Platón da a la ciudad de Atenas la carga mítica e histórica necesaria para que la antigua y olvidada Atenas pueda recrearse y considerarse la ciudad ideada por Sócrates.

Pero Platón da un paso más y plantea que Atenas se constituya en la ciudad en la que se inscribe la totalidad de las discusiones que los asistentes al banquete o, más aún, los platónicos en general, puedan entablar sobre la ética, la ciencia, la producción, las luchas y las operaciones artísticas o estéticas.

Así pues, no es de extrañar que el *Timeo*, después de esa primera parte constituida por una narración mítico-política, sea en su segunda parte un auténtico compendio de sabiduría universal, con discusiones de astronomía, de fisiología, de matemáticas o de moral. No es de extrañar tampoco que, cuando Critias acaba la narración del sacerdote egipcio, nos anuncie que, antes de proseguir la discusión sobre los caracteres de la ciudad bien ordenada, conviene que Timeo, matemático y astrónomo y que fue sabio gobernante de la ciudad italiana de Locres, se esfuerce en explicarnos el proceso de ordenación del cosmos:

> Juzga, Sócrates, lo que hemos previsto para el banquete espiritual que te debemos. Nos ha parecido que Timeo, el mejor astrónomo entre todos nosotros y el que más se ha esforzado en descubrir la naturaleza del universo, debería tomar la palabra en primer lugar, partiendo de la génesis del mundo y terminando por la naturaleza del hombre. A continuación, yo, como si hubiera recibido de él los hombres engendrados por su palabra y de vosotros unos cuantos especialmente cultivados, los haré, conforme al pensamiento y la ley de Solón, comparecer ante nosotros como si fuésemos jueces, los haré ciudadanos de esta ciudad y supondré que se trata de los atenienses de antaño, de esos personajes invisibles de que nos hablan las inscripciones sagradas. Pero, por lo demás, razonaré como si se tratara de ciudadanos y de atenienses reales y actuales[4].

El discurso de Timeo aparece, por consiguiente, integrado en la aspiración de la primera parte, pues toda reflexión o todo diálogo sobre el mundo, la ciencia, el arte, la producción o la ética sólo se pueden asentar en esa ciudad descrita a Sócrates, la Atenas arcaica, la ciudad bien ordenada.

---

[4] *Tim.* 27 A-B.

El mismo Timeo precisa ahora el tema que va a tratar, iniciando su discurso, cosmológico, con estas palabras:

> Todos los hombres, por poco amigos que sean de la continencia, cuando se hallan a punto de emprender una operación grande o pequeña invocan de alguna forma a la divinidad; con mayor razón, pues, debemos invocarla nosotros, que nos disponemos a tratar del mundo en su totalidad, a determinar si ha nacido un día o si no ha tenido generación[5].

La continuación del diálogo muestra que la hipótesis de la eternidad o no generación del mundo se halla, en realidad, excluida. Timeo concibe un mundo creado, y su discurso va a versar sobre el proceso que lleva a esa generación. El mundo creado es un mundo sensible, en la medida en que es visible, tangible y poseedor de un cuerpo; es, por consiguiente, un mundo que nace y deviene, y todo lo que nace tiene una causa[6]. Cabría, en este momento, plantearse una pregunta a propósito de la causa de la creación, esto es, la más perfecta de las causas, el demiurgo, el artífice del mundo creado: ¿qué ha llevado al demiurgo, hasta ahora un mero *contemplador divino* del modelo eterno, un *dios teorético*, a actuar, a convertirse en *artífice*? Platón da a entender que la causa de su actividad es su propia bondad, su propia generosidad[7].

Vamos a mostrar cómo se perpetuó la reflexión sobre toda esta visión de Platón acerca de la creación y la transformación del mundo, gracias, en primer lugar, al trabajo de dos autores, Cicerón y Calcidio, traductores los dos del diálogo al latín y representantes de dos épocas distintas, y gracias, después, al deseo de mantener viva esa reflexión por parte de quienes transmitían a los demás no sólo el saber y las respuestas sino también los interrogantes mismos.

---

[5] *Tim.* 27 C.
[6] *Tim.* 28 B-C.
[7] *Tim.* 29 D-30 A. Sin embargo, Platón no da siempre esa respuesta al problema. Es interesante plantearse cómo de otro diálogo, *El Sofista*, se puede deducir otra respuesta: no la generosidad, sino el deseo de someter, no la plenitud, sino la carencia. Esta otra respuesta platónica cambiaría radicalmente la visión del demiurgo y, por ende, la visión de la constitución del segundo cosmos, el mundo sensible, a partir del primero, el cosmos bien ordenado, el universo de la razón.

2. La reflexión perpetuada sobre la ciudad ideal y la sabiduría

2.1. Dos épocas, dos traducciones: la Roma republicana, Cicerón

2.1.1. La *summa* filosófica y la traducción

La producción propiamente filosófica de Cicerón se concentra en los tres últimos años de su vida, pese al interés que siempre sintió por la filosofía[8]. En el año 45, la desilusión política, el retiro de la vida pública al que se ve abocado[9] y una desgracia personal tan grave como es la muerte de su hija Tulia (febrero del 45) le sumen en un estado de desasosiego en el que parece que el recurrir a la filosofía pueda ser el único medio para encontrar consuelo y alivio. Así pues, es a partir del 45 cuando Cicerón va a desarrollar una actividad consistente en el tratamiento en latín de los problemas filosóficos importantes, lo que podríamos llamar una *summa* filosófica en latín[10]. Su

---

[8] Ese interés es una constante a lo largo de su vida, por lo menos por las lecturas filosóficas. Leamos sus propias palabras en el V libro de las *Tusculanae disputationes*: «Sed et huius culpae et ceterorum uitiorum peccatorumque nostrorum omnis a philosophia petenda correctio est; cuius in sinum cum a primis temporibus aetatis nostra uoluntas studiumque nos compulisset, his grauissimis casibus in eundem portum, ex quo eramus egressi, magna iactati tempestate confugimus. O uitae philosophia dux, o uirtutis indagatrix expultrixque uitiorum!» (*Tusc.* V, 2, 5). Asimismo, ya en su primera obra conservada, *De inuentione* (escrita entre el 82 y el 81), el joven Cicerón muestra su interés por el estudio de la filosofía cuando, en el proemio, expone su convicción de la importancia de la filosofía en la historia de la humanidad, de su superioridad frente a la elocuencia y su indispensable función como método de indagación en el conocimiento y en la moral.

[9] La creciente hegemonía de César desde Farsalia hasta su triunfo sobre los restos del ejército de Pompeyo en Hispania en el año 45 corresponde a un periodo de retiro casi absoluto de Cicerón de la vida política, durante el cual se consagra intensamente a su labor como escritor. Aparte de los discursos de los años 46 y 45 en los que Cicerón se dedica a agradecer a César el perdón que ha concedido a algunos partidarios de Pompeyo (*Pro Marcello*) o a pedirle el perdón de otros (*Pro Ligario, Pro rege Deiotaro*), del año 46 son también muchos de sus escritos retóricos, *Brutus, Orator* y *Paradoxa stoicorum*, y, de entre finales del 46 y principios del 45, *De optimo genere oratorum*.

[10] Así califica el objetivo que Cicerón se propone L. ALFONSI en el artículo «L'iter filosofico di Cicerone», *Quaderni Urbinati di Cultura Classica*, 5 (1968) 11.

Timaeus parece que se puede datar entre el *De finibus bonorum et malorum* y el *De natura deorum*, es decir, con bastante exactitud, en junio del 45[11].

Pero Cicerón traduce también otras obras: en su juventud, los *Fenómenos* de Arato (ca. 89) y el *Económico* de Jenofonte (ca. 85); y, en fecha incierta[12], el *Protágoras* de Platón. Asimismo, su tratado *De optimo genere oratorum* (46-45) debería ser el prólogo a una traducción suya del discurso de Esquines *Contra Ctesifonte* y del discurso de contestación a éste de Demóstenes, *Sobre la corona*. Salvo los *Fenómenos* y el *Timeo*, no se ha conservado ninguna de estas traducciones[13].

El *Timaeus* es una traducción parcial de la primera mitad del tratado platónico, una traducción no completa de la primera parte del discurso de Timeo sobre la generación del mundo. Corresponde a las secciones 27 D-37 D, 38 C-43 C y 46 A-47 B; entre los pasajes 37 D-38 C y 43 C-46 A, la traducción de Cicerón presenta lagunas en la tradición textual. Por lo demás, es factible que Cicerón no tuviera la intención de traducir el *Timeo* completo, porque ya la primera parte del discurso de Timeo plantea algunos de los puntos de discusión fundamentales sobre el tema de la generación del mundo, esto es, la causa y el proceso de la generación, el demiurgo y su acción. Podríamos apuntar otra razón para pensar que Cicerón no tuvo la pretensión

Alfonsi va recorriendo los distintos pasajes de las obras de Cicerón donde éste pone de manifiesto estas intenciones suyas, así como otros pasajes en los que Cicerón reflexiona sobre la labor que ha llevado a cabo o la que le queda por realizar.

[11] Cfr. P. MACKENDRICK, *The Philosophical Books of Cicero*, Duckworth, London 1989, p. 339. Como orientación para la datación del *Timaeus* se ha tenido en cuenta que en el proemio Cicerón cita los *Academica*; por otra parte, se ha considerado un pasaje del *De finibus* como una declaración de intenciones que se puede poner en relación con esta traducción: «Quamquam si plane sic uerterem Platonem aut Aristotelem ut uerterunt nostri poetae fabulas, male credo mererer de meis ciuibus si ad eorum cognitionem diuina illa ingenia transferrem. Sed id neque feci adhuc nec mihi tamen ne faciam interdictum puto. Locos quidem quosdam si uidebitur transferam, et maxime ab iis quos modo nominaui, cum inciderit ut id apte fieri possit, ut ab Homero Ennius Afranius a Menandro solet» (*De fin.* I, 3, 7).

[12] Según P. BOYANCE en su artículo «La connaissance du grec à Rome», *Revue des Études Latines*, 34 (1958) 122, posteriormente al *De finibus*.

[13] El texto del *Timeo* es, con mucho, la más larga de las traducciones ciceronianas de textos platónicos llegadas hasta nosotros, pues a parte del *Timeo* conservamos dos pasajes de Platón *Fedro* 245 C-246 A y *La república* VIII, 562 C-563 E, ambos traducidos e insertados por Cicerón en el *De republica* VI, 27-28 y I, 66-67, respectivamente, y el segundo fue reproducido también en las *Tusculanae* I, 53-54. La diferencia de extensión de estos pasajes con respecto al *Timeo* de Cicerón es notable.

de traducir todo el tratado: su dificultad; son significativas las siguientes palabras del propio Cicerón: *cum rerum obscuritas non uerborum facit ut non intellegatur oratio, qualis est in Timaeo Platonis*[14].

Sea como sea, parece que Cicerón podría haber querido integrar su traducción del *Timeo* en una obra más amplia, una obra en la que tratara del origen y naturaleza de las cosas, un diálogo sobre los principios de las φυσικά[15].

2.1.2. Quién lee el *Timaeus* ciceroniano

La traducción del *Timeo* realizada por Cicerón se inscribe en un marco amplio de divulgación de las doctrinas filosóficas griegas, responde al objetivo concreto de la elaboración de una obra sobre la naturaleza de las cosas y, como las demás obras filosóficas de Cicerón, pretende ser una aportación para la creación de un vocabulario latino del conocimiento. Pero si es cierto que esos fines, el de divulgación y el de creación del vocabulario, son alcanzados por Cicerón en general[16], con el conjunto de sus obras filosóficas, y si es cierto también que el *Timeo* abarca una parte del

---

[14] *De fin.* II, 5, 15.

[15] La idea de que Cicerón tuviera un plan de traducción, el proyecto de realizar una obra sobre el origen de las cosas de la que formaría parte el *Timeo*, la apunta por primera vez C.F. HERMANN, en *De interpretatione Timaei Platonis dialogi a Cicerone relicta*, Diss., Gottingen 1842, pp. 8 ss. y 13-14, citado por R. GIOMINI en «Cicerone. *Tim.* 6,17», *Rivista di Cultura Classica e Medioevale*, 10 (1968) 61, n. 6, y por N. LAMBARDI en *Il «Timaeus» ciceroniano, arte e tecnica del «uertere»*, Le Monnier, Firenze 1982, p. 7. No obstante, ha habido otras opiniones sobre el *Timaeus*: hay quien ha considerado que lo que se conserva no es más que un fragmento (CLARK, *The descent of manuscripts*, Oxford 1918, p. 337 y ss.); hay quien defiende que no es una traducción del año 45, sino que junto con el *Económico* y el *Protágoras*, constituiría un ejercicio de traducción del joven Cicerón (D.M. JONES, «Cicero as a translator», *Bulletin of the Institute of Classical Studies University of London* (1959) 27 y ss.); hubo incluso quien dudó de la autoría de Cicerón y se la atribuyó a Tirón (F. HOCHDANZ, *Quaestiones criticae in Timaeum Ciceronis e Platone transcriptum*, Progr. Gymn., Nordhausen 1880, pp. 1-3 y p. 12 y ss.). Extraigo estas referencias de GIOMINI, op. cit., pp. 61-63, nota 6.

[16] Aunque hay quien opina exactamente lo contrario, cfr. en particular R. PONCELET, «Deux aspects du style philosophique latin: Cicéron et Chalcidius, traducteurs du *Phèdre* 245 C», *Revue des Études Latines*, 28 (1950) 145; R. PONCELET, «Cicéron traducteur de Platon (À propos du *De re publica* 1, 66)», *Revue des Études Latines*, 25 (1947) 195; y R. PONCELET, *Cicéron traducteur de Platon. L'expression de la pensée complexe en latin classique*, E. de Boccard, Paris 1957.

vocabulario filosófico del conocimiento no tratado en otras obras y constituye, por lo tanto, una fuente única, cabe preguntarse, pasando ya a otro plano de discusión, si tiene verdaderamente la traducción ciceroniana del *Timeo* éxito, difusión entre los lectores de obras filosóficas, de su época o posteriores. Más escuetamente: ¿fue una obra realmente leída? Por el contexto histórico-social, parece poder deducirse que, entre los contemporáneos de Cicerón la obra tuvo, en ese sentido, poco éxito; la razón podría ser que las personas interesadas por la filosofía, las personas a las que podría resultar interesante la lectura del diálogo seguramente podían leer directamente el texto griego[17]. Con respecto a su difusión posterior, sabemos que Agustín leyó la traducción ciceroniana[18] e incluso nombra explícitamente a Cicerón como traductor del *Timeo* en *De ciuitate Dei* XIII, 16: *Nempe Platonis haec uerba sunt, sicut ea Cicero in latinum uertit.*

En la obra de Agustín, en *De ciuitate Dei* XIII, 18, se halla, además, una referencia al diálogo platónico *Timeo*, 45 B, un pasaje que no tenemos en la traducción de Cicerón, tal como se conserva actualmente, pero que podría indicarnos que en la época de Agustín la laguna del texto ciceroniano entre los capítulos 43 B y 46 A todavía no existía[19]. Después de Agustín sólo tenemos noticia de dos personajes que manejaron la traducción ciceroniana, Hadoardo en el siglo IX, quien la cita en su antología, y Lanfranco, que hacia

---

[17] Cfr., en general, el ya citado artículo de BOYANCÉ, «La connaissance du grec à Rome», pp. 111-131; hay que destacar que, entre los distintos aspectos tratados en el artículo sobre la «vigencia» y «vivacidad» del griego en Roma, son particularmente importantes para el tema que nos ocupa las referencias al peso de la enseñanza del griego en la educación, en la formación de los hijos de las familias más pudientes y de las que intentan ser más cultivadas (vid., sobre todo, las pp. 116-119).

[18] Vid. C. STEEL, «Plato Latinus», en J. Hamesse – M. Fattori (eds.), *Rencontre de cultures dans la philosophie médiévale. Traduction et traducteurs de l'Antiquité tardive au XIVe siècle*. Actes du colloque international de Cassino (15-17 juin 1989), Université Catholique de Louvain – Université degli Studi di Cassino, Louvain-la-Neuve – Cassino 1990, p. 303.

[19] Así lo afirma P. COURCELLE en *Les Lettres grecques en Occident, de Macrobe à Cassiodore*, E. de Boccard, Paris 1948², pp. 157-158. Esta tesis de Courcelle es defendida también por J.H. WASZINK, «La conception du temps dans le commentaire sur le *Timée* de Calcidius», en *Le Temps chrétien de la fin de l'Antiquité au Moyen Âge. IIIe-XIIIe siècles. (Colloques internationaux du Centre National de la Recherche Scientifique, n° 604. Paris, 9-12 mars 1981)*, Éditions du CNRS, Paris 1984, p. 368, nota 7.

el año 1050 compara un pasaje de Cicerón con la traducción dada por Calcidio[20].

Finalmente, no se tiene constancia explícita de que el *Timeo* de Cicerón fuera leído por ningún otro autor, tampoco por el autor que vamos a tratar ahora, Calcidio, pero eso no da pie a afirmar, sin matices, que éste no lo leyera.

2.2. Dos épocas, dos traducciones: la Antigüedad tardía, Calcidio

2.2.1. Calcidio, lector de Cicerón, ante las dificultades del *Timeo*

Calcidio desarrolló su actividad, según defienden ciertos investigadores de su figura y de su obra, en el marco de los círculos platónicos de Milán durante la época del llamado renacimiento teodosiano[21]. Esto lleva a situar cronológicamente a Calcidio en la segunda mitad del siglo IV, o incluso a principios del siglo V, y en un contexto cultural muy favorable para su actividad como intérprete de Platón. Calcidio, además, fue un lector asiduo

---

[20] Cfr. É. JEAUNEAU, «L'héritage de la philosophie antique durant le Haut Moyen Âge», en *La cultura antica nell'Occidente latino dal VII all'XI secolo*, Centro Italiano di Studi sull'Alto Medioevo, Spoleto 1975, p. 24, nota 14.

[21] Es J.H. Waszink quien ha dado forma a estas ideas sobre la figura y la obra de Calcidio y ha conseguido una plena aceptación. Pero no ha partido de la nada, pues como él mismo hace constar en su edición del texto de Calcidio (J.H. WASZINK – P.J. ENSEN (eds.), *'Timaeus' a Calcidio translatus commentarioque instructus*, The Warburg Institute, London – Leiden 1975², pp. IX-X), ya hubo antes algunas voces, escasas, que disintieron de la opinión, entonces general, que aceptaba el origen hispano de Calcidio y sus vínculos con el obispo de Córdoba, Osio. Se trata de H. Martin y J. Freudentahl, que, aunque no probaron, sí defendieron que la obra de Calcidio fue escrita durante el siglo V (H. MARTIN (ed.), *Theonis Smyrnaei liber de astronomia*, Paris 1849, p. 11 y J. FREUDENTHAL, *Hellenistische Studien* I, Berlin 1875, p. 179) y, sobre todo, de Iohannes Albertus Fabricius, que duda de si es aceptable o no le identificación del Osio de Calcidio con Osio de Córdoba (*Bibliotheca Latina mediae et infimae aetatis* V, edición de Florencia de 1858 [edición original, 1734-1736], p. 172). Significativas son, en ese sentido, las siguientes palabras de Gerardus Iohannus Vossius, también recogidas por Waszink (*ibid.*, p. X, nota 4): «insignis non Platonicus modo, sed Christianus quoque scriptor fuit (sc. Calcidius), et bene antiquus: quippe qui, si non temporibus uixerit Constantini Magni, opusque suum Osio illi siue Hosio dicarit, qui Synodo praefuit Nicaenae: saltem junior haut fuerit temporibus Theodosianis» (*De idolatriae origine et progressu* II, 45).

de Cicerón. En el comentario que escribió a su propia traducción del *Timeo*, Calcidio hace referencia a obras filosóficas, o no filosóficas, de Cicerón (*Academica priora, De fato, De finibus bonorum et malorum, De inuentione, De legibus, De natura deorum, De officiis, Pro Cluentio, De republica, Tusculanae disputationes*), pero nunca al *Timeo*. También en el comentario, en dos ocasiones, Calcidio cita explícitamente el nombre de Cicerón; en el capítulo 266, 297[22]: «item apud Ciceronem: "In huius amantissimi sui fratris gremio maerore et lacrimis consenescebat"» (*Pro Cluentio* 5, 13); y en el capítulo 27, 92[23]: «Docet nos substantiam siue, ut Cicero dicit, essentiam duplicem esse, unam indiuiduam, alteram per copora diuiduam» (*Fr. incert.*)[24].

Aunque no nombre la traducción de Cicerón, recalquemos, sin embargo, que Calcidio comparte con éste la idea de que el *Timeo* de Platón puede provocar, a menudo, dificultades de comprensión. Ya hemos citado las palabras de Cicerón al respecto; así lo expresa, por su parte, Calcidio en el inicio de su comentario[25]:

> Timaeus Platonis et a ueteribus difficilis habitus atque existimatus est ad intellegendum, non ex imbecillitate sermonis obscuritate nata –quid enim illo uiro promptius?– sed quia legentes artificiosae rationis, quae operatur in explicandis rerum quaestionibus, usum non habebant stili genere sic instituto, ut non alienigenis sed propiis quaestionum probationibus id quod in tractatum uenerat ostenderetur.

La misma preocupación leemos en otro momento del comentario:

> Multae quippe orationes uerae quidem sed obscurae; nascitur quippe obscuritas uel dicentis non numquam uoluntate uel audientis uitio uel ex natura rei de qua tractatus est. Iuxta dicentem fit obscuritas, cum uel studio dataque opera dogma suum uelat auctor, ut fecerunt Aristoteles et Heraclitus, uel ex imbecillitate sermonis, iuxta audientem uero, uel cum inaudita et insolita dicuntur uel cum is qui audit pigriore ingenio est ad intellegendum, iuxta rem porro, cum talis erit, qualis est haec ipsa de qua nunc sermo nobis est, ut neque ullo sensu contingi neque intellectu comprehendi queat, utpote carens forma, sine qualitate, sine fine. Sed neque

---

[22] WASZINK y ENSEN, op. cit., p. 272, líneas 1-2.
[23] WASZINK y ENSEN, op. cit., p. 78, líneas 2-3.
[24] Edición de C.F.W. MÜLLER, Teubner, Leipzig 1879, fragmento 10, p. 412.
[25] Capítulos 1, 69-70 y 2, 70; WASZINK y ENSEN, op. cit., pp. 57-58

Timaeus, qui disserit, instabilis orator nec audientes tardi; restat ut res ipsa difficilis et obscura sit[26].

Hay que añadir también que ciertas costumbres estilísticas de Calcidio como traductor las comparte con Cicerón, así, el empleo de dos sustantivos más o menos sinónimos para traducir una sola palabra griega[27]. Por todo ello, a pesar de que falten referencias explícitas al *Timeo* ciceroniano, cabe pensar que Calcidio incluyera entre sus lecturas filosóficas la traducción de Cicerón[28].

2.2.2. El éxito del *Timeo* de Calcidio

Las circunstancias que rodean la traducción de Calcidio son en todo muy distintas a las de Cicerón, y muy distinta también su influencia, su éxito como obra de lectura, ya que, ciertamente, el *Timeo* de Calcidio se leerá durante toda la Edad Media. No es una traducción completa, pero sí más larga que la de Cicerón: en efecto, por una parte incluye lo que precede al discurso de Timeo, es decir, el diálogo en el que los asistentes al banquete – Sócrates, Timeo, Hermócrates y Critias– recuerdan lo que dijeron el día anterior; por otra parte, Calcidio sigue traduciendo hasta el capítulo 53 C del *Timeo* de Platón. Además, Calcidio realiza un comentario exhaustivo, en 355 capítulos, sobre toda la parte traducida, demostrando un profundo conocimiento de la filosofía antigua y de la de la Antigüedad tardía, del platonismo, del platonismo medio y del neoplatonismo[29]. Este comentario se considera el punto culminante de una serie de comentarios sobre el *Timeo*, que pudo empezar con el de Posidonio de Apamea (ca. 150-50/45 a. C., maestro de Cicerón), seguir con los de Adrasto de Afrodisia (segunda mitad del siglo I d. C.-primera mitad del II), Teón de Esmirna (primera mitad del siglo II) hasta llegar a los más cercanos a Calcidio, los de Porfirio (232/233-

---

[26] Capítulo 322, 346; WASZINK y ENSEN, op. cit., p. 317, líneas 12-22.

[27] Veamos un ejemplo de cada autor: Cicerón traduce un mismo μεσότης por *bina media* y *medietates* (*Tim.* 36 A); Calcidio traduce δημιουργός por *opifex et fabricator* (*Tim.* 29 A). Cf. infra, apartado 2.4.a.

[28] Esa idea es defendida por WASZINK, en «La théorie du langage des dieux et de démons dans Calcidius», en J. Fontaine – Ch. Kannengiesser (eds.), *Epektasis. Mélanges patristiques offerts au cardinal Jean Daniélou*, Beauchesne, Paris 1972, p. 243, nota 9.

[29] Es de destacar también que Calcidio introduce en su comentario 42 versos de poetas griegos que él mismo vierte al latín. El poeta Empédocles es el que aparece con mayor frecuencia, pues de estos 42 versos citados 15 son de este autor. Cfr. A. TRAGLIA, «Calcidio traduttore di Empedocle», *Cultura e Scuola*, 111 (1989) 33-38.

ca. 304), sobre todo, y Jámblico (ca. 240-325). Quizás porque la traducción de Calcidio es más larga, quizás porque va acompañada de un comentario explicativo e ilustrativo, quizás porque Calcidio sea cristiano, quizás porque su estilo resulte más comprensible, nos encontramos con que, frente a la traducción de Cicerón, el *Timeo* de Calcidio se convierte en uno de los exponentes máximos del platonismo de la Antigüedad tardía y una referencia casi obligada para los platónicos medievales[30].

2.2.3. El reto del griego

Hemos apuntado antes cuál fue la intención de Cicerón cuando acometió la labor de traducir textos filosóficos griegos[31]. Esbocemos ahora cuál es la situación con respecto al griego en época de Calcidio, es decir, en la Antigüedad tardía, como preludio de lo que será habitual durante la Edad Media. El retroceso que sufre el conocimiento del griego en Occidente desde el siglo II d. C. va a provocar que el acceso a la cultura griega en general – pagana o cristiana– y a las obras filosóficas en particular, se tenga que hacer, cada vez más, a través de traducciones. En esas circunstancias, nos encontramos con que el siglo IV es un siglo en el que se lleva a cabo un gran trabajo de traducción al latín de obras filosóficas griegas. Así pues, por lo que respecta a obras de Platón o de la tradición platónica, sabemos que a finales del siglo IV se disponía de las siguientes traducciones latinas: del *Fedón* traducido por Apuleyo, de las versiones de varios tratados de Plotino y del *Timeo*, traducido y comentado por Calcidio.

Si el filósofo que más influye a lo largo de la Edad Media es Aristóteles, sólo se puede comparar con esa influencia una obra, el *Timeo* de Platón, pero

---

[30] Según P. ALFARIC (*L'Évolution intellectuelle de saint Augustin*, Paris, 1918, p. 231) y más explícitamente G. COMBES (*Saint Augustin et la culture classique*, Paris, 1927, p. 14) y H.-I.MARROU (*Saint Augustin et la fin de la culture antique*, Paris, 1938, p. 34), Agustín leyó también la traducción del *Timeo* de Calcidio. Esta tesis ha sido totalmente refutada por P. COURCELLE (*Les Lettres grecques en Occident...*, p. 157: «je ne vois nulle part qu'Augustin ait utilisé la traduction de Chalcidius, comme l'ont repeté MM. Alfaric, Combès et Marrou») y WASZINK («La conception du temps dans le commentaire sur le *Timée* de Calcidius» en *Le Temps chrétien...*, p. 364 y p. 368, nota 7). Las referencias a Alfaric, Combès y Marrou las extraigo de Courcelle y Waszink.

[31] La divulgación de la filosofía y la creación y expansión del vocabulario del conocimiento en latín (cf. supra, apartado 1.1.b.). En otras palabras, como él mismo afirma en *De fin* I, 4, 10, que sus conciudadanos adquieran más instrucción.

leído a través de Calcidio[32]. Eso viene demostrado por los numerosos comentarios que se escriben sobre esta obra desde el siglo IX hasta principios del XIII, entre los cuales, el más célebre es el de Guillermo de Conches (siglo XII). Cuando, en el siglo XIII, se impone aún más la tradición aristotélica, el *Timeo* de Calcidio, sin embargo, no deja de leerse y es estudiado y anotado hasta el siglo XV.

3. MODELOS EN LA EDAD MEDIA

3.1. Aristóteles y la excepción

Las traducciones al latín de las obras de Aristóteles constituyen el corpus textual que nutre, por antonomasia, las compilaciones filosóficas medievales y humanísticas. Frente a ello, la relativa escasez de *auctoritates* platónicas, tanto en la Edad Media como durante el Humanismo, es una constante comprobada. En otras palabras, la aparición de textos platónicos, en forma de extractos, empleados como modelos o referencias en instrumentos de trabajo y de estudio filosófico como son los florilegios o los léxicos, es escasa tanto en la época medieval como en la humanística y se mantiene así, sin grandes variaciones, incluso cuando se redescubre a Platón y los diálogos platónicos circulan asiduamente, en traducciones íntegras, entre quienes se dedican a la reflexión filosófica o al estudio y la enseñanza de la filosofía.

Ante la constatación de esa escasez persistente en el Medievo, heredada por el Humanismo, cabe preguntarse cuál es la razón del desequilibrio entre la preeminencia, en florilegios y léxicos, de las *auctoritates* aristotélicas y la poca presencia de Platón, aun cuando fuera un autor leído, estudiado y ensalzado como paradigma; como respuesta se han apuntado diversas razones, entre ellas, las dos siguientes[33]:

---

[32] Cfr. STEEL, «Plato Latinus» en Hamesse – Fattori (eds.), *Rencontre de cultures…*, p. 304. Steel da una lista de obras interesantes sobre la influencia del *Timeo* de Calcidio: E. JEAUNEAU, *Lectio philosophorum*, Amsterdam 1963, pp. 161-214; M. GIBSON, «The study of the Timaeus in the Eleventh and Twelfth Centuries», *Pensamiento*, 25 (1969) 183-194; T. GREGORY, *Platonismo medievale. Studi e ricerche*, Roma 1958, pp. 118-128.

[33] Cfr. J. HAMESSE, «Los florilegios filosóficos, instrumentos de trabajo de los intelectuales a finales de la Edad Media y en el Renacimiento», *Estudios Clásicos* 140 (2011) 26-27. Este artículo se publicó en francés en L. Bianchi (ed.), *Filosofia e teologia nel trecento. Studi in ricordo di Eugenio Randi*, FIDEM, Louvain-la-Neuve 1994, pp. 479-508; la traducción para *Estudios Clásicos* se debe a Patricia Cañizares Ferriz e Irene Villarroel Fernández.

1. La necesidad de presentar de una manera razonablemente sencilla los complicados textos de las traducciones de Aristóteles a unos estudiantes de los primeros años universitarios. Hay que tener en cuenta que Aristóteles se estudiaba desde que se iniciaba la carrera universitaria, mientras que Platón era objeto de especulación para los estudiantes avanzados que ya podían acceder a obras completas.

2. La mayor idoneidad para la extracción brindada por el estilo de redacción aristotélico, más esquemático, frente a los diálogos platónicos[34].

Sin embargo, a pesar de la situación descrita para las obras compilatorias que aquí nos ocupan, vamos a detenernos en las excepciones a la regla. En los manuscritos de varios florilegios y léxicos inéditos hemos encontrado alusiones explícitas a Platón y extractos de su obra; se trata de las compilaciones recogidas por cuatro manuscritos –de época medieval y posterior–, que corresponden a las signaturas siguientes: Barcelona, Biblioteca de Cataluña, ms. 559; Roma, Biblioteca Apostólica Vaticana, Vat. Lat. 3010, BAV Urb. Lat. 1377 y BAV Urb. Lat. 1396.

3.2. ¿El *Timeo* como explicación?

3.2.1. El ms. BAV Vat. Lat. 3010

Este manuscrito del siglo XIII y de 146 folios recoge un florilegio inédito con obras de Aristóteles, Avicena, Juan Damasceno, Hipócrates, Agazel, Euclides y obras falsamente atribuidas, en la Edad Media, a Agustín (como *De differentia animae et spiritus*) o a Hermes Trimegisto (*Liber XXIV philosophorum*). Y, concretamente, en los ff. 84v-85r contiene un pasaje de una versión latina del *Timeo* de Platón.

Se trata de un pasaje en el que se describen los dos modelos con los que puede contar el obrero, el artesano, el modelo eterno y el modelo sujeto a nacimiento, esto es, el modelo sensible. Corresponde al final del capítulo 27 D del texto platónico, punto de arranque de la traducción de Cicerón y punto a partir del cual las dos versiones, la de Cicerón y la de Calcidio, empiezan a ir a la par. Es, asimismo, el inicio propiamente dicho del discurso de Timeo

---

[34] Para la complejidad formal que entraña la técnica literaria adoptada por Platón –«el modo de composición al que Platón acude formalmente para expresar literariamente su método de pensamiento», aunque el autor se centra en los diálogos de la época intermedia, *Protágoras*, *Fedón*, el *Banquete*, *Gorgias*, y no aborda el *Timeo*–, vid. P. BÁDENAS DE LA PEÑA, *La estructura del diálogo platónico*, Consejo Superior de Investigaciones Científicas, Madrid 1984.

sobre el problema de la generación del mundo, el momento en el que el expositor plantea la primera pregunta del tratado y que hace distinguir entre dos cualidades de ser: «¿cuál es el ser eterno y que no nace y cuál el que nace siempre y no existe nunca?» Dos frases más adelante (28 A) Timeo afirma que «todo lo que nace nace como consecuencia de una causa» y concluye: «es imposible, por tanto, que lo que existe pueda nacer sin una causa». La causa, la más perfecta de las causas (ἄριστος τῶν αἰτίων) es el obrero divino, al que Platón da el nombre de δημιουργός. La descripción de la actividad del demiurgo se expone especialmente en los capítulos 28 A - 31 A, donde se nos presenta al artífice del mundo fijando sus ojos en el modelo de lo eterno, de lo bello, para, basándose en ese modelo eterno y en virtud de su bondad, producir un mundo que, como un ser vivo, esté provisto de alma, intelecto y, claro está, de cuerpo.

Pues bien, el texto que ofrece el florilegio vaticano bebe de los capítulos 27 D - 31 A, donde el demiurgo adquiere el máximo protagonismo como causa, como la más perfecta de las causas. Y se puede afirmar que el texto está extraído de Calcidio.

Me quiero detener sólo en un detalle pequeño, pero significativo, que permite rastrear la impronta calcidiana. Para designar esa causa, «la más perfecta de las causas», Calcidio, en el capítulo 28 A, emplea –al igual que lo hizo en el pasaje 24 A, donde, por primera vez aparece δημιουργός–[35] la palabra *opifex*. En el 28 A es la primera vez que Timeo nombra en su discurso al creador del mundo «que fija incesantemente su mirada en lo que es idéntico y se sirve de ello como modelo», la primera vez, pues, que se puede identificar la palabra dhmiourgóς con el artesano y creador por antonomasia o, en otras palabras, con la causa de la existencia del mundo. Cicerón, en cambio, no se atreve a utilizar aquí un substantivo con el que dar un nombre específico a ese dios-artífice, sino que recurre a una perífrasis explicativa de la acepción más general de la palabra δημιουργός, a saber: *is qui aliquod munus efficere molitur*. Calcidio tiene sumo cuidado a lo largo de su traducción de mantener un mismo vocablo para, partiendo de su significado en el lenguaje corriente, darle un pleno uso metafórico en el contexto físico-

---

[35] *Tim.* 24 A: Solón expone cómo se estructuraba la sociedad de la Atenas antigua en clases separadas; una de esas clases es la de los artesanos. Τὸ [γένος] τῶν δημιουργῶν es traducido por Calcidio por *varia opificum genera*. Así pues, la palabra adoptada aquí por Calcidio es *opifex*, que con el significado general de 'artesano', 'obrero en un determinado arte', es utilizada ya desde Plauto, *Mostellaria* 828.

filosófico del discurso sobre la creación del mundo, es decir, de 'artesano', de 'operario' a 'Dios', a 'causa de la creación'.

A continuación, en el capítulo 29 A, Timeo se pregunta cuál es el modelo en el que el demiurgo se ha basado para crear el universo, el modelo de lo inmutable y permanente o el de lo creado; Timeo deduce que, si el universo es bello y el demiurgo es bueno, éste se ha tenido que fijar, según parece, en el modelo eterno. Cicerón emplea aquí el substantivo *artifex*; Calcidio se siente obligado a acompañar su habitual *opifex* con otro substantivo: *opifex et fabricator*[36].

Pues bien, los extractos de estos capítulos ofrecidos por el florilegio inédito, no he dado con otro substantivo u otra expresión referida al demiurgo distinta de la que adoptó Calcidio: *opifex*.

3.2.2. El códice BC Ms. 559

Este manuscrito, copiado entre finales del siglo XIII y principios del XIV, de 94 folios, e inédito, contiene una correspondencia apócrifa relativa al reino de Sicilia, fórmulas de la cancillería real aragonesa y una miscelánea de autoridades clásicas, paganas y cristianas (Isidoro de Sevilla, Séneca, Jerónimo, Aristóteles, Hugo de San Víctor, Boecio, Agustín…) y de textos bíblicos. Desde la línea 23 del f. 15r y a lo largo de las dos página siguientes

---

[36] Como hemos visto en el apartado 1.2.a., el desdoblamiento de un concepto en una pareja de sinónimos en la traducción no es un uso inhabitual en la obra de Calcidio, al igual que no lo era en Cicerón. Pero quisiera apuntar aquí algo más (cfr. C. MORESCHINI, «Osservazioni sul lessico filosofico di Cicerone», *Annali della Scuola Normale Superiore di Pisa*, 19 (1979) 158). Platón califica en este pasaje al demiurgo de δημιουργὸς ἀγαθός; Cicerón recurre al adjetivo *probus*; Calcidio, a *optimus*; ¿qué cualidad tiene *probus* y no *bonus* para que Cicerón adopte el primer adjetivo, cuando parece inmediata la traducción de ἀγαθός por *bonus*? Posiblemente Cicerón apoye su elección en una razón de carácter estilístico, pues, si bien ambos adjetivos pueden considerarse prácticamente sinónimos, *probus* supone un registro lingüístico más elevado y cuenta con un uso más restringido. A este respecto baste señalar que el uso del adjetivo *probus* en las obras de Cicerón es ciertamente muy limitado. En el conjunto de las obras filosóficas de Cicerón, aparece únicamente una veintena de veces (sí es algo más frecuente el adverbio *probe*), frente a *bonus*, que se encuentra en todas las obras y en un número realmente muy vasto. A lo largo de sus obras filosóficas, Cicerón se sirve de los dos adjetivos en un mismo contexto sólo en un pasaje: *De oratore* II, 43, 184: «ut probi, ut bene morati, ut boni uiri esse uideamur»; este hecho nos da la clave de que quizá para él no sean totalmente sinónimos.

(hasta la 16v incluida) aparecen yuxtapuestos una serie de textos sobre filósofos, el primero de los cuales –y más extenso– glosa la figura de Platón. Y se le presenta desde la primera línea en diálogo con Sócrates, diálogo en el que surge una referencia, repetida, al *gubernator* ('piloto') que debe guiar la ciudad hacia la consecución del bien.

No nos hallamos propiamente ante un extracto del *Timeo*, sino ante una paráfrasis, una explicación de cómo, a través de un diálogo con Sócrates, Platón le plantea a éste una reflexión sobre el buen gobierno. ¿Quizás sea un extracto del comentario de Calcidio? Parece que la respuesta puede ir en esa dirección, aunque no estoy aún en disposición de afirmarlo con rotundidad, pues el texto, como es frecuente en los pasajes recogidos en los florilegios, plagados de variantes e incluso de corrupciones, no se identifica con claridad.

3.2.3. Los mss. BAV Urb. Lat. 1377 y 1396

Nos hallamos ahora ante dos manuscritos de un mismo léxico, titulado *De Rerum definitionibus* (i. e. *Lexicon uerborum, definitionibus ex idoneis auctoribus omnium gentium et omnis aetatis depromptis*). Se trata de códices en papel, en el que varias manos (del siglo XVI en el caso del primero; del XVII en el segundo) copiaron el léxico citado[37]. Se hallan en él definiciones extraídas del *Timeo* sobre el demiurgo, el dios-artífice. Pero voy a detenerme ahora en otra cosa. Existen en este léxico más de treinta definiciones de *philosophia*, algunas de ellas atribuidas a Platón (algunas acertadamente, otras no). También hay algunas definiciones de *philosophus*.

Vamos a recoger sólo una (de *philosophus*, ms. Urb. Lat. 1396, f. 198r, cap. 265): *Philosophi officium est diuina cognoscere et gubernare humana*.

Aunque en este léxico, respondiendo a la tradición literaria y filosófica medieval y humanística, se le atribuya, explícitamente, a Platón, sabemos que la definición no es suya, sino de un autor desconocido, y que fue transmitida en la versión latina de la obra debida a Marsilio Ficino[38].

---

[37] Para una descripción completa, vid. C. STORNAJOLO, *Codices Vrbinates Latini*, Tomus III, Codices 1001-1779, Typis Polyglottis Vaticanis, Romae 1921, p. 304.

[38] La obra es conocida con el título de *Plato de philosophia uel dialogus qui inscribitur Erastai siue Amatores* o con el más breve de *Amatores siue de Philosophia*. La definición aparece en el prólogo o sumario inicial: «Quid sit quale officium philosophi, hic docetur. Est autem philosophi officium diuina nosse, gubernare humana: in illo contemplatiua philosophia, in hoc actiua comprehenditur».

4. A MODO DE CONCLUSIÓN

Una línea argumental en torno a las preguntas que plantea la primera parte del *Timeo* me ha permitido presentar esos manuscritos inéditos y dar cuerpo a una posible explicación sobre la presencia de Platón. El hecho de que en esos manuscritos se transmitan pasajes del texto platónico que mejor se conoce en la Edad Media, el *Timeo*, es la primera justificación. Pero quiero ir más allá: el hecho de que se recojan en ellos usos y definiciones platónicas de términos filosóficos, que resultan perfectamente extrapolables a épocas y culturas que no son las de la Grecia clásica, esto es, cuestiones que interesan al hombre más allá de la época en que se formularon (el buen gobierno, la generación del mundo), convierte la excepción en justificación. El buen gobierno y la generación del mundo interesaban a Platón, por eso erigió esos temas en el eje en torno al cual compuso su *Timeo*; interesaban a Cicerón y Calcidio, quienes emprendieron, en consecuencia, la labor de traducción de la obra a su lengua, el latín, para difundir lo que Platón planteaba; interesaban al hombre medieval y del Renacimiento, por eso hubo quien compiló ese material en los florilegios y léxicos a los que nos hemos acercado; y nos siguen interesando a nosotros, aunque hoy en día, generalmente, cuando queremos reflexionar o discutir sobre ello, no partimos del *Timeo* ni nos planteamos si el filósofo podría ser un buen guía o *gubernator*.

MAREK THUE KRETSCHMER*

UN RECUEIL POUR CONNAITRE L'HOMME ET LE MONDE: SAVOIR GEOGRAPHIQUE, HISTORIQUE ET MORAL DANS LE MANUSCRIT MADRID, BIBLIOTECA NACIONAL 8816

> Quid enim proprium nostrum esse possit, cum nihil omiserit antiquitatis diligentia, quod intactum ad hoc usque aevi permaneret? quapropter quaeso, ne de praesenti tempore editionis huius fidem libres, quoniam quidem vestigia monetae veteris persecuti opiniones universas eligere maluimus potius quam innovare.

Celui qui a prononcé ces mots est Solin[1]. Dans le prologue de son recueil *Collectanea rerum memorabilium*, aussi intitulé *De mirabilibus mundi*, ou simplement *Polyhistor*, l'écrivain du quatrième siècle de notre ère décrit ainsi un procédé d'écriture qui fut couramment employé par ceux qui, au Moyen Âge, produisirent une œuvre de savoir. Pour m'en tenir au domaine qui m'est le plus familier, l'historiographie, la démarche habituelle consistait à combiner et à réécrire des textes déjà existants; comme l'a si bien dit Gert Melville[2]:

> ...on dira que la pratique propre de la compilation et la réception ne produisaient quasiment pas de points fixes mais un flux continu d'ensembles variables qui offraient, de manière toujours renouvelée, un savoir historique. Poussons ce raisonnement jusqu'à ses conséquences ultimes: le seul point fixe en lequel un savoir historique d'un moment donné se cristallise est le manuscrit.

---

* Department of Historical Studies. Norwegian University of Science and Technology. Trondheim. marek.kretschmer@ntnu.no

[1] Cfr. Solin, *Collectanea rerum memorabilium*, éd. par T. MOMMSEN, Weidmann, Berlin 1895, p. 2.

[2] Cfr. G. MELVILLE, «Le problème des connaissances historiques au Moyen Age. Compilation et transmission des textes», in J.-Ph. Gênet (éd.), *l'Historiographie médiévale en Europe. Actes du colloque organisé par la Fondation européenne de la science au Centre de recherches historiques et juridiques de l'Université Paris I du 29 mars au 1er avril 1989*, CNRS, Paris 1991, pp. 21-41, ici p. 37.

Cette constatation – au moins depuis l'apparition de l'important ouvrage de Bernard Guenée *Histoire et culture historique dans l'Occident médiévale*[3] – a poussé les spécialistes de l'historiographie médiévale à s'intéresser à la culture du manuscrit et au phénomène de réécriture[4].

En l'honneur des organisateurs de ce colloque j'ai choisi d'étudier le manuscrit numéro 8816 de la bibliothèque nationale d'Espagne, un recueil du début du xve siècle, qui appartenait autrefois au monastère de Saint Thomas d'Ávila[5] et qui contient le texte de Solin (dont il était question tout à l'heure), une compilation historique et les moralisations[6] du philosophe dominicain Robert Holcot (1290-1349). Plus précisément, mon but sera, d'une part, de m'interroger sur la logique des paratextes[7] du recueil complet, et d'autre part, d'examiner quelques-uns des principes de composition de ce que nous pourrions qualifier de compilation dans la compilation, à savoir: la compilation historique qui couvre les feuillets 72 à 244.

---

[3] B. GUENEE, *Histoire et culture historique dans l'Occident médiévale*, Aubier-Montaigne, Paris 1980.

[4] Cfr. L.B. MORTENSEN, «Change of Style and Content as an Aspect of the Copying Process. A Recent Trend in the Study of Medieval Latin Historiography», in J. Hamesse (éd.), *Bilan et perspectives des études médiévales en Europe. Actes du premier Congrès européen d'Études Médiévales*, Fédération Internationale des Instituts d'Études Médiévales, Louvain-la-Neuve 1995, pp. 265-76 (Textes et études du Moyen Âge, 3); M.T. KRETSCHMER, «Historiographical Rewriting», *Filologia Mediolatina*, 15 (2008) 283-306. Pour d'autres domaines comme, par exemple, l'hagiographie et la philosophie, je citerais M. GOULLET, *Écriture et réécriture hagiographiques. Essai sur les réécritures de vies de saints dans l'occident latin médiéval, viiie-xiiie s.*, Brepols, Turnhout 2005 (Hagiologia. Études sur la sainteté en Occident, 4); J. Hamesse – O. Weijers (éds.), *Écriture et réécriture des textes philosophiques médiévaux. Volume d'hommage offert à Colette Sirat*, Brepols, Turnhout 2006 (Textes et études du Moyen Âge, 34). Aussi, pour les questions concernant les méthodes de critique textuelle, faut-il mentionner la revue *Textual Cultures: Texts, Contexts, Interpretation* qui est fortement marquée par l'orientation ici indiquée.

[5] Cfr. G. DE ANDRÉS, «La colección de códices del Convento de Santo Tomás de Ávila en la Biblioteca Nacional», *Hispania sacra*, 41 (1989) 105-28, ici 117.

[6] Il n'existe pas d'édition critique de l'ouvrage, mais on peut consulter le texte du *Liber moralizationum historiarum* in J. RYTER (éd.), *M. Roberti Holkoth (...) In librum Sapientiae Regis Salomonis praelectiones ccxiii*, Bâle 1586, pp. 705-50.

[7] Pour une discussion générale de la notion de paratextualité, je renvoie à G. GENETTE, *Seuils*, Seuil, Paris 1987 et IDEM, *Palimpsestes. La littérature au second degré*, Seuil, Paris 1982.

Commençons par en préciser le contenu. Le catalogue[8] en donne la description suivante:

[C. IVLII SOLINI de mirabilibus mundi et Pontica.—ALEXANDRI MAGNI epistula ad Aristotelem de situ Indiæ. —Historia Romana (compilatio). —ROBERTVS HOLKOT: Moralisationes Historiarum]

I. 1. Fol. 1 r.: [Solinus.] *Quoniam quidam impatientius potiusquam...* (=Additamentum, cf. Mommsen, *C. Iulii Solini Collectanea rerum memorabilium*, 1958, reimpresión, p. 217). [Capitula.]
Fol. 3 r.: *Cum et aurium clemencia ad optimarum artium studiis...*
Fol. 65 v.: des. *congruere insularum qualitatem.*
2. Fol. 65 v.: *Tyntia marmoreo fecunda pandere ponto...*
Fol. 66 r.: des. *quoque qui resono colitis cana tempora cytu* (cf. Mommsen, pp. 234-235).
II. Fol. 66v-71v.: [Epistula ad Aristotelem de situ Indiæ.] *Semper memor tui etiam inter dubia...* des. *nihil dignum exspectando ab indis ultra super esse ferebatur.*
III. Fol. 72-245 v.: [Historia Romana: compilatio.]
IV. Fol. 246-259 v.: Moralisationes Historiarum.

Comme nous le verrons, l'article du catalogue est insuffisant sur plusieurs points. Premièrement, la version incomplète de l'*Epistula ad Aristotelem* ne finit pas par *nihil dignum exspectando ab indis ultra super esse ferebatur* mais par *quod fuisse manifestum mortibus eorum probavimus*; cela représente quatre pages de plus dans l'édition de Walther Boer[9]. Deuxièmement, la qualification du troisième (et du plus long!) groupe de matières, « Historia Romana: compilatio », est très imprécise. Par contre,

---

[8] Cfr. L.R. FERNÁNDEZ, *Catálogo de los manuscritos clásicos latinos existentes en España*, Universidad Complutense, Madrid 1984, p. 336.

[9] *Epistola Alexandri ad Aristotelem*, éd. par W. WALTHER BOER, A. Hain, Meisenheim am Glan 1973, ici pp. 33 et 37 (Beiträge zur klassischen Philologie, 50).

l'entrée de l'inventaire général[10], qui se fonde sur un article d'Élisabeth Pellegrin[11], est plus exacte:

1. [CAYO JULIO SOLINO: *Collectanea rerum orbis memorabilium*] (ff. 1-65v).
2. [*Anthologia latina*] (ff. 65v-66).
3. [*De septem mirabilibus mundi*] (ff. 66-66v).
4. [ALEXANDER: *Epistula ad Aristotelem de situ Indiae*] (ff. 66v-71v).
5. [*Compilación de crónicas romanas según Tito Livio, César, Flavio Eutropio, Suetonio, Paulus Diaconus, Orosio, etc.*] (ff. 72-245v).
6. [ROBERT HOLKOT: *Moralisationes historiarum*] (ff. 246-259v).

Que l'on définisse le deuxième texte comme le poème *Pontica* de Solin ou comme un poème de l'*Anthologia latina* (en l'occurence: le numéro 720)[12] n'a pas d'importance – en tout cas, il s'agit du même texte – mais notons d'abord que la liste s'est accrue d'un tout petit ouvrage anonyme: le *De septem mirabilibus mundi*, selon lequel les sept merveilles du monde sont les murailles de Babylone, le tombeau des rois perses, le temple de Salomon, le phare d'Alexandrie, le colosse de Rhodes, le tombeau d'Aratos de Sicyone et le théâtre d'Héraclée. Puis, nous apprenons que la compilation historique contient les histoires romaines de Tite Live, César, Eutrope, Suétone, Paul Diacre, Orose et de ceux qui se cachent derrière le « etc. ». Ayant parcouru cette compilation il y a six ans[13], je n'avais pas pu préciser cet « etc. », et dans ma lecture rapide j'avais inattentivement ajouté un « l » inexistant aux chiffres romains qui terminent la compilation et qui déterminent ainsi son

---

[10] Cfr. P.H. APARICIO (éd.), *Inventario general de manuscritos de la Biblioteca nacional (8500 a 9500)* 13, Ministerio de cultura, Biblioteca Nacional, Madrid 1995, ici p. 111.

[11] Cfr. É. PELLEGRIN, «Manuscrits des auteurs classiques latins de Madrid et du chapitre de Tolède», *Bulletin de l'Institut de recherche et d'histoire des textes*, 2 (1954) 7-24, ici 10.

[12] Cfr. A. RIESE (éd.), *Anthologia latina sive poesis latinae supplementum*, vol. II, Teubner, Leipzig 1906, p. 203 ff; voir aussi R. HERZOG – P. LEBRECHT SCHMIDT, *Restauration und Erneuerung: die lateinische Literatur von 284 bis 374 n. Chr.*, C. H. Beck, München 1989, pp. 327-8 (Handbuch der lateinischen Literatur der Antike, 5).

[13] Cfr. M.T. KRETSCHMER, *Rewriting Roman History in the Middle Ages. The 'Historia Romana' and the Manuscript Bamberg, Hist. 3*, Brill, Leiden 2007, pp. 31-33 (Mittellateinische Studien und Texte, 36).

terminus post quem, d'autant que la dernière phrase (au feuillet 244v) annonce que: *fuit autem hec res anno Domini m°ccc°xvii°* – et non *m°ccc°lxvii°*[14] – *mense octobris*. En revanche, ayant eu l'occasion ce printemps de m'attarder sur le manuscrit j'ai effectivement pu identifier la compilation comme étant le *Compendium Romanae Historiae*[15] de Riccobaldus de Ferrare (1245-1318). Jusqu'ici, on ne connaissait que trois manuscrits médiévaux qui transmettaient le *Compendium:* l'Ottobiano 2073 de la Vaticane, le 147 de la bibliothèque communale de Poppi et le Zanetti Italiani 38 de la Marcienne (qui en contient la traduction en vénitien vulgaire)[16]. Maintenant nous pouvons donc ajouter un quatrième aux trois premiers cités, mais pour préciser encore: les feuillets de 72 à 244 du Madrid 8816 contiennent une copie incomplète. Elle commence par la dernière phrase du chapitre 53 du livre 4 et finit au milieu du chapitre 70 du livre 12; ce qui signifie qu'il nous manque de l'ouvrage complet de Riccobaldus (1-12.73) tout le récit qui va de la Création jusqu'à la prise de Syracuse (lors de la deuxième guerre punique en 212 av. J.-C.) et les tout derniers chapitres sur le contrôle gibelin des villes de Forlì et de Padoue[17].

Comme nous l'avons vu, le passage des feuillets 71v et 72r représente une grande lacune, la dernière partie de la lettre d'Alexandre et les premiers livres (1-4.53) de Riccobaldus, mais rien n'indique qu'il manque des feuillets au manuscrit[18]. Il faut donc envisager un recueil qui, complet au départ, perdit une partie de son contenu au cours de la tradition.

Grâce aux efforts de l'éditrice Ann Teresa Hankey – évidemment, je m'appuie sur son introduction et sur son apparat critique – on peut tirer

---

[14] Cfr. ma conclusion erronée: «...ends with events from October 1367, which is the *terminus post quem* for this version ». KRETSCHMER, *Rewriting Roman History...*, op.cit., 33.

[15] Cfr. Riccobaldus de Ferrare, *Compendium Romanae Historiae*, éd. par A.T. HANKEY, Istituto storico italiano per il medio evo, I-II, Roma 1984 (*Fonti per la Storia d'Italia*, 108).

[16] Cfr. la description des manuscrits, éd. cit., I, xxii - xxvi. Les manuscrits de la Vaticane et de Poppi sont de la fin du xive siècle et le manuscrit de la Marcienne est du début du xve siècle.

[17] Ce qui correspond aux pages 13-266 et 782-787 (de l'éd. cit.). L'histoire de Riccobaldus se termine en l'an 1318 par les hostilités de Cangrande della Scala contre Padoue.

[18] N'ayant consulté que le microfilm, je m'appuie ici sur la description codicologique de PELLEGRIN, «Manuscrits des auteurs classiques...», op.cit.

certaines conclusions sur la méthode de travail de Riccobaldus. Jetons d'abord un coup d'œil sur un extrait de son prologue[19]:

> Porro neque sompniavi que scripsi, neque didici ab hominibus confabulantibus in theatro, verum quecumque scripsi a nobilissimis rerum scriptoribus ea traduxi ; sc. ab Ieronimo, a Mileto episcopo, Darete Frigio, Tito Livio, Orosio, Eutropio, Lutio Floro, Iustino ex Trogo Pompeio, Suetonio Tranquillo, Suetonio altero de xii Cessaribus, Ambrosio, Prospero episcopo, Paulo dyacono Romano, Petro qui scolasticam scripsit istoriam, ex eo qui scripsit ystoriam Longubardorum, ex eo qui scripsit ystoriam Karroli regis Franchorum, quedam ex Seneca aliisque commentariis que vidi congruere veritati congessi cum iis que me vivente sunt acta.
> Cum igitur post decisa negotia talibi animum oblectare volueris – varietas enim fastidium habigt – huius libri sermonibus aures accomoda, nam utile miscet dulci. Multis enim exemplis utilibus instruit que fugias et que facta sequaris et tedium tollit animum iocondando.

Comme Solin donc, Riccobaldus suit les traces de l'érudition antique et fait ses choix de textes. En règle générale, il ne fait que résumer ses sources et intercaler, ici et là, des commentaires, mais soyons attentifs: ses omissions[20] comme ses additions sont révélatrices d'une intention! Comme nous l'avons vu dans le prologue, Riccobaldus tient à souligner qu'il n'a pas écrit de la fiction (*neque sompniavi que scripsi...*)[21]. De même, lorsqu'il arrive à la guerre de Troie et à l'histoire d'Enée, il distingue Darès, une source de première main, alors qu'il se méfie d'Homère et de Virgile[22]:

---

[19] Cfr. éd. cit., I, 1-2.

[20] Il est à noter que certaines des omissions sont signalées explicitement par Riccobaldus. Citons à titre d'exemple 3.61 sur Philippe II de Macédoine: <*Multa alia scelera commisit de quibus pretereundum puto.*> Cfr. éd. cit., I, 190.

[21] Pour un example analogue, voir le prologue des *Otia imperialia* de Gervais de Tilbury: *Nec iam, sicut fieri solet, optimates per mimorum aut ystrionum linguas mendaces percipiant Dei virtutes, sed per fidelem narrationem quam vel ex veteribus auctorum libris congessimus vel ex oculata fide firmavimus, cui cotidiana subest probatio si loca singularia fuerint per descriptas provincias perscrutata.* Cfr. S.E. BANKS – J.W. BINNS, *Gervase of Tilbury. Otia Imperialia: Recreation for an Emperor*, Oxford University Press, Oxford 2002, p. 14.

[22] Cfr. éd. cit., I, 33 et 51. Voir aussi le commentaire sur les temps d'Agrippa Silvius: *Agrippa regnat in Alba, cuius temporibus fuit Homerus poeta <summus sed mendax>*. Cfr. éd. cit., I, 47.

<Dares Phrigius qui hanc hystoriam scripsit et vidit oculis ex proceribus utriusque partis quamplurimos, descripsit formas corporum et mores illorum, etiam feminarum illustrium que causa brevitatis pretereo. Descripsit etiam idem Dares quot naves singuli principes Grecorum adduxerint, que etiam pretereo.> (...) <Falsum est quod de Enea et Didone scripserunt Homerus atque Virgilius, nam Eneas mortuus est ante mortem Didonis per annos cccxxx.>

Cependant, cela n'empêche Riccobaldus, fortement marqué par son goût littéraire – déjà le prologue montre clairement les traces d'Horace – de renvoyer de temps en temps aux poètes classiques, même pour illustrer un événement historique. C'est ce qu'il fait dans le chapitre 56 du troisième livre sur la peste qui en 293 av. J.-C., pendant la troisième guerre samnite, frappe les Romains qui font alors appel à Asclépios, le dieu de la médecine. Après son petit compte-rendu, d'après Orose 3.22.5 (et peut-être aussi d'après la *periocha* du onzième livre de Tite-Live), Riccobaldus attire l'attention du lecteur sur les vers (622-745) du quinzième livre des *Métamorphoses* d'Ovide qui racontent comment les Romains se rendirent à Epidaure et comment ensuite ils emportèrent le dieu-serpent à Rome[23]:

Et cum lues urbem agrumque afflictaret, Esculapius ad urbem invectus est. <Qualiter invectus fuerit, Ovidius Naso poeta egregius in ultimo volumine libri Metamorphoseos versibus explicat.>

Ses commentaires, souvent le résultat de sa passion pour la littérature, peuvent aussi intéresser les historiens de la littérature mediolatine. Ainsi, parmi eux figurent les mentions d'Hugues Primat d'Orléans (ca. 1093-1160) et de Geoffrey de Vinsauf (fl. ca. 1200)[24]:

<Cuius tempore traditur fuisse Primas versificator egregius, cuius ingenium fuit ultra humanum.> (...) <Gualfredus Anglicus cognoscitur qui composuit librum qui dicitur Poetria Novella.>

Parfois, Riccobaldus explique ses choix de textes. Par conséquent, il révèle aussi ses intentions d'historien-compilateur. Le chapitre 21 du seconde

---

[23] Cfr. éd. cit., I, 187.
[24] Cfr. éd. cit., II, 719-20. La référence aux fresques de Giotto est bien plus célèbre! Cfr. Riccobaldus de Ferrare, *Compilatio Chronologica*, éd. par A.T. HANKEY, Istituto storico italiano per il medio evo, Roma 2000, xvi et 218-19 (Fonti per la storia dell'Italia medievale, Rerum Italicarum Scriptores, 4).

livre est particulièrement significatif à cet égard. En interrompant le récit livien de la guerre contre les Volsques pour insérer un morceau (les chapitres 22-28) sur les rois perses Darius et Xerxès (d'après Justin), il s'explique de la sorte[25] :

> <Nunc ab hystoria Romana stilus divertit ad hystoriam Darii primi regis Persarum et filii eius Xerxis; in qua quedam speciosa sunt et utilia comendari memorie, ut discant mortales quanta sit calamitas populis regibus indignis subesse qui non populi utilitatem curant, sed sua explere flagicia,> ut Darius qui ob negatas sibi nupcias a rege Scytharum de filia tantis terrarum spatiis, tantas copias exercituum a Persida traduxit in Scythiam trans Danubium, <non considerans rerum detrimenta et mortes populorum utrinque.>

Rien de surprenant de la part de quelqu'un qui vécut au milieu des guerres des Guelfes et des Gibelins[26].

Aussi arrive-t-il que Riccobaldus, préférant un récit thématique à un récit strictement chronologique, restructure les modèles pour améliorer la lecture, comme lorsqu'il justifie le déplacement du récit de la défaite de Crassus (7.35)[27] :

> <Hystorie rerum Cesaris nullam aliam inserere volui ne confunderetur legentis memoria. Ideo distuli ponere cladem Crassi a Parthis acceptam que per tempora superiora illata ab eis est.>

Or, Riccobaldus évalue, critique et commente ses sources[28], mais dans sa compilation historique, où est sa voix ? Certes, je ne prétends pas faire ici un jugement sur lui en tant qu'historien-compilateur, mais si nous nous tenons à

---

[25] Cfr. éd. cit., I, 102.

[26] Pour un approfondissement de ses opinions politiques, je renvoie à A.T. HANKEY, «Riccobaldo of Ferrara: His Life, Works and Influence», Istituto storico italiano per il medioevo, Rome 1996, pp. 135-62 (Fonti per la storia dell'Italia medievale, Subsidia, 2).

[27] Cfr. éd. cit., II, 449. Voir aussi la présentation «décalée» de la guerre contre Mithridate: <Tacuimus de bello Mitridatis regis hucusque ne cum aliis bellis descriptum simul per varia tempora memoriam confunderet.> Cfr. éd. cit., I, 377. Pour des exemples analogues dans la tradition de l'Historia Romana de Paul Diacre, voir KRETSCHMER, Rewriting Roman History..., op.cit., chapitre 6.5.1.

[28] Pour une discussion de son choix et de son utilisation des sources, voir éd. cit., I, xl-xliv et les précieuses remarques dans HANKEY, «Riccobaldo of Ferrara..., op.cit., 71-78.

ses additions, c'est-à-dire, aux passages où Riccobaldus ajoute quelque chose de lui-même, on peut constater que, en général, il se limite à expliquer. J'ai trouvé deux catégories principales: explications factuelles et explications de causes (historiques). Dans la première catégorie rentrent, par exemple, ses éclaircissements sur les anciens usages des Romains[29], comme quand il cherche (quelque peu maladroitement) à expliquer les fonctions des licteurs et des féciaux[30]. La deuxième categorie, bien plus intéressante, a échappé, me semble-t-il, au regard des spécialistes. Il s'agit ici de passages où Riccobaldus entre, pour ainsi dire, dans la psychologie des acteurs pour mieux expliquer les causes des événements historiques. Donnons un exemple. Le sixième chapitre du cinquième livre, d'après Tite-Live 30.13-15, raconte les suites de la bataille des Grandes Plaines et de la prise de Cirta en 203 av. J.-C., vers la fin de la deuxième guerre punique. Après la victoire, Massinissa, l'allié de Scipion l'Africain, a hâte d'épouser Sophonisbe, la belle femme de l'ennemi vaincu Syphax. Lorsque Scipion s'oppose au mariage, Massinissa invite Sophonisbe à boire du poison, selon Riccobaldus, pour garder l'alliance avec les Romains[31]:

> Deinde ex pretorio in tabernaculum suum concessit. <Ibi excogitavit quid sibi agendum superesset ne amiciciam populi R. amitteret.> Mox accito fido servo dat venenum quod immisceat poculo dando Sophonie, ac ei dicat quod fidem ei servat ne viva veniat in potestatem alicuius Romani.

---

[29] Cfr. éd. cit., I, xlii.

[30] Cfr. les explications suivantes de 1.52 et 2.1 sur les licteurs et celles de 1.57 et 63 sur les féciaux: *...Romulus peractis sacris ad concilium multitudinem vocat, iura dedit; venerabilem se insignibus imperii fecit, et habitu augustiore et maxime xii lictoribus sumptis* <*qui appellati sunt fasces*> *ad imitationem regum Tuscorum, sumpta etiam sella curuli et toga pretexta. (...) Id modo cautum est ne, si ambo fasces haberent, duplicatus terror videretur.* <*Erant autem fasces xii viri armati qui precedebant consulem.*> (...) *fecialis dicebatur mediator federum, pater patratus,* <*qui nunc sindicus dicitur.*> (...) *Mox astam ferratam in fines illorum emittebat.* <*Tunc licebat bellum inferre, non prius.*>. Cfr. éd. cit., I, 56-57, 83, 61, 65-66. Tout aussi intéressantes sont ses nombreuses mentions des monuments des régions de l'Italie du Nord: 8.3 sur les Arènes de Vérone, 8.23 sur le présumé tombeau de Tite-Live, 10.51 et 58 sur les basiliques Saint-Vital et Saint-Apollinaire in Classe et sur d'autres monuments de Ravenne, 11.19 sur l'abbaye de Nonantola, etc. Pour des exemples analogues dans la tradition de l'*Historia Romana* de Paul Diacre, voir KRETSCHMER, *Rewriting Roman History...*, op.cit., chapitres 6.6 et 6.7.3.

[31] Cfr. éd. cit., I, 302. Pour des exemples analogues dans la tradition de l'*Historia Romana* de Paul Diacre, voir KRETSCHMER, *Rewriting Roman History...*, op.cit., chapitre 6.5.3.

Il est temps de revenir au manuscrit et de réfléchir sur le dessein général du recueil. En effet, notre recueil se prête bien à une lecture continue. Examinons d'abord les points communs entre les textes. Il est à noter qu'ils contiennent presque tous de l'histoire romaine, celle d'Alexandre et la description des merveilles du monde, chacun d'eux mettant l'accent sur quelque chose de différent. Bien entendu, Solin parle des merveilles du monde, l'*Epistola ad Aristotelem* d'Alexandre et Riccobaldus parle d'histoire romaine. Cependant, le premier (et le plus long!) chapitre de Solin est consacré aux origines des Romains. De plus, deux des moralisations de Robert Holcot prennent des événements de l'histoire romaine pour point de départ: la quatrième sur la mort de César et la onzième sur le pouvoir de Romulus. Mais il y a plus. Il est souvent fait mention d'Alexandre dans le texte de Solin, et l'histoire d'Alexandre occupe aussi une place centrale dans le troisième livre de Riccobaldus. En outre, Alexandre figure trois fois dans l'ouvrage de Robert Holcot: les moralisations 1, 34 et 39 sont consacrées au roi de Macédoine. Ensuite, l'intérêt pour les animaux exotiques unit les récits de Solin et d'Alexandre qui parlent tous les deux d'éléphants, d'hippopotames, de lions, d'ours, de tigres, de léopards, de panthères, de lynx, de crocodiles, de scorpions et de toutes sortes de serpents. Aussi, ne faut-il pas oublier leurs mentions de monstres et créatures légendaires: ainsi, le cynocéphale qui est mentionné dans les deux textes (Solin 52.27, *Epistola Alexandri*, p. 33 dans l'édition de Walther Boer). Enfin, si l'on lit le *De septem mirabilibus mundi* – ce petit ouvrage qui sépare les textes de Solin et d'Alexandre – en rapport avec les autres textes, on fait des découvertes curieuses: dans Solin et Riccobaldus nous retrouvons les murailles de Babylone (Solin 56.2, Riccobaldus 1.17 et 81) et le phare d'Alexandrie (Solin 32.43, Riccobaldus 3.85). Puis, de son côté, Solin parle du tombeau de Cyrus (55.1) tandis que Riccobaldus parle du temple de Salomon (1.40) et du colosse de Rhodes (4.10 et 9.25).

Certes, en soi, ces points sont peu concluants. Par contre, grâce aux *marginalia*, nous savons comment ce manuscrit fut effectivement lu. Je me bornerai à commenter brièvement un groupe de notes qui témoigne d'une lecture morale: ce sont des références à Valère Maxime que nous trouvons en marge des textes de Solin et de Riccobaldus. Dans les cas où un sujet fut traité plus en détail par Valère Maxime, les notes en marge renvoient aux lieux correspondants, en précisant chaque fois le livre et le chapitre à consulter. De cette manière, la maigre notice consacrée par Solin (1.110) à la perte de la faculté de lire – *Qui lapide ictus fuerat accepimus oblitum litterarum* – est pourvue d'un renvoi à l'observation bien plus ample de

Valère Maxime (1.8 ex. 2). Parmi les références à Valère Maxime ajoutées en marge du texte de Riccobaldus[32], je citerais celle au 7.32 qui concerne l'inscription sur la statue de Lucius Junius Brutus au temps du complot contre César. Riccobaldus, sur les traces de Suétone (*Jul.* 80.3), dit simplement que *subscripsere quidam statue Lucii Brutii: « Utinam viveres »*[33]. D'abord, ce passage a suscité l'explication suivante en marge du feuillet 129v: *expulso regum dominio ab urbe romana consules primi fuerunt Valerius Publicula et Iunius Brutus*. De son côté, ce commentaire a déclenché l'évocation des exemples moraux de Valère Maxime à propos des deux héros romains: 4.4.1 sur la pauvreté de Publicola et 5.8.1 sur la sévérité de Brutus envers ses enfants lors de la conspiration tarquinienne. Et si on passe à l'ouvrage de Robert Holcot, est-ce autre chose qu'une imitation chrétienne de Valère Maxime ? Nous avons ici, je crois, un des fils conducteurs. L'idée du recueil est, évidemment, d'offrir aux lecteurs (ou plutôt aux auditeurs) un savoir du monde et de l'homme, mais en même temps de les amener, par une ascension spirituelle, à se perfectionner dans la voie du salut. Curieusement, le dernier feuillet (260r) du manuscrit contient un tout petit morceau de texte qui ne figure ni dans le catalogue ni dans l'inventaire général. À mon avis, il remplit une fonction importante qui va dans le sens de ce que je viens d'indiquer, et il me semble opportun de le citer ici *in extenso:*

> Reffert Fulgentius de ornatu orbis quod cum Romani multos deos coluissent, tandem elegerunt solum Iovem colere eo quod omnes alios deos excederet in benignitate, in necessitatibus etiam cunctis auxilium ferret. Vocabatur ab hominibus Iupiter, id est iuvans pater. Hunc pingebant cum tribus alis; in prima scribebatur sic « ad horam », in secunda sic « culpam remitto », in tertia sic « rem accepto ». Spiritualiter Iuppiter significat Christum.

---

[32] La libération (209 av. J.-C.) de la fiancée du prince celtibère Allucius dans Riccobaldus 4.65 renvoie à Valère Maxime 4.3.1; l'abrogation (195 av. J.-C.) de la loi Oppia dans Riccobaldus 5.25 renvoie à Valère Maxime 9.3.1; la mort (148 av. J.-C.) du roi numide Massinissa dans Riccobaldus 5.70 renvoie à Valère Maxime 8.13 ex.1; la mort (46 av. J.-C.) de Caton d'Utique dans Riccobaldus 7.21 renvoie à Valère Maxime 3.2.14; la divination de Spurinna et le rêve de Calpurnia à propos de la mort (44 av. J.-C.) de César dans Riccobaldus 7.32 renvoient à Valère Maxime 8.11.2 et 1.7.2

[33] Cfr. éd. cit., II, 445.

Il s'agit d'un extrait des *Imagines Fulgentii* (1330 environ), issues du même milieu de frères anglais auquel appartient Robert Holcot[34], qui exprime un principe emblématique de tout le recueil: le savoir païen mit au service du christianisme. Comment mieux conclure que par la phrase *Spiritualiter Iuppiter significat Christum* ? Devant une telle expression d' *interpretatio christiana* on pense vite à ces mots de Dante[35]: *...o sommo Giove / che fosti in terra per noi crucifisso* (*Purg.* 6.118-19).

Autrement dit, le recueil est un chemin qui part du plan physique ou géographique, en passant par le plan historique et moral, pour monter jusqu'à Dieu. Et (par analogie avec la Divine Comédie) les recueils médiévaux sont souvent à la fois un système, une image et un itinéraire géographique, historique, moral et métaphysique! Ils représentent cette *imago mundi*[36] si heureusement appelée « the discarded image » par Clive Staples Lewis[37]. C'est, enfin, la même image que nous trouvons dans la fameuse mappemonde de Hereford[38] (ca. 1300): inutile de faire la distinction ici entre géographie,

---

[34] Cfr. N.F. PALMER, «Das Exempelwerk der englischen Bettelmönche: Ein Gegenstück zu den *Gesta Romanorum*?», in W. Haug – B. Wachinger (éds.), *Exempel und Exempelsammlungen*, M. Niemeyer, Tübingen 1991, pp. 137-172 (Fortuna vitrea, 2). Pour le contexte historique, voir aussi B. SMALLEY, *English friars and antiquity in the early fourteenth century*, B. Blakwell, Oxford 1960.

[35] D'ailleurs, les correspondances entre les vies de Dante et Riccobaldus sont frappantes ! Tous les deux, en critiquant le désordre politique de leur temps, écrivent, en exil, sous la protection de Cangrande della Scala. Encore que les rapports entre Cangrande et Riccobaldus soient difficilement vérifiables, les deux écrivains se sont vraisemblablement connus. Cfr. éd. cit., I, xxii et HANKEY, «Riccobaldo of Ferrara...», op.cit., 174 ff.

[36] Si nous remontons au siècle précédent nous trouvons des œuvres analogues comme, justement, l'*Imago mundi* d'Honoré d'Autun et les *Otia imperialia* de Gervais de Tilbury.

[37] Cfr. C.S. LEWIS, *The discarded image: an introduction to medieval and renaissance literature*, Cambridge University Press, Cambridge 1964.

[38] Parmi les nombreux travaux consacrés au sujet je citerais celui, fondamental, de S.D. WESTREM, *The Hereford Map: a transcription and translation of the legends with commentary*, Brepols, Turnhout 2001 (Terrarum orbis, 1), ouvrage de référence qui remplace maintenant celui de W.L. BEVAN – H.W. PHILLOTT, *Mediæval geography: an essay in illustration of the Hereford mappa mundi*, E. Stanford, London 1873. Pour une discussion des contextes historiques, voir P. GAUTIER-DALCHE, *Du Yorkshire à l'Inde: une 'géographie' urbaine et maritime de la fin du xiie siècle (Roger de Howden ?)*, Droz, Genève 2005 (Hautes études médiévales et modernes, 89); P.D.A. Harvey (éd.), *The Hereford world map: medieval world maps and their context*, British Library, London 2006. Pour le

histoire et théologie. Comme dans notre recueil on voit sur la même carte pays et peuples, monstres et créatures légendaires, personnages de l'histoire universelle et de l'histoire biblique, le tout englobé dans l'histoire du salut: le jour du jugement s'y trouve aussi.

---

problème de la représentation de l'espace, voir P. GAUTIER-DALCHE, «Un problème d'histoire culturelle: perception et représentation de l'espace au Moyen Age», *Médiévales*, 18 (1990) 5-15.

ELEONORA LOMBARDO[*]

AUCTORITATES E SERMONI. UN CASO DI STUDIO: I SERMONI SU SANT'ANTONIO DI PADOVA (XIII-XIV SECOLO) E L'AGIOGRAFIA

I sermoni medievali furono spesso caratterizzati da una struttura e uno stile compositivo tali da renderli all'occhio del lettore di oggi più simili ad una compilazione di *auctoritates* che a ciò che si predicò nelle piazze e nelle Chiese di tutta Europa nei secoli centrali del Medioevo.

Rivolgendo in particolare l'attenzione ai sermoni francescani del XIII secolo, risaltano in essi le numerose citazioni estrapolate per lo più dalla Bibbia[1] e da florilegi patristici[2], la Glossa e poche altre autorità, tra cui il *Liber Sententiarum* e spesso alcuni commenti a quest'ultimo[3]. Questi erano

---

[*] L'autrice è bolseira de pós doutoramento da Fundação para Ciência e Tecnologia (SFRH/BPD/70408/2010) e Investigadora integrada do Instituto de Filosofia da Universidade do Porto (Faculdade de Letras da Universidade do Porto, Via Panorâmica s/n, 4150-564 Porto, Portugal) e do Insituto de Estudos Medievais da Faculdade de Ciências Sociais e Humanas da Universidade Nova de Lisboa. elombardo@letras.up.pt. Il progetto è intitolato: «Sermons on Saint Anthony of Lisbon: between hagiography and orality (about 1232-1350)» e prevede l'individuazione e l'edizione della maggior parte possibile dei sermoni dedicati a sant'Antonio nel periodo preso in esame.

[1] N. BERIOU, *L'avénement des maîtres de la Parole. La prédication à Paris au XIIIe siècle*, vol. I, Institut d'Études Augustiniennes, Paris, 1998, p. 177.

[2] R.H. ROUSE – M.A. ROUSE, *Preachers, florilegia and sermons. Studies on the* Manipulus florum *of Thomas of Ireland*, Pontifical Institute of Mediaeval Studies, Toronto, 1979, pp. 18-22; R.H. ROUSE, «L'évolution des attitudes envers l'autorité écrite. Le développement des instruments de travail au XIIIe siècle», in *Culture et travail intellectuel dans l'Occident médiéval*, Éditions du CNRS, Paris 1981, pp. 115-144.

[3] J. VERGER, «L'exégése de l'Université», in *Le Moyen Âge et la Bible*, sous la direction de P. Riché - G. Lobrichon, Beauchesne, Paris 1984, pp. 199 - 232: p. 201-212 (Bible de tous les temps, 4); BERIOU, *L'avénement*, pp. 178-179; B. SMALLEY, *Lo studio della Bibbia nel Medioevo*, 3ª ed., a cura di G. L. Potestà, EDB, Bologna

certamente gli strumenti più comuni a disposizione dello scrittore di sermoni. Ma perché egli, nel compiere questo spesso lungo e gravoso lavoro dedicava tante energie all'inserimento di un numero sempre crescente di *auctoritates*? Tralasciando i casi in cui il confine tra florilegio e sermone è molto labile se non inesistente[4], volgiamo la nostra attenzione alle motivazioni che spinsero autori, chiaramente intenzionati a tramandare l'arte della predicazione, ad inserire una gran messe di autorità all'interno dei propri scritti.

La prima motivazione può essere ricercata nella volontà dei frati di dare una base autoritativa, supportata dalle posizioni degli autori antichi, alla propria teologia. È il caso più frequente, come succede, per esempio, nelle collezioni omiletiche di Bonaventura da Bagnoregio, di Gilberto da Tournai e del meno noto Sovramonte da Varese[5]. Essi, infatti, inseriscono le citazioni, soprattutto bibliche, usualmente all'inizio e alla fine delle diverse divisioni dei sermoni. In tal modo la spiegazione data ad ogni singolo sintagma o parola del *thema* trova, attraverso un gioco di concordanze, la propria

---

[4] È il caso, per esempio, dei *sermones festivi et de tempore* del francescano Bonaventura da Iseo (m. 1280 ca.). E. LOMBARDO, «Bonaventura da Iseo Omin e le sue opere: status quaestionis», *Il Santo*, 48 (2008) 87-122: 113-116 e la bibliografia ivi riportata.

[5] Sui sermoni di Bonaventura da Bagnoregio si vedano almeno: Bonaventura de Balneoregio, *Sermones Dominicales. Ad fidem codicum nunc denuo editi*, studio et cura J.-G. BOUGEROL, Collegio S. Bonaventura, Grottaferrata 1977 (Bibliotheca franciscana scholastica medii aevi, 27); I. BRADY, «The writings of saint Bonaventure regarding the Franciscan Order», in *San Bonaventura maestro di vita francescana e di sapienza cristiana*. Atti del Congresso internazionale per il VII centenario di San Bonaventura da Bagnoregio (Roma 19-26 settembre 1974), a cura di A. Pompei, Pontificia facoltà teologica San Bonaventura, Roma 1976, pp. 89-112: pp. 91-92. Su Gilberto da Tournai: J. LONGERE, «Guibert de Tournai.Sermon aux chanoines réguliers: *Considerate lilia agri quomodo crescunt*», *Revue Mabillon*, 64 (1992) 103-115; N. BERIOU - F.-O. TOUATI, Voluntate Dei leprosus. *Les lépreux entre conversion et exclusion aux XII et XIII siècles*, Centro studi Italiani per l'Alto Medioevo, Spoleto 1991, p. 85-117; A. HOROWSKI, «Il ms. L 17 sup dell'Ambrosiana e la tradizione manoscritta dei *Sermones dominicales et festivi* di Gilberto da Tournai /m. 1284)», *Archivum Franciscanum Historicum*, 102 (2009) 89-134; M. BURGHART, «*In corde prudentis requiescit sapientia*. Le sermon de Guibert de Tournai, OMin. (†1284) pour la fête de saint Antoine de Padoue», *Il Santo*, 52 (2012) 45-105: 45-47 e la bibliografia ivi citata. Su Sovramonte da Varese: E. LOMBARDO, «In viaggio verso Gerusalemme. Un itinerario spirituale nei Sovramonte da Varese,2010, pp. 103-132 (Quaderni di storia religiosa 2010), in particolare pp. 106-109 e la relativa bibliografia in nota.

giustificazione in modo che le loro parole appaiano come degli ammonimenti ricavati direttamente dal testo sacro[6].

La seconda motivazione è dettata dalla costruzione stessa del discorso. È questo il caso dei sermoni di sant'Antonio, dove le autorità sono usate come fondamento per addurre quei ragionamenti ritenuti necessari al fine di spiegare il senso allegorico della Sacra Scrittura[7]. In una certa misura, questo utilizzo si ritrova anche nella collezione dei sermoni domenicali di Giovanni de la Rochelle[8]. Proprio la raccolta del Rupellense sembra particolarmente interessante all'interno di una panoramica mirante a inquadrare i sermoni come compilazioni. In essa infatti il pensiero del *magister* parigino è spesso

[6] Si vedano alcuni testi editi, come il sermone per la Domenica nona *post Pentecosten* di Bonaventura (Sancti Bonaventurae, *Sermones*). Per Gilberto da Tournai rimando a un sermone della raccolta dei *de sanctis*: S. FIELD, «Annihilation ad Perfection in Two Sermons by Gilbert of Tournai for the Translation of St. Francis», *Franciscana*, 1 (1999) 237-274.

[7] La bibliografia sull'uso della Sacra Scrittura e di molte altre *auctoritates* in S. Antonio è sterminata. Si vedano almeno: S. R. P. SPILSBURY, *The concordance of Scripture: the homiletic and exegetical method of St. Anthony of Padua. A dissertation*, <http://www.franciscan-archive.org/antonius/spils-d4.html>, cap. 4 (ultima visualizzazione 29 settembre 2012), B. SMALLEY, «The use of Scripture in St. Anthony's "Sermones"», in *Le fonti e la teologia dei sermoni antoniani*, a cura di A. Poppi, ed. Messaggero, Padova 1982, pp. 285- 297; J. CHÂTILLON, «Saint Antoine de Padoue et les victorins», *ibid.*, pp. 171 - 202: pp. 193- 199; G. GASPAROTTO, «Dipendenze isidoriane nei *Sermones* di. S. Antonio di Padova», *ibid.*, pp. 229-268: pp. 232-239; A. FIGUEREIDO FRIAS, *Lettura ermeneutica dei «Sermones» di sant'Antonio. Introduzione alle radici culturali del pensiero antoniano*, Centro Studi Antoniani, Padova 1995, pp. 156-166; F. DA GAMA CAEIRO, *Santo António de Lisboa*, vol. I, Casa da Moeda, Lisboa 1995, pp. 190-195; J. HAMESSE, «L'utilisation des florilèges dans l'oeuvre d'Antoine de Padoue. À propos de la philosophie naturelle d'Aristote», in *Congresso Internacional Pensamento e Testemunho. 8° centenário do nascimento de santo António. Actas*, vol. I, Universidade Católica Portuguesa- Fámilia franciscana portuguesa, Braga 1996, pp. 111-124: pp. 118-123; K. REINHARDT, «Presencia de la Glossa ordinaria en los Sermones de san Antonio de Lisboa», *ibid.*, pp. 417-426: pp. 418-423.

[8] I. BRADY, «Jean de la Rochelle», in *Dictionnaire de Spiritualité, ascétique et mystique, doctrine et histoire*, publié sous la direction de M. Viller, vol. VIII: *Jacob - Kyspenning*, Beauchesne, Paris 1942 , coll. 599-602; K. LYNCH, «A list of the Sermons of John de Rupella», *Recherches d'histoire de théologie ancienne et medievale*, 31 (1964) 287-319; L. DUVAL-ARNOULD, «Trois sermons synodaux de la collection attribuée à Jena de la Rochelle», *Archivum Franciscanum Historicum*, 69 (1976) 336-400, 70 (1977) 35-71.

celato se non addirittura omesso, a favore dell'inclusione di posizioni teologiche attestate nella *Facultas theologiae* di Parigi negli anni Trenta del secolo[9]. Un inserimento silenzioso, privo di riferimenti espliciti a nomi e scuole, che rende spesso difficile riconoscere i teologi che sostennero le idee riferite dal frate. In questo modo, però, molti dei sermoni da lui composti assomigliano ad un albero frondoso, in cui le diverse autorità possono esprimersi anche in modo tra di loro conflittuale senza per questo inficiare la validità teologica del testo nella sua interezza.

Infine, le *auctoritates* possono svolgere un ulteriore compito all'interno della compilazione del sermone. Esse infatti possono avere una funzione strutturale, sebbene in questo caso esse non vengano generalmente ricordate in modo esplicito. È il caso, per esempio, dei primi sermoni francescani *de angelis*. Sia Bonaventura da Bagnoregio sia Gilberto da Tournai, infatti, costruirono i loro sermoni sulla base della struttura e delle argomentazioni che ricavavano dal *De caelesti hierarchia* dello Pseudo-Dionigi Areopagita[10]. I sermoni, composti a mo' di albero con nove rami, denunciano chiaramente l'influenza dionigina, al pari delle figure che in tali rami trovano spazio, sebbene la fonte non venga mai citata in modo esplicito.

Un uso analogo di un testo autoritativo, in questo caso un florilegio, come strumento strutturale si trova in un altro sermone di Bertoldo da Ratisbona. Questo testo esemplifica un utilizzo delle compilazioni da parte degli autori di opere omiletiche spesso sottovalutato dagli studiosi, in quanto visibile solamente all'interno del complesso del testo e non deducibile

---

[9] Si veda per esempio il sermone per la seconda domenica *post octavam Pasche*: *Ego sum pastor bonus* (Sch 67/T30). Troyes, Bibliothèque Municipale, ms.816, ff. 95ra-95vb. Ancor più evidente è la vicinanza tra il *magister* francescano e i posteriori oppositori ai mendicanti nel primo sermone per la cattedra di san Pietro, in cui le *auctoritates* servono ad appoggiare un'interpretazione corporativistica della Chiesa (Troyes, BM, ms. 816, ff. 172rb-173rb). Sulle posizioni dei maestri secolari si vedano almeno: M.-M. DUFEIL, *Guillaume de saint-Amour et la polemique universitaire parisienne 1250-1259*, Éd. Picard, Paris 1972, pp. 119-126; Y. CONGAR, *Insegnare e predicare. Aspetti ecclesiologici della disputa tra Ordini mendicanti e maestri secolari nella seconda metà del secolo XIII e l'inizio del XIV*, presentazione di R. LAMBERTINI, Ed. Messaggero, Padova 2007, pp. 55 e 110. L'introduzione di Lambertini è un utile strumento orientativo per la migliore bibliografia sull'argomento (pp. 5-29).

[10] Bonaventura de Balneoregio, *Sermons de diversis*, p. 689-695. Per Gilberto da Tournai: Assisi, Biblioteca del Sacro Convento, ms. 508, ff. 2rb-6vb (Sch. 148/S70): *Stelle manentes in ordine et cursu suo adversum Sisarum pugnaverunt*.

dall'analisi delle singole citazioni. Nel sermone per le nozze di Cana[11], infatti, il *thema* previsto per il giorno (*Nuptiae factae sunt in Chana*) costituisce solamente l'occasione liturgica in cui il predicatore inserisce le proprie parole sull'argomento che tutti si aspettavano di udire in quel frangente, cioè un sermone sui tre stati di coniugati, vedovi e vergini di entrambi i sessi. Il *thema* reale, però, quello su cui si basa effettivamente l'impianto del testo, viene tratto da Esodo 25, 31: «*Facies et candelabrum ductile de auro mundissimo hastile eius et calamos scyphos et spherulas ac lilia ex ipso procedentia*». Per entrambe le due divisioni principali che costituiscono il testo e per tutti i loro rami solamente due Padri della Chiesa vengono citati, ripetutamente, Ambrogio e Bernardo. È quasi certo che Bertoldo potesse usufruire, almeno in questo caso, di un florilegio tematico di testi tratti dai due autori e costruito in modo da rendere agevole l'estrapolazione di questi brani paralleli. In ogni caso, Bertoldo non si limita a copiare pedissequamente le citazioni reperibili dalla sua fonte. I nomi dei due santi, infatti, vengono taciuti nel caso in cui le citazioni si riferiscano ad uno degli stati dei peccatori, quasi che i due Padri non potessero essere associati esplicitamente ad uno stato di devianza. Nel momento in cui il discorso si concentra sui salvati, i due nomi vengono citati regolarmente e costantemente, come se la precedente proibizione fosse caduta per rivelare, attraverso la memoria dei due autori, anche due esempi da proporre per coloro che desiderino raggiungere la salvezza eterna.

I SERMONI *DE SANCTIS*: DIVERSE *AUCTORITATES*, DIVERSE COMPILAZIONI

Le considerazioni finora fatte riguardano per lo più il modo in cui i diversi autori compilarono le loro collezioni di *sermones dominicales* e *festivi*. In ogni caso, esse possono applicarsi anche ad altri tipi di raccolte in

---

[11] Su Bertoldo da Ratisbona: E. LOMBARDO, «Sant'Antonio «speculum virtutum non solum laicorum sed etiam religiosorum» in un sermone di Bertoldo da Ratisbona», in *Arbor ramosa. Miscellanea di studi in onore di Antonio Rigon*, a cura di L. Bertazzo - D. Gallo - R. Michetti – A. Tilatti, Centro Studi Antoniani, Padova 2011, pp. 357-372: pp. 360-362 (e bibliografia); A. CZERWON, *Predigt gegen ketzer. Studien zu den lateinischen Sermones Betholds von Regensburg*, Mohr Siebeck, Tübingen 2011, pp. 15-45 (Spätmittelalter, Humanismus, Reformation, 57). Il sermone in questione è edito in A. E. SCHÖNBACH, *Studien zur geschichte der Altdeutschen Predigt*, vol. 3, Wien 1896 (rist. anast. Georg Olms Verlagsbuchhandlung, Hildesheim 1968), pp. 31-39 (Sitzungsberichte der Kais. Akademie der Wissenschaften in Wien. Philosophisch-historische klasse, band 135).

quanto generalmente richieste dal doppio bisogno di creare, attraverso il sermone, uno strumento che fosse contemporaneamente teologico e pastorale. Sostanzialmente scritte per quest'ultimo scopo, le serie di sermoni *de sanctis*[12] spesso presentano una scelta di autorità tale da oscurare le più comuni citazioni patristiche. In numerose collezione dedicate ai santi, infatti, citazioni più o meno esplicite tratte dalla leggenda agiografica e dalla liturgia dedicate al santo del giorno vengono introdotte per provocare nel lettore/ascoltatore un senso di reverenza e di soggezione, forse anche timore, che portino quest'ultimo ad interiorizzare al massimo l'insegnamento offerto dal'esempio del santo in questione. L'inserimento in un sermone *de sanctis* della leggenda e di altri tratti agiografici estrapolati dalla liturgia[13], comunque, non si limita ad adempiere al compito di eccitare la pietà, la devozione e la volontà di emulazione dell'ascoltatore, come potrebbe accadere, per esempio, in un sermone redatto per celebrare la festa di un santo nuovo[14]. Tali innesti permettevano al predicatore che si facevano compilatore di saldare più fermamente il concetto chiave del proprio discorso, usualmente la spiegazione di una virtù, all'esempio di perfezione cristiana offerto dal santo del giorno[15]. In questo modo, egli si trovava di fronte alla possibilità di dover rimodellare la vita del santo stesso sulla base dei suoi bisogni, dettagli o dal semplice sviluppo del discorso oppure, più sovente, dal cambiamento di mentalità e di devozione dell'epoca in cui stava

---

[12] N. BERIOU, «Saints et sainteté dans la prédication de Ranulphe de la Houblonnière», in N. Bériou - D. L. D'Avray, *Modern questions about Medieval Sermons. Essays on Marriage, Death, History and Sanctity*, Centro italiano di studi sull'Alto Medioevo, Spoleto, 1994, pp. 309-322: pp. 316-321; G. FERZOCO, «Sermon Literatures concerning Late Medieval Saints», in *Models of Holiness in Medieval Sermons*. Proceedings of the Kalamazoo Symposium (Kalamazoo, 4-7 May 1995), edited by B. M. Kienzle, FIDEM, Louvain-La- Neuve, 1996, pp. 103-125 (Textes et études du Moyen Âge 5).

[13] M. MORARD, «Quand liturgie épousa prédication. Note sur la place de la prédication dans la liturgie romaine au Moyen Âge», in *Prédication et liturgie au Moyen Âge*, études réunies par N. Bériou et F. Morenzoni, Brepols, Turnhout 2008, pp. 79-125 (Bibliothèque d'Histoire Culturelle du Moyen Âge, 5); C. DELCORNO, «Liturgie et art de bien prêcher», *ibid.*, pp. 201-222.

[14] L.-J. BATAILLON, « Béatitudes et types de sainteté », *Revue Mabillon*, n. s. 7 (1996) 79-104; G. FERZOCO, «Preaching, Canonization and new Cults of Saints in the Later Middle Ages», in *Prédication et liturgie*, pp. 297-312.

[15] J. LECLERCQ, *Predicare nel Medioevo*, trad. it. a cura di I. Biffi, Jaca Book, Milano, 2001, pp. 5 - 14; J. HANSKA, «St Yves de Tréguier as a Preacher», *Medieval Sermons Studies*, 49 (2005) 27-36: 28-29, 34-35.

scrivendo rispetto a quanto gli veniva offerto da un santo sempre più lontano nel tempo.

I SERMONI *DE SANCTO ANTONIO* E L'AGIOGRAFIA ANTONIANA: COMPILAZIONE COME INTERPRETAZIONE?

Volendo passare dal generale al particolare e dunque introdurre un caso di studio concreto relativo all'uso delle fonti agiografiche come materiale da cui estrarre passaggi e citazioni da inserire nei testi omiletici, nelle pagine seguenti mi soffermerò su alcuni sermoni dedicati a sant'Antonio di Padova.

Tra il 1232, anno della canonizzazione del santo portoghese e la metà del XIV secolo, più di duecento sermoni vennero scritti in onore della festa liturgica di Antonio. La commistione di citazioni agiografiche e argomentazioni panegiristiche evidenziabile in un campione di un centinaio tra questi sermoni mette in evidenza il diverso rapporto tra il predicatore e il materiale per la sua compilazione in funzione dell'epoca, della zona e dell'interesse del gruppo sociale a cui ciascun autore si rivolge[16]. In genere non è sorprendente trovare stralci, più o meno estesi, tratti dalla *Vita Secunda* di Giuliano da Spira[17]. Specialmente nell'area italica, il numero di citazioni inserito all'interno del singolo testo può talvolta dare l'illusione di trovarsi di fronte ad una compilazione redatta tramite la tessitura dei singoli brani abilmente estrapolati dalla seconda leggenda agiografica del santo, la più nota a causa della sua adozione all'interno della liturgia del 13 giugno, e dall'*Officium Rithmicum* dello stesso autore[18]. Questo modo di usare le

---

[16] Cfr. P. MARANGON, «Tradizione e sviluppo della devozione antoniana», *Il Santo*, 16 (1976) 165-178.

[17] *Officio Ritmico e Vita Secunda*, a cura di V. GAMBOSO, Ed. Messaggero, Padova 1985 (Fonti agiografiche Antoniane, 2); G. ABATE, «Le fonti biografiche di S. Antonio», *Il Santo*, 9 (1969) 149-189. D'ora in poi le due opere verranno citate rispettivamente come *OR* e *Vita Secunda*.

[18] Luca Lettore, un predicatore dell'ordine minoritico attivo nel convento di Padova intorno al terzo quarto del Duecento, inserì, all'interno della propria raccolta di sermoni *de sanctis* ben cinque brani dedicati a sant'Antonio. Egli è l'unico predicatore, studiato fino ad oggi, ad usare puntualmente la *Vita Prima* (più nota con il nome di *Assidua*) come fonte per le proprie citazioni. Può questo, forse, essere un segnale di una permanenza effettiva di una predilezione nell'ambiente padovano per la leggenda più antica dedicata al santo. Su Luca Lettore si vedano: E. FONTANA, «Luca lettore da Padova omin († ca. 1287) e i sermoni del Codice Antoniano 466», *Il Santo*, 47 (2007) 7-104, in particolare 17-32 e la bibliografia ivi riportata; V.

leggende agiografiche potrebbe avvicinarsi, almeno parzialmente, a quello che si potrebbe definire come un utilizzo neutrale della compilazione. Intendendo con quest'espressione una volontà semplicemente narrativa da parte di colui che si accingeva a scrivere un testo omiletico, si può notare che questo tipo di sermoni attingono dall'agiografia (e dalla liturgia) essenzialmente ciò che serve per inquadrare il generale contesto biografico e virtuoso di sant'Antonio, senza nulla aggiungere all'interpretazione già offerta dall'agiografo. È il caso di uno dei più diffusi sermoni dedicati a sant'Antonio. Il testo si snoda a partire dal pericope di Gen. 49, 21: *Neptalim cervus emissus et dans eloquia pulcritudinis*. Questo sermone fu certamente uno dei meglio noti al pubblico medievale tra quelli dedicati a sant'Antonio, affiancato solamente dalla prima predica del frate minore Servasanto da Faenza[19]. Esso infatti appare in numerosi manoscritti (18 quelli finora recensiti) e in almeno otto collezioni con alcune notevoli varianti testuali dovute ai diversi interessi dei predicatori-compilatori[20]. Si potrebbe dunque parlare di una traccia di una concezione della collezione di sermoni stessa come compilazione, in quanto in queste raccolte si rinviene l'uso di interi testi, quasi a mo' di capitoli, al fine della costruzione di una raccolta che fosse utile per l'attività omiletica e che rispecchiasse anche il sentire dell'autore, in

---

GAMBOSO, «Cinque sermoni inediti di fra Luca Lettore († c. 1287) in lode di s. Antonio)», *Il Santo*, 9 (1969) 233-281.

[19] Su Servasanto da Faenza si vedano: J.-G. BOUGEROL, «La première édition du corpus des sermons dominicaux de S. Bonaventura (1502)», *Antonianum*, 31 (1976) 201-231; V. GAMBOSO, «I sermoni festivi di Servasanctus da Faenza», Il Santo, 13 (1973) 3-88, 211-278; ID., «I due sermoni santantoniani di Servasanto», *Il Santo*, 18 (1978) 267-288; C. FRISON, «Fra Servasanto da Faenza, predicatore francescano del XIII secolo», *Studi Romagnoli*, 39 (1988) 301-315; C. CASAGRANDE, «Predicare la penitenza. La *Summa de Poenitentia* di Servasanto da Faenza», in *Dalla penitenza all'ascolto delle confessioni: Il ruolo dei frati mendicanti*. Atti del XXIII Convegno Internazionale (Assisi, 12-14 ottobre 1995), CISAM, Spoleto, 1996, pp. 59-102.

[20] Paris, Bibliothèque Nationale de France, Lat. 15958 f. 257v - 286v; Arras, Bibliothèque Municipale, 335 (204), f. 132 - 283; Colmar 288; Leipzig, Universitätsbibliothek, 716, f. 105 - 40vb; Marseille, Bibliothèque Municipale, 396, ff. 75vb-77vb; Oxford, Bodleian Library, Canonici Liturgici 293, ff. 93rb-94rb; Troyes 1840 f. 129va-129vb; Paris, BNF, Latin 16510, ff. 180va-181va; Paris, BNF, Latin 15961, ff. 222ra-222vb; Paris, Bibl. Mazarine, ms. 1026, ff. 150ra-150va. Sono ancora da verificare i manoscritti Valencia, Arquivio de la Catedral, 192; Barcellona, Archivo De la Corona de Aragona, Ripoll. 226; Burgo de Osma, Arquivo de la Catedral, 133 f. 157 - 366; Kues, Stiftsbibliothek, 126; Luxembourg, Athenée, 58; München, Staatsbibliothek, Clm 2711, 8734 e 9614.

questo caso il compilatore[21]. Non è poi inusuale che in queste raccolte i sermoni estratti da altre collezioni vengano inframezzati da scritti originali[22]. In questi casi, tranne rare eccezioni, l'abilità compilatoria dell'autore fa sì che i testi copiati e quelli composti si armonizzino quasi perfettamente tra loro, creando una raccolta omogenea nei suoi intenti e perfino gradevole alla lettura. Si potrette dunque parlare di collezioni di sermoni come compilazioni in se stesse? Sebbene la tentazione di rispondere in modo affermativo sia spesso difficile da rigettare, la domanda resta aperta e ogni caso andrà valutato con accurata attenzione.

Nella versione più diffusa del sermone in questione, quella che potremmo definire lunga in contrasto con una versione 'abrégèe'[23] del testo, si possono riscontrare quattro citazioni tratte dalla *Vita Secunda* e solamente una proveniente dall'*Officium Rithmicum*. Tutti e quattro i passaggi riportano esattamente ciò che viene già raccontato dall'agiografo nello stesso modo e con gli stessi significati reperibili nell'opera di Giordano[24]. La fedeltà alla

---

[21] Il rapporto tra sermoni, nel caso specifico *reportationes*, e *compilatio*, si veda BÉRIOU, *L'avénement*, pp. 89-97.

[22] Limitando l'osservazione ai sermoni per il 13 giugno, oltre al sermone in questione, di due dei sermoni de sancto Antonio attribuiti ad Albertino da Verona e presente nel manoscritto Padova, Biblioteca Antoniana, ms. 470 ai ff. 136rb-137ra (*Bonus homo de bono thesauro suo profert bonum*) e ai ff. 137ra-va (*Omne preciosum vidit oculus eius, profundaque fluviorum scruptatus est*), che si ritrovano in almeno quattro collezioni differenti. Cfr. V. GAMBOSO, «Sei sermoni inediti (sec. XIII) in onore di s. Antonio», *Il Santo*, 10 (1970) 273-292: 285-290.

[23] J. LONGÈRE, *La prèdication médièvale*, Études Augustiniennes, Paris 1983, p. 160.

[24] «Circa primum attendendum est quod sancta uita beati Antonii in duplici regule beati Francisci in duplici fuit statu, scilicet in statu regule sancti Augustini et in statu regule sancti Francisci unde cantatur de ipso: Augustini primitus regule subiectus. sub Francisco penitus mundo sit abiectus». «Per sapientiam Prou. VIII (8, 12): *Ego sapientia habito in consilio et eruditis intersum cogitationibus*. Hanc habuit beatus Antonius, unde legitur in uita sua quod: Sapientie spiritu plenus fuit». « Per uite munditiam. Ps. (21, 4): *Tu autem in sancto habitas laus Israel*. Hanc habuit beatus Antonius, unde scribitur in uita sua quod bene fallax mundi species ac pestilentia carnis placentia sibi surgeret nequaquam hiis frena concupisciente laxauit. Per deuotionem, III Reg. VIII (8, 12): *dixit Dominus ut habitaret in nebula*. Hanc habuit beatus Antonius et specialiter in predicando. Vnde cantatur de ipso: Sanctus hic de titulo crucis et suppliciis dulcis Iesu modulo dulci predicabat. Per celestem conuersationem . Ps. (122, 1): *Ad te leuaui oculos meos qui habitas in celo* . Hanc habuit beatus Antonius quando, sicut scribitur in uita sua , in omni religionis perfectionem profecit». «per tribulationem perpessionem, Ps. (4, 2): *In tribulatione*

leggenda è tale che il predicatore-scrittore preferisce talvolta rimandare direttamente il lettore alla *Vita*, riportando esclusivamente l'inizio del passaggio da cercare nell'opera di riferimento[25].

Un altro esempio di quest'uso quasi neutro dell'agiografia è riscontrabile nel sermone scritto da un anonimo frate minore ora conservato alla Biblioteca Marciana di Venezia con la segnatura Lat. Z. 158, in cui la *Vita Secunda* e l'*Officium Rithmicum* forniscono la base autoritativa per parlare di sant'Antonio non non solamente attraverso le puntuali citazioni di passaggi biografici, ma anche e soprattutto attraverso l'utilizzo degli stessi rimandi biblici usati da Giuliano da Spira per la composizione delle proprie opere[26]. L'importanza data a questo tipo di prestiti ancor più che a quelli anedottici è sottolineata dall'uso strutturale fattone dal predicatore compositore. Egli infatti intreccia ogni punto della sua trattazione con dei rimandi, più o meno espliciti, alle opere dell'agiografo, usandoli come richiami per agganciare i principi più generali, puntualmente elencati all'inizio di ogni partizione, all'esempio antoniano e per chiudere ogni *divisio*.

Se quello fin qui illustrato è un caso di uso della leggenda agiografica come compilazione da cui estrarre testi da inserire all'interno di altre compilazioni, come si possono definire i sermoni, un altro approccio possibile per definire il rapporto che lega sermoni e agiografia è fornito da quei testi omiletici in cui le citazioni tratte dalla vita di Antonio influenzano l'interpretazione stessa dei passaggi scelti arrivando così a cambiare il loro senso all'interno della biografia del santo.

---

dilatasti mihi. Hanc habuit beatus Antonius quoniam multas tribulationes et temptationes a demonibus passus est. Vnde legitur in uita sua quod «felicibus eius actibus obuiare uolens humani generis inimicus nocte quadam circa quadragesimale principium cum se post laborem sopori dedisset, eius tam ualidus guttur strinxit ut ipsum nisi domino nutu prohibitis suffocasset.»

[25] Soprattutto nella versione abbreviata si hanno rimandi come: «Per sapientiam Prv. VIII (8, 12): *Ego sapientia habito in consilio et eruditis intersum cogitationibus*. Hanc habitatio habuit beatus Antonius, quia, sicut legitur Sapientia: *spiritu plenus fuit*. Per uite munditiam, Ps. (21, 4): *Tu autem in sancto habitas* . Hanc habitationem habuit beatus Antonius, ut legitur in uita sua» o « Per celestem conuersacionem Ps. (122, 1): *Ad te leuaui oculos meos qui habitas in celis*. Hanc habuit beatus Antonius, quia in omni religione profecit».

[26] Vd. E. LOMBARDO, «I *Sermones de sancto Antonio* fra XIII e XIV secolo. Status quaestionis ed edizione del sermone Venezia, Lat. Z, 158 (1779), ff. 120v-122v», *Il Santo*, 52 (2012) 9-44. Il testo è edito alle pagine 37-44.

Quando le citazioni vengono manipolate: dall'agiografia al sermone

All'interno di testi così interessanti per le modalità compilatorie con cui spesso venivano redatti, l'agiografia subiva spesso una lettura che si differenziava da autore ad autore. Non tutti i testi, infatti, si accordano né sui passaggi da citare, sebbene alcuni siano ritenuti più interessanti di altri[27], né sull'interpretazione che di essi devono fornire al lettore/ascoltatore. In un gruppo limitato di sermoni, per esempio, gli autori ricordano il passaggio relativo alla conversione di Fernando alla vita dei frati minori come una scelta dettata o dall'esigenza di assecondare la propria volontà di martirio o dall'intrinseca necessità di perfezionare la scelta di povertà seguendo lo spirito dell'Ordine.

Seguendo la *Vita Secunda*, il rapporto tra visione dei martiri e decisione di entrare nell'Ordine dei Frati Minori è chiara. Dice infatti l'agiografo:

> *Cum et auribus Fernandi non inaniter facti rumor insonuit; nam subito, elephantis more ad prelium ex aspectu sanguinis animati, ita totus a fidei fervore surripitur, hristique iniuriam et martyrum necem miranda in se compassione retorquens, nichil se prorsus agere reputat, nisi et ipse tyrannice ferocitati occurrens, eandem pro Christo cum prefatis martyribus palmam obtineat*[28].

Questo passaggio, che prenderemo qui come esemplificativo di un metodo di lavoro degli scrittori di sermoni, fu ripreso da alcuni predicatori, i quali ne cambiarono il significato, tanto da far diventare l'incontro con i poveri frati il momento nodale della conversione del canonico Ferdinando. Così trasformato e dotato di nuova luce, esso passò poi, almeno per un certo periodo, anche nell'agiografia, tornando, per così dire, da dove era partito.

Non voglio soffermarmi qui sulla questione relativa all'importanza del martirio e della povertà nell'Ordine minoritico del XIII e XIV secolo. Non è questa la sede per aprire un discorso così vasto. Non riporterò dunque l'interezza dei riferimenti al passo sopra ricordato. Volendomi invece occupare dei cambiamenti di lettura di una citazione estrapolata da una fonte agiografica ed inserita in una collezione omiletica, mi limiterò ad alcuni

---

[27] Si tratta dei passaggi relativi all'ingresso nell'ordine minoritico, della profezia sulla gloria di Padova e della visione di Dio al momento della morte. cfr. *Vita Secunda*, capp. 2 (pp. 396-400), 8 (pp. 432-436) e 9 (436-442).

[28] *Ibid.*, par. 12 (p. 394).

esempi che illuminino, più che la questione martiriale, la problematica relativa all'attività compilatoria dei frati scriventi.

La citazione di questo passaggio non sempre porta a dei cambiamenti della lettura della vicenda antoniana, come capita nel già citato sermone veneziano e in un altro testo presente nel manoscritto Milano, Biblioteca Ambrosiana, O 28 Sup. In quest'ultimo un anonimo frate minore riprende letteralmente sia parte del testo della leggenda agiografica sia l'Ufficio Ritmico al fine di spiegare la volontà di Antonio di raggiungere la perfezione della gloria celeste. La combinazione dei due passaggi, in ogni caso, permette all'autore di mettere in evidenza la stretta relazione tra fedeltà alla regola di Francesco e premio eterno, da guadagnarsi anche attraverso il desiderio di martirio[29]. In questo senso, il sermone ambrosiano, pur non richiamando in questa *divisio* la povertà, permette un rimando alla stessa, che invece era stata ricordata nelle righe precedenti all'interno di un passaggio sulla *simplicitas* antoniana[30].

La stessa commistione tra liturgia e agiografia si ritrova anche nel sermone *de sancto Antonio* conservato nel manoscritto 517 della Biblioteca

---

[29] «Ta<lles> sunt que requiruntur ad perfectiam uitam, scilicet gratia humilitatis in corde, species conuersationis honeste et auiditas superioris glorie que tanguntur in predictis uerbis ut patet intuenti que tria fuerunt in beato Antonio. De humilitate ipsius legitur: «Dono sapientie plenus, arrogantie fastum qui timebat sub indocti facie tantum diu gratie lumen abscondebat». De ipso etiam cantatur: «Augustinus primitus regule subiectus, sub Francisci penitus mundo fit abiectus». De speciosa conuersatione ipsius statim subiungitur quorum, scilicet Augustini et Francisci uitam moribus hic proficebatur ratione quorum duorum. [...] Vnde de ipso cantatur: «Optans fore socius glorie uictorum quos occidit impius rex Marrochiorum sequitur Antonius uitam defunctorum». «Nam subito elephantis more ad prelium ex aspectu sanguinis ita toto a fidei feruore subripitur Christique iniuriam» et martyri necesse miranda in se compassione retorquens nichil se prorsus reputat agere, nisi et ipse turampnice ferocitati occurrens eadem pro Christo cum prefatis martiribus palmam optineat». (Milano, Biblioteca Ambrosiana, ms. O 28 Sup, ff. 28va-30rb: f. 30ra-30rb).

[30] «Si ergo oculus tuus fuerit simplex, id est, si mentis tue intentio fuerit pura et recta sine plica erroris uel duplicitatis, ypocrisis uel simulationis, totum corpus tuum, id est uniuersitas operum, lucidum est. Etiam si coram hominibus aliquid imperfectionis habere uideatur, sicut enim dicit Ambrosius: «Affectus operi tuo nomen imponit». Et Augustinus: «Bonum opus intentio facit, intentionem dirigit fides». Tallis fuit intentio beati Antonii. Vnde de ipso cantat: «Vitam probant utilitas simplex innocentia, cura discipline, zelo uicta caritas». Veritas, modestia testes sunt doctrine, sed signorum caritas probat hec probatica multiplex in fine hec est *arbor bona que bonum fructum facit,* Baruc. 7 (Matt. 7, 17)» Ibid., ff. 29vb-30ra.

Antoniana di Padova. In esso l'autore, un anonimo frate minore della seconda metà del XIII secolo, presumibilmente attivo a Padova, accumula tutte le possibili spiegazioni relative all'ingresso di Antonio nell'Ordine. Egli procede in due modi: o ricorda, non letteralmente, la *Vita Secunda* oppure rimanda, questa volta alla lettera, all'*Ufficio Ritmico*[31]. In questo sermone sant'Antonio desiderava il martirio e lo voleva per amore di carità, ma con la stessa veemenza egli desiderava poter progredire sulla via dell'umiltà e della povertà. Taciuto da Giuliano da Spira, a quest'ultimo desiderio viene data qui un'autorevolezza pari a quella riservata alla sete di martirio, grazie al rimando all'inno per i vespri in cui si esalta la conformità di Antonio a Francesco[32]. Quest'ultimo santo desiderio si realizzò grazie al passaggio alla *religio pauperum, religio beati Francisci que est omnium religionum altissima*[33]. In questo modo, l'autore interpreta la propria fonte, ancora l'*Officio Ritmico*, al fine di sottolineare come la povertà sia in Antonio una conseguenza della sua scelta di umiltà: egli era già sapiente, avendo acquisito quella virtù durante la sua vita in Santa Cruz, ma non si sentiva ancora perfetto. Per questo egli, seguendo il salmo 83 (*ascensiones disposuit in corde suo*) accettò totalmente la regola dei Frati Minori vivendo in umiltà perfetta.

Anche un altro anonimo predicatore francescano scelse di intessere il proprio sermone con citazione tratte dai testi liturgici. Si tratta del sermone *Collaudabunt multi sapientiam eius et usque in seculum non delebitur* conservato nella prima parte del manoscritto Padova, Biblioteca Antoniana, ms. 470. In esso l'autore sostanzialmente analizza, facendo quasi una glossa, alcuni versi delle antifone dei vespri al fine di ricordare come Antonio non fosse sapiente e povero in quanto francescano, ma in quanto scelto da Dio già durante la sua prima giovinezza[34]. Qui le citazioni dell'*Ufficio Ritmico*

---

[31] Così facendo il frate minore fornisce allo studioso un'ulteriore informazione sull'accesso all'agiografia e alla liturgia antoniana. Se infatti si può pensare che riassumere il testo della leggenda agiografica potesse essere una strategia utile alla memorizzazione degli eventi salienti della vita del santo, il rimando, attraverso incipit ed explicit ai responsori dell'ufficio liturgico possono indicare o una pretesa perfetta conoscenza di quest'ultimo da parte del lettore (quindi i frati) oppure la possibilità di accedere ad una copia dello stesso. Credo, in ogni caso, che sia più probabile che i frati conoscessero a memoria l'ufficio liturgico per il 13 giugno.

[32] V. GAMBOSO, «Sette sermoni di autori anonimi (secc. XIII-XIV) in lode di s. Antonio», *Il Santo*, 9 (1969) 375-406: 388.

[33] Padova, Biblioteca Antoniana (=BA), ms. 517, ff. 44ra- 46va: f. 45ra (cfr. GAMBOSO, *Sette sermoni*, 387-388).

[34] Padova, BA, ms. 470, ff. 26ra-27ra: f. 26va (cfr. GAMBOSO, *Sette sermoni*, 383).

servono all'autore a presentare il santo come colui che rifiutò tre tipi di sapienza: quella terrena, che è propria degli avari, quella animale, che è propria dei lussuriosi, e quella diabolica, che appartiene ai superbi. L'abilità compositiva di questo scriba sta nella collocazione delle citazioni. Poste all'inizio di ogni nuovo argomento esse gli permettono di sottolineare, per antitesi, come il santo portoghese fu in grado di acquisire la vera sapienza, quella divina, attraverso l'apprendimento di quelle virtù che resero la sua stessa predicazione efficace[35]. Tra di esse spiccano, è bene ricordarlo, l'umiltà e la povertà.

Procedendo infine non attraverso le citazioni di interi passaggi, bensì nella comparazione delle citazioni bibliche si nota che gli autori procedono selezionando le citazioni bibliche in modo non neutrale, bensì riutilizzando le stesse pericopi rinvenibili in Giuliano da Spira[36]. In particolare l'associazione di queste pericopi (Matteo 5, 3, Atti 6, 4, per ricordare le più legate alla tematica della povertà, ma anche Psa. 36, 30 e Sap. 7, 7 per la sapienza) apre la strada ad una nuova rilfessione legata alla necessità, da parte dei predicatori, di un ripensamento della figura di Antonio. Sebbene questo percorso sia ancora da compiere, basti per ora anticipare che, con tutta probabilità, il rapporto tra la *Vita Secunda*, l'*Officio Ritmico* e i sermoni si fece via via più implicito e dunque di più difficile individuazione nel corso degli ultimi anni del XIII e l'inizio del XIV secolo. In molti sermoni di questo periodo, infatti, il ricordo della leggenda agiografica antoniana è forse più pervasivo di quanto accadesse in precedenza, ma, nel momento in cui la vita del santo guadagna sempre più spazio nel testo, la citazione diretta della fonte perde la sua centralità. Per il lettore il rimando è naturale, ma sembra che gli autori più che rifarsi ad una copia della *Vita* si affidino alla loro memoria. Attraverso un procedimento mnemonico essi con tutta probabilità riecheggiano anche gli stessi passaggi scritturali che avevano già sentito nella liturgia o nella lettura conventuale dell'oper di Giuliano da Spira e li inseriscono nei loro sermoni, rileggendoli alla luce delle nuove e mutate esigenze dell'Ordine.

Accettando questa che, per ora, resta una traccia di lavoro a cui affiancare le più solide basi date dalle citazioni dirette, si può dire che il passo per leggere i sermoni come testi derivanti in larga parte da un'azione di

---

[35] Ibid., (GAMBOSO, *Sette sermoni*, 382-383).

[36] E' il caso, per esempio, dell'uso di Att. 6, 4 (et ministerio verbi instantes erimus). Il sintagma *ministerio verbi* viene ripreso e riferito esplicitamente alla Vita Secunda (pur riportando la citazione come presa dagli Atti stessi) in tutte le versioni del sermone *Neptalim cervus emissus*.

lettura e reinterpretazione di almeno due fonti, l'agiografia e la liturgia appunto, sia stato compiuto.

IL RITORNO: DAI SERMONI ALL'AGIOGRAFIA

Ciò che ora resta da fare è comprendere come e se vi sia una qualche eco di quest'opera di interpretazione all'interno dell'agiografia stessa.

Sebbene anche in questo caso il panorama che ci si apre davanti sia molto complesso e variegat. Valga qui un esempio, legato ancora al problema del rapporto sant'Antonio-povertà.

Come anticipato precedentemente la *Vita Secunda* e in parte l'*Officio Ritmico* non attribuiscono alla scelta di povertà di Antonio un ruolo fondante della sua santità, preferendolo invece attribuire al martirio, alla sapienza e alla perfetta umiltà. In una serie di sermoni, però, il rapporto tra sant'Antonio e la povertà viene accentuato in modo che questa diventi il centro stesso della vita del frate[37]. Si tratta di sermoni scritti tutti intorno alla fine del XIII secolo e in ambito italiano o francese. Sono quei sermoni che, pur ricordando l'agiografia, non la citano esplicitamente.

Basti qui ricordare tre casi famosi. Il primo è tratto dal sermone *de sancto Antonio* di Matteo d'Acquasparta[38]. Seguendo la traccia offerta da Giuliano da Spira, il cardinale francescano riferisce che l'ingresso di sant'Antonio nell'ordine dei frati Minori e dunque l'abbandono dell'abito da canonico regolare furono un segno della sua volontà di essere completamente povero. Per il predicatore la vista delle reliquie dei protomartiri del Marocco non fu la causa scatenante della conversione antoniana, bensì solamente l'occasione che permise a Fernando Martins di palesare la sua intenzione. A muovere il giovane canonico, dice Matteo, fu il suo desiderio di perfezione

---

[37] Oltre a quelli che verranno citati nel testo si ricordi anche il sermone Vaticano, Biblioteca Apostolica Vaticana, Borghes. 166, ff. 190rb-191rb. Altri sermoni, per quanto attinenti all'argomento, non riportano citazioni dirette dalla *Vita* o dall'*Officium*.

[38] G. BARONE, «Matteo d'Acquasparta», *Dizionario Biografico degli Italiani*, 72 (2009) 204-208. Cfr. anche F.A. DAL PINO, «Il cardinale francescano Matteo d'Acquasparta uomo di fiducia e legato di Bonifacio VIII e la sua politica religiosa», in A. Musco (ed.), *I Francescani e la politica*. Atti del Convegno internazionale di studio (Palermo 3-7 Dicembre 2002), Vol. I, Officina di Studi Medievali, Palermo 2007, pp. 271-287; E. PÁSZTOR, «L'età di Matteo d'Acquasparta», in Ead., Intentio beati Francisci. *Il percorso difficile dell'Ordine francescano (secoli XIII-XV)*, Istituto Storico dei Cappuccini, Roma 2008, pp. 287-312 (Bibliotheca seraphico-capuccina, 85).

che non può essere raggiunta *sine paupertate*[39]. Pur considerata come uno strumento per raggiungere la perfetta umiltà, la povertà è l'annichilimento di ogni desiderio umano (*cupiditas*), come già insegnato da Agostino, ed è parte dell'amore diffusivo il quale è a sua volta lo strumento principe per elevare l'anima alla visione di Dio.

In modo molto simile, anche se più semplice, si comporta anche il padovano Luca Lettore. Nel suo secondo sermone per il 13 giugno, infatti, egli pose a fondamento della santità antoniana la perfetta adesione del santo alla povertà evangelica, che è il fondamento dei frati Minori. Secondo il Lettore, Antonio è un esempio raccomandabile per la sua ottima vita e la sua santità, rese entrambe manifeste anche e soprattutto dal suo «contemptu terrene cupiditatis, divicias relinquendo»[40]. Il predicatore inoltre racconta che Antonio è ancor più perfetto nella sua santità perché egli fu approvato da Cristo stesso nella sua scelta di povertà e perché egli si convertì ad essa durante la sua giovinezza. Il ragionamento di Luca, però, non lo porta alla stessa conclusione del suo confratello cardinale. Ricordando l'*Assidua*, egli infatti sottolinea che la povertà non fu la causa della conversione antoniana, anche se egli avvicinò quei frati che erano «euntibus ad eleemosynam petendam ad locum in quo cum canonicis regolaribus serviebat»[41]. Essa è una virtù che gli deriva direttamente dal suo essere francescano, dal suo conformarsi a Dio e a Francesco, come riecheggia anche nell'Ufficio Ritmico e nei predicatori successivi.

Abbiamo già ricordato il sermone dei manoscritti antoniani 470 e 517. Per quest'ultimo in particolare, padre Vergilio Gamboso non stabilì nessun legame con leggende agiografiche posteriori a quella di Giuliano da Spira. Inoltre, egli non pose l'accento sulla nuova interpretazione del primo incontro tra Fernando Martins e la *fraternitas* dei frati minori offerta da questo testo e totalmente assente sia nella *Vita Secunda* sia nel suo antecedente, l'*Assidua*[42].

---

[39] Matthaeus ab Aquasparta, *Sermones de s. Francisco de s. Antonio et de s. Clara. Appendix: sermo de potestate papae*, edidit G. GÁL, Quaracchi, Firenze 1962 (Bibliotheca ascetica Medii Aevii, 10), pp. 136-145.

[40] V. GAMBOSO, «Cinque sermoni inediti di fra Luca Lettore († ca. 1287) in lode di Sant'Antonio», *Il Santo*, 9 (1969) 233-281: 265.

[41] *Ibid.*, p. 259.

[42] Sull'*Assidua*, oltre all'introduzione all'edizione in V. GAMBOSO, «Introduzione», in *Vita Prima o "Assidua"*, a cura di V. GAMBOSO, Ed. Messaggero, Padova 1985, pp. 21-51), cfr. A. TILATTI, «L'"Assidua": ispirazione francescana e funzionalità patavina», in *"Vite" e vita di Antonio di Padova*. Atti del Convegno internazionale sulla agiografia antoniana (Padova, 29 maggio-1 giugno 1995), Centro Studi Antoniani, Padova 1997, pp. 45-69: 46-50.

Questo rapporto rimanda invece direttamente ad una leggenda agiografica di poco posteriore alla stesura delle collezioni omiletiche presentate, la *Raymundina*, la quale, nel capitolo 4, riferisce come, pur se animato dalla sete di martirio, Antonio aderì perfettamente in cuor suo all'ideale francescano di umiltà e povertà[43]. Essendo questa una vita scritta in un periodo sostanzialmente contemporaneo a quello dei sermoni e per di più in ambiente padovano[44], si può ipotizzare che l'agiografo non solo condividesse gli stessi interessi e le stesse passioni dei suoi confratelli predicatori, ma che ne avesse anche sentito le prediche. Come la successiva *Rigaldina*[45], anche questa vita, pur usando la *Vita secunda* come fonte principale, essa introduce alcuni aneddoti provenienti dalla tradizione locale. Anche i fatti attinti direttamente dalla sua fonte principale vengono interpretati alla nuova luce dei problemi relativi alla povertà dell'Ordine, prima con gli spirituali di Marche e Provenza e poi con Giovanni XII[46].

Ricordando che i sermoni sopra esaminati, insieme ad altri che non ho potuto richiamare in questo contesto, presentarono sant'Antonio secondo la nuova luce della povertà e che in essi si trova lo stesso uso delle citazioni bibliche che compariranno nella *Raymundina*, si può ipotizzare che questa nuova leggenda agiografica abbiano tratto tali passaggi e interpretazioni dai sermoni stessi, in modo più o meno diretto. In un certo senso, questi sermoni divennero una sorta di fonte per l'agiografo che si trovava nella necessità di rileggere la vita di sant'Antonio raccogliendo tutto il materiale che gli permettesse di creare una nuova e più attuale immagine del santo. Ho qui introdotto il problema relativo alla povertà, ma un discorso parallelo

---

[43] *Vite 'Raymundina' e 'Rigaldina'*, a cura di V. GAMBOSO, Ed. Messaggero, Padova 1992, pp. 215-217 (Fonti agiografiche antoniane, 4).

[44] *Ibid.*, pp. 11-15.

[45] *Ibid.*, pp. 334-344; C. CAROZZI, «Jean Rigauld biographe de saint Antoine», in *"Vite" e vita*, pp. 71-88.

[46] Cfr. R. LAMBERTINI - A. TABARRONI, *Dopo Francesco: l'identità difficile*, Ed. Gruppo Abele, Torino 1989, *passim*; J. MIETHKE, «Papst Johannes XXII. und der Armutstreit», in *Angelo Clareno francescano. Atti del XXXIV Convegno internazionale (Assisi, 5-7 ottobre 2006)*, Fondazione Centro italiano di Studi sull'Alto Medioevo, Spoleto 2007, pp. 265-313; P. NOLD, *Pope John XXII and His Franciscan Cardinal, Bertrand de la Tour and the Apostolic Poverty Controversy*, Oxford University Press, Oxford 2003, *passim*; V. MÄKINEN, *Property Rights in the Late Medieval Discussion on Franciscan Poverty*, Peeters, Leuven 2001, (Recherches de théologie et philosophie médiévales. Bibliotheca 3), pp. 141-162.

meriterebbe anche il nuovo significato dato alla predicazione e alla sapienza, il martirio e altri argomenti chiave nell'esperienza biografica antoniana.

CONCLUSIONI

Alla fine di questo variegato percorso sembra di poter cogliere un forte legame tra sermoni e compilazione e ancor di più tra sermoni e compilazioni. In diverse forme e misure, infatti, ogni sermone è almeno in parte una compilazione. E, contemporaneamente, ogni autore di sermoni attingeva da diverse compilazioni, bibliche, patristiche, filosofiche, scientifiche, liturgiche e agiografiche. Il rapporto tra innovazione e compilazione poteva essere regolamentato solo parzialmente dai manuali di Artes praedicandi e, nel momento in cui si accingeva a scrivere il proprio sermone o la propria collezione, ogni predicatore poteva agevolmente non solo decidere come avvicinarsi e come presentare le proprie *auctoritates* ma anche scegliere in una certa misura di che tipo esse dovessero essere.

È quanto accade nel caso dei sermoni *de sancto Antonio*. Nonostante il generico approccio con l'agiografia e la liturgia a cui era tenuto, ogni autore rivela una capacità di interpretare, spesso in modo non neutrale, la propria fonte. Alla luce di questi testi si può forse a pensare ad un uso dell'agiografia e della liturgia pari a quello riservato ai florilegi o, meglio ancora, alle raccolte di *exempla*. Il rapporto tra i sermoni e le opere di Giuliano da Spira, dunque, genera una serie di cambiamenti nella lettura della figura antoniana. La stessa abilità compilatoria dei predicatori si trova spesso messa alla prova dalla necessità di reinterpretare la propria fonte. Ci fu dunque chi rinunciò alle citazioni letterarie, ma anche chi decise di aggiungere un commento personale o invertire l'ordine originale dei passaggi per rimodellare la santità antoniana al fine di plasmarla sulla base delle nuove elaborazioni intellettuali dei Frati Minori o delle nuove esigenze cristiane dei fedeli. La nuova immagine di Antonio, però, non rimane legata alle sole parole dei predicatori, o meglio ai loro scritti. La rielaborazione dell'agiografia crea sicuramente un ritorno all'agiografia stessa, sebbene la misura di quest'ultimo sia ancora da analizzare nella sua interezza. La *Raymundina* e poi la *Rigaldina* attinsero dalle tradizioni orali legate al santo dando così una patina di ufficialità a quanto veniva sicuramente trasmesso, almeno in parte, dai predicatori stessi. Compilazione, interpretazione e sermoni generarono, almeno in questo caso, un frutto destinato a durare nell'immaginario dotto e popolare dell'intero Occidente medievale.

Guadalupe Lopetegui Semperena[*]

LA RETÓRICA EN EL *SPECULUM MAIUS* DE VICENTE DE BEAUVAIS

Introducción

El propósito de nuestro trabajo es estudiar el lugar que ocupa la Retórica con respecto a las restantes artes discursivas en el *Speculum Maius* de Vicente de Beauvais, la obra enciclopédica de mayor envergadura que se compuso durante el Medievo. Dicha obra nació para dar respuesta a las exigencias intelectuales de la orden dominicana en la que se llegó a conceder una importancia capital al *studium* como medio de trascender la materialidad de lo creado, alcanzar una mejor comprensión de las Escrituras y acceder así a la verdadera sabiduría.

Todo el conjunto de conocimientos reunidos y organizados por Beauvais y su equipo en los años 1230-1240 fue dividido primeramente en dos partes (*Speculum Naturale* e *Historiale*) y editado hacia 1244. Esta primera edición fue poco difundida. La renovación del saber filosófico y teológico que tuvo lugar en el ámbito universitario a partir de la introducción y expansión del nuevo aristotelismo en la primera mitad del s. XIII dejó su impronta en la labor de los *studia* dominicanos. Tras la superación de suspicacias y prohibiciones relativas a la lectura de determinados libros científicos y profanos, el Capítulo General de Valenciennes de 1259 dio vía libre a una amplia reforma cultural que permitió la difusión de la nueva ciencia. Este hecho cambió el destino del *Speculum* inicial ya que fue necesario someter a revisión toda la compilación para adaptarla a las aportaciones derivadas de dicha renovación cultural. En 1259 apareció la segunda edición de la obra en tres partes (*Speculum Naturale, Doctrinale* e *Historiale*), reelaborada de forma importante en lo concerniente a la filosofía natural y a muchos aspectos de la doctrinal.

---

[*] Departamento de Estudios Clásicos de la Universidad del País Vasco. guadalupe.lopetegi@ehu.es. Este trabajo se inserta en el marco del proyecto *Aspectos lógicos y retóricos de la argumentación en los medios de comunicación*, MICINN (ref. FFI2010-20118).

En la versión bipartita inicial, la exposición sobre las ciencias y las artes no era un elemento autónomo sino que formaba parte de la historia natural siguiendo el relato del Génesis. Y ello porque el plan general del *Speculum Maius* se elaboró en estrecha dependencia del relato bíblico. Tomando el mismo como marco de referencia, en el *Speculum naturale* se describe la obra del Creador siguiendo el orden de los seis días de la Creación. A continuación, el autor expone en el *Speculum Doctrinale* los contenidos esenciales de las artes y disciplinas en las que se engloba el saber de la época, artes que son presentadas como remedios para superar la situación de debilidad en la que quedó sumido el hombre tras el pecado original. Finalmente, Beauvais describe en la tercera parte de su ingente proyecto (*Speculum historiale*) los acontecimientos más importantes de la historia sagrada y profana desde Adán y Eva hasta 1254: todo sucede y acontece para preparar la última venida de Cristo[1]. Tanto en el *Naturale* como en el *Historiale*, el autor sigue un orden cronológico mientras que en el *Doctrinale* adopta, en principio, el esquema organizativo que presenta Hugo de San Víctor en su *Didascalicon*. Y es que, tanto esta última obra como el *Speculum* están animados por un mismo espíritu, espíritu que se puede plasmar en dos conceptos clave, presentes en los libros iniciales de ambas obras, a saber, los de «refracción gnoseológica» y «restauración»[2]. El primero

---

[1] Beauvais reconoce explícitamente en el *Liber Apologeticus* (prólogo de la obra), la dependencia de la estructura adoptada en el *Speculum Maius* para con el relato de la Creación, la caída del hombre en el pecado original y la teoría de la restauración: Igitur primae partis fundamentum est historia sacra ab ipso principio creationis rerum usque ad requiem sabbhati. Cui etiam interferuntur ea quae pertinent ad naturam coeli et mundi. Fundamentum secundae partis est hominis lapsi reparatio quantum ad intellectum. Et fundamentum tertiae partis, quantum ad affectum est hominis reparatio. Quartae partis fundamentum est primo quidem sacra Scriptura a generatione primi hominis usque ad Imperium Neronis. Inde vero Chronica Eusebii, Hieronymi, Prosperi, Sigiberti, ac caeterorum Chronographorum, per successiones Imperatorum, usque ad diem istum (J. VERGARA CIORDIA, «El libellus Apologeticus: un símbolo del enciclopedismo medieval», *Educación XXI*, 6 (2003) 194)

[2] Ambos conceptos aparecen reflejados tanto en el inicio del *Didascalicon* (Hugo de San Víctor, *Didascalicon* ed. C. MUÑOZ GAMERO- M.L. ARRIBAS HERNÁEZ, Madrid 2011, I,1) como en el *Liber Apologeticus*: consideratis omnibus, competentiorem procedendi modum nullatenus reperi, quam istum, quem prae cunctis elegi, videlicet, ut iuxta ordinem sacrae Scripturae, primo de Creatore, postea de creaturis, postea quoque de lapsu et reparatione hominis, deinde vero de rebus gestis iuxta seriem temporum suorum ordinate dissererem. In fine vero totius operis singulas eius particulas ad idem pertinentes per singulas materias quibusdam titulis et notulis concordarem (J. VERGARA CIORDIA, *op.cit.*, p. 170).

de ellos hace referencia a una particular visión de la naturaleza la cual es concebida como un espejo de Dios por lo que el conocimiento de la misma y, en general, todo proceso de aprendizaje posee una importancia incuestionable en el proceso de salvación. Este modo de concebir la naturaleza, propio de los intelectuales que representan la corriente ideológica conocida como misticismo racionalista, está asentado en una larga tradición que en el período bajomedieval dio lugar a la constitución del género literario conocido como *specula*.

El segundo de los conceptos mencionados, el de «restauración»[3], se basa en una concepción dual del hombre como ser humano constituido por dos sustancias, una corporal y temporal y otra inmortal, entre las que habría existido una armonía que se rompería a causa del pecado original. Con todo, como afirmaba San Agustín, Dios ofrece su responsabilidad y misericordia al hombre dotándole de toda una serie de facultades que le permiten cultivar el entendimiento y superar así sus debilidades y carencias[4]. Vicente de Beauvais expresa explícitamente en el prólogo de su obra la mencionada concepción del estudio como medio de observar e interpretar el poder de Dios en lo creado:

> Porro ipsam rerum naturam, quam diligentius ut potui descripsi, nullus (ut aestimo) superfluam aut inutilem reputabit, qui in ipso creaturarum libro nobis ad legendum proposito, creatoris, gubematoris et conservatoris omnium Dei potentiam, sapientiam et bonitatem, ipsa veritate rationem illuminante, legere consueverit[5].

Dado que Dios se hace presente al hombre a través del mundo creado además de en las Escrituras, el conocimiento y el aprendizaje llegan a adquirir un valor santificador de primer orden. La lectura, la meditación y la contemplación de la verdad junto con el ejercicio de la virtud y el auxilio de la gracia ofrecen las claves para alcanzar la armonía vital. Esta teoría de la restauración constituye, por tanto, la base ideológica sobre la que se asienta la producción de recopilaciones del saber tales como el *Didascalicon* y el *Speculum*.

---

[3] Las ideas que resumo en relación a este concepto están tomadas de las consideraciones que a propósito del mismo exponen C. MUÑOZ GAMERO y M.L. ARRIBAS HERNÁEZ en la ed. citada del *Didascalicon*, pp. 62-65.
[4] Ibidem, p. 62, n. 60
[5] J. VERGARA CIORDIA, *op.cit.*, p. 174.

La Retórica y la Poética en el conjunto de las *Artes sermocinales*

Como hemos señalado en el parágrafo anterior es en el *Speculum Doctrinale* donde Beauvais extracta y recopila los contenidos relativos a las disciplinas que engloban el conjunto de saberes de la época. Para ello, toma como modelo fundamental la clasificación cuatripartita llevada a cabo por Hugo de San Víctor en su *Didascalicon*[6].

Sin embargo, aunque Beauvais mantiene el esquema organizativo y la concepción ideológica de su fuente, las modificaciones que introduce son importantes y constituyen una buena muestra de la renovación cultural que provocó la entrada del aristotelismo en la época. La proliferación de conocimientos y la necesidad de organizarlos sistemáticamente para facilitar el acceso a los mismos son inquietudes que el autor refleja en el *Liber Apologeticus* (prólogo de la obra) y que permiten entender la revisión a la que fue sometida la 1ª versión del *Speculum*. Una consecuencia del dinamismo cultural al que nos hemos referido es, como señalan M. Paulmier-Foucart y M.C. Duchenne, la extraordinaria importancia que en el *Speculum* se concede al Derecho dentro de las artes prácticas o la sustitución de la Medicina por la Alquimia y el tratamiento independiente de la primera fuera del conjunto de las artes mecánicas[7].

En lo que hace a la organización general de los saberes, Beauvais alude en los capítulos XII a XX del libro I del *Doctrinale* a diversas clasificaciones

---

[6] In his quattuor partibus philosophiae talis ordo in doctrina servari debet ut prima ponatur logica, secunda ethica, tertia teorica, quarta mechanica. Primum enim comparanda est eloquentia; deinde, ut ait Socrates in Ethica, per studium virtutis oculus cordis mundandus est, ut deinde in theorica ad investigationem veritatis perspicax esse possit. Novissime mechanica sequitur, quae per se omni modo inefficax est, nisi ratione praecedentium fulciatur (*Didascalicon*, Ap. A, *ed. cit.*, p.318). En el *Liber primus* del *Speculum doctrinale* afirma Beauvais: Et inter has, primum quidem de triuialibus siue de sermocinalibus quia sine his ceterae non traduntur aut communicantur sed per istas de illis congrue, ueraciter et honeste disseritur. Deinde uero de practicis quia per eas, purgatis mentium oculis, ad theoricam ascenditur. Postea quoque de mechanichis quoniam ipsae cum in operatione consistant, uelut affinitate quadam, practica coniunguntur. Ad ultimum autem de theoricis eo quod in eis omnium finis a sapientibus constituitur (Vicente de Beauvais, *Speculum doctrinale* in *Speculum Maius*, ed. Douai 1674, reprod. fotográficamente en Graz 1964, vol. II, liber primus, proemium, coll. 2-3).

[7] M. Paulmier-Foucart- M.C.Duchenne, *Vincent de Beauvais et le Grand Miroir du monde*, Brepols 2004, pp. 62-67.

de la Filosofía extraídas, tanto de filósofos antiguos (Platón y Aristóteles) como de autores alto-medievales y contemporáneos (Isidoro, Miguel Scoto, Hugo o Alfarabi). Por otra parte, en el capítulo XXI afirma, al igual que Hugo, que de entre todas las materias las disciplinas lingüísticas son las que deben ser tratadas en primer lugar. En relación a estas últimas y aunque no lo dice explícitamente, Beauvais opta por la clasificación de Alfarabi, entre otras razones porque considera, al igual que el autor árabe, que la Poética debe ser considerada disciplina autónoma, al igual que la Retórica[8]. La elección del esquema de Alfarabi introduce un cambio sustancial en la consideración de las disciplinas lingüísticas con respecto a la que se encuentra en el *Didascalicon*. Hugo de San Víctor establece una jerarquía entre las materias de estudio y distingue las disciplinas que integran como partes autónomas la Filosofía o conjunto de todos los saberes de aquellas que son consideradas como complementos o *apendentia* de menor envergadura. Entre esos 'apéndices' incluye el Victorino los subgéneros poéticos[9]. Frente

---

[8] Hoc autem totum quod diximus adinuentum est animo speculando, lingua loquendo, narrando, interrogando, respondendo. Itaque principium omnium scientiarum est scientia de lingua, id est de impositione nominum rebus, scilicet, substantiae et accidenti. Secunda autem est Grammaticae, quae est scientia ordinandi ipsa nomina de rebus imposita et componendi orationes. Tertia Logica quae est scientia ordinandi proposiciones enunciatiuas secundum figuras Logicas, ad eliciendas conclusiones quibus peruenitur ad cognitionem dictorum et ad iudicandum de illis utrum vera vel falsa sint. Quarta vero Poetica, quae est scientia ornandi metra, secundum proportionem dictionum et tempora pedum ac numerum eorum. Eius igitur ordinatio scientiarumque praecedentium pertinet ad scientiam Arithmeticae quae postea continuatur ei caetereque sicut praeordinatae sunt (*Speculum Doctrinale*, ed.cit., I, cap. XXI)

[9] Sed quia non omnes hanc discretionem habere possunt ut intelligant quid sibi expediat idcirco, quae scripturae mihi utiliores videntur, lectori breviter demonstrabo, ac deinde de modo quoque discendi pauca adnectam...Duo sunt genera scripturarum. Primum genus est earum quae propriae artes appellantur. Secundum est earum quae sunt appendicia artium. Artes sunt quae philosophiae supponuntur, id est, quae aliquam certam et determinatam partem philosophiae materiam habent ut est grammatica, dialectica, et ceterae huiusmodi. Appendentia artium sunt quae tantum ad philosophiam spectant, id est, quae in aliqua extra philosophiam materia versantur. Aliquando, tamen...viam ad philosophiam praeparant. Huiusmodi sunt omnia poetarum carmina, ut sunt tragoediae, comoediae, satirae, heroica quoque et lyrica et iambica et didascalica quaedam, fabulae quoque et historiae, illorum etiam scripta quos nunc philosophos appellare solemus, qui et brevem materiam longis verborum ambagibus extendere consueverunt et facilem sensum perplexis sermonibus obscurare. Vel etiam diversa simul compilantes quasi de multis coloribus

a la importancia concedida a la Gramática y a la Dialéctica, Hugo no confiere a la Poética *status* de ciencia autónoma. Beauvais, sin embargo, sí lo hace y la integra con las restantes artes del lenguaje en una clasificación cuya fuente son dos populares obras de Alfarabi, a saber, el *De scientiis* y el *De ortu scientiarum*. A continuación, Beauvais extracta la definición que el autor árabe da de la Poética y subraya el carácter moralizante que aquel atribuye a la mímesis poética. Enumera y define también los principales subgéneros poéticos entre los cuales destaca la fábula por la amplitud con que es tratada. Aunque no es nuestro cometido en esta ocasión ocuparnos del arte poética, sí queremos señalar el amplio espacio que dedica Beauvais al mencionado subgénero poético sobre los demás. De hecho, gran parte de los capítulos dedicados a la Poética constituyen una recopilación de fábulas esópicas clasificadas a partir de los vicios que pretenden fustigar. Esta concepción moralizante de la poesía, que hunde sus raíces en la Antigüedad, adquirió un protagonismo notable a partir del desarrollo que la poesía filosófico-alegórica experimentó en el entorno chartreano durante el siglo XII. Un claro exponente de esta corriente son los comentarios de Bernardo Silvestre a la *Eneida* y al *De Nuptiis* de Capella o epopeyas alegóricas tales como el *De universitate mundi* del mismo Bernardo Silvestre o el *Anticlaudianus* y el *De planctu naturae* de Alano de Lille[10]. Sólo a modo de ejemplo queremos recordar la división de los saberes que Bernardo ofrece en un apéndice de su comentario a la *Eneida* de Virgilio. En dicho apéndice el autor clasifica en cuatro partes las especies de la *scientia* o *philosophia* y afirma que cada una de ellas ayuda a superar determinadas debilidades y vicios de la naturaleza humana:

> Suntque illius quattuor principales et opposite species: sapientia, eloquentia, poesis, mecania...Naturam nostram quattuor infestant mala: ignorantia, silentium, vitium, defectus. Silentium autem dico imperitiam fandi; vitium vero ut luxuriam, avaritiam; defectum ut esurire, sitire, algere. His quattuor malis totidem remedia contraposita sunt: ignorantie agnitio; silentio, facundia; vitio, virtus; defectui valitudo...Sapientia enim fugat ignorantiam,

et formis, unam picturam facere (Hugo de San Victor, *Didascalicon*, ed. cit., III, cap. IV)

[10] Vid. a este respecto el clásico estudio de W. WETHERBEE, *Platonism and Poetry in the Twelfth Century*, Princeton 1972. Son de gran interés también las reticencias que R.W. SOUTHERN plantea en torno al papel desempeñado por la escuela de Chartres en el renacimiento del s. XII en R.L.Benson-G. Constable-C. D. Lanham, *Renaissance and Renewal in the Twelfth Century*, Medieval Academy of America, Canada 1991, pp. 113-137.

formas agnitionem. Eloquentia pellit silentium, comparans facundiam. Poesis extirpat vitium inserens virtutem[11].

Es llamativo el lugar que ocupa la poesía en el conjunto de los saberes. Aunque las restantes partes de la filosofía se corresponden con las establecidas por Hugo y Beauvais (teórica, mecánica, discursiva), en Bernardo encontramos en lugar de las artes 'prácticas', la Poética. La mención de ésta como disciplina autónoma podría considerarse como una consecuencia del status que había adquirido a lo largo del s. XII en razón, precisamente, del mensaje moralizante que, según se creía, transmitía la poesía bajo su *integumentum*[12]. Pues bien, la exposición que Beauvais ofrece de los géneros poéticos es, en nuestra opinión, una prueba de la influencia de esta corriente favorable al cultivo de la poesía por ser no sólo fuente de deleite sino también medio de perfeccionamiento moral. De ese medio intelectual habrían surgido las artes poéticas a finales del s. XII y a lo largo del XIII.

La caracterización de la Retórica en el *Speculum Doctrinale*

Tal como hemos señalado, en la clasificación de las disciplinas discursivas que presenta Beauvais, la Retórica es una subdivisión de la Lógica. Los parágrafos que consagra el autor a la Retórica son pocos si los comparamos con los dedicados a la Gramática y a la Dialéctica. En ellos ofrece una definición de la Retórica tomada de Isidoro (*Etymologiae*, II,1), una comparación entre Retórica y Dialéctica basada en el *De Topicis* de Boecio (IV, *PL* 64 1205C-1206D) y seguidamente una serie de ítems en los que se desarrollan los contenidos propios de la *inventio* en la teoría retórica tradicional: las cualidades del *orator*, las *partes orationis*, la materia de los

---

[11] J. WARD JONES-E. FRANCES JONES (eds.), *The commentary on the first six books of the Aeneid of Vergil commonly attributed to Bernardus Silvestris*, University of Nebraska 1977, p. 131.

[12] El mensaje alegórico-moralizante, la belleza formal y el orden artificioso como elementos propios de la Poesía son enumerados por Bernardo en el prólogo del comentario a la Eneida. Los siguientes versos son explícitos a este respecto: Itaque est lectoris gemina utilitas: una scribendi peritia que habetur ex imitatione, altera vero recte agendi prudentia que capitur exemplorum exhortatione... (poeta) Scribit ergo in quantum est philosophus humane vite naturam (J.WARD JONES, *ed.cit.*, pp. 2-3).

distintos *genera*[13], los *status causae*, los grados de 'defendibilidad' o species causarum, los silogismos y lugares retóricos, y la elocución.

Las fuentes retóricas de las que el autor extracta los parágrafos mencionados son Isidoro, Cicerón (*De inventione* y, en la parte relativa al *orator*, el *De oratore* y el libro I de la *Institutio* de Quintiliano), la *Rhetorica ad Herennium* y el *De Topicis differentiis* de Boecio[14]. En general, puede decirse que Isidoro suministra a Beauvais las definiciones fundamentales pero es Boecio a quien sigue en la selección y estructuración de los ítems arriba mencionados.

Tanto la selección de los contenidos atribuidos al arte retórica como la elección de Boecio como referente teórico para extraer el esquema de desarrollo de los mismos o el exiguo parágrafo consagrado a la *elocutio* son índices claros del predominio de la dimensión argumentativo-disputativa de la Retórica en la exposición que nos ocupa. A este respecto, cabe recordar las dos corrientes que, en palabras de P. von Moos confluyen en el desarrollo de la Retórica medieval:

> (...) cercheranno di chiarire i due principali sviluppi funzionali della retorica medievale: la particolare concezione, sorta sostanzialmente con Boezio, di quest'arte come contraltare della dialettica e cioè come metodo argomentativo per l'analisi e l'interpretazione di casi particolari; e la creazione –che risale soprattutto ad Agostino– di un'estetica letteraria dell'anomalia dei tropi al servizio della produzione e della ricezione della letteratura[15].

Esta creación de una estética literaria a partir del desarrollo de la normativa referida a la *elocutio* se hizo particularmente evidente en el surgimiento de las artes poéticas a finales del s. XII y durante el XIII. La

---

[13] En esta sección Beauvais resume los temas y tópicos propios de cada tipo de discurso a partir de una selección de extractos del *De inventione*: dada la importancia que el autor concede a la cuestión moral, en este parágrafo inserta un resumen de lo que significan los conceptos de *honestum* y *utile* en Cicerón así como las virtudes vinculadas con lo *honestum* o con el híbrido *honestum cum utile*

[14] Los pasajes extractados por orden de frecuencia son: Isidoro, *Etymologiae* II, 2; 3, 4, 5, 7, 8, 9, 16, 17, 18, 19, 21; Boecio, *De Topicis differentiis*, IV, PL 64, 1205C-1206D, 1209A- 1210B, 1211C, 1212A-C, 1214A-B; Cicerón, *De inventione* I, 19-23, 27-28, 31-34, 78, 98, II, 157-166; *De oratore* I, 18, 31-34, 113, 116, 120-121; Quintiliano, *De institutione oratoria* I, 2, 18; I, 6, 3; II, 2; II, 13, 15; II, 15, 6; *Rhetorica ad Herennium* I, 2; 3-4; IV, 17-18.

[15] P. VON MOOS, «La retórica nel medioevo» in C. Leonardi *et alii* (eds.), *Lo spazio letterario del medioevo*, Roma 1993, vol. II, p. 236

corriente literario-gramatical que cultivó dicho aspecto de la Retórica apenas está presente en esta exposición si bien hay una definición de Retórica muy significativa a este respecto que comentaremos más adelante. En general, parece evidente que la caracterización global de la disciplina responde a la dimensión agonística o disputativa a la que hemos hecho referencia. Dicha dimensión, evidente ya en el *De Topicis* boeciano, adquirió un evidente predominio sobre la literaria al amparo del escolasticismo. Esta tendencia, por otro lado, se plasmó en un claro reduccionismo de la teoría retórica en favor de cuestiones relativas a la invención[16].

Como hemos señalado, el interés de la exposición doctrinal no radica en los contenidos sino más bien en la selección misma de los ítems y en su organización. El propio Beauvais afirma en el *Liber Apologeticus* que su única aportación en esta obra es la tarea de organización y sistematización de la ingente masa de contenidos extractados[17]. Sin embargo, no renuncia, en ocasiones, a introducir bajo la rúbrica de *Auctor* comentarios personales en los que recoge la enseñanza de maestros contemporáneos. En principio, no encontramos ninguna inserción del término *Auctor* en los parágrafos dedicados al arte retórica. Sin embargo, creemos que hay que considerar como comentario personal una distinción terminológica que aparece al comienzo de la sección, justo tras la definición isidoriana de la disciplina retórica. Nos referimos a la diferenciación entre *rhetorica*, *color* y *eloquentia*:

> Differunt autem Rhetorica, Color et Eloquentia ut superius et inferius. Unde Rhetorica est ars exornandi sententias seu dictiones, siue fuerunt vocetenus

---

[16] Hay que recordar que a partir del triunfo del escolasticismo en los siglos XIII y XIV la Retórica no figuraba entre las materias oficiales de estudio según consta en los estatutos de la Universidad de París de 1215 y 1255. En dichos estatutos, el libro IV del opúsculo *De topicis differentiis* de Boecio era la lectura que se aconsejaba a los estudiantes para aprender retórica fuera del currículo oficial. Vid. a este respecto M. LEFF, «Boethius De Differentiis Topicis book IV», in J.J. Murphy (ed.), *Medieval Eloquence. Studies in the Theory and Practice of Medieval Rhetoric*, University of California Press, California 1978, pp. 3-24.

[17] Si quis autem praesumptionis me velit arguere, quod ego (non dicam in omni facultate vel arte, sed nec in una quidem satis edoctus) ausus sim etiam huic operi divisiones omnium scientiarum et artium, materiamque et ordinem singularum tam diligenter inserere, audiat iterum me non per modum auctoris, sed excerptoris ubique procedere, nec circa difficultates quarumlibet artium enuncleandas propositum meum instituisse, sed levia quaedam et plana de singulis memoriaeque utilia sub brevitate quadam, ut caetera posuisse (J. VERGARA CIORDIA, ed.cit., p. 176)

expressae, siue subintellectae. quia Rhetor, siue exercet artem siue non, semper dicitur habere Rhetoricam. Sed color est cum verba in debita voce unita et cum hoc vocetenus prolata per debitos modos et tanquam colores depinguntur. Sed eloquentia dicitur solum ars sive conceptualis sive mentalis, non tamen ad hoc vocetenus vel verbotenus expressa; ergo ubicunque est color et eloquentia, ibi est rhetorica et non econverso[18].

El aspecto más llamativo de esta triple diferenciación es la particular interpretación que Beauvais ofrece del término *color*, tradicionalmente adscrito al apartado elocutivo tanto en fuentes clásicas como medievales. Tras la primera definición de *Rhetorica* tomada de Isidoro (*Rhetorica est bene dicendi scientia, in ciuilibus questionibus ad persuadendum iusta et bona in rerum personarumque negotii causa*), el autor introduce una triple diferenciación que no hemos hallado en ninguna fuente previa: parece tratarse de un comentario personal en torno a términos que podrían considerarse casi sinónimos y que el autor desea aclarar. Así, Beauvais precisa en primer lugar que el concepto *Rhetorica* es el más general y amplio de los tres y que, engloba a los otros dos. Llegados a este punto, el autor plantea una nueva definición de *Rhetorica* restringida en esta ocasión al ámbito elocutivo y distingue este concepto de *color* y *eloquentia*: *rhetorica est ars exornandi sententias seu dictiones sive fuerunt vocetenus expressae sive subintellectae.*

En nuestra opinión, Beauvais ofrece en esta triple diferenciación una aportación personal en la que transmite, probablemente, ecos de la enseñanza impartida en un medio no necesariamente universitario por maestros de Gramática y Retórica. Tal como señalamos más adelante, ese entorno sería el mismo del que surgieron las artes poéticas de la época ya que los conceptos e ideas que se expresan en las definiciones citadas pertenecen al mismo universo conceptual. En principio, puede pensarse que tras la primera definición Beauvais introduce una segunda un tanto contradictoria con la caracterización de la disciplina retórica que se deduce del contenido de los

---

[18] «Por otro lado, los términos Rhetorica, Color y Eloquentia difieren entre sí de la misma manera que lo superior se diferencia de lo inferior. Así, 'Rhetorica' es el arte de adornar ideas y palabras, tanto si son expresadas oralmente, como si se poseen mentalmente puesto que el rétor, lleve o no a la práctica la disciplina, siempre la posee. 'Color', por otro lado, es la puesta en acto del discurso enlazando debidamente las palabras en modulaciones adecuadas como cuando se colorea un cuadro. 'Elocuencia' hace referencia sólo a la facultad, conceptual o mental pero sin que haya sido expresada por medio de modulaciones o palabras. Por tanto, donde están el 'color' y la 'elocuencia', allí está también la Retórica pero no a la inversa».

parágrafos desarrollados posteriormente y con el predominio claro de la concepción lógico- argumentativa. De hecho, es ya un tópico afirmar que durante el siglo XIII, a diferencia de lo que ocurría en el XII, las disciplinas literario-humanísticas experimentaron un retroceso en el ámbito universitario en favor de la Lógica y la Teología escolásticas. Sin embargo, no son pocos los estudiosos que se han ocupado de matizar e incluso refutar esta afirmación tras analizar la producción de comentarios a las obras retóricas de Cicerón consideradas básicas (a saber, el *De inventione* y la *Rhetorica ad Herennium*, atribuida aún en esta época a Cicerón), los *Accesus* a los *auctores* y otros manuales propedéuticos de la época. De entre quienes se han ocupado de la cuestión, queremos destacar la opinión de J. Ward según el cual los estudios de Retórica no habrían desaparecido de la Universidad aunque los estatutos de Paris y Oxford de 1215 y de 1431 hagan pensar lo contrario. Tras enumerar sólidos argumentos en defensa de su propuesta, Ward arguye que la ausencia de la Retórica de tales Estatutos tan solo significaría que no era preciso estudiarla para la obtención de la graduación en Artes[19]. Sin embargo, existirían varias clases de alumnos y no todos encaminarían sus estudios a la consecución de la graduación[20]. Ward

---

[19] J. O. WARD, «Rhetoric in the faculty of Arts at the Universities of Paris and Oxford in the middle ages: a summary of the evidence», *ALMA*, 54 (1996) 159-232.

[20] En los Estatutos citados no se menciona la Retórica como materia oficial. Por otro lado, Ward, al referirse a las diferentes metas y expectativas de los alumnos que accedían a la formación superior, cita al maestro Giraldus Cambrensis quien distingue tres clases de estudiantes en el ámbito universitario parisino de su juventud: los abreviadores o *superseminati*, los intermedios o *pannosi* y finalmente los *massati*, Estos últimos eran los únicos que no omitían las dos etapas previas de la Gramática y la Retórica y llegaban a adquirir, por ello, una sólida formación humanística. Probablemente, los estatutos hacen mención a las materias oficiales de los que optaban por la graduación abreviada: Magister Radulfus Beluacensis qui in arte litteratorie peritia grammaticaque doctrina singulari perogativa nostris diebus ceteris cunctis longe preminebat, trimembrem facere consuevit distinctionem talem: clericorum nostri temporis alii superseminati sunt qui pretermisso scilicet litterature fundamento pernecessario superedificant et quasi superseminant scientias varias et facultates tantum in apparentia quadam et superficiales existentes. Alii vero pannosi nomine qui particulatim et quasi per panniculos comparant sibi scientias, in singulis solum aparentes et absolutam in nullis omnino perfectionem habentes (…). Alii vero massati quorum hodie perpauci qui super litterature fundamentum solidum tam divine legis quam humane ceterarumque facultatum stabile edificium construunt et inconcussum. Ita alia litterature defectos causa est quod scholares diebus istis in trivio studentes, praetermissis omnino fere duabus facultatibus pernecessariis quorum prima recte, secunda vero lepide loqui docet et ornate, ad studium logices et garrule

considera que el análisis retórico-literario, es decir, la lectura y el comentario gramatical, estilístico-retórico y conceptual de los *auctores* constituía, sin duda, una práctica que nunca llegó a desaparecer de la enseñanza superior tal como lo demuestran el surgimiento y la publicación de las artes poéticas, los manuales de *dictamen* o la amplísima producción de comentarios a las ya citadas obras retóricas ciceronianas.

Una cuestión de otra índole es si el marco institucional que daba cobertura a tales estudios retórico-literarios era el oficial universitario ya que, sin duda, existirían otras opciones (escuelas catedralicias, *studia* particulares, etc.). Ward sostiene que en la Universidad se ofrecerían clases de Retórica pero a un nivel teórico-especulativo y en relación complementaria con la Dialéctica en tanto que la retórica aplicada se practicaría y enseñaría en otro tipo de enseñanza más orientada a cubrir las necesidades de la sociedad: en este segundo marco tendrían cabida el arte dictaminal, el de la predicación o la técnica poética. En definitiva, de los dos aspectos que convergen en el arte retórica medieval (el agonístico y disputativo por un lado, el epidíctico-literario por otro), el literario, basado en el cultivo de los *colores*, sería un tipo de estudio relegado dentro del marco universitario parisino del s. XIII pero en absoluto abandonado. La literatura propedéutica de la época aporta datos significativos que sugieren la idea contraria. En opinión de Ward la aparición de la Retórica en el *De disciplina scholarium* antes de la Dialéctica y bajo la rúbrica de 'elementos rudimentarios' es un ejemplo elocuente: bajo el amparo de la Gramática y sobre la base de la lectura y el comentario de los *auctores*, la Retórica literaria habría pervivido de forma extraoficial junto a la retórica logicista de corte boeciano.

En ese contexto, resulta más comprensible la actitud de Beauvais. En primer lugar, no hace desaparecer a la Retórica del conjunto de materias doctrinales integrantes de su *Speculum* aunque, efectivamente, el lugar que ocupa, no es igualable al de la Gramática y la Dialéctica –la extensión de los respectivos contenidos es una prueba palpable de ello-. Además, la influencia de la producción árabe resultaría, sin duda, decisiva para la inclusión de la Retórica y la Poética dentro de las *artes sermocinales*. En segundo lugar, para organizar y estructurar contenidos Beauvais recurre en una medida

---

loquacitatis apparientiam quatinus acuti videntur et diserti, se cursu veloci transferre deproperant cathedramque magistralem solum triennii spatio seu quadriennii quatinus quod male didicerunt et imperfecte doctrina prorsus inutile ceteris insinuent et ut magisterii nomine tumescent et ad leges aut physicam, lucrosas scilicet pro tempore scientias, ilico transeant, scandere non erubescunt. Cfr. R.W. HUNT, «The Preface to the Speculum Ecclesiae of Giraldus Cambrensis», *Viator* (2008) 206.

importante al *De Topicis* de Boecio, el único opúsculo sobre Retórica citado en los Estatutos de Paris de 1215. Sin embargo, aunque Beauvais organiza la teoría retórica en torno a la *inventio* y en relación directa con la Dialéctica, no puede sustraerse de incluir una definición del arte más acorde con la retórica literaria de su época, basada en el magisterio de profesores de Gramática como Juan de Garlandia y otros autores de poéticas.

Por tanto, la única aportación personal que se percibe en la serie de definiciones que ofrece el autor sobre la disciplina retórica procede, en nuestra opinión, de la enseñanza práctica y oficiosa a la que Ward alude, enseñanza vinculada al magisterio de los *moderni* en el ámbito de la poética y el dictamen[21]. En cualquier caso, hay que decir también que la concepción de la Retórica como arte cuya función más característica es la ornamentación del discurso para conseguir la persuasión y el deleite, está implícitamente presente en las fuentes clásicas y, como hemos señalado ya, adquiere especial relieve en los manuales de Poética. La triple distinción que establece Beauvais permite vislumbrar, en nuestra opinión, una relación directa entre la concepción ideológico-estética y literaria que dio lugar a tales manuales y la que subyace en las definiciones que nuestro autor ofrece de los conceptos citados.

Una segunda huella del entorno poético-retórico al que nos referimos se puede apreciar en la concepción de 'facultad oratoria' que se deduce de la definición de *eloquentia*[22]. En dicha definición, se establece un paralelismo entre los procesos de creación retórica y poética. En este sentido, cabe recordar que desde mediados del s. XII la instrucción en Gramática y Retórica fue renovada con la introducción de nuevos conceptos y técnicas a través, sobre todo de comentarios a obras clásicas o tardo-antiguas. Tales novedades permitieron introducir nuevos términos y redefinir antiguos conceptos[23]. Pero el factor que ejerció una influencia más profunda en el surgimiento de una nueva técnica poética fue la aplicación de la concepción escolástica de la Creación al proceso de invención literaria a través de una especie de armonización del relato del Génesis y la filosofía neoplatónica[24]:

---

[21] Además, existiría un stock básico de 'retórica ciceroniana' transmitido a través de las fuentes clásicas y de los comentarios medievales a las mismas, comentarios que habrían desempeñado un papel fundamental para actualizar la teoría retórica tradicional y adaptarla al nuevo escenario cultural.

[22] Sed eloquentia dicitur solum ars sive conceptualis sive mentalis, non tamen ad hoc vocetenus vel verbotenus expressa (vid. n. 19)

[23] Vid. D. KELLY, *The arts of Poetry and Prose*, Turnhout 1991, pp.68-85

[24] El arte poética que dio mayor difusión a esta concepción fue la *Poetria Nova* de Godofredo de Vinsauf (especialmente los vv.43-49) y una de las

al igual que Dios concibe y crea los arquetipos que la Naturaleza plasma en el mundo creado, el artista también imagina y planea mentalmente la obra antes de darle una forma concreta con ayuda de los recursos expresivos elocutivos. La facultad mental que permite al artista realizar el arquetipo es la imaginación[25]. En el proceso que se extiende desde la concepción hasta la ornamentación, la intención del autor y el plan previo son fundamentales. Tal como en los manuales poéticos las normas del arte tienen como función concretar el plan 'arquetípico' que a través de la imaginación ha ideado el poeta, también en la diferenciación entre *color, rhetorica* y *eloquentia*, Beauvais afirma que la *eloquentia* es un *ars conceptualis sive mentalis* que no se ha plasmado aún en una forma discursiva concreta oral o escrita. En otras palabras, la *eloquentia* es la facultad gracias a la cual el *artifex* u orador planifica y elabora el futuro discurso. Por otro lado, las normas, fruto de una práctica oratoria previa, recopilan sistemáticamente la tarea del orador en el proceso de elaboración discursiva y constituyen lo que Beauvais designa como *Rhetorica*. Finalmente, la actualización de tales normas en una situación retórica concreta es lo que el autor denomina *color*. En realidad, Beauvais hace uso de una metonimia mediante la cual un concepto como *color*, utilizado habitualmente para designar los recursos elocutivos ornamentales que permiten dar una forma acabada al discurso o al poema, acaba por designar el propio acto retórico. Entre los profesionales de la Gramática, la Poética y el Dictamen, el debate sobre la naturaleza del lenguaje literario había suscitado mucho interés en el s. XIII y prueba de ello son los apartados dedicados al *ornatus facilis* y *difficilis* en las poéticas medievales o la sección consagrada al estudio del ritmo prosístico o *cursus* en los manuales de *artes dictandi*. Por tanto, los *colores* junto con el «estilo material» y el *ordo naturalis* o *artificialis* habían llegado a constituirse en elementos característicos del lenguaje poético y de ciertos géneros prosísticos.

En resumen, el término *Rhetorica*, según Beauvais designaría principalmente el conjunto de normas y recursos necesarios para activar la facultad oratoria o elocutiva y actualizarla en un discurso concreto. El

---

composiciones poéticas más ilustrativas a este respecto, la *Cosmographia* de Bernardo Silvestre.

[25] Dejando de lado la influencia del entorno filosófico-intelectual desarrollado por los representantes de la Escuela de Chartres, fue decisiva en la creación de este nuevo universo conceptual la influencia de los comentaristas árabes de la Poética de Aristóteles, especialmente Averroes quien interpretó el concepto de mímesis como *imaginatio*; cfr. D. KELLY, op.cit., p. 56.

producto de dicha actualización estaría designado por el término *color* ya que los recursos tanto formales como estructurales y conceptuales que permiten elaborar el discurso previamente planificado tienen como rasgo esencial el brillo y la elegancia imprescindibles para lograr la persuasión.

Conclusiones

A partir de los puntos expuestos queremos subrayar a modo de recapitulación las ideas siguientes:

- En principio, Beauvais toma como modelo y fuente de referencia para la organización de las materias incluidas en el *Doctrinale* la división cuatripartita adoptada por Hugo de San Víctor en su *Didascalicon*. Así, inicia su exposición con las disciplinas lingüísticas las cuales dan paso a las prácticas, las mecánicas y las teóricas. Sin embargo, Beauvais no se limita a compilar y exponer sistemáticamente extractos tomados de distintas fuentes sino que introduce novedades con respecto al *Didascalicon*, tanto en la organización interna de los distintos grupos de disciplinas como en la importancia concedida a unas (Derecho y Medicina) sobre otras y en las innovaciones incluidas en algunas de ellas (Dialéctica, Derecho).

- La subdivisión de las *artes sermocinales* está tomada, tal como lo afirma el propio Beauvais, de las dos obras más conocidas de Alfarabi: el *De Scientiis* y el *De ortu scientiarum*. Ello explica la aparición de la Poética junto con la Retórica como subdivisión de la Dialéctica. Aunque la influencia de la producción árabe es incuestionable, creemos que la inclusión de la Poética como disciplina autónoma responde también al protagonismo que este arte había adquirido a comienzos del s. XIII en virtud del desarrollo experimentado por las ciencias del lenguaje tanto en su aspecto teórico como práctico.

- La exposición sobre la Retórica está basada en Isidoro, Boecio, Cicerón (*De inventione* y algún pasaje del *De oratore*), Quintiliano y la *Rhetorica ad Herennium*. Tanto en lo que hace a la selección de los contenidos teóricos como a su organización, es evidente que predomina la dimensión lógico-argumentativa de la disciplina. En otras palabras, se trata de una Retórica subordinada a la Dialéctica, la cual se erige junto con la Gramática, en la disciplina central del trivium. Esto explica el predominio casi absoluto de cuestiones relativas a la *inventio*, la mínima presencia de parágrafos concernientes a la *elocutio* y la inexistencia de menciones a la *pronuntiatio* y a la *actio*. La subordinación 'boeciana' de la Retórica a la Dialéctica había tenido sus partidarios a lo largo de la Edad Media y se había intensificado a comienzos del s. XI hasta alcanzar su cénit en el escolasticismo, tal como lo afirma Kennedy[26]. Por tanto, Beauvais muestra en su exposición la actitud mayoritaria en el medio universitario e intelectual de la época.

- Sin embargo, Beauvais no es indiferente a la existencia de una corriente de estudio literario-gramatical basada en la lectura y el comentario de los *auctores* al amparo de diversas fuentes gramaticales, retóricas y poéticas. Tales estudios no formarían parte de los curricula oficiales universitarios, pero seguirían vigentes a través de la labor de maestros de Gramática y Dictamen, labor que habría tenido como consecuencia importante el surgimiento de las artes poéticas desde finales del XII. Un reflejo de la dimensión literario-estilística que conservó el análisis retórico en dicho medio sería la segunda definición que Beauvais da de la Retórica. Esta segunda definición así como la diferenciación entre los conceptos de *Rhetorica, Color* y *Eloquentia* proceden, en nuestra opinión, del mismo universo pedagógico-cultural en el que surgieron las artes poéticas y dictaminales. Por tanto, la única aportación personal que Beauvais ofrece en su exposición sobre la Retórica prueba su apertura ante el complejo y dinámico universo cultural de su época.

---

[26] G.A. KENNEDY, *Classical Rhetoric and its Christian and Secular Tradition from Ancient to Modern Times*, Chapel Hill and London 2003, p. 218). Kennedy cita como ejemplo el resumen que Fulberto de Chartres compuso a partir de Boecio y el comentario que del mismo escribió Abelardo.

Laura López Figueroa*

A PROPÓSITO DE *TEREOPERICA*, COMPILACIÓN MÉDICA ALTOMEDIEVAL DE EXITOSA TRADICIÓN POSTERIOR

1. Introducción

El género del compendio, de la antología y de la compilación fue de los más populares en el ámbito de la medicina altomedieval; el motivo fundamental era que ofrecía lo que en aquel momento se consideraba principal, primordial y, en definitiva, más útil o necesario de las obras originales de un modo mucho más resumido, abreviado y, sin lugar a dudas, más asequible y económico que la copia de las obras completas[1]. Asimismo, debido a una finalidad esencialmente práctica, este tipo de composiciones permitía a los compiladores unir la conservación y transmisión de los textos antiguos con la renovación y modificación de los mismos, siempre que lo considerasen oportuno. En efecto, como P. Horden confirma: «here are craft texts with no theoretical pretensions and requiring experience more than learning for their clinical application»[2].

---

* Laura López Figueroa (lopezl@fundacioncomillas.es) es actualmente investigadora y profesora del CIESE-Comillas, aunque parte de su labor de investigación continúa vinculada a la USC. Así pues, este trabajo ha sido realizado en el marco del proyecto de investigación «Escola e saberes entre a Antigüidade e a Idade Media: medicina e gramática», INCITE09 204 082 PR, financiado por la Dirección Xeral de I+D y del proyecto de investigación «Textos tardolatinos y altomedievales de medicina y gramática: edición, estudio histórico, análisis léxico». Ref.: FFI2010-17070, financiado por la Secretaría de Estado de I+D+i.

[1] Así lo explica el profesor K.-D. Fischer cuando, al tratar sobre las compilaciones, afirma que: «they offered the best from the past in a digest that was, after all, less cumbersome and a lot cheaper to buy than the individual books that have been drawn on». Cf. K.-D. Fischer, «A horse! A horse! My kingdom for a horse! Versions of Greek Horse Medicine in Medieval Italy», *Medizin Historisches Journal*, 34 (1999) 123-138.

[2] Cfr. P. Horden, «The millennium Bug: Health and Medicine around the Year 1000», *Social History of Medicine*, 13.2 (2000) 201-219, en concreto p. 218; asimismo, Demaitre nos confirma que «Defined in more prosaic terms, the goal of

Una característica común a los textos médicos de época altomedieval es que la gran mayoría posee una intencionalidad esencialmente práctica, dejando a un lado las especulaciones teóricas propias de épocas anteriores y que volverán a partir del siglo XII a través de escuelas como la de Salerno[3]; de este modo, se componen de herbarios y recetarios tradicionales, a los que se añaden elementos actuales[4] que deben de haber servido como guías para ejercer la medicina[5]. El tratado que nos ocupa, *Tereoperica,* habría tenido también este propósito fundamentalmente práctico, tal como se indica en la introducción al mismo:

> (...) studium fructuosum opus ad omnes egritudines mitigandas et cum Dei gratia curandas corporum uexatas. (*Tereoperica, praefatio*)[6]

the *compendium* was practical convenience or *utilitas*, rather than inquiry and *scientia*». Tomamos esta cita de E. MONTERO CARTELLE, *Tipología de la literatura médica latina: Antigüedad, Edad Media, Renacimiento,* Fédération Internationale des Instituts d'Études Médiévales, Porto 2010, p. 59 (Textes et études du Moyen Âge, 53).

[3] Sobre la escuela de Salerno son interesantes los estudios de, entre otros, P. O. KRISTELLER, «Neue Quellen zur Salernitaner Medizin des 12. Jahrhunderts», in G. Baader – G. Keil (eds.), *Medizin in Mittelalterlichen Abenland*, Darmstadt 1982, pp. 191-208; o la reciente selección de artículos de D. Jacquart – A. Paravicini Bagliani (eds.), *La scuola medica salernitana: gli autori e i testi* (Convegno Internazionale, Università degli studi di Salerno, 3-5 novembre 2004), Firenze 2007.

[4] En efecto, sabemos que no solo se conservaron, transmitieron y utilizaron los tratados farmacológicos antiguos, sino que se renovaron con nuevas medicinas y nuevos usos. Sobre esta cuestión cfr. J. SCARBOROUGH, «Early Byzantine Pharmacology», in J. Scarborough (ed.), *Symposium on Byzantine Medicine, Dumbarton Oaks Papers* 38, Washington 1983, pp. 213-232. Un ejemplo de ello es la compilación *De herbis feminis*, realizada a partir de, entre otros, *De Materia Medica* de Dioscórides; cfr. A. FERRACES RODRIGUEZ, «Le 'Ex herbis feminis': traduction, réélaboration, problèmes stylistiques» in A. Pigeaud – J. Pigeaud (eds.), *Les Textes médicaux latins comme littérature* (Actes du VIe Colloque International sur les textes médicaux latins du 1er au 3 septembre 1998 à Nantes), Nantes 2000, pp. 77-89.

[5] F. E. GLAZE, *The perforated Wall. The Ownership and Circulation of Medical Books in Europe, c. 800-1200*, Ph.D. diss., Duke University, Durham 2000, realiza una panorámica general sobre la producción, transmisión e interpretación de la literatura médica a lo largo de la Edad Media, a través de los catálogos y manuscritos conservados.

[6] *Tereoperica* comienza con una definición de sus objetivos principales y una breve explicación del contenido, en la cual se refiere a la curación medicinal con la ayuda de Dios; también Casiodoro se expresa en términos similares: «*Sed non*

Debemos mirar atrás, hacia la caída del Imperio Romano, pues fue a partir de entonces cuando las obras de carácter científico, teórico y doctrinal dieron paso a tratados prácticos en forma de libros de recetas o *herbaria*. Los remedios de estos eran compuestos a base de hierbas, elementos minerales o animales, simples o compuestos, y eran aplicados en forma de bálsamos, ungüentos, vendajes, pastillas, comprimidos, jarabes, etc. Además de esto, el galeno del momento prescribiría al enfermo reglas dietéticas, baños o tratamientos quirúrgicos sencillos como la cauterización o la flebotomía; así, encontramos ejemplos de gran variedad de prescripciones y medicinas aplicadas tanto interna como externamente, de acuerdo a principios racionales. Pero no debemos menospreciar este tipo de compendios de recetas terapéuticas como «simple dépôt, passif, de connaissances empiriques acquises et accumulées plus ou moins aléatoirement», tal como dice V. Barras, pues, «elles nous mettent sur la voie d'une épistémologie décidément plus complexe, et décidément plus intéressante pour l'histoire de la médecine»[7]. De este modo, comprobamos que no se trata de una copia aleatoria, sino que para cada tratado se han elegido unos u otros remedios en función de criterios precisos y concretos, como por ejemplo su efectividad o su popularidad[8]. Por tanto, a comienzos de la alta Edad Media la medicina continuaba siendo practicada y se hicieron numerosos progresos en diversos campos, como explica J. Riddle:

ponatis in herbis spem, non in humanis consiliis sospitatem; nam quamuis medicina legatur a Domino constituta, ipse tamen sanos efficit, qui uitam sine dubitatione concedit». (Cassiodorus, *Inst.*, 1.31, Clarendon Press, Oxford 1963, p. 78)

[7] Cfr. V. BARRAS, «Remarques sur l'usage des recettes antiques dans l'histoire de la médecine: rationalité et thérapeutique», in N. Palmieri (ed.), *Rationnel et irrationnel dans la médecine ancienne et médiévale: aspects historiques, scientifiques et culturels* (Actes du Colloque International organisé par le centre Jean Palerne à l'Université Jean Monnet de Saint-Etienne les 14 et 15 novembre 2002), Saint-Etienne 2003, pp. 251-263, concretamente p. 263. También, sobre las características principales de la transmisión y el uso de las recetas terapéuticas a lo largo de la historia cfr. IDEM, «Remarques…», op. cit.

[8] En los últimos años las voces de prestigiosos investigadores se han alzado para defender la importancia y relevancia de la medicina altomedieval, no solo en relación con la práctica médica, los remedios y recetas, sino también con el tipo de textos elegidos para cada compendio. Sobre este tema resulta ilustrador el artículo de P. HORDEN, «What's Wrong with Early Medieval Medicine?», *Social History of Medicine*, 24.1 (2011) 2-25, cuya conclusión es la siguiente: «Early Medieval medicine is just one type of pre-modern medicine. We should get used to it».

Although this speculative medical theory was almost totally abandoned, fifth-century to tenth-century records show medical progress was not solely dependent on written language. Instead this evidence shows that a medical practice existed based upon a pharmacy that not only preserved the older *practica* knowledge but also recognized and used new drugs[9].

Un claro ejemplo de todo ello es *Tereoperica,* el primer libro de un tratado médico anónimo altomedieval poco menos que inédito hasta el momento. Denominamos *Tereoperica* al libro I y a la *Epistola peri hereseon* de un tratado conocido habitualmente como *Practica Petrocelli Salernitani.* Recibe este título desde el momento de la publicación de la única edición existente hasta ahora, a cargo de Salvatore De Renzi[10]. Esta fue realizada a partir de un único manuscrito tardío, datado en el siglo XIII (Paris, Bibliothèque Nationale de France, *latin* 14025, f. 1r-49v), en cuyo íncipit aparece el nombre del médico salernitano como autor del tratado. Pero, debido a que el códice más antiguo que contiene nuestra obra remonta al siglo IX (Paris, Bibliothèque Nationale de France, *latin* 11219, f. 42r-103r), la atribución a *Petrocellus* resulta insostenible; de todos modos, este nombre ha permanecido y todavía hoy se continúa utilizando, por lo que nuestro tratado se denomina así en ocasiones. Con ánimo de ser más precisos, hemos decidido denominar al primer libro[11] y a la primera epístola[12] bajo el nombre

---

[9] J. RIDDLE, «Theory and practice in medieval medicine», *Viator. Medieval and renaissance studies,* 5 (1974) 157-184, concretamente p. 159. De igual modo, L. Voigts relaciona el énfasis en la curación del enfermo, por encima de averiguar las causas de la enfermedad, con el metodismo: «It may also suggest that early medieval medicine bears a number of resemblances to the Methodist sect of classical medicine, the discipline that disregarded the theories of disease causation and concentrated instead on symptoms and therapeutics». Cfr. L. E. VOIGTS, «Anglo-Saxon Plant Remedies and the Anglo-Saxons», *ISIS,* 70.2 (1979) 250-268, en concreto pp. 254-255.

[10] En efecto, la única edición existente hasta el día de hoy había sido publicada por S. DE RENZI, *Collectio Salernitana,* t. IV, Dalla Tipografia del Filiatre-Sebezio, Napoli 1856; en ella presenta la transcripción de uno de los manuscritos más tardíos que contiene el tratado. Recientemente, ha visto la luz una edición crítica teniendo en cuenta el testimonio de seis manuscritos en la Tesis Doctoral de Laura López Figueroa, cfr. http://hdl.handle.net/10347/4356.

[11] El códice más antiguo (Paris, BNF, *latin* 11219) conserva exclusivamente un primer libro y la *Epistola peri hereseon,* pero en el resto de la tradición se conservan dos libros; es más, en los códices más recientes se ha conservado incluso un tercer libro, aunque está probado que este último no era parte de la composición original, sino que ha sido atribuido a Demócrito, como *Liber Democriti* desde el siglo

de *Tereoperica*, el título que aparece en el íncipit del códice más antiguo que conservamos del tratado (Paris, BNF, *latin* 11219).

Tereoperica es una compilación medicinal entre la patología, la etiología y la terapéutica, pues presenta la descripción de la enfermedad y sus causas y, de forma extensa, las prescripciones pertinentes para cada una de ellas. En nuestro compendio se incluyen 103 capítulos que siguen el orden tradicional *a capite ad calcem*[13], de la cabeza a los pies[14], dedicados cada uno de ellos a una sola enfermedad o a dolencias afines. La importancia y el valor de nuestro compendio se fundamenta en dos elementos clave: el éxito de su tradición posterior y la complejidad de su método de composición.

IX en otros códices, cfr. K.-D. FISCHER, «Der *Liber medicinalis* der Pseudo-Democritus», in M.E. Vázquez Buján (ed.), *Tradición e Innovación de la Medicina Latina de la Antigüedad y de la Alta Edad Media* (Actas del IV Coloquio Internacional 'Textos Médicos Latinos Antiguos', Santiago de Compostela, 17-19 septiembre 1992), Santiago de Compostela 1994, pp. 45-66.

[12] Se trata de la *Epistola peri hereseon*, introducción de carácter isagógico en la que se ofrecen nociones generales de la ciencia médica. Acerca de su composición y las diferentes fuentes utilizadas cfr. L. LÓPEZ FIGUEROA, «Notas sobre la composición de la *Epistola peri hereseon*», *Voces*, 18 (2007) 51-67 e IDEM, «La *Epistola peri hereseon* y el prólogo del comentario al tratado galénico *De Sectis*», *Galenos. Rivista di Filologia dei Testi Medici Antichi*, 3 (2009) 91-105.

[13] A comienzos del siglo IV Lactancio describe en *De Opificio Dei* el cuerpo y la mente como parte de la obra de Dios y empieza la descripción física del hombre en la cabeza, bajo la consideración de *arx sublimis* (Lactance, *L'ouvrage du Dieu Créateur*, S.C., Paris 1974, cap. 8.3, p. 150). Esta imagen de la cabeza como «ciudadela» proviene en su origen probablemente de Platón, aunque parece que Lactancio la tomó de Cicerón (cfr. Cicero, *Nat. deo.* 2.56.140). Tres siglos después, Isidoro de Sevilla en el libro XI de las *Etimologías* nos presenta cada una de las partes del cuerpo siguiendo el mismo orden vertical. Se trata, de una técnica ampliamente utilizada y que se extiende, de forma generalizada, a lo largo de la Edad Media.

[14] Estas son algunas de las características habituales de los *compendia* médicos medievales, como explica E. MONTERO CARTELLE, *Tipología de la literatura...*, op. cit., p. 59: «Al igual que los típicos *compendia* medievales de otras materias no médicas, el *compendium* trata en principio de presentar una síntesis muy limitada de una manera determinada con un predominio claro de la práctica sobre la teoría. En medicina, esta síntesis suele ocuparse de las afecciones del cuerpo humano ordenadas según el esquema típico medieval *a capite ad pedes / ad calcem pedis*».

2. LA TRADICIÓN DE *TEREOPERICA*

Tereoperica fue una compilación popular durante la Edad Media, gracias a lo cual llegaron a nosotros al menos diez manuscritos que la contienen de distinto origen, época y procedencia. La copia del más antiguo de ellos se sitúa en el siglo IX (Paris, BNF, *latin* 11219) y la de los más recientes en el siglo XIII, lo cual implica que nuestro compendio fue copiado y modificado en diversos lugares y momentos; por tanto, también fue seguramente utilizado a lo largo de estos siglos como guía práctica para ejercer la medicina, pues, como vimos al comienzo de este trabajo, el objetivo principal de los compendios médicos altomedievales era ser de utilidad a la hora de ejercer la práctica médica.

Por otro lado, *Tereoperica*, cuyo origen continental es el más aceptado entre los estudiosos, parece haber circulado por territorio anglosajón durante varios siglos y parece haber gozado también allí de gran popularidad[15]; por este motivo, en la tradición inglesa se conservan diversas reutilizaciones de nuestro tratado: en primer lugar, parece haber sido una de las fuentes principales del *Leechbook* de Bald[16], tratado médico que ocupa un lugar predominante en la historia de la medicina anglosajona, pues es considerado «the earliest direct evidence of medical practice in England»[17]. El manuscrito más antiguo conservado data de mediados del siglo X (London, British

---

[15] Dos de los códices más relevantes para confeccionar la edición crítica de *Tereoperica* forman parte de los fondos de la British Library. En concreto London, British Library, *Harley* 4977, ff. 1r-55v, al cual se le asigna un origen continental (cfr. la exhaustiva descripción del códice en la página web de la Biblioteca Británica http://molcat1.bl.uk/illcat/record.asp?MSID=4720-CollID=8-NStart=4977) y London, British Library, *Sloane* 2839, ff. 5v-70r, cuyo origen no está claro todavía si es continental o insular (cfr. la descripción de la propia biblioteca: http://molcat1.bl.uk/illcat/record.asp?MSID=1236-CollID=9-NStart=2839).

[16] M.L. Cameron establece una división tripartita para las fuentes del Leechbook: obras latinas usadas con certeza, obras latinas posiblemente utilizadas y fuentes inglesas; cfr. M.L. CAMERON, «Bald's Leechbook: its sources and their use in its compilation», *Anglo-Saxon England*, 12 (1983) 153-182. Nuestro tratado aparece en el segundo apartado, el de obras latinas posiblemente utilizadas, con el título habitual de *Petrocellus* en lugar de *Tereoperica*.

[17] Cfr. D. MAION, «The fortune of the so-called *Practica Petrocelli Salernitani* in England: new evidence and some considerations», in P. Lendinara – L. Lazzari – M.A. D'Aronco (eds.), *Form and Content of Instruction in Anglo-Saxon England in the Light of Contemporary Manuscript Evidence,* Fédération Internationale des Instituts d'Études Médiévales, Turnhout 2007, pp. 495-512 (Textes et Études du Moyen Âge 39).

Library, *Royal* 12. D. XVII, ff. 1-127v), aunque no parece ser el original, sino una copia de otro códice escrito quizás medio siglo antes[18]. Se trata de un tratado médico dividido en tres libros, de los cuales los dos primeros forman habitualmente una clara unidad con respecto al tercero, pues el primero está dedicado a las enfermedades externas y el segundo a las internas, mientras que el tercero presenta un conjunto de recetas médicas sin relación con los libros anteriores. Lo cierto es que las destacadas similitudes entre ambos tratados, *Tereoperica* y *Leechbook*[19], ha llevado a diversos investigadores incluso a plantearse que *Tereoperica* pueda tener un origen anglosajón y que el *Leechbook* sea uno de sus primeros testigos[20], teoría ya superada.

Además del tratado de Bald, encontramos un nuevo testimonio de *Tereoperica* en una obra conocida como *Peri Didaxeon*[21]. En efecto, ciertas partes o fragmentos de esta parecen haber sido tomados directa o indirectamente de la versión que presentan los códices de una rama concreta de nuestro tratado; se trata de los códices más antiguos y fiables, por lo que las similitudes con estos parecen probar que para componer *Peri didaxeon* se ha utilizado la versión más antigua de *Tereoperica*[22]. Cada uno de estos

---

[18] Así lo confirman M.L. CAMERON, «Bald's Leechbook...», op. cit., p. 153 o D. MAION, «The fortune...», op. cit., p. 495.

[19] Tal como afirma M.L. CAMERON, «Bald's Leechbook...», p. 163: «The more I use the *Petrocellus* and *Leechbook*, the more I am struck by their similar forms, suggesting a common tradition in the making of medical books, and a possible English origin for the *Petrocellus*».

[20] A esta conclusión llega, antes que M.L. Cameron (cfr. nota 20), C.H. TALBOT, «Some notes on Anglo-Saxon Medicine», *Medical History*, 9 (1965) 156-169, concretamente p. 168: The *Petrocellus* text was not uncommon in Anglo-Saxon circles. It might not be going too far at this stage to suggest that the *Petrocellus* text may have been an Anglo-Saxon compilation, but there is no denying that the *Leechbook of Bald* was based partly on it and is the earliest witness, apart from the Echternach manuscript, to its existence».

[21] Una de las primeras ediciones publicadas de *Peri Didaxeon* fue la de M. LÖWENECK, *Peri didaxeon, eine Sammlung von Rezepten in englischer Sprache aus dem 11. / 12. Jahrhundert. Nach einer Handschrift des Britishen Museums*, (Erlanger Beiträge zur Englischen Philologie und Vergleichenden Literaturgeschichte), Verlag von Fr. Junge, Erlagen 1896. Más recientemente se ha presentado una nueva edición a cargo de D. MAION, *Edizione, traduzione e commento del Peri Didaxeon*, Ph.D. diss., Università degli Studi Roma Tre, Rome 1999.

[22] Así lo explica D. MAION, «The fortune...», op. cit., pp. 501-504, donde aporta ejemplos gracias a los que puede afirmar que *Peri Didaxeon* pertenece a la misma rama de la tradición textual que los códices más antiguos conservados de

fragmentos fue luego traducido al inglés[23]. El manuscrito más antiguo conservado de este tratado data de finales del siglo XII (London, British Library, *Harley* 6258b, ff. 51v-66v) aunque parece haber sido compilado alrededor de un siglo antes[24]. Por tanto, el hecho de que haya sido traducido a la lengua vernácula en este periodo[25], significa que todavía en el siglo XII *Tereoperica* era un tratado popular.

Otro ejemplo de la notoriedad de *Tereoperica* en Inglaterra en este momento histórico es el manuscrito London, British Library, *Sloane* 475, ff. 125r-231v, en el cual encontramos guías para la práctica médica. Varios capítulos de este códice se corresponden con los de *Tereoperica*, tanto en el contenido del texto como en la organización de los capítulos, colocados en el mismo orden en ambos tratados[26].

3. MÉTODO DE COMPOSICIÓN DE *TEREOPERICA*

Analizaremos a continuación el segundo elemento que fundamenta la importancia de nuestro tratado: su método de composición. La estructura expositiva de la totalidad de los capítulos es muy semejante y su esquema parece tomado de la obra de Casio Félix, *De Medicina*[27] —una de las fuentes principales de *Tereoperica*—. De este modo, al inicio de cada capítulo Casio Félix le da nombre a la enfermedad a través de un término en latín y otro en griego. Por su parte, el autor de *Tereoperica* introduce también ambos

---

Tereoperica: «the Latin exemplar of the *Tereoperica* used by the Old English translator belonged to the textual tradition of the oldest witnesses of this Latin work».

[23] D. MAION «The fortune...», op. cit., pp. 500-501, afirma: «the compilation known as *Peri Didaxeon*, the last of the Anglo-Saxon books of medicine, is in fact the translation into Old English of *Epistola I* and part of the collection of remedies of Book I».

[24] Cfr. D. MAION, «Il lessico tecnico *Peri Didaxeon*. Elementi di datazione», *Il bianco e il Nero*, 6 (2003) 179-186; cfr. también IDEM, «The fortune...», op. cit.

[25] Existe una interesante discusión acerca de si el inglés en que está escrito el tratado es inglés antiguo o inglés altomedieval: sobre esta cuestión cfr. TALBOT, «Some notes...», op. cit., o P. BIERBAUMER, *Der botanische Wortschatz des Altenglischen, Teil II: Lacnunga, Herbarium Apuleii, Peri Didaxeon* (Grazer Beitrage zur englischen Philologie 2), Lang, Bern 1976, p. xii.

[26] Cfr. D. MAION, «The fortune...», op. cit., pp. 504-512.

[27] La edición *princeps* de Casio Félix fue realizada por V. ROSE, *Cassii Felicis de Medicina*, Teubner, Lipsiae 1879. La más reciente edición fue preparada por A. FRAISSE, *Cassius Felix. De la médecine*, Les Belles Lettres, Paris 2002.

términos de forma habitual, no solo en aquellos fragmentos que parece haber copiado de *De Medicina*, sino también en otros cuya fuente es diferente[28].

Tras haber nombrado la enfermedad, en nuestro tratado se procede a la descripción de sus síntomas y causas y a las indicaciones de los lugares afectados. Finalmente, comienza la descripción de los tratamientos necesarios para curar la dolencia. Es habitual que el procedimiento varíe en función de diversos criterios, según la edad, el sexo o incluso de la época del año. Es esta última parte, la relacionada con la terapéutica, la más extensa de cada uno de los capítulos, de manera que para una sola enfermedad se ofrecen múltiples tratamientos tomados de numerosas fuentes, en ocasiones todavía desconocidas.

En efecto, es esta una característica fundamental acerca del método de composición de *Tereoperica*: se trata de una compilación en la que se aúnan gran cantidad de recetas y remedios medicinales, cuyo origen no siempre es conocido. Así, es evidente que nuestro tratado no se sirve únicamente de una sola fuente para toda la compilación, ni encontramos siempre copias literales, sino que el compilador parece haber seleccionado pasajes independientes de distintas fuentes y haber escogido aquello que considera oportuno, eliminando palabras o frases intermedias y/o añadiendo enunciados.

Lo cierto es que en el momento histórico de la composición de *Tereoperica*, entre finales de la Antigüedad tardía y comienzos de la alta Edad Media, abundan este tipo de compilaciones, entre las que destacan el *Liber passionalis*, el *Passionarius Galieni*, el *Liber Byzantii*, el *Liber Esculapii* o el *Liber Aurelii*[29]. Una curiosa característica de este tipo de

---

[28] En los otros tratados médicos que parecen haber sido utilizados durante la compilación de *Tereoperica* la estructuración es habitualmente diferente y la sección inicial etimológica no aparece en todos ellos. En relación con la obra de Casio Félix, este esquema introductorio no es utilizado por ninguna de sus fuentes, a excepción de Teodoro Prisciano, que lo adopta solo en parte en el libro II (*Logicus*) de *Euporiston*; cfr. A. FRAISSE, «Cassius Felix et le méthodisme», in A. Debru – N. Palmieri (eds.), «*Docente natura*», *Mélanges de médecine ancienne et médiévale offerts à Guy Sabbah*, Saint-Étienne 2001, pp. 91-104, concretamente pp. 92-93.

[29] Sobre las características principales del *Liber passionalis* cfr. K.-D. FISCHER, «Dr Monk's Medical Digest», *Social History of Medicine*, 13.2 (2000) 239-251 o IDEM, «Die Quellen des *Liber passionalis*», in A. Ferraces Rodríguez (ed.), *Tradición griega y textos médicos latinos en el periodo presalernitano* (Actas del VIII Coloquio Internacional 'Textos Médicos Latinos Antiguos', A Coruña, 2-4 septiembre 2004), A Coruña 2007, pp. 107-125. No disponemos de una edición reciente del *Liber passionalis* y tampoco del *Passionarius Galieni*, compendio atribuido a Garioponto; sobre esta obra cfr. F.E. GLAZE, «Galen Refashioned:

tratados es que conservan de manera habitual textos similares; así, observamos que son muchos los puntos comunes entre las compilaciones, lo cual nos lleva a suponer la posible existencia de un corpus de textos tardoantiguos que habrían contenido los textos médicos más utilizados.

Tras una exploración inicial acerca de las fuentes e influencias de nuestro tratado, hemos llegado a la conclusión de que su compilador parece haber utilizado como fuente directa dos obras principalmente[30]: en primer lugar, *De Medicina*, del africano Casio Félix, y en segundo lugar, el pseudogalénico *Liber tertius*[31]. Los paralelos de *Tereoperica* con la obra de Casio Félix son indiscutibles a lo largo de todo el compendio, pues, aunque la del

Gariopontus of Salerno's *Passionarius* in the Later Middle Ages and Renaissance», in E.L. Furdell (ed.), *Textual Healing, Essays in Medieval and Early Modern Medicine*, Leiden 2005, pp. 53-77 o IDEM, «Gariopontus and the Salernitans: Textual Traditions in the Eleventh and Twelfth Centuries», in D. Jacquart – A. Paravicini BAGLIANI (eds.), *La Collectio Salernitana di Salvatore De Renzi*, Firenze 2009, pp. 149-190. Sobre el *Liber Byzantii*, su transmisión manuscrita y sus posibles fuentes cfr. K.-D. FISCHER, «Der *Liber Byzantii*, ein unveröffentlichtes griechisches therapeutisches Handbuch in lateinischer Übersetzung», in C. Deroux (ed.), *Maladie et maladies dans les textes antiques et médiévaux* (Actes du Ve Colloque International 'Textes Médicaux Latins', Bruxelles, 4-6 septembre 1995), Bruxelles 1998, pp. 276-294. Acerca del *Liber Esculapii*, fue presentado su estudio y edición crítica en la Tesis Doctoral de F. MANZANERO CANO, *Liber Esculapii (Anonymus Liber Chroniorum)*, Universidad Complutense de Madrid, Madrid 1996.

[30] También hemos encontrado interesantes paralelos con distintas obras, como con *Therapeutica*, de Alejandro de Tralles o con el *Liber passionalis* (cfr. n. 30), cuya relación directa con *Tereoperica* no es siempre evidente. Sobre *Therapeutica* y Alejandro de Tralles cfr. D.R. LANGSLOW, *The Latin Alexander Trallianus. The text and transmission of a Late Latin medical book*, Society for the Promotion of Roman Studies, London 2006. Se ofrece aquí un estudio exhaustivo sobre la tradición de la obra, paso previo a una futura edición crítica. En este trabajo, *Tereoperica* aparece como parte de la tradición secundaria de la obra de Alejandro de Tralles; en IDEM, «Die lateinische Übersetzung der *Therapeutika* des Alexander von Tralles: Bemerkungen zur Textüberlieferung und zum wortschatz», in S. Sconocchia – F. Cavalli (eds.), *Testi medici latini antichi, La parola della medicina: lessico e storia* (Atti del VII Convegno Internazionale, Trieste, 11-13 ottobre 2001), Bologna 2004, pp. 181-196, encontramos un artículo breve y conciso sobre la tradición manuscrita, el contenido y ciertas características léxicas de *Therapeutica*.

[31] El profesor K.-D. Fischer ha publicado recientemente el estudio y la edición crítica del mismo: K.-D. FISCHER, *«Der Pseudogalenische Liber Tertius»*, in I. Garofalo – A. Roselli (eds.), *Galenismo e medicina tardoantica. Fonti greche, latine e arabe* (Atti del Seminario Internazionale di Siena, 9 e 10 settembre 2002), Napoli 2003, pp. 101-132 y 285-346.

africano no es la única fuente utilizada, está en el origen del planteamiento general de la obra, desde su filosofía hasta la forma de los capítulos. De este modo, ciertos capítulos de *Tereoperica* parecen haber sido tomados directamente de *De Medicina*, como por ejemplo el que hemos incluido en la siguiente tabla:

Ter. 16	Cass. Fel. 28 (ed. Fraisse)
1. Ad aurium uitia efficiuntur ex antecedente perfrictione et frigido uento flante aut ex lauacro frigido uel aqua in ipsa cauerna introierit, aut ex tumore membrane uel saniola fluente, aut uentositate cum tumore inclusa, aut sordidine uel purgamentorum obtrusione facta ut exitum minime habuerint dolorem aurium efficiuntur.	1. Aurium dolores efficiuntur ex antecedenti perfrictione ex frigido uento flante aut ex lauacris frigidis aut aqua in ipsa cauerna auditoria irruenti. Aut ex tumore membranae supra dictae auditoriae cauernae aut saniola fluenti aut uentositate inclusa tumorem faciente aut sordiculae uel purgamentorum obstrusione facta, cum exitum minime habuerit supra dictis uentositas, dolores efficiuntur.

La comparación entre ambos textos pone en evidencia las similitudes existentes y, por tanto, que el texto de *Tereoperica* ha sido copiado casi literalmente de *De Medicina*. Pero también hemos encontrado casos en los que parece que la obra del africano fue simplemente tomada como referencia, de manera que hallamos fragmentos semejantes a los de *De Medicina*, pero en un orden distinto a como se conservan en Casio y con un contenido ligeramente diferente en ocasiones y totalmente distinto en otras. Lo podemos comprobar en la tabla siguiente:

Ter. 18.	Cass. Fel. 29. (ed. Fraisse)
1. Ad oculorum uitia Ypocras dixit: «Oculorum passio contigit aliquando cum ingenti feruore; et efficiuntur dolores aliquando cum tumore, aliquando sine tumore, aliquando cum largo reumatismo cursu, aliquando cum perfrictione et torpore sensu, quod Greci narcodosisteus uocant». Super memoratus senior Ypocras adhibere precipit si fuerit dolor ex feruore siccata lauacro et uaporatione	1. Hippocrates in aforismis sic ait: oculorum dolores (...) 2. (...) Aliquando cum ingenti feruore dolores efficiuntur, aliquando cum perfrictione et torpore sensus, quem Graeci narcen tes esteseos uocant, aliquando cum tumore et aliquando sine tumore, aliquando cum largo reumatismi cursu et aliquando cum grauedine et dolore, aliquando autem praeter ipsa. 1. (...) Sed omnia haec quinque secundum expositionem Magni

humectando sanabis; si ex tumore uel ex plenitudine sanguinis euenit, detractio sanguinis mitigat. Si sine tumore dolor est catartico dato, exinde curabis. Si ex reumatismo contigit, catartico farmacie dato, oculorum dolorem soluit. Si ex perfrictione euenit, merata potio calefacta dolorem mitigat.

2. Oportet initium passionis ieiunium et abstinentiam indicere; in augmento uero tertio uel quarto die de flebotomia aut catartico operari, in declinatione uero lauacro uti debes.

Si minus inualescit fortiorem adhibebis, id est pumice aut folia humolone aut ossa sepie molle diligenter, uersato palpebro et easdem asperitates sufficienter fricabis, donec bene sanguinentur; tunc penicello pusca frigida expresso diligenter extergis uel desiccabis.

iatrosophistae supra memoratus senior Hippocrates cum discretione adhibere praecipit, et si fuerit dolor ex plenitudine sanguinis, flebotomia aut cathartico detractione facta curare, sin uero ex siccitate fuerit dolor, lauacro et uaporatione humectatos sanare, sin uero ex perfrictione et humectatione fuerit dolor, meraca potione calefactos mederi. Vinum namque calefacit et dessicat. Secundum uaria tempora passionum omnia adhiberi praecepta sunt. In ipsis initiis abstinentiam cibi uel ieiunium oportet imperare, in augmento uero tertia uel quarta die flebotomia uel cathartico operari, declinatione uero facta, lauacro uti. (...)

17. (...) In curationibus uero pumice aut osso sepiae molli hoc est detracto cortice, et diligenter formato uersatoque palpebro, easdem asperitates sufficienter fricabis donec sanguinentur, tunc penicillo posca frigida expresso diligenter deterges uel desiccabis.

Tras una observación detallada podemos conjeturar que el texto de Casio Félix es la fuente principal, pero especialmente en el punto 18.1 de *Tereoperica* encontramos diferencias importantes de contenido y forma que nos podrían indicar, o bien que el compilador medieval ha modificado en parte el texto de Casio, o bien que el texto de *De Medicina* no ha llegado directamente a nuestro tratado, sino en alguna otra compilación donde ya se habría reutilizado el contenido de la obra del africano. Además, resultan particularmente curiosos los saltos que se realizan con respecto a la obra de Casio, especialmente el último, donde avanza desde el punto 29.1 hasta el 29.17, abandonando la copia del resto del capítulo; en efecto, a pesar de que el texto continúa ampliamente en el capítulo 18 de *Tereoperica*, no volvemos a encontrar ningún paralelo con *De Medicina*.

La relación de *Tereoperica* con el *Liber tertius* es igualmente compleja. Así, en muchos pasajes el contenido del pseudo-galénico es tomado fielmente, como comprobamos en este breve ejemplo:

Ter. 52.
1. (...) Si uero ex torace contigit, grauedinem pectoris patiuntur et non excreant, sed uomunt purulenta et uultus eis tumet, uentrem non faciunt et quod uomunt aliquid aquosum est.

Lib. ter. 53. (ed. Fischer)
4. Si uero ex thorace uenerit sanguis, grauitudinem patiuntur pectoris et non excreant, sed uomunt purulenta et uultus eis tumet, uentrem non faciunt, et ipsum quod uomunt aut excreant, liquidum et aquosum est.

Pero no siempre resulta tan evidente el paralelo, en el capítulo 70 de *Tereoperica* (*Ad spleneticos*) comprobamos que el *Liber tertius* parece estar en la base del texto de la compilación medieval, pero su contenido ha sido reutilizado, de manera que, del mismo modo que ocurre con ciertos fragmentos de Casio Félix, no sabemos si fue el propio compilador de *Tereoperica* el que realizó las modificaciones pertinentes o si, por el contrario, tomó este pasaje de alguna otra fuente posterior donde el *Liber tertius* ya habría sido modificado. Veámoslo ejemplificado:

Ter. 70.
3. Epitemam talem facis: capparis rad., sanderacam, euiscum, sinapem, camepite ana unc. I, cera lib. I, resina frixa lib. IS, amoniaco unc. VI, que terenda sunt cum aceto teris, que fundenda fundis in mortario, temperas cerotum et impones per dies VIIII et usque sanus erit.

Lib. ter. 50. (ed. Fischer)
2. Epithema ei tale facis: Radices capparis et Santonicae et uiscum putidum id est quod de quercu arbore conficitur qui ex Italia uenit, quo aues in aqua <et in stagnis capiuntur,> et sinape et chamaepi<tyis> singulas uncias, cera lib. I, resina frixa libra I, gutta ammoniaci libra I. <...> alia cum aceto terenda sunt, et quae soluenda sunt, solue cum oleo, et refundes in mortario, ubi acetum et pigmenta sunt. Et teres diligenter ut in unum co[qu]eant pariter temperata et <in> aluta ad splenem ponis per omnes dies, quousque sanus fuerit.

Vomitum prouocabis ex rafanis cum aqua calida et facis eos natare in mare uel in aquas naturaliter calidas uel dropaces imponis in balneo, ipsum balneum habeat sal et sinape tritum abundanter; si fortes sunt, flebotomum adhibebis in manu sinistra super digito minimo; cucurbitas cum

50.3. (...) Et in mari natare iubebis. Item [adhuc supra] dropaces impositi prosunt.
50.4. Prodest etiam et sinape in balneo impositum et sanguisugiae ad splen ponendae sunt, ut sanguinem educant, et uena tangenda est, quae de digito minori manu<s> sinistrae descendit.

scarificationes super splen adhibeas. Adiutoria si minime senserint, cauteris super splen, tria puncta imponenda sunt et diutius uulnera ipsa aperta sint ut non curentur ut pus per eadem uulnera purget.	Et si adiutoria haec minime senserit, cauter[em] in ipso splene imponendus est, tria puncta, et dimittis ea non curare, ut diutius reumatizent et humor decurrat splenis per eadem uulnera.

En efecto, se trata de un contenido similar en lo esencial, pero con tales diferencias que nos llevan a plantear si *Tereoperica* no habría conocido este pasaje a través de una compilación posterior que ya hubiera utilizado el *Liber tertius*. Así pues, las divergencias de contenido, especialmente de léxico y también de forma, en ciertas secuencias con un contenido semejante, pero expresadas de diferente manera, evidencian un cambio sustancial con respecto al *Liber tertius,* que nos lleva a valorar si el compilador de *Tereoperica* habría tenido la capacidad suficiente como para modificar los textos anteriores de este modo, cuando en numerosas ocasiones no es capaz de dar a las frases un sentido completo.

Resulta otra característica relevante de *Tereoperica* que a menudo se entremezclan las posibles fuentes, de manera que el compilador parece ir eligiendo la que más le interesa. De este modo, existen capítulos en los que conserva secciones que podrían haber sido tomados de diversas fuentes; así lo comprobamos en la siguiente tabla, en la que, por un lado, hallamos partes que se asemejan a ciertos fragmentos de la obra de Casio Félix y, por otro, a pasajes del *Liber tertius*.

Ter. 81.	Cass. Fel. 46. (ed. Fraisse)	*Lib. Ter.* (ed. Fischer)
6. Signa eorum qui sanguinem meiant: dolorem in coxis et super pectinem sentiunt et tumor in uesica et stranguria; hec est qui sanguinem mixtum meiant.		63.1. Incipiunt signa eorum qui sanguinem meiant: Sunt quidam ex his, qui mixtum sanguinem meiant cum urina; alii sunt, qui solum et purum sanguinem. Hi dolorem in coxis sentiunt et super pectinem, et sanguineos lapides meiant.
Contigit ex renibus ulceratis et sanguinolentis aut saniosis uel subalbidus mictus. Aliquando cum	5. Contigit iterum ex renibus ulceratis saguinolentus minctus aut saniosus uel subalbidus,	

graui dolore stalem et ilium dolorem patiuntur.	aliquando cum graui odore, attestante renium dolore et ilium.	
Si uero sanguis purus manauerit eruptionem uene aut putredinem ipsius uene significat.	Si uero sanguis purus fuerit exclusus, eruptionem uenae aut putredinem ipsius significat in renibus aut uesica factam fuisse, (...)	
Cura eorum qui sanguinem meiant: si fortes sunt fleotomabis eos in brachio, si fortes non sunt imponenda est eis uentosa super renes et detrahas sanguinem; et cum pusca frigida spungiam super pectinem imponis et a testis cataplasmabis sicut in aliis demonstrauimus.		66.1 Curatio eorum qui sanguinem meiant: Si fuerint fortes, phlebotoma eos de matrice, id est de uena brachii. Si minus fortes sunt, imponenda est cucurbita super renes et detrahes sanguinem et cum posca frigida spongiam impones super pectinem et testes eorum.
Et clisterem fac eis quod humores purgant.		66.3 Clysterem eis talem facis: Sucum de sentice, thus et aquam (...)

Además de comprobar la alternancia de fuentes, en esta tabla comparativa vemos que la copia de *Tereoperica* no ha sido fiel a los textos de origen, sino que se han producido ciertas modificaciones relevantes. Esto resulta ser un nuevo indicador de la disyuntiva previamente planteada: si habrá sido el propio compilador medieval quien haya modificado en parte los textos, o si *De Medicina* y el *Liber tertius* habrán llegado indirectamente a *Tereoperica*, es decir, en alguna otra compilación previa donde ya habría sido reutilizado el contenido de ambas obras.

Analizaremos a continuación otro fragmento en el que las modificaciones con respecto al posible texto original son todavía más importantes. En efecto, si confiamos en que ha sido el compilador de *Tereoperica* quien ha realizado los cambios, vemos que parece haber utilizado conjuntamente el contenido de dos obras para un mismo pasaje:

Ter. 87.	Cass. Fel. 51. (ed. Fraisse)	*Lib. ter.* 69. (ed. Fischer)
1. Ad ilio col<on>, colica et ilio passio, sic intelligis: sentiunt tamquam scissum sit id est quod Greci ilio col<on> uocant, consueti colicus apellant. Hoc est quibus stercus et urinalis meatus in labore sunt positi ut non preualent naturalem officio suo reddere, sed tumor et dolor super pectinem usque umbilicum ascendit, et in parte dextera uel sinistra et totius inferiore parte uentris uel intestinis maioribus usque ad anum. Aliquando ad renes et ilia uertitur dolor et usque ad splenem uel partes epatis ascendit.	1. Est autem colica passio tumor cum ingenti dolore totius ipsius intestini coli quod Graeci consuete colon appellant, quod aliquanti inferiorem uentriculum dicunt. Sequitur autem aegrotos dolor iuxta umbilicum initians frequenter a sinistro ilio, aliquando a dextro, cum constrictione uentris et doloris punctione discurrente per singula uentris loca, aliquando usque ad splenis partes uel epatis.	2. Sentitur [et si] ab eo, qui hoc habet, tamquam intus scissum sit. (...) 1. Incipiunt causae colicorum uel signa. Colicum sic cognoscis: Dolor in parte dextera super pectinem; uentrem constrictum habent; uentositatem patiuntur. Sanguinem intermixtum cum stercore egerunt[ur]. Dolor ab umbilico ascendit usque ad <splenem et discendit usque ad> inguinem sinistrum [et] peruenis usque ad anum [ab iliis] <et> usque ad renes.

En efecto, *Tereoperica* presenta un contenido general semejante al de las dos obras, pero con tales variantes que nos llevan a pensar que nuestro tratado habría conocido este fragmento a través de una compilación posterior que ya hubiera utilizado ambas obras. Así pues, si el compilador de *Tereoperica* no es capaz de dar un sentido completo a numerosos pasajes a lo largo del tratado, ¿es acaso posible que haya sido él el autor de la reutilización y selección de las fuentes anteriores con el objetivo de redactar un episodio nuevo?

En definitiva, tras analizar ciertos pasajes de *Tereoperica* —un estudio riguroso en profundidad se hace necesario para poder establecer conclusiones definitivas—, podemos resumir el método de composición de nuestro tratado de la manera siguiente: en ocasiones parece evidente que se ha copiado de una fuente original, pero en otras, hemos encontrado solo ciertos paralelos con la que podría haber sido esta fuente, lo que nos lleva a conjeturar sobre la existencia de copias intermedias no conservadas, de eslabones perdidos en la cadena histórica, en las que el compilador podría haberse inspirado. Por tanto, la imposibilidad de identificar la posible fuente de algunos pasajes de *Tereoperica* podría deberse a que, entre otras cosas, se trate de obras médicas de la Antigüedad conservadas únicamente de manera saltuaria a través de este tipo de compendios.

Los fragmentos que hemos estudiado a lo largo de este trabajo resultan ilustrativos sobre la originalidad y el modo de componer de este tipo de compilaciones medievales; en efecto, no se trata en absoluto de copias literales, sino más bien de una reutilización hecha a la medida de las necesidades. Ciertamente, a través de un estudio a fondo de las compilaciones médicas altomedievales como *Tereoperica*, las cuales ofrecen no solo una selección de recetas y remedios para curar enfermedades, sino también la descripción de la dolencia, de sus signos y síntomas, podemos ahora corregir la visión excesivamente simplificada de la medicina altomedieval como oscura e ignorante.

Ana Isabel Martín Ferreira[*]

GÉNESIS, ESTRUCTURA Y PERVIVENCIA DE UN COMPENDIO MÉDICO SALERNITANO: EL *BREVIARIUM* DE JOHANNES DE SANCTO PAULO

1. Johannes de Sancto Paulo y la Escuela de Salerno

Poco sabemos con certeza de este escritor médico[1] vinculado a la escuela médica salernitana en su época de mayor esplendor, calificado por Salvatore De Renzi en su *Collectio Salernitana* como «personaggio misterioso»[2] e identificado con el compañero de estudios al que Gilles de Corbeil dedicaba el poético apelativo de *Castalius*. Valentin Rose, en su

---

[*] Departamento de Filología Clásica. Universidad de Valladolid (España): anabel@fyl.uva.es.
Este estudio se realiza en el marco del proyecto «DILAG: Diccionario Latino de Andrología y Ginecología: Antigüedad, Edad Media y Renacimiento» (ref.: FFI2008-00618) de la Dirección General de Investigación del Ministerio de Economía y Competitividad español.

[1] Cfr. L. Gaffuri, «Giovanni di San Paolo», *Dizionario biografico degli italiani*, vol. 56, Istituto della Enciclopedia Italiana, Roma 2001, pp. 212-217; M.H. Green, «Johannes de Sancto Paulo», in Th. Glick – S.J. Livese – F. Wallis (eds.) *Medieval Science, Technology and Medicine. An Encycolopedia*, Routledge, New York–London 2005, p. 286; *Johanns von Sancto Paulo, «Liber de simplicium medicinarum virtutibus» und ein anderer Salernitaner Traktat, «Quae medicinae pro quibus morbis donandae sunt» nach dem Breslauer Codex herausgegeben*, ed. G.H. Krömer, Robert Noske, Borna–Leipzig 1920; *Flores diaetarum: Eine salernitanische Nahrungsmitteldiätetik aus dem XII. Jahrhundert*, ed. H.J. Ostermuth, Robert Noske, Borna–Leipzig 1919; A. Paravicini Bagliani, *Medicina e scienze della natura alla corte dei papi nel Duecento*, Centro Italiano di Studi sull'Alto Medioevo, Spoleto 1991, pp. 72-73; R. Sharpe, *Titulus. Identifying Medieval latin Texts. An Evidence–Based Approach*, Brepols, Turnhout 2003, pp. 136–141; K. Sudhoff, «Salerno, Montpellier und Paris um 1200», *Archiv für Geschichte der Medizin*, 20 (1928) 51-62 (cfr. 52-53 y 56-57).

[2] S. De Renzi (ed.), *Collectio Salernitana*, Napoli 1852-1859, IV (1856), p. 612; cfr. también I (1852), p. 245 y III (1854), p. 330.

edición del *Viaticus* de este último autor[3], apuntaba a su identificación con cierto cardenal (prelado de Santa Priscila hacia 1193) y obispo de Sabina, en la Italia central (ca. 1205). A esto se suma el dato descubierto por Karl Sudhoff en el códice 178 de la Biblioteca de Pommersfeld, en el que el comentarista del *De urinis* de Egidio alude a Johannes de Sancto Paulo como *cardinali et episcopo albano*, es decir, prelado de Albi, en el Sureste de Francia, no lejos de Montpellier. Según estos datos, se le ha vinculado también a la Escuela Montepesulana. Sin embargo, todo ello aparece siempre en documentos eclesiásticos, posteriores al siglo XIII, en los que es bastante frecuente encontrar entre los diferentes cargos eclesiásticos el nombre de Johannes. En esta línea, tampoco se ha verificado la hipótesis según la cual acabó siendo monje benedictino (¿abad?) en el monasterio de San Pablo de Roma, en el que habría muerto no más allá de 1214-1215. Y no hay que olvidar que la tradición manuscrita del *Breviarium* arranca a finales del siglo XII, cronología que pone aún más en cuarentena las especulaciones en torno a nuestro autor. Por lo tanto, desde el punto de vista de la composición de sus obras, nos interesa el dato de que se trata de un personaje que, como muchos otros, quizá pudo alcanzar prebendas eclesiásticas gracias a sus conocimientos en el arte de la medicina[4].

La única fuente segura para delimitar la vida de este personaje y acercarnos, de forma más o menos certera, a su identificación son sus propias obras, pero hasta la fecha no han sido tenidas en cuenta por la comunidad científica. Y, sobre todo, la más importante de ellas, el *Breviarium*, aún no ha conocido edición alguna. Johannes de Sancto Paulo fue autor de, al menos, cuatro tratados médicos: el citado *Breviarium medicine*; una obra *De simplicium medicinarum virtutibus* (también conocida como *Virtus medicinarum* y *De conferentibus et nocentibus medicinis*); unas *Flores diaetarum*[5] y un opúsculo sobre los días críticos[6]. También se le han atribuido

---

[3] *Egidii Corboliensis Viaticus. De signis et symptomatibus aegritudinum*, ed. V. ROSE, Leipzig 1907.

[4] El comentarista del *De urinis* añade en este manuscrito de los primeros decenios del siglo XIII: *Nam per artem artium eis dignitates et honores magnae praebendae adquirebantur, sicut Theophilo, Johanne de Sancto Paulo, Cardinali et episcopo Albano, et multis aliis legimus.* (K. SUDHOFF, «Salerno, Montpellier und Paris um 1200», p. 53).

[5] Obra que se editó en 1574 en los *Opera omnia* de Bernardo de Gordon, a nombre de este autor (apud G. Rovillium, ff. 948-963). Está inspirada en el *Pantegni, Theorica*, liber V y en el *De particularibus diaetis* de Isaac Iudaeus.

[6] A él alude Johannes de Sancto Paulo en el libro V del *Breviarium*, en el capítulo 8, dedicado a los síntomas de las fiebres: *et de temporibus egritudinis*

otras obras, entre ellas un comentario a las tablas farmacológicas del maestro Ricardo (*Commentarium tabularum magistri Salerni*[7]) y un *De carnibus*[8], pero la autoría de estos textos no ha sido aún verificada.

De este *corpus* podemos deducir que su formación médica fue adquirida en Salerno, donde escribió, si no todas, al menos parte de de sus obras. Estas pronto fueron conocidas hasta en la zona de influencia de Montpellier y en París, y en fecha muy temprana llegaron también a las Islas Británicas a través de una rápida difusión que se observa por la tradición manuscrita y ha sido bien estudiada por Mónica H. Green[9]. Parece claro que pudo trabajar en tiempos de Romualdo, cardenal y obispo de Salerno (muerto en 1181), dato que lo convierte en contemporáneo de Musandino y Ferrario y, probablemente, también de los tres grandes teóricos de Salerno: Mauro de Salerno, Gilles de Corbeil y Urso de Calabria. Por último, las referencias a los *socii* en su texto no dejan lugar a dudas sobre su dedicación profesional, situándose en la línea de Plateario[10]. Podemos confirmar su adscripción salernitana, por ejemplo, en el capítulo *De variolis* (lib. I, cap. 12) donde el propio Sancto Paulo se identifica con los maestros de la escuela de Salerno:

sufficienter scripsimus in tractatu meo de creticis diebus (mss. Cambridge, Add. 6865, f. 52v).

[7] Cfr. L. SCHUBA, *Die medizinischen Handschriften der Codices Palatini Latini in der Vatikanischen Bibliothek. Kataloge der Universitätsbibliothek Heidelberg*, Band I, Ludwig Reichert, Wiesbaden 1981, p. 543.

[8] Ms. Boston, Medical Library, 15, ff. 115r-120r. Cfr. L. THORNDIKE–P. KIBRE, *A Catalogue of Incipits of Mediaeval Scientific Writings in Latin*, Mediaeval Academy, Cambridge, Mass. 1963, p. 1543: *Suo patri domino magistro Winoaldo...*

[9] M.H. GREEN, «Rethinking the Manuscript Basis of Salvatore de Renzi's *Collectio Salernitana*: The *corpus* of medical Writings in the 'long' Twelfth Century», in Jacquart, D.–Paravicini–A. Bagliani, *La 'Collectio Salernitana' di Salvatore De Renzi*, Florencia: SISMEL–Edizioni del Galluzzo, Firenze 2008, pp. 15-60 y «Salerno on the Thames: The Genesis of Anglo–Norman Medical Literatur», in J. Wogan–Browne *et alii* (eds.), *Language and Culture in Medieval Britain: The French of England, c. 1100–c. 150*, New York 2009, pp. 220-231.

[10] El hecho de que Plateario escribiera otro compendio médico, titulado *Practica*, o también *Breviarium practice*, es el responsable de que ambos autores se hayan confundido a lo largo de la tradición textual de ambas obras. Además normalmente se conoce a Plateario con el nombre de *Johannes*, lo que también contribuyó a esta confusión entre ambos autores salernitanos. Un ejemplo de ello es el ms. München, Bayerische Staatsbibliothek, clm 75, s. XIV–XV, donde se ha conservado la obra de Plateario, que algunos estudiosos han confundido con la obra de Sancto Paulo (Cfr. G.H. KRÖMER, *Johanns von Sancto Paulo*, p. 59).

Variole dicte sunt quod diversis maculis variant cutem ... cuius quatuor sunt species, ... Tercia est in qua pustule grosse et nigre IIII vel V in corpore apparent, haec ceteris est periculosior, frequenter veniens in acutis febribus, in quibus aduruntur humores et ex melancolia innaturali diciturque pustella (al.: *pustula*). Hanc nostri salernitani scaiam (al.: *scabiam, scaram*)[11] vocant.

2. ESTRUCTURA

El *Breviarium* es un compendio médico sobre las enfermedades y su curación, cuya edición crítica estamos acometiendo. Fue compuesto cuando aún vivía el obispo Romualdo, mencionado en el texto (es decir, con el término *ante quem* del año 1181). Como la mayoría de estos tratados, se inicia con el tópico de que su autor se ha visto obligado a escribirlo apremiado por los ruegos de sus colegas, más que discípulos (*socii*[12]), en un prólogo que muestra la finalidad del texto como instrumento de trabajo esencial para los médicos y, a la vez, como mediador en la transmisión de los conocimientos médicos, ordenando el material de un modo científico (*de capite ad calcem*) y dotándolo de una perfecta estructura. Aunque nace con una vocación eminentemente práctica, tampoco renuncia a exponer la teoría de forma clara y sintética. El prólogo es muy claro al respecto:

> Assiduis peticionibus me karissimi compendiose morborum signa, causas et curas in scriptum redigere cogitis. Desiderans itaque vestris satisfaciens hunc laborem leto aggredior animo considerans ipsum vobis simul et posteris fore quam maxime utilem. Exequar autem breviter signa et causas proponens et curas subiciens, ideoque breviarium intitulavi. Dividitur autem liber iste in V particulas. Quarum prima de signis, causis et curis egritudinum universaliter tractatum continet, et de exterioribus passionibus corporis. Secunda de passionibus animatorum membrorum et spiritualium. Tercia de passionibus nutritivarum parcium. Quarta de morbis generativorum membrorum et scie manuum et pedum. Quinta vero de febribus[13].

---

[11] Cambridge Add. 6865, f. 20r. Las variantes señaladas aparecen en otros manuscritos; para la tradición del texto cfr. A. I. MARTÍN FERREIRA–A. GARCÍA GONZÁLEZ, «La tradición manuscrita del *Breviarium* de Johannes de Sancto Paulo», *Exemplaria Classica*, 14 (2010) 227-248.

[12] Consideramos que el vocablo se emplea para compañeros en régimen de igualdad, «aliados», no para la relación de preeminencia que puede darse entre un maestro y su discípulo.

[13] Cambridge Add. 6865, f. 14r.

Una rápida ojeada al índice de esta obra, cuyo título tiene más que ver con el método de composición que con la extensión total del texto, nos permite corroborar diferentes datos acerca de su procedencia, su método de trabajo y las obras que sirvieron de fuente a este escritor médico. Se divide en cinco libros, que se organizan de la siguiente manera[14]:

Libro I:

1. De generalibus signis et causis egritudinis.
2. De generalibus curis
3. De varietate signorum.
4. De varietate curarum.
5. De purgationibus.
6. De collectionibus.
7. De curis collectionum.
8. De curis apostematum.
9. De vulneribus et incisionibus et mala carne vulnerum.
10. *De fistula.*
11. De morsu venenosorum animalium et precipue canis rabidi.
12. De ignis et aque calide incendio.
13. De variolis.
14. *De scabie.*
15. De pediculis.
16. *De lepra et serpigine.*
17. *De morphea et impetigine.*
18. De porris et verrucis.
19. De pustulis capitis.
20. De furfuris capitis.
21. De ornatu capillorum.
22. De ornatu faciei.
23. De scrofulis et boscio.
24. De fetore sub asselarum.
25. De fissura manuum et pedum.

Libro II:

1. *De dolore capitis.*
2. *De mania et melancholia.*
3. *De frenesi.*
4. *De litargia.*
5. De scotomia.
6. De epilempsia
7. *De apoplexia.*
8. *De paralisi.*
9. De spasmo.
10. De dolore oculorum.
11. De defectu visus.
12. *De variis morbis oculorum.*
13. *De dolore aurium.*
14. De defectu auditus.
15. *De fluxu sanguinis a naribus.*
16. De coriza.
17. *De fetore narium.*
18. *De fetore oris.*
19. *De pustulis oris.*
20. De viciis dentium.
21. *De uvula.*
22. *De squinantia.*
23. *De voce.*
24. *De tussi.*
25. *De emptoicis.*
26. *De empicis.*
27. *De ptisi.*
28. *De pleuresi et peripleumonia.*
29. *De asmate.*
30. De sincopi.

[14] Hemos destacado en cursiva en este elenco los capítulos que también aborda la *Practica* de Plateario, que está editando Victoria Recio Muñoz.

Libro III:

1. *De fastidio.*
2. *De bolismo.*
3. De siti.
4. De eructatione.
5. *De singultu.*
6. *De vomitu.*
7. De dolore stomachi et intestinorum.
8. *De apostemate stomachi et intestinorum.*
9. *De diarria.*
10. *De lienteria.*
11. De dissenteria.
12. *De tenasmon.*
13. De yliacis et colicis.
14. *De lumbricis.*
15. *De passionibus ani.*
16. De dolore epatis.
17. *De apostemate epatis.*
18. *De idropisi.*
19. *De yctericia.*
20. *De splene.*
21. De apostemate et vulnere renum et vesice.
22. De pilis et furfuribus.
23. *De lapide.*
24. *De sanguinis mictura.*
25. *De diabete.*
26. De stranguria.
27. *De diampne.*

Libro IV:

1. *De vulnere virge et tumore testiculorum.*
2. De coytu.
3. *De satyriasi.*
4. *De gonorrea.*
5. *De aproximeron*[15].
6. De retentione menstruorum.
7. *De fluxu menstruorum.*
8. De egressu matricis.
9. *De suffocatione matricis.*
10. De apostemate et vulnere matricis.
11. *De sterilitate.*
12. De signis concepcionis.
13. De aborsu.
14. De mamillis.
15. De sciatica.

---

[15] El manuscrito Cambridge, University Library, Additional 6865 (ca. 1200) no incluye el índice de capítulos de este libro (otros mss. sí) y comienza en el capítulo 5, lo cual nos hace pensar en una especie de censura por parte del copista.

Libro V:

1. De diffinicione et divisione febrium.
2. *De effimera.*
3. *De ethica.*
4. De putrida.
5. *De continuis.*
6. De cognoscendo gradus discrassie.
7. De dieta et purgacionibus.
8. De sintomatibus febrium.
9. De sinoca inflativa.
10. De sinoca putrida et primum de omothono.
11. De sinoco augmastico.
12. De causon.
13. *De continua cotidiana.*
14. De quartana continua.
15. *De interpolatis.*
16. De cotidiana.
17. *De terciana.*
18. *De quartana.*
19. De compositibus febribus.
20. De minori emitriteo.
21. De medio emitriteo.
22. De maiori emitriteo.
23. De duplici terciana.
24. *De erraticis febribus.*
25. De epiala et liparia.

El libro primero se dedica a los síntomas y causas de las enfermedades en su aspecto teórico y práctico, dando paso al tratamiento pormenorizado de todas las afecciones externas del cuerpo. A continuación, el libro segundo trata de las enfermedades mentales y de la cabeza en general, las de la vista y el oído, la nariz, la boca y el aparato respiratorio. Los capítulos del libro tercero se ocupan de las enfermedades del aparato gastrointestinal, las hepáticas y renales. En el libro cuarto, el más breve, se desglosan las enfermedades del aparato reproductor, tanto femenino como masculino, finalizando con las afecciones articulatorias. Por último, el quinto libro es una monografía sobre las fiebres.

El *Breviarium* se distingue de otras obras enciclopédicas del siglo XII, de maestros salernitanos como Cofón, Plateario y Bartolomeo, por su dependencia del *Viaticum* de Ibn al Ğazzar[16], una de las obras árabes traducidas por Constantino el Africano en el siglo XI[17], también se distingue

---

[16] Dice M.H. GREEN: «Indeed, the Breviary is the first Salernitan composition to attempt to match the Viaticum's nosological and therapeutic detail» («Johannes de Sancto Paulo», p. 286).

[17] Con su peculiar método de trabajo, Constantino se apropió de este texto (*Nostrum autem nomen huic opusculo apponi censui...*, leemos en el proemio de la edición del *Viaticum* en *Omnia Opera Ysaac*, Lión 1511, f. 154r). Sobre esta cuestión cfr. los trabajos que ha llevado a cabo E. MONTERO, «Encuentro de culturas en

de la producción de dichos maestros por su mayor penetración en los contenidos, característica en la que sólo puede compararse con la coetánea *Practica* de Plateario. La obra pretende ofrecer una explicación sistemática de los signos y las causas de las enfermedades, además de abordar su curación. Se trata de abreviar, esquematizar, mezclar y seleccionar las fuentes y los datos, y de fijar un orden y un método expositivo que favorezcan la memorización de los contenidos, lo que en los albores del enciclopedismo supone un gran avance científico. El objetivo es ofrecer un modelo de *vademecum*, en el sentido literal del término; no en vano a ello alude el título del *Viaticum*, así conocido en la versión de Constantino, pero titulado en árabe por su autor, el médico tunecino Al–Ğāzzar (*ca.* 980), *Zad al–Musafir*, es decir, «El libro del viajero», el que cualquiera podía llevar consigo para tenerlo todo. En el compendio de Sancto Paulo los siete libros del *Viaticum* se condensan en cuatro y se añade un quinto dedicado a las fiebres, que amplía considerablemente los seis capítulos dedicados a las mismas en el texto de Constantino. Es más que probable que esta parte del compendio beba también de la propia traducción de Constantino del *Liber de febribus* de Isaac Israelí[18]. Las calas que hemos realizado para escribir estas páginas de momento nos dan la razón.

Un ejemplo del modo de proceder del *Breviarium* frente al *Viaticum* puede observarse en el capítulo *de variolis* (lib. I, cap. 14). Esta muestra nos permite observar que la dependencia es sobre todo estructural y muy llamativa en el caso de las recetas, a la vez nos ofrece una prueba de cómo se han ampliado los contenidos teóricos, se ha introducido una preocupación etimológica y vemos las novedosas subdivisiones que aparecen en el capítulo de Sancto Paulo comparado con el mismo del *Viaticum*[19]:

Salerno: Constantino el Africano, traductor», in J. Hamesse–M. Fattori (eds.), *Rencontres de cultures dans la philosophie médiévale. Traductions et Traducteurs de l'antiquité tardive au XIVe siècle*, Lovaina–Cassino 1990, pp. 65-88; «Costantino Africano e il recupero dei testi greci antichi di medicina», *Schola Salernitana. Annali*, III-IV (1998-1999) 9-29; «La recepción de los textos médicos en la Edad Media: de Salerno a Toledo», in A. Alvar *et al.* (eds.), *Actas del XI Congreso de la Sociedad Española de Estudios Clásicos*, Alianza Editorial–Ediciones Clásicas, Madrid 2006, vol. III, pp. 173-206 (en sus páginas se incluye toda la bibliografía al respecto y el estado de la cuestión).

[18] Publicada en *Omnia Opera Ysaac*, Lión 1511, ff. 203v-226v.

[19] Las cursivas empleadas para destacar el texto son nuestras. Lo signos empleados para pesos y medidas son los siguientes, de menor a mayor: scrupulum (Э): escrúpulo (= 1,137 gr.); drachma (□): dracma (= 3 escrúpulos) y uncia (℥): onza (= 8 dracmas).

(Cambridge, Add. 6865, f. 20r-20v).

Variole dicte sunt quia diversis maculis variant cutem. Hanc passionem quidam *turpedinem* dixerunt, quia *deturpat* cutem. *Alii morbillum, idest, minutum morbum,* alii lepram vocaverunt quia corpus variis distingit maculis ut lepra. *Cuius IIII sunt species*:... Commovetur passio hec ex aere pestilentiali, cibis corruptis et assessione eandem passionem pacientium propter corruptum fumum ab eis resolutum.

Signa precedentia variole sunt hec: dolor capitis, sternutatio, pruritus narium, vox rauca, grossitudo gutturis, nausia, gravitas tocius corporis, punctio quasi ex acu propter egressum materiei separantis carnem et pungentis cutem.

Abstinendi sunt a frigidis ne materia claudatur et congeletur. Bibant succum maratri vel apii cum oxizaccara ut facilius exeat material.

Ieiuni quoque accipiant de hac confectione donec tote apparuerint, post ea non: R. ficcuum siccarum, lentis mundate ana ʒ X, lacce, dragaganti ana V ʒ , maratri ʒ III, coquantur in XVIII ʒ aque donec redat aqua ad III ʒ, deinde coletur et iungitur I Ɔ croci, ne nascantur in oculis rigentur cum iure olive. Si circundant os, laventur cum muscillagine psillii et zuccaro.

Viaticum. Cap. 8, f. 118vb

Variole de sanguinis putridi nascuntur corruptione, et sunt de accidentibus sinochum comitantibus.

Quarum signa sunt febris fortitudo, cephalea, rubor oculorum et faciei plenitudo, eorum gravitas, dolor in gula et in pectore tussis, prurigo in naribus, sternutatio et punctura in superficie corporis, quia materia querens exitum pungit carnem et cutem separans iuncturas earum ad exeundum, quod cum videris certa signa sunt huiusmodi passionis venture. Medicandus est ergo in initio cum calidis et humidis, que intus naturam dissolvunt et extrinsecus expellunt.

Caveatur frigida medicina que humores claudit et congelat. Medicina vero variolas cito eiiciens, et sine molestatione, est succus maratri, apii cum oxizaccara.

Accipiant de hac confectione a nobis probata: R. V ficus siccas, lentis mundate ʒ X lacce ʒ V dragaganti totidem, maratri ʒ IIII, omnia coquantur in una libra aque et semis usque ad ʒ IIII, deinde cola et mitte Ɔ I croci et da ... Studendum est in initio ne in oculis pustule nascantur et laventur cum lotura olive oculos mundificante; his mundificatis imponenda est aqua rose

Surgentur et sumant tiriacam vel mitridatum, dieta sit ptisana, atriplex, cucurbita. Deforis ungantur ex his que dicemus in lepra. Si frigus fuerit, stent ad ignem in quo sint carbones vitis. Pustulis incipientibus desiccari iaceant super farinam risi vel milii. Si pueri sunt, ligentur brachia ne pro nimio pruritu cutem scalpentes auferant aut nasum deponant.

cum succo maligranate vel aqua rose et sumac. Si os circundando exierint, laventur cum visco psilii et zuccara.

Post septem dies oportet custodiri de medicina vel dieta dissolutiva, quia hec passio propria est solutioni ventris supervenienti, quod si adveniat oportet eam constringi cum medicina in diaria dicta, vel in aliis locis libri nostri. Pustulis effluentibus et desiccari incipientibus, impleatur culcitra ubi infirmus iacet de rizi farina, superponatur vulneribus farina rizi vel milii cum croco.

Un interesante pasaje del *Breviarium* Sancto Paulo nos proporciona varios datos que permiten conocer mejor su actividad[20]; en primer lugar habla de sus fuentes y sabemos que es Constantino el Africano una de las principales. Pero el autor no se ha limitado a la transmisión del *corpus* constantiniano sino que, aun respetando su autoridad, es capaz de hacer una somera crítica sobre las características de la lengua del mítico traductor de Montecassino, al lamentar la escasa competencia en la lengua latina del monje africano. Al hilo de esta cuestión confiesa haber acudido a Galeno[21] y nos informa sobre su método de trabajo, basado en la lectura constante, en el respeto por el texto, pulido y enmendado, es decir, en el cotejo de las fuentes y en la práctica aprendida de sus maestros, concretamente del arzobispo Romualdo de Salerno. Sancto Paulo es consciente de que alguna

---

[20] Sobre este fragmento ya llamó la atención V. ROSE, *Verzeichniss der Lateinischen Handschriften der Königlichen Bibliothek zu Berlin*, Zweiter Band: Die Handschriften der Kurfürstlichen Bibliothek und der Kurfürstlichen Lande, Dritte Abteilung (Die Handschriften–Verzeichnisse der Königlichen Bibliothek zu Berlin, Dreizehnter Band), Asher, Berlin 1905, pp. 1342-43.

[21] A quien cita varias veces, de manera especial en el *explicit* del *Breviarium*: *Ecce iam breviter ut postulastis et in compendio signa causas et curas omnium egritudinum* assignavimus secundum disciplinas nostrorum auctorum et precipue Galieni. *Vos secundum scripta ista operamini vestra opera dirigente deo omnipotente.* Siguiendo la estela de Constantino, Sancto Paulo tampoco cita fuentes árabes, probablemente por las mismas razones religiosas y/o políticas apuntadas por E. MONTERO al analizar el método de traducción constantiniano; cfr. «La recepción de los textos médicos en la Edad Media», pp. 185-186.

puntualización a las fuentes, en concreto a Constantino, podría acarrearle las críticas de sus lectores y se anticipa a ellas haciendo hincapié en su contraste con los textos y su unión de teoría y práctica. Tampoco le viene nada mal acudir a la autoridad protectora del obispo. Con esta declaración también sabemos que componía a través de un copista personal, llamado *Ranierius*, encargado de escribir al dictado del maestro. Como puede observarse, las últimas líneas de este fragmento nos remiten a la práctica de las *subscriptiones* en época tardoantigua[22], un procedimiento que aquí emplea nuestro compilador para rendir cuentas de las implicaciones y motivaciones histórico-culturales de su actividad como seleccionador y reelaborador de textos. Como lo normal es encontrar este tipo de observaciones al principio o al final de un texto, por su situación en la obra esta nota nos llevará en un futuro a analizar si se trataba del final previsto para la misma antes de añadir los capítulos relativos a la tipología de las fiebres (¿pudo ser el tratado de las fiebres un añadido al plan primigenio de la obra?):

> (Lib. V, cap. 6): Attendere oportet gradus febrilis discrasie ut sciamus in quo gradu et in qua parte gradus sit febrilis discrasia. Causam etenim curativam necesse est proportionalem esse et convenientem magnitudini discrasie. Ceterum *dicit Constantinus in libro Megategni in quo quedam verba Galeni exponit et se in huiusmodi verba resolvit:* Quantitas inquit apponendorum litteris nullatenus denotari potest. Sufficit tamen ut apponatur secundum quod sibi propinquius est. Et post pauca ait: Assuefactio artis rerumque frequentatio que propinquiora sunt ostendunt, quarum quantitatis modum licet lingua explicare nequeamus, dicimus tamen ea que viciniora sunt. *Et Constantinus cum esset africanus et in lingua latina pauper, explicare non poterat. Galienus autem in Tegni evidentissime scripsit sic dicens:* Si secundum calidius... Quantitatem complexionis et discrasie iam me dixisse vobis memini. Nam et *Raynerius secundum quod a me audivit luculentissime scripsit.* Sed quia liber iste ad plurimorum manus perveniet, nam necdum finitus summopere exoptatur, ideo reminiscere hoc placet. Nec enodacionem meam reprehensionem Constantini mei emuli criminentur. Asserunt etenim et dicunt: *Johannes de Sancto Paulo tota die legit et relegit. Verum est equidem ut dicunt; lego et relego, lecta et relecta memorie commendo, verbis exprimo, litteris signo. Gratia Dei in me operante per Jhesum Christum qui est*

---

[22] Sugerencia que agradecemos a O. PECERE, que conoció la versión oral de este trabajo. Para la definición de esta práctica cfr. el manual clásico de L.D. REYNOLDS–N. G. WILSON, *Copistas y filólogos*, Gredos, Madrid 1986, pp. 59-61 (trad. esp. de *Scribes and Scholars*, Oxford University Press, 1968). Cfr. asimismo O. PECERE, «Antichità tarda e trasmissioni dei testi. Qualque riflessione», en Id. (ed.), *Itinerari dei testi antichi*, L'Erma di Bretschneider, Roma 1991, pp. 55-83.

benedictus in secula. Et que scribo non solum a libris verum etiam a peritis habeo magistris, precipue a Romoaldo venerabili per Dei gratiam Salernitane sedis archiepiscopo[23].

3. Pervivencia

Sus características explican la difusión de la obra: hemos localizado, hasta la fecha, alrededor de 40 manuscritos. Y cabe señalar la influencia que tuvo este texto en autores como Gilberto Ánglico[24], que siguió muy de cerca también a este maestro salernitano en la redacción de su *Compendium medicinae*[25]. Nos limitamos a señalar un ejemplo del mismo capítulo *de variolis*, en el que se observa la copia literal de texto de Sancto Paulo:

Breviarium, I, cap. 14. *De variolis*[26].

… IIII sunt species: Una in qua pustule sunt albe et ad putredinem veniunt vocaturque stora et fit ex flemate, quod salcessit. Secunda est in qua pustule sunt minutissime et rubee et dicitur proprie morbillus vel veterana, et fit ex flemate salso et colera vel sanguine.

Hanc frequentius paciuntur pueri, qui sue generationis tempore sanguine menstruo non bene depurato nutriti sunt, vel post tempus nativitatis lacte nutriuntur corrupto. Tercia est in qua pustule grosse et nigre IIII vel V in corpore apparent, haec ceteris est periculosior, frequenter veniens in

Compendium lib. VII, ff. 347r–v

… quattuor sunt species. Una in qua pustule albe sunt et ad putredinem veniunt, vocaturque scora, et fit ex flemate, tunc apostema quod salsescit, et secunda est in qua pustule sunt minutissime et rubee, et dicitur proprie morbillus vel veterana, et fit de flemate salso et colera vel sanguine qui est frequentius in pueris et in similibus.

Hec species frequentius pueris generatur tempore menstruorum vel nutricis in utero menstruali sanguine non bene depurato. Vel qui post tempus nativitatis lacte nutriuntur corrupto. Tertia est in qua pustule grosssse nigre III vel V in corpore apparent, hec ceteris est periculosior

---

[23] Cambridge, Add. 6865, ff. 51rb-51va. La cursiva es nuestra.

[24] Sobre este autor cfr. O. Riha, «Gilbertus Anglicus und sein *Compendium medicinae*», *Sudhoffs Archiv*, 78.1 (1994) 59-79 y M. McVaugh, «Who was Gilbert the Englishman?», in G. Hardin Brown–L. Ehrsam Voigts (eds.), *The Study of Medieval Manuscripts of England*, ACMRS, Tempe 2010, pp. 295-324.

[25] Cfr. *Compendium medicine Gilberti anglici tam morborum universalium quam particularium nondum medicis sed et cyrurgicis utillissimum*, Lugduni 1510.

[26] Cambridge, Add. 6865, f. 20r.

acutis febribus, in quibus aduruntur humores et ex melancolia innaturali diciturque pustella. Hanc nostri salernitani scaiam[27] vocant.	proveniens ex melancolia innaturali et in acutis febribus, in quibus aduruntur humores, diciturque pustula.
Quarta species dicitur lenticula et est nigra, magna in modum lenticule, fit quandoque cum febre ut in sinoca, quandoque sine febre. Commovetur passio hec ex aere pestilentiali, cibis corruptis et assessione eandem passionem pacientium propter corruptum fumum ab eis resolutum.	Quarta species dicitur lenticula, et est nigra et magna et in modum lenticule. Fit quandoque cum febre, ut in sinocha, quandoque sine febre. Fit autem hec passio quandoque ex aere pestilentiali cibis corruptis et ex sessione iuxta patientem propter resolutum fumum cum sint de generatione inficientium.

Aunque Johannes podría haber tenido notable influencia, lo cierto es que rara vez se encuentra citado expresamente en los autores posteriores, seguramente porque sus obras circularon a menudo a nombre de otros, como Constantino el Africano o Bernardo de Gordon[28] y porque, como puede comprobarse en la tradición manuscrita, muchas veces se le confunde con Johannes Plateario[29]. En nuestro trabajo de estudio y edición crítica del texto será sumamente interesante comprobar las semejanzas y las diferencias entre estos dos compendios, escritas con pocos años de diferencia por parte de dos autores igual de enigmáticos y que también compartieron parte del nombre. A modo de avance hemos presentado aquí un listado de los capítulos coincidentes que demuestran un propósito común pero distintas soluciones. Por otro lado, y a falta de los datos definitivos que presentaremos con Victoria Recio, editora de Plateario, podemos afirmar que es mayor el contenido teórico de la obra de Sancto Paulo, y también que demuestra unas preocupaciones lingüísticas que no se dan en la *Practica* del conocido maestro salernitano. Cabe pues concluir que todo compendio nace con la voluntad de dejar la impronta de su autor, y que unos no excluyeron o

---

[27] Otros: *scaram* o *scamulam*.

[28] El tratado titulado *Flores diaetarum* aparece atribuido a Bernardo de Gordon en sus *Opera omnia* (Lión, 1574, apud G. Rovillium, pp. 948-963). A su vez, el *Liber de simplicium medicinarum virtutibus* se publicó a nombre de Constantino en *Omnia Opera Ysaac*, Lión 1511.

[29] Es el caso del mss. escurialense e.IV.22, en el que aparece descrito como «Joannis Platearii de Sancto Paulo *breviarium*». Cfr. G. ANTOLÍN, *Catálogo de los códices latinos de la Real Biblioteca de El Escorial*, Madrid 1911, vol. II, p. 122.

sutituyeron a otros. De hecho, aunque comparten fuentes y tópicos, no hay en ellos una renuncia, y menos explícita, a la innovación y a erigirse como *auctoritas* en la materia tratada. Estos primeros compendios, juntos, pasaron a formar parte en fecha temprana de códices temáticos, junto a obras similares, de corte práctico, como herbarios y recetarios, que se convirtieron en la principal fuente de información a la que acudieron los compiladores de los siglos XIII y XIV, el momento de la difusión de la medicina salernitana por las incipientes universidades europeas. Curiosamente, aunque se puede poner en duda la originalidad de esta clase de literatura en segundo grado[30], el *Breviarium*, junto con la *Practica* de Platerario, estableció la tipología de un género dentro de la literatura médica, tuvo un difusión notable, dado el elevadísimo número de manuscritos que estamos colacionando, cuyos primeros testimonios datan de finales del siglo XII y la primera mitad del XIII. Después de las primeras traducciones de textos médicos del árabe al latín, estos textos constituyen el segundo gran hito en la difusión de los contenidos científico–médicos por Europa. Probablemente, como muchas de las traducciones, nacieron por encargo y no se consumieron en los centros de producción sino que se orientaron a la exportación desde su misma génesis. No olvidemos que se vinculan a una época de grandes movimientos y viajes de Oriente a Occidente y viceversa, coincidiendo con las Cruzadas.

Solo fijados los textos se podrán establecer más conclusiones. La edición crítica de textos medievales de contenido científico y médico, según los criterios de la crítica textual moderna, es un campo de investigación en el que aún queda un inmenso trabajo por realizar. Los esfuerzos llevados a cabo hasta hoy para dar a conocer este tipo de literatura han comenzado a ofrecer buenos resultados, pero cuantitativamente son pocas las obras que han pasado por este proceso y todavía son más a las que sólo tenemos acceso a través de ediciones renacentistas, tan válidas como los testimonios manuscritos. En el caso de la literatura médico–botánica adscrita a la llamada Escuela Médica de Salerno contamos además con la colección de textos publicados en el siglo XIX por Salvatore De Renzi en la titulada *Collectio Salernitana*[31], pero indudablemente sus criterios de edición fueron otros y los textos allí publicados no conforman el total de la literatura médica de origen

---

[30] Hoy en día es perfectamente trasladable este concepto de Genette también a la literatura científico-técnica (G. GENETTE, *Palimpsestos. La literatura en segundo grado*, Taurus, Madrid 1989 [= *Palimpsestes*, Éditions du Seuil, Paris 1962]).

[31] *Collectio Salernitana, ossia documenti inediti, e trattati di medicina appartenenti alla Scuola Medica Salernitana*, a cura di S. DE RENZI, 5 vols., Napoli, Filiatre–Sebezio, 1852-1859.

salernitano. Por ello en ocasiones nos encontramos ante obras que no sólo no fueron incluidas por De Renzi en su colección, sino que ni siquiera conocieron tampoco edición alguna en época renacentista, lo que convierte a sus autores en auténticos eslabones perdidos en la cadena de transmisión de los saberes científicos a lo largo del Medievo. Este fue el caso de Sancto Paulo y es nuestro propósito remediarlo.

Rino Modonutti[*]

DUE DOMENICANI DI FRONTE ALLA STORIA: FRA GIOVANNI COLONNA E LO *SPECULUM HISTORIALE* DI VINCENZO DI BEAUVAIS

Tra i molti corrispondenti di Francesco Petrarca vi è un frate Giovanni Colonna, a cui sono rivolte otto delle *Familiares* e che rimase per molto tempo un personaggio misterioso[1]. Vittorio Rossi, spazzando il campo da altre evanescenti proposte, identificò questo «religiosum virum» con il nipote di Landolfo Colonna, canonico di Chartres e committente del Livio-Floro-Ditti Cretese che fu poi del Petrarca stesso (il Par. lat. 5690)[2]. Nato nel 1298 a Roma, il domenicano Giovanni Colonna, del ramo di Gallicano, si formò probabilmente in Francia, soggiornando anche presso lo zio a Chartres. Dopo molti anni che paiono caratterizzati da continui spostamenti e che lo portarono anche a soggiornare a Cipro, al seguito del vescovo Giovanni Conti, e a visitare la Terrasanta, riapprodò alla nativa Roma e fu quindi destinato come *lector* al convento di Tivoli, dove si spense tra il 1343 e il 1344, come si può ricavare da una lettera di Petrarca[3]. A quest'ultima fase della sua non lunga esistenza, è stata ragionevolmente attribuita la composizione della seconda opera conservata del Colonna, ossia una corposa compilazione storiografica, rimasta incompiuta, dal titolo *Mare historiarum*, che dalle origini del mondo porta il racconto al 1250, mentre il *De viris*

---

[*] Università degli Studi di Padova, Dipartimento di Studi linguistici e letterari. rino.modonutti@gmail.com. Voglio ringraziare Giovanna M. Gianola per i consigli e l'attenta lettura.

[1] Si tratta di *Fam.* II, 5-8, III, 13, VI, 2-4.

[2] V. Rossi, «Di un Colonna corrispondente del Petrarca», *Archivio della Regia Società Romana di Storia Patria*, 43 (1920) 103-111. Sul Par. lat. 5690 e la sua storia G. Billanovich, «Petrarch and the textual tradition of Livy», in Id., *Itinera. Vicende di libri e di testi*, ed. M. Cortesi, Edizioni di storia e letteratura, Roma 2004, vol. I, pp. 1-101, alle pp. 27-48; Id., *La tradizione del testo di Livio e le origini dell'Umanesimo*, parte I, *Tradizione e fortuna di Livio tra Medioevo e Umanesimo*, Antenore, Padova 1981, pp. 139-143, 173, 209; e anche M. Santagata, *Petrarca e i Colonna*, Pacini Fazzi, Lucca 1989, pp. 24-25.

[3] *Fam.* XXIII, 12, 25-26.

illustribus, altra fatica compilativa, sarebbe stato composto qualche anno prima[4].

Tra le fonti del *Mare historiarum* riconosciute in maniera esplicita c'è Vincenzo di Beauvais, il che non stupisce se si considera che Giovanni è, come Vincenzo, un frate predicatore, e, per di più, è stato *lector* in un convento. Ma anche prescindendo da questa comune appartenenza religiosa, agli inizi del Trecento per chiunque avesse voluto comporre un'enciclopedia storiografica lo *Speculum historiale* sarebbe stato un termine di confronto non eludibile, sia se lo si considera dal punto di vista della completezza, sia se si tiene conto della sua diffusione[5]. L'incompiutezza del *Mare* rende per

---

[4] Una sintesi su vita e opere di Giovanni Colonna si legge in R. MODONUTTI, «Colonna, Giovanni», in R.G. Dunphy (ed.), *Encyclopedia of the Medieval Chronicle*, Brill, Leiden-Boston 2010, pp. 480-481; più articolato il profilo in F. SURDICH, «Colonna, Giovanni», *DBI*, vol. XXVII (1982) 337-338. La più organica ricostruzione della biografia e del profilo culturale del Colonna resta però S.L. FORTE, «John Colonna o. p. life and writings», *Archivum fratrum Praedicatorum*, 20 (1950) 369-414; più di recente nuove proposte sulla biografia del domenicano sono state avanzate in SANTAGATA, *Petrarca e i Colonna*, cit. Un momento fondamentale nella storia degli studi su Giovanni è poi l'identificazione di due codici autografi, uno per ciascuna delle due opere, ad opera di Braxton Ross (B. ROSS, «New autographs of fra Giovanni Colonna», *Studi petrarcheschi*, 2 [1985] 211-229). Per il *De viris* R. SABBADINI, «Giovanni Colonna biografo e bibliografo del secolo XIV», *Atti della Reale Accademia delle Scienze di Torino*, 46 (1911) 3-32; B. ROSS, «Giovanni Colonna, historian at Avignon», *Speculum*, 9 (1970) 535-563; G.M. GIANOLA, «La raccolta di biografie come problema storiografico nel *De viris* di Giovanni Colonna», *Bullettino dell'Istituto storico italiano per il medio evo e Archivio muratoriano*, 89 (1980-1981) 509-540. Sul *Mare historiarum* B. ROSS, «The tradition of Livy in the *Mare historiarum* of fra Giovanni Colonna», *Studi petrarcheschi*, 6 (1989) 71-86; R. MODONUTTI, «Memorie e rovine di Roma imperiale nel *Mare historiarum* di fra Giovanni Colonna», *Italia medioevale e umanistica*, 52 (2011) 27-70; e ID., *Fra Giovanni Colonna e la storia antica da Adriano ai Severi*, CLEUP, Padova 2013.

[5] Cfr. M. PAULMIER-FOUCART – M.C. DUCHENNE, *Vincent de Beauvais et le Grand miroir du monde*, Brepols, Turnhout 2004; i saggi raccolti in S. Lusignan – M. Paulmier-Foucart – A. Nadeau (eds.), *Vincent de Beauvais. Intentions et réceptions d'une oeuvre encyclopédique au Moyen-Âge*, Actes du XIVe de l'Institut d'études médiévales, Maison Bellarmin-Vrin, Saint-Laurent-Paris 1990 e in S. Lusignan – M. Paulmier-Foucart (eds.), *Lector et compilator. Vincent de Beauvais, frère prêcheur: un intellectuel et son milieu au XIIIe siècle*, Créaphis, Grâne 1997; B. GUENÉE, «Lo storico e la compilazione nel XIII secolo», in C. Leonardi – G. Orlandi (eds.), *Aspetti della letteratura latina del secolo XIII*, Regione dell'Umbria-La Nuova Italia, Perugia-Firenze 1986, pp. 57-76; e A.D. VON DEN BRINCKEN, «*Inter spinas principum terrenorum*: annotazioni sulle summe e sui compendi storici dei

altro, seppure in maniera del tutto casuale, pressoché identica l'estensione cronologica delle due compilazioni.

Il *Mare* manca di una prefazione (forse a causa della sua incompiutezza), ma, in un passo di natura programmatica dell'ultimo libro, il Colonna elenca il vescovo di Beauvais tra i suoi predecessori nell'attività storiografica (insieme a Eusebio e Sigeberto), e si colloca come ultimo nella lista, «onnium minimus», con un'espressione topica, che ritorna anche nel prologo generale dello *Speculum maius*[6]. Altrove l'autorità di «frater Vincentius» è chiamata in causa a sostegno di quanto riferito (per esempio *Mare* VIII, 15, f. 204rb «secundum fratrem Vincentium»; *Mare* VIII, 16, f. 204vb «ut frater Vincentius scribit»); in un altro passo poi l'autore dello *Speculum* è definito, con Martino di Troppau e Riccardo di Cluny, «cronicator egregius et verissimus»[7]. Questa lusinghiera definizione arriva però in un punto in cui il Colonna sta evidenziando un limite del Bellovacense: come Martino e Riccardo, anche Vincenzo ha riferito «modicum aut nichil» della guerra di Troia, per le cui vicende Giovanni dispone invece della testimonianza dell'*Ephemeris belli Troiani* di Ditti Cretese, testo dalla scarsa fortuna medievale e assente negli *excerpta* dello *Speculum historiale*[8]. Ditti consente al corrispondente del Petrarca di

---

mendicanti», *ibidem*, pp. 77-103. Giovanni Colonna ricorre allo *Speculum historiale* di Vincenzo anche nel *De viris illustribus* (SABBADINI, «Giovanni Colonna...», cit., p. 12.

[6] Come per tutte le altre osservazioni sulla compilazione del Colonna ci si atterrà qui al testo del codice autografo identificato da Braxton Ross (cfr. *supra*), il manoscritto Edili 173 della Biblioteca Medicea Laurenziana di Firenze, del quale si indicherà il foglio secondo la più antica numerazione in esso presente. Un elenco dei codici del *Mare* si può trovare nel citato saggio di Forte (FORTE, «John Colonna...», cit., pp. 397-401): senza entrare nel merito, sarà però il caso di segnalare che uno dei testimoni lì censito tra i codici perduti, il ms. 136 della Biblioteca histórica della Universidad Complutense di Madrid, è in realtà al suo posto, seppur pesantemente danneggiato. Su di esso MODONUTTI, *Fra Giovanni Colonna e la storia...*, cit., pp. 45-46. Il passo programmatico di cui s'è detto è al f. 168rb. Per il prologo generale dello *Speculum maius* S. LUSIGNAN, *Préface au* Speculum maius *de Vincent de Beauvais: réfraction et diffration*, Bellarmin-Vrin, Montréal-Paris 1979 (il *Libellus apologeticus* è qui edito alle pp. 115-139); e A. WINGELL, «Rhetorical rules and models for the *Libellus apologeticus* of Vincent of Beauvais», in Lusignan – Paulmier-Foucart – Nadeau (eds.), *Vincent de Beauvais...*, cit., pp. 33-55.

[7] *Mare* I, 38, f. 14rb.

[8] Cfr. M. PETOLETTI, «Benzo d'Alessandria e le vicende della guerra troiana: appunti sulla diffusione della *Ephemeris belli Troiani* di Ditti Cretese», *Aevum*, 73 (1999) 469-491, alle pp. 483-485.

ampliare in maniera significativa il resoconto delle vicende troiane. Sebbene infatti l'immensa mole dello *Speculum historiale* non sia in alcun modo comparabile col vasto, ma in fondo non enorme, «mare delle storie» di Giovanni, tuttavia nello *Speculum* la guerra di Troia è risolta in tre brevi capitoli (*Speculum historiale* II, 60, 62 e 63, meno di due colonne nell'edizione seicentesca), mentre nel *Mare* le sono dedicati nove capitoli (*Mare* I, 36-44), per dodici fitte colonne del codice autografo[9]. Questo esempio mostra subito con chiarezza che a Giovanni la compilazione storiografica del confratello non bastava: il rapporto tra i due domenicani si rivela quindi fin da un'analisi superficiale più articolato di quel che pensava Stephan Forte, che sinteticamente scrisse: «Vincent is the principal source of the *Mare*»[10].

Nel *Mare* Vincenzo ha certo un ruolo importante dal punto di vista strutturale: la griglia cronologica che soggiace alla compilazione del Colonna si appoggia sull'organizzazione della materia proposta da Vincenzo e ciò emerge con una certa evidenza se si scorrono i titoli dei capitoli soprattutto nella prima parte delle due opere[11]. Anche la divisione in libri, sebbene dall'autografo del *Mare* si ricavi che essa non era ancora del tutto assestata e sebbene non vi possa essere confronto quantitativo tra gli otto libri del Colonna e i trentuno dell'enciclopedia storica di Vincenzo, è talvolta palesemente guidata dallo *Speculum*[12]: il libro terzo del *Mare* inizia da

---

[9] Cfr. *ibidem*, p. 485 nota 63. I raffronti e le considerazioni sul testo dello *Speculum historiale* sono condotti proprio sull'edizione seicentesca, di cui è disponibile anche una ristampa anastatica (Akademische Druck- und Verlagsanstalt, Graz 1965): *Bibliotheca mundi seu Speculi maioris Vincentii Burgundi praesulis Bellovacensis ordinis Praedicatorum* [...] TOMUS QUARTUS QUI SPECULUM HISTORIALE INSCRIBITUR [...] *opera - studio Theologorum Benedictinorum Collegii Vedastini in Alma Academia Duacensi*, Duaci 1624.

[10] FORTE, «John Colonna...», cit., p. 395. Bisogna però anche riconoscere che, a quel che si può dedurre dagli esempi da lui portati, il Forte concentrò i suoi confronti tra le due compilazioni su alcuni passi della primissima parte, dove il debito di Giovanni nei confronti di Vincenzo è probabilmente maggiore. Inoltre la casuale coincidenza dell'estensione cronologica delle due compilazioni, a cui s'è fatto cenno, potrebbe aver incoraggiato in qualche misura il giudizio dello studioso. Che il rapporto della compilazione di Giovanni con quella di Vincenzo fosse meno lineare era impressione già di Braxton Ross (ROSS, «The tradition of Livy...», cit., pp. 70-71, in particolare la nota 3).

[11] Cfr. ROSS, «The tradition of Livy...», cit., p. 85: «the *Speculum historiale* of Vincent of Beauvais clearly furnished an organizing basis».

[12] La divisione in libri del *Mare* non è uniforme nella tradizione manoscritta. Nel codice autografo, da cui probabilmente dipendono gli altri, l'opera risulta

Alessandro Magno così come il quarto di Vincenzo[13]; il settimo libro parte da Costantino così come il XIII dello *Speculum*[14]. Ancora più significativa di un legame strutturale forte mi pare la coincidenza tra il passaggio dal VII all'VIII dell'opera di Giovanni e quello dal XXIII al XXIV del vescovo di Beauvais: il punto di svolta è in entrambi l'incoronazione imperiale di Carlo Magno, la cui vita si trova così divisa tra due libri, e ad aprire il secondo è per entrambi un ritratto del nuovo Augusto[15]. In altri casi però fonti sconosciute al Bellovacense e conosciute dal Colonna hanno un peso evidente anche a un livello strutturale alto quale l'articolazione in libri: il libro IV inizia nel *Mare* cronologicamente con le vicende dei Gracchi («De seditione Gracchorum Rome et bello servili in Sicilia et de morte Atthali regis») e con un estratto di Floro (FLOR. *Epith.* I, 47, 1-2), un passo di natura riepilogativa che sunteggia in chiave morale la precedente storia romana, e del quale Giovanni sfrutta con ogni evidenza quelle che possiamo chiamare le 'potenzialità proemiali'[16]. Per il VI libro a spingere il Colonna a partire dall'imperatore Adriano è con ogni probabilità l'*Historia Augusta*, che si apre con la vita di questo imperatore[17]. Come s'è detto, il libro si chiude poi prima dell'ascesa al trono di Costantino Magno, come il XII dello *Speculum*, così che si viene a creare un libro che già nella scelta dei suoi confini è conteso tra modelli antichi (ma 'nuovi' per il lettore del Trecento) come gli *Scriptores historiae Augustae* e i moderni (la solida sistemazione del sapere attuata meno di un secolo prima da Vincenzo). Se poi si passa alle rubriche dei capitoli emergono ancora similarità e divergenze: la struttura grammaticale è analoga nello *Speculum* e nel *Mare*, ma il Colonna propende per titoli molto più dettagliati e descrittivi, indulgendo assai meno di Vincenzo (ad eccezione che nell'ultima parte) alle generiche formule del tipo «de quibusdam incidentibus illius temporis».

Se infine si scende nella trama del racconto e si superano i tempi più remoti, le divergenze aumentano. Si è detto della guerra di Troia, ma è solo un caso macroscopico. L'impiego intensivo di Livio e di Floro modifica in maniera profonda la narrazione della storia romana, e non solo a un livello

---

appunto diviso in otto libri, ma si tratta di un'articolazione che molti indizi portano a ritenere non definitiva (tanto che vi sono forse addirittura elementi che permetterebbero di parlare di un embrionale nono libro).

[13] Cfr. *Mare* III, 1, f. 41vb; e *Speculum*, p. 117.
[14] Cfr. *Mare* VII, 1, f. 164rb; e *Speculum*, p. 507.
[15] Cfr. *Mare* VIII, 1, f. 199va-b; e *Speculum*, p. 962.
[16] Cfr. *Mare* IV, 1, f. 80vb.
[17] Cfr. *Mare* VI, 1, f. 133vb.

quantitativo[18]. Ma anche dove questi due storici sono chiamati in causa in maniera marginale, si notano importanti differenze. Se si considera per esempio il resoconto su Numa Pompilio, si può constatare che, passando dallo *Speculum historiale* al *Mare*, lo spazio impiegato non diminuisce, bensì aumenta, seppure non di molto, e soprattutto il diverso uso delle fonti comporta una focalizzazione diversa della figura del re, il cui ritratto è nel Colonna più organico e, se così si potesse dire, più 'ragionato'. Proviamo a mettere a confronto i passi delle due compilazioni sul re di Roma. Ho prima trascritto il passo dello *Speculum* di Vincenzo e poi quello del *Mare*[19]:

Speculum historiale II, 104 (p. 80).
De Manasse et Numa Pompilio.

[...] *Helinandus*. Temporibus Manasse, Romanorum secundus regnavit Numa Pompilius. Hic nullum cum finitimis bellum gessit, duos menses anno addidit scilicet Ianuarium et Februarium, cum ante illum 10 tantum apud Romanos fuissent. Capitolium a fundamentis edificavit et congiarium, dedit asseres ligneos et corticeos. [EUS., *Chronicon*, p. 91a-b]
   Aug. lib. 7 de civit. Dei cap. 35. Numa hydromantiam facere compulsus est, ut in aqua videret imagines demonorum et audiret ab eis quid in sacrificiis instituere et observare deberet. [AUG., *De civ. Dei* VII, 35]
   Varro in libro de cultu deorum. Terentius quidam, cum haberet ad Ianiculum fundum et bubulcus eius iuxta sepulchrum Nume Pompilii traiiciens aratrum, eruisset ex terra libros eius, ubi sacrorum institutorum scriptae erant cause, in urbem pertulit ad pretorem. At ille cum inspexisset principia, rem tantam detulit ad senatum, ubi cum primores quasdam causas legissent, cur quidque in sacris fuerit institutum, Nume quidem mortuo,

---

[18] Per quanto riguarda Livio, Braxton Ross ha dimostrato che il Colonna ricava i suoi *excerpta* da tutte e tre le decadi allora conosciute (ROSS, «The tradition of Livy...», cit., p. 72). A proposito di Floro si può ricordare che il Sabbadini, sulla base del solo *De viris illustribus*, aveva escluso l'epitomatore di Livio dalle letture del frate domenicano, mentre una lettura anche superficiale del *Mare* smentisce questo assunto (cfr. SABBADINI, «Giovanni Colonna...», cit., p. 28).

[19] Ometto sia per il *Mare* che per lo *Speculum* la sezione del capitolo relativa a Manasse. Come ho già detto, il testo del *Mare* è citato dal codice autografo Laurenziano (cfr. *supra* nota 808): ho mantenuto la grafia del codice (ad esempio *onnis* per *omnis*, o *inperium* per *imperium*), limitandomi a inserire la punteggiatura secondo gli usi moderni e a uniformare alla norma classica i gruppi *ti*/*ci* seguiti da vocale; ho registrato anche i segni di paragrafo (|). Ho indicato nel testo le fonti tra parentesi quadre; ho anche precisato quando il passo citato da Giovanni si presenti anche nella compilazione di Vincenzo.

senatus assensus est eosque libros tanquam religiosi patres conscripti, pretor ut combureret censuerunt. [AUG., *De civ. Dei* VII, 34]

Aug. lib. 7 de civit. Dei. Numa quod scire neminem voluit, ne homines nefaria doceret, violare tamen timuit, ne demones iratos haberet. [AUG., *De civ. Dei* VII, 34]

Isidorus. Numa Pompilius, qui Romulo successit, primus leges Romanis edidit. Deinde cum populus seditiosos magistratus ferre non posset, decemviros legibus scribendis decrevit, qui leges ex libris Solonis in Latinum sermonem translatam 12 tabulis exposuerunt. Fuerunt autem hii Appius Claudius, Geucius, Veterius, Iulius, Manilius, Sulpitius, Sextius, Curatius, Romulitis, Postumius. […] [ISID., *Etym.* V, 1, 3-4]

Mare historiarum II, 10.
De Manasse rege Iuda pessimo et de secundo rege Romanorum Numma Pompilius et gestis eius et quibusdam incidentibus illius temporis.

[…] [f. 21vb] | Denique, postquam ille Romulus primus Romanorum parens conparere desiit, senatus fere per annum rem publicam rexerat, quod quidem regimen interregnum appellatum est [EUS., *Chronicon*, p. 91a[20]; cfr. LIV. I, 17, 6]. Postmodo Numma Pompilius, Sabinus genere, onnibus consentientibus, propter egregiam viri virtutem rex creatus est [cfr. EUTR. I, 3, 1; LIV. I, 18, 5]. | Hic nullum bellum gessit, set non minus civitati quam Romulus profuit. Nam et leges Romanis et mores constituit, qui bellorum consuetudine adeo feroces erant ut semibarbari putarentur. [EUTR. I, 3, 1-2] | Preterea sacra et cerimonias, onnem demum cultum apud Romanos primus invenit et docuit [FLOR. I, 2, 2]. Quod cum aliqua auctoritate faceret[21], simulavit cum dea Egeria nocturnos se habere congressus. Erat spelunca quedam peropaca apud Ariciam in vicino nemore ex qua rivus perhenni fonte manabat. Huc se remotis arbitris inferre consueverat rex, ut mentiri posset, monitu dee coniugis ea sacra populo se tradere, que acceptissima diis essent; astutiam videlicet Minois voluit imitari, qui se in antrum Iovis recondebat et ibi diu moratus leges sibi quasi a Iove traditas asserebat, ut homines ad parendum non modo inperio, set etiam religione constringeret. Nec difficile sane fuit persuadere pastoribus. Itaque Numma pontifices, salios et augures creavit, deos per familias descripsit atque novi populi animos mitigavit et ad studia pacis a rebus bellicis avocavit, [LACT., *Div.*

---

[20] Per la traduzione del *Chronicon* di Eusebio ad opera di Girolamo l'edizione di riferimento è R. HELM (ed.), *Eusebius Werke*, VII, *Die Chronik des Hieronymus*, Akademie Verlag, Berlin 1984³.

[21] Manca un *ut*, presente nel testo di Lattanzio e qui omesso.

inst. I, 22, 1-4] adeo ut ferocem populum bellisque pugnantem redegit[22] ut, quod vi atque iniuria occupaverat inperium, religione atque iustitia gubernaret. [FLOR., I, 2, 4] | Set, cum alios falleret, Numma seipsum tamen non fefellit: nam post annos plurimos, Cornelio et Bebio consulibus, Rome sub Ianiculo due arche reperte sunt a fossoribus, quarum in altera corpus Numme erat, in altera septem Latini libri de iure pontificum, item Greci totidem de doctrina sapientie scripti, quibus religiones non eas modo quas ipse instituerat, set onnes alias dissoluebant[23]. Cumque onnes hii libri ad [f. 22ra] ad [*sic*] senatum deleti essent[24], ab eo decretum est ut abolerentur, quare Petilius pretor urbanus eos in contione populi concremavit. [LACT., *Div. inst.* I, 22, 5-6] | Preterea multa templa Rome constituit Capitoliumque etiam a fundamentis in urbe hedificavit[25]. [EUS., *Chronicon*, p. 91b e EUTR. I, 3, 2] | Hic denique duos menses anno adidit, ianuarium scilicet et februarium, cum antea X tantum menses annua a Romulo esset ordinata dimensio [*sic*]. [EUS., *Chronicon*, p. 91b e MACR., *Saturn.* I, 12, 38] Set cum his X mensium numerus neque solis cursu neque lune rationibus conveniret, Pompilius, quantum celo rudi et seculo inpolito solo ingenio magistro conprehendere potuit, vel Grecorum observatione instructus fuerat, qui trecentis LIIII diebus annum proprium conputabant, LXI dies adidit, quos in duos menses divisit ac de duobus priorem Ianuarium nuncupavit, a Iano deo denominatum[26], [MACR., *Saturn.* I, 13, 1-3] qui creditur geminam faciem pretulisse, ut que ante quoque post tergum intueretur. Quod procul dubio ad prudentiam regis solertiamque referendum est, qui et preterita nosset et futura prospiceret. [MACR., *Saturn.* I, 7, 20]

---

[22] Giovanni riprende alla lettera le parole di Floro, ma, visto che cambia la struttura del periodo, si viene a creare una frase consecutiva col verbo al modo indicativo, cosa per altro assai frequente nel Colonna (e attestata nel latino medievale). Cfr. P. STOTZ, *Handbuch zur lateinischen Sprache des Mittelalters*, IV, *Formenlehre, Syntax und Stilistik*, Verlag C.H. Beck, München 1998, pp. 412-413.

[23] Il verbo è al singolare nelle edizioni di Lattanzio («dissoluit»).

[24] La fonte scrive «quare ad senatum delata» e *deleti* andrà considerato un errore proprio per *delati*.

[25] La notizia dell'edificazione del Campidoglio, così come quella subito successiva sui nuovi mesi, si trova espressa con queste stesse parole anche nello *Speculum historiale* nel primo estratto da Elinando che apre la sezione su Numa Pompilio. Elinando riproduce per altro quasi alla lettera tutte le informazioni sul re di Roma presenti nel *Chronicon* di Eusebio-Girolamo. Su Vincenzo e Elinando M. WOESTHUIS, «Vincent de Beauvais and Helinand of Froidmont», in Lusignan – Paulmier-Foucart (eds.), *Lector et compilator...*, cit., pp. 233-247.

[26] Una parte del passo macrobiano filtra anche nel *De temporum ratione* di Beda, ma la completezza con cui lo cita il Colonna porta a ipotizzare che egli leggesse l'opera direttamente. Cfr. Beda Venerabilis, *De temporum ratione*, C.C., vol. 123b, Brepols, Turnholt 1977, cap. 12, l. 62, p. 322.

Primumque anni mensem esse voluit, quasi bicipitis dei, respicientem transacti anni finem futurique principia. Secundum verum mensem dicavit Februo deo, qui, ut dicit Macrobius, potens lustratione putabatur. [MACR., *Saturn.* I, 13, 3] Nam eo mense Romana civitas de quinquennio in quinquennium lustrabatur. [MACR., *Saturn.* I, 13, 3 e ISID., *Etym.* V, 37-2] Quam Numme anni ordinationem finitimi mox sequti, totidem diebus totidemque mensibus annum suum conputare ceperunt. [MACR., *Saturn.* I, 13, 4] | Sub Numma Nicomedia condita est. [EUS., *Chronicon*, p. 91b] | Denique Numma, postquam XLIIII annis Rome regnaverat, morbo decessit. Qui, cum illam civitatem putaverit falsorum numerositate deorum muniendam, in eamdem turbam referri mortuus ipse non meruit, tamquam ita putatus sit celum multitudine numinum constipasse ut locum ibi reperire non posset. [AUG., *De civ. Dei* XVIII, 24]

I titoli dei rispettivi capitoli mostrano che l'impostazione cronologica e l'organizzazione strutturale delle due opere sono simili, ma la lettura del testo rivela subito profonde diversità ed è evidente, come s'è già detto, che Giovanni non attinge i suoi *flores* solo da Vincenzo, anzi in questo caso non vi sono quasi corrispondenze tra i due. Se sono certo interessanti le testimonianze della conoscenza di Floro da parte del Colonna, in questo piccolo campione assume un particolare peso narrativo il contributo di Lattanzio, autore che piace a Giovanni e delle cui *Divinae institutiones* conosciamo un codice da lui posseduto e annotato, e quello di Macrobio, autore molto letto dall'amico Petrarca, e che Sabbadini escludeva, sulla base del solo *De viris illustribus*, dalle letture del Colonna[27]. Di contro il *De*

---

[27] Macrobio è l'autore più citato dal Petrarca nelle numerosissime postille al suo Virgilio Ambrosiano (ben 325 occorrenze), e non sono poche, seppur non comparabili con quelle dell'autore dei *Saturnalia*, nemmeno le menzioni di Lattanzio. Cfr. M. BAGLIO, «*Tibi Grecorum dedit hic attingere metas*. Le postille a Virgilio», in F. Petrarca, *Le postille del Virgilio Ambrosiano*, ed. M. BAGLIO, A. NEBULONI TESTA, M. PETOLETTI, Antenore, Padova 2006, vol. I, pp. 62-92, alle pp. 58, 60, 69-74, 79-81; M. PETOLETTI, «*Servius altiloqui retegens archana Maronis*. Le postille a Servio», *ibidem*, pp. 93-143, alle pp. 98-99, 123-124, 137-138; e, per la presenza di Lattanzio in altre opere del Petrarca, G. CREVATIN, «*Fu vera gloria?* La *vanitas* di Catone nel *De gestis Cesaris* del Petrarca», in M. Cortesi, C. Leonardi (eds.), *Tradizioni patristiche nell'Umanesimo*, Atti del convegno, Firenze 6-8 febbraio 1997, SISMEL Edizioni del Galluzzo, Firenze 2000, pp. 3-22, alle pp. 14-19. Il codice delle *Divinae institutiones* di Lattanzio posseduto dal Colonna è il manoscritto Can. lat. 131 della Bodleian Library di Oxford, le cui guardie hanno avuto un ruolo essenziale nell'identificazione della mano di Giovanni (e dello zio Landolfo). Cfr. U. BALZANI, «Landolfo e Giovanni Colonna secondo un codice bodleiano», *Archivio della regia società romana di Storia patria*, 8 (1885) 223-244;

civitate Dei di Agostino, la fonte principale in questa sezioncina di storia romana dello *Speculum historiale*, vede il suo ruolo assai ridotto nel *Mare*, anche se Giovanni affida al padre della Chiesa il compito di concludere il racconto su Numa Pompilio (con parole assenti in Vincenzo). Andrà pure notato che Macrobio sostituisce Agostino anche quando quest'ultimo si era fatto voce di un autore antico quale Varrone: il Colonna preferisce comunque per quello stesso episodio ricorrere alle parole dei *Saturnalia*. Mi pare inoltre significativo il fatto che un tassello in fondo minuto nel quadro di una storia universale sia in grado di sollecitare Giovanni alla ricerca e alla fusione per altro assai profonda di un numero decisamente elevato di *auctores*: il *Chronicon* di Eusebio-Girolamo (che è alla base anche dell'Elinando citato da Vincenzo, ma che Giovanni ha letto certo autonomamente), Eutropio, Floro, Isidoro, Macrobio, Lattanzio e Agostino. Inoltre questo raffronto, per quanto minimo, mostra anche le differenti modalità compositive delle due opere. Lo *Speculum historiale* giustappone i passi selezionati dall'*auctor*, collocandoli l'uno dopo l'altro e indicando in modo più o meno preciso la provenienza di ciascun estratto; nel *Mare* il compilatore intreccia tra loro, per così dire, in maniera difficilmente districabile i *flores* che ha scelto, intarsia i passi di diversa provenienza, a volte quasi fondendoli, e per lo più non si cura di presentare una sistematica indicazione delle sue fonti (tra tutti in questo passaggio cita solo Macrobio). Se poi si volesse scendere ancora più nel dettaglio ci si accorgerebbe che il Colonna compie non insignificanti variazioni nella struttura logico-sintattica e nel lessico degli *excerpta* utilizzati, cosa che di norma non avviene nello *Speculum historiale*[28]. La

---

BILLANOVICH, «Petrarch...», cit., pp. 30-311, alle pp. 30-32; e ID., *La tradizione del testo di Livio...*, cit., pp.139-144. Per la presunta assenza di Macrobio nella 'biblioteca' del Colonna SABBADINI, «Giovanni Colonna...», cit., p. 28.

[28] Di fronte a molte delle sue fonti il Colonna si mostra piuttosto 'attivo': tende per esempio ad attuare sostituzioni sinonimiche, variazioni della struttura sintattica, sottrazioni e aggiunte di varia natura. Una prima indicazione può venire elencando in ordine gli autori via via citati in questo passo: Eusebio, Eutropio 'contaminato' con Livio, Eutropio, Floro, Lattanzio, Floro, Lattanzio (riprendendo il passo prima citato), Eusebio unito a Eutropio, Eusebio fuso con Macrobio, Macrobio, Macrobio con piccoli contributi da Isidoro, di nuovo Macrobio, Eusebio e infine Agostino. Se poi ci si sofferma per esempio sugli *excerpta* macrobiani, si constata come Giovanni non citi un blocco compatto dei *Saturnalia*: dopo *Saturn.* I, 13, 1-3 (con qualche taglio e qualche errore), viene citata qualche riga di *Saturn.* I, 7, 20, per poi riprendere con *Saturn.* I, 13, 3 e 4 (non senza la già ricordata 'contaminazione' isidoriana). Calandosi ancor più nella trama del testo, e prendendo a campione ancora i passaggi dei *Saturnalia* qui citati, si possono annotare alcune delle più minute

diversa selezione dei passi e il modo in cui Giovanni li porta dentro la sua compilazione gli consentono di arrivare a una sintesi più organica e ragionata sulla figura di Numa. Il ritratto del Colonna segue il sovrano dall'ascesa al trono fino alla morte, su cui si chiude il suo racconto; per la narrazione di un episodio il compilatore riunisce, se necessario, le informazioni di più fonti; e infine i passi di Lattanzio offrono un'interpretazione delle azioni del sovrano, collocandole in una precisa prospettiva politico-culturale.

Spostandosi più avanti, in piena età imperiale, si riscontra che gli *Scriptores historiae Augustae* consentono a Giovanni un massiccio ampliamento delle biografie degli imperatori da Adriano a Numeriano, e inoltre le modalità del loro impiego, se confrontate con quelle di altre opere parallelamente utilizzate per quel tratto cronologico, come l'*Historia ecclesiastica* di Eusebio-Rufino, permettono di confermare che per il Colonna gli interessi sono almeno in parte divergenti rispetto a quelli del Bellovacense: la storia profana sembra coinvolgerlo di più, sollecitandone maggiormente gli sforzi eruditi e compositivi, mentre gli *excerpta* eusebiani risultano più compatti e pressoché del tutto privi di interventi del compilatore a qualsiasi livello[29]. Forse questo è in parte attribuibile alla dichiarata intenzione di voler comporre una parallela (ma mai realizzata) *Historia ecclesiastica*, ma la quasi totale scomparsa dell'agiografia, che occupa nello *Speculum historiale* uno spazio imponente, è un elemento del quale non è possibile non tenere conto nel giudizio complessivo sul *Mare*[30].

---

divergenza tra la fonte e l'opera del Colonna, tenendo anche conto degli apparati delle edizioni macrobiane: se l'omissione di *sub* prima di *celo* e di *quia* prima di *Grecorum*, creano qualche problema alla tenuta sintattica del testo, il passaggio dal *tamquam* delle edizioni al *quasi* del *Mare*, o dal *creditur* dei *Saturnalia* al *putabatur* scelto dal Colonna, mostrano quanto profondamente l'amico del Petrarca elabori le sue fonti. Ho condotto qualche più estesa considerazione su questo tema e sulle sue conseguenze nelle ricerche delle famiglie testuali dei codici impiegati da Giovanni in un mio contributo dal titolo «*In quadam antiquissima historia*: l'*Historia Augusta* nel *Mare historiarum* di fra Giovanni Colonna», in corso di stampa nel volume G. Albanese - C. Ciociola - M. Cortesi - C. Villa (eds.), *Il ritorno dei classici nell'Umanesimo. Studi in memoria di Gianvito Resta*, che sarà pubblicato dalla SISMEL Edizioni del Galluzzo.

[29] Del rapporto tra il *Mare* e gli *Scriptores historiae Augustae* ho scritto nel già menzionato saggio «*In quadam antiquissima historia...* », in corso di stampa. Cfr. J.P.CALLU, «L'*Histoire Auguste* de Petrarque», in *Bonner Historia-Augusta Colloquium 1984/1985*, Rudolf Habelt, Bonn 1987, pp. 81-115, alle pp. 85-87.

[30] Cfr. FORTE, «John Colonna...», cit., pp. 406-407. Si veda anche MODONUTTI, *Fra Giovanni Colonna e la storia...*, cit., pp. 28-31.

Vi sono però alcuni casi, in cui i nuovi interessi e le 'nuove' fonti non bastano a spiegare la distanza tra «frater Iohannes» e «frater Vincentius». Il libro IV dello *Speculum historiale* è la ricchissima silloge di una parte consistente delle fonti medievali su Alessandro Magno: come ebbe a scrivere di Vincenzo George Cary, «he has used most of the accesible historical and legendary sources»[31]. Ma, seppure riordinati cronologicamente, i passi selezionati danno vita a un racconto contraddittorio e incoerente. Il Colonna, fiero di poter leggere Curzio Rufo che considerava autore raro, pulisce il quadro e sembra, almeno a un primo sondaggio, basare la sezione della sua opera dedicata al grande conquistatore su Curzio e Eutropio[32].

Facendo ora un salto in avanti e passando a Carlo Magno, sembra di poter constatare un comportamento analogo. Come si è detto anche qui Giovanni è debitore nei confronti dello *Speculum historiale* per quanto riguarda l'inquadramento generale: in entrambi le vicende di Carlo sono divise tra due libri e lo spartiacque è l'incoronazione imperiale. Se però, concentrando l'attenzione proprio sulla parte 'imperiale' della vita del sovrano franco, si scende nel dettaglio ogni possibile vicinanza salta inequivocabilmente. Metto a confronto le rubriche dei capitoli sul sovrano franco nel XXIV libro dello *Speculum* e nell'VIII del *Mare*:

Speculum historiale XXIV
cap. 1 De imperio Caroli magni et forma eius et robore (pp. 962a-b).
cap. 2 De studiis ac moribus eiusdem (pp. 962b-963a).
cap. 3 De Constantinopolitanis imperatoribus (pp. 963a-b).
cap. 4 Qualiter Carolus iuxta divinam revelationem liberavit terram sanctam (pp. 963b-964a).
cap. 5 De sacris reliquiis quas inde Aquisgranum detulit (pp. 964a-b).
cap. 6 Qualiter, invitatus a sancto Iacobo, liberavit Hispaniam (pp. 964b-965a).
cap. 7 De idolis quae subvertit et ecclesiis quas aedificavit (pp. 965a-b).
cap. 8 De reditu Caroli in Hispaniam (p. 965b).
cap. 9 Pugna eiusdem contra Aygolandum (pp. 965b-966a).
cap. 10 De quibusdam incidentibus illius temporis (pp. 966a-966b).
cap. 12 Qualiter Carolus exercitum Aygolandi exploravit eumque fugavit (pp. 966b-967a).
cap. 13 De reditu Caroli in Galliam et de principibus eiusdem (p. 967a).
cap. 14 De colloquio inter Carolum et Aygolandum et de nece Aygolandi (p. 967b).

---

[31] G. CARY, *The medieval Alexander*, Cambridge University press, Cambridge, 1967, p. 73.

[32] Per Giovanni e Curzio Rufo SABBADINI, «Giovanni Colonna...», cit., p. 24.

cap. 15 De Feracuto gigante et conflictu Rolandi contra eum (pp. 967b-968a).
cap. 16 De iterato conflictu et nece Feracuti (pp. 968a-b).
cap. 17 Qualiter Carolus Cordubam cepit et totam Hispaniam ecclesiae beati Iacobi subiecit (p. 968b).
cap. 18 De proditione Ganelonis in bello Roncivallis (pp. 968b-969a).
cap. 19 De nece Marsirii regis et transitu Rolandi principis (pp. 969a-b).
cap. 20 De exequiis Rolandi et ultione mortis eius et Oliveri (p. 969b).
cap. 21 De sepultura militum apud Roncivallem interfectorum (p. 970a).
cap. 22 Qualiter Carolus post victorias beato Dionysio gratias egit eique totam Galliam subegit (pp. 970a-b).
cap. 24 De translatione eiusdem [sancti Salvi martyris] sacri corporis et miraculis circa illud ostensis (pp. 970b-971a).
cap. 25 De transitu Caroli magni et eius exequiis (pp. 971a-b).

Mare historiarum VIII
cap. 1 De domesticis moribus Karoli magni inperatoris et de hiis que circa se ipsum gessit, et de eius devotione circa christianam religionem et de elemosinis eius et speciali affectu eius ad urbem Romam et beati Petri ecclesiam, quam multis donis decoravit atque privilegiis exaltavit (f. 199va).
cap. 2 De hiis que Karolus magnus gessit postquam factus est inperator, et qualiter Romani inperii dignitas, in Occidente colapsa est, in statum pristinum restituta armis, et de coniuratione contra eum in Germania facta (f. 200ra)
cap. 3 Qualiter Hyerene inperatrix, qui [*sic*], excecato filio, apud Constantinpolim inperabat, a Nichephoro Grecorum principe capta atque exilio relegata est et de morte Karoli magni inperatoris (f. 200rb).

Come mostrano già questi titoli, Vincenzo affolla la prima parte del libro XXIV con lunghissimi episodi sugli aspetti favolosi della biografia di Carlo, utilizzando con grande abbondanza l'*Historia Karoli Magni* dello Pseudo-Turpino[33]. Viene lasciato insomma molto spazio a quel che noi chiameremmo

[33] Per lo Pseudo-Turpino C. MEREDITH-JONES (ed.), *Historia Karoli magni et Rotholandi au Chronique du Pseudo-Turpin*, Slatkine reprints, Genève 1972 (ristampa dell'edizione Droz, Parigi 1936). Nelle pagine dedicate da Vincenzo a Carlo Magno nel libro precedente, il XXIII, trovano ampio spazio gli atti dei santi Amico e Amelio, anch'essi non privi di elementi romanzeschi. Gli *Acta Sanctorum* registrano i santi Amico e Amelio sotto il 12 ottobre, e tentano di ricostruirne l'evanescente figura, fornendo un articolato resoconto delle fonti agiografiche che li riguardano, tra le quali spicca per ricchezza di materiale proprio lo *Speculum historiale*.

'romanzo' (e c'è anche un capitolo sulla spedizione di Carlo in Terrasanta). Giovanni (che ha visitato la Palestina) sembra volere di nuovo sfrondare[34]. Conosce la *Vita Karoli* di Eginardo (alcuni passaggi della quale filtrano anche nello *Speculum historiale*, registrati con l'indicazione *Chronographus*) ed è questa biografia la fonte pressoché esclusiva della sua sezione sull'imperatore: a essa si sommano soltanto alcuni brevi raccordi, questi sì riconducibili allo *Speculum historiale*. Lo Pseudo-Turpino scompare del tutto e la ragione non può essere la sintesi: come si è visto per la guerra di Troia o per gli imperatori dell'*Historia Augusta*, ma anche per il capitolo su Numa Pompilio, il Colonna non si fa scrupolo di dilatare anche in maniera corposa il racconto offerto dal vescovo di Beauvais. Per Alessandro Magno e Carlo Magno ciò che lo spingè probabilmente una visione della storiografia più attenta alla verosimiglianza e alla coerenza. Questa lettura sembra trovare conferma pure in altri contesti narrativi all'interno del *Mare*. Un esempio minuto, ma eloquente, possono offrirlo le poche frasi dedicate nella trama del racconto al Pantheon. Come ho cercato di mostrare altrove per altri scopi, il Colonna, passando dalla sua prima compilazione, il *De viris illustribus*, al *Mare*, sembra attenersi con maggior scrupolo alle ragioni della verosimiglianza storica (e utilizza per la storia del Pantheon proprio l'aggettivo *verisimilis*), sfrondando il racconto dai motivi folklorici; e nel fare ciò egli non rinuncia in quel caso a un duro giudizio nei confronti di non meglio precisati autori del passato, definiti «historias ingnorantes»[35].

Gli elementi che ho cercato qui cursoriamente di mostrare, mi paiono indicare che l'impianto medievale della compilazione del Colonna manifesta molteplici indizi di una tensione nuova, per la quale l'«imago mundi» offerta da Vincenzo un po' meno di un secolo prima non basta già più. Giovanni resta certo nel novero di quelli che il Petrarca definisce nel *De viris illustribus*, non senza sprezzo, i «pacificatores ystoricorum», i «collectores omnium», ai quali fa riferimento polemicamente anche in un passo dei *Rerum memorandarum libri*[36]. Ma ciononostante il suo *Mare historiarum* è agitato

---

[34] Cfr. FORTE, «John Colonna...», cit., p. 377-378

[35] Cfr. MODONUTTI, «Memorie e rovine di Roma imperiale...», cit., pp. 38-45.

[36] Cfr. F. Petrarca, *De viris illustribus. Adam-Hercules*, ed. C. MALTA, Centro interdipartimentale di studi umanistici, Messina 2008, pp. 4-5 (si tratta del capp. 17 e 18 della prefazione); e F. Petrarca, *De viris illustribus*, ed. G. MARTELLOTTI, Sansoni, Firenze 1964, pp. 3-4 (capp. 4-5 del *prohemium*). Nelle due redazioni i periodi sui compilatori restano pressoché identiche. In *Rerum memorandarum libri* II, 91 (F. Petrarca, *Rerum memorandarum libri*, ed. G. BILLANOVICH, Sansoni, Firenze 1945, pp. 101-102) viene riportato un aneddoto su papa Giovanni XXII: uomo dedito allo studio, mancandogli il tempo e indebolito dall'età, il pontefice si

da correnti che mostreranno fin dal suo amico Francesco la propria forza. Insomma, se si vuol capire Giovanni, Vincenzo non basta e non solo perché qualche opera era sfuggita alle occhiute ricerche della sua erudizione, ma anche perché Giovanni sembra davvero voler proporre un'altra storia.

mostrava gratissimo verso coloro che gli proponevano opere compilative che radunassero «sub breviloquio» ciò che nei libri era sparso. Ora lo zio di Giovanni, Landolfo, dedica il suo *Breviarium historiarum* proprio a Giovanni XXII e nella chiusa dell'epistola di dedica usa anch'egli l'espressione *sub breviloquio,* così come si può notare che in quella lettera è anche l'immagine del 'mare' della storia che dà il titolo all'opera del nipote (G. BILLANOVICH, «Gli umanisti e le cronache medioevali», *Italia medioevale e umanistica,* 1 [1958], 103-137, alle pp. 122-123). Non credo però che si possa leggere nella chiusa polemica dell'aneddoto petrarchesco contro i religiosi i quali, bramosi di ricchezza, l'hanno ottenuta compiacendo i desideri culturali del vescovo di Roma, un qualche riferimento al canonico di Chartres.

Rubén Peretó Rivas*

LA COMPILACIÓN COMO PRÁCTICA TERAPÉUTICA EN EVAGRIO PÓNTICO

1. El *Antirrhéticos* de Evagrio y sus antecedentes

El Medioevo fue la época en la que mayor vigencia tuvieron los florilegios, es decir, las compilaciones que contenían extractos de diversos autores y orígenes, clásicos y tardíos, paganos y cristianos, antiguos y medievales. Por cierto, pueden encontrarse antecedentes de los florilegios en otro tipo de compilaciones utilizadas, en muchos casos, con el mismo propósito. Por ejemplo, los *testimonia* que consistían en antologías integradas por citas de la Escritura que los primeros autores cristianos reunían, editaban y le concedían un estatus de autoridad, y que estaban destinados principalmente a la apología y defensa del cristianismo y, también, a la propia edificación[1].

Mi propósito en este trabajo es presentar una obra compilatoria que algunos estudiosos contemporáneos razonablemente incluyen dentro de los *testimonia*, pero que posee una finalidad fundamentalmente ascética e, incluso, terapéutica. Me refiero al *Antirrhétikos* de Evagrio Póntico, compilación de breves textos de la Sagradas Escrituras destinados a combatir a los demonios y ordenados de acuerdo a los diversos tipos de espíritus malignos que atacaban a los solitarios del desierto.

El libro consiste en ocho series de frases bíblicas destinadas a servir de armas para rechazar a los demonios en el momento de la tentación. El manuscrito más conocido lo titula «Un tratado de Evagrio sobre los ocho pensamientos», pero el mismo Evagrio, en la carta dedicatoria del libro al

---

* Rubén Peretó Rivas es Profesor Ordinario de Historia de la Filosofía en la Universidad Nacional de Cuyo (Mendoza) e Investigador del CONICET. ruben.peretorivas@fulbrightmail.org

[1] Cfr. M. ALBL, *'And Scripture cannot be Broken". The Form and Function of the Early Christian Testimonia Collections*, Brill, Leiden 1999; (Supplements to Novum Testamentum).

monje Loukios, se refiere al él como el «Tratado de las respuestas»[2]. Y de un modo similar es denominado en la *Historia Láusica*, de Paladio y en la *Historia Eclesiástica* de Sócrates Scholasticus[3]. Pareciera entonces que el título más apropiado es *Antirrhétikos*, expresión que puede ser traducido como *réplica*, ya que se trata de los modos de replicar o responder frente a los ataques concretos de los demonios que sufre el monje[4].

Esta práctica *antirrhétika* consistía en el arte de rechazar tentaciones específicas con textos bíblicos apropiados[5]. Es decir, se utilizaban párrafos de las Escrituras para atacar a cada uno de los *logismoi*, o pensamientos malvados, contra los cuales el monje debía luchar. También podían rechazarse con el mismo método las tendencias pecaminosas que habitaban en el interior de la persona y obtener el consuelo del alma en el momento de la tentación y el recuerdo de las virtudes opuestas a los *logismoi*[6]. La condición, sin embargo, para que fuera efectiva es que debía producirse inmediatamente después de la aparición de la tentación y de ese modo «...los pensamientos sucios no permanecerán en nosotros, [...] manchando al alma y sumergiendo al alma en la muerte del pecado»[7]. Esta prontitud en repeler el ataque encuentra su base teórica en un texto del libro del Eclesiastés (8,11) que dice: «Que no se ejecute en seguida la sentencia de la conducta del malvado, con lo que el corazón de los humanos se llena de ganas de hacer el mal». Aquí, el predicador se lamenta de que, a menos que el mal sea rápidamente rechazado, el corazón humano se confirma en la intención de obrar el mal. Es por eso que Evagrio urge a que la *antirrhesis* sea practicada inmediatamente que acaezca la tentación.

La práctica *antirrhétika* era ya conocida en la época de Evagrio quien hace alusión a ella en varias de sus obras alentando al lector a utilizarla como hacía, por ejemplo, David:

---

[2] Las referencias al texto de Evagrio se harán a partir de la edición y traducción de D. Brakke, Evagrio Póntico, *Talking Back: A Monastic Handbook for Combating Demons*, ed. D. BRAKKE, Liturgical Press, Collegeville 2009; 4.1.

[3] Palladius, *Historia Láusica*, 38.10; trad. de R. MEYER, Longmans, London 1965, y Socrates Scholasticus, *Ecclesiastical History* 23.37, ed. R. HANSLIK, Hoelder-Pichler-Tempsky, Vindobonae 1952.

[4] Al inglés ha sido traducido como *talking back*. Cfr. E. CLARK, *Reading Renunciation: Asceticism and Scripture in Early Christianity*, Princeton University Press, Princeton 1999, p. 131.

[5] Cfr. L. DYSINGER, *Psalmody and Prayer in the Writings of Evagrius Ponticus*, Oxford University Press, Oxford 2005, p. 134.

[6] Cfr. DYSINGER, *Psalmody and Prayer...*, p. 132.

[7] *Antirrhétikos*, Prólogo, p. 49.

Por tanto, se debe ser intrépido para oponerse al enemigo, como lo demostró el bienaventurado David cuando citó voces como proferidas por la boca de los demonios y luego los contradijo. Entonces, si los demonios dicen: «¿Cuándo morirá y su nombre será olvidado?» (Ps. 40, 5), él responde: «No moriré, sino que viviré para proclamar las obras de Dios» (Ps. 117, 17). Y, si por otro lado, los demonios dicen: «Escapa como un pájaro al monte» (Ps. 10, 1), entonces se debe decir: «Porque Él es mi Dios y mi salvador, mi fortaleza y mi refugio; no temeré» (Ps. 17, 3). Por tanto, observa las voces contradictorias y ama la victoria; imita a David y presta atención a ti mismo[8].

David es presentado en este texto como un guerrero que conoce las artes de la lucha para vencer los ataques del demonio. No se trata de un combate físico, sino que se libra en el mundo de los pensamientos y de las palabras.

Pero, más importante aún que David, está el ejemplo del mismo Jesús quien, al ser tentado en el desierto, respondió a Satanás con palabras de la Escritura (Mt. 4, 1-11; Lc. 4, 1-13). Y también un versículo de la epístola paulina a los Efesios en el que se dice: «Tengan siempre en la mano el escudo de la fe, con el que podrán apagar todas las flechas encendidas del Maligno» (Ef. 6, 16)[9]. Esta idea de la flecha, que en los salmos se la describirá como la que vuela durante el día, aparece con cierta frecuencia en otras obras de Evagrio, asociada particularmente al demonio de la acedia. Aquí, sin embargo, es tomada como referencia a todos los ataques satánicos, comprendidos como *logismoi* o pensamientos que se introducen en el alma de un modo potente e inesperado, y a los cuales solamente es posible rechazar con frases de la Escritura, puesto que «no se debe responder al estúpido en oposición a su estupidez» (Prov. 26, 4). En cambio, «la persona que es paciente y responde [con un texto bíblico] ha respondido al necio en oposición a su necedad, y ha reprendido al demonio en su necedad y le ha mostrado que ha aprendido que hay un antídoto contra él de acuerdo a las Escrituras»[10].

---

[8] Evagrio Póntico, *Letters 11.2*, Texto siriaco con retroversión griega, ed. y trad. de W. FRANKENBERG, *Evagrius Ponticus*, Abhandlungen der königlichen Gesellschaft der Wissenschaften zu Göttingen, Phil.-hist. Klasse, Neue Folge, 13.2, Berlin 1912, pp. 574-75. Traducción alemana de G. BUNGE, *Evagrios Pontikos: Briefe aus der Wüste*, Paulinus Verlag, Trier 1986, pp. 223-24.

[9] Cfr. ibid.

[10] *Antirrhétikos*, 2; p. 50.

Evagrio, en varios pasajes de su obra, da muestras de su aprecio por esta práctica y por la importancia que le asigna en el ejercicio ascético de los monjes. En *De oratione*, por ejemplo, describe y recomienda el uso de oraciones breves e intensas para combatir a los demonios y recuerda el texto del salmo 17, 38-39 que dice: «Perseguí y alcancé a mis enemigos, no me volví hasta que fueron aniquilados; los derroté y no pudieron rehacerse, quedaron abatidos bajo mis pies», expresando de ese modo la necesidad de adoptar una actitud de firmeza frente al ataque de los demonios repeliendo activamente sus insinuaciones[11].

Este tipo de comportamiento del monje es aconsejado también en la misma obra cuando los *logismoi* intentan distraer al alma durante la oración. Es que la perfección monástica, para la doctrina evagriana, consiste en la práctica de las virtudes y en el conocimiento de Dios, el cual se alcanza a través de la oración. Es por eso, entonces, que los demonios estarán particularmente preocupados en impedir que el monje pueda orar, e intentan distraerlo y molestarlo por medio del asalto a los sentidos a través de visiones, ruidos aterrorizantes o golpes corporales, o bien disfrazándose de ángeles en un intento de distraer el alma de Dios dirigiéndola hacia ellos. En estos casos, es necesario blandir «el bastón de las súplicas a Dios», consistente en plegarias breves e intensas tomadas de las Escrituras, recomendando especialmente el salmo 22, 4 que dice: «A nada temeré si estás conmigo»[12].

En el *Praktikos*, se expresa de un modo más claro aún: «Cuando seas tentado, no te pongas en oración antes de haber dicho algunas palabras con ira contra aquel que te oprime. En efecto, si tu alma está afectada por los pensamientos, sucede que ni siquiera la oración es pura. Pero si en cambio, les dices algo con ira, se confunden y desaparecen las representaciones sugeridas por los adversarios. Es esta la obra natural de la ira, aún cuando se trata de representaciones buenas»[13]. La fuerza de los *logismoi* es tan intensa que dificulta o impide incluso la oración. Es necesario entonces, ahuyentar a los pensamientos malvados antes de iniciar la plegaria y, el modo de hacerlo que propone Evagrio, es «decir algunas palabras con ira». Se trata, claramente, de la práctica antirrhética.

David Brakke sugiere cierta similitud del *Antirrhétikos* con algunos manuales de magia que eran relativamente comunes en los medios egipcios

---

[11] *De oratione* 135. También pueden verse, en la misma obra, los párrafos 94 - 99 y 134.

[12] *De oratione* 134 94, p. 40.

[13] *Praktikos* 42.

de la época y que contenían invocaciones a Dios, a los ángeles o a los demonios para ser recitadas en diversas situaciones. Worrell transcribe uno de ellos en el que, luego de una larga oración en la que se invoca a los ángeles llamándolos por sus nombres, se lee: «Toma un huevo de halcón y fríelo, y cómelo con miel, purificándote durante cuarenta días… en esto (el rito) reside una gran fuerza que disipa la cólera de todo hombre casado y cura las picaduras de animales y de insectos…»[14]. Se trata de rituales que tienden a usar las mismas oraciones para todas las situaciones, sean estas acciones que se deben realizar o sustancias que se deben usar[15]. No es el caso de Evagrio, quien no prescribe al monje realizar acciones físicas específicas sino solamente la recitación de las palabras más efectivas de la Escritura. Y así, mientras los textos mágicos combinan palabras con acciones y sustancias, el Póntico radica todo el peso del poder anti-demoníaco en las palabras bíblicas.

Este sentido evagriano de la *antirrhésis*, alejando de una simple práctica mágica, posee antecedentes también en el judaísmo. Menciono, por ejemplo, los usos de la comunidad de Qoumram de utilizar salmos bíblicos y otras composiciones *ad hoc* para expulsar a los espíritus malvados. De modo particular, recurrían al salmo 91, al que muchos exégetas se refieren como un salmo de protección contra las potencias malvadas, a raíz de lo que se expresa en los versículos 3, 5, 6 y 10 que dicen: «Él te librará de la red del cazador y de la peste perniciosa; No temerás los terrores de la noche ni la flecha que vuela de día, ni la peste que acecha en las tinieblas ni la plaga que devasta a pleno sol. No te alcanzará ningún mal, ninguna plaga se acercará a tu carpa»[16]. Este salmo junto a un pequeño rollo con otros tres salmos apócrifos que contenían imprecaciones contra los demonios, fueron encontrados en la cueva 11 de Qoumram, lo cual sugiere que eran todos textos utilizados como exorcismos contra los malos espíritus[17]. Incluso, estos

---

[14] W.H. WORREL, «A Coptic Wizard's Hoard», *American Journal of Semitic Language and Literature*, 46 (1930) 257.

[15] Cfr. BRAKKE, *Introduction*, p. 12-13.

[16] Cfr. K. SEYBOLD, *Das Gebet des Kranken im Alten Testament: Untersuchungen zur Bestimmung und Zuordnung der Krankheits- und Heilungspsalmen*, W. Kohlhammer, Stuttgart 1973, p. 164.

[17] Cfr. M. DELCOR, «L'utilisation des psaumes contre les mauvais esprits à Qoumran», in H. Cazelles (ed.), *La vie de la parole. De l'Ancien au Nouveau Testament. Études d'exégèse et d'herméneutique bibliques offertes à Pierre Grelot professeur à l'Institut Catholique de Paris*, Desclee, Paris 1987, pp. 67-70.

mismos versos sálmicos aparecen en amuletos judíos posteriores destinados a espantar a los demonios[18].

Más cercano a Evagrio, y ya dentro del ámbito cristiano, aparece el antecedente de Atanasio de Alejandría en su *Epístola a Marcelino* en la que se extiende acerca de la importancia y la utilidad de la recitación de los salmos. Hacia el final del texto, incluye una serie de afirmaciones que vale la pena repasar. Escribe: «En esto (la recitación de los salmos), él derrocará al diablo, y echará a todos los demonios»[19]. Pareciera que la práctica de la recitación de textos como exorcismo para espantar a los demonios era común y recomendada por los obispos y doctores. Pero el mismo Atanasio advierte acerca de la posibilidad de que este medio ascético pueda convertirse en un medio mágico. Recuerda que los israelitas echaban a los demonios con la sola lectura de las Escrituras, pero ahora algunos hombres han compuesto oraciones con palabras tomadas de otras fuentes y se llaman a sí mismos exorcistas. Los demonios, continúa Atanasio, se burlan de ellos pues el único modo de echar a los demonios es con las palabras de la Biblia[20]. Es decir que si bien existían prácticas supersticiosas que utilizaban frases a fin de alcanzar sus objetivos mágicos, las mismas eran conocidas por los monjes y estaban advertidos de su ineficacia aunque, por otro lado, se seguía valorando el uso de los textos de la Escritura como modo eficaz de mantener alejados a los demonios.

2. Objeto de la obra

Evagrio plantea al *antirrhétikos* como arma para utilizar en una verdadera guerra interior de la que el monje deberá ir conociendo su arte, o «las razones de la guerra... reconociendo fácilmente las maniobras de sus enemigos»[21]. Para esto debe adquirir el discernimiento, es decir, aprender a reconocer los pensamientos demoníacos, o *logismoi*, que se le presentan a fin de rechazarlos. En esto consiste la «guarda del corazón» que, como señala

---

[18] T. Schrire, *Hebrew Amulets. Their Decipherment and Interpretation*, Routledge - Kegan Paul, London 1966, p. 69-76.

[19] Atanasio de Alejandría, *Epistola ad Marcellinum* 32; PG 27, 43 b. Cfr. la traducción inglesa: Athanasius, *The Life of Anthony and the Letter to Marcellinus*, trad. R. C. Gregg, SPCK, London 1980, p. 126.

[20] Atanasio, *Epistola...* 33; PG 27, 46 a.

[21] Evagrio Póntico, *Traité pratique ou Le moine*, ed. A. Guillaumont y C. Guillaumont, t. II (Sources Chrétiennes 171), Cerf, Paris 1971; n. 83.

Guillaumont, es un tema muy preciado en la espiritualidad bizantina y Evagrio es uno de sus primeros representantes[22].

El criterio que aporta Evagrio para esta *diakrisis*, o discernimiento es el siguiente: «Los primeros pensamientos (inspirados por los ángeles) son seguidos de un estado apacible; los segundos (inspirados por los demonios), por un estado de turbación»[23]. Esta directiva, que se encuentra también en otros textos patrísticos, en Evagrio posee un ajuste ulterior porque su verdadero interés es identificar a los demonios que están sugiriendo cada uno de esos pensamientos. El monje debe aprender entonces a conocer a los diversos demonios, sus comportamientos y sus ardides recurriendo a la observación puesto que cada uno tiene costumbres diversas: «Es necesario también aprender a conocer las diferencias existentes entre los demonios y a señalar las circunstancias de su aparición»[24]. El demonio que ha sido identificado queda desenmascarado y, con ello, ya está vencido.

Esta guerra interior postulada por Evagrio se muestra ya en el comienzo mismo del prólogo del *Antirrhétikos*. Allí dice:

> De las naturalezas racionales que están bajo el cielo, algunas luchan, otras asisten a las que luchan, y otras se enfrentan con las que luchan, oponiéndose a ellas enérgicamente y haciendo la guerra contra ellas. Los que luchan son los seres humanos; quienes los asisten son los ángeles de Dios, y sus oponentes son los repugnantes demonios[25].

El *Antirrhétikos*, por tanto, debe inscribirse en la cosmología de Evagrio, heredada de Orígenes y del neoplatonismo, según la cual los ángeles, los demonios y los hombres comparten una misma naturaleza, el *nous*, y se diferencian por la profundidad de la caída de la unidad original que experimentaron cada uno de ellos. Se da, entonces, una situación de conflicto constante provocado por la intención de los demonios de impedir que los hombres regresen a la unidad perdida, y la de los ángeles que buscan ayudar a los hombres a conseguir su objetivo. Y esa unidad perdida se alcanza, fundamentalmente, a través de la oración. Es por este motivo que los demonios se preocupan de impedir esta tarea del monje a través de los *logismoi*. «¿Por qué quieren los demonios obrar en nosotros la gula, la fornicación, la avaricia... y el resto de las pasiones?», se pregunta Evagrio.

---

[22] Cfr. A. GUILLAUMONT, *Un philosophe au désert. Évagre le Pontique*, Vrin, Paris 2009, p. 243.
[23] *Traité pratique*, 80.
[24] *Traité pratique*, 43.
[25] *Antirrhétikos*, 1; p. 49.

«Para que la mente, apesadumbrada por ellas, no pueda orar como es debido»[26].

Los *logismoi*, o pensamientos malvados que tientan continuamente el alma del monje, también la oscurecen y le impiden la oración. La privación de este gran bien debe provocar un enérgica reacción en la que esté involucrado también lo *thymico* del monje, es decir, su apetito irascible. Es justamente la *ira* la pasión que debe ser utilizada con este objetivo santo: expulsar a los demonios. En el *Praktikos* aclara que es este el modo *kata physin*, o de acuerdo a la naturaleza, de utilizar la irascibilidad, en oposición a un modo *para physin*, o contrario a la naturaleza, que es cuando se utiliza contra otros seres humanos:

> La naturaleza de la irascibilidad es combatir a los demonios y luchar por cualquier placer. Por eso, los ángeles nos sugieren placeres espirituales y la felicidad que de ellos deriva, exhortándonos a dirigir nuestra irascibilidad contra los demonios. Éstos, por su parte, arrastrándonos hacia el deseo de las cosas mundanas empujan a la irascibilidad, obrando contra la naturaleza, a combatir a los hombres, de modo tal que el intelecto sea oscurecido y caiga del conocimiento, convirtiéndose en traidores de la virtud[27].

El fin del monje evagriano no es sólo evitar las malas acciones sino que también busca evitar la experiencia de los primeros movimientos que puedan incitarlo a pecar. Es por eso que Evagrio alienta a sus lectores a convertirse no meramente en *hombres monásticos*, es decir, alguien que ha dejado de cometer acciones pecaminosas, sino más bien en *intelectos monásticos*, es decir, que están libres aún de los pensamientos pecaminosos. Un monje de estas características goza de completa claridad en su mente y «en el tiempo de la oración ve la luz de la Trinidad santa»[28]. El fin último es eliminar a los mismos pensamientos y orar y contemplar solamente a Dios. Todos los textos bíblicos que Evagrio propone en el *Antirrhéticos* están destinados justamente a *arrancar* los pensamientos.

Con la expresión *arrancar* Evagrio alude a su teoría de las operaciones mentales que se relacionan estrechamente con la práctica de la *antirrhesis*[29].

---

[26] *De oratione* 50; PG 79, 1177.
[27] *Traité pratique*, 24.
[28] *Antirrhétikos*, Prólogo, p. 52.
[29] Evagrio utiliza el verbo *temno* que es traducido al inglés como «cut off», al francés como «couper» y al italiano como «recidere». He preferido traducirlo al español con «arrancar» puesto que «cortar» no me parece del todo adecuado. La idea

En su tratado sobre los *Pensamientos*, se explicita más al respecto de este concepto:

> Entre los pensamientos, algunos arrancan y otros son arrancados: los malvados arrancan a los buenos, pero éstos también son arrancados por los buenos. El Espíritu Santo está atento al pensamiento que ha sido depositado en nosotros en primer lugar, y es en base a él que nos condena o nos aprueba. Esto es lo que quiero decir: tengo un pensamiento de hospitalidad, y esto por amor del Señor, pero es arrancado cuando el tentador se acerca y sugiere ser hospitalario por amor a la gloria que tal acto reporta. Y al contrario: tengo un pensamiento de hospitalidad a fin de ser visto por los hombres, pero es arrancado cuando se introduce un pensamiento mejor que orienta nuestra virtud hacia el Señor y que nos induce a no actuar de ese modo a causa de los hombres. Por tanto, si permanecemos firmes en nuestros primeros pensamientos, aunque puestos a prueba por los segundos, recibiremos solamente el salario de los primeros por el hecho de que, siendo hombres y en lucha contra los demonios, no tenemos la fuerza para mantener constantemente los buenos pensamientos ni, al contrario, tener un pensamiento malo sin que sea puesto a prueba cuando hemos adquirido las primeras semillas de la virtud. Pero si alguno de los pensamientos que arranca se prolonga y se instala en el lugar de los que son arrancados, y el hombre es movido por aquel pensamiento, obrará según sus sugestiones[30].

Este pasaje provee de un contexto más amplio a la *antirrhesis*. Cada pensamiento que tiene el monje, bueno o malo, puede ser arrancado por su correspondiente pensamiento opuesto, y Evagrio sugiere que casi todo pensamiento que tenemos posee su opuesto. En su opinión, el conflicto entre pensamientos dentro del intelecto es endémico a la naturaleza caída propia de la condición humana. Aún si el hombre puede poseer semillas de virtud, es humano, y no un ángel, y, por tanto, luchador contra los demonios. Así, en la *antirrhesis* el monje pone deliberadamente en movimiento un proceso consistente en oponer buenos pensamientos tomados de la Biblia a fin de cortar a los malos inducidos por los demonios.

---

que encierra este verbo es la de una «invasión agresiva» que bien puede ser expresada también con los verbos «extirpar» o «erradicar».

[30] Evagrio Póntico, *Sur les pensées*, ed. A.P. GÉHIN y C. GUILLAUMONT, Cerf, Paris 1998 (Sources Chrétiennes 438), nº 7.

3. ESTRUCTURA Y CONTENIDO

El *Antirrhétikos* compila 498 pasajes bíblicos, cada uno de los cuales está precedido por la persona, el pensamiento o la situación en la cual debe ser pronunciado durante alguna lucha concreta con el demonio. Estas citas están estructuradas en ocho libros que se corresponden a los ocho demonios principales que atacan al monje: gula, fornicación, avaricia, tristeza, cólera, acedia, vanagloria y orgullo.

Hay una diferencia en cuanto a las estadísticas del tratado. Dysinger contabiliza 492 citas y Brakke 498. Considero que este último es quien acierta puesto que en el caso anterior no se tuvieron en cuenta los errores de numeración del libro tercero y tampoco una equivocación del escriba del manuscrito[31].

Los textos bíblicos pueden ser clasificados del siguiente modo:

1. Fragmentos dirigidos contra los demonios (*pros daimona*) o contra los pensamientos (*pros logismon*) que ellos sugieren: 315, de los cuales 278 son contra los pensamientos y 37 contra los demonios.

2. Fragmentos dirigidos al alma humana (*pros psichen*) o al intelecto cautivo o en riesgo (*pros dianoian*): 134, de los cuales 114 son contra el alma y 20 contra el intelecto.

3. Fragmentos dirigidos a Dios (*eis Kyrion*) o a los ángeles: 48, de los cuales, 46 son hacia Dios y 2 hacia los ángeles.

4. Fragmentos orientados a un tema en particular: 1.

Los pequeños párrafos que integran el *Antirrhétikos* se estructuran en una línea en la que podemos indicar sus dos extremos. Por un lado, aquellos versículos que son directamente *antirrhétikos*, es decir, que son exorcismos destinados concretamente a expulsar a los *logismoi*. Estos suelen ser introducidos por el autor con palabras tales como: «Contra los demonios que... producen una conmoción en el aire y luego nos dejan oír sus voces...»[32]. En el otro extremo del espectro situamos a los versos dirigidos a Dios; por ejemplo: «Al Señor... en relación a los pensamientos de orgullo que me glorifican...»[33]. Como señala Dysinger, en este caso se trata de *antirrhésis* indirectas en tanto invitan al alma a volverse hacia Dios y alejarse de los demonios, contradiciéndolos de esa manera puesto que buscan impedir

---

[31] Cfr. BRAKKE, *Introduction*, p. 13-14; DYSINGER, *Psalmody and Prayer...*, p. 135-136.

[32] *Antirrhétikos*, 4, 24; p. 105.

[33] *Antirrhétikos*, 8, 6; p. 160.

la oración[34]. Es en medio de estos dos extremos donde se ubica la mayoría de los pasajes que integran el libro orientados a distintas funciones: exhortan, llaman al arrepentimiento, consuelan, informan o incluso alientan la práctica de la virtud contraria al vicio al que promueve la tentación. Para estos casos, Evagrio usa varias fórmulas. Por ejemplo, «Contra el pensamiento de la acedia que quita mi esperanza»[35], o «Contra el alma que no está convencida de que los sucios demonios hablan entre ellos sobre nosotros»[36].

Incluyo a continuación algunas de las *réplicas* que Evagrio propone a fin de enfrentar el *logismoi* de la acedia (libro VI):

- Del Éxodo
2. Contra el pensamiento que es incitado por la acedia de acusar al *abba* de que no consuela a los hermanos, de ser muy duro hacia ellos y de no compadecerse de ellos en su tribulación: *A dioses no maldecirás; y de los príncipes de tu pueblo no hablarás mal* (ex. 22.27).

- Del Deuteronomio
4. Contra el intelecto que, debido a los pensamientos de acedia, se ha inclinado nuevamente hacia el mundo y ama las cosas que de él provienen: *Oye, Israel: el Señor, nuestro Dios, Señor uno es. Y amarás al Señor tu Dios de todo tu corazón, y de toda tu alma y de toda tu fuerza* (Dt. 6.4-5).

5. Contra el pensamiento de la acedia, que nos distrae en la lectura y en el estudio y nos aleja de las enseñanzas espirituales, diciéndonos: "Cierto anciano conocía solamente doce salmos y era agradable a Dios": *Y estarán estas palabras que yo te mando hoy, en tu corazón y en tu alma; y las inculcarás a tus hijos; y hablarás en ellas, sentado en tu casa y andando en el camino, y acostándote y levantándote* (Dt. 6.6-7).

6. Para el alma que acoge pensamientos de acedia cuando una leve enfermedad golpea a su cuerpo: *Y quitará el Señor de ti toda dolencia; y todas las enfermedades de Egipto, las malas, que has visto, y cuantas conoces, no pondrá sobre ti, y pondrá sobre todos los que te odiaren* (Dt. 7.15).

- De los Jueces
9. Para el alma que en el tiempo de la acedia reflexiona y dice: "¿Por qué el Señor deja que yo sea tentado de este modo por los demonios, los que a veces despiertan nuestra ira contra los hermanos que nos están próximos, y a veces nos arrojan en la tristeza forzándonos a enojarnos también con los hermanos que nos son lejanos?" Estas son trampas de los pensamientos de la

---

[34] Cfr. DYSINGER, *Psalmody and Prayer...*, p. 138.
[35] *Antirrhétikos*, 6, 12: p. 136.
[36] *Antirrhétikos*, 4, 46; p. 109.

acedia: *Airóse con furor el Señor con Israel, y dijo: 'Por todo lo que han abandonado esta gente la alianza mía que mandé a sus padres, y no han escuchado mi voz; tampoco yo proseguiré quitando varón de ante su faz, de entre las gentes que dejó Josué, hijo de Nun, en la tierra.»* Y dejó para tentar en ellas a Israel si guardan el camino del Señor para andar en él al modo que guardaron sus padres o no. Y dejó el Señor estas gentes, no quitándolas en breve; y no las entregó en mano de Josué. Y éstas, las gentes que el Señor dejó para tentar con ellos a Israel, a todos los que no conocían las guerras de Canaán; sólo por causa de las generaciones de hijos de Israel, para enseñarles la guerra sólo porque sus antepasados no la conocieron* (Jue. 2.20-3.2).

- De David

11. Al Señor, a causa de los pensamientos de acedia que persisten en mí: *Las tribulaciones de mi corazón se han multiplicado; de mis necesidades sácame* (Sal. 24.18).

12. Contra los pensamientos de acedia que quiebran mi esperanza: *Confío en ver los bienes del Señor en la tierra de los vivos* (Sal. 26.13).

14. Para el alma que a causa de la acedia se llena de pensamientos que quitan su esperanza, haciéndole ver la que la vida monástica es muy dura y que un hombre difícilmente puede soportarla: *Espera en el Señor y haz bondad, y habita la tierra, y te apacentarás en las riquezas de ella* (Sal. 36.3).

21. Al Señor, cuando el demonio de la acedia combate contra mí todo el día: *Apiádate de mí, Dios, porque me ha conculcado el hombre; todo el día, guerreando, atribuládome* (Sal. 55.2).

22. Al Señor por haber expulsado de mí los pensamientos de ira y concupiscencia: *Hemos pasado por fuego y agua, y nos has sacado a refrigerio* (Sal. 65.12).

25. Contra el pensamiento de la acedia que considera para mí largos años de vida amarga: *Así como el pasto son los días del hombre; así como flor del campo, así se desflorará* (Sal. 105.156).

26. Contra el pensamiento de la acedia que nos empuja a buscar otra celda para habitar, porque la que se posee es fea y llena de humedad y el origen de todo género de enfermedades: *Aquí habitaré porque lo he elegido* (Sal. 131.14).

- De Job

32. Contra el pensamiento de la acedia que nos sugiere una larga vejez, una amarga pobreza y sin consuelo y enfermedades capaces de matar el cuerpo: *Pregunta a generación primera; investiga en linaje de padres. Somos de ayer; y no sabemos; porque sombra es sobre la tierra nuestra vida.* (Job, 8.8-9).

33. Contra el pensamiento de la acedia que nos hacer ver otro lugares y nos aconseja construir allí una celda para nosotros, puesto que allí encontraremos fácilmente las cosas de las que tenemos necesidad, el reposo y el consuelo de los hermanos que vendrán a nosotros: *¿O no es poco el tiempo de mi vida? Déjame reposar un poco, antes de partir de donde no he de volver: a tierra oscura y tenebrosa, a tierra de tinieblas sempiternas, donde no hay claridad ni se ve alma viva.* (Job. 10.20-22).

- De Miqueas
35. Contra el pensamiento que considera felices a aquellos que viven en el mundo: *Pues todos los pueblos irán cada cual por su camino; y nosotros iremos en nombre del Señor, Dios nuestro, por los siglos y para siempre.* (Mq. 4.5)

36. Para el alma que a causa de la enfermedad del cuerpo alberga pensamientos de acedia: *Toleraré la ira del Señor, pues he pecado contra él, hasta que él justifique mi causa. Y hará mi juicio, y me sacará a la luz, y veré su justicia.* (Mq. 7.9).

- De Jeremías
38. Para el alma que, a casa de que perduran en ella los pensamientos de la negligencia y de la acedia, se enferma, está débil y extenuada en su amargura. Su fuerza ha sido devorada por el gran abatimiento y está por abandonar su esperanza a causa de la violencia de este demonio, y llega a perder el control y se comporta como un niño con lágrimas constantes y gemidos, sin que encuentre alivio para este estado: *Así dice el Señor: Aparta tu voz del bullicio y tus ojos de tus lágrimas, porque hay un premio a tus fatigas; tus hijos volverán al país de tus enemigos, y habrá para ellos estabilidad.* (Jer. 38.16-17).

- De las Lamentaciones
40. Contra los pensamientos que nos hace ver las muchas necesidades y las grandes fatigas de la vida monástica en su disciplina: *El Señor es bueno con los que esperan en Él, con el alma que lo busca y espera en silencio la salvación del Señor.* (Lam. 3.25-26).

41. Contra el pensamiento que dice: «Un hombre puede obtener pureza e integridad también sin vocación monástica»: *Es cosa buena que el hombre tome su yugo en la juventud. Se sentará solitario y callará, porque el Señor se lo ha impuesto; dará su mejilla a quien le pega, será saciado de insultos, pero el Señor no estará lejano para siempre.* (Lam. 3.27-31).

- Del evangelio de Mateo
43. Contra el pensamiento que nos sugiere visitar a nuestro padre carnal: *Sígueme, y deja que los muertos sepulten a sus muertos.* (Mt. 8.22).

44. Para el alma que cae a causa de la acedia y vuelve a buscar a sus parientes según la carne: *Quien haya dejado casa, o hermanos, o hermanas, o padre, o madre, o hijos, o campos por mi nombre, recibirá cien veces lo que dejó y tendrá en herencia la vida eterna.* (Mt. 19.29).

- De los Hechos

46. Contra los pensamientos de la acedia provocados por nuestros parientes que nos dicen que no hemos dejado el mundo y abrazado la vida monástica por el Señor, sino a causa de nuestros pecados y de nuestra debilidad, que nos impide afrontar con fuerza viril las ocupaciones del mundo: *Es necesario obedecer a Dios antes que a los hombres.* (Hech. 5.29).

- De la carta a los Filipenses

51. Para el alma que no sabe que el sufrir por Cristo es un don del Espíritu: *Les ha concedido a ustedes la gracia, no solamente de creer en Cristo, sino también de sufrir por Él.* (Fil. 1.29).

- De la carta a los Hebreos

52. Contra los pensamientos provocados por la acedia que empujan al alma a abandonar el camino santo de los perfectos y la propia morada: *Ustedes necesitan constancia para cumplir la voluntad de Dios y entrar en posesión de la promesa. Porque todavía falta un poco, muy poco tiempo, y el que debe venir vendrá sin tardar. El justo vivirá por la fe, pero si se vuelve atrás, dejaré de amarlo.* (Heb. 10.36-38).

54. Para el alma que está abatida a causa de la acedia y de la tristeza y piensa en su corazón que ha sido entregada al tormento de los demonios: *Otros sufrieron injurias y golpes, cadenas y cárceles. Fueron apedreados, destrozados, muertos por la espada. Anduvieron errantes, cubiertos con pieles de ovejas y de cabras, desprovistos de todo, oprimidos y maltratados. Ya que el mundo no era digno de ellos, tuvieron que vagar por desiertos y montañas, refugiándose en cuevas y cavernas.* (Heb. 11.36-38).

¡Bendito el Señor nuestro Jesucristo, que nos ha concedido la victoria del demonio de la acedia!

4. Características particulares del *Antirrhétikos* de Evagrio

Evagrio Póntico ha sido calificado como el monje más culto de su época, y la afirmación no es exagerada. Fue formado por San Basilio Magno y luego se desempeñó como archidiácono al lado de San Gregorio Nacianceno, mientras éste era obispo de Constantinopla, en medio de las disputas cristológicas del siglo IV. Evagrio poseía, por tanto, una amplia perspectiva teológica y filosófica adquirida en los medios más importantes y prestigiosos de su época.

Esta riqueza, además, se extendía a la agudeza de su penetración psicológica. Su vasta obra se distribuye en libros que consisten, la mayor parte de ellos, en pequeñas frases o aforismos dirigidos a describir o precisar situaciones particulares, o bien, en el caso de sus *Scholia*, a comentar brevísimamente algunos pasajes de la Escritura. Es justamente en esas pocas palabras que Evagrio es capaz de definir con agudeza quirúrgica los diversos estados espirituales y psicológicos por los que puede atravesar el monje.

Esta capacidad del autor se pone particularmente de manifiesto en el *Antirrhétikos*, donde en cada una de las breves introducciones a las frases bíblicas, se describe la situación interior de la persona que debe pronunciarla. Esta descripción es ocasión para mostrar sutiles facetas propias de un monje que se encuentra tentado por los diversos demonios. Es importante tener en cuenta que, más allá del recurso a la mitología demoníaca a la recurre Evagrio, propia de su cosmovisión teológica, ella es ocasión para expresar detalles y particularidades propias de la psicología humana, que se mantienen en el plano natural y que se extienden no solamente a los monjes, sino a todos los hombres. Es justamente ésta una de las mayores riquezas que posee la obra evagriana.

Veamos un ejemplo. Cuando trata acerca del demonio de la fornicación va describiendo los diversos modos de tentación que tal asalto puede producir en el monje, desde los más carnales y groseros hasta los más sutiles. «Contra el pensamiento que representa en mi mente una mujer casada…»[37], o bien «Para el alma que vacila y tiembla a causa del demonio que toca sus miembros -quien ha estado tentado por este demonio comprende qué es lo que digo-…»[38], son ejemplos del primer caso. En cambio, «Contra el pensamiento de tristeza, que surge en nosotros por las muchas tentaciones de fornicación que nos asaltan y arrancan nuestra esperanza…»[39] o «Contra el demonio que en mi mente me aconseja casarme con una mujer y convertirme en padre de familia y no permanecer de ese modo combatiendo continuamente con hambre y sed los pensamientos de fornicación…»[40], son ejemplos del segundo caso. No solamente se trata de replicar al demonio que presenta al alma la tentación más obvia -una mujer, por ejemplo-, sino que también Evagrio se preocupa por presentar las diversas facetas en que la

---

[37] *Antirrhétikos*, 2, 1; p. 69.
[38] *Antirrhétikos*, 2, 11; p. 71.
[39] *Antirrhétikos*, 2, 2; p. 69.
[40] *Antirrhétikos*, 2, 49; p. 79.

tentación de la fornicación puede manifestarse: la tristeza, pues el monje ve que aún luego de años de vida penitente en el éremo, sigue siendo asaltado por tentaciones tan intensas y burdas y pierde entonces la esperanza de alcanzar el ideal que se había propuesto, o bien la tentación de abandonar la lucha propia del camino de vida que se había propuesto eligiendo, no una vida de desorden y pecado, sino la vida lícita del hombre casado.

Es notable cómo otros autores espirituales posteriores, sin conocer la obra de Evagrio, han descrito situaciones semejantes. Adán Scot, cartujo del siglo XII, escribe en su *Soliloquiorum de instructione animae*, cuando pormenoriza las vivencias que lo asaltan durante sus crisis de acedia: «Pienso en muchas mujeres bellas y seductoras. Ellas son muy hermosas, muy suaves y muy dulces. Son bellas a la vista, suaves para abrazarlas y dulces para besarlas. (Cuando pienso en ellas) mi mente suspira, mi cuerpo se estimula, mi corazón desea alcanzar la culminación del placer y carne exulta»[41]. Y, un poco más adelante:

> Yo creía que, al renunciar al mundo e ingresar en la vida religiosa, encontraría la paz y el reposo. Pero me veo, a la inversa, embarcado en el presente en grandes tribulaciones y dificultades, y en miserias peores que aquellas que podría haber sufrido en el mundo. Yo que, estando en alta mar, busqué un puerto seguro en el cual escapar a la violencia de los vientos y a la crueldad de las oleaje, ahora me siento más bien aplastado por las olas y empujado por ellas de una orilla a otra, peor entonces que cuando nadaba en el mar[42].

Adán atraviesa en su vida monástica las diversas de tentaciones de fornicación que había descrito Evagrio. Por un lado, aquellos pensamientos más groseros y obvios -la representación de una bella mujer- y, luego, la tristeza al darse cuenta de que, aun habiendo elegido los rigores de la vida religiosa, las tentaciones de todo tipo continúan sumiéndolo en la angustia y el tedio.

---

[41] Adam Scott, *Soliloquium de instructione animae*, PL 198, 845.
[42] «... speravi, quando saeculo renntiavi et ad vitam religiosam veni, ad pacem me et quietem debere venire. Nunc autem viceversa ad magnas tribulationes et angustias me video prevernisse et ad maiores miserias quam habui quando in saeculo fui. Et qui idcirco de maris profundo ad portus soliditatem confugi, ut et ventorum violentiam et fluctum devitarem saecitiam, nunc magis me sentio et flatibus conquassari et undi hinc inde impelli in littore quam solebam quando natabam in mari». Adam Scott, *Soliloquium de instructione animae*, PL 198, 844 bc.

5. POSTERIDAD DEL MÉTODO ANTIRRHÉTICO

En los siglos inmediatamente posteriores a Evagrio el método *antirrhétiko* tuvo defensores y detractores. Entre los primeros se cuenta el monje Isaías que, a mediados del siglo V, compuso también un *Antirrhétikos* que no es más que una copia mediocre de la obra de Evagrio[43]. Entre los detractores aparece Juan de Gaza quien, interrogado sobre el tema, responde:

> Hermano, las pasiones son aflicciones y el Señor no las ha eliminado, sino que dice: 'Invócame en el día de la aflicción, yo te libraré y tú me glorificarás' (Sal. 90, 15), de modo tal que, en toda pasión, no hay nada más útil que invocar el nombre de Dios. En cuanto a replicar, no es cosa de cualquier hombre, sino solamente de los poderosos según Dios, a los cuales los demonios están sometidos. Porque si alguno de los que no poseen esta potencia replica, los demonios lo toman a risa [...] Lo mismo con apostrofar a los demonios, eso está reservado a los grandes, a aquellos que tienen el poder [...], pero nosotros, los débiles, no podemos sino refugiarnos en el nombre de Jesús[44].

Juan Clímaco, por su parte, realiza una crítica un poco más matizada al método evagriano destacando, al igual que Juan de Gaza, que se trata de un modo de luchar contra los demonios reservado a los que están más avanzados en la vida espiritual[45].

A pesar de la importancia que el *Antirrhétikos* posee dentro de la obra de Evagrio ha sido escasamente estudiando. Una de las razones se debe, sin duda, a la dificultad idiomática ya que el original griego está perdido y sólo se conserva una versión siríaca y otra armenia, ambas publicadas a comienzos del siglo XX[46]. Otro motivo puede ser que, debido a las particulares características que posee la obra, tan diversas de las prácticas y

---

[43] Cfr. R. DRAGUET, *Les cinq recensions de l'Ascéticon syriaque d'Abba Isaïe, I. Introduction au problème isaïen. Version des logoi I-XIII avec des parallèles grecs et latins*, Peteers, Louvain 1968 (Corpus Scriptorum Christianorum Orientalium 293).

[44] Barsanufio y Juan de Gaza, *Correspondance*, vol II, Cerf, Paris 2000 (Sources Chretiènnes 450), *Lettre* 304, p. 294-297.

[45] Cfr. Juan Clímaco, *Scala paradisi* 26; PG 88, 1029B.

[46] Texto armenio: ed. B. SARGHISSIAN, *S. Patris Euagrii Ponticii uita et scripta*, Venezia 1907. Versión siríaca: Evagrio Póntico, *Euagrius Ponticus*, in *Der Königlichen Gesellschaft der Wissenschaften zu Göttingen*, ed. W. FRANKENBERG, Weidmannsche Buchhandlung, Berlin 1912; p. 476-545.

de los gustos de las corrientes espirituales posteriores, se valoraron más bien otros textos de Evagrio, como el *Tratado práctico* o el *Gnóstico*.

La renovación de los estudios sobre Evagrio Póntico que tuvo lugar a partir de los años '80, debidos, fundamentalmente, a la extraordinaria obra de Antoine Guillaumont y de su esposa Claire, despertó también un renovado interés por el *Antirrhétikos*, fruto del cual son las versión inglesa de David Brakke y la italiana de Valerio Lazzeri[47].

Propiamente, el *Antirrhéticos* no es un florilegio, los que cuentan con características particulares y se producen en una época determinada, posterior a la de Evagrio. Sin embargo, su estructura y contenido e, incluso, su finalidad pueden encuadrarlo como un antecedente de ellos.

---

[47] Cfr. Evagrio Póntico, *Contro i pensieri malvagi. Antirrhétikos*, introduzione di G. BUNGE - Traduzione e note a cura di V. LAZZERI, Quqajon, Magnano 2005.

Pere J. Quetglas Nicolau[*]

LAS CUALIDADES POÉTICAS DE MIRÓ BONFILL

En el ámbito de actuación en el que nos movemos los redactores del *Glossarium Mediae Latinitatis Cataloniae* nos encontramos habitualmente con documentos notariales de redacción plana i formular, cosa por lo demás esperable e incluso deseable en documentos de este tipo. Todos recordamos las polémicas mediáticas que se han montado de vez en cuando en el país cuando a un que otro juez le ha dado por reflejar en sus sentencias sus venas poéticas, y también recordamos la falta de humor y de ciencia cuando un juez quiso meter mano y sancionar a un abogado por usar la expresión «por uebos»[1]. Y es que no debemos ni podemos olvidar que detrás de los redactores de esta documentación hay personas y a veces personas con una excelente formación lingüística e incluso literaria, que ven coartadas sus posibilidades expresivas por los límites que les impone la profesión y el tipo de documentación en que intervienen. Por ello no debe extrañar que en cuanto se halla un pequeño resquicio se cuele la vocación literaria o el estro poético de algunos autores, que no de todos. Naturalmente, cuando el autor ocupa una buena posición social las facilidades son sin duda mayores. Y éste es precisamente el caso en el que se encuentra la figura de Miró Bonfill. Hijo menor del conde de Cerdaña, Miró el Joven y de la condesa Ava; su hermano, Oliba Cabreta, fue también conde de Cerdaña y padre del famoso abat Oliba. Por tanto, Miró Bonfill era tío del abat Oliba. Es decir que nos encontramos en un momento de cierto esplendor de la cultura catalana de

---

[*] Pere J. Quetglas, IRCVM, Universitat de Barcelona. quetglas@ub.edu. Este trabajo se ha desarrollado en el seno del Grupo de Investigación Consolidado de la Generalitat de Catalunya (2009 SGR 705) y se inscribe en el marco de los proyectos de investigación FFI2012-38077-C02-01 y FFI2012-38077-C02-02 subvencionados por la Dirección General de Investigación Científica y Técnica del Ministerio de Economía y Competitividad del Gobierno de España dentro del subprograma de Proyectos de Investigación Fundamental no Orientada.

[1] Más allá de la semejanza formal con otras palabras, la forma «uebos», en tanto que procedente del latín *opus*, no tiene otro significado que el de «necesidad».

fines del siglo X y comienzos del XI. Miró Bonfill heredó de su padre el condado de Besalú (965-984) y fue asimismo obispo de Gerona (971-984). Tuvo una notable actividad eclesiástica plasmada en la fundación de diversos monasterios y realizó diversos viajes a Italia.

Con bastante unanimidad se le atribuye la autoría de la redacción del acta de consagración de la iglesia de Cuixà (974)[2], de la que da cuenta de la elección del abad Dodó de Camprodon (976)[3], de la de la fundación y dotación de la canónica de Besalú (977)[4], de la de dotación de Serrateix (977)[5], de la de dedicación de Ripoll (977)[6] y de la de fundación de Sant Pere de Besalú (977)[7]. De la figura y de la actividad y dotes literarias de Miró Bonfill se han ocupado desde hace tiempo y con cierta reiteración diversos estudiosos que han puesto de manifiesto las peculiaridades léxicas del personaje y, especialmente, su tendencia al uso de helenismos. Así, Lluís Nicolau d'Olwer, uno de los primeros, dice de él: «Miro Bonfill, évêque de Gérone, était un virtuose du lexique. Les documents rédigés par lui sont aisés à reconnaître par les mots insolites qu'il emploie –la plupart d'origine

---

[2] *Catalunya Carolíngia.* Volum VI: *Els comtats de Rosselló, Conflent, Vallespir i Fenollet.* A cura de P. Ponsich, revisat i completat per R. Ordeig i Mata. Prefaci per A.M. Mundó. Barcelona, IEC, 2006, doc. n° 485, pp. 414-416.

[3] Dodó fue abad de Sant Pere de Camprodon, pero también de Sant Pere de Besalú, lo que ha suscitado dudas sobre la atribución de esta acta de elección a uno u otro monasterio, dado que el documento que la contenía estaba mutilado en el parte superior y en la inferior cuando lo copió J. VILLANUEVA (*Viage literario a las iglesias de España,* XV, ap. XXXIII, Madrid, 1851, pp. 278-280). Así, M.d.S. GROS («Sant Pere de Camprodon: un monestir del comtat de Besalú» en *Art i Cultura als monestirs del Ripollès,* Associació Amics dels Monestirs del Ripollès – Publicacions de l'Abadia de Montserrat, Barcelona, 1995, pp. 77-79) cree que la elección debe referirse a Sant Pere de Besalú. El documento en cuestión se encuentra editado en *Catalunya Carolíngia.* Vol. 5. *Els comtats de Girona, Besalú, Empúries i Peralada,* a cura de S. Sobrequés i Vidal, S. Riera i Viader, M. Rovira i Solà. Revisat i completat per R. Ordeig i Mata, Institut d'Estudis Catalans, 2003, doc. n° 433, pp. 382-383.

[4] *Catalunya Carolíngia.* Vol. 5. (op. cit. en nota 3), doc. n° 438, pp. 390-392.

[5] *Diplomatari del monestir de Santa Maria de Serrateix,* a cura de J. Bolós, Fundació Noguera, Barcelona, 2006, doc. n° 22, pp. 92-96.

[6] *Catalunya Carolíngia.* Vol. IV. *Els comtats d'Osona i Manresa,* a cura de R. Ordeig i Mata, Institut d'Estudis Catalans, Barcelona, 1993, doc. n° 1242, pp. 893-895.

[7] *Catalunya Carolíngia.* Vol. 5. (op. cit. en nota 3), doc. n° 441, pp. 393-396.

grecque–et dont il parsème ses écrits»[8]. Josep Maria Salrach ha dedicado diversos artículos al personaje y en uno de ellos[9] resume lo que serían las características comunes del estilo literario de nuestro autor: 1. Recurso frecuente a los helenismos, neologismos y palabras latinas poco comunes; 2. Estilo barroco y ampuloso, con frases largas y de sintaxis complicada; 3. Uso de formas de datación muy alambicadas; 4. La erudición y ciertas pretensiones literarias y narrativas; y 5. La presencia de hexámetros y dísticos elegíacos intercalados en la prosa. En la misma línea, Michel Zimmermann, al tratar de valorar en sus justos término la figura de Miró Bonfill, eleva hasta siete el número de rasgos que caracterizan su estilo[10]: 1. El gusto por el uso de sinónimos; 2. La proliferación de palabras raras, arcaizantes u obscuras; 3. La importancia de la adjetivación y el uso, o abuso, de formas verbales no personales; 4. La frecuente presencia de aliteraciones y rimas internas; 5. Un estilo ampuloso y preciosista, con frases muy largas en las que se intercalan incisos, ablativos absolutos, acusativos de relación, lo que da paso a una sintaxis difícil; 6. Expresiones correctas tomadas de autores clásicos; y 7. La inserción de hexámetros y dísticos en la prosa. E incluso yo mismo daba por buena no hace mucho esta capacidad poética de Miró Bonfill[11]. Sin embargo, las cosas no son siempre como parecen a primera vista y cuando se observan con mayor detenimiento suelen aportar notables sorpresas.

Para acotar la cuestión me centraré en el análisis de una de las actas mencionadas, la de consagración de la iglesia de Cuixà (974). Tanto Salrach como Zimmermann, al referirse a la presencia de versos en la prosa del conde-obispo, atribuyen la paternidad del hallazgo a Anscari M. Mundó y

---

[8] L. N. D'OLWER, «La littérature latine au Xe siècle», en *La Catalogne à l'époque romane: conférences faites à la Sorbonne en 1930*, Ernest Leroux, Paris, 1932, pp. 193-194.

[9] J.M. SALRACH, «El comte-bisbe Miró Bonfill i l'Acta de Consagració de Cuixà de l'any 974», *Acta Historica et Archeologica Medievalia*, 10 (1989) 107-124.

[10] M. ZIMMERMANN, *Écrire et lire en Catalogne (IXe-XIIe siècle)*, vol. I, Casa de Velázquez, Madrid, 2003, pp. 325-326. En la misma línea se manifiesta el propio M. Zimmerman al decir de Miró: «écrivain prolixe et precieux, auteur de vers léonins, truffant ses écrits de termes rares ou archaiques» (M. ZIMMERMANN, «Vie et mort d'un formulaire: l'écriture des actes catalanes (X^e-XIIe siècle)», en M. Zimmermann (ed.), *Auctor et auctoritas. Invention et conformisme dans l'écriture médiévale*, École de Chartes, Paris, 2001, pp. 337-358; cf. p. 340.

[11] P.J. QUETGLAS, «La tradició clàssica a l'edat mitjana als països de parla catalana», *Ítaca. Quaderns Catalans de Cultura Clàssica*, 23 (2007) 11-26.

remiten a un artículo publicado ya hace bastantes años[12]. Sin embargo, más recientemente A. M. Mundó ha vuelto a insistir sobre el tema en el Prefacio de la edición de los documentos de los condados de Rosellón, Conflent, Vallespir y Fenollet, en la colección *Catalunya Carolíngia* publicada por el Institut d'Estudis Catalans[13], publicación que voy a tomar como punto de referencia. En ella, Mundó trata de forma más pormenorizada la cuestión de las habilidades poéticas de Miró Bonfill y pone de manifiesto que en la citada acta ha detectado la presencia de diferentes versos, hexámetros y pentámetros. Nada más ni nada menos que 13 versos, exactamente 11 hexámetros y dos pentámetros. Los reproducimos a continuación manteniendo las marcas de los ictus acentuales añadidos por Mundó[14] y les

---

[12] A.M. MUNDÓ, «Recherches sur le traité du moine Garsias à l'abbé-évêque Oliba sur Cuxa», *Cahiers de Saint-Michel de Cuxa*, 3 (1972) 29-42. El artículo se encuentra reproducido en A.M. MUNDÓ, *Obres completes*, I *Catalunya*, 1. *De la romanitat a la sobirania*, Curial Edicions Catalanes – Publicacions de l'Abadia de Montserrat, Barcelona, 1998, pp. 356-367; vd. especialmente p. 359.

[13] *Catalunya Carolíngia*. Vol. VI: *Els comtats de Rosselló, Conflent, Vallespir i Fenollet*. A cura de P. Ponsich, revisat i completat per R. Ordeig i Mata. Prefaci per A. M. Mundó. Barcelona, IEC, 2006; el prefacio ocupa las páginas 7 a 26, y el apartado dedicado a Miró Bonfill, las páginas 18 a 22.

[14] Ofrecemos aquí en texto seguido la primera parte del acta en cuestión a fin de que pueda entreverse el estilo alambicado de Miró Bonfill; el texto correspondiente a los versos de referencia aparece en cursiva.

Postquam Salvator erpigena omnium, *ineffabiliter calcata morte resurgens*, et *exubias atri raptas de fauce profundi, evehit excelsum quicquid succepit ab imis*, et secum quod sumpsit ad dexteram genitoris considens, abensque *nova pompa triumphi*, bissenos primum selectos divino et consubstantiali irradiatos spiritu viros, quadrifido destinavit in clismate, ut terrigenis fidem premonstrarent sidereo recto calle scandere ad regna. At ipsi tearchica cum gratia Domini sui solerter adimplentes munia, omnigena populorum effera mansuefacta chorea, Christi faboraliter manciparunt iuga. Exin tridica atque unidica quibusque ut fas Dei formibus universaliter promulgata, cum iam iamque simbolica divina numinis farta passim repleta florerent orrea, nonnulli per universa climata longe lateque ecclesias construerunt, suisque rebus easdem ditaverunt, ut clericorum monachorumque cetibus ibidem degentibus Deoque militantibus suorum sustentarentur alimentis, et egenorum necessitates eorum pellerentur opibus vel aiumentis. Quorum vestigia imitantes omnes ortodoxi sino matris Ecclesie edocati, eorumque documentis imbuta, opitulatione superni iuvaminis fulti, firmiter sancteque prout potuere tenuerunt.

añadimos una numeración correlativa que nos permita referirnos a ellos con mayor comodidad:

(1) Íneffábilitér calcáta mórte resúrgens
(2) Éxuviás atrí raptás de fáuce profúndi
(3) Évehit éxcelsúm quicquíd suscépit ab ímis
...
(4) Cóxanúm dudúm voluít vocitáre vetústas
(5) Gázis támen fécit íllum nón mediócrem
...
(6) lúcidúm affatím vibráre sátagit cósmum
...
(7) ángustó fabricáta fúerat máchina gíro
(8)   quód neque túnc poterát / plébs veneránda cápi

      Proinde igitur princebs quondam Soniefredus, divino afflatu spiramine, inter ceteros specialiter elegit quendam cenobiolum in honore Domini et invocatione almi ac beatissimi archangeli Mikaelis in valle Confluentana, in locum quem *Coxanum dudum voluit vocitare vetustas* situm, et licet exili fabrica constructum, *gazis tamen fecit illum non mediocrem*, monachis quoque undecunque collectis abbatibus iusta morem regule ibidem constituit atque sublimavit, cuius morigeris monachi famularentur obsequiis. Illis quoque assentientibus, locavit ibi abbatem egregium, nomine Guarinum, qui ceu ut sidus *lucidum affatim vibrare satagit cosmum*. Prelibata igitur ecclesiola Sancti Mikaelis *prius angusto fabricata fuerat machina giro, quod neque tunc poterat plebs veneranda capi*. Set bone rei consultum et presentis abetur vite subsidium et eterne remunerationis expectare cernitur premium.
      Ob id ergo eidem princebs cum conibentia sui proprii pontificis ceterorumque episcoporum, abbatum, clericorum, plebeiumque fidelium, colligens consilium, ut erga prefata ecclesiola in loco congruo in onore beati archangeli Mikaelis honorabile constru[er]et templum. Sed nec angusta prius substraxit fana eidem princebs vel abba, sed *assidue in prisco peragens cerimonia templo, donec rite sequens consummaretur opus*. Abbate quoque monachisque cum aminiculo eidem principi assidue incepito iam opus desudantibus, fatali casu ab hac vita eidem princeps subtractus, percepturus *dignum operis sui fructum migravit ad Christum. Cuius omnipotens suis non reddat debita culpis*,sed per interventum predicti archangeli eluat probra *omnipotens Pater, et vite crimina tollat*. Successerunt igitur huic sui duo clarissimi fratres, qui prompti amore pio, ceptum iam opus, prout potuere, adiuvare satagerunt. Abbas quoque monachique cum ausilio supradictorum principum in huiusce opere assidue laborantibus, cum opitulatione Dei omnipotentis perducunt ceptum opus ad diem completionis.

...
(9) ássidué in priscó peragéns ceremónia témplo
(10)   dónec ríte sequéns / cónsumarétur opús
...
(11) dígnum óperis súi fructúm migrávit ad Chrístum,
(12) ómnipoténs suís non réddat débita cúlpis
(13) ómnipoténs Patér et víte crímina tóllat.

    La experiencia que tenemos en casos parecidos, como el de Ermengol Bernat de Urgel, del que nos ocupamos hace tiempo[15], nos induce a pensar sistemáticamente en que no es tan fácil que semejantes dotes poéticas se den en personajes, por importantes que sean, de nuestra zona de influencia. Respecto a Europa lo que había sido y continuaba siendo en cierta medida la Marca Hispánica, no dejaba de ser una territorio singular, pero también residual y periférico. Afortunadamente para los que nos entretenemos con estas disquisiciones, hoy en día los medios que tenemos a nuestra disposición son formidables, de forma que resulta relativamente fácil comprobar las intuiciones (desecharlas ya es otra cuestión muy diferente). Así pues, puestos rebuscar el resultado al que hemos podido llegar es ciertamente alentador: como mínimo, diez de los trece versos detectados por Mundó tienen autoría conocida. Reproducimos a continuación los versos aislados por Mundó y reproducimos debajo de cada uno de ellos el modelo que parece haberlo inspirado así como el autor del mismo. En el caso de que la influencia no afecte a la totalidad del verso, marcamos con cursiva la palabra que ha sido cambiada o modificada:

(1) Íneffábilitér calcáta mórte resúrgens
            calcata morte resurgens [Arator I, 47]

(2) Éxubiás atrí raptás de fáuce profúndi,
            exuvias atri raptas de fauce profundi [Arator I, 40]

(3) Évehit *excelsúm* quicquíd suscépit ab ímis
            evehit *excelsis* quicquid succepit ab imis [Arator I, 38]

...
(4) Cóxanúm dudúm voluít vocitáre vetústas

---

[15] P.J. QUETGLAS, «Nota sobre la cultura dels escrivans medievals a Catalunya», in *Humanitas in honorem A. Fontán*, Gredos, Madrid, 1992, 313-317, y «La Vita Adalbertini de Ermengol Bernat d'Urgell», *Euphrosyne*, 33 (2005) 279-287.

voluit vocitare vetustas [Ven. Fort. I, 1, 3][16]

(5) Gázis támen fécit íllum nón mediócrem

...
(6) lúcidúm affatím vibráre sátagit cósmum

...
(7) ángustó fabricáta *fúerat* máchina gíro
    angusto fabricata *est* machina giro [Ven. Fort. I, 10, 9]
(8) quód neque túnc poterát / plébs veneránda cápi
    quo neque tunc poterat / plebs veneranda capi [Ven. Fort. I, 10, 10]
...
(9) ássidué in priscó *peragéns* ceremónia témplo
    assidue in prisco *celebrans* cerimonia templo [Ven. Fort. I, 11, 23]
(10) dónec ríte sequéns / *cónsumarétur* opús
    donec rite sequens / *consolidasset* opus [Ven. Fort. I, 11, 24]

...
(11) dígnum óperis súi fructúm migrávit ad Chrístum,
(12) ómnipoténs *suís* non réddat débita cúlpis
  Omnipotensque *tuis* non reddat debita culpiS. [Eug. de Toledo, *Carm.*, XXVIII, 8]

(13) ómnipoténs Patér et víte crímina *tóllat*.
    Pater, et vite crimina *tolle*. [Eug. de Toledo, *Carm.*, XVI, 4]

 Recapitulando pues, nos encontramos con tres versos de Arator, cinco de Venancio Fortunato y dos de Eugenio de Toledo. En consecuencia, se puede dar por identificada la procedencia de 10 de los trece versos recogidos por Mundó. Sin embargo, la relación no es completa, porque sin ahondar mucho más resulta que casi inmediatamente después de los tres versos de Arator encontramos otro hemistiquio del mismo autor:

 (14) nova pompa triumphi [Arator I 34]

---

[16] Este hemistiquio de Venancio Fortunato, como puede verse, tuvo mucha fortuna; el propio autor lo reutiliza en otro poema (I, 9, 9) y también Miró Bonfill recurre de nuevo a él en el acta de confirmación de la dotación de Sant Pere de Besalú (E. JUNYENT I SUBIRÀ, *Diplomatari i escrits literaris de l'abat i bisbe Oliba*, Institut d'Estudis Catalans, Barcelona, 1992, Diplomatari d'Oliba 2, pp. 4-6).

No es nada usual este despliegue de erudición, sobre todo si atendemos a la diversidad de autores. Por un lado, se puede justificar en razón de la temática la presencia de Venancio Fortunato[17], el célebre himnodista del siglo VI d. C, poeta ligado a la corte merovingia y autor de dos célebres himnos, el *Vexilla regis prodeunt* y el *Pange lingua gloriosi*. Resulta que entre las producciones propias de Venancio Fortunato figuran los poemas laudatorios o conmemorativos de la fundación de muchas iglesias, de forma que no tiene que extrañar que nuestro conde-obispo recurriera a él cuando se encontraba ante una tesitura similar. Así, los cuatro poemas de Venancio Fortunato utilizados corresponden al libro I (1, 9, 10 i 11) y tratan de la dedicación o de la loa de un templo: el 1, de San Vital, el 9 de S. Vicente Vernemetis, el 10 de San Nazario, y el 11 de San Dionisio. Tampoco debe extrañar la presencia de Arator, subdiácono de la iglesia de Roma en el siglo VI y muy ligado a la corte ostrogoda de Teodorico, pues la popularidad de los dos libros de su poema en hexámetros *De actis apostolorum*, basado en los *Hechos de los apóstoles*, estuvo muy extendida.[18] Con todo, resulta mucho más curiosa la presencia de Eugenio de Toledo[19], el poeta visigodo del siglo VII, y, al tiempo, más interesante si cabe, dado que el verso 8 del poema XXVIII, aparece también formando parte (verso 4) del epitafio del rey Ordoño I de Asturias (821-866)[20]:

---

[17] Venance Fortunat, *Poèmes*, 3 vols., texte établi et traduit par M. REYDELLET, Les Belles Lettres, Paris, 1994-1998.

[18] Arator Subdiaconus, *Historia Apostolica*, cura et studio A.P. ORBAN, Brepols, Turnout, 2006 (Corpus Christianorum. Series Latina 130-130A).

[19] Eugenius Toletanus, *Carmina et epistulae,* ed. F. VOLLMER, Monumenta Germaniae Historica, Auctores antiquissimi XIV, Berlin, 1905 (reimpr. 1961).

[20] No hace falta resaltar, por obvio e imposible, que esta influencia, directa o indirecta, de Eugenio de Toledo en Miró Bonfill no podía conocerla M. C. Díaz y Díaz cuando redactó el artículo dedicado a estudiar la pervivencia del poeta toledano: M.C. DÍAZ y DÍAZ, *Anecdota Wisigothica I: Estudios y ediciones de textos literarios menores de época visigótica*, Universidad de Salamanca, Salamanca, 1958, pp. 37-48. Y lo mismo cabría decir en el caso de I. VELÁZQUEZ, «*Carmina epigraphico more*. El códice de Azagra (Madrid BN ms. 10029) y la práctica del 'género literario' epigráfico», in C. Fernández Martínez y J. Gómez Pallarés (eds.), Temptanda viast. *Nuevos estudios sobre la poesía epigráfica latina*, Universitat Autònoma de Barcelona, Bellaterra (Cerdanyola del Vallés), 2006, pp. 1-29, y, por supuesto, de F. VOLLMER (Eugenius Toletanus, *Carmina et epistulae,* Monumenta Germaniae Historica, Auctores antiquissimi XIV, Berlin, 1905).

Ordonius ille princeps, quem fama loquetur.
Cuique reor similem secula nulla ferent.
Ingens consiliis, et dexterae belliger actis.
Omnipotensque tuis non reddat debita culpis.
Obiit sexto Kal. Junii. Era DCCCCIIII.

En lo que se refiere a la intervención de Miró Bonfill en el texto, ésta responde a causas y motivos muy diferentes. En unos casos responde a la necesidad de adaptar los versos a las circunstancias atendiendo al cambio de referente (*suis* por *tuis* en el v. 12), o de sujeto (*tollat* por *tolle*, en el v. 13 y *consumaretur* por *consolidasset* en el v. 10); en otros casos el cambio viene impuesto por la necesidad sintáctica al incorporar el verso dentro de la narración (*quod* por *quo* en el verso 8 y *fabricata fuerat* por *fabricata est* en el v. 7); otros cambios, sin embargo, sólo se explican por el deseo de distanciamiento con respecto a la lengua común, si no es que responden a un olvido o confusión en el momento de recordar de memoria el verso (*peragens* por *celebrans* en el v. 9); esta última causa podría ser la que explicara también la substitución de *excelsis* por *excelsum* (v. 3), si bien también podría responder de alguna manera a una simplificación sintáctica.

Llegados a este punto son diversas las consideraciones a las que debemos atender. No me atrevo a hablar de conclusiones. En primer lugar, un corolario positivo, de filología positiva, quiero decir, y nada desdeñable: ya sabemos que Miró Bonfill tenía unas cualidades poéticas notables que partiendo del conocimiento de ciertos autores le permitía aprovechar, reordenar y construir centones con estos elementos. De ahí que el título de esta comunicación hable de las cualidades poéticas de Miró Bonfill y no de su calidad poética; son dos cosas distintas, y esta última todavía está por demostrar. Es decir, que en cierta manera hemos dado un paso atrás, de forma que lo que parecía ser un poeta pasa a convertirse en un buen conocedor de los entresijos y de las técnicas de la poesía. Pero, *a sensu contrario*, siendo menos poeta se nos muestra como más erudito. Ahora bien, fruto de esta primera conclusión se nos plantea otra cuestión, la que apunta a las bases de esta erudición: ¿Conocía Miró a estos poetas de primera mano o lo hacía a través de recopilaciones? De momento no podemos responder todavía a esta cuestión, pues si bien el hecho de que los poemas fuente se encuentren agrupados en un mismo libro y en una corta extensión de versos podría interpretarse como prueba de un conocimiento directo de las obras, no deja de ser también cierto que esto no es un argumento en contra de la utilización de un florilegio o repertorio que incluyera estos mismo versos. Mas, de lo que no cabe ninguna duda es de que, si nos saltamos este punto intermedio, resulta que el propio Miró estaba haciendo recopilaciones del saber en un tercer nivel, que sería el de la producción centonaria. Y en este sentido su labor responde con bastante exactitud a la precisa definición de *remploi* dada por Michel Zimmermann: «En termes de définition on doit réserver celui de remploi à la réutilisation de matériaux textuels hors de leur context original d'élaboration, donc à l'issue d'une période de hiatus»[21].Y por si no estuviera claro, se demuestra una vez más que lo que entendían por clásico y digno de imitación en el siglo X no era precisamente lo que entendemos hoy en día, y nos pone además sobre aviso de la técnica del estudio de reminiscencias basadas en el cotejo de palabras aisladas.

Pasemos ahora a otro tema. Acabamos de poner de manifiesto que Miró Bonfill se basaba en una serie de fuentes. Es cierto. ¿Y tiene este logro alguna trascendencia? Según se mire. Si esto lo hubiéramos conseguido hace treinta años o incluso veinte, sería como para llenarnos de orgullo. Hoy en día también, pero todos sabemos que menos, puesto que afortunadamente disponemos de unos medios formidables que dejan muy atrás siglos de sabiduría. Antes, hubiera sido preciso detectar los pasajes, adivinar por lecturas o por pálpitos las posibles fuentes, buscarlas y cotejarlas. Y esto sería un trabajo de mucho tiempo. Hoy afortunadamente lo tenemos más fácil, la cosas han cambiado y la célebre metáfora medieval que Juan de Salisbury atribuye a Bernardo de Chartres[22] y que dice que somos como enanos puestos en la espalda de gigantes y que por ello vemos más lejos y no por tener mejor vista (lo que quiere decir, no por ser más listos) ha dejado de tener vigencia, ya que precisa de una reformulación. Lo de los gigantes sigue siendo cierto, pero ahora además de subirnos sobre los gigantes tenemos la posibilidad de subirnos al campanario del pueblo; que digo campanario, a los campanarios de todos lo pueblos, y ver las casas por encima, por dentro y alrededor, y hasta mirar debajo de la cama, si es que hay cama. Y esto ¿a dónde nos lleva? Pues ni más ni menos que a una conclusión de carácter muy general, pero también trascendente: en un momento en que el mundo humanístico pasa por momentos difíciles y es cuestionado por todas partes, resulta que nos

---

[21] M. ZIMMERMANN, «Le recours aux auctoritates en Catalogne (IXe-XIIe siècle). Formes d'insertion documentaire et finalité discursive», en P. Toubert et P. Moret (eds.), *Remploi, citation, plagiat. Conduites et pratiques médiévales (X^e-XIIe siècle)*, Casa de Velázquez, Madrid, 2009, pp. 73-96.

[22] *Metalogicon* III, 4: Dicebat Bernardus Carnotensis nos esse quasi nanos, gigantium humeris insidentes, ut possimus plura eis et remotiora videre, non utique proprii visus acumine, aut eminentia corporis, sed quia in altum subvenimur et extollimur magnitudine gigantea.

encontramos en la tesitura de asumir un reto espectacular por su trascendencia. A la vista de los medios de que disponemos hay que plantearse la conveniencia de proceder a una revisión de casi todo lo que se ha hecho en cuestiones de *Quellen* y *Fortleben*, de fuentes y pervivencia.

Georgina Rabassó[*]

EL CIELO Y LA TIERRA EN EL *HORTUS DELICIARUM* DE HERRADA DE HOHENBOURG

1. Introducción

A raíz de los estudios aparecidos, sobre todo a partir de la década de 1970, en relación con la autoría femenina en la Edad Media, cada vez son más los detalles que conocemos acerca de la actividad intelectual y formativa de las *magistrae*[1], así como sobre los contenidos de sus obras. El objetivo del presente escrito es, en particular, contextualizar y analizar los pasajes de temática cosmológica reunidos en el *Hortus deliciarum* (*HD*) de la abadesa alsaciana Herrada de Hohenbourg († c 1196) como un ejemplo del alcance de la cultura filosófico-científica de las mujeres en aquella época. El período en el que vivió nuestra autora fue testigo del nacimiento de las universidades, una institución que vedaría el acceso a las mujeres. Pese al impacto que dicha discriminación debió tener en su desarrollo intelectual, pensadoras como Hildegarda de Bingen (1098-1179), Eloísa del Paráclito (1101-1164) y la propia Herrada supieron encontrar vías, tras superar obstáculos y dificultades, para aprender, pensar, escribir y enseñar.

---

[*] Universidad de Barcelona. Departamento de Historia de la Filosofía, Estética y Filosofía de la Cultura, Facultad de Filosofía, Universidad de Barcelona. C/ Montalegre, 6. 08001 Barcelona (España). georginarabasso@gmail.com. Este trabajo se realiza en el marco del Proyecto «Filósofas del siglo XX: Maestros, vínculos y divergencias» (FFI2012-30645) y del Grupo de Investigación Consolidado Creación y Pensamiento de las Mujeres (SGR2009/647) de la Universidad de Barcelona. Agradezco a la Prof. Rosa Rius Gatell sus valiosos comentarios al presente texto.

[1] El término *magistra* designaba un rol complejo que incluía las funciones de priora, administradora y madre espiritual de las mujeres de una comunidad cenobítica. No puedo citar aquí sino una muestra de los numerosos estudios publicados sobre esa temática: P. Dronke, *Las escritoras de la Edad Media*, trad. J. Ainaud, Crítica, Barcelona 1994; M. Martinengo - C. Poggi - M. Santini - L. Tavernini - L. Minguzzi, *Libres para ser: mujeres creadoras de cultura en la Europa medieval*, trad. C. Ballester, Narcea, Madrid 2000.

Los escritos de esas autoras son testimonio de la amplitud y variedad que logró la lectura monástica femenina en época medieval. En concreto, el *HD*, florilegio y exponente del enciclopedismo del siglo XII, muestra el tipo de fuentes accesibles a las mujeres en los cenobios[2] y denota las inquietudes que motivaron en ellas dicha lectura. Dadas las vicisitudes que sufrió el manuscrito original del *HD*, hoy perdido, resulta difícil determinar con exactitud de qué tipología de obra se trataba. El texto actual reúne las características de un florilegio por los numerosos textos allí citados, contiene cuantiosas glosas, y por su desarrollo temático tiene la forma de un tratado teológico, ilustrado con centenares de miniaturas de gran belleza e iconográficamente sorprendentes. Asimismo, lo calificamos de enciclopédico debido al examen que ofrece en torno a cada detalle de la realidad que sirve de marco a la historia de la salvación. En cualquier caso, consiste en un libro compilatorio de saberes, antiguos y contemporáneos, cuya finalidad era dar contenido a la edificación espiritual e intelectual de las canonesas de la comunidad de Hohenbourg.

2. EL MANUSCRITO, SU CONTEXTO Y SUS FUENTES

El manuscrito original del *HD* se conservaba en la biblioteca del Temple-Neuf en Estrasburgo, pero en 1870 se perdió en el incendio de la misma durante los bombardeos de la ciudad en la guerra franco-prusiana. En 1979 se publicó la reconstrucción del manuscrito bajo la dirección de R. Green en un volumen de grandes dimensiones, junto con un segundo volumen dedicado al comentario de los entresijos de la obra y de su reconstrucción[3]. En la descripción del códice, M. Evans sostiene que el *HD* contaba 324 folios en el momento de su destrucción y 342 originalmente. Escrito e ilustrado en la abadía de Hohenbourg, su elaboración se habría iniciado poco antes de 1176 y finalizado hacia 1196. Los documentos principales utilizados para la reconstrucción codicológica fueron los manuscritos Bastard 6045 y Bastard 6083 (conservados en la Bibliothèque

---

[2] Cfr. S. EL KHOLI, *Lektüre in Frauenkonventen des ostrfränkisch-deutschen Reiches vom 8. Jahrhundert bis zur Mitte des 13. Jahrhunderts*, Königshausen - Neumann, Würzburg 1997; J.H. OLIVER, «Literary Sources for the Gradual's Imagery: Exploring Nun's Libraries», in *Singing with Angels. Liturgy, Music and Art in the Gradual of Gisela von Kerssenbrock*, Brepols, Turnhout 2007, pp. 74-80.

[3] Herrad of Hohenbourg, *Hortus deliciarum*, ed. R. GREEN - M. EVANS - CH. BISCHOFF - M. CURSCHMANN, col. T. J. BROWN - K. LEVY, dir. R. GREEN, The Warburg Institute–Brill, London–Leiden 1979, 2 vols. En adelante, *HD*.

nationale de France), que contienen anotaciones, transcripciones y traducciones compiladas hacia 1840 por Wilhelm Stengel para el conde Auguste de Bastard[4]. Las miniaturas a color que se reproducen en la edición de R. Green fueron realizadas por Christian Moritz Engelhardt, las cuales, pese a su belleza y valor testimonial, se han descrito como un pálido recuerdo de los centenares de miniaturas originales, elaboradas con oro y colores brillantes[5]. Sin embargo, cabe señalar el enorme interés de todas esas transcripciones y reproducciones del siglo XIX para el conocimiento y el estudio del *HD*, de modo análogo al papel decisivo que tuvieron en la Edad Media los florilegios y las compilaciones en el ámbito educativo, tanto en la transmisión como en la conservación de saberes y textos antiguos.

La elaboración del *HD* está estrechamente vinculada a la historia de la abadía de Hohenbourg (conocida también como Odilienberg y Mont Sainte Odile), situada en la cordillera de los Vosgos y relativamente próxima a la ciudad de Estrasburgo. El enclave geográfico del monasterio, aislado y protegido en la cima de una muralla rocosa, se ilustra en una de las miniaturas de la obra (FIG. 1). En ella destaca la presencia por duplicado de su fundadora, santa Odilia (c 662-c 720), patrona de Alsacia, a quien en una ocasión se representa tomando la llave que le tiende su padre Adalrico I, duque de Alsacia[6]. El segundo momento fundacional al que alude la ilustración tuvo lugar en el siglo XII, cuando Federico I de Hohenstaufen, llamado Barbarroja, procuró a Relindis († c 1176) el cargo de abadesa con la finalidad de controlar el territorio desde ese punto estratégico. Relindis, la figura junto a la cruz en la parte inferior derecha del folio, se acogió a la *Regla* de san Agustín y puso en marcha la reconstrucción del complejo monástico así como una potente reforma espiritual. El *HD* nos remite a esa genealogía femenina y a la reforma de Relindis, con las cuales mucho tendrá que ver la *cura monialium* ejercida en Hohenbourg.

El origen del *HD* se vincula, por tanto, al magisterio de Relindis. Su sucesora Herrada desarrolló y culminó la elaboración del *HD* y para ello habría contado con la colaboración de las canonesas agustinas de su comunidad, tal como ponen de manifiesto los bustos de un total de 60

---

[4] Se recogen aquí solamente las informaciones esenciales relativas al manuscrito del *HD*, las cuales se encuentran ampliadas en: M. EVANS, «Description of the Manuscript and the Reconstruction», in *HD*, vol. I, pp. 1-8.

[5] R. GREEN, «The Miniatures», in *HD*, vol. I, pp. 17-36.

[6] *Vita Odiliae Abbatissae Hohenburgensis*, ed. W. LEVISON, Hannover 1979 (1ª ed. 1913) (Monumenta Germaniae Historica Scriptores rerum Merouingicarum, 6), pp. 24-50.

mujeres plasmados, junto a la figura vertical de Herrada, en la miniatura del folio subsiguiente (FIG. 2). En efecto, dichos retratos aluden probablemente a su activa participación en ella –que se ha relacionado sobre todo con la autoría de las miniaturas[7]–, si bien la disposición de las figuras parece escenificar, además, el acto mismo de la enseñanza, con Herrada al frente de su auditorio. Como indicaba, la finalidad del libro es ejercer la *cura monialium* y con ello demuestra que esta no era una competencia exclusivamente masculina. Por otro lado, sus contenidos manifiestan que la formación que allí se ofrecía no era diferente en esencia a la de los monasterios masculinos[8].

Para describir el proceso creativo que dio lugar al libro, Herrada utiliza la metáfora de la abeja que bebe de muchas flores, una idea de resonancias clásicas que fue retomada por autores posteriores en alusión a la edificación de los varones. En cambio, la abadesa compara los textos allí reunidos con las flores de un jardín y a sí misma con una abeja (*quasi apicula Deo inspirante*) que las selecciona y confecciona con ellas un panal de miel, alimento espiritual e intelectual, en este caso, de las féminas de su cenobio. Así reza el prólogo del *HD*:

> Herrat gratia Dei Hohenburgensis ecclesie abbatissa licet indigna dulcissimis Christi virginibus in eadem ecclesia quasi in Christi vinea Domini fideliter laborantibus, graciam et gloriam, quam dabit Dominus. Sanctitati vestre insinuo, quod hunc librum qui intitulatur Hortus deliciarum ex diversis sacre et philosophice scripture floribus quasi apicula Deo inspirante comportavi et ad laudem et honorem Christi et Ecclesie, causaque dilectionis vestre quasi in unum mellifluum favum compaginavi. Quapropter in ipso libro oportet vos sedulo gratum querere pastum et mellitis stillicidiis animum reficere lassum[9].

---

[7] M. SANTINI, «Las pinturas del *Hortus deliciarum*», in *Libres para ser: mujeres creadoras de cultura...*, op.cit., pp. 113-160; 155.

[8] F.J. GRIFFITHS, *The Garden of Delights. Reform and Renaissance for Women in the Twelfth Century*, University of Pennsylvania Press, Philadelphia (Pennsylvania) 2007, pp. 24-48.

[9] *HD*, f. 1v (2): «Herrada, por la gracia de Dios abadesa de la iglesia de Hohenbourg, aunque indigna, desea la gracia y la gloria del Señor a las dulcísimas vírgenes de Cristo que trabajan fieles en esa misma iglesia como en la vid del Señor. Para vuestra santidad os ofrezco este libro, que se titula El jardín de las delicias, florilegio de diversos escritos sagrados y filosóficos. He realizado con ellos un conjunto, como si fuera una abeja inspirada por Dios, en alabanza y honor a Cristo y a la Iglesia, y para vuestro gozo lo he reunido en un único panal de miel. Por lo tanto,

Solo en el prólogo del libro alude a la inspiración divina y, de hecho, le otorga un papel secundario en su proceso creativo. En cambio, las artes liberales están muy presentes en su discurso y son el motivo de una de las miniaturas más célebres y significativas del *HD* (FIG. 3). La imagen presenta las artes liberales como personificaciones femeninas, insertas en un rosetón formado por siete columnas alrededor de la Filosofía, figura central a cuyos pies se encuentran Sócrates y Platón representados como escribas. En el registro inferior están los poetas, cuya *ars* busca, según Herrada, el efecto del hechizo y no se orienta a la búsqueda de la verdad. A diferencia de otras *magistrae* –pienso en Hildegarda de Bingen–, Herrada muestra un abierto interés por el estudio de la filosofía, cita sus fuentes filosóficas y es innovadora al incluirla en la *cura monialium*. A propósito de dicha disciplina, una de las glosas del *HD* dice así:

> De philosophia et de septem liberalibus artibus in quibus quidam post diluvium philosophabantur; post diluvium enim quidam in philosophia, quidam racione cecati in poetria et in arte magica studuerunt. […] Philosophia amor sapientie interpretatur, cujus tres sunt species. Phisica, id est naturalis que de rerum natura tractat. Hanc Pitagoras in arithmeticam, geometriam, astronomiam, musicam distribuit. Logica, id est sermocinalis qua verum a falso discernitur. Hec autem in dialecticam, rethoricam, grammaticam divisa est ab Aristotile. Ethica, id est moralis, que aut repellit vicia, aut inducit virtutes. Hanc Socrates distribuit in justiciam, fortitudinem, temperantiam, prudentiam[10].

Herrada de Hohenbourg, esa voz no prevista del siglo XII[11], se refiere con una claridad decidida a la centralidad de la filosofía y a la importancia de

---

es importante que os nutráis a menudo con la dulce lectura de este libro, aligerando vuestro ánimo cansado con sus gotas de miel». Las traducciones del *HD* son mías.

[10] *HD*, f. 30v (115-116): «Después del diluvio algunos se dedicaron a la filosofía y a las artes liberales, otros en cambio, obnubilando su razón, estudiaron poesía y artes mágicas. […] Por filosofía se entiende el amor a la sabiduría, de la cual existen tres tipos. La física, es decir, la natural, que trata sobre la naturaleza. Pitágoras la subdivide en aritmética, geometría, astronomía y música. La lógica, es decir, aquella que argumenta, por la que se distingue lo verdadero de lo falso. Aristóteles la ha subdividido en dialéctica, retórica y gramática. La ética, es decir, la moral, que rechaza los vicios y procura las virtudes. Sócrates la subdivide en justicia, fortaleza, templanza y prudencia».

[11] Tomo de R. Rius Gatell la expresión «voz no prevista», entendida como contraposición a la idea de «excepcionalidad» que durante tantos años ha ido ligada a

esas artes que, nos dice, se llaman liberales precisamente porque «liberant animum a terrenis curis et faciunt eum expeditum ad cognoscendum creatorem»[12]. La miniatura se hace eco del *topos* al que dio pie un pasaje del libro de Proverbios[13] que acabó convirtiéndose en el motivo literario e iconográfico del templo de Sabiduría y sus siete columnas, representadas bien por las artes liberales, bien por el conjunto de las virtudes teologales y cardinales[14]. El texto citado y su representación pictórica ponen de manifiesto que Herrada se hace eco de dicho motivo y lo transforma al identificar la Sabiduría con la Filosofía, cuya corona tricéfala alude a su división en física, lógica y ética. ¿Qué uso concreto debió hacer Herrada de la filosofía y de las artes liberales en su magisterio? Quizás no lo lleguemos a determinar. Sin embargo, la referencia explícita tiene por sí misma un gran peso, no solo para poder pensar en la educación recibida e impartida en Hohenbourg, sino también en el caso de otras *magistrae* de la época cuya obra muestra un alto valor filosófico sin que la filosofía sea una *scientia humana* con la que vinculan su formación. Un detalle sobre la efectiva formación en las artes liberales de las canonesas de Hohenbourg nos lo brinda la imagen de Aritmética, cuyo utensilio de cálculo no forma parte de una iconografía establecida.

En el pasaje antes citado se situaba la aparición de las artes liberales en el período que siguió al diluvio universal descrito en las sagradas escrituras, la fuente principal del *HD*. El eje didáctico que hilvana los textos, las glosas y las ilustraciones que allí se reúnen es, recordemos, la historia de la salvación, cuya narración la autora articula en cuatro partes. La primera de ellas está dedicada a la antigua alianza que anuncia y prepara la venida de Jesús, la segunda trata de la redención que tiene lugar con la llegada del Mesías, la tercera versa sobre la Iglesia como cuerpo místico de Cristo, y la última sobre el fin de los tiempos[15]. Si tomamos en consideración el carácter enciclopédico de la obra junto con su temática de fondo, llegamos a la conclusión de que el *HD* constituye un corpus enciclopédico-didáctico en el

---

las mujeres cultas o sobresalientes. Cfr. R. RIUS GATELL, «Introducció», in *D'unes veus no previstes. Pensadores del XIII al XVII*, Columna, Barcelona 1997, pp. 9-17.

[12] *HD*, f. 30v (115): «liberan el ánimo de los quehaceres terrenales y lo disponen para conocer al Creador».

[13] Pr 9,1: «La Sabiduría construyó su casa, / la adornó con siete columnas».

[14] M.-T. D'ALVERNY, «La Sagesse et ses sept filles: Recherches sur les allegories de la philosophie et des arts libéraux du IXe au XIIe siècle», in *Mélanges dédiés à la mémoire de Félix Grat*, En dépôt chez Mme Pecqueur-Grat, Paris 1946, vol. I, pp. 245-278.

[15] Ch. BISCHOFF, «Le texte», in *HD*, vol. I, pp. 37-61; 4.

que Herrada se sirve tanto de las ciencias profanas como de la teología y la exégesis para enseñar a sus *filiae*. Por ello, observa F. J. Griffiths, su obra permite deshomogenizar la concepción actual de la escritura femenina medieval, en la que domina aún frecuentemente el énfasis en la vertiente espiritual-mística[16].

Existen diversos aspectos que nos permiten relacionar el *HD* con otros tratados y obras enciclopédicas medievales. Su temática es, sin duda, una constante en la tratadística de la época, su forma se ha parangonado con el *Liber floridus* de Lamberto de Saint Omer[17], y su estructura se ha comparado con el *Elucidarium* de Honorio de Autun y con el *Liber sententiarum* de Pedro Lombardo[18] –las dos últimas aparecen abundantemente citadas en él. Por otro lado, aquello que constituye la singularidad del *HD* en el contexto del enciclopedismo medieval es la elección de las fuentes. A excepción de Agustín de Hipona, la autora tiende a prescindir de los textos patrísticos y, en cambio, aboga por citar numerosos escritos del siglo XII. Según datos de L. Sturlese, entre los aproximadamente 1.200 fragmentos reseguidos en el *HD*, unos 300 pertenecen a Honorio de Autun y 250 a Pedro Lombardo[19]. Cita también a Ruperto de Deutz, Ivo de Chartres, Pedro Coméstor, Bernardo de Claraval, así como piezas poéticas de Gautier de Châtillon[20]. Para su panal de miel Herrada escoge los textos de sus coetáneos, las obras más modernas de divulgación teológica y científica. En este sentido cabe preguntarse si la imagen del mundo que nos presenta en el *HD* se corresponde, asimismo, en alguna medida con los principios cosmológicos de los físicos de su época.

3. LOS PASAJES COSMOLÓGICOS DEL *HORTUS DELICIARUM*

Las primeras páginas del *HD* están dedicadas a la creación, y en ellas Herrada reúne escritos y diagramas en torno a la constitución del universo material. A causa de la pérdida del manuscrito original, no se conservan

---

[16] F.J. GRIFFITHS, *The Garden of Delights*, op.cit., p. 7-16.

[17] Gent, Universiteitsbibliotheek, ms. 92, c 1120. Cfr. A. DEROLEZ, *The Autograph Manuscript of the Liber Floridus. A Key to the Encyclopedia of Lambert of Saint-Omer*, Brepols, Turnhout 1998.

[18] L. STURLESE, «L'' ape nel giardino delle delizie' della Scolastica: Herrad di Hohenbourg», in *Storia della filosofia tedesca nel Medioevo. Degli inizi alla fine del XII secolo*, Olschki, Firenze 1990, pp. 176-182; 177.

[19] Ibid., p. 178.

[20] CH. BISCHOFF, «Le texte», op.cit., pp. 43-59; C. POGGI, «Los textos del *Hortus deliciarum*», in *Libres para ser: mujeres creadoras de cultura…*, op.cit., pp. 51-112.

algunos de los fragmentos y se desconoce el orden exacto que la editora les habría dado, por lo que la presente aproximación a los planteamientos cosmológicos del *HD* es necesariamente parcial. Sin embargo, no son escasas las ideas que allí se esbozan. Las glosas de la mano de Herrada se intercalan con pasajes extraídos fundamentalmente del *Elucidarium* de Honorio de Autun, el comentario al Génesis de Beda el Venerable, el *Liber sententiarum* de Pedro Lombardo, el *De universo* de Rabano Mauro y el *Summarium Heinrici*[21]. Los fragmentos de autoría propia, como veremos, expresan de una forma clara y sencilla los conocimientos cosmológicos comúnmente aceptados en la época. Herrada atiende a la composición de los cielos, a sus zonas y movimientos, así como a la esfericidad de la Tierra y sus regiones, dejando constancia de que compilaciones del saber como esta participaron, haciéndose eco, en el llamado descubrimiento de la naturaleza del siglo XII[22].

En las glosas tituladas «De firmamento»[23] y «De quatuor complexionibus mundi»[24] (*mundus* y *cosmus* son términos que utiliza para designar el universo) se exponen algunas concepciones acerca del cielo. En primer lugar, la autora aborda la composición elemental del universo y de sus distintas zonas, las cuales no se corresponden necesariamente con los elementos. Según Herrada, para Beda existen siete cielos: «aire, éter, olimpo, espacio ígneo, firmamento, cielo de los ángeles y cielo de la Trinidad»[25]. En su texto Herrada repite tal descripción omitiendo el cielo de la Trinidad y añadiendo un sexto cielo acuoso después del firmamento y antes del cielo angélico:

> Quidam dicunt septem celos esse: primum aerium, secundum ethereum, tercium sidereum, quartum igneum, quintum firmamentum, sextum

---

[21] *Summarium Heinrici*, 3 vols., ed. R. HILDEBRANDT (vols. I-II) y R. HILDEBRANDT - K. RIDDER (vol. III), De Gruyter, Berlin–New York 1974-1995.

[22] Cfr. M.-D. CHENU, *La théologie au douzième siècle*, Vrin, Paris 1976 (1ª ed. 1957); A. SPEER, *Die entdeckte Natur. Untersuchungen zu Begründungsversuchen einer «scientia naturalis» im 12. Jahrhundert*, Brill, Leiden–New York 1995; S. RITCHEY, «Rethinking the Twelfth-Century Discovery of Nature», *Journal of Medieval and Early Modern Studies*, 39/2, 2009, pp. 225-255.

[23] *HD*, f. 10r (39).

[24] *HD*, f. 10v (41).

[25] *HD*, f. 9r (29); Beda Venerabilis, *In Pentateuchum Comentarii*, PL 91, col. 192B: «Scinditur auricolor coeli septemplicis aether, quorum haec sunt nomina, aer, aether, olympus, spatium igneum, firmamentum, coelum angelorum, et coelum Trinitatis». No he conseguido localizar los pasajes citados de Beda en la edición de sus obras en el CCSL.

aqueum, septimum angelorum. [...] Celi dissimiliter a magistris ordinantur et inequaliter distinguntur. Quidam enim septem celos, quidam quatuor, quidam tres distingunt, que tamen rationabiliter in unum conveniunt[26].

Seguramente la división cuádruple de los cielos se refiere a la concepción del universo compuesto por los elementos (en orden descendente: fuego, aire, agua, tierra) plasmado por autores del siglo XII como Guillermo de Conches, Honorio de Autun e Hildegarda de Bingen[27]. En la división séptuple Herrada no sigue ese orden, puesto que sitúa la zona acuosa por encima de la ígnea y del firmamento, atendiendo en este punto al relato bíblico[28]. La lectura que trataba de armonizar los principios «físicos» de la Biblia y del *Timaeus* de Platón (ampliamente difundido en la traducción latina y el comentario de Calcidio)[29] encontró en la cuestión de las aguas supracelestes uno de sus núcleos controvertidos. En consecuencia, el orden de los cielos referido en el fragmento (modificando el pasaje de Beda) adquiere un sentido pleno en dicha controversia, de la que Herrada parece estar informada. Finalmente, la división triple que se indica en el pasaje citado alude a la opinión de Jerónimo de Estridón, recogida por el mismo Beda: «primo dicit coelum Trinitatis, secundo angelorum, tertio firmamentum»[30]. Sin eludir las contradicciones de los *magistri*, Herrada añade una perspectiva ulterior, la de la unidad racional de los cielos. Con ello

---

[26] *HD*, f. 10r (39A-B): «Algunos dicen que los cielos son siete: el primero aéreo, el segundo etéreo, el tercero sideral, el cuarto ígneo, el quinto es el firmamento, el sexto acuoso, el séptimo angélico. [...] Según los maestros, los cielos están ordenados y se distinguen de formas diversas. Según algunos hay siete cielos, según otros hay cuatro, y otros distinguen tres, pero todos ellos convergen racionalmente en uno».

[27] Guillelmus de Conchis, *Dragmaticon philosophiae*, II, 2, 82-87, ed. I. RONCA, CCCM 152, Brepols, Turnhout 1997; Honorius Augustodunensis, *De imagine mundi*, PL 172, col. 121A; Hildegardis Bingensis, *Sciuias*, I, 3, CCCM 43-43A, ed. A. FÜHRKÖTTER - A. CARLEVARIS, Brepols, Turnhout 1978; Ead., *Liber diuinorum operum*, I, 2, CCCM 92, ed. A. DEROLEZ - P. DRONKE, Brepols, Turnhout 1996.

[28] Gn 1,6. La separación de las aguas referida en el Génesis fue una cuestión problemática en la búsqueda de una compatibilidad entre las descripciones pagana y cristiana relativas a la constitución del universo material.

[29] *Timaeus (Plato). A Calcidio translatus commentarioque instructus*, ed. J. H. WASZINK, The Warburg Institute–Brill, London–Leiden 1975.

[30] *HD*, f. 9r (29); Beda Venerabilis, *In Pentateuchum Comentarii*, PL 91, col. 192C: «el primero es el cielo de la Trinidad, el segundo el de los ángeles y el tercero el firmamento».

señala que las mencionadas distinciones atañen al orden del discurso y no al de la realidad misma, conocida únicamente por la racionalidad divina.

En el diagrama que acompaña el texto «De firmamento» (FIG. 4) se muestra la Tierra en el centro geométrico del universo, circundada por ocho esferas[31]. En ellas se inscriben las órbitas de los siete planetas entonces conocidos (en orden ascendente: Luna, Venus, Mercurio, Sol, Marte, Júpiter y Saturno) y en la octava esfera (denominada esfera de las estrellas fijas) se ubican los signos del zodíaco. La ordenación planetaria plasmada en el diagrama (salvo un intercambio en la posición de Venus y Mercurio, que se encuentra también en otros textos) corresponde al esquema «caldeo» del cosmos (así lo llama Macrobio, y lo atribuye a Arquímedes), reafirmado y fijado en el siglo II por el astrónomo Claudio Ptolomeo y transmitido a la Edad Media por escritos como el *Somnium Scipionis* de Cicerón[32]. Por otro lado, si bien las esferas celestes están vinculadas a la representación del universo finito, Herrada sostiene en otro fragmento la extensión *ad infinitum* del «cielo superior»[33], una idea sorprendente que la sitúa en la línea especulativa infinitista de Alejandro Neckam (1157-1217)[34].

En cuanto a su composición, en las anotaciones que acompañan el siguiente diagrama (FIG. 5) Herrada muestra, por un lado, las proporciones de los elementos que forman el universo y, por el otro, sostiene que mientras que el aire ocupa el espacio sublunar, el éter ocupa el supralunar[35]. La noción de éter que Herrada utiliza se acerca más a la concepción estoica que a la aristotélica, ya que, según entiende Séneca en sus *Naturales Quaestiones*, el éter es un aire más puro y ligero que el aire atmosférico (no una *quinta essentia*)[36] y su composición varia en función del elemento cósmico con el

---

[31] *HD*, f. 13v (50): «Terra est in media mundi regione posita [...]. Orbis *creiz* a rotunditate, quia sicut rota est». La cursiva señala, en la edición de Green, un término en vulgar.

[32] Cicerón, *El sueño de Escipión*, IV, trad. J. RAVENTÓS, Acantilado, Barcelona 2004, pp. 31-33; Macrobio, *Comentarios al Sueño de Escipión*, I, 19, trad. J. RAVENTÓS, Siruela, Madrid 2005, pp. 93-98.

[33] *HD*, f. 11r (41B): «a firmamento usque ad infinitum, quod est superius celum».

[34] Alexander Neckam, *De naturis rerum: libri duo*, ed. TH. WRIGHT - M. GABRIELLE, La Finestra, Lavis 2003.

[35] *HD*, f. 10v (inscripción junto al diagrama): «Aer spacium a terra ad lunam, ether a luna usque ad celi firmamentum». La transcripción de las anotaciones en las ilustraciones del *HD* se encuentra en: R. GREEN, «Catalogue of Miniatures», in *HD*, vol. I, pp. 89-228; 94.

[36] Aristóteles, *De caelo*, I, 2, 269a-270b.

que entra en contacto en cada una de sus zonas: «Ab aethere lucidissimo aer in terram usque diffusus est [...]. Sed non per omne spatium sui similis est; mutatur a proximis»[37]. En relación con las características de los elementos (en qué proporción son fríos o cálidos, secos o húmedos) Herrada trata sobre las «complexiones» del cosmos, e introduce así un nuevo aspecto en la analogía entre el universo y el ser humano, cuyo cuerpo está formado por distintos humores. Además, en la glosa «Las cuatro complexiones del mundo» estas se vinculan a la sucesión de las estaciones del año[38].

Se ha hablado ya de la constitución de los cielos, por lo que toca dar paso a la cuestión del movimiento. La autora manifiesta un claro conocimiento de la existencia de un doble movimiento que tiene lugar en las esferas celestes, según sostenía la tradición filosófica basándose en el *Timaeus* de Platón y en el *De caelo* de Aristóteles. Las teorías en torno al doble movimiento celeste se difundieron en la Edad Media a través de un amplio espectro de las obras compilatorias del saber. Por ese motivo, y debido a la ausencia de referencias explícitas al respecto en los textos conservados del *HD*, desconocemos cuál habría sido la fuente primaria en la que se basó Herrada para describirlos, como sigue:

> Duo motus sunt in superis, unus rationalis, alius irrationalis. Rationalis est in firmamento qui est semper unimodus, nam cottidie surgit ab oriente et pertransiens occidentem reflectitur ad orientem. Irrationalis motus est in planetis que semper contra firmamentum nituntur[39].

La exposición es clara y sencilla. Herrada expresa un conocimiento preciso del movimiento diario del firmamento y del movimiento propio de los planetas en dirección contraria a aquél. Y ello sirve para dar por sentado el conocimiento de ese doble movimiento en el caso de cosmologías más elaboradas que, sin embargo, no lo formulan explícitamente, como por ejemplo en el caso del *Liber diuinorum operum* de Hildegarda de Bingen.

---

[37] L. Annaei Senecae, *Naturales Quaestiones*, II, 10, 2 vols, ed. C. CODOÑER MERINO, Madrid 1979, vol. I, p. 64: «Desde el éter resplandeciente hasta la tierra se extiende sin interrupción el aire [...]. Pero no es semejante a sí mismo a lo largo de todo el trecho, cambia según las zonas contiguas».

[38] *HD*, f. 11r (41B).

[39] *HD*, f. 10r (39B): «Existen dos movimientos en los cielos: uno es racional y el otro irracional. El del firmamento es racional y siempre uniforme, puesto que cada día sale el Sol por oriente y, atravesando occidente, retorna a oriente. El movimiento de los planetas es irracional, pues lo llevan a cabo en dirección contraria al del firmamento».

Herrada, en cambio, no ofrece ninguna explicación ulterior acerca de las causas metafísica y física de la mecánica celeste, lo cual sí que es objeto de desarrollo, mediante un discurso alegórico, en la obra de Hildegarda. Por otro lado, ambas pensadoras tratan sobre la analogía entre el universo y el ser humano, precisamente la temática que sigue al pasaje antes citado:

> Per rationalem motum firmamenti significatur rationalis motus anime, pertranseundo occidentem, id est occiduas res, semper tendit ad verum orientem. Per erraticum motum planetarum significantur carnales cupiditates que erratice trahunt hominem ab oriente, id est a celestibus, et submergunt in occidente, id est in caducis rebus, et omnimodis repugnant spiritui[40].

Algunos de los aspectos de la analogía entre *mundus maior* y *mundus minor* ya se habían ido apuntando. En particular, en el pasaje citado la autora vincula los dos movimientos celestes (racional e irracional) con los del alma e introduce su concepción del ser humano. La temática antropológica del *HD* está conectada con la idea de Adán como señor de los elementos y como *primus hominus* que prefigura a Cristo[41]. La miniatura correspondiente (FIG. 6) muestra la aureola de Adán con los siete planetas incritos en ella (con un intercambio en las posiciones de Marte y Júpiter), y en los vértices de la imagen aparecen los cuatro elementos. En las anotaciones junto a la imagen aparecen los términos *minor mundus* y *microcosmos*, y se compara la cabeza del ser humano con la esfera celeste y sus ojos con el Sol y la Luna. En lo iconográfico, R. Green señala la semejanza entre esa imagen y una conocida representación medieval del microcosmos del *Glossarium Salomonis*[42]. En lo textual, cabe indicar que dicha temática fue objeto de análisis en varios escritos del siglo XII. Entre ellos deseo mencionar, por su originalidad, la

---

[40] *HD*, f. 10r (39B): «El movimiento racional del firmamento se refleja en el movimiento racional del alma que, yendo más allá de occidente, es decir, de lo caduco, tiende siempre al verdadero oriente. El movimiento errático de los planetas representa los deseos carnales, que apartan al ser humano de oriente (es decir, de las realidades celestes), lo sumergen en occidente (es decir, en las cosas caducas) y lo contraponen totalmente al espíritu».

[41] *HD*, ff. 16v, 20v; 109v; R. GREEN, «The Adam and Eve Cycle in the *Hortus deliciarum*», in *Late Classical and Medieval Studies in Honor of Albert Mathias Friend, Jr*, ed. K. Weitzmann, Princeton, N.J. 1955, pp. 340-347.

[42] München, Bayerische Staatsbibliothek, Clm 13002, c 1158/68, f. 7v. Cfr. R. GREEN, «Catalogue of Miniatures», op.cit., p. 96.

Cosmographia de Bernardo Silvestre[43] y, por las confluencias en relación a la concepción de Adán con el *HD*, el *Liber diuinorum operum* de Hildegarda de Bingen[44]. La fuente común entre ambas pensadoras fue probablemente Honorio de Autun, cuyo *Elucidarium* Herrada cita de forma explícita al tratar del primer ser humano[45]. Además, en el *HD* le dedica la canción *Primus parens hominum*, uno de los numerosos *rythmus* que aparecen allí referidos[46].

El último aspecto que precisa nuestra atención y mención en el presente escrito es la constitución del orbe terrestre. Para Herrada, la Tierra inmóvil en el centro del universo es como una rueda (*sicut rota*), una imagen que utilizó Isidoro de Sevilla y con la que Hildegarda refería el universo entero[47]. Existen en ella distintas zonas, una temática de larga tradición, que nuestra autora describe como habitables e inhabitables en función de su temperatura, como se plasma en el siguiente diagrama (FIG. 7). No puedo detenerme aquí a analizar con detalle la tematización del ámbito terrestre en el *HD*, si bien no puedo dejar de señalar aquello que, en tal punto, me parece más significativo en el desarrollo del *HD*. Y es que, en pasajes ulteriores, Herrada muestra algunos conocimientos geográficos concretos, refiriéndose a Escocia e Italia, así como a los animales de Libia y Etiopía, y también a Asia[48], y al hilo de dichas consideraciones, alude a otras cuestiones «mundanas» como, por ejemplo, la agricultura. Tal es la variedad de temas que podemos extraer del *HD* a partir de una temática como la creación, lo cual me parece, como indicaba al comienzo, un síntoma de las inquietudes intelectuales y culturales de la propia *magistra* de Hohenbourg y de las mujeres a las que dirigió la obra.

---

[43] Bernard Silvestris, *Cosmographia*, ed. P. DRONKE, Brill, Leiden 1978.

[44] Hildegardis Bingensis, *Liber diuinorum operum*, I, 2-3, op.cit.

[45] *HD*, f. 20v (78); Honorius Augustodunensis, *Elucidarium*, I, 13-15, PL 172, cols. 117B-1120A.

[46] *HD*, f. 109v (374). Lamentablemente la mayoría de esas piezas líricas aparecen sin la notación musical original. La vertiente musical del *HD* ha sido aún poco explorada. Cfr. K. LEVY, «The Musical Notation», in *HD*, vol. I, pp. 87-88; G. RABASSÓ, «Las piezas del *Hortus deliciarum* de Herrada de Hohenbourg», *Sonograma Magazine*, 13 (2012). En cuanto a la discografía, cfr. Discantus, *Hortus deliciarum. Hildegard von Bingen (1098-1179) Herrad of Landsberg († 1195). Chants grégoriens du XIIe siècle* [CD], Naïve, Paris 2003.

[47] *HD*, f. 13v (50). Isidorus Hispalensis, *De natura rerum*, ed. A. LABORDA, Instituto Nacional de Estadística, Madrid 1996; Hildegardis Bingensis, *Liber diuinorum operum*, I, 2, I, 3, op.cit.

[48] *HD*, f. 14r-v (50-54).

4. A MODO DE CONCLUSIÓN

La imagen del universo que Herrada de Hohenbourg presenta en el *HD* mediante citas, glosas y diagramas, no es original, ciertamente. Sin embargo, muestra interesantes puntos de contacto con los planteamientos cosmológicos comúnmente aceptados en el panorama filosófico-científico de su tiempo. Como observa T. S. Kuhn a propósito del llamado modelo de las dos esferas, «las más influyentes entre las cosmologías desarrolladas a lo largo de la antigüedad y de la Edad Media no llegaron mucho más lejos de la presente imagen»[49]. Desde la macroperspectiva de Kuhn, en el marco de ese extenso período que engloba las épocas antigua y medieval las variaciones teóricas son mínimas. En cambio, si enfocamos de cerca las distintas cosmologías de la Edad Media se aprecian numerosos matices que llevarían a distinguir entre autores y obras con grados de innovación diferentes. En particular, las ideas acerca del cosmos que pensadoras como Herrada de Hohenbourg e Hildegarda de Bingen nos transmiten raramente se han inscrito en el marco del descubrimiento de la naturaleza del siglo XII[50]. El propósito del presente texto ha sido mostrar los puentes que el *HD* tiende, mediante las ideas, entre el cenobio femenino y la escuela catedralicia de la época. Además, la inclusión de la filosofía y las artes liberales en la *cura monialium* que se habría llevado a cabo en Hohenbourg, permite plantear que la lectura de fuentes filosóficas y la práctica de la filosofía era quizás más habitual de lo que se suele creer en los monasterios femeninos medievales.

---

[49] T.S. KUHN, *La revolución copernicana. La astronomía planetaria en el desarrollo del pensamiento*, trad. D. Bergadá, Ariel, Barcelona 1996, p. 87.

[50] Una grata excepción: L. STURLESE, *Storia della filosofia tedesca nel Medioevo*, op.cit., pp. 163-182.

FIG. 1   HD, f. 322v.

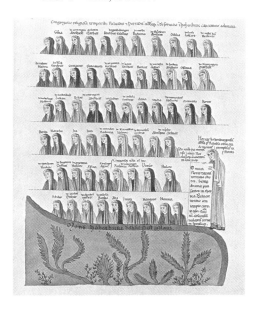

FIG. 2   HD, f. 323r.

Fig. 3 *HD*, f. 32r.

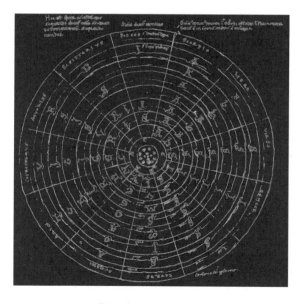

Fig. 4 *HD*, f. 10r.

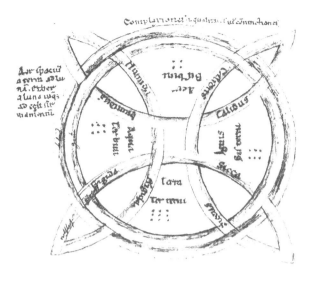

Fig. 5   *HD*, f. 10v

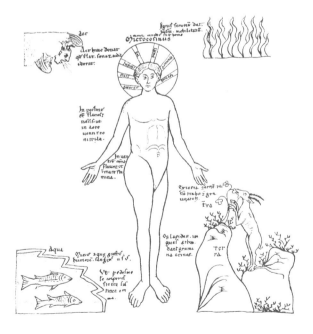

Fig. 6   *HD*, f. 16v.

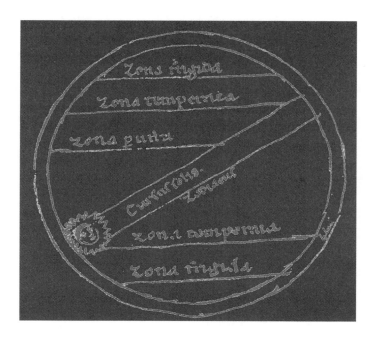

FIG. 7   *HD*, f. 11v.

Victoria Recio Muñoz[*]

LA *PRACTICA* DE PLATEARIO: UN EJEMPLO DE LA RECEPCIÓN DE LA ESCUELA DE SALERNO EN LOS COMPENDIOS Y ENCICLOPEDIAS DEL SIGLO XIII

1. Introducción

La *Practica* de Plateario es un manual didáctico redactado a mediados del siglo XII en la Escuela médica de Salerno[1]. La obra se compone de 67 capítulos que describen las causas, los signos y la terapia de una serie de enfermedades ordenadas *a capite ad calcem*, esto es, de la cabeza a los pies. Este texto, *a priori* poco conocido entre las grandes obras de la medicina medieval, fue, sin embargo, uno de los más difundidos e influyentes de la Escuela de Salerno en la medicina posterior. Por ello, el objetivo de este trabajo consiste en trazar un breve panorama sobre la pervivencia de la *Practica* en una serie de compendios muy significativos de la medicina del siglo XIII, en concreto, estudiaremos su influjo en el *Thesaurus Pauperum* de Pedro Hispano, el *Breviarium* de Pseudo-Arnaldo de Vilanova, el *De proprietatibus rerum* de Bartolomeo Ánglico y el *Compendium medicinae* de Gilberto Ánglico.

El estudio de las huellas de Plateario en la medicina posterior nos permitirá acercarnos a la forma de trabajar de los compiladores medievales, analizar cuáles eran sus instrumentos de trabajo y, en definitiva, poner de relieve su papel como transmisores de la cultura.

---

[*] Universidad de Valladolid. vrecio@fyl.uva.es. Este trabajo se ha realizado en el seno del proyecto subvencionado por el Ministerio de Economía y Competitividad: «Diccionario Latino de Andrología y Ginecología: Antigüedad, Edad Media y Renacimiento (III)», referencia FFI2008-00618.

[1] Nuestro proyecto de Tesis Doctoral consiste en la edición crítica de esta obra.

2. La *Practica* de Plateario en la Escuela de Salerno

Salerno puede considerarse uno de los primeros centros de enseñanza de la medicina medieval[2]. El cenit de su producción textual lo alcanzó durante el siglo XII, época en la que los autores salernitanos crean un conjunto de tratados de naturaleza práctica, y a la vez didáctica, abarcando diversos ámbitos de la medicina: Patología, Cirugía, Botánica, Farmacia, Dietética, etc[3]. Este auge de la medicina salernitana ha de explicarse en el contexto del renacimiento cultural que vivió el sur de Italia a finales del siglo XI y comienzos del XII con la incorporación de las nuevas teorías de la medicina árabe heredada del mundo griego que se habían introducido en Europa mediante las traducciones del monje Constantino el Africano en Montecassino, así como la formación de un *corpus* de textos de origen griego, la llamada *Articella*[4].

En Salerno estas teorías se unen al saber médico que se había conservado en forma de compilaciones y recetarios desde la caída del Imperio Romano dando lugar a una medicina dotada de una sólida estructura y revestida de un cuadro teórico hasta entonces ausente.

La *Practica* ocupó un lugar determinante entre las obras de producción salernitana. El texto pertenece al género médico de los «compendios», manuales didácticos dedicados al estudio de la medicina desde una

---

[2] Existe una amplia bibliografía sobre esta escuela. Algunas obras básicas son *Collectio Salernitana*, a cura di S. De Renzi, Filiatre-Sebezio, Napoli 1852-1859 (reed. M. D'Auria editore, Napoli 2001); P.O. Kristeller, *Studi sulla Scuola medica salernitana*, Istituto italiano per gli studi filosofici, Napoli 1986; *La Scuola Medica Salernitana. Gli autori e i testi*, D. Jacquart - A. Paravicini-Bagliani (eds.), SISMEL - Edizioni del Galluzzo, Firenze 2007.

[3] Se puede encontrar un elenco de los autores y las obras pertenecientes a esta época en M.H. Green, «Rethinking the manuscript basis of Salvatore De Renzi's *Collectio Salernitana*: the corpus of medical writings in the long twelfth century», in D. Jacquart - A. Paravicini-Bagliani (eds.), *La Collectio Salernitana di Salvatore De Renzi*, SISMEL - Edizioni del Galluzzo, Firenze 2008, pp. 15-60.

[4] Acerca de este «renacimiento» cultural en el Sur de Italia cfr. A. Beccaria, *I codici di medicina del periodo presalernitano*, Edizioni di Storia e letteratura, Roma 1956. Sobre la figura de Constantino el Africano cfr. *Constantine the African and 'Ali Ibn Al-'Abbas Al-Magusi: the Pantegni and Related* Texts, Ch. Burnett - D. Jacquart (eds.), E.J. Brill, Leiden - New York - Köln 1994 y E. Montero Cartelle, «Encuentro de culturas en Salerno: Constantino el africano, traductor», in J. Hamesse - M. Fattori (eds.), *Rencontres de cultures dans la philosophie médiévale. Traductions et traducteurs de l'antiquité tardive au XIVe siècle*, Brepols, Louvain-La-Neuve - Cassino 1991, pp. 65-88.

perspectiva teórica y práctica[5]. Su finalidad es esencialmente didáctica como muestran sus características internas: claridad en la exposición, concisión, uso de ejemplos, etc. En el caso de la obra de Plateario, la parte dedicada a la praxis prevalece sobre la teoría, de modo que la terapia es la parte más extensa, pues el autor se detiene no solo en los pasos que deben seguirse para sanar al enfermo, sino también en la forma de preparar los diversos medicamentos. En cambio, la teoría queda reducida a unas breves notas para enmarcar y definir la enfermedad.

Cada capítulo desarrolla siempre el mismo esquema: definición breve de la enfermedad, su etimología y las diferentes variedades que existen; se describen las causas que provocan la enfermedad y los signos que presenta el paciente y, por último, se prescribe el tratamiento que ha de aplicarse. Fueron precisamente estas características, tanto internas como externas, las que contribuyeron a su difusión –se han localizado ochenta y dos copias manuscritas del mismo– y a su éxito en los compendios posteriores.

Es cierto que la *Practica* y otras obras de origen salernitano como el *Circa instans*, el *Liber iste*, el *Regimen sanitatis* o el compendio *Trotula* no se incorporaron al canon de obras del *curriculum* de las facultades de medicina europeas[6]. Este tipo de tratados no pudieron competir con las nuevas traducciones de obras árabes, especialmente el *Canon* de Avicena u otro tipo de textos también de notable influjo como el *Liber Almansoris* de Razes o la *Chirurgia* de Abulcasis. Además, la medicina escolástica del momento demandaba otro tipo de obras más teóricas. Ahora bien, los textos salernitanos siguieron vivos por su clara orientación práctica. No solo siguieron copiándose e incluso traduciéndose a las lenguas vernáculas, sino que se convirtieron en una de las fuentes fundamentales de compendios y de textos enciclopédicos del siglo XIII, ya que uno de los fines primordiales de estos compendios consistía en reunir todo el saber del momento. En

---

[5] Sobre los diferentes textos médicos latinos y, en concreto, los *compendia* cfr. E. MONTERO CARTELLE, *Tipología de la literatura médica latina. Antigüedad, Edad Media, Renacimiento,* FIDEM, Porto 2010, pp. 57-96.

[6] Sobre estas obras y su bibliografía correspondiente cfr. I. VENTURA, «Per una storia del *Circa instans*. I *Secreta Salernitana* ed il testo del manoscritto London, British Library, Egerton 747: note a margine di un'edizione», *Schola Salernitana-Annali* 7-8 (2002-2003), 39-109; M. AUSÉCACHE, Un *Liber iste*, des *Liber iste*? Un *Platearius*, des *Platearius*? Etat des lieux d'un projet d'édition», in *La scuola medica salernitana*, pp. 1-30; *Flos medicine (Regimen sanitatis salernitantum). Estudio, edición crítica y traducción*, V. DE FRUTOS GONZÁLEZ, (ed.), Universidad de Valladolid, Valladolid 2010 y *The Trotula. A Medieval Compendium of Women's Medicine*, M. H. GREEN (ed.), University of Pennsylvania Press, Philadelphia 2001.

consecuencia, los tratados salernitanos se convirtieron en un recurso ideal para este fin.

3. La *Practica* y el *Thesaurus Pauperum* de Pedro Hispano

El primer autor del que nos ocupamos es Pedro Hispano (*ca*. 1205-1277), elegido Papa en el año 1276 con el nombre de Juan XXI. Una de sus obras más populares fue el *Thesaurus Pauperum*, un compendio de recetas prácticas –carente de aparato teórico– extraído de un elevado número de fuentes: Galerno, Oribasio, Dioscórides, Constantino el Africano, etc. Entre ellas se encuentra, efectivamente, Plateario, aunque su presencia es mucho menor que la de los autores citados. De las once citas que Pedro Hispano recoge bajo el título de «Platearius» (Petr. Hisp. *Thes*. VIII, 59; IX, 21; XI, 74; XIV, 7 y 34; XIX 9 y 10; XXIII, 10; XLIII, 16 y el libro *Tractatus de febribus*, I, 11), nueve pertenecen a la *Practica* (16,138-140; 17,77-81; 22,42-45; 24,55-57; 62,39-41; 28,46-54; 43,45-47; 2,43-45), otra es un extracto que no pertenece a la *Practica*, sino al tratado farmacológico *Circa instans*, (Petr. Hisp. *Thes*. XIV,7 y *Circa instans* 200ra[7]), cuya autoría no se ha verificado aún, porque no está claro si puede atribuirse a un Plateario o, más bien, como defienden los estudios recientes, es anónimo. Una de las citas aparece junto a un cierto «Giraldus» (Petr. Hisp. *Thes*. VII, 9), que no hemos podido encontrar en la *Practica* de Plateario.

Teniendo en cuenta el uso que hace Pedro Hispano de otros autores, cabe decir que las referencias a Plateario son bastante escasas. No obstante, el autor del *Thesaurus Pauperum* encuentra en sus recetas un ejemplo más de *auctoritas* en su antología de remedios. Por otra parte, ha de señalarse que Pedro Hispano no suele reducir o reelaborar los textos extraídos de Plateario. Veamos algunos ejemplos:

---

[7] Citamos por la siguiente edición: *Liber de simplici medicina secundum Platearium dictus Circa instans* in *Practica Io. Serapionis dicta breviarium. Liber Serapionis de simplici medicina. Practica Platearii. Liber de simplici medicina dictus Circa instans*, [Per Octavianum Scotum], Venetiis 1497, ff. 186r-211v.

cap. 17. *De passionibus aurium*, 77-81: Si vero granum vel lapillus inciderit, inungatur auris exterius calidis unguentis, deinde fiat sternutacio ore et naribus apprehensis ut ex impetu spiritus possit educi. Quod si parum profuerit, subtilis baculus, lenis et bene politus, terebentina vel visco vel aliquo tali viscoso in summitate inungatur et auri immittatur ut sic granum vel lapis terebentine vel visco inviscatum educatur. Quo iterum non proficiente ventosa sine

Petr. Hisp. *Thes*. IX. *De infirmitatibus aurium*, 21: Item si lapis vel granum in aurem ceciderit, impone remollitiva et iaceat super aurem et, si declinaverit exterius, tolle cum unco; sin autem, clausis naribus et ore, provoca sternutationem; si nec sic exit, pone ventosam cum igne auri inclinante vel pone terebenthinam vel viscum in summitate baculi plani et auri, ut ei inhereat, immitte, ex extrahe. Platearius.

Además suele añadir e insistir en la eficacia probada de los remedios de Plateario:

cap. 22. *De dolore dencium*, 42-45: Istis parum proficientibus subtile lignum fraxini secundum quantitatem foraminis ipsius dentis comburatur et adhuc ignitum denti concavo immittatur ... Melius tamen esset, si foramen dentis prius repleretur tiriaca, deinde predictum lignum vel stilus candens imponetur.

Petr. Hisp. *Thes*. XI, *De dolore dentium et gingivarum,* 74. ... Item lignum fraxini acutum accende et dum ardet impone denti cavo, prius impleto theriaca. Multum valet. Platearius.

cap. 24. *De squinantia*, 55-57: pater meus causam comperiens cuneo dentibus interposito clavem interius impulit et rupta est apostematis pellicula et sic sanguine in multa quantitate effluente liberatus est ille.

Petr. Hisp. *Thes*. XIV. *De squinantia*, 34: Item in ore aperto pone baculum, ne possit claudi; considera locum apostematis et cum ligno acuto crepa; nichil est ita efficax dicit Platearius et alii multi experti.

Se puede apreciar, asimismo, que elige remedios de carácter práctico y desecha la parte dedicada a la farmacología: confección de medicamentos, ungüentos, etc. Plateario se convierte, por tanto, en otro autor más dentro del elenco de fuentes.

4. La *Practica* y el *Breviarium Practicae* de Pseudo-Arnaldo de Vilanova

La obra *Breviarium practicae* fue atribuida durante largo tiempo a Arnaldo de Vilanova aunque se ha rechazado esta autoría y hoy en día se piensa que fue redactado por un autor napolitano, dadas las numerosas anécdotas sobre Nápoles que se recogen en él. La obra fue reelaborada en Montpellier alrededor del 1400 cuando se incorporaron nuevas recetas[8]. Ciertamente, se trata de otro compendio que analiza las enfermedades y sus síntomas de la cabeza a los pies, con una clara diferencia con respecto al *Thesaurus Pauperum*: el *Breviarium* dedica en cada capítulo espacio para la teoría, definiendo las enfermedades, sus causas y sus signos. El autor del *Breviarium* no menciona a Plateario, aunque, cita a los autores salernitanos en general: Ps. Arn. Brev. 1180, 50-51: «[...] *et haec est prima species aegritudinis et secundum Salernitanos dicitur squinantia*»[9] y obras salernitanas concretas como la *Chirurgia* de Roger Frugardi (Ps. Arn. Brev. 1122). A pesar de ello, es evidente que recurre con mucha frecuencia a él, pues los capítulos, particularmente amplios, contienen una buena parte de extractos del texto de la *Practica*, empezando por la definición, los tipos, las causas y los síntomas, prestando una especial atención a los remedios que ha de procurarse al paciente. Sin embargo, el orden de los capítulos no mantiene la estructura que planteó Plateario:

> Ps. Arn. Brev. 1071: Epilempsia est opilacio principalium ventriculorum cerebri cum diminucione sensus et motus vel epilepsia est spasmus totius corporis non continuus. Causatur haec passio a diversis causis ut ex superfluis cibo et potu sive venenosis et morsibus canis rabidi vel reptilium et ex aere venenoso, corrupto et pestifero...

---

[8] Sobre la discutida paternidad de la obra ver J.A. PANIAGUA, «Arnau de Vilanova, médico escolástico», *Asclepio*, 18-19 (1966-67) 517-532 y *El Maestro Arnau de Vilanova médico*, Cátedra - Instituto de Historia de la Medicina, Valencia 1969, 53-55.

[9] Citamos por la edición *Arnaldi Villanovani philosophi et medici summi Opera omnia, cum annotationibus Nicolai Taurelli*, [Per Conradum Waldkirch], Basilea 1585.

Plat. 12. *De apoplexia*, 3ss.: Epilempsia est opilacio principalium ventriculorum cerebri cum diminucione sensus et motus ... Fiunt autem huiusmodi passiones ex superfluis cibis et pocibus et venenoso cibo et potu, ex morsu rabidi canis et repcilium, ex aere corrupto, sed principaliter tribus de causis: ex caloris defectu, ex superfluorum habundancia et ex angustia meatuum.

En muchas ocasiones el autor amplía los datos que le ofrece Plateario añadiendo elementos concretos o anécdotas tomadas de otras fuentes, pues uno de los fines de este tipo de compendios y, como veremos más adelante en esto coinciden con los textos enciclopédicos, es ofrecer a quienes hicieran uso de este tipo de obras –estudiantes, médicos, boticarios– un manual que recogiera en una misma obra toda la información disponible sobre el mismo tema para facilitar la labor de consulta:

Ps. Arn. *Brev.* 1072: Comedat igitur pullos, gallinas, hoedos, perdices, phasianos, sturnos et aves praeterquam in paludibus degentes, carnes arietinas castratinas, annualis agni et porci et capreoli et huiusmodi carnes elixas vel assatas vel in vino odorifero vel speciebus conditas.

Plat. 12. *De apoplexia*, 80ss: De carnibus autem comedant gallinas et alias aves exceptis illis que degunt in paludibus. Comedant etiam carnes arietis castrati, annualis porci et annualis agni, eduli et caprioli et huiusmodi carnes comedant elixas vel assatas et in vino cum calidis et aromaticis specibus conditas.

Entre la información añadida destacan las anécdotas de naturaleza popular o supersticiosa. El capítulo que ambos autores dedican a tratar la manía y la melancolía es un excelente ejemplo para ilustrarlo, ya que es una constante en las obras médicas encontrar largas enumeraciones sobre los signos de los pacientes de melancolía[10].

Podemos apreciar cómo Plateario se limita a describir brevemente algunos signos: los enfermos de melancolía sienten miedo, lloran, se esconden por los rincones de las casas, viven en los sepulcros de los muertos, etc. Por su parte, el autor del *Breviarium* ofrece muchos más síntomas y algunos de carácter morboso: además de sentirse tristes y soliviantados y de deambular por los sepulcros, yacen en ellos y recogen los huesos de los

---

[10] Acerca de la concepción medieval de estas dos enfermedades, cfr. J.M. FRITZ, *Le discours du fou au Moyen Âge. XIIe-XIIIe siècles*, Presses universitaires de France, Paris 1992.

muertos. Añade, asimismo, más síntomas: los pacientes creen que son vasijas de arcilla que no quieren que se les toque, pues se podrían romper; otros no quieren que se les mire por temor al mal de ojo y para evitarlo escupen varias veces. Otros creen que son gallos y cantan, etc[11].

> Plat. 14,23ss: Si melancolia sit in causa, timent, plangunt in angulis domorum et in latebris latitant, sepulcra mortuorum inhabitant, falsas et varias habent suspiciones: quidam putant se non habere caput, quidam putant angelum sustinere mundum et ipsum defatigatum velle dimittere, alii tenent pugnum clausum, ita quod non potest aperiri, credunt enim se tenere thesaurum in manu vel totum mundum. Et isti obedientes sunt.

> Ps. Arn. *Brev.* 1093: Quod si melancholia in causa fuerit, sunt tristes et solliciti, de sepulcris agitant, morituros quotidie se credunt, iaceant in sepulcris, ossa mortuorum colligentes, tota die plorant et in die contristantur, falsas et vanas suspiciones habent, quidam putant se non habere caput, unde Gal. quendam cum capello plumbeo sanitati restituit. Quidam credunt quod angelus unus sustineat totum mundum et velit ipsum dimittere cadere, alii tenent pugillum clausum, sic quod non potest eis aperiri, credentes se maximum thesaurum, vel totum mundum in pugillo tenere, et isti sunt obedientes. Alii credunt se esse vasa de argilla et nolunt quod aliquis tangat eos, timentes ne frangantur. Alii nolunt quod aliquis respiceat eos, timentes ne fascinentur et si quis eos prospeerit statim spuunt pluribus vicibus. Alii extendunt brachia in modum gallorum et videntes gallos, cantant sicut galli, credentes esse gallos. Alii etiam in pessimas cadunt suspitiones, ita quod amicos et parentes odio habeant et vituperent eos.

O añade otro tipo de anécdotas como este pasaje en el que, tras exponer los diferentes tipos de apoplejía que pueden distinguirse, relata cómo murió un soldado de Nápoles tras sufrir una apoplejía:

> Ps. Arn. *Brev.* 1079: Et ego vidi quendam militem Neapoli, qui cum surgeret de lecto et voluit se calciare, statim invasus est ab hac specie apoplexie et statim mortuus est.

---

[11] Algunos de estos datos remontan al *Pantegni* traducido por Constantino el Africano. Cfr. lib. 2, cap. 7, f.42rb: «De melancholia ... Alii vasa lutea se esse putant et cavent ne ea frangantur. Alii sperant quia sint bruta animalia et sicut galli clamant». Citamos por la edición *Omnia opera Ysaac in hoc volumine contenta cum quibusdam aliis opusculis... cum tabula et repertorio omnium operum et questionum in commentis contentarum*, I, [Per Barthélemy Trot], Lugduni 1515, ff. 1ra-144ra.

Las recetas para elaborar ungüentos, jarabes, emplastos y otro tipo de remedios son una fuente recurrente para el *Breviarium*, que reproduce al detalle y sin apenas cambios:

> Plat. 12,129-132: Sirupus valens epilempticis: in succo foliorum boraginis fiat decoccio hac proporcione: quod in I libra succi ponantur ʒ III sene, cola et, addito zuccaro, fiat sirupus vel, si boragines non habueris, hoc idem facias de succo foliorum pastinace. Hic sirupus mane et sero detur.

> Ps. Arn. *Brev.* 1079: Syrupus in epilepsia et apoplexia: rec. libra I succi foliorum borraginis, ponantur ʒ III sene et addito pauco saccharo, fiat syrupus. Fac simili modo de succo foliorum pastinacae vel buglossae, quod melius est.

Una de las recetas más copiadas por los autores extraída de la *Practica* o quizás del *Circa instans*, es aquella que explica cómo debe confeccionarse el célebre y muy apreciado compuesto de la tríaca, a base de carne de serpiente, que van a repetir *ad nauseam* los compiladores posteriores y además de una forma bastante fiel[12]. Pseudo-Arnaldo no dudó en incluirla en sus capítulos:

> Plat. 13. *De paralisis*, 52-62: Tandem ad localia accedendum est adiutoria: fiat inunccio membrorum paciencium ex calidis unguentis et oleis et ex hoc precipue: accipe unum serpentem rufum vel plures et abscissis capitibus et caudis spacio quattuor digitorum reliquum proiectis interioribus ponatur in olla inferius perforata, sub qua sit alia olla sic preparata ut videlicet: fundus superioris olle contineatur in orificio inferioris et sigilletur bene vel creta vel pasta ne aqua possit intrare. Similiter et os superioris olle bene claudatur.
> Olle igitur sic aptate ponantur in caldario pleno aqua bulliente cuius calore calefiant olle et resolvatur pinguedo a serpente que per foramen predictum in inferiorem distillabit ollam nec consumetur propter humiditatem aque. Ex tali pinguedine addito pulvere radicis capparis et centauree fiat unguentum. Ipsa etiam centaurea in vino et oleo cocta et membris paraliticis cataplasmata prodest. Fiat cataplasma ex semine sinapis cum oleo et vino. Ipsa etiam herba cum vino et oleo frixa et superposita satis prodest.

> Ps. Arn. *Brev.* 1085: De paralisi ... Aliud ad idem optimum: rec. serpentem unum rufum et etiam plures si vis et abscisis capite et cauda, spatio quattuor

---

[12] Reproducen esta receta tanto Bartolomeo Ánglico como Gilberto Ánglico. Sobre el uso de este compuesto desde la Antigüedad cfr. G. WATSON, *Theriac and Mithridatum. A study in Therapeutics*, Wellcome Historical Medical Library, London 1966.

digitorum, reliquum, abiectis interioribus, ponatur in olla in fundo perforata, sub qua iaceat alia olla sana, quae fundum olle superioris in se contineat et in orificio sigilletur bene cum luto sapientiae vel cum pasta, ne respirare possit, nec aliud in eis intrare possit. Et sic praeparatis olla illa ponatur in caldario pleno aqua que bulliat cuius calore calefiant ollae et resolvatur pinguedo a serpentibus que per foramen ollae perforatae in sanam distillabit, nec consumetur propter humiditatem aquae et de tali pinguedine addito succo rad. capparis et centauree fac unguentum. Ipsa etiam centaurea cum vino et oleo cocta et membris paralyticis cataplasmata multum prodest. Item semen sinapis tritum cum vino vel ipsa herba etiam cataplasmata multum valet. Herba paralysis cum ovo sorbili data valet.

La importancia del *Breviarium*, por tanto, y lo que le diferencia del *Thesaurus Pauperum* reside en que el uso que hace de la *Practica* no queda relegado a una mera transcripción, sino que sufre un proceso de adaptación que, aderezado con nuevas fuentes y anécdotas, le dotan de un carácter fresco y en armonía con la demanda del siglo XIII.

5. LA *PRACTICA* Y LOS TEXTOS ENCLICLOPÉDICOS DEL SIGLO XIII

El éxito de la *Practica* se puede apreciar, asimismo, en otro tipo de obras cuyo objetivo consistía en recopilar información de otras fuentes para de esta manera reunir en un solo tratado todo el saber existente del mundo conocido o de una materia específica. A diferencia de los compendios, estos textos enciclopédicos poseían un volumen ingente. Durante el siglo XIII este género, que ya había sido cultivado por autores como Varrón o Plinio, volvió a cobrar importancia por parte de autores como Bartolomeo Ánglico, Thomas de Cantimpré o Vicente de Beauvais[13]. Uno de ellos, Bartolomeo Ánglico, cita a Plateario y se sirve de la *Practica* como fuente[14].

La obra más importante del monje franciscano Bartolomeo Ánglico, *De proprietatibus rerum*, dedica un capítulo entero a tratar la Medicina, en

---

[13] Citamos algunas obras sobre el enciclopedismo del siglo XIII: *La pensée encyclopedique au Moyen Age*, M. De Gandillac - J. Fontaine - J. Chatillon - M. Lemoin, (eds.), Editions de la Baconnière, Neuchâtal 1966; *L'encyclopedisme*, A. Becq (ed.), Diffusion Klincksieck, Paris 1991; J. LE GOFF, «Pourquoi le XIIIe siècle a-t-il été plus particulièrement un siècle d'encyclopédisme» in M. Picone (ed.), *L'enciclopedismo medievale*, Longo, Ravenna 1994, pp. 31-46 y *Pre-modern Encyclopaedic Texts*, P. Binkley (ed.), E.J. Brill, Leiden - New York - Köln 1997.

[14] Acerca de la biografía del autor y su obra véase la introducción de B. VAN DEN ABEELE a la edición *De proprietatibus rerum. Vol. I, Prohemium, Libri I-IV*, Brepols, Turnhout 2007, 3-33.

concreto, el libro VII. En él cita de forma explícita a Plateario en doce ocasiones[15], aunque su influjo se aprecia en numerosos pasajes más (un total de 39 capítulos de los 70 que presenta la obra).

Bartolomeo sigue como modelo de estructura el *Viaticum* de Constantino y comienza con las afecciones de la cabeza (el dolor de cabeza, el frenesí, el letargo, etc.), a diferencia de Plateario quien sitúa las fiebres justo después del prólogo. No obstante, ha de decirse que tampoco reproduce en riguroso orden el esquema del *Viaticum* ni siquiera incluye todos sus capítulos sino que hace una selección.

La forma de transcribir los capítulos de Plateario difiere en cierta forma del resto de los compiladores, pues elimina la mayor parte de la terapia y se centra en reproducir la parte de la definición, las causas y los signos. Veamos un ejemplo en el que incluye, además, una cita de Constantino:

> cap. 14,1ss: Mania est infeccio anterioris cellule capitis cum privacione imaginacionis. Melancolia est infeccio medie cellule capitis cum privacione racionis vel, ut dicit Constantinus in libro *De melancolia*, melancolia est suspeccio dominans anime quam timor et tristicia generaverunt.
> Et differunt hee passiones secundum diversitatem lesionis operacionum, quia in mania principaliter leditur imaginacio, cuius sedes immutatur; in melancolia ratio, cuius sedes inficitur.
>
> Bart. Angl. *Prop.* cap. V[16]: Amentia idem est quod mania, secundum Plat. Est autem mania infectio anterioris cellulae capitis, cum privatione imaginationis, sicut melancholia est infectio mediae cellulae capitis cum privatione rationis, ut dicit Constantinus lib. de melancholia. Melancholia, inquit, est suspectio dominans animae, quam timor et tristitia induxerunt. Et differunt passiones istae secundum diversitatem laesionis operationum, quia in mania principaliter laeditur imaginatio, in alia vero ratio.

Por su parte, en aquellos capítulos que no cita a Plateario se siente más libre para reelaborar y cambiar los fragmentos a su gusto. Destaca el interés por reproducir las etimologías de Plateario y su afán por sintetizar la materia:

---

[15] Cap. V, VI, XIII, XXVI, XXVIII, XXIX, XXX, XXXIV, XLVIII, XLIX, LII, LXIV.

[16] Citamos por la edición *Bartholomaei Anglici de genuinis rerum coelestium, terrestrium et inferarum Proprietatibus, Libri XVIII. Opus incomparabile, Theologicis, Iureconsultis, Medicis, omniumque disciplinarum et artium alumnis, utilissimum futurum. Cui accessit liber XIX. de variarum rerum accidentibus...*, [Apud Wolfgangum Richterum, impensis Nicolai Steinii], Francofurti 1601 (reimpr. Minerva GMBH, Frankfurt am Main 1964).

cap. 10, 2-3: litargia a lethes, quod est oblivio, eo quod oblivionem inducat.

Bart. Angl. *Prop.* VI: Et dicitur a λήθε, quod est oblivio, eo quod oblivionem inducit.

cap. 12, 4-8: Et dicitur epilempsia ab *epi* quod est supra et *lempsis* quod est lesio inde *epilempsia*, id est superiorum lesio. Dicitur etiam a veteribus *ieranoxon*, id est sacra passio, eo quod sacras partes corporis occupat videlicet cerebrum, quod est sedes anime. Dicitur etiam morbus puerilis sive infantilis quia pueris et infantibus sepius accidit.

Bart. Angl. *Prop.* IX: Dicitur autem haec infirmitas in passione □ερ□ν νόσον, id est sacra passio, quia sanctam partem corporis occupat, scilicet caput ... Epilepsia ... dicitur autem ab □π□, quod est supra et λ□ψις, quod est laesio, quia superiorum praecipue est laesiva. Dicitur et morbus puerilis, eo quod pueris saepe accidat.

En varios capítulos dedicados a las fiebres (en concreto, cap. XXXII. *De febre*, XXXIII. *De febre ephemera*, XXXIV. *De hectica*, XXXV. *De febre putrida* y XXXVI. *De signis putridae febris*) Bartolomeo antepone el *Liber febrium* de Isaac o a Avicena a la *Practica*, aunque no renuncia a ella.

En ocasiones, comete errores en las citas. A veces atribuye a Constantino fragmentos de Plateario.

cap. 48,2-4: Ydropisis est error virtutis digestive epatis tumorem membrorum generans, dum enim virtus digestiva debilitatur in epate, superfluitates multe generantur que vigore virtutis expulsive exterius transmisse membrorum inflacionem generant.

Bart. Angl. *Prop.* LI. Hydropisis est error digestive virtutis, epatis tumorem membrorum generans, ut dicit Constantinus. Dum enim virtus digestiva debilitatur in epate, superfluitates multae generantur in corpore, quae vigore virtutis expulsivae exterius transmissae, membrorum inflationem generant.

La completa ausencia de elementos populares y mágicos que detectamos por el contrario en el resto de compendios del siglo XIII, ha de explicarse en el contexto en el que se crea el *De proprietatibus rerum*, pues uno de los principios de los que parte Bartolomeo es el de ofrecer un tratado que sirva de ayuda a los autores exegéticos de la Biblia, que proliferaron en gran medida durante el siglo XIII. Por consiguiente, es posible que no considerase este tipo de anécdotas populares útiles para los exégatas bíblicos.

En este apartado queremos dedicar un espacio a otro texto de naturaleza enciclopédica, aunque dedicada a una materia específica, la medicina, el *Compendium medicinae* de Gilberto Ánglico.

Gilberto Ánglico[17], por su parte, redacta un extenso compendio que pretende reunir todo el saber médico de la época organizado en capítulos ordenados *a capite ad calcem*, el *Compendium medicinae* (ca. 1230-1240). El número de fuentes explícitas es elevado: Aristóteles, Avicena, Constantino el Africano, Galeno, Iohannitius, Hipócrates, el *Liber febrium* de Isaac, si bien emplea también un buen número de autores salernitanos que cita de forma general, pero no específica[18], aunque se sabe que empleó, entre otros, a Plateario, a Johannes de Sancto Paulo, a Mauro, a Roger Frugardi o los compendios *Antidotarium Nicolai* o *Trotula*. Es cierto que Ánglico supera con creces el número de capítulos de la *Practica*, pero la presencia de este en los coincidentes es más que notable.

La presencia de Plateario se percibe, tal y como hemos visto en otros autores, en las definiciones de las enfermedades. Ánglico mantiene la etimología que ofrece Plateario, así como los diferentes tipos que existen, los signos y la terapia, aunque ha de señalarse que tiende a ampliarla con fragmentos de origen diverso. No reproduce de corrido la *Practica*, sino que selecciona aquellas partes que son de mayor interés para él y va añadiendo información de otras obras y otros autores. Son muy numerosos los pasajes en los que Gilberto bebe de la *Practica*, de los cuales solo señalamos algunos ejemplos:

cap. 2, 2-4: Ethica febris dicitur habitudinalis ab ethis quod est habitudo, quia corpori adveniens in habitum converti consuevit. Fit autem ethica ex principali vicio	Angl. *Comp.* 65va: Ethica … Dicitur enim ab ethis quod aliquando sonat idem quod mos vel inde ethica id est moralis sciencia vel ab ethis quod est habitudo vel habitus secundum

---

[17] Sobre Gilberto Ánglico ver M.H. GREEN, «Gilbertus Anglicus», in T. Glick - S.J. Livesey - F. Wallis (eds.), *Medieval Science, Technology and Medicine. An Encyclopedia*, , Routledge, New York 2005, p. 196 y M. MCVAUGH, «Who was Gilbert the Englishman?», in G.H. Brown - L.E. Voigts (eds.), *The study of Medieval Manuscripts of England*, Brepols, Turnhout, 2010, pp. 295-324.

[18] Angl. *Comp.* 178ra: «Melius est tamen parum extrahere quia in primis debet fieri de cephalica post de sophenis quas Salernitani incidunt secundum latum, sed securius est incidere secundum longum ne ineptior fiat lingua ad vocum formationem». Citamos por la edición *Compendium medicine Gilberti anglici tam morborum universalium quam particularium nondum medicis sed et cyrurgicis utilissimum*, [s. e.], Lugduni 1510.

membrorum, membris videlicet principaliter viciatis.

cap. 35, 2-3: Singultus est sonus violente commocionis stomaci ex spasmosa eius disposicione proveniens.

cap. 18,50-52: Aliud filtrum: pili leporis comburantur cum gummi arabico et cum succo plantaginis stuellum informatum naribus imponatur. Aliud: pulvis antimonii naribus immissus fluxum sanguinis mirabiliter constringit exurendo.

cap. 64,78-79: Contra serpiginem et impetiginem: flosmuri conficiatur cum salvia et inungatur. Contra serpiginem et impetiginem: gummi prunorum in fortissimo aceto per noctem dimittatur et locus confricetur.

quod hic accipitur.

Angl. *Comp*. 210ra: Singultus est violentus sonus commotionis oris stomachi ex spasmosa eius dispositione proveniens.

Angl. *Comp*. 153rb: Item pili leporis comburantur et cum gummi arabico et succo plantaginis stuellum informatum imponatur vel pulvis cynamomi et antimonii naribus immissus fluxum sanguinis stringit.

Angl. *Comp*. 172vb: Item flos muri conficiatur cum salvia et inde ungatur. Item gummi prunorum cum fortissimo aceto per noctem dimittatur et locus confricetur contra impetiginem aspaltum confectum cum aceto confert. Curat impetiginem aspaltum confectum cum aceto et confricatum.

En la terapia, al igual que hemos observado en otros autores del siglo XIII, se aprecia una cierta atracción por elementos mágicos o *mirabilia*. Es habitual encontrar en él los *experimenta* que Plateario suele incluir en la parte final de sus capítulos como remedio último y que atribuye a su padre o a testimonios orales (*vetulae, sacerdos*, etc.), Gilberto suele completarlos con ejemplos extraídos de otras fuentes y de corte más popular o supersticioso.

Entre los signos que presentan los enfermos de melancolía que menciona Plateario se añaden otros: el paciente cree que alberga ranas y serpientes en el vientre, afirma tener visiones de demonios, de monjes que desean matarlos, etc.

Angl. *Comp.* 103rb: alii plangunt, alii saltant, alii stultissima quasi veracissima opinantur, unde timent se tangi ne rumpantur, credunt non habere caput vel ranas in ventre portare vel serpentes vel alias nefarias cognitiones aut demones vidisse putantes unde furiunt et se et alios percutiunt et maribilibus fantasiis occupantur ... Vident enim ante oculos formas terribiles et timorosas et nigras, sicut monachos, homines nigros illos occidentes, demones.

En este ejemplo podemos ver que Plateario describe una práctica que realizaba su padre para curar a los enfermos de epilepsia que consistía en dar al paciente tres escrúpulos extraídos de las escápulas del paciente mezcladas con huevo de cuervo. Ahora bien, Gilberto Ánglico no se conforma con ello y describe a continuación otro remedio en el que el paciente tiene que desnudarse y depositar en las prendas que se ha quitado parte de las uñas de las manos y de las pies y mezclarlas con vino y tras describir otra serie de procedimientos de carácter mágico debe recitar una oración a Cristo.

> Plat. 12, 120-123: Experimentum patris mei contra epilempsiam: III Ɔ sanguinis a spatulis per scarificacionem extracti cum ovo corvi dentur in fine accessionis egro adhuc stupido, quia tunc etiam venenum biberet, si daretur. Ova corvorum comesta satis valent.

> Angl. *Comp*. 111vb: Alii dicunt quod III Ɔ sanguinis eius cum ovo vel alio modo debet offerri et eo stupido adhuc existente quia tunc quidlibet posset dari ... Est autem expertissimum in prima accessione cum infirmus cadit in terram ut extrahantur panni universi preter camisiam et ponantur ad pedes ipsius, deinde abscinde sibi aliquantulum de omnibus ungulis manuum et pedum et pone omnia in vino sub suis pannis et habeas spinam albam et longam et finde eam per medium et mitte hominem per fissuram illius spine, ita ut precedant pedes et dum est ad medietatem corporis abscinde spinam ab utramque parte et pone totam minutim incissam in illo panno, ubi sunt ungule et abscinde capillos de capite a tribus partibus et pone similiter in illo panno et ferrum cum quo ungule incisse fuerunt. Deinde absconde sub terra pannum cum omnibus predictis et dic sibi in aure dextra: Cristus vincit, in sinistra, Cristus regnat, in fronte. Cristus imperat. amen. Postea inunguantur ei predicta.

6. CONCLUSIONES

La presencia de Plateario en los compendios y enciclopedias del siglo XIII es evidente y el uso que hacen los compiladores de ella es muy semejante entre ellos. A modo de síntesis, podemos resumir que los compiladores emplean las definiciones de las enfermedades y su etimología– a excepción de Pedro Hispano que elimina toda parte teórica–, pues estos compiladores son herederos del interés creado a partir de las *Etymologiae* de Isidoro por el origen y el significado de las palabras, debido al afán de explicar el mundo a través de los *nomina*. Se sirven, asimismo, de los signos que presentan los pacientes y sienten cierta predilección por la terapia que se aplica en la *Practica*, a excepción de Bartolomeo Ánglico quien prefiere limitarse a una somera descripción de los remedios. En cambio, el *Breviarium Practicae* y el *Compendium medicinae*, representan en este sentido lo opuesto al *De proprietatibus rerum*, pues no solo recogen ampliamente la terapia, sino que aumentan los detalles, recurriendo en muchos casos a remedios de carácter popular o mágico que estaban ausentes de los textos salernitanos. Todos ellos coinciden en el hecho de que se yuxtaponen los extractos, sin establecer ninguna jerarquía de un autor sobre otro, para de esta manera conceder al lector la oportunidad de seleccionar las ideas que mejor le convengan sin condicionarlo. Ahora bien, aún quedan cuestiones por resolver como saber si estos autores accedieron a la obra original de Plateario o se sirvieron de otras compilaciones.

A tenor de estos datos cabe preguntarse cuáles fueron las razones que empujaron a los compiladores del siglo XIII a elegir la *Practica* como fuente del saber médico de la época, a pesar de que su popularidad no podía competir con la de otras obras. Consideramos que existieron, al menos, cuatro motivos:

1. La *Practica* presenta la materia de acuerdo a una estructura clara y definida lo que facilitaba enormemente la labor de consulta. Las enfermedades se colocan siguiendo el riguroso orden desde la cabeza a los pies y la exposición de estas se adapta a una estructura interna constante: definición, causas, signos y terapia.

2. Plateario no presenta divagaciones teóricas sino que centra su interés por las cuestiones prácticas. Su prioridad no era exponer un catálogo de fuentes, sino seleccionar aquellos métodos que podían ser más útiles. Todo está al servicio de la *utilitas*.

3. La obra desprende un marcado carácter didáctico, como se observa por el elevado número de ejemplos y de anécdotas personales, que aunque en la mayoría de los casos no son más que un recurso literario para probar la veracidad de sus prácticas, se convirtieron en una de las partes más apreciadas por los compiladores, siempre en busca de la *auctoritas*.

4. La enorme difusión que tuvo. Se conservan ochenta y dos manuscritos de la *Practica*, lo que la convertía en una obra de fácil acceso.

Plateario, al igual que otros textos salernitanos, fue pronto relegado a desempeñar un papel muy secundario dentro de la medicina escolástica. Este tipo de tratados no pudieron competir con las nuevas traducciones de obras árabes, especialmente el *Canon* de Avicena. Sin embargo, estos textos siguieron presentes en otro tipo de manuales médicos cuyo principal objetivo era recopilar y amalgamar el conocimiento del momento para ofrecer a los lectores una fuente de consulta rápida y completa. En la era digital en la que vivimos nos sentimos en muchos casos abrumados por el exceso de información que nos rodea. Por ello, es fácil comprender el anhelo de estos compiladores por poner al servicio de un público ansioso de conocimientos una síntesis de todo ese saber.

Antonia Rísquez Madrid[*]

CONTENTUS TERENALIS. PRESENTACIÓN Y EDICIÓN DE LA OBRA

En este trabajo se presenta la edición de la obra *Contentus terenalis* que es el primero de los textos que está copiado en el códice de Madrid, Archivo del Museo Nacional de Ciencias Naturales_CSIC, manuscrito Ref. 1, que ocupa desde el primer folio al 13r.

Contentus terenalis es una colección de sentencias de corte moral relacionadas con la vida del hombre en el mundo terrenal. La colección de sentencias es uno de los géneros sapienciales más importantes en la Edad Media y que remonta su tradición a la también muy difundida doxografía griega. Hay que destacar que el texto forma parte de un códice que reúne obras de muy distinta tipología, destacando entre ellas unos estatutos de una institución religiosa, *Commonum statuta et constituciones canonicis cumlibet omnibus obseruande*, que ocupan el grueso del volumen, ff. 20v-103r. Estamos ante un códice misceláneo, ya que las obras no están agrupadas según un criterio temático o genérico, sino que el único rasgo común que comparten es el tamaño más o menos parecido de los cuadernos en que están copiadas.

En el códice no hay ninguna referencia a autoría o fuente de las sentencias, ni se ha hallado ninguna correspondencia en los *corpora* que han sido consultados, lo que en buena medida lleva a formular la hipótesis de que posiblemente sea una colección de sentencias elaborada de forma privada, cuyas fuentes tengan probablemente origen popular y oral en lengua romance, más que extraídas de fuentes latinas; o, lo más probable, que sea una reelaboración de sentencias tomadas de distintas fuentes ya sean tanto orales como escritas. Lo que sí se puede señalar son algunas características léxicas y gramaticales que nos han llevado a esta conclusión.

Son varios los copistas que intervienen en el proceso de copia: aunque se pueden observar distintas manos sólo se identifican con seguridad tres, una principal y dos más que aparecen en algunas páginas: al copista dos lo vemos

---

[*] Universidad Complutense de Madrid. risqueztoni@gmail.com.

desde el f. 4v[1] al f. 5r; al tercer copista en el f. 9r hasta el f. 9v, y desde el f. 11r hasta el final.

Las sentencias están copiadas seguidas sin ninguna división ni corte de capítulos, aunque sí se observa una puntuación mayor para señalar el fin de cada una; tan sólo las marcas de lectura, manecillas en los márgenes sobre todo, y alguna anotación marginal resaltan algunas partes del texto. No obstante, se observan bloques temáticos donde es posible leer agrupadas sentencias relacionadas con la comida, la mujer o la muerte. Bien es verdad que no se pueden establecer divisiones dentro del texto, pues a menudo se interrelacionan unas con otras de tal manera que pueden leerse sentencias misóginas a lo largo de la obra, pero sin un orden sistemático.

En cuanto a la estructura formal de las mismas hay que señalar que su longitud varía desde una sola línea, a veces incluso una frase nominal:

Non ibi mores, omnis procul inde dolores. [f. 2v]

Tu modica fossa clauderis puluis et ossa. [f. 1v]

Pero otras veces las sentencias son más extensas y elaboradas:

Sperne uagam uenerem fuge blandior quam haberemur rem despectiuam rem flucsamque nocciuam, omnibus illa modis res est plenissima nodis resque uenenossa res mollis et ille tenebrosa. [f. 10v]

En cuanto a la formulación de las sentencias hay que señalar varias características. Sintácticamente apenas si hay subordinación, y en todo caso un nivel tan solo, lo cual es fácil de explicar ya que son sentencias breves en general.

Hay que destacar que a menudo tienen rima consonante, dividiendo la sentencia en dos partes y formando pareados, características métricas propias de la lengua romance:

Currimus nos absque mora, cito transit nec redit hora, ad mortem cursus breuis est, nec quidem recursus est. [f. 2r]

Quid caro est uillis humus, quid carnis gloria est fumus, omnis honos est pluxus, rerum perit illico luxus. [f. 1v]

En ocasiones se perciben también algunos términos que no son propios de la lengua latina, sino del romance:

Tesauri semus nobis, dum tempus habemus. [f. 2r]

Donde la forma verbal *semus* es más propia del romance castellano que del latín.

Nil ibi deficiet, Deus omnibus omnia fiet, genus mortalis, genus esfera, genus animalis. [f. 2v]

Aquí vemos la forma *esfera* que es ya plenamente romance.

---

[1] Las referencias al texto son por el número de folio señalado en la edición.

Esto lleva a pensar que muchas de estas sentencias pudieron ser tomadas por el compilador directamente de la lengua romance haciendo una traducción al latín, lo que provocó que en algunos términos se deslizara una forma más romance que latina. Y además casi se puede asegurar que la obra se compiló en ámbito castellano, ya que estos términos son interferencia del romance castellano.

También aparecen formas con un significado distinto del latín clásico, como *alma* [f. 1v], con el significado ya de la lengua romance.

En otros casos, sin embargo, sí que se encuentran términos que sólo pueden ser entendidos en un contexto culto:

Sic neque sol neque luna nec stella uidebitur ibi senior igne locus flamis ille gehenne. [f. 10r]

Donde el término *gehenne* de procedencia hebrea fue tomado probablemente de un contexto bíblico.

He titulado la obra *Contentus terenalis*, tomando el nombre de su *incipit*. En su elaboración me he decantado por ofrecer una transcripción semipaleográfica del texto, donde he marcado el desarrollo de las abreviaturas en cursiva, las omisiones con corchetes y he registrado en el aparato crítico las variantes derivadas de las correcciones de los copistas y las adiciones entre líneas o en los márgenes[2].

---

[2] Las abreviaturas utilizadas son las más comunes en crítica textual, y vienen recogidas en el manual de A. BERNABÉ - F.G. HERNÁNDEZ MUÑOZ, *Manual de crítica textual y edición de textos griegos*, Akal, Madrid, 2010.

Incipit contentus terenalis³. [f. 1r]

In re terena nichil est aliud nec pena.
In re terrena nec lex nec iuris habent.
In re terrena innunt labor atque chachena.
In re terrena sanctorum mens est aliena.
In re terrena requies remouetur minima.
Pre terrena procedunt mili uenena, pre terrena manus eius tractat egena, pre terrena diues uersatur arena, pre terrena procul homo est lux⁴ serena, de re terrena non gloria plena tibi plena tua crimena⁵, de re terrena non sanctos, de re terrena tua mens non fuit amena⁶.
Christus ostendit quo mundi gloria tendit.
Iherusalem cuius fragili dum corpore uiuis, in reges et sospes transit peregrinus ut hospes.
Dum peregrinaris nolo terena sequacis.
Efuge res uiles Christi fortisime uiriles.
Efuge iocundi lateros⁷ et recia⁸ mundi.
Non celum queret ille⁹ tere qui sordibus habet, aeui mundana ligant, quod cure mille fatigant, quem nec honos miserum saciat nec copia rerum. [f. 1v]
Aspue festina pereunt quouis ruina.
Morte repentina infinto¹⁰ fraude rapina.
Vita qua cunctarum breuis et plena dolorum.
Quid caro est uillis humus quid carnis gloria est fumus¹¹, omnis honos est pluxus, rerum perit¹² illico luxus.
Per diues diues non omni tempore uiues.
F[f]ac bene dum uiuis, post mortem uiuere finis.
Fac quod Christus amat, dum pauper ad hostia clamat, pauperis specie nam

---

³ 1r] Incipit contentus terenalis. Amem ita dominus dirigat corda et corpora nostra et hec letera placet alicus leteram recipias et vi uidet et vii glosa *adn. i.m.*
⁴ lux] luce *a. corr.*
⁵ De crimena] De re terrena non sanctos tua gloria plena tibi plena crimena *a. corr.*
⁶ sine obstante *add. i.m. alt.m.*
⁷ lateros] *sic*
⁸ recia] id est rete *adn. s.l.*
⁹ ille] *s.l.*
¹⁰ infinto] *sic*
¹¹ fumus] *s.l.*
¹² perit] id est ars *adn. s.l.*

sepe Deus lac*et* ip*s*e.
Q*uod* v*es*t*ru*m cur s*e*ruas l*icet* q*uis*qu*i*d auar*us* tu[13] coac*er*uas.
Qu*m* parc*us* q*u*eret, efu*n*det p*ro*dig*us* heres.
Tu modica fossa clauderis puluis et ossa.
Heu tolide me*n*tes p*er*eu*n*t peritura sequere*n*s.
E[e]t sapiens sp*er*uit q*ui*dqu*i*d mutabile ce*r*nit.
Et nichil e*ss*e putat q*uod* totu*m* labile mutat, ergo tu totis co*n*tempne*n*s i*n*fima notis.
Curris ad et*er*nam pa*t*ient*iam*, per alma*m* qua*m* ad[14] sup*er*uiuent*iam* hostem funestu*m* tu[15] patieris, it*er*que molestu*m* esto luctator fortis cant*us*que viator, non datur segnis celestis p*re*mia regni. [f. 2r]
Aspice labente*m* mu*n*du*m* s*u*bito fugie*n*tem desere tu[16] festin*us* mu*n*dum, tra*n*si tu[17] p*er*egri*nus*.
Mundi tu[18] calcator uatuus tra*n*siq*ue* uiator.
Ad p*re*miam sospes ille[19] ueniet, q*ui* transit ut hospes.
Currim*us* nos[20] absque mora, cito tra*n*sit n*ec* redit hora, ad morte*m* curs*us* breuis est, n*ec* q*ui*dem recurs*us* est[21].
Mors subito ueniet, puluis caro sordid*us* fiet, mundus tra*n*sibit, sua gl*o*ria uaria p*er*ibit.
Null*us* in hoc est[22] fruct*us*, seq*uitur* sua gaudia lucet.
Infima te*m*pnam*us*, ardent*er* su*m*ma petam*us*.
Tesauri sem*us* nob*is*, du*m* t*em*pus habem*us*.
Regnu*m* celor*um* requ*i*es e*s*t plena bonor*um*.
Hic no*n* algores su*n*t[23], nubile, nox, arra calores item[24].
Hic uicet et*er*nu*m* t*em*p*us* sine te*m*pore uernu*m*.
Hic sol iustiore radiat splendorq*ue* sophie, hic om*n*is iusti iuuenes formaq*ue* uenusti.
Vt sol fulgeb*it* d*om*ino similesq*ue* manebu*n*t, nil ibi derretit, nil languet

---

[13] tu] *s.l.*
[14] ad] *s.l.*
[15] tu] *s.l.*
[16] tu] *s.l.*
[17] tu] *s.l.*
[18] tu] *s.l.*
[19] ille] *s.l.*
[20] nos] *s.l.*
[21] est] *s.l.*
[22] est] *s.l.*
[23] sunt] *s.l.*
[24] item] *s.l.*

nilque senescit, nil reformatur, nil transit, nil uariatur.
[sententiis[25]] [f. 2v]
Non ibi mores[26], omnis procul inde dolores.
Cuncta manent lete sunt omnia plena quiete, omnes exultant, omnes laudando resultant.
Angelicique cori, miranda per[27] voce sonori.
Hic laudant quod amant, secula per omnia clamant.
Est ibi sollemnis iocunda diesque perbreuis.
Dulcis conuentus formosa canora iuuentus.
Pax ibi iocundans, quasi flumine undique redundans vnanimes item[28] cuncti, uelut uno corpore iunti.
Omnia cruentes, et sua corda uidentes.
Nil ibi deficiet, Deus omnibus omnia fiet, genus mortalis, genus esfera, genus animalis.
Huc cito tu[29] festina res exul, res peregrina, huc gresus tu[30] urge, mundi de stercore tu[31] surge.
Mundo non credis, quia nescis quando recedas.
Te tu[32] rege sollicite, fragilli reminisce uite.
Est item angustum, quod ducit ad ecclesia sursum.
Hec[33] pauci querunt, paucique sequi hec potuerunt.
Cum paucis[34] esto, mortis senper memor esto.
Post quam migrabis huc post eam non remeabis, plus amat exilium miseri miser obis amator, quam patriam. Semper quia cupit uagus esse uiator, plus mare quam portum miseri miser incola mundi.
Diligit acque dolet, quia sine spe fit redeundi. [f. 3r]
Infelis gaudens in ualle iacens lacrimarum.
Ridet et exultat in carcere circigenarum.
Quia gaudere potest peregrinus homo ratione.
Dum uagus in ceruis procul exulat a regione, dum captiuatur miser in misera Babilone.

---

[25] sententiis] *i.m.*
[26] mores] dolores (*i.r.*) mores *a.corr.*
[27] per] *s.l.*
[28] item] *s.l.*
[29] tu] *s.l.*
[30] tu] *s.l.*
[31] tu] *s.l.*
[32] tu] *s.l.*
[33] hec] *s.l.*
[34] paucis] pauscis *p.corr.*

Dum dire permitur, dum habuit sub faraone, cur Sodoma colitis ruitiri rem ruituram.
Cur cito non fugitis perituri rem perituram.
Qid[35] genus et species quid opes et forma ualebit, quando nihil habebit[36] deues, sed totum pauper habebit.
Quando tremens mundus Christo vemente pauebit.
Vester Aristotiles[37], Socrates[38] seu Plato[39] tacebit.
Qualis in hac uita fuerit tunc quisque uidebit.
Iustus gaudebit reprobus sine fine dolebit.
Mentes coruptas excecat blanda uoluntas, femina est[40] res fregilis, res est[41] lubrica, res est[42] puerilis.
Mobilis in docilis, nihil est in ea nisi lis.
Cor rapit et tollit et ferrea pectora mollit.
Prima uirum primum mulier deiecit ad ynfimum.
[f. 3v] Femina Sansonem fregit Dauid ac Salamonem, non est Sansone maior Dauid ac Salamone, femina sibi credentem decepit prout homo parentem, si dominum queris, fuge colloquium mulieris.
Ebus est[43] ille nimis, nimis est[44] dempsus in ynfimis.
P[p]rout ferorem celi qui perdit[45] honorem.
Alea vacus[46] amor mulierum redidit egenum, numquam qui sequitur hec tria diues erit.
Fel latet in melle nec mel bibitur sine felle.
Risus bibit fletum nectarque molestat aretum, vite presentis sic comparo gaudia uenias, cum neutrum duret; nemo comprendere curet.
Quis in hoc mundo fidens est sicut arundo.
Qua uentus agitat fluiusque simul labefactat, non ille[47] bene letatur[48], cui

---

[35] Qid] *sic*
[36] habebit] *s.l.*
[37] Aristotiles] id est magister *adn. s.l.*
[38] Socrates] id est magister *adn. s.l.*
[39] Plato] id est magister *adn. s.l.*
[40] est] *s.l.*
[41] est] *s.l.*
[42] est] *s.l.*
[43] est] *s.l.*
[44] est] *s.l.*
[45] perdit] perdidit *a.corr.*
[46] vacus] vacius vacus *a.corr.*
[47] ille] *s.l.*
[48] letatur] letatatur *a.corr.*

flendi causa paratur.
Nec ille[49] stat securus qui protinus est ruiturus.
Sic dare uita statum nulli valet ista beatum.
Cum sit in equalis nec lucidus nec pluuialis.
Quem si forte daret mors hunc rem anichilare, quidquid uita dedit tollit dum vita recedit.
[...] ob depresentis vite breuitate querentis, bene sunt uerba fere natus homo de muliere.
Vt flos aparet venit estus protinus heret.
Ergo sperne citam longamque perlige[50] uitam, acque labore breui require, pete perpetis eui. [f. 4r]
Fortune fragilis fiat tibi copia uilis.
Que nisi nilescat frustra linquid quod inescat.
Pauperibus large tua, dum tua sunt bona superire, heres nec cure tibi sit tuus omiriture.
Vos quid diligitis, que retinere nequitis.
Cur non diligitis, que perpetua scitis.
Humane uite plactus audir uenire.
Vt pernoscatis quam uile fit id quod[51] amatis, et resepistatis uerum Satana paratis.
Forma puellarum deceptio mentis earum, et iuuenum uultus, cura barbani[52] uel adultus.
Que leuitas morum laqueis inuertit amorum, vno monento pereunt, equalia uento.
Fit que cadauer humus petit impia tartari[53] funus.
Flent illos cari nequiunt sed flendo iuuari, quis miser eternas metuens uacuare crimenas, [c]cum tibi non parcis, noua dum marsupia[54] fartis, nescis quid seruas ad cuius opus coaceruas.
Aurum quod nosti, seruatur forsitam hosti.
Mors rapiet quod hoc est fietque caro tua tabes.
Nec tecum tolles plenos rubigine folles.
I[n]n fellis flatus luet eternos cruciatus. [f. 4v]

---

[49] ille] *s.l.*
[50] perlige] elige *adn. s.l.*
[51] id quod] quod id quod *a.corr.*
[52] barbani] babani *a.corr.*
[53] tartari] tartara *a.corr.*
[54] marsupia] masupia *a.corr.*

Ostro[55] uestitus gremis quod capud redemitus.
Poscans preclarum, comedens bona deliciarum.
Ius mucronis hunc, et in[56] omnia crimina labens.
Non tentorum iuris et habentes iure securis.
Qui grauiat atque premit quod Christus a vos te redemit.
Vt venit hora cadit, miser hic ad tartara uadit.
Qui sic ploratur numquam, plorando iuuatur.
Linga facundi sectantes lubrica mundi.
Candida denigrant et nigra loquendo dealbant, cum dissoluuntur nec nigra nec alba loquuntur.
Longum tormentum manet hos in ualle silentum[57].
Nec lacrimis flentum sic pena minor pacientum.
Et nimius potus ueneris, solet edere motus.
Satur in omne uacuus abusus inmoderatus lacus.
Tempora longa breuis esta, tibi dabit eui.
Parcus uescendo, pacimus esto bibendo.
Serua gustando quidquam tu quomodo quando.
Ergo cura datur, salicem abstineatur cibus.
Et filiais fatur[58] pars a morte leuatur.
Ex magna cena, stomaco fit noxia pena.
[Vt sis ergo leuis sit tibi cena breuis.]
Vt sis ergo leuis sit tibi cena breuis. [f.5r]
Cena breuis uel cena leuis sit caro molesta.
Magna uocet medicina doce, res est manifestanda.
Qui studet in niminis hic praefert infima sumis.
Sum que creaturam pariturus amat parituram.
Condita factori praeponit et eius amori.
Semper habere parum Flacus[59] testatur auarum.
Hunc amor augendi cruciat, terrorque carendi.
Nil secum gestat moriens, nil tunc sibi restat.
Nullus ei fructus remanet, nihil mors, nihil luctus.
Hunc timor exagitat, quem gasa superflua ditat.
Sed nichil hic dubitat, qui cuncta superflua vitat.
Viuit pauper securus, paupertas est sibi murus.

---

[55] Ostro] id est uestum *adn. s.l.*
[56] in] *adn. s.l.*
[57] silentum] silentui[us] *a.corr.*
[58] filiais fatur] fatur filiais *a.corr.*
[59] Flacus] id est magister *adn. s.l.*

Diues nil audes, paupertas libera gaudet.
Excubat et plalet diues delectat in astro.
Tutus in exiguo stramine dormit in aps.
Posse foramen acus citius transire annelum.
Scimus quam aialeat homo diues scandere celum[60].
Si quid uos ledat pacienter sustinueamus, nec malefactori mala sed bona retribuamus, non satis esse putes nec quam credit ames amicum. [f. 5v]
Rex nouus et noua lex hoc iubet ut ames inimicum.
Dat Deus uacus si quid male nobis amamus, senegat et nobis sepe misertus idem.
Sese cognoscat[61], si quis uult esse beatus.
Spernere mundum, spernere nullum, spernere sese, spernere se ipsum, quatuor hec bona sunt, cum quis turpe facit qui me spectante uiberet, cui spectante Deo non magis ipse rubet.
Si presente iudex sciret sua stare timeret.
Scit dominus mundi, cur nichil ergo timet.
Sed tacet et difert non dum crimina punit, puniet eternitis arbiter equus erit.
Gaudia perpetuos periunt mundana dolores.
Gollit et eternum uiuere uita breuis.
Mens tua certenis habeat non acque cadutis.
Sed cupiat tua mens, eterne gaudia lucis.
Dum carnem oblectant a se, tantum[62] mentibus illa nocent, exiguus labor est, sed merces magna laboris.
Precerit ille cito premia fine carent.
Iusticie montes uirtutis ardua ullus. [f. 6r]
Standit, dum mundi rebus honustus[63] est.
Non satis expurgat uite maculas uiciose.
Qui delectatur uiuendo deliciose.
Filius a seruo disper sic esse uocatur, ille timet, sed amat qui filius est et amatur.
Ingrediens auernum timor introducit amorem.
Introductus amor mox expulsat inde timorem.
Qui se laudari gaudet, qui uult uenerari.
Flacibus in flatus uentum colit et ueneratur.
Ebrius et uento plenus mentis fit egenus.

---

[60] celum] in celum *a.corr.*
[61] cognoscat] cogonscat *sic*
[62] a tantum] *s.l.* || tantum] tan *hab.*
[63] honustus] id est pondus *adn. s.l. alt.m.*

Ille facit fraudem domino qui uult sibi laudem.
Siquis laudatur merito Deus hic operatur.
Exitus ostendit quo mundi gloria tendit.
Non metuenda timens nescis metuenda timere.
Qui timet esse bonus non timet esse malus.
Esse bonus propria, numquam nimium properabis, ergo bonus propera, nam cito mors properat.
Flauique caro fenum, flos feni gloria carnis.
Preterit omnis homo preterit omne suum.
Sola manet uirtus faciet te sola beatum.
Ne[64] intersit ut quid agam[65] parto sub pectore plagam, plagam primam ferentis et in ueterati. [f. 6v]
Tanquam si portem sub eodem pectore mortem.
Qua quociens laui, quociens enplaustra ligaui.
Mille ligaturas ad moui, nil ualituras.
Corubrela tociens est rupta medela.
Semper rupta cutis semper ius nulla salutis, sic totis horis mea mens est plena doloris.
Nam forundat ita subito discedere uita.
Flamas eternas infernalesque quathenas.
Et flamas horet, quibus ultero circummina toret.
Quotumlibet meditor, frustra consurgere uitor.
Haberens quipe luto pro consuetudine nuto, in tot et in tantis violaui iusa tonantis.
Quod proprie despero, spero melioraque sero.
Sed quamuis sero, tantum adiutoria quero.
Non humana quidem que sunt mihi cognata pridem.
Sola diuinam saluandus sine medicina.
Ad te suspiro celi non subdite giro.
Si omne[66] sacerdotum tibi profero flebile notum.
Dextera saluatrix fac habeat ista cicatrix.
Filius est ire, qui uult sine fine perire.
Non inpune perit, qui non sibi congrua querit, ergo licet sic sero, tantum adiutoria quero.
Christe dei uerbum, qui despicis omne superbum. [f. 7r]
Exaltas humiles, tollis de pulliere uiles.

---

[64] Ne] id est, dico *adn. s.l.*
[65] agam] nesio *adn. s.l.*
[66] omne] meo *a.corr.*

Plasmator rerum luminne de lumnine uerum.
Huc adhibete manus ut fecit samaritanus.
Ablue diuino sanctitatem cum sanguine uino.
Oblittum uino profundito uulnus oliuo.
Vt uino latum sanetur, sanguinem focum, maior in celo quique dolet omne reuelo.
Culpas cognosco, iactari debita posco.
Spernere me noli, quia petam tibi soli.
Hec mihi trade nesci quia coram te male feci.
Mundi saluator, nostreque salutis amator.
Per cuius nutum replet facundia mutum, per cuius munere recipit cecatio[67] lumem[68], ex oculis cordis mihi tolleque est tibi sordis.
Et mutam lingam fac ad optima uerba soluta.
Languida qui sanat, caua replet, aspera planat, rectificat tortum, mortem conuertit ad ortum, his aliis que malis mihi iero sis ueni alis.
Stella matutina marisque cum domino dominaris.
[f. 7v] Me pia uirgo Maria, matura dulcior unda, virgo parens Christi, Christum plaga mihique[69] genuisti, et tu cure Deo qui natus est excebe Deo.
Exora pro me, proecere nobilis incola Rome.
Et tu Paule sacer nisi spiritualis et ater, acque Dei sancti me purificante tonanti, omnis electi dominum parte cogite flecti.
Questio magna diu multis mendicantibus otta[70], deficilis nimium pre grauitate sui.
Cur Deus omnipotens aliquos formando creauit.
Quos pectores nouerat ipse prius.
Diues ab eterno qui, diues erat sine mundo, quid pro factura contulit ipse sibi.
Quid fecit quia sic uoluit, cui tanta potestas ut quidquid uerbo diceret, opus esset.
Dixit enim suis illa, uel hec, que facta ferunt.
Protulit et ferit uerba creata similis, set quia sic uoluit dominus, eius fuit acque uoluntatur, causa creature, quod fit inesse suo.
Ad quid fecit eam, quod laudaretur ab ipsa, omnia natura laudant, noce uel esse deum.
Iste Deus trinus, trinum dedit esse creatis.

---

[67] cecatio] *sic*
[68] lumem] *sic*
[69] mihique] *s.l.*
[70] otta] *s.l.*

Inde q*uod* edocuit l*ite*ra sarra loca*tur*.
Que s*un*t uel q*ue* eru*n*t uel que iam p*re*terieru*nt*, om*n*ia diuina mente fuere Dei, sic stat*us* ete*rnus* fuit, et sine t*em*pore rer*um*. [f. 8r]
Qua p*er*[71] uita uiuu*n*t om*n*ia, uita*m* Deus, qid[72] fecit p*er*itu*r*a siretis, cui ta*n*ta pareba*n*t, [o]ordo diuin*us*, *con*silium q*ui*a fuit.
Sic eni*m* p*e*ctaturos d*omin*us p*re*uiderat an*te*, quid fac*e*ret iuste, deficiente malo.
Nan[73] dedit arbit*rium*, lib*er*tatem facie*n*di.
Om*n*e quod exlibito cuiq*ue* plac*e*ret opus, ergo posse bonu*m* uel posse malu*m* dedit illis.
Quo u*irtus* aliquem posset h*ab*eret locum.
Hu*n*c malefactore*m* seq*ui*tur danaptio iusta.
Et iustis iuste iusta corona dat*ur*.
Si d*omin*us ad parte*m* uos tantu*m* cog*e*ret una*m*, tu*n*c michi aferet gr*atia* uel m*eritum*.
Ergo creando d*omin*us bona uel malaq*ue* q*ue* futura, uouit ex illis, q*ui*d bonitatis agant.
Lucifer ex m*e*rito cecidit [74]delaps*us* ad y*nfi*ma.
Quod sp*er*nit d*omin*o s*u*bdit*us* e*ss*e suo.
Ordine p*re*cellen*s* socios sup*e*rabit honore.
Lumi*n*e ter*r*a c*re*dens lumi*n*a clara poli.
Nec[75] uir, nec mulier n*ec* sp*e*ci*es* obstitit illi. [f. 8v]
De se p*re*sumen*s* p*er*didit om*n*e decus.
Et q*uia* sponte sua, mille mon*e*rete sup*er*bus.
Excidit a b*r*uma cornit arce poli.
Sic m*e*rito coruit ue*n*ia cu*m* luce p*re*hab*e*ri.
Qui n*ec* adhuc ueniam n*ec* clara loca petit.
Vnde dolens se mun*e*ribus coruisse sup*er*nis.
Acq*ue* culpa sua des*er*uise denni.
Humano gen*e*ri uirus medica*n*do p*er*auit, quo *in* morte*m* s*u*bicer*e*tur homo.
Set quia mendati s*er*penti credidit uxor, despicitur co*n*niu*n*x qua mediante ruit h*om*o, hanc Deus ex costa sociam formau*e*rat illi.

---

[71] per] *s.l.*
[72] qid] *sic*
[73] Nan] *sic*
[74] cecidit] cedit *a.corr.*
[75] vii opere misericordia. uestite nudas [...], iusticare que firmos liberare, [...] has pizane pauperes, peregrinos et sepelire [...] unde pecata in capitalia: superbia, auaricia, luxuria, gulla, ira, envidia, adcidia *adn. i.m.*

Vt subiecta iuro uiueret ipsa suo.
Set fuit exicium cui debuit auxiliari.
Et submersa priuus mersit ad ynfima presentem.
Et que fallacis fallacia fallere sponsum, verta solent sponse fallit et ista suum, hoste malo mala fit mulier fit malus nisi per mulierem, sic cedit uterque malo et fit uterque malus, hostis fallit eum et eam sed deus eos perimendo, tollit utrumque Deo donat utrumque sibi.
Hostis femina uir tentat, letatur, obedit.
E[t]terno mortis uulnere pecat homo.
Clausa[76] puella domo, iuuenis delatus ab urbe. [f. 9r]
Et ferens tumulo lazarus ista notant.
Adam pecauit sed ei caro femina serpetis efluxa dolosa tumens hoc mouens nephas.
Hunc miserendo Deus redimens mundans tenperans, sanguine fonte sacti sanat adornat alit.
Sisus uita decus pro flectu morte dolore.
Sic redent homini compacientem[77] Deo.
Femina causa fuit humane perdicionis, femina causa fuit qua homo ruit a paradiso, qua reperiretur homo femina causa fuit, qua redit ad uitam femina causa fuit, femina prima parens, riacum redidit illum, quem fecit esse pium femina uirgo parens.
Femina prima parens, exosa maligna superba, femina uirgo parens, cara benigna pia, illa fuit medium, quod homo fuit absque patrono, ista fuit medium quod dominus esset homo. [f. 9v]
Si dominus est homo uul atque[78] potest misereri.
Quod uelit homini confero posse Deo.
Esse supradictis iam questio soluitur ista.
Cur Deus in mundo condidit omne quod est.
O mortalis homo cassus rreminiscere mortis.
Dilige pauperiam mordaces efuge gasas.
Nam redeunt cupidis post carnis dulcia flamas.
Quam ius prospicus auro gemis que urescat.

---

[76] Puella clausa in domo iuuenis delatus ab urbe et Lazarus ferens denotat tria pectora que fecit Adam puella denotat peccatum supervie quia uolebat scire plus quam dominus iuuenis delatus ab urbem de notat peccatum obediencie quia non fuit obediens et Lazarus. Significat peccatum gulicie quia comedit pomum in illo uersu clausa puella continetur *adn. i.m.*

[77] compacientem] compancientem *a.corr.*

[78] atque] hatque *a.corr.*

Pauper et egenus, nudus exibit, ad uestras.
Quod solum tecum post fata manebit in eunti.
Qui bene quod iuste que recte fecerit ipse.
Quis quid amat mundum tibi prospice quo sit eundum.
Hec uia qua uadis, uia pessima que cladis.
Hec uia penarum trahit, ad locum morti ferarum.
Numquam vero redit huc quisquis semel iure illuc.
Nec parte nec precio rerum nec speracio dierum.
Soluitur illorum de carcere subpliciorum.
Semper in eternum nox, obscurabit auernum. [f. 10r]
Est ibi dempsarum nigram congeries tenebrarum, sic neque sol neque luna nec stella uidebitur ibi senior igne locus flamis ille gehenne.
Magnus et horendus omni magis igne timendus, semper flagrabit miseros sine fine cremabit.
Sunt ibi prolinguis homines, miseri cibus ignis, h<ic> reprobi cunti quasi faciculi sibi iunti.
Esuriunt sciciunt de formes corpore fiunt, hic horendorum consorcia demoniorum.
Sunt tortores omni gladio grauiores.
Hic dolor atque metus labor hec per secula fletus.
Secula per mille dolor in medicabilis illo, hiis in tormentis non spes ulla dolentis, hoc lucrum sperat qui mundi sordibus haberet, hunc semel ingressuus nullos habet idem regresus, qui fugit infernum regnum querit que supernum.
Tamen diuersorum fuge discipulos uiciorum. [f. 10v]
S[s]perne uoluntatem pulcram cole sobrietatem, hos quos postramit in crucibus euacuauit.
Hos quos subiecit pecudes sine pectore fecit.
Hec regit et munit superius coniungit et inrit.
Altera uirtutum genetrix dat pectus acutum.
Sensus subtilis animos claros que uiriles.
Hanc uebemerent ama per eam cum sit tibi fama.
Alteri ferorem generat deformat honorem flammam flagrantem marlant dexteram radiantem notanter sit uenere dominus sed uiuere deceretur.
Partus notendo spercicimus esto bibendo.
Vino nutratur sensus mens infatuntur.
Vinum mundauit Noe Sanctum Loth maculauit venter procensus ebetat pinguedine sensus.
Pronorat ardorem ueneris mentisque saporem, nos diletamur intus foris

attenuemur, est[79] dilatari sorsi prostremo uocari.

Sperne uagam uenerem fuge blandior quam haberemur, rem despectiuam rem flucsamque nocciuam, omnibus illa modis res est plenissima nodis, resque uenenossa res mollis et ille tenebrosa.

Nemo modum seruare potest inivitus amore. [f. 11r]

Et quoscumque iuuat omne iuuare putat.

Cum sit ymago Dei, res inclita digna trophei.

Heres[80] celorum comes ac gemma deorum.

Fallacem uultum, fulgentem despice culcum.

Femina pulcra foris est intus plena fetoris.

Stricoris est atque luti, pectoris que simili una bruti.

Despice fectorem ueneris sectare pudirem.

Hanc mens insanit. Hec corpus frangre incinit.

Altera florentem reddit, cum corpore mentem.

Hec nimia cura, percurus omes percura.

Hec seruus seruos nec auarus opes concerues.

Vilis liue mari mentis equipatur auari.

Est uelud ytropicus, uelut ignis diues, iniquus edamat omne parum cupidus, et nil implet auarum anxius augendo diues timidusque tenendo.

Nunquam securus paurum que repente futurus.

Laçarus et diues tibi sunt monimenta futuri.

Vtere dum urinas si non uis moriturus uri.

Indignit sttille nam diues splendidus ille.

Nil moriens effert, qui sumis infima prefert. [f. 11v]

Duricie restant post funera tartara prebent, quam fellis anima est in qua sibi ponere sedem.

Dignatur sumi spes ipse Dei.

Omnis beati subitum terrena potentia finerem, acque fuga celeri deserit ipsa suos.

Ergo time quisquis celsos concendit honores.

Teque ruinoso stare memento loco.

A macula sordis pector mundes intima cordis, ne cordis lumen faciat sorderere crimen.

Sic animo magnus, sis motibus agua uel aguus.

Viue Deo soli, quod amat caro querere nolim.

Per uigili cura, pete gaudia non paritura.

Gaudia diuina quibus stacus est absque ruina.

---

[79] est] esst *a.corr.*
[80] Heres] *sic*

Gaudia terena muta*retur* deni*que* pena.
Gaudia terena no*n* pet*ra* tenet s*ed* arena.
Gaudia terena m*odo* su*nt* ad t*empus* am*e*na, gaudia terena comitat*ur* deni*que* pena.
Hiis p*re*dictis igit*ur* pete gaudia plena q*u*ietis.
Gaudia u*er*a pecas q*ue* nu*m*quam te*r*minatat eras.
Ne metuas morte*m* comu*n*em despice sorte*m*.
Com*m*unis sors e*st* q*uod* cu*n*ctis debitu*s* mors e*st*.
Dira, netis, iura falex e*st* sc*ien*cia dura.
Vt d*ominu*s absq*ue* mora t*ibi* des q*ue* su*n*t meliora. [f. 12r]
Iure tani dura pensa q*ue* pena futura.
E*r*go u*er*e mori lac*r*imas mitendo timori.
Sit celus orrori, u*irtus* hab*er*etur honori.
Crimi*n*a deplora, q*uibus* amodo s*ub*trat*ur* lora.
Flectib*us* exora domi*n*um du*m* suficit hora.
Dum sup*er*sunt hora fuge q*ue* su*n*t deteriora.
Hoc pete p*ec*tena fuge t*ibi* sit strane uiu*er*e p*ra*ue.
Dulcis amice uale q*uod* agis male sit ueniale.
Cognitio tal*is* finis fert general*is*.
Ac*er*b*us* in reb*us* t*ibi* q*ui* nimis ante dieb*us*.
Acq*ue* dies un*us* daris mu*n*di c*er*nere fun*us*.
Testes horroris tot hu*n*c diciq*ue* furoris.
Que ostendend*us* p*er* signa treme*n*da time*n*dus.
Equor*um* i*n*undabit montes q*ue* cu*n*nis sup*er*bit.
Terq*ui*nis qubitis excrecens altiu*s* istis.
Non i*n*uoluendo s*ed* fructib*us* astra petendo.
Rurssu*m* s*u*bmissu*m* s*u*b ter fluet equor*um* abissu*m*.
Ut uix c*er*natur quo cursu*s* et unda ferat*ur*.
Antiqus q*ue* statu*s* post q*uam* ferit reparat*us*.
Quidq*ui*d agitis tegit*ur* intus sensu q*ue* petit*ur*, equora i*n*undabu*n*t co*n*iunta uoce sonabu*n*t, aera linqueres i*n* canpis co*n*uenientes.
Voce sua plangent uoluc*er*es n*ec* pascua ta*n*gent solis ab ocasu crebo latencia casu. [f. 12v]
Fulgura splendente*m* p*er*transibu*n*t orie*n*tem, sid*er*a flamabu*n*t et longo c*er*ne micabu*n*t, motus t*er*ra dabit animal pede stabit nullu*m*[81], saxa vis sci*n*det p*ar*tem p*er*as alte*r*a scindet.
Silua q*ue* frondentu*m* nemoru*m* gen*us* om*n*e uiretum, sanguinis humore*m* sudabu*n*t om*n*ia rore*m*, montes solue*n*tur q*ua*si puluis et efficie*n*tur.

---

[81] nullum] *add. s.l.*

Quique laborauit uester labor edificauit.
Tunc confundentur tunc ad nichilum redigentur.
Abscondita siluarum fugient genus omne ferarum.
E quasi ploratus dabit in canpis ullulatus.
Venturum que metum resonans communeque flentum, gustis confratis ac omnino patefactis.
Surgere nitentur que corpora clausa tenentur, vrbibus exibunt homines et properantur ibunt pasim plangentes sine sensu nil quam loquentes.
Suma dies rerum post hec erit acque dierum.
Et quodquod ument morientur post quia resurgent.
Cunti defunti nec a longine mundi.
Hii quoque saluentur hii perpetuo cernentur.
Huius stertorem quis dicet acque dolorem.
Quem tot tormentis conturlatis uehemento.
Celum terra mare mostrabunt apropiare.
Dancia maior multa dormientus laborum.
Iunctius horrem senper timeamus animus honorem.
Quo no se nocendum plene Deus acque uidendum.
Iustis prebebit secreti quia nil latebit.
Que non cernatur atque in deitate sciatur.
Hii quia gaudebunt qui pura mente uidebunt.
Et bene gaudebunt quia gaudia finem carebunt.

Finito Libro redatur gratia Christo. Amem.

CRISTINA DE LA ROSA CUBO[*]

EL FINAL DE LA COMPILACIÓN MÉDICA EN EL SIGLO XIV: LA *SUMMA MEDICINAE*

1. INTRODUCCIÓN

La *Summa medicinae* es un compendio elaborado a finales del siglo XIV y conservado en un único manuscrito: el M.II.17 de la Biblioteca del Escorial. Tradicionalmente el texto fue atribuido a uno de los médicos más importantes de la Escuela Médica de Montpellier: Arnaldo de Villanova. Es en ese ámbito de estudiantes y profesores donde parece haber surgido la obra, perteneciente a un género literario muy característico de la medicina escolástica: la compilación[1].

La descripción de los contenidos y organización de estos tratados nos permiten una aproximación al modo de trabajo del compilador y a su peculiar manejo de las fuentes, esto es, las grandes *Summae* de la medicina de la época, que él utiliza como base de su composición pero que reelabora de una forma original.

La obra se compone de dos partes claramente diferenciadas: una teórica, que abarca los folios 1ra-46vb, y otra práctica, que llega hasta el folio 120rb. Ambas partes guardan un equilibrio notable, tanto por su extensión como por su organización en capítulos, ya que constan de seis capítulos cada una. Sin embargo, hay que señalar que, en el marco de la enseñanza universitaria medieval de la medicina, lo que se denomina 'teoría' y 'práctica' tiene escasa relación con la práctica médica en el sentido clínico de la palabra[2]. Dentro de

---

[*] Departamento de Filología Clásica. Universidad de Valladolid (España). cristina@fyl.uva.es. Este estudio se realiza en el marco del proyecto «DILAG: Diccionario Latino de Andrología y Ginecología: Antigüedad, Edad Media y Renacimiento» (ref.: FFI2008-00618) de la Dirección General de Investigación del Ministerio de Economía y Competitividad español.

[1] Cfr. E. MONTERO CARTELLE, *Tipología de la literatura médica latina. Antigüedad, Edad Media, Renacimiento*, TEMA 53, Porto 2010, pp. 57-64.

[2] L. GARCÍA BALLESTER, «La medicina en la Europa cristiana medieval», *El Médico*, 270 (1988) 98-103.

la llamada *theoriké* están comprendidos los principios generales sobre los que se explican la salud y la enfermedad (anatomo-fisiología y patología general), además de los aspectos básicos sobre los que se funda la praxis médica (normas generales, dietética, higiene y terapéutica general). Por el contrario, la *praktiké* estudia las enfermedades concretas, es decir, lo que actualmente constituye el campo de la nosología, la patología y la terapéutica especiales.

Las obras de estas características suelen ir introducidas por un prólogo. En este caso dicho prólogo lo constituyen tan solo unas escuetas frases que preludian la obra:

> Artem medicina ab antiquis diffussius traditam prestrinxi cum Dei auxilio ne verborum pluralitas pigros egenosque retrahat a tam particulari luce, non glorians dicere novitates nec erubescens edocta rememorare. Etenim novum nichil habet, quod prius est pretermittit.

Esta parquedad del compilador a la hora de introducir elementos propios en la obra va a ser una constante a lo largo de la *Summa*. Tras el exiguo prólogo y unas consideraciones generales sobre la medicina, declara su intención de organizar el tratado en dos partes:

> Medicina autem cum sit ars conservativa corporalis sanitatis et egritudinis curativa, necesse est ut, fine precognito, consilietur de mediis ordinatis ad finem. Et hic presens methodus considerat ista duo, cuius prima pars disposiciones sanabiles corporis et mediorum vires sibi necessarias speculatur; secunda vero pars describit modum operandi et mediorum artificialiter ordinandi secundum exigenciam precogniti finis.

A partir de aquí, describirá someramente cada uno de los seis tratados que componen tanto la parte teórica como la práctica:

> Et pars prima sex habet tractatus, quorum primus constituencia sanitatis ostendit; secundus constituencia egritudinis et adiacencia sibi; tercius vero veritas causarum salubrium universaliter speculatur; quartus autem ostendit generaliter signa disposicionum sanabilis predictarum; et in quinto tractatu de naturis medicinarum simplicium fit singulariter mencio specialis, sicut eciam in sexto tractatu fit specialis mencio de naturis ciborum. Et in hoc prima pars methodi terminatur.
> Et pars secunda in sex tractatus dividitur. In cuius primo modus operandi, et mediorum ad finem artis ordinandi generaliter describetur, in secundo fit ipsius modi operandi specialis descripcio circa morbos universales, et principaliter circa febres, in tercio vero et sequentibus fit specialis descripcio circa morbos particulares; et eciam tercius de morbis

animatorum membrorum, quartus de morbis membrorum spiritualium, quintus de morbis nutritivorum, sextus de morbis generativorum. De istis enim et quibusdam aliis complebitur hic tractatus et operi dabit finem.

A lo largo de la tradición médica medieval se van a utilizar varios esquemas para analizar las afecciones, todos ellos legitimados por los autores y la *traditio*:
-Esquema del cuerpo *a capite ad calcem*.
-Organización fundada sobre la distinción entre enfermedades universales y enfermedades particulares
-Esquema articulado por especialidades: fiebre, orina, pulso, etc.
Ejemplos de estos esquemas aparecen en las fuentes utilizadas por el autor de la *Summa*: el *Lilium medicinae* de Bernardo de Gordon, el *Canon* de Avicena, el *Speculum* de Arnaldo de Vilanova y el *Pantegni* de Haly Abbas. Analizaremos en primer lugar estos esquemas para determinar su grado de influencia en nuestra *Summa medicinae*.

2. IDENTIFICACIÓN DE FUENTES Y MANEJO DE LAS MISMAS

a) El *Liber Pantegni* fue el manual de medicina más importante hasta la difusión occidental del *Canon* de Avicena (980-1037). Escrito por el médico árabe Haly Abbas y traducido por Constantino el Africano trata, en diez capítulos teóricos, la anatomía, fisiología, patología general y dietética y, en diez libros prácticos, el diagnóstico, una patología especial y dietética, la farmacia con sus antidotarios y la cirugía[3]. Los miembros o partes del cuerpo están ordenados para su descripción de acuerdo con sus funciones: miembros animales (cerebro-nervios), de la respiración (corazón-pulmón), de la nutrición (boca-estómago-hígado-intestinos) y de la generación (testículos-matriz)[4], y, siguiendo este esquema, se articula la parte práctica de la *Summa medicinae* del Escorial.

b) El *Canon* de Avicena se divide en cinco libros, cada libro (*kitab*) se subdivide en otras secciones (*funum*; en singular, *fen*), una *fen* se desglosa en doctrinas (*ta-alim*), estas se dividen, a su vez, en sumas o *gumal*, que se elaboran según tratados (*maqalat*) o capítulos (*fusul*), con lo que el capítulo

---

[3] Cfr. H. SCHIPPERGES, *La medicina árabe en el Medievo Latino* (trad. de R. Velasco de la edición alemana de 1964), Toledo 1989, p. 104.

[4] A. DOMÍNGUEZ GARCÍA-L. GARCÍA BALLESTER (eds.), *Johannes Aegidius Zamorensis, Historia naturalis,* Valladolid 1994, p. 67.

constituye el elemento fundamental de la estructura de la obra[5]. El *Canon* abarca todo el campo de la medicina: el libro primero expone la anatomía y la fisiología (*de rebus utilibus scire medicine*), el segundo la farmacología (*de medicinis simplicibus*), el tercero estudia detalladamente las enfermedades según el orden 'de la cabeza a los pies' («*de egritudinibus particularibus que fiunt in membris hominis, a capite usque ad pedes manifestis et occultis*»), el cuarto se ocupa de la teoría sobre las fiebres («*de egritudinibus particularibus que, cum accidunt, non sunt uni membro proprie et de decoratione*»), y, por último, el libro quinto está dedicado a los medicamentos compuestos («*de componendis medicinis, et ipse est antidotarium*»).

c) El *Speculum medicinae* de Arnaldo de Vilanova se divide en tres libros: el primero incluye las *res naturales* en los capítulos I al XII (*elementa, complexiones, humores, membra, virtutes, operationes, spiritus* -que son las principales-) y *sexus, aetas, color, habitudo corporis* -que son secundarias-); el segundo libro incluye las *res non naturales* en los capítulos XIII al LXXXII (*aer, operimenta, coitus, artes, ludus, consuetudo, cibus, medicamenta, somnus, vigilia*, etc., el tercero trata de las *res contra naturam* en los capítulos LXXXIII al XCVII (*morbus, causae morbi, symptomata, diagnostica, prognostica, signa*).

d) El *Lilium medicinae* de Bernardo de Gordon[6] tiene siete partes divididas en capítulos sistemáticamente organizados, a su vez, en seis artículos que incluyen la definición, las causas, los signos, el pronóstico, la curación y unas aclaraciones. La exposición de las enfermedades sigue el esquema de la cabeza a los pies, tal como se señala en el mismo título de la obra: «*B. Gordoni omnium aegritudinum a vertice ad calcem, opus praeclarius quod Lilium medicinae appellatur ... et septem particulis distributum*»[7]. El autor explica en la introducción de la obra la identificación de su obra con una flor: «*in Lilio enim sunt multi flores, et in quolibet flore sunt septem folia candida et septem grana quasi aurea*», lo cual conecta directamente con la disposición del tratado: «*similiter liber iste continet septem partes, quarum prima erit, aurea rutilans et clara, tractabit enim de morbis plurimis universalibus incipiens a febribus*»[8].

---

[5] Cfr. H. SCHIPPERGES, *La medicina árabe en el Medievo Latino*, op. cit., p. 30.

[6] Cfr. L.E. DEMAITRE, *Doctor Bernard de Gordon: Professor and Practitioner*, Toronto 1980, pp. 51-56.

[7] Título de la edición de 1542, Paris, Dyonisius Ianotius.

[8] B. DE GORDON, *Lilium*, op. cit., f. 2r.

Por lo tanto, la primera parte trata de las enfermedades universales, la segunda de las enfermedades del cerebro («*Secunda particula, in qua de omnibus cerebri aegritudinibus usque ad occulorum affectus tractatur, suntque XXXI capitula*»), la tercera de enfermedades de los ojos, nariz y boca («*Tertia particula que passiones oculorum, aurium narium et oris, curare docet, suntque capitula XXVII*»), la cuarta, de los miembros de la respiración y de las mamas («*Particula quarta quae partium spiritualium et mammillarum aegritudines curare docet, suntque capitula XIII*»), la quinta, de los miembros de la nutrición y las enfermedades del ano («*Particula quinta, quae partium nutritivarum et ani aegritudines curare docet, suntque capitula XXI*»), la sexta de las enfermedades del hígado, bazo, riñones y vejiga («*Particula sexta, in qua agitur de aegritudinibus hepatis, splenis, renum et vesicae, et primo de mala hepatis complexione*») y la séptima de los miembros de la generación («*Particula septima, quae de passionibus membrorum generationis in utroque sexu et antidotis valentibus a capite ad pedes usque agit, continens capitula XXIIII*»).

Con estos antecedentes, la parte teórica de la *Summa* muestra:

1º Los factores constitutivos del organismo (*constituencia sanitatis*) tanto en su estructura (*de elementis, complexione, humoribus, membris*) como los que afectan al funcionamiento (*de sexu, etate, colore, habitudine*). 2º las *res contra naturam* (*secundus constituencia egritudinis et adiacencia sibi*), las que se oponen al estado de salud, como compendio de patología general con una cuidadosa categorización de los tipos de enfermedad, sus causas y sus *accidentia*. 3º (*veritas causarum salubrium universaliter*) es una síntesis de higiene fundamental, donde aborda las *res non naturales*. En el 4º tratado estudia los accidentes de la enfermedad, los cuales, convenientemente observados, se convierten en signos (*generaliter signa disposicionum sanabilis*) que llevan al diagnóstico. En el 5º (*de naturis medicinarum simplicium*) estudia los simples, aunque le veremos añadir, fuera del programa declarado en el prólogo, el estudio de los compuestos y en el 6º (*de naturis ciborum*) se dedica a los alimentos.

A su vez la parte práctica aborda: 1º la descripción general de las reglas universales de curación («*modus operandi, et mediorum ad finem artis ordinandi generaliter*»), 2º la descripción de la actuación ante las enfermedades en general y en especial ante las fiebres («*operandi specialis descripcio circa morbos universales, et principaliter circa febres*»); 3º además de consideraciones generales sobre las enfermedades particulares, aborda la curación de las enfermedades de los miembros animados («*specialis descripcio circa morbos particulares; et eciam ... de morbis animatorum membrorum*»); en el 4º de las enfermedades de los miembros espirituales («*de morbis membrorum spiritualium*»), en el 5º de las de los nutritivos («*de morbis nutritivorum*») y en el 6º de los males de los miembros dedicados a la reproducción («*de morbis generativorum*»).

Esta distinción teórico-práctica, bebe pues de unos modelos que se van utilizando de la siguiente manera:

En la parte teórica está siguiendo, básicamente, los contenidos, incluso el orden del *Speculum medicinae* de Arnaldo de Vilanova: El primer tratado resume los capítulos 1-12 de la obra arnaldiana; sigue el tercero con el resumen de los capítulos 13-21, 29-41, 43-92[9]; el cuarto prosigue con los capítulos 93-95 y completa el hueco que Arnaldo es consciente haber dejado, desoyendo los consejos del maestro montepesulano que invita en este punto de la exposición a leer a Galeno e Isaac[10]. La secuencia de los capítulos arnaldianos se ve interrumpida porque los contenidos del tratado segundo de esta primera parte de nuestra *summa* derivan del *Canon* de Avicena, también los capítulos del tratado sexto tienen mucho que ver con esta obra y en parte de su estructura con el *Regimen sanitatis ad regem Aragonum* del propio Arnaldo. Por su parte el tratado quinto no parece proceder de una única fuente y presenta algunas similitudes con el *Circa instans*, pero ofrece otros simples que allí no se contienen. A su vez en los compuestos declara seguir el *Antidotarium Nicolai*, aunque varía el orden[11]: nos encontramos,

---

[9] Los capítulos 93-95 el compilador los integrará en el siguiente tratado y no recoge ni el 96 (*De signis pronosticis futurorum morborum*) ni el 97 (*De diebus criticis*). Todos los demás aparecen resumidos.

[10] Arnaldo es consciente de la laguna que él no colma y pide al lector que lo complete con Galeno e Isaac Iudaeus [*Speculum*, col. 230, 53-59: «*De specifica vero significatione praedictorum quatuor generum, tractatus Galeni de interioribus, secundum nostra translatione, et libri eius de pulsibus et de malitia anhelitus, et vocis et considerationes eius de accidentibus morborum et urinae Isaac, satisfaciunt amatoribus veritatis*»]; sin embargo nuestro compilador aquí deja de ser fiel al maestro Arnaldo y, tras anunciar que en ese punto deja de seguirlo, continua la exposición con: «*Nota quod hec non sunt de intencione Arnaldi, sed ego addidi propter aliqua placita qua habui in illis et dictum istud est secundum Ricardum et incipiunt ibi ubi finiunt dicta Arnaldi, sciendum hoc est principium Ricardii et finis Arnaldi complexioni*» (f. 21ra=197, 296-299).

[11] «*Vires simplicium medicinarum dixi breviter. Et nunc dicam vires conpositarum quibus utimur pocius medici et ypothecarii tempore nostro. Earum sunt que in antidotario Nicolai sunt collecte. Et dicam primo de syrupis, 2º de electuariis, 3º de medicinis laxativis, quarto de opiatis, quinto de emplastris et ungentis et oleis*» (f. 33vb= 254, 1-4).

fundamentalmente, ante los contenidos del *Speculum* pero con la estructura organizativa derivada del *Canon*.

En la segunda parte abandona definitivamente el modelo teórico del *Speculum Medicinae* de Arnaldo y elabora su parte práctica a partir de otras fuentes. La fuente primordial ahora va a ser el *Lilium Medicinae* de Bernardo de Gordon en contenidos, pero en la estructura se ciñe al *Pantegni*. En los tratados 3º,4º,5º y 6º de esta parte práctica va resumiendo las siete partes del *Lilium*. El tratado 2º, dedicado a las fiebres, parte del *Libellus de febribus* de Gerardo de Solo e introduce también el contenido de la 1ª partícula del *Lilium*, cuyo orden mantiene[12]; de él toma la definición de las afecciones, pero completa con recetas de otros autores. Además de Constantino el Africano, Bernardo de Gordon y Geraldo de Solo, en esta parte debemos tener también en cuenta la obra de Razes, pues en este apartado se incluyen continuamente recetas tomadas de su producción[13]. Además, la *Summa* incluye un gran número de recetas tomadas del *Thesaurus pauperum* de Pedro Hispano, uno de los médicos más importantes del siglo XIII. El carácter marcadamente empírico y popular del tratado conecta perfectamente con la intención de la *Summa* declarada al comienzo de la obra de resumir el arte médica para *pigris et egenis*. Ambas obras tienen unas claras pretensiones didácticas, en ambas encontramos una síntesis de muchas generaciones de autores y sus conocimientos terapéuticos que surge en el medio universitario para poner la medicina al servicio de todos, lejos de especulaciones sin aplicación práctica.

Hay una diferencia entre la primera y la segunda parte en lo que atañe a la utilización de las fuentes: la primera se ciñe a la fuente principal, sin apenas añadidos, mientras que en la práctica es más fácil introducir recetas que completen las ofrecidas por la fuente principal.

Si un número de autores medievales sigue el esquema estructural del *Canon*, sobre todo en escritos de carácter general, aunque colmen las lagunas del médico de Damasco, otra parte de los autores, dejando de lado las complexiones, prefiere el esquema del *Pantegni*[14].

---

[12] «*de morphea, de scabies, de inpetigo et serpigo, de malo mortuo, de incendio ignis, de venenis, de morsibus animalium*».

[13] Nunca el compilador especificará la obra concreta de la que toma una receta, pero siempre señalará al autor de la misma: *Rasis in experimentis suis* es la expresión más utilizada y hace alusión a recetas que hemos localizado dentro de las distintas obras médicas de este autor: *Liber Rasis ad Almansorem, Liber divisionum, Liber de iuncturarum egritudinibus, Antidotarium, De preservatione ab egritudinis*.

[14] J. AGRIMI-CH. CRISCIANI, *Les consilia médicaux,* Turnhout 1994, p. 70.

Al compilador de nuestra *Summa* lo vemos actuar con cierta independencia de criterio, tomando datos de las fuentes que le convienen e introduciendo una estructura peculiar en su obra que no es ni el esquema de 7+7 del *Lilium* ni el 10+10 del *Pantegni*. Ni tampoco son los cinco libros del *Canon* ni el libro único del *Speculum*. De todas estas obras hace uso y es capaz de conciliarlas. Incluso puede mirar en plano de igualdad a dos maestros montepesulanos que en vida estuvieron claramente enfrentados[15].

Como hemos ido apuntando al hablar de la estructura de esta obra surgida en el ambiente intelectual de Montpellier, entre las fuentes de este texto hay que contar con algunas de las *Summae* de la época, pero también nos encontramos con las obras que integran el *curriculum* de la Universidad de Medicina o son obra de sus maestros. Tal es el caso de la obra de Arnaldo, autor a quien el manuscrito hace pasar por el autor de esta *Summa Medicinae*.

Parte del éxito de Montpellier deriva del conocimiento de obras médicas[16], las más importantes procedentes del mundo greco-latino, incluídas las transmitidas por el saber judeo arábigo y la producción propia de estos últimos autores. Estos textos médicos van desde Hipócrates y Galeno a Dioscórides, Oribasio, Ecio de Amida, Alejandro de Tralles, Pablo de Egina y, por supuesto, los tratados procedentes de Salerno. Entre los textos judeo árabes a los que Montpellier presta atención encontramos las obras de Serapión y Mesué, del Ioanicius de la tradición latina, Isaac el Judío, Razes, Haly Abbas, Avicena, Abulcasis. A grandes rasgos este es el grupo de autoridades médicas fundamentales, número amplio que la docencia debió de restringir. Previo asesoramiento de Arnaldo, la bula de Clemente V (1309) -plan de estudios al que con probabilidad obedecería la formación de nuestro anónimo autor- constaba de Hipócrates[17] (*Aforismos, Pronósticos* y el

---

[15] L.E. DEMAITRE, *Doctor Bernard de Gordon: Professor and Practitioner*, Toronto 1980.

[16] La bibliografia al uso puede verse en la introducción de P. CONDE PARRADO a los *Tractatus de conceptu. Tractatus de sterilitate* (eds. P. Conde Parrado- E. Montero Cartelle- M.C. Herrero Ingelmo), Valladolid 1999 o en A. ALONSO GUARDO, *Los pronósticos médicos en la medicina medieval: El 'Tractatus de crisi et de diebus creticis' de Bernardo de Gordonio*, Valladolid 2003.

[17] Será este el autor más comentado por los maestros de Montpellier. A pesar de la continua referencia al maestro de Cos, es posible que algunas de sus obras se leyeran en la versión integrada en la *Articella* e incluso que llegara a ellas desde Razes, pues el compilador en ff. 24rb-va (=207, 124-208, 160) declara *Ista non sunt de intencione Arnaldi, sed reperi in dictis Ypocratis et incipit* ..., cuando en realidad la correspondencia es total, pero no con un texto hipocrático sino con el capítulo *Gloriosissimi medici Ipocratis, pronosticorum liber qui dicitur Liber Secretorum*, en

Régimen de las enfermedades agudas) Galeno[18] (*Techne, De temperamentis, De simplicium medicamentorum facultatibus, De crisi et diebus creticis*[19], *De morbo et accidenti, De sanitate tuenda, De malicia complexionis diverse*), toda la obra de Constantino el Africano, la *Isagoge* de Ioannicio, Razes (*Antidotario, Continens, ad Almansorem, Aforismos, Sobre la pestilencia*) Isaac el Judío (*Guía de médicos, Fiebres agudas, aguas de manantial*) y el inevitable *Canon* de Avicena.

En este ambiente y esta formación posibles no es extraño el elenco de fuentes que el anónimo compilador va desgranando a lo largo de la composición, más en la parte práctica que en la teórica, como hemos señalado. Además de los autores del currículo, bien los cite directamente o a través de sus comentadores, encontramos mencionados a Arnaldo de Villanova (activo en Montpellier entre 1285 y su muerte en 1311), el *cancellarius* Henry de Winchester (*floruit* en el primer cuarto del siglo XIV), Ricardo y Gilberto Ánglico, Pedro Lucratorio, Pedro Hispano y Bernardo de Gordonio († 1350) Geraldo de Solo († ca. 1360) o Juan de Tornamira (1329-1396), maestros de Montpellier, pero también a Dioscórides, Juan Damasceno, el *liber regalis* de Haly Abbas, Averroes y su *Colliget*, los maestros Mateo y Bartolomé de Salerno, el *Antidotarium Nicolai* y el *Circa Instans*. A veces es más impreciso y menciona a los *Salernitani*. También recoge datos de la *Clavis Sanationis* de Simón de Génova o cita a Guillaume de Brescia o Gualterio de Agilón y algunos otros más difíciles de localizar[20].

3. La ¿ORIGINALIDAD? DEL COMPILADOR

Esta original presentación de su *Summa Medicinae* hace que pensemos en nuestro autor como en algo más que un simple compilador de doctrina común.

Opera Razii, Venetiis 1497, f. 151r, y otras le llegan a través de Bernardo de Gordonio.

[18] Aunque en la *Summa* se citan también el *Passionarius* (=*De passionibus ad Glauconem*), *De ingeniosa sanitatis* o los comentarios del de Pérgamo a los aformismos de Hipócrates

[19] Tema este del que se ocupa uno de los grandes de Montpellier, Cfr. Bernardo de Gordonio, *De crisi et de diebus creticis*, op. cit.

[20] Un estudio particularizado de estos autores y los contextos en que los cita la *Summa* pueden verse en C. DE LA ROSA (ed.), *Summa medicinae (Mad. Esc. M. II 17) Estudio y edición crítica*, Biblioteca Miguel de Cervantes, Universidad de Alicante 2003. Es el texto de referencia que seguimos en estas páginas.

Es habitual en él no dar demasiadas informaciones sobre la fuente básica que está siguiendo en cada parte de la *Summa*, si bien algunas veces, advierte al lector de que va a cambiar de modelo base. Quizá actúe así porque al lector de la época le resulta fácil encontrar el modelo o porque no interesa tal precisión al lector de esta compilación. En este texto las fuentes declaradas son más abundantes en la parte práctica, en un constante ir y venir de autores con sus recetas, mientras que en la primera parte, la que supone toda la base teórica y doctrinal, presenta un número de fuentes declaradas mucho más reducido.

Aunque en el prólogo de la obra nuestro compilador dejó claro que no le importaba la novedad de sus planteamientos, en el conjunto de la *Summa* hay pruebas de esa opción personal que confiere originalidad a la estructura y le lleva a utilizar materiales de diversa procedencia, incluso ajenos al currículo oficial como pueden ser las obras de la Escuela Médica de Salerno que encontramos entre sus páginas: el *Alphita* o la *Anatomía porci* de Cofón:

Dos ejemplos: para describirnos el interior de los órganos, esperaríamos de nuestro autor un resumen de los textos anatómicos al uso en la Escuela montepesulana. Sin embargo no hace nada de eso ya que el único capítulo anatómico de la *Summa Medicinae* (f. 3rb-vb =108, 40-110, 121) es una copia prácticamente íntegra y literal, con algunas variantes, de la *Anatomia Porci* del Salernitano Cofón el joven (siglo XII), que podemos considerar un manual introductorio a la disección de animales.

Otro apartado en que el médico anónimo plantea esta mezcla de fuentes y autoridades es en el Tratado quinto de la primera parte «*qui est de naturis singularibus medicine unicuiusque simplicis*». En este apartado de la obra sobre la naturaleza de los simples básicamente actúa siguiendo tratados del tipo del *De gradibus* de Constantino el Africano o del *Circa instans*, ambos relacionados con la práctica médica salernitana[21]; además, nuestro anónimo autor inserta sin previo aviso el famoso glosario médico botánico salernitano *Alphita*, un texto que no esperaríamos encontrar en una obra médica de Montpellier.

Quizá nuestro compilador no se lo planteara, pero su obra ofrece una *utilitas* añadida. Por su labor de recogida de materiales, y su fidelidad en el seguimiento de muchos de ellos, ofrece al investigador moderno una vía de acceso a distintos textos, que tiene el valor testimonial y documental de toda transmisión textual indirecta.

---

[21] Simplemente apuntamos la coincidencia del texto de Montpellier con los contenidos de estos dos textos; cuyas relaciones son lo suficientemente complejas y problemáticas para no pretender resolverlas aquí.

Nos encontramos frente a una de las últimas *summae* en un momento en el que el género enciclopédico tiende a desaparecer y las obras médicas se especializan en el estudio de materias concretas. Además, la obra aparece en un momento en el que la producción literaria de Montpellier está sufriendo una crisis: en esta segunda mitad del siglo XIV no son muchos los testimonios que poseemos de la actividad profesional montepesulana ni de su sustento teórico-doctrinal, y este texto viene a llenar en cierta medida esa laguna.

El compilador, con una suficiente preparación latina, resume y utiliza de forma muy personal los textos sobre los que asienta su doctrina y con criterio propio -aunque no podemos descartar plenamente una fuente intermedia- recurre a textos no incorporados en el *curriculum* de Montpellier.

Bien es cierto que no plantea un nuevo sistema ideológico, ni hace grandes aportaciones, pero con su mezcla de fuentes y resumen de doctrinas sí se muestra original. En su compilación reordena y combina las estructuras y los contenidos de diversos textos, algunos de ellos en apariencia superados, pero que parecen seguir siendo usados especialmente por los médicos prácticos o incluso por los estudiantes que han de superar las pruebas en las que se confieren los grados. Por ello no duda en incorporar, aunque no siempre lo declare, fuentes de distinta procedencia, entre ellos textos salernitanos, en principio al margen del *curriculum* montepesulano.

La originalidad de esta Summa reside en presentar un ejemplo de compilación muy lejos ya de la época dorada de este género: lejos de los primeros ejemplos del siglo XII y pasado ya el esplendor del siglo XIII A través de ella, podemos observar que en el ámbito universitario aún tenían vigor estas obras que probablemente nacieron como apuntes del profesor y vademécum del futuro médico.

ANA B. SÁNCHEZ-PRIETO[*]

AUCTORITATI INNITENS MAIORUM... EL MÉTODO DE COMPOSICIÓN DE RABANO MAURO EN EL *DE INSTITUTIONE CLERICORUM*

Rabano Mauro (ca. 780-856) escribió su *De institutione clericorum* en 818 en el tiempo en que era maestro de la escuela de la abadía de Fulda bajo el abad Eigil. Aunque ya había compuesto la curiosa colección de poemas que componen su *De laudibus Sanctae Crucis*, esta era su primera obra puramente didáctica y la primera de una enorme serie (6 volúmenes [108-112] en la PL de Migne) casi enteramente dedicada a la enseñanza de las Sagradas Escrituras y otras materias relativas a la disciplina eclesiástica, que le merecieron el título de *primus praeceptor Germaniae*, hasta los tiempos modernos, en que ha sido tildado de falto de originalidad (Manitius) e incluso de plagiario, y de hecho en el *De institutione clericorum* Rabano comienza un método de composición que había aprendido de su maestro Alcuino de York consistente en una especie de rompecabezas de extractos de autores previos. Y este fue el método que mantuvo en uso toda su vida, hasta su final y más comprensivo trabajo, el *De rerum naturis* o *De universo*.

Este método y su finalidad aparecen declarados meridianamente en la epístola dedicatoria del *De institutione clericorum* al arzobispo Histolfo de Maguncia:

> Confido tamen omnipotentis dei gratiae, quod fidem et sensum catholicum in omnibus tenerem; nec per me quasi ex me ea protuli, sed auctoritati innitens maiorum per omnia illorum vestigia sum secutus: Cyprianum dico atque Hilarium, Ambrosium, Hieronimum, Augustinum, Gregorium, Iohannem, Damasum, Cassiodorum atque Isidorum et caeteros nonnullos, quorum dicta alicubi in ipso opere, ita ut ab eis scripta sunt pro convenientia posui, alicubi quoque eorum sensum meis verbis propter brevitatem operis strictim enuntiavi; interdum vero, ubi necesse fuit, secundum exemplar eorum quaedam sensu meo protuli. In omnibus tamen, ni fallor, catholicam

---

[*] Facultad de Ciencias de la Documentación. Universidad Complutense de Madrid. anabelsa@pdi.ucm.es.

imitatus sum veritatem, a qua, si dominus adiuvaverit, non patior ullo modo divelli, quam et te prae omnibus habere atque amare confido.

La acusación de plagio puede por tanto desecharse totalmente, puesto que Rabano no está reclamando para sí originalidad alguna, sino que de hecho está afirmando precisamente no querer ser original. Lo que Rabano reclama aquí no es originalidad, sino *auctoritas*, y de ahí que apele a los *auctores*, según el *ordo testimoniorum* que había aprendido de su maestro Alcuino y que él mismo expresa en *De Institutione* III, 6.

Desde los días de los Padres de la Iglesia el mundo había cambiado. Alcuino, Rabano y sus lectores actuales o potenciales vivían en un tiempo con relativamente pocos libros, y los que había no siempre estaban accesibles, y en cualquier caso eran carísimos. Tener toda la información necesaria reunida en un único volumen podía constituir una ventaja decisiva de naturaleza práctica. Además los tiempos habían cambiado también en otro sentido: no se podía esperar del clero alemán a medio educar que comprendiera las intricadas sutilezas escritas por ejemplo por san Jerónimo o san Agustín, cuando altas damas como Gisla y Rotrud (hermana e hija respectivamente de Carlomagno), que habían gozado de la mejor educación disponible, se sentían incapaces de seguirlas y se vieron obligadas a solicitar la ayuda de Alcuino[1]. Pero incluso un obispo como Haimo de Halberstadt (que había sido compañero de escuela de Rabano y que también era autor de varios comentarios bíblicos) podía apreciar la utilidad de semejantes colecciones de extractos, atareadísimo como estaba en sus deberes administrativos y pastorales como para entregarse frecuentemente a la lectura extensiva, y precisamente considerando esto Rabano le envió su *De rerum naturis*[2].

Y de hecho así entendió el obispo Humberto de Würzburg el *De institutione clericorum*, pues en carta a Rabano Mauro declara[3]:

---

[1] Alcuini ep. 196 ad Gisla abbatissa Calensis, soror Caroli regis, et Rodtruda filia regis Alcuinum hortantur, ut coeptam evangelii Iohannis explanationem sibi obsolvat., MGH, Epp. 4 (Epistolae Karolini aevi II), p. 324.

[2] Hrabani ep. 36 Hemmoni olim condiscipulo, iam episcopo Halberstadensi, opus de rerum naturis... dedicat. MGH, Epp. 5 (Epistolae Karolini aevi III), pp. 470-471.

[3] Humbertus Wirciburgensis episcopus, Hrabani libris, quos Haistulfo archiepiscopo miserat, cognitis, membranas ei mittit, in quibus commentarios suos in Heptateuchum describendos ei curaret. Hrabani ep. 26, MGH, Ep. 5 (Epistolae Karolini aevi III), pp. 439-440.

Praeterea legi et alios tres libros, quos ad eundem venerabilem virum [=Haistulfum] fecisti, quos placuit 'de institutione clericorum' nominari, quorum primus de ecclesiasticis ordinibus et IIII carismatibus divinis narrat. Secundus continet de officio canonicarum horarum, et de festivitatibus variis, de ieiuniis et orationibus. Tertius non ignobiliter instruit, qualiter discenda atque disserenda scriptura est divine legis, et quid utilitatis conferat ecclesiasticis doctoribus philosophia humana.

Quibus perlectis, in quantum nostri ingenioli fuit capacitas, intellexi illos de omnibus, que necessaria sunt sanctae Dei ecclesie, laudabili magnitudine et brevitate esse conplexos. Certe in veritate dico vobis, quia dici non potest, in quanta hilaritate mentis gratulatus gratias egi Deo, qui tam utile vas istis in temporibus in sua sancta ecclesia habere vuluit, ex quo ille, qui multum, et ille, qui parvum potum quaerit, haurire ac bibere potest; et ex illa die, fateor, multum desideravi vestrae familiaritatis particeps fieri…

Y aunque Rabano tuvo que defender este modo de proceder frente a innumerables críticos[4], su método también fue profundamente estimado por algunos de los hombres más instruidos de su generación y de las generaciones posteriores, que evidentemente respetaban a Rabano como a una autoridad. Por ejemplo, el famoso Notker el Tartamudo de San Gal escribió al obispo Salomón III de Constanza que *si glossulas volueris in totam divinam scripturam, sufficit tibi Hrabanus Magontiacensis archiepiscopus*[5].

Las fuentes utilizadas por Rabano para componer su *De institutione clericorum* han sido ya tratadas en diversas ocasiones y son por tanto bien conocidas. La mayor parte de ellas fueron identificadas ya por Alois Knoepfler en el *apparatus fontium* de su edición de 1900, y en época más reciente por María Rissel[6], Armando Bisanti[7] (solo para el libro III) y Detlev

---

[4] Epístolas 5, 18 y 39 (MGH Epp. 5, Epistolae Karolini aevi III). Ver J. HEIL, «Claudius von Turin. Eine Fallstudie zur Geschichte der Karolingerzeit», *Zeitschrift für Geschichtswissenschaft*, 45 (1997) 389-412, cit.p. 404-405.

[5] Ep. XLVIII (878-884). *Das Formelbuch des Bischofs Salomo III von Konstanz, aus dem neunten Jahrhundert*, ed. E. DÜMMLER, Leipzig, S. Hirzel, 1857, p. 69.

[6] M. RISSEL, *Rezeption antiker und patristischer Wissenschaft bei Hrabanus Maurus*. Studien zur karolingischen Geistesgeschichte, Lateinische Sprache und Literatur des Mittelalters 7, Frankfurt a.M., Lang, 1975.

[7] A. BISANTI, «Struttura compositiva e tecnica compilatoria nel libro III del *De institutione clericorum* di Rabano Mauro», *Schede medievali*, 8 (1985) 5-17.

Zimpel[8]. También pueden consultarse en el texto latino que acompaña a mi traducción al español[9]. En líneas generales son: 1) Padres de la Iglesia (Tertuliano, Cipriano, Ambrosio, Jerónimo, Agustín, Casiano, Gregorio Magno...); 2) autores temprano-medievales: Casiodoro, Isidoro de Sevilla, Beda, Alcuino...; 3) textos de Derecho Canónico: cartas pontificias, decretales, concilios generales y locales...; y 4) libros litúrgicos: *ordines romani*, sacramentarios...

Y si bien es verdad que el *De institutione clericorum* es un texto compuesto en su mayor parte de una sucesión de citas literales, estas y sus autores han sido minuciosamente elegidas y entretejidas para acomodarse a la *ordinatio* o plan expositivo[10]. Y no hay nada de servil o mecánico o acrítico en el proceso de compilación[11] de Rabano (o del resto de los autores tempranomedievales que también lo emplearon), y de hecho se llegó a desarrollar toda una teoría de la autoría, comparando el proceso de composición a partir de autores previos a la abeja que recoge néctar de muchas flores y lo convierte en miel, o al médico que mezcla diferentes substancias para hacer una medicina[12]. Por tanto, lo que se deja por decir de la fuente original es tan significativo para nosotros como lo que ha sido escogido.

---

[8] *De institutione clericorum libri tres*, Freiburger Beitrage zur mittelalterlichen Geschichte, Freiburg, Peter Lang, 1996. El propio D. Zimpel hizo algunas adiciones en su traducción al alemán editada por la editorial Brepols, Turnhout, 2006.

[9] Constituye mi tesis doctoral en Historia de la Educación (Madrid, UNED, 2013 [en fase de finalización a la hora de publicarse este artículo]), que será publicada por la editorial Biblioteca de Autores Cristianos. El texto latino reproduce la edición de Detlev Zimpel, con permiso de su autor y de la editorial Peter Lang, a quienes agradezco profunda y sinceramente su amabilidad.

[10] Para los posibles significados de la palabra *ordinatio* ver R.H. ROUSE - M.A. ROUSE, «Ordinatio and Compilatio Revisited», en M. D. Jordan - K. Emery, Jr. (eds.), *Ad litteram. Authoritative Texts and their medieval Readers*, Notre Dame, University of Notre Dame Press, 1992, pp. 113-134, cit. pp. 117ss.

[11] Sobre el término *compilatio* y su corrimiento semántico, ver N. HATHAWAY, «*Compilatio*: From Plagiarism to Compiling», *Viator*, 20 (1989) 19-44.

[12] Y estos no son los únicos. El rey Alfredo el Grande compara la labor de recogida a la tala de grandes troncos en un bosque, con los cuales se puedan construir 'casas excelentes' y 'bellas ciudades'. Cfr. T.A. CARNICELLI (ed.), *King Alfred's Version of St. Augustine's Soliloquies*, Cambridge MA, Harvard University Press, 1969, p. 47.

Comenzaremos intento medir la masa de la materia tomada en préstamo por Rabano para construir su tratado. Como unidad de medida se usará el número de líneas (consideradas hasta un cuarto) que cada fragmento ocupa en el formato impreso del texto latino que acompaña a mi mencionada traducción al español. Los gráficos que se incluyen a continuación representan gráficamente el número de líneas tomadas textualmente o reelaboradas (en cuyo caso se indica por 'M-' más el nombre de la fuente correspondiente).

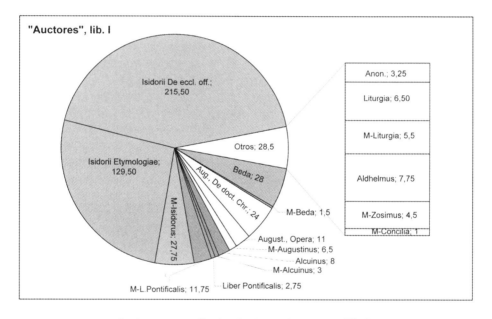

1. *Auctores* en *De institutione clericorum*, lib. I.

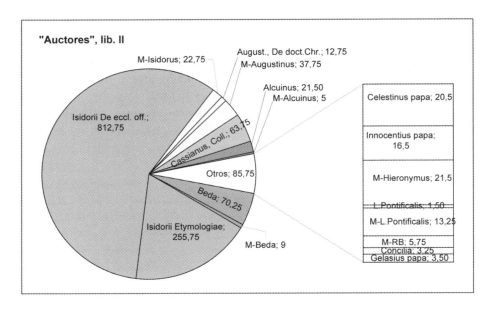

2. *Auctores* en *De institutione clericorum*, lib. II.

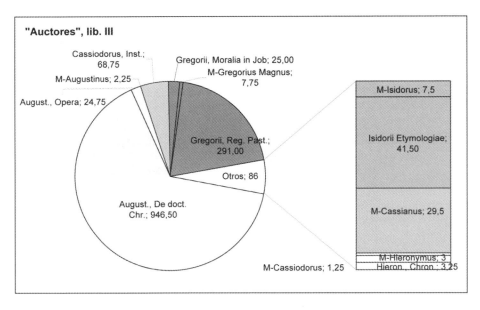

3. *Auctores* en *De institutione clericorum*, lib. III.

El primer hecho que destaca es que Rabano compuso su *De institutione* combinando pequeños fragmentos de texto tomados de autores anteriores, entretejidos con sus propias aportaciones: los 33 capítulos del libro I están construidos por 189 de esos bloques, fragmentos o *divisiones*[13] (incluyendo las propias de Rabano), los 58 capítulos del libro II de 195 y los 37 del libro III de 274. Ahora bien, el número de divisiones en cada capítulo no está distribuido uniformemente, en parte debido a la extraordinaria irregularidad de la longitud de los capítulos. La mayor parte de los capítulos están construidos a partir de citas de un solo autor, representado por uno o dos títulos, pero hay instancias (II, 30 y III, 18) donde Rabano ha usado hasta cuatro (I,10; II,16 y III,22 también contienen citas de cuatro obras diferentes, pero debidas a solo tres autores); y la aportación personal de Rabano decrece según avanza la obra, desde algo más del 43% en el libro I hasta casi el 27% en el libro II y solo el 17,73% en el III.

Por lo demás, adivinar la principal técnica de composición no es muy difícil: Rabano tiene por lo general para cada sección[14] una fuente primaria que le proporciona la línea argumental, pero la complementa con una segunda autoridad, o con un segundo título de la misma, de donde solo están tomados algunos fragmentos[15]. El capítulo I,3 puede ser traído a colación como ejemplo del primer caso: aquí la línea argumental viene determinada por el *De ecclesiasticis officiis* de san Isidoro, pero entre los dos fragmentos extraídos de esta obra Rabano han insertado casi ocho líneas tomadas de la *Epistula ad Geruntium* de san Anselmo. Un ejemplo del segundo caso es I,8 construido a partir de extractos de las *Etimologías* y el *De ecclesiasticis officiis* de san Isidoro.

---

[13] Por *divisio* se entiende un fragmento de texto interrumpido tomado en préstamo por un autor cualquiera dentro del mismo capítulo del *De institutione clericorum*. El término *divisiones* está tomado de Boecio, en su *Commentariorum* I,3: Quod si ad disserendi ordinem diligentia rationis adhibetur, non est dubium, quin hoc iudicium ad inventionum varietatem sit accommodatum. His igitur ita expeditis videndum est, haec divisiones quanam se cognatione contingant. Inventio quippe ceteris omnibus veluti materiae loco supponitur hoc modo. Casp. Orellius - Georgius Baiterus, *M. Tullii Ciceronis scholiastae*, Turici, Typis Orellii, Fuesslini et Sociorum, MDCCCXXXIII, p. 274. Probablemente san Jerónimo hubiese utilizado *cola et commata*.

[14] Denomino sección a una serie de capítulos que giran en torno a un mismo tema.

[15] John McCulloh ha observado lo mismo en relación al proceso compositivo empleado por Rabano en su Martirologio. Ver J. McCulloh, «Hrabanus' Martyrology: the method of composition», *Sacris Erudiri*, 23 (1978-1979) 417-461.

En algunos casos una cita ha sido alterada solamente en una o dos palabras, pero esa pequeña alteración ya es suficiente para conferirle un nuevo matiz. Uno se preguntaría si la diferencia entre Rabano y su modelo patrístico es algo más que un mero accidente en la transmisión textual, pero al menos en algunos casos es bastante plausible que esa pequeña diferencia esté más bien mostrando las propias intenciones y preferencias de Rabano. Por ejemplo, Rabano adapta su fuente (Isidoro) cuando trata de las distinciones dentro del orden episcopal: donde Isidoro había establecido un orden cuatripartito, Rabano no duda en corregir a su modelo y convertirlo en tripartito, equiparando *archiepiscopi* y *metropolitani*, que Isidoro había definido como dos categorías separadas (en el texto siguiente las diferencias han sido enfatizadas en cursiva):

Isidoro, *Etymologiae*, 7,12,4.	Mauro, *De institutione clericorum*, I,5.
Ordo episcoporum *quadripertitus* est, id es in patriarchis, archiepiscopis, *metropolitanis* atque episcopis.	Ordo autem episcoporum *tripertitus* est, id est, in patriarchis, archiepiscopis, *qui et metropolitani sunt*, in episcopis.

Es difícil ver aquí otra cosa que no sea la adaptación del texto isidoriano a la estructura jerárquica de la Iglesia franca. Cambios similares causados por diminutas interpolaciones añaden a la fuente original matices nuevos y diferentes.

Pero además Rabano altera considerablemente el orden en el que los fragmentos aparecen originariamente en sus fuentes. Por ejemplo, a pesar de que Rabano incluye en el *De institutione clericorum* el *De ecclesiasticis officiis* isidoriano prácticamente en su totalidad, el orden en el que lo ha incluido ha cambiado considerablemente. El mero orden expositivo revela que Isidoro y Rabano tienen concepciones eclesiológicas muy diferentes: mientras que la concepción eclesiológica de Rabano se caracteriza por ser más jerárquica y sacramental que la de Isidoro, retiene sin embargo la dimensión cúltica que es tan típicamente isidoriana.

El resultado es que, siguiendo estos sencillos métodos Rabano técnicamente ha mantenido los *dicta patrum* en su integridad, pero la impresión que causa en el lector es muy diferente, y el énfasis está colocado también de forma diferente.

En este proceso, que es al mismo tiempo reproducción y creación, Rabano asume la completa autoría de su texto en tanto que renegocia la autoridad de sus fuentes al apropiarse de sus palabras o rechazarlas. La compilación es, pues, una construcción intelectual 'transtextual' con su propia identidad semiótica, que Daniel Poirion ha descrito en los siguientes términos: «Divisant et multipliant les éléments contenus dans le texte-mère, la lecture-écriture opère comme un miroir à plusieurs facettes, pour donner au texte une plus grande richesse en réseaux signifiants»[16].

Por supuesto, el método arriba descrito no es en modo alguno único de Rabano. De hecho, la Edad Media podría llamarse con justicia la edad de la compilación: las *Etimologías* de Isidoro, el *Decreto* de Graciano, las *Sentencias* de Pedro Lombardo, el *Speculum* de Vicente de Beauvais (por solo mencionar algunos de los títulos mejor conocidos) fueron compuestos siguiendo un método similar. Y muchos de los géneros típicamente medievales son en esencia compilativos: *miracula*, *de viris illustribus*, *florilegia*, crónicas, colecciones de sentencias, gramáticas, enciclopedias... Pero a menudo las historias de la literatura entienden mal la naturaleza de las compilaciones medievales y las tratan como si fueran modernas, tildándolas de faltas de originalidad y hasta de plagios. En general, cuando se enfrentan a las obras compilativas medievales, los estudiosos modernos se han contentado con identificar los textos fuente y han considerado la compilación como una especie de producto derivativo (donde el compilador es incapaz de proceder sin el aporte de su fuente, que copia de un modo servil), pero dejando aparte otros aspectos relacionados con la naturaleza de la Tradición[17] y la autoridad, y también la recepción y el objetivo final de la compilación. Proceder de tal manera es poner la compilación-texto al mismo nivel que la compilación-dossier[18], y por lo tanto ignorar (casi) toda la implicación personal por parte del compilador y el proceso de recontextualización que la compilación implica. La naturaleza real de la compilación medieval[19] solo se

---

[16] D. POIRION, «Écriture et ré-écriture au Moyen Âge», *Littérature*, 41 (1981) 109-118, cit. p. 114.

[17] Sobre el concepto de Tradición (con mayúscula) en la Iglesia católica, ver Y. CONGAR, *La Tradition et les traditions*, Paris, Fayard, 1963, 2 vols.; G. FLOROVSKY, «The Authority of the Ancient Councils and the Tradition of the Fathers», *Collected Works of Georges Florovsky*, Vaduz, Büchervertriebsanstalt, 1987, vol. I, pp. 93-103; B. JOHNSTONE, «What is Tradition? From Pre-Modern to Postmodern», *Australian e-Journal of Theology*, 5 (August 2005) 1-22.

[18] C. MENCE-CASTER, *Un roi en quête d'auteurité. Problématiques d'écritures* (http://e-spanialivres.revues.org/272) §11 [consultado 11/8/2012].

[19] Por supuesto, la compilación ha existido siempre, con ese u otros nombres. Ver B. GUENÉE, «L'historien et la compilation au XIIIe siècle», *Journal des savants* (1985) 119-135; N. HATHAWAY, «*Compilatio*: from plagiarism to compiling», *Viator*, 20 (1989) 19-44, y R.H. ROUSE - M.A. ROUSE, «*Ordinatio* and *Compilatio*

revelará cuando la contemplemos a través de los ojos de sus autores y lectores en el contexto proveído por sus objetivos primarios y su recepción final[20].

El concepto clave para comprender la mecánica del proceso de composición-compilación es Tradición. En la Iglesia, la Tradición se entiende como un principio hermenéutico y un modo de leer las Sagradas Escrituras y transmitir la fe. Por supuesto, la Tradición no sustituye a la Escritura, pero provee el contexto viviente y la perspectiva comprehensiva para comprenderla: todo el mundo puede leer la Biblia, y de hecho así lo hacen la mayoría de los herejes, incluso gnósticos y maniqueos, e invocan pasajes escriturísticos para justificar sus doctrinas; pero se equivocan precisamente porque descuidan reconocer su estructura interna y su armonía de conjunto. Porque los Padres de la Iglesia habían recibido el *kerygma*, eran garantes de la auténtica interpretación de la Biblia (nótese que la autoridad es inseparable del concepto de Tradición), y propagaron la *sana doctrina*. Antes que nada los Padres son maestros, *doctores* o *didaskaloi*, y lo eran porque eran *testes*, y al obrar así no lo hacían en calidad de individuos privados, sino como *viri ecclesiastici*[21]. Tenían la *ecclesiasticae intelligentiae auctoritas*, la autoridad de la 'comprensión eclesial'[22].

Como los autores carolingios estaban convencidos de que la Tradición cristiana según está transmitida en los escritos de los Padres de la Iglesia contiene la clave para la correcta interpretación de la Sagrada Escritura, se adhirieron a ellos para sustentar su *lectio* personal y su intelección de

Revisited», en M.D. Jordan - K. Emery, Jr. (eds.), Ad litteram. *Authoritative Texts and Their Medieval Readers*, Notre Dame, University of Notre Dame Press, 1992, pp. 113-134.

[20] La defensa más enérgica del método compilativo hasta donde yo conozco se encuentra en el *Libellus apologeticus* de Vicente de Beauvais (ca. 1190-1264?), que sirve de prólogo a su *Speculum maius*. Ver *Libellus apologeticus*, 4, en J. VERGARA, «El Libellus Apologeticus: un símbolo del enciclopedismo medieval», *Educación XXI*, 6 (2003) 149-202, cit. p. 172. Una argumentación similar, aunque no tan elaborada, puede seguirse a partir de las epístolas dedicatorias de Rabano Mauro. Ver a este respecto M.-A. ARIS, «*Nostrum est citare testes*. Anmerkungen zum Wissenschaftsverständnis des Hrabanus Maurus», en G. Schrimpf (Hrs.), *Kloster Fulda in der Welt der Karolinger und Ottonen*, Fuldaer Studien 7, Frankfurt am Main, Josef Knecht, 1996, pp. 437-464.

[21] G. FLOROVSKY, «The Authority of the Ancient Councils and the Tradition of the Fathers», *Collected Works of Georges Florovsky*, Vaduz, Büchervertriebsanstalt, 1987, vol. I, pp. 93-103, cit. p. 102.

[22] *Ibid.*, p. 74.

mensaje salvífico. Así, como *nani gigantum humeris insidentes* y siguiendo el ejemplo de los Padres y armados con las Siete Artes Liberales y sobre todo con la gracia divina, trabajaron y trabajaron para desarrollar la doctrina donde percibían que los Padres habían dejado un hueco. Y esta es la razón por la cual se aplicaron a la tarea de la *defloratio* (por usar el término acuñado por Alcuino de York), entresacando de las obras de los Padres del mismo modo que un médico selecciona ciertas partes de ciertas plantas en cierta proporción para preparar una medicina[23]. En las cartas dedicatorias de muchas obras se encuentran expresiones de este método, y aunque llegó a convertirse en una especie de *topos*[24], nunca dejó de ser una declaración sincera.

Pero para Rabano y sus contemporáneos esta forma de obrar era mucho más que una técnica de composición. Para ellos leer, orar y escribir formaban un *continuum* donde la transición de una fase a la siguiente apenas sí podía distinguirse.

Tan íntimamente arraigada en los Padres[25], la composición tenía su inicio en la lectura memorizada. En una era de pocos libros y los que había caros y pesados (en sentido físico), la capacidad de memorizar podía suponer una ventaja decisiva. El entrenamiento de la memoria era un elemento muy importante en la educación medieval, y se desarrollaron numerosas técnicas para ayudar a niños y adultos a aprender de memoria largos textos (algunos individuos excepcionales eran capaces de memorizar la Biblia completa y otros textos) y para retener más todavía de un modo no tan literal[26]. Aunque

---

[23] Alcuino, ep. 213 ad Gislam, MGH, Epp. 4 (Epistolae Karolini aevi II), pp. 357-358.

[24] B. SIMON, «Untersuchungen zur Topik der Widmungbriefe mittelalterlicher Geschichtsschreiber bis zum Ende des 12. Jahrhunderts», *Archiv für Diplomatik*, 4 (1958) 52-119, 5/6(1959/69), 73-153.

[25] La posibilidad de que los escritores medievales estuvieran trabajando no sobre las obras completas de los Padres, sino sobre *florilegia* se ha propuesto más de una vez. Puede verse, por ejemplo, los comentarios de Willemien Otten sobre el *De virtutis et vitiis* de Alcuino, en «The Texture of Tradition: the role of the Church Fathers in Carolingian Theology», en I. Backus (ed.), *The Reception of the Church Fathers in the West. From the Carolingians to the Maurists*, Leiden, Brill, 1997, pp. 3-50, cit. pp. 27-28. Pero para nuestro análisis aquí no es relevante si el acceso a los Padres era directo o no.

[26] Sobre la memoria, su desarrollo y su uso en la Edad Media, ver los sugestivos trabajos de M. CARRUTHERS, *The Book of Memory. A Study of Memory in Medieval Culture*, Cambridge, Cambridge University Press, 1990, and *The Craft of Thought. Meditation, rhetoric and the making of images, 400-1200*, Cambridge,

estas técnicas eran muy diversas tenían esto en común: todas ellas procedían dividiendo el contenido total en pequeños fragmentos y colocando estos pequeños fragmentos en una especie de plantilla o rejilla o sobre un espacio imaginario que podía ser revisitado a voluntad.

Muchos autores medievales gustaban de describirse a sí mismos como abejas[27], y en verdad la metáfora no podía ser más apropiada, porque igual que las abejas recogen el néctar de diferentes flores y lo reelaboran hasta convertirlo en miel, que almacenan en los panales, así hacía el monje medieval con sus textos: leerlos y releerlos con ojos y labios, meditando sobre cada palabra y cada frase, interiorizándolos y amándolos (la expresión inglesa 'learn by heart', o sea, 'aprender de corazón', tomada literalmente es el mejor modo de describirlo). El proceso recibe el nombre de *ruminatio* en referencia al constante rumiar el bolo alimenticio de las vacas y otros rumiantes, que en la Edad Media no tenía connotación peyorativa en absoluto. Por supuesto, la *ruminatio* acaba con la asimilación de los alimentos, que se convierten en carne y sangre. Esta metáfora también tenía raíces antiguas, pues también había sido utilizada por Séneca[28]:

> Alimenta quae accepimus, quamdiu in sua qualitate perdurant et solida innatant stomacho, onera sunt; at cum ex eo quod erant mutata sunt, tunc demum in vires et in sanguinem transeunt, idem in his quibus aluntur ingenia praestemus, ut quaecumque hausimus non patiamur integra esse, ne aliena sint. Concoquamus illa; alioqui in memoriam ibunt, non in ingenium. Adsentiamur illis fideliter et nostra faciamus, ut unum quiddam fiat ex multis, sicunt unus numerus fit ex singulis cum minores summas et dissidentes conputatio una conprendit. Hoc faciat animus noster: omnia quibus est adiutus abscondat, ipsum tantum ostendat quod effecit.

Cambridge University Press, 1998, así como M. CARRUTHERS - J.M. ZIOLOWSKI, *The Medieval Craft of Memory. An Anthology of Texts and Pictures*, Philadelphia, University of Pennsylvania Press, 2002.

[27] La metáfora es muy antigua, puesto que fue utilizada por Séneca el Joven, *Epistulae Morales*, 84, y después ligeramente transformada por Macrobio, *Saturnalia*, praef. 5-6, de donde pasó al acervo cultural de la Edad Media. Sobre el uso de esta metáfora en la Edad Media, ver A. CASIDAY, «St Aldhelm's bees (*De uirginitate* prosa cc. IV-VI): some observations on a literary tradition», *Anglo Saxon England*, 33 (2004) 1-22, y R.H. - M.A. ROUSE, Preachers, *Florilegia and Sermons: Studies on the Manipulus Florum of Thomas of Ireland*, Toronto, Pontifical Institute of Mediaeval Studies, 1979, pp. 115-117.

[28] *Ad Lucilium epistulae morales*, ep. 84.

El resultado era la habilidad de regurgitar a la boca desde el 'estómago de la mente'[29] una serie de citas apropiadas para satisfacer cualquier tipo de cuestión. En *De anima*[30], san Agustín describe como su amigo Simplicio, *homo excellentis mirabilisque memoriae*, conocía de memoria todo Virgilio y Cicerón y podía aislar de ellos lugares comunes para satisfacer cualquier cuestión, pero como Mary Carruthers ha puesto de manifiesto, lo verdaderamente excepcional en Simplicio no era que pudiera hacerlo, sino el grado en que lo hacía[31]. Individuos menos dotados también podían reproducir a voluntad pequeños fragmentos de textos, aunque ellos tendrían que contentarse con repetir solamente el contenido si no recordaban las palabras exactas: cuando un obispo desconocido envió una carta a cierto monasterio también desconocido en relación a los domingos quinto, cuarto y tercero antes de Pascua, menciona que tiempo atrás había leído una carta sobre este tema, escrita al parecer por Alcuino, pero que no tenía a mano, y añade[32]:

> Quae vero ex ea memoriae commendavimus, licet aliis verbis, enarrare studemus. Prius petimus dilectionem vestram, ut non me compilatorem veterum esse dicatis et ob id praefatam epistolam ostendere noluisse, sed pro ambitione vanae gloriae servato sensu verba mutasse. Profiteor enim vobis aliena esse quod dico. Auctoritate enim canonica XL tempus qualiter aut quare adsumptum sit, compertum habetis, quod utique sanctus et egregius doctor Gregorius in lectione evangelica 'Ductus est Iesus in desertum ab spiritu' evidenter exposuit.

Nótese que en este párrafo lo que nuestro buen obispo teme es que sus destinatarios puedan sospechar que está alterando las palabras con la intención de amañar el significado según su conveniencia. Está citando de memoria y no literalmente simplemente porque no tiene acceso al objeto material (esto es, al libro u hoja suelta de pergamino o tablillas encaradas) que contenía el registro escrito, y por eso solo puede recurrir a su 'copia mental'. Porque la literalidad en las citas estaba considerada como garantía de corrección doctrinal, debemos asumir que cuando fuera posible la 'copia mental' sería confrontada con su 'texto material' original.

---

[29] Agustín, *Confesiones* 10,14,21.
[30] Agustín, *De anima et eius eorigine* (*De natura et origine animae*), IV.VII.9; CSEL 60, p. 389; PL 44, col. 529.
[31] *The Book of Memory*, p. 19.
[32] Appendix ad Alcuini epistolas 4. MGH, Epp. 4 (Epistolae Carolini aevi II), p. 492.

En consecuencia, *dictatio* (esto es, escritura) comenzaba con la *inventio* (no en el sentido de invención, creación *ex nihilo*, sino en el sentido de inventario[33]) y *recollectio*. Rabano domina a este proceso *colligere* o *excerptere*[34], no *compilare*[35]. Pero no nos engañemos: no hay nada de puramente mecánico o infantil en esta operación; después de todo, la memoria es el fundamento esencial de la prudencia, la *sapientia* y el juicio ético[36].

En algunas ocasiones el asunto tratado requeriría más información de la que se podía hallar en el 'repositorio interior', y entonces los autores carolingios harían exactamente lo que nosotros: ir a la biblioteca y, por lo que le escribió Hincmaro de Rheims a Odo de Beauvais, a veces tendrían incluso la ayuda de auxiliares para encontrar los fragmentos pertinentes, que luego ellos ordenarían y anotarían[37]:

> Unde unusquisque vestrum, qui metropolitana iura sortitus est, iunctis sibi fratribus et coepiscopis suis, qui sub se sunt, de his diligentem curam suscipiat et, quid invidis eorum detractionibus opponi necesse sit, rimari studeat et invenire summopere gestiat atque inventum nobis otius transmittere minime parvipendat et praesulatui nostro scripta divinitus inspirata sapientia vestra reprehendendo et forti prorsus invectione feriendo tantam eorundem imperatorum vesaniam mittat, quae nos suscipientes rursus ea cum aliis assertionibus nostris ad ipsorum quoque dementiam confutandam mittere valeamus.
>
> Quapropter, frater karissime, secundum domni apostolici commendationem de his per tramitem scripturarum et traditionem maiorum, quae illi rescribere convenienter possimus, quaerere et in unum colligere stude, ut, cum simul adiuvante Domino venerimus, quae quisque nostrum invenit singillatim, communi studio relegamus et, quae eidem domno papae a nobis inde scribenda sunt, ordinemus.

---

[33] M. CARRUTHERS, *The Craft of Thought*, pp. 11-12.

[34] M.-A. ARIS, «Nostrum est citare testes. Anmerkungen zum Wissenschaftsverständnis des Hrabanus Maurus», p. 453.

[35] *Compilare* tenía entonces la connotación de manipular las palabras ajenas o sacarlas de contexto para hacerlas decir algo diferente. Sobre los términos *compilare* y *compilatio* y su evolución ver N. HATHAWAY, «*Compilatio*: from plagiarism to compiling», *Viator*, 20 (1989) 19-44.

[36] M. CARRUTHERS, *The Book of Memory*, p. 176.

[37] Ep. 202. MGH, Epp. 8,1 (Epistolae Karolini aevi VI. Hincmari archiepiscopi Remensis epistolae), p. 227. Cit. D. GANZ, *Corbie in the Carolingian Renaissance*, Sigmaringen, Thorbecke, 1990, pp. 81-82.

Segundo en el orden lógico, aunque probablemente tuviera lugar al mismo tiempo, viene la *dispositio*[38], *compositio* o reordenación, que es la operación complementaria de la *divisio* utilizada para memorizar los textos. Solo que ahora el buen 'componedor' opera seleccionando piezas de diversos orígenes y recombinándolas en un patrón diferente, permitiendo que los viejos materiales re-emerjan en un orden nuevo, creando una nueva síntesis. Aquí no hay límites para variación y combinación. El equilibrio era lo más importante en este punto, y también no dejar que el discurso se desviase demasiado del objetivo principal. Había muchas decisiones que tomar, muchas elecciones que hacer. De nuevo nos viene a la memoria la comparación alcuiniana entre el escritor y el médico citada más arriba[39]: demasiado de una sola fuente podría disminuir el efecto del producto final o incluso hacerlo nocivo. A veces la principal línea argumental está provista por un solo Padre (por ejemplo Rabano siguió a Hesiquio en su comentario al Levítico y a Josefo en su comentario al Paralipomenon, como había hecho Alcuino con Jerónimo en su comentario al Eclesiastés[40]), pero el objetivo habitual consistía en armonizar a todos los Padres (Angelomo de Luxeuil comparaba a los Padres con los tubos de un órgano[41]) y Pascasio Radberto el proceso de composición con la manera en que el pintor Zeuxis, para crear un retrato de Helena, tomó como modelo a las cinco muchachas más bellas de Crotona, seleccionando de cada una las facciones más hermosas, porque ninguna de las chicas era absolutamente perfecta[42].

Por si todo esto no fuera suficiente, hay veces en las que parece como si los Padres estuvieran en desacuerdo. ¿Y entonces? Esta es la respuesta de Rabano[43]:

---

[38] Cicerón, *De Inventione* (1,9) la define así: dispositio est rerum inventarum in ordinem distributio.

[39] Alcuin, ep. 213 ad Gislam, MGH Epp. 4 (Epistolae Karolini aevi II), pp. 357-358.

[40] J.J. CONTRENI, «Carolingian Biblical Studies», en U.-R. Blumental (ed.), *Carolingian Essays. Andrew W. Mellon Lectures in Early Christian Studies*, Washington, D.C., The Catholic University of America Press, 1983, pp. 71-98, cit. p. 88.

[41] Carta al emperador Lotario, como prefacio a su comentario al Cantar de los Cantares, MGH, Epp. 5. (Epistolae Karolini aevi III), p. 627

[42] Prólogo a su comentario sobre Mateo, MGH Epp. 6 (Epistolae Karolini Aevi IV), p. 141. La historia original viene de Cicerón, *De inventione* 2,1-3. Cit. J.J. CONTRENI, «Carolingian Biblical Studies», p. 88-89.

[43] Carta prefacio al comentario sobre las cartas paulinas, MGH Epp. 5 (Epistolae Karolini Aevi III), p. 427-430.

> Sunt enim eorum sensus in aliquibus concordantes, in aliquibus vero discrepantes. Unde necessarium reor, ut intentus auditor per lectorem primum recitata singulorum auctorum nomina ante scripta sua audiat, quatenus sciat, quid in lectione apostolica unusquisque senserit, sicque in mentem suam plurima coacervans possit de singulis iudicare, quid sibi utile sit inde sumere.

Por supuesto, la *dispositio* era acompañada con paráfrasis y algún otro añadido (*et aliquid utilitatis dictando*, había sido el consejo de Rabano a Bruno Cándido[44]), y algo había también que completar, allí donde los Padres se habían dejado algún hueco[45]:

> interdum vero, ubi necesse fuit, secundum exemplar eorum quaedam sensu meo protuli.

A pesar del enorme respeto que Alcuino, Rabano y sus contemporáneos muestran por los Padres y a pesar del hecho de que –como buenos discípulos– siempre reconocen la superioridad de sus maestros y siguen su ejemplo, se consideran lo suficientemente fuertes como para llevar a cabo la tarea, y sienten que pueden proceder con manos firmes, sirviéndose de las herramientas que les brindan las Artes Liberales (especialmente la Dialéctica[46]) e iluminados por la llama del Espíritu Santo. Sus declaraciones de indigencia no son expresión de falsa modestia, sino de sincera humildad cristiana: saben que pueden alcanzar alto, pero saben también por Quién pueden hacerlo[47]:

> Et ita quae in eo rationabiliter inveneris dictata, ei hoc tribuas a quo est omnis ratio creata.

El siguiente paso (nuevamente en el orden lógico, porque también es probable que el proceso fuese simultáneo con las fases previas) era escribir. Es posible que aquí Rabano Mauro contase con la asistencia de copistas

---

[44] MGH, Poetae Latini aevi Carolini II, p. 94.
[45] *De institutione clericorum*, prefacio.
[46] A este respecto Rabano se muestra algo más tímido que su maestro Alcuino. Sobre este último ver el interesante comentario de G. D'ONOFRIO, «La teologia carolingia», en G. d'Onofrio (ed.), *Storia della teologia nel Medioevo. I. I principi*, Casale Montferrato, Piemme, 1996, pp. 107-196, cit. pp. 125-126.
[47] *De institutione clericorum*, prefacio.

profesionales[48]. Notker el Tartamudo de San Gal ciertamente los tuvo para su *Martirologio*[49]. Pero este hecho no es aquí especialmente relevante, porque después de todo la composición se realizaba en alto, y en consecuencia se llamaba *dictare*, dictar, a uno mismo o al secretario. En este punto es casi imposible dejar de recordar el emotivo relato de Cuthberto sobre las últimas horas de Beda el Venerable[50]:

> In istis autem diebus duo opuscula multum memoria digna, exceptis lectionibus quas accepimus ab eo, et cantu psalmorum, facere studebat. Evangelium scilicet sancti Joannis in nostram linguam ad utilitatem Ecclesiae convertit, et de libris Notarum Isidori episcopi Exceptiones quasdam, discens: 'Nolo ut discipuli mei mendacium legant, et in hoc post obitum meum sine fructu laborent'. Cum venisset autem tertia feria ante Ascensionem Domini, coepit vehementius aegrotare in anhelitu, et modicus tumor in pedibus apparuit. Totum autem illum diem docebat et hilariter dictabat, et nonnumquam inter alia dixit: 'Discite cum festinatione: nescio quandiu subsistam, et si post modicum tollat me Factor meus'. Nobis autem videbatur quod suum exitum bene sciret. Et sic noctem in gratiarum actione pervigil duxit. Et mane illuscente, id est, quarta feria, praecepit diligenter scribi quae coeperamus. Et hoc facto, usque ad tertiam horam ambulavimus deinde cum reliquiis sanctorum, ut consuetudo diei illius poscebat. Unus verat ex nobis cum illo, qui dixit illi: 'Adhuc, magister dilectissime, capitulum unum deest, videturne tibi difficile plus te interrogari?' At ille: 'Facile est, inquit, accipe tuum calamum et tempera, et festinanter scribe'. Quod ille fecit.

Y siglos más tarde se decía que santo Tomás de Aquino[51]

> De diversis materiis tribus scriptoribus et interdum quatuor in camera sua eodem tempore ipse dictabat, ut videretur deus simul ejus intellectui diversas infundere veritates, quas simul posset non absque specialis dono gratie pluribus dictare, ut non videretur ignota discurrendo perquirere, sed quasi collata in memoria de thesauro suo effundendo aperire. ... Retulit quoque scriptor suus quidam brito Evenus nomine trechorensis diocesis quod postquam dictaverat sibi et duobus aliis scriptoribus quos habetat;

---

[48] P. LEHMAN, «Geisteswissenschaftliche Gemeinschafts- und Kolectivunternehmungen in der geschichtlichen Entwicklung», en id. *Erforschung des Mittelalters*, Stuttgart, 1960-1961, vol. 4. pp. 353-385, cit. p. 356.

[49] MCCULLOH, «Hrabanus Maurus' Martirology», p. 423.

[50] Cuthberto, *Epistola de obitu Bedae*. PL 90, col. 40.

[51] *Vita S. Thomae Aquinatis, auctore Petro Calo* 22, ed. D. PRÜMMER, *Fontes vitae S. Thomae Aquinatis*, Tolosae, 1912, p. 199.

tamquam fessus pre labore dictandi ponebat se idem doctor pro pausacionis gracia ad quietem, in qua etiam dormiendo dictabat. De cujus ore dormientis que audiebat predictus scriptor redigebat in scriptis continuando materiam de qua antea scripserat cum vigilando dictaret.

Para entonces la estructura final estaba ya completa. Los cimientos estaban constituidos por la *auctoritas* de los Padres y los bloques constituyentes eran ciertamente las citas de sus escritos, pero el edificio en conjunto tiene 'su propio carisma'[52]. Probablemente a este respecto el *De universo* o *De rerum naturis* de Rabano (una obra de madurez) sea un mejor ejemplo que el *De institutione clericorum*. Los materiales del *De universo* vienen de las *Etimologías* de san Isidoro (complementadas con algunas adiciones de Arator, Beda, Sedulio, Josefo, Lactancio y Agustín[53]), pero mediante sutiles cambios en los contenidos y una reorganización de la estructura Rabano los ha convertido en una guía para la interpretación de la Escritura. Si la obra de Isidoro se divide como todo el mundo sabe en veinte libros, la de Rabano lo hace en veintidós, y ello simplemente porque los libros del Antiguo Testamento son veintidós.

El *topos* del producto escrito como edificio era también muy antiguo, y se seguiría utilizando durante muchos siglos más. Algunos decenios después de la muerte de Rabano, el rey Alfredo el Grande, en su introducción a la traducción de los Soliloquios de san Agustín, lo expresó de la siguiente manera[54]:

> Me proveí de troncos y puntales, y barras y manivelas y de todas las herramientas con las que sabía trabajar, y listones y vigas y de la mejor madera, para todos los trabajos que yo sabía como hacer, y tanto como podía llevarme. Y no regresé a casa con mi carga sin desear haberme traído todo el bosque, [y lo hubiera hecho] si hubiera sido capaz de trasportarlo: en cada

---

[52] W. OTTEN, «The texture of tradition: the role of the Church Fathers in Carolingian theology», en I. Backus (ed.), *The Reception of the Church Fathers in the West. From the Carlingians to the Maurists*, Leiden, Brill, 1997, pp. 3-50, p. 26-27.

[53] E. HEYSE, *Hrabanus Maurus' Enzyklopädie 'De rerum naturis'. Untersuchungen zu den Quellen und zur Methode der Kompilation*, München, Arbeo-Gesellschaft, 1969.

[54] Traducido a partir del texto en inglés moderno ofrecido por R. STANTON, *The Culture of Translation in Anglo-Saxon England*, Cambridge, D.S. Brewer, 2002, pp. 88-89. Por supuesto, lo que Alfredo estaba haciendo era traducir, pero en este párrafo se está apropiando de la retórica tradicional de la compilación, reorganización y composición. Ver STANTON, *ibid.*, p. 89.

árbol veía algo que necesitaba en casa. Por eso aconsejo a cualquiera que sea fuerte y que tenga muchas carretas que tome para sí del mismo bosque donde yo corté los puntales, y que cargue sus carretas con buenos troncos, de modo que pueda levantar muchos y hermosos muros y construir muchas casas excelentes y erigir una hermosa ciudad, y así vivir feliz y en paz con su mujer en invierno y en verano, según que yo no lo he hecho todavía.

JOSÉ FILIPE SILVA[*]

HUGH OF ST. VICTOR AND ROBERT KILWARDBY ON SCIENCE

1. The idea behind any sort of compilation – a florilegium, compendium, encyclopedia – is to transmit texts, passages, ideas that one takes as central to a certain discipline or field of inquiry and deemed worth of making available to students and scholars alike those texts, ideas and passages. In Jacqueline Hamesse's clear formulation:

> Les florilèges furent composés afin de fournir des citations de tous genres à ceux qui désiraient trouver, dans quelque domaine que ce fût, des passages destinés à illustrer ou appuyer une doctrine.[1]

These characteristics explain the wide diffusion of the genre. Without wanting to over push the boundaries, it seems however that medieval treatises proposing classifications of sciences – and there are a few – should fall within this description, as their motivating intention is twofold: on the one hand to present a certain model of the scientific project of the time that displays central contributions – authors and ideas – together with a reflection on classificatory principles; on the other to integrate into contemporary discussion previous models/schemes, thus, enlarging the pool of authors, texts and ideas that are transmitted to other scholars and students. In this paper I focus on two such treatises, Robert Kilwardby's *De ortu scientiarum* and, in a certain way, its model the *Didascalicon de studio legendi* of Hugh of St. Victor. Both authors start their works by pointing out that their purpose is not to invent something new but to make use of ideas that were found in previous authors; although this is true to a large extent it is also an understatement because both works are innovative and important contributions to the genre and to medieval epistemology.

---

[*] Helsinki Collegium for Advanced Studies. jose.pereiradasilva@helsinki.fi
[1] J. HAMESSE, *Les* Auctoritates *Aristotelis. Un florilège médiéval. Étude historique et édition critique.* Louvain-Paris: Publications Universitaires-Béatrice-Nauwelaerts, 1974.

Kilwardby wrote his work around 1250, after a long stay in Paris first as a student and later as a Master of Arts, and soon after his arrival in Oxford and entrance in the Dominican Order. The *De ortu scientiarum* is a widely read and well-known classification of sciences that has been described as

> the most ambitious and astute consideration of the nature, scope, and classification of the then-known sciences in the thirteenth century.[2]

There are some well-written overviews of the treatise, so my aim in this paper is not to offer a presentation of the work.[3] Instead, I shall focus on two aspects: first, how the structure of the work and the principles of classification of the different disciplinary fields show the influence of Hugh of St. Victor's equally popular *Didascalicon: De studii legendi*. The connection of the two works is generally recognized, as Kilwardby himself refers to Hugh's treatise in some sections of his work; my aim is rather to consider the differences between the two texts, written in very different conceptual frameworks. I shall argue that Kilwardby's treatise can only the fully understood together with his commentary to the *Posterior Analytics*, the work of Aristotle that lays the foundation for a late medieval conception of science and scientific knowledge –which Kilwardby was one of the first to comment in the Latin West.

I hope to demonstrate how the conception of science changed dramatically between the two texts by analyzing and comparing Kilwardby's and Hugh's definitions of certain key disciplinary fields. Although the classificatory model Kilwardby presents in the *De ortu scientiarum* closely follows that of Hugh's *Didascalicon*, Kilwardby innovates in the adoption of precise requirements for what is to be considered a scientific field of inquiry

---

[2] J. WEISHEIPL, «Nature, Scope, and Classification of the Sciences», in D.C. Lindberg (ed.), *Science in the Middle Ages*, University of Chicago Press, Chicago, 1978, 478.

[3] See in particular G.C. ALESSIO, «Sul De ortu scientiarum di Roberto Kilwardby», in G. D'Onofrio (ed.), *La divisione della Filosofia e le sue Ragioni*, Avagliano Editore, Rome 2001. See also J.A. WEISHEIPL, «Classifications of the Sciences in Medieval Thought», *Mediaeval Studies*, 27 (1965) 54-90. See also A. MAIERÙ, «Robert Kilwardby on the Division of Sciences» and A. CORBINI, «Robert Kilwardby and the Aristotelian Theory of Science», both in H. Lagerlund and P. Thom (eds.), *A Companion to the Philosophy of Robert Kilwardby*. Brill (forthcoming). I had access, as one of the contributors to the volume, to these texts only after giving the paper in Madrid this article is based upon. I cannot therefore in what follows discuss their arguments in detail.

– a discipline or a science. The source of these requirements is traced into Aristotle's principles of science enounced in the *Posterior Analytics*, built upon a deductive model of scientific discovery. In other words, the aim of my paper is less to present a comparative study of both classificatory schemes and more to show that what distinguishes Hugh's and Kilwardby's treatises is the result of how Aristotle's view on science came to dominate the philosophical scene from the thirteenth century onwards. Finally, the second aspect I wish to (briefly) concentrate is how the soul is presented, and to what use is put, in these two classifications of sciences. Hugh's unitary conception of the human soul is present throughout the work and plays a central role in his definition of human knowledge as focused on the continuity between sensory and intellectual knowledge. This, together with Hugh's conception of the salvific and restorative role of knowledge, is the basis of his theory of science. Kilwardby, on the other hand, although retaining the salvific aspect of human knowledge and the continuity of sensory and intellectual knowledge, approaches the sciences and knowledge in a more complex way. In his theory, ontological and epistemological aspects go hand in hand: the Aristotelian deductive nature of the system and the principle of intellectual abstraction leading to universal knowledge – the ultimate aim of science – is made to fit into a strong Platonic hierarchical conception of being that is characterized by top-down causality. Due to the available time these two aspects can only be presented in a sketchy form but they express the core of the two systems of scientific knowledge available in the twelfth and thirteenth century.

2. Medieval authors, like any author of probably any historical period, write according to a pre-defined program. This is particularly clear in texts such as classifications of science, which are not simple displays of the distribution of disciplinary fields, but serve the purpose of advocating a certain understanding of science and the overall aim of knowledge: the definition of disciplinary fields goes hand in hand with an unified conception of knowledge at the service of an higher end. The fact that Hugh of St. Victor begins (and ends) his *Didascalicon* by establishing a connection between the way we know and the order through which things can and should be learned points to the importance he attributes to the methodology of knowledge acquisition and the need to establish a true system of knowledge.[4] The whole

---

[4] No detailed presentation of Hugh's *Didascalicon* or even of Hugh's philosophy is to be attempted here. There is a enormous amount of scholarship of Hugh to which I cannot refer to. The works of Roger Baron, Damien van den Eynde,

system is build upon the principle according to which through sense experience we come to know the 'visible forms of actual objects' and from these we proceed to an understanding the 'invisible causes of things'.[5] This principle is based on the unitary conception of the (rational) soul, which has a 'native capacity' to know all things by means of 'representing within itself their imaged likeness'.[6]

Although there is a certain universalism in this conception in that all human beings are naturally (and equally) endowed with rational souls thus sharing the same capacity for knowing all things, not all human beings are equally able to acquire knowledge of the highest things. But even those can struggle to overcome at least partially their limited ability. Hugh argues, however, that the biggest shame is not due to incapacity but to the unwillingness to know. As he points out,

> Not knowing and not wishing to know are far different things. Not knowing, to be sure, springs from weakness; but contempt of knowledge springs from a wicked will. (*Didascalicon*, preface)

That who does not want to know shows not a weak will but a wicked will, which is of course only a valid argument if one takes the pursuit and acquisition of knowledge as a positive thing.[7] The main reasons for this unwillingness to know is the subjection to the world of sensory appetites, which is 'detestable' because it is the waste of the capacity for knowledge that was given to them by God. In fact, for Hugh, even those that struggle for their survival are not excused from pursuing knowledge. The moral element of the quest for knowledge that we will find also in Kilwardby – in him accrued with the claim taken from Aristotle in the beginning of his

---

and J. de Ghellinck offer the most detailed study of Hugh's writings; more recently, both P. SICARD (*Hugues de Saint-Victor*. Paris: Cerf, 1998) and P. ROREM (*Hugh of St. Victor*, Oxford University Press, Oxford 2009) offer valuable overall views of Hugh's thought and works, as well as extensive bibliography.

[5] *Didascalicon* I.1, 46.

[6] *Didascalicon* I.1, 46. All translations of the *Didascalicon* are from J. TAYLOR, *Didascalicon of Hugh of St. Victor: A Medieval Guide to the Arts*. Columbia University Press, New York 1961. Hugh's text is edited by C.H. BUTTIMER in *Hugonis de Sancto Victore Didascalicon de Studio Legendi*, The Catholic University Press, Washington 1939.

[7] The truth that one finds through the liberal arts, as Hugh points out, is not to however be procured for its own sake but on route to the highest good.

Metaphysics that all human beings have a natural desire for knowledge – is well represented in Hugh.

In some of his other works, Hugh makes clear why knowledge is so important for beings naturally endowed with reason: it is through the use of reason that humans are able on the one hand to surpass their otherwise natural deficient condition – as a weak link in the biological chain of beings – and on the other to restore our dignity as privileged beings at the center of Creation, condition that was lost in the events leading to the Fall. The core of Hugh's theory is well synthetized in his statement that the intention of all human actions is «the restoration of our nature and the removal of our deficiency» (*Didascalicon* I.5, 52; see also I.7, 54). This restoration is possible by means of knowledge ('the contemplation of truth') and good actions ('the practice of virtue') (*Didascalicon* I.8, 54-5).

The presence of these two elements is felt in the Hugh's classification of sciences in that the mechanical arts are intended to help us to cope with our bodily deficiency, whereas the other disciplines are aimed at a better understanding of the world that is auxiliary to a better understanding of our created nature and our place in the natural world,[8] as well as a better understanding of the nature – by privation or analogy – of the Creator. The 'know yourself' is the starting point for the knowledge of your origin and our nature as created beings (*Didascalicon* I.1), and to restore the original dignity through learning.[9] Not only we are made at the image of the Creator but we are also the micro image of the wider external cosmos, a cosmos that shows by means of traces that which is the source of all knowledge, all beauty, and all being.

Learning, Hugh says, is a process and the primary sources of learning are (i) reading and (ii) meditation. With respect to the former three things are essential: one, what one should read; two, in what order to read; and three, in what manner to read. The first part of the *Didascalicon* is a textbook on sources and methodology of reading destined to the readers of Arts (understood here as the readers of the liberal arts, the basis of education in the Latin – Roman and Medieval – world)[10]. Much could and in fact has been

---

[8] «... for man was like all the other animals when he did not understand that he had been created of a higher order than they», *Didascalicon* I.1, 46.

[9] «But we are restored through instruction, so that we may recognize our nature», *Didascalicon* I.1, 47. This is a universal principle in the sense that all human beings equally possess that same dignity and the capacity to learn (*idem*).

[10] The second part of the *Didascalicon* is dedicated to the study of the sacred text. It is relevant to compare Hugh's chosen order to Cassiodorus's *Institutiones*,

said about his pedagogical theory but this is not my main concern here. Instead, I would like to note that Hugh's starting point is twofold: on the one hand, all human beings are rational beings thus having a natural capacity to know all things, either directly or through instruction; on the other, (only through instruction are human beings able to realize that) the real aim of life is the pursuit of Wisdom and that pursuit is of itself restorative of the original human dignity. The pursuit of Wisdom is then identified with Philosophy and Philosophy encompasses all the different branches of knowledge.[11] Philosophy is that 'toward which all arts and disciplines are oriented' (*Didascalicon* II.1, 61). It is in this specific context that Hugh's theory of science needs to be understood: what to know and how to know, directly or by means of instruction, are two sides of one and the same endeavor. In the following section I will briefly elaborate on this and then move on to Kilwardby's theory of knowledge and of the sciences.

3. After pointing out that the *Didascalicon* is written with the explicit aim of providing an education of what, in what order, and how to read, Hugh remarks that as the first part of the book is dedicated to the readers of Arts, he must start with the description of the Arts, their origin and the sources to each of them. This aspect displays with clarity the pedagogical nature of the work: the justification for knowledge to be presented in the way it is presented is the need to be taught. Now, this constitutes a justification internal to the *Didascalicon* as a book but says nothing about the principles that explain and justify what disciplines are introduced in the general scheme of knowledge and how they are organized. And those are the two aspects that interest us here.

Wisdom, he says, encompasses the understanding and knowledge: understanding aims at 'the investigation of truth and the delineation of morals', that is the theoretical and practical branches of philosophy. Knowledge (*scientia*) on the other hand pursues human works and as such is constituted by the mechanical arts (*Didascalicon* I.8, 55), those in which human beings as artificers imitate nature. Hugh praises this human capacity

that has the exact opposite order: first the study of the sacred text, then the profane liberal arts. Cfr. Cassiodorus, *Institutiones divinarum et humanarum litterarum*, ed. R.A.B. MYNORS, Clarendon Press, Oxford 1937.

[11] «Philosophy is divided into theoretical, practical, mechanical, and logical. These four contain all knowledge», *Didascalicon* II.1, 62. See Gundissalinus, *De divisione philosophie*, ed. L. BAUR. Münster, 1903, prologus, 5: «... nulla est sciencia que philosophie non sit aliqua pars».

for producing by means of reason strategies to cope with the human physical deficiencies, at least in comparison with other animals.[12] Logic is conceived as the instrument of human pursuit of knowledge because only by possessing knowledge on how to reason can one achieve the true knowledge of things (*Didascalicon* I.11, 58).

The three most important things about this scheme are (i) the introduction of the mechanical arts, which obey the model of the liberal arts divided into the four arts of things (the *quadrivium*) and the three arts of language (the *trivium*),[13] here to be understood as the four arts of what is internal (*intrinsecus*) and the three arts of what is external (*extrinsecus*);[14] (ii) the role given to logic as a separate branch of philosophy; and (iii) the criterion of organization of the theoretical or speculative disciplines based on the levels of abstraction (from matter; thus from change).[15]

As I mentioned earlier my intention in regard to Hugh's classification is quite limited, but I wish to make a final point. After presenting in *Didascalicon* I.2 his view on the identification of Philosophy and Wisdom to be pursued, Hugh remarks that we must first know the pursuing soul. Therefore, in chapter three he presents the Aristotelian threefold division of the soul into vegetative, sensitive and rational powers. Hugh insists that the sensory power is characterized by the capacity to (i) apprehend the forms of the objects that act upon the senses, (ii) to retain these forms or images after these objects cease to be present to the senses, and (iii) to make judgments about those external objects (*Didascalicon* I.3). In addition to the senses, human beings have also reason, by means of which the sensory information is complemented and perfected. Reasons allows us to inquire after what is unknown and to know of each thing that it exists, that is of a certain kind, that it has certain properties, and 'why it exists as it does' (*Didascalicon* I.3, 50).[16]

---

[12] «Indeed, man's reason shines forth much more brilliantly in inventing these very things than ever it would have had man naturally possessed them.», *Didascalicon* I.9, 56.

[13] See *Didascalicon* III.3.

[14] *Didascalicon* II.20. Kilwardby, in *De ortu scientiarum*, ed. A.G. JUDY. The British Academy and The Pontifical Institute of Mediaeval Studies, 1976, 377 and 659, alters Hugh's internal-external division by pointing out that three of the mechanical arts concern the interior of the body, whereas the other four concern what is exterior.

[15] Cfr. *Didascalicon* II.17.

[16] It is important to note that Al-Farabi, in his *De ortu scientiarum* (ed. Baeumker, Aschendorff, Münster 1916, 1, 17), also starts by distinguishing the processes by means of which one comes to know accidental features of objects, such

The main purpose of the knowledge acquired is to act in the more informed and rational way possible. For that reason, Hugh concludes,

> we are compelled to extend philosophy to all the actions of men, so that necessarily the parts of philosophy are equal in number to the different types of those things over which its extension has now been established. (*Didascalicon* I.4, 51)

To conclude, then, for Hugh all things are important and philosophy is the quest for knowing all things. To the unity of the soul, defined as a simple incorporeal substance, corresponds the unity of philosophy as the pursuit of wisdom.[17] This is in my view an important point to make because all too often we find expressed the idea that medieval authors, especially early ones, develop a theory of science in isolation from a theory of knowledge, as if their scientific project is not grounded on the knowledge of how the world is. On the contrary, there is a tight connection between these two aspects of knowledge: as applied to a disciplinary field and to cognition of an object.[18] The origin of this confluence is of course the equivocal nature of the Latin term 'scientia', a translation of the equally equivocal Greek term 'episteme', that refer both to «the cognitive state of the knowing person or to a body of knowledge, a science».[19] To the hierarchy of objects to be known corresponds the hierarchy of powers because, as Aristotle remarks, objects define powers. The principle extends to the classification of sciences of Hugh and Kilwardby because what defines a science is its object, or subject matter. Sciences as well as powers are about certain kinds of objects. Associated with this is the conception of continuity between sensory and intellectual knowledge, according to which we progress from the knowledge of particular objects to the knowledge of the universal natures those objects instantiate. Thus, in the same way as in the scientific endeavor one goes from the effects to causes and from the low-end causes to the first causes. The order of the sciences corresponds to the order of knowledge.

---

as colors and odors, and substance, which is know only by means of reason. The different ways of cognizing different objects correspond to the different sciences.

[17] The human rational soul, according to Hugh, is not partitioned but is «wholly in each of its powers»; in fact, «the soul, as one and the same substance, receives different names according to its different powers» (*Didascalicon* II.4, 65).

[18] On the two senses of *scientia*, see *Didascalicon* II.30.

[19] M.F. BURNYEAT, «Aristotle on Understanding Knowledge», in E. Berti (ed.), *Aristotle on Science: The Posterior Analytics*, Antinori, Padua 1981, 97.

This principle is enunciated clearly in Hugh but can also found in Dominicus Gundissalinus' *De divisione philosophie*, when he says that «Philosophy is the assimilation by human beings to the works of the Creator according to the human power».[20] According to Gundissalinus, the assimilation to the works of the Creator consists in the «perception of the truth of things» and the «perception of the truth of things» is nothing other than the cognition of their causes.[21] The intention or aim of Philosophy, which encompasses all sciences, is to comprehend the truth of all existing things in the limits of human cognitive capacities.[22] Gundissalinus also stresses the straightforward correspondence between philosophy and the perfection of the soul – and that which perfects the soul is operation and knowledge. Gundissalinus hence argues it is necessary to divide philosophy into science and operation in the same way as the soul is divided into sensory and rational (*De divisione*, 11). The analogy does not hold completely – in that he does not claim that practical philosophy is the realm of sensory cognition only – but it should be noted how the underlying principle of science distribution is directly related to the human cognitive powers.

4. Robert Kilwardby on the other hand remarks in several places that knowledge (*scientia*) is about (i) universals (*de universalibus*), (ii) what necessary is such (*ex his quae non possunt aliter se habere*), (iii) causes (*causalis cognitio*); and, in a more proper way, (iv) a conclusion that is causally demonstrated.[23] What Kilwardby does in the *De ortu scientiarum* is to apply this definition of science to each of the disciplinary fields that

---

[20] «'Philosophia est assimilacio hominis operibus creatoris secundum uirtutem humanitatis'», Gundissalinus, *De divisione philosophiae*, ed. BAUR, prologus, 6. The editor identifies the source of the passage as Isaac Israeli.

[21] «'Philosophia est assimilacio hominis operibus creatoris secundum uirtutem humanitatis.' assimilacio uero operibus creatoris est percepcio ueritatis rerum, scilicet ueritas cognicionis earum et operacionais secundum quod conuenit ueritati. percepcio autem ueritatis rerum est percepcio ipsarum ex causis earum naturalibus quattuor», Gundissalinus, *De divisione philosophie*, ed. BAUR, prologus, 6.

[22] «Intencio philosophie est comprehendere ueritatem omnium que sunt, quantum possibile est homini», Gundissalinus, *De divisione philosophie*, ed. BAUR, prologus, 9.

[23] See e.g. Robert Kilwardby, *Quaestiones in Librum Primum Sententiarum* (QLIS, hereafter), ed. J. SCHNEIDER, Verlag der Bayerischen Akademie der Wissenschaften, München 1986, question 12; the examples abound. See J.F. SILVA, *Robert Kilwardby on the Human Soul. Plurality of Forms and Censorship in the Thirteenth Century*. Brill, Leiden 2012, section 5.7, for further references.

constitute Philosophy. Each science needs to have in addition to its (distinctive) subject matter a set of foundational principles and to proceed in a demonstrative way. The instruction of the common way of proceeding is the task of logic, whereas the discovery of the first principles that are common to all sciences falls upon metaphysics; but other principles are specific to each particular science, in the same way its subject matter is (more on this below).

Philosophy, he says, is partially about the way of living an honest life – all knowledge is ordered to honest living (DOS 3) – and partially about the truth of things. There are two kinds of things about whose truth Philosophy is about and this corresponds to the primary division of Philosophy.[24] Philosophy is divided into speculative philosophy that is about divine things (effects of divine action) and about human things (the result of human action). Human things comprehend two kinds, words and operations; thus, the study of human things is divided into practical or operative philosophy and philosophy of language (*sermocinalis*). Each of these branches is further divided but the schema is well known and is not my main concern here.

One of the main characteristics of Kilwardby's scheme is how he proposes to (i) consider about each science its origin, subject matter, (proper) end, and definition; (ii) compare sciences to one another both with respect to what they have in common and what they are distinct (*convenientia et differentia*) and (iii) to compare the sciences between themselves in terms of order of invention, of nature, and of doctrine. Stating, as Hugh, that all science is the result of an attempt to deal with and surpass a natural deficiency (*De ortu scientiarum* 626; DOS, hereafter), the order of invention starts with speculative philosophy and proceeds to ethics and sciences of language; within the branch of speculative philosophy, the order follows that of human cognition: from the knowledge of sensible things to the knowledge of what is more distant from matter and change (DOS 627). The order of nature on the other hand is defined according to the order to the objects, in that higher in the hierarchy stand those sciences whose objects are more simple. Kilwardby interestingly also points out in respect to their ends the truth of the thing known is more important than its investigation or even signifying it, so that the sciences about things have priority in respect to logic and the other sciences of language[25]. Moreover, among those sciences that are

---

[24] I leave aside the question of theology. On this issue, see M.-D. CHENU, *La théologie comme science au XIIIe siècle.*, J. Vrin, Paris 1969, 50-52.

[25] In practice, the order of nature divides into the order established by the different sciences' subject-matters and the ends of those sciences.

about the truth of things, the degree of certainty achieved explains their hierarchical arrangement (DOS 636). Finally, on the order of learning – an idea Kilwardby most certainly borrowed from Gundissalinus – the sciences of language are first, and metaphysics among the speculative sciences.[26]

According to Kilwardby, sciences are divided into common and special (*speciales*) sciences, with logic and metaphysics belonging to the first kind and all other sciences to the second. What all sciences have in common is their demonstrative nature because science operates by means of demonstrations (NLP I.Prologus, 3). Logic is one of the common sciences because its subject matter is demonstration, the primary instrument of scientific inquiry. Metaphysics is the other common science because, as shown previously, it is the science that has as object the (first) principles that apply to and are used by all special sciences. In other words, that which is the result of metaphysical inquiry is then used by all special sciences as their starting points, and that which is the result of logical inquiry is used by all special sciences as their method of proceeding in their own inquiries.

As argued previously, the innovation Kilwardby introduces to the genre of classifications of sciences is not so much the principles or criteria of classification but the definition of certain requirements that any discipline must comply with if it is to be considered a particular field of inquiry. (A second aspect that is to be discussed later is the application of the deductive model to any science.) According to Kilwardby, each science must (i) have one subject matter, that is although any given science comprehends many things there must be a feature that is common to them all and that is the proper object of the science;[27] (ii) it must also discover the parts and species of its subject matter as well as its properties by means of the *modus scientiae*, that is division, collection, and definition;[28] finally, (iii) it must accommodate the first principles of demonstration into its subject matter and contract a set of principles proper to its genus. It is not the case anymore that each science is just defined according to its object and placed within a hierarchy that purports to represent a complete ontology. Each disciplinary field continues

---

[26] «A communioribus enim ad minus communia decurrit humana ratiocinatio, et ipsa est de communissimis et abstractissimis», DOS 640. For a comparison between 'Sacra Scriptura' and the other sciences, in particular metaphysics, see QLIS 14.

[27] DOS 167; 221.

[28] *De ortu scientiarum* 651-52. By division one comes to know the subject of a science and its parts or species; by collection one demonstrates the properties of the parts and species of the subject matter (QLIS 7, 18-19).

to be defined by its subject matter, which makes it distinctive with respect to all other fields of inquiry,[29] but a certain methodology applies, one that is common to all sciences, as well as a set of common first principles. It is also complex the way he describes, as noted above, in addition to the definition of each discipline, the relation between them.

In his *Didascalicon*, Hugh had defined geometry as the discipline that measures 'all bodies whatever'. He points out also that it has three parts: planimetry (measures plane surfaces – length and width), altimetry (measures height), and cosmimetry (measures spherical things) (*Didascalicon* II.9, 68; II.13, 70). The origin of the discipline is found in the Egyptians, who were motivated in measuring the land due to the floods of the Nile. In this Hugh is clearly following Cassiodorus, who in his *Institutiones* (II.6), points notes the same origin and the same motivation (although the subdivisions do not correspond completely). Geometry, Cassiodorus remarks, is the science of the forms and immobile magnitude; it divides into the study of plane figures, numerable magnitude, rational and irrational magnitude, and solid figures.

Kilwardby follows to a great extent Hugh's (and Cassiodorus') presentation, remarking however that this explanation is already found in Isidore of Seville.[30] Egyptians invented this science motivated by the floods of the Nile but he adds that the science measures applies whatever is the thing, or better said the continuous quantity, measured. The subject matter of geometry is then limited magnitude or limited continuous quantity abstracted from natural matter. Any continuous magnitude is able to be measured and to each vector correspond a part of the science of geometry: planimetry measures the latitude or surface, altimetry measures the longitude and steriometry measures solid bodies.[31] From this Kilwardby concludes,

---

[29] This paragraph is partially based on J.F. SILVA, «Robert Kilwardby», *The Stanford Encyclopedia of Philosophy* (Winter 2012 Edition), E.N. Zalta, ed., forthcoming URL = http://plato.stanford.edu/archives/win2012/entries/robert-kilwardby/, section 6.

[30] Kilwardby does not however make use of Hugh's distinction between practical and theoretical geometry.

[31] DOS 61, 30 and Notule Libri Posteriorum, ed. D. CANNONE, in *Le Notule Libri Posteriorum di Robert Kilwardby nella tradizione esegetica latina medieval del XIII secolo*. Rome University, Ph.D. dissertation, 2003/2004, I.28, 172, with some minor differences between the subject of each part in the two passages.

Geometry is the part of speculative philosophy (…) that is about the cognition of limited magnitude, its parts and its properties. (DOS 64, 30, my translation)

After dwelling on the different parts of the definition Kilwardby continues to present astronomy (and astrology, DOS 72), followed by optics or perspective (DOS 77; NLP I.26, 156), after which he tries to clarify the relation that exist between these different branches of speculative philosophy.

Some sciences are related in a particular way, as when they fall under the same subject genus. The relation between these disciplines is drafted in terms of subalternation (*subalternatione*), which constitutes an exception to the principle that the diversity of sciences is founded upon the diversity of subject matters.[32] Kilwardby discusses this issue especially in his *Notule Libri Posteriorum* (NLP, hereafter), but found also in *De ortu scientiarum* (DOS, hereafter), chapter xvi. The relation of subalternation between sciences happens when the subject matter of the one science, called subalternate (*subalternata*), belongs to the genus of the subject matter of another science, called subalterning (*subalternans*). The subject of the subalternate science is the subject of the subalterning science with an added qualification and condition,[33] which makes it distinctive enough. This added condition needs to be something from another genus (than that of the subalternating science) in nature.[34] This is the case e.g. with mobile finite continuous quantity, which is studied by astronomy, added to finite continuous quantity, which is the subject matter of geometry (DOS 330) – motion being of a different kind than that of quantity. Whereas geometry teaches how to measure indifferently any kind of body, astronomy measures celestial bodies and their distances, thus, a specific set of (mobile) bodies. That added condition is enough to distinguish the two sciences that however entertain a relation of subordination.[35]

---

[32] «Ad diversitatem enim scientiae oportet quod sit diversis generis subiecti», DOS 96, 42.

[33] «... subiectum subalternate scientie habet subiectum subalternantis concretum per conditionem adiectam», NLP I.22, 134. See also NLP I.28, 173; and DOS 108-10. Cfr. Robert Grosseteste, *Commentarius in Posteriorum Analyticorum Libros*, ed. P. ROSSI, Olschki, Florence 1981, I.18, p. 261.

[34] «... scientia subalternata addit conditionem supra subalternantem, *que est alterius generis a re de qua considerat subalternans*», NLP I.28, 173, (emphasis added). For the stress on *genus in nature*, see NLP I.28, 175.

[35] DOS 103; 108. See also DOS 113, 47: «Sic igitur patet quod astronomia potest esse sub geometria et tamen esse diversa scientia. Geometria enim de

The comparison between the two accounts of geometry in Kilwardby's *De ortu scientiarum* and in Hugh's *Didascalicon* illustrates well the differences between these two classificatory schemes. (The general remarks on geometry can be applied to all other special sciences.) Although Hugh states the proximity of geometry and astronomy (*Didascalicon* II.14), he has nothing further to say about the issue of ordering so closely related disciplinary fields. Kilwardby, on the other hand, due to the conceptual tools introduced by Aristotle's *Posterior Analytics*, is prepared to formally explain the complex relation of two sciences whose subject matter falls under the same genus. The relation of subalternation is a clear cut example on how the conception of science changed between the two thinkers.

5. At the same time and in contradistinction to the great emphasis on the specialized/distinctive nature of each disciplinary field defined by its subject matter, Kilwardby stresses the strong sense of unity in the scientific endeavor. This is made explicit by the principle of mutual utility of all sciences (DOS, chapter 64): all sciences are in a way or another useful for the other sciences because they all share a common extrinsic end. For example, metaphysics is defined as the science of being and distinguishes it from all the other sciences, which are about special kinds of being (DOS 329). In its process of discovery of the first principles common to all sciences metaphysics is led to consider the nature of the Creator, an effort that is complemented by the particular sciences consideration of the different parts of being thus of the effects of the Creator (DOS 644). The all-encompassing subject matter of metaphysics is complemented by the narrow perspective on being proper to each of the particular sciences. Many other examples could be given that show the sense of the solidarity and cooperation between all sciences sharing a common goal.

> It results apparent from this that any whatsoever part of philosophy is helpful to all others and especially the [sciences of] language are directed to the [sciences of] things, and these all to ethics, and the parts of ethics to moral. Therefore, the whole philosophy is directed to moral ethics and all knowledge to virtue and beatitude.[36]

magnitudine est, astronomia de caelestium magnitudine, et est subiectum secundum ex appositione respect primi per additionem rei alterius generis er naturae quae tamen nata est contineri cum magnitudine ut unum subiectum scientiae fiat ex eis».

[36] «Ex his manifestum est quod fere quaelibet pars philosophiae utilis est ad omnes alias, et quod principaliter sermocinales ordinantur ad reales, et illae ulterius omnes ad ethicam, et ethicae partes ad morale. Quapropter omnis philosophia ad

The common end of the human scientific endeavor and its moral nature is now fully spelled out. In what constitutes an interesting interpretative move, Kilwardby connects two well-known Aristotelian sayings, that 'Human beings naturally wish to know' from the *Metaphysics* and that <they> 'naturally desire the good' from the *Ethics* (QLIS 10, 25), in order to conclude that all human knowledge is directed to the good (actions) and that what is true is also what is good. The connection with Hugh's explicit defense of the restorative role of knowledge is also evident.

6. The general remarks made in the first sections allow us to conclude that the model of science Kilwardby puts forward rests on four theses. First of all, the scientific endeavor is directed to a moral end. Following Hugh's conception of 'the road of knowledge to salvation', for Kilwardby everything that is true is useful for salvation[37]. Despite the difference between theology, as directed to salvation, and philosophy, directed to the truth of things and righteous living, the moral end of knowledge is present in both. Second, all sciences need to obey to the demonstrative model of the scientific inquiry, which means a conception of science as having its own methodology, organized in its logical structure and self-regulatory principles. Third, a more basic distinction between sciences is that between special and common sciences, with one of the latter (Logic) being responsible for formulating a method of inquiry and justification that can be applied to all special sciences[38] and the other (Metaphysics) for discovering the first principles common to all special fields of inquiry (DOS 331; NLP I.43, 307). Finally, an essential aspect of Kilwardby's conception of science is the formal setting of the relation of subalternation among sciences whose subject matters fall under one genus.

---

morale ethicam ordinatur, et ita omnis scientia ad virtutem et beatitudinem», DOS 648, (my translation).

[37] Cfr. e.g. QLIS 5, 15. We find the same idea in the slightly posterior treatise by Roger Bacon, *Communia naturalium* I.1.1, 2: «Nam veritatis cognicio ad amorem boni et ejus operacionem ordinatur». In his *De divisione philosophie*, Gundissalinus points out the utility of the virtues and 'honest' sciences that constitute the human perfection: not science or virtue taken in isolation but science and virtue together (ed. BAUR, prologus, 4-5). Honest science divides into human and divine science (as in Kilwardby).

[38] The subject matter of the *Posterior Analytics* is precisely the examination of the instrument of the special sciences (NLP I.prologus, 5).

With these four aspects in mind, the relation between Kilwardby's classification of the sciences and that of Hugh of St. Victor becomes apparent. In what concerns the system of classification understood from the point of view of the classificatory criteria, Kilwardby, with some qualifications, adopts as his Hugh of St. Victor's model, namely with the addition of the mechanical arts and the sciences of language to the classificatory model of Aristotle. The different denomination of theoretical as being about divine things and of practical as being about human things should not be overlooked but need not also be particularly stressed: it does place some emphasis on the distinction between the study of that which is created by God and that which is the direct result of human action of the created world – by means of speech acts, moral action and craftsmanship – but there is no resulting significant conceptual change. In addition, there is an underlying feature common to these two widely read medieval classifications of sciences that is the moral justification for the quest for knowledge, an element that bespeaks of the Augustinian nature of their works.

The similarities however end here. Kilwardby's demonstrative model of science and the explicitly formulated relation of subalternation, essential aspects to his understanding of science, are absent from Hugh's classificatory scheme. Furthermore, the backbone of the scientific project understood as the quest for knowledge of what is universally and necessarily the case is for Kilwardby grounded on the possibility of applying the demonstrative model to all sciences. What he attempts, through his use of Aristotle's *Posterior Analytics*, is the definition of the way we approach the knowledge of those objects by specifying and formalizing the rules of scientific discovery. [39] Whereas the emphasis of Hugh's treatise is on what disciplines and authors are worth of study as well as on the order of this study, relying upon but developing the standards of a tradition that preceded him, Kilwardby on his turn advances the general rules that science must respect in order to produce a knowledge as certain as possible. In other words, whereas Hugh's classificatory system offers a delimitation of disciplinary fields heavily reliant on previous classificatory models, Kilwardby in his *De ortu scientiarum* defines the general procedures of scientific inquiry according to the demonstrative model of Aristotle and applies it to each of the disciplinary fields that constitute Philosophy. It may seem a small contribution but this emphasis on a new methodological approach is a serious and valuable

---

[39] To full understand Kilwardby's role in shaping this conception of science it would be necessary to assess the influence exerted on him by Gundissalinus.

contribution to the development of the medieval conception of science and partially explains the success of his treatise.

LORENZA TROMBONI*

NOTE SULLA FIGURA DEL TIRANNO NELLE COMPILAZIONI FILOSOFICHE DI GIROLAMO SAVONAROLA

Nel 1482, durante il capitolo della Congregazione Lombarda dei Predicatori che si tenne a Reggio, Savonarola fu destinato al convento di San Marco di Firenze, con l'incarico di *lector*. È l'inizio del suo primo soggiorno fiorentino (1482-1487), durante il quale terrà alcuni cicli di predicazione presso il convento delle Murate, nella chiesa di San Lorenzo e nella vicina San Gimignano[1].

Le funzioni di *lector* che Girolamo assolveva in quel periodo consistevano nell'insegnamento ai confratelli più giovani dei rudimenti di filosofia e teologia: la base era costituita dai testi aristotelici che venivano corredati dai commenti di Tommaso d'Aquino, Alberto Magno e Severino Boezio. Frutto di questa attività di insegnamento sono tre manuali, il *Compendium logicae*[2], il *Compendium philosophiae naturalis* ed il *Compendium philosophiae moralis*[3], che egli compose probabilmente tra il

---

* Università di Firenze - Società Internazionale per lo Studio del Medioevo Latino, Firenze. lorenza.tromboni@gmail.com.

[1] Cfr. RIDOLFI, *Vita di Girolamo Savonarola*, Le Lettere, Firenze 1997[6], pp. 11, 14-15, 19-21.

[2] Cfr. Girolamo Savonarola, *Scritti filosofici*, I, ed. G..C. GARFAGNINI–E. GARIN, Belardetti, Roma 1982, pp. 3-208 (Edizione Nazionale delle opere di Girolamo Savonarola).

[3] Cfr. Girolamo Savonarola, *Scritti filosofici*, II, ed. G..C. GARFAGNINI–E. GARIN, Belardetti, Roma 1988 (Edizione Nazionale delle opere di Girolamo Savonarola); D.A. LINES, «Pagan and Christian Ethics: Girolamo Savonarola and Ludovico Valenza on Moral Philosophy», *Documenti e studi sulla tradizione filosofica medievale*, 17 (2006) 427-444 dove oltre allo studio del rapporto del *Compendium philosophiae moralis* con la fonte tomistica, si formula qualche ipotesi sulla data di composizione dei compendi, e E. CUTTINI, *Unità e pluralità nella tradizione europea della filosofia pratica di Aristotele: Girolamo Savonarola, Pietro Pomponazzi e Filippo Melantone*, Rubbettino, Soveria Mannelli (Catanzaro) 2005, pp. 11-63.

1482 ed il 1484. Accanto ai compendi, si hanno altri due scritti di carattere compilativo, meno noti ma di altrettanto interesse; si tratta di appunti di argomento filosofico, platonico ed aristotelico: il *De doctrina Platonicorum* è composto da annotazioni e citazioni dei dialoghi platonici, della *Vita Platonis* di Marsilio Ficino e del *Commento* pichiano alla *Canzone d'amore* di Girolamo Benivieni; il secondo, *De doctrina Aristotelis*, è formato da brevi paragrafi concernenti tutte le maggiori opere autentiche - ad eccezione di quelle logiche - e le più diffuse pseudoepigrafe[4]. Le raccolte di appunti sono entrambe conservate nel codice della Biblioteca Nazionale di Firenze, Conv. soppr. D.VIII.985, un manoscritto della fine del XV secolo, proveniente dal convento di Santa Maria Novella di Firenze che risulta, attualmente, l'unico testimone dei due scritti, eccezion fatta per un frammento iniziale del *De doctrina Platonicorum*, conservato nel f. 176r di un importante codice savonaroliano, il Chigiano E.IV.126 (XV sec.)[5]. Scopo di questo intervento è

---

[4] Gli appunti sono difficilmente databili, poiché non è possibile stabilire con certezza quando Savonarola li abbia raccolti; per il *De doctrina Platonicorum* si può stabilire il *terminus post quem* del 1484, data dell'*editio princeps* della traduzione latina dei dialoghi platonici di Marsilio Ficino. L'edizione dei due scritti è contenuta nel volume a cura di L. TROMBONI, *Inter omnes Plato et Aristoteles. Gli appunti filosofici di Girolamo Savonarola. Introduzione, edizione critica e commento*, FIDEM, Porto 2012 (Textes et Études du Moyen Âge, 66); il *De doctrina Platonicorum* è già edito in L. TROMBONI, «Girolamo Savonarola lettore di Platone: edizione e commento del De doctrina Platonicorum», *Rinascimento*, 46 (2006) 133-213. I primi studi sugli appunti filosofici sono di E. GARIN, *La cultura filosofica del Rinascimento italiano. Ricerche e documenti*, Sansoni, Firenze 1961, pp. 201-212, dove si tratta anche dei compendi.

[5] Si tratta di un codice autografo eccezion fatta proprio per il f. 176 che pare scritto da un'altra mano, cfr. P.O. KRISTELLER, *Iter Italicum: a Finding List of Uncatalogued or Incompletely Catalogued Humanistic Manuscripts of the Renaissance in Italian and other Libraries*, 6 voll., Brill, Leiden 1977-1992, vol. II, p. 480a: «Theological miscellany, supposedly written by Savonarola. f. 176 (other hand, s. XVI)». Notizie sui codici in TROMBONI, «Girolamo Savonarola lettore di Platone...», cit., pp. 158-162; Girolamo Savonarola, *Scritti filosofici*, II, cit., p. 488; per il Conv. Soppr. D.VIII.985 si veda *Catalogo di manoscritti filosofici nelle biblioteche italiane*, 11 voll., L. Olschki, Firenze, 1980-2003, III *Firenze, Pisa, Pistoia*, G.C. Garfagnini–M.R. Pagnoni Sturlese–G. Pomaro–S. Zamponi (eds.) L. Olschki, Firenze 1982, pp. 46-47 (Corpus philosophorum Medii Aevi. Subsidia, 3); E. GARIN, «Ricerche sugli scritti filosofici di Girolamo Savonarola. Opere inedite e smarrite», in Id., *La cultura filosofica del rinascimento italiano*, Sansoni, Firenze 1961, pp. 201-212.

dare una breve descrizione di queste opere, mettendone in luce affinità e differenze, attraverso il tema della tirannide e le questioni ad essa connesse.

I tre *compendia* sono testi di evidente carattere manualistico, in cui materia filosofica viene presentata in maniera ordinata, facilmente comprensibile e senza spunti originali; in essi è evidente il lavoro che il predicatore ha fatto prima sulle fonti aristoteliche e poi sui commenti - per lo più di Alberto e Tommaso - al fine di restituire i concetti semplificati ad uso di un pubblico di studenti[6].

Per quanto riguarda la loro divulgazione, possiamo dire che essi ebbero un destino peculiare. Pensati inizialmente per una circolazione ristretta - all'interno del convento - finirono per essere tutti dati alle stampe, anche se in momenti e in condizioni differenti: l'unico ad essere pubblicato quando Savonarola era ancora in vita, nel 1492 a Pescia[7], fu il *Compendium logicae*, mentre il *Compendium philosophiae naturalis* ed il *Compendium philosophiae moralis* furono stampati per la prima volta nel 1534 a Venezia, dopo essere stati sensibilmente modificati. Nessuno dei tre manuali, infatti, uscì nella sua veste originale: il *Compendium logicae*, composto originariamente di undici libri, come attesta la tradizione manoscritta[8], fu stampato sempre al netto dell'undicesimo; in questo libro, intitolato *De subtilioribus quaestionibus logicalibus*, che per certi versi rappresenta la parte più interessante ed originale dell'opera, Savonarola affronta alcune questioni meno tradizionali che, nella sua intenzione, dovevano servire ad elevare anche gli studenti meno esperti ad un livello più alto:

> *Compendium logicae*, l. XI, q. 11, *Utrum sit meritorium dare operam huic scientiae*:
> Quia re vera totus tractatus decem libris perficitur, undecimum autem istum adiunxi ut mentes incipientium ad altiora elevarem, ut per hoc haberent faciliorem transitum et ad libros logicae aliorum doctorum et ad

---

[6] Cfr. LINES, «Pagan and Christian Ethics ...», cit., pp. 428-430.

[7] Hieronymus Savonarola, *Compendium logicae*, s. n. t. Pescia 24 agosto 1492, *Indice generale degli incunaboli delle biblioteche d'Italia*, Compilato da T.M. GUARNASCHELLI e E. VALENZIANI [et al.], 6 voll., Roma, 1943-1981, n. 8686.

[8] Nei codici il *Compendium logicae* è tradito nella versione originale composta da undici libri; segnaliamo che nel già menzionato Conv. soppr. D.VIII.985, ff. 170r-189v, e nel codice della Biblioteca Nazionale Centrale di Firenze, II.IX.169 (XVI sec.), ff. 1r-8v e 154v-158v, viene tramandato solo il libro XI, segno di una circolazione separata di questa parte del testo. Per l'elenco completo dei manoscritti e delle stampe cfr. Girolamo Savonarola, *Scritti filosofici I*, cit., p. 375-379.

philosophiam; ordinem autem sequutus sum librorum praecedentium declarando quae mihi videbantur et difficiliora et utiliora; propter praedicamenta autem quae etiam tangunt subtiliter ceteri logici multa oportuit ponere quae ad philosophiam pertinent, sed non erunt inutilia transeuntibus ad eam[9].

...ut mentes incipientium ad altiora elevarem, così egli afferma in calce all'ultima *quaestio*, dove spiega che i temi più spiccatamente filosofici possono essere d'aiuto a chi vuole proseguire nello studio della logica e della filosofia in genere. Tuttavia, proprio questa maggiore ricchezza di argomenti contenuti nell'ultima parte del testo, deve aver trattenuto il Frate dal darlo alle stampe nella veste originale, che licenziò una versione dell'opera in dieci libri, senza, appunto, il libro XI[10].

Il *Compendium philosophiae naturalis* ed il *Compendium philosophiae moralis* furono stampati solo dopo quasi mezzo secolo dalla morte di Savonarola, nel 1534, ma già il primo editore, il veneziano Aurelio Pincio, ritenne che la loro struttura fosse troppo rigida e di difficile comprensione per un pubblico più ampio rispetto all'uditorio di un convento. Egli fece numerose integrazioni e modifiche per adattare i testi al modello che aveva in mente e soltanto il confronto tra la tradizione manoscritta e le stampe, condotto dagli editori moderni, ha permesso di verificare quali e quanti cambiamenti lo stampatore avesse fatto nei due manuali[11]. Del resto, nell'*Epistola ad lectorem* dell'*editio princeps*, il Pincio dava conto del suo lavoro editoriale e delle sue motivazioni, spiegando che per quanto l'opera di Savonarola fosse di grande utilità per gli studiosi, in quanto raccoglieva *excerpta* dei sommi filosofi, altri *docti viri* avevano modificato il testo (*castigatum ac locupletatum*) per una maggiore fruibilità da parte dei lettori, ed avevano indicato a margine le fonti utilizzate dal Frate nella compilazione dei testi:

---

[9] Girolamo Savonarola, *Scritti filosofici I*, cit., p. 208.
[10] Girolamo Savonarola, *Scritti filosofici I*, cit., pp. 373-375.
[11] Girolamo Savonarola, *Scritti filosofici II*, cit., pp. 491-522; cfr. anche G..C. GARFAGNINI, «Savonarola e la morte del tiranno», in G..C. Garfagnini (ed.), *Savonarola. Democrazia tirannide profezia*, Sismel Edizioni del Galluzzo, Firenze 1998, pp. 91-113 (Savonarola e la Toscana, 7).

Compendium totius philosophiae ... a doctissimo viro H.S. ... primo editum, necnon an eodem ex summorum philosophorum libris extractum, dehinc a viris etiam doctis omni cum diligentia castigatum ac locupletatum nunc primum pro communi studiosorum utilitate est in lucem traditum[12].

Molte furono le *conclusiones* aggiunte dall'editore a buona parte dei libri dei due compendi, ma di maggiore interesse risultano gli interventi fatti su quelle parti del testo che potevano risultare più scivolose, perché relative a tematiche oggetto di discussione e di potenziale polemica.

Un esempio significativo, già notato dai curatori moderni nella nota critica dell'edizione, è rappresentato dalla conclusione n. 23 del X libro del *Compendium philosophiae moralis*, in cui Savonarola affronta per la prima volta il problema della tirannide. Si tratta di uno dei temi preponderanti nella sua attività di predicatore e di trattatista, e nella formulazione più matura del suo pensiero, in particolare tra il 1494 ed il 1498, sarà uno degli elementi cardine della sua visione teologico-politica della realtà fiorentina ed italiana in generale: la tirannide, infatti, lungi dall'essere solo una questione politica, si collega profondamente al tema della salvezza delle anime, poiché nella concezione del Frate, la condizione spirituale di un popolo non può essere disgiunta da quella delle sue istituzioni. Un cattivo governo è segno di disordine nell'ordinamento di uno stato, ma anche della volontà divina che punisce il popolo per i peccati di cui si è macchiato, evitando di intervenire attivamente, ad esempio, per risanare i torti fatti da un governo tirannico. In questa visione savonaroliana, come vedremo più avanti, confluisce sostanzialmente la dottrina dell'Aquinate sulla degenerazione della monarchia contenuta nel primo libro del *De regimine principum*[13], ma è stato

---

[12] *Compendium totius philosophiae tam naturalis quam moralis Reverendi p. Fratris Hieronymi Savonarolae de Ferraria, Ordinis Praedicatorum, nunc primum in lucem editum*, Venetiis 1534. Il testo integrale dell'epistola prefatoria è riprodotto in GARFAGNINI, *Savonarola e la morte del tiranno*, cit., p. 108. Cfr. L. GIOVANNOZZI, *Contributo alla bibliografia delle opere del Savonarola. Edizioni dei secoli XV e XVI*, pref. R. Ridolfi, Tip. Giuntina, Firenze 1953, p. 23; P. SCAPECCHI, *Catalogo delle edizioni di Girolamo Savonarola (secc. XV-XVI) possedute dalla Biblioteca Nazionale Centrale di Firenze*, Sismel Edizioni del Galluzzo, Firenze 1998, p. 6.

[13] Ricordiamo che l'Aquinate interruppe la redazione del *De regimine principum* all'inizio del secondo libro e che l'opera fu portata a termine da Tolomeo da Lucca. Ad ogni modo, Savonarola non fa cenno della questione dell'attribuzione e considera il testo tomistico senza ulteriori specificazioni.

notato anche che il costante richiamo alla libertà, presente nelle prediche savonaroliane, faceva parte della lunga tradizione repubblicana fiorentina, che aveva come origine proprio il rifiuto di ogni forma autoritaria di governo. Un elemento che contribuì senz'altro ad accrescere la popolarità della predicazione del Frate e che, dal punto di vista istituzionale, concorse a ritardare notevolmente - rispetto ad altre città centro settentrionali italiane - la transizione di Firenze ad una forma di governo signorile[14].

Tornando alla conclusione n. 23, intitolata *Contra tyrannum est procedendum publica auctoritate*, vediamo che Girolamo discute apertamente la possibilità di neutralizzare il tiranno ed il ruolo che in questa eliminazione deve avere l'autorità pubblica:

> *Compendium philosophiae moralis*, lib. X, 23:
> Sicut enim ad nullam personam privatam pertinet occidere hominem et sibi ipsi iustitiam facere, ita etiam *nec ad privatum pertinet tyrannum occidere vel ipsum deponere*, quia ordinationi Dei non est resistendum, *sed contra eum debet procedere qui tenet locum Dei*, id est publica potestas. Et haec est vel potestas populi si ad eum pertinet instituere regem, cum non servet pactum cum eis, vel alicuius superioris domini, si ad eum pertinet ipsum instituere. Et si hoc modo deponi non potest, ad Deum recurrendum est *vel aliter melius providendum*[15].

Savonarola precisa subito che non spetta al privato cittadino ma all'autorità pubblica la responsabilità di deporre il tiranno, in virtù dell'ordine stabilito da Dio e ricevuto dalla comunità degli uomini. Egli puntualizza,

---

[14] Il primo a studiare il legame tra la predicazione savonaroliana e la tradizione repubblicana fiorentina è stato D. WEINSTEIN, *Savonarola and Florence: Prophecy and Patriotism in the Renaissance*, Princeton University Press, Princeton 1970; un invito ad approfondire l'influenza di Bruni e Salutati in Savonarola in P. VITI, «Savonarola e la tradizione repubblicana fiorentina», in Garfagnini (ed.), *Savonarola. Democrazia tirannide profezia*, cit., pp. 55-65. Sul tema della libertà politica e dell'umanesimo civile ricordiamo qui soltanto cfr. N. RUBINSTEIN, «Florentina libertas», *Rinascimento*, 26 (1986) 3-26 e ID., «The Beginning of Political Thought in Florence», *Journal of the Courtauld Institutes*, 5 (1942) 198-227 ora entrambi anche in ID., *Studies in Italian History in the Middle Ages and the Renaissance* I *Political Thought and the Language of Politics. Art and Politics*, ed. by G. Ciappelli, Edizioni di Storia e Letteratura, Roma 2004, pp. 1-41 e 273-294; H. BARON, *The Crisis of the Early Italian Renaissance. Civic Humanism and Republican Liberty in an Age of Classicism and Tyranny*, Princeton University Press, Princeton 1966.

[15] Girolamo Savonarola, *Scritti filosofici II*, cit., p. 469 (mio il corsivo).

inoltre, che che non si tratta di uccidere, ma di procedere contro il tiranno, e questa facoltà la possiede soltanto chi rappresenta la *publica auctoritas*, che può essere costituita dal popolo, ma anche da un *superior dominus* il quale, eventualmente, deve prendersi l'onere della deposizione[16]. La frase che conclude il passo è quella che solleva maggiori dubbi nell'interpretazione delle intenzioni del Frate, poiché egli aggiunge: *Et si hoc modo deponi non potest, ad Deum recurrendum est vel aliter melius providendum*. La preghiera per Savonarola ha un valore molto profondo ed egli ne riconosce l'efficacia anche in situazioni di carattere pratico, in questo caso, in circostanze politiche avverse al bene della città o del paese sottoposto ad un governo dispotico. Del resto, il ricorso al divino come soluzione estrema per la risoluzione di un problema politico è un elemento che confluisce nel testo savonaroliano attraverso la fonte tomistica che delinea tutta la trattazione della tirannide. Ma le ultime parole, *vel aliter melius providendum,* lasciano la questione di fatto aperta.

La seconda parte del paragrafo presenta un corollario di quanto detto fin qui:

> Utilius est enim aliquando tollerare tyrannum, maxime si non sit nimis gravis, quam contra eum insurgere, quia agendo contra eum populus multoties implicatur multis periculis et dissensionibus, et si non praevaluerit multa et magna detrimenta incurret[17].

Girolamo ci tiene a precisare che, non solo per il singolo, ma per la comunità intera insorgere contro il tiranno può essere più dannoso che utile, ragion per cui è bene valutare attentamente la possibilità e le modalità di un simile intervento. Il tema del disordine sociale stava particolarmente a cuore al Frate che in tutta la sua predicazione fece continuamente appello alla pace intesa come condizione basilare per una riforma della città di Firenze che non fosse soltanto istituzionale, ma che si allargasse all'ambito spirituale: un appello che si intensificò nelle prediche successive alla cacciata di Piero de' Medici, avvenuta nel novembre del 1494, in cui la costante preoccupazione

---

[16] Cfr. J. MIETHKE, «Der Tyrannenmord im späteren Mittelalter. Theorien über das Widerstandsrecht gegen ungerechte Herrschaft in der Scholastik» in G. Beestermöller - H.-G. Justenhoven (eds.), *Friedensethik im Spätmittelalter. Theologie im Ringen um die gottgegebene Ordnung*, Kohlhammer, Stuttgart, 1999, pp. 24-48; P. MOLNAR, «La légitimité de la résistance. Deux solutions chez saint Thomas d'Aquin», *Freiburger Zeitschrift für Philosophie und Theologie*, 46 (1999), 115-137.

[17] Girolamo Savonarola, *Scritti filosofici II*, cit., p. 469.

per il ritorno ad una condizione di stabilità si accompagnava all'affermazione della necessità di perdonare anche i fuoriusciti del partito filomediceo[18].

Queste considerazioni rimandano a quanto Tommaso d'Aquino aveva affermato nel primo libro del *De regimine principum*, un testo rimasto incompiuto, scritto intorno al 1268, in cui l'eco della *Politica* aristotelica è chiaramente percepibile, a differenza di opere precedenti in cui il tema della tirannide era stato trattato da un diverso punto di vista[19]. Nel settimo capitolo del I libro, Tommaso pone proprio la questione dell'opportunità di agire contro il tiranno, considerando che le possibili conseguenze derivate da un atto di rivolta potrebbero essere disastrose e peggiorare, anziché migliorare, la situazione[20]. Per quanto riguarda la *publica auctoritas*, Tommaso afferma

---

[18] Tra i molti passi in cui si invita alla pacificazione, cfr. Girolamo Savonarola, *Prediche sopra Giobbe*, 2 voll., ed. R. RIDOLFI, Belardetti, Roma 1957, vol. II, p. 15 (Edizione Nazionale delle opere di Girolamo Savonarola), risalente alla Quaresima del 1495: «Di poi, e al presente, sempre t'ho esortato alla pace, e che voi lasciate andare e' vostri odii antichi, e che facciate tutti una vera unione insieme»; Id., *Prediche sopra Amos e Zaccaria*, 3 voll., ed. P. GHIGLIERI, Belardetti, Roma 1971, vol. I, p. 90 (Edizione Nazionale delle opere di Girolamo Savonarola): «Città mia, lassa li odii! fa' pace, fa' pace! tu non l'hai fatta in verità, ma tu hai fatto uno impiastro di fuori, e però se tu non fai altrimenti, fia la piaga tua mortale». Cfr. anche Girolamo Savonarola, *Prediche sopra i Salmi*, 2 voll., ed. V. ROMANO, Belardetti, Roma 1974, vol. I, pp. 9-11, 15, 22, 270 (Edizione nazionale delle opere di Girolamo Savonarola); Id., *Prediche sopra Aggeo, con il Trattato sopra il reggimento e governo della città di Firenze*, ed. L. FIRPO, Belardetti, Roma 1965, pp. 206, 257, 260, 427 (Edizione Nazionale delle Opere di Girolamo Savonarola).

[19] Nel commento alle *Sententiae*, che risale agli anni 1254-56, prima della traduzione latina della *Politica*, Tommaso affronta il tema della tirannide a partire dal passo paolino della lettera ai Romani, «non est enim potestas nisi a Deo, quae autem sunt a Deo ordinatae sunt, itaque qui resistit potestati Dei ordinationi resistit» (Rm 13, 1-2), mentre nel *De regimine principum*, così come in alcune questioni della *Summa theologiae*, la discussione è all'interno della trattazione delle forme di governo. Cfr. J. FINNIS, *Aquinas. Moral, Political, and legal Theory*, Oxford University Press, Oxford 1998, pp. 287-291 (Founders of Modern Political and Social Thought); C. FIOCCHI, *Mala potestas. La tirannia nel pensiero politico medievale*, Lubrina, Bergamo 2004, pp. 68-87. Per la cronologia delle opere di Tommaso cfr. l'appendice a cura di G. EMERY in J.-P. Torrell, *Initiation à Saint Thomas d'Aquin. Sa personne et son oeuvre*, Edition Universitaires, Friburg (Suisse)-Edition du Cerf, Paris 1993.

[20] Cfr. Thomae Aquinatis *De regimine principum*, I, 7: «Et quidem si non fuerit excessus tyrannidis, utilius est remissam tyrannidem tolerare ad tempus, quam contra tyrannum agendo multis implicari periculis, quae sunt graviora ipsa tyrannide.

che è ad essa che spetta l'onere di agire contro il tiranno, e pone la distinzione sulla provenienza del potere, che può essere espressione della volontà popolare oppure istituto da un'autorità superiore, come nel caso del signore di una città rispetto all'imperatore. Vediamo che tutti i punti principali in cui si articola l'argomentazione tomistica vengono ripresi da Savonarola: è la *publica auctoritas* che deve procedere contro il tiranno, sia che si tratti di un potere istituito per volontà popolare, sia che esso sia nominato da un'autorità superiore; tuttavia, se nessuno dei mezzi umani risultasse utile contro la tirannide, Tommaso invita a rifugiarsi nella preghiera e nella misericordia divina poiché, afferma. nelle mani di Dio il cuore del re diventa malleabile ed Egli può plasmarlo secondo il suo volere[21].

La considerazione dei pericoli che possono derivare da una contrapposizione frontale del singolo o della comunità di fronte all'imposizione di leggi inque torna, tra l'altro, nella q. 104 della *Secunda secundae*, dedicata all'obbedienza, dove nella risposta alla terza obiezione dell'a. 6, *Utrum fideles teneantur saecularibus potestatibus obedire*, Tommaso precisa che anche se l'uomo non è tenuto ad obbedire passivamente a chi usurpa il potere, è pur sempre opportuno considerare i pericoli di una contrapposizione diretta all'autorità:

> Ad tertium dicendum quod principibus saecularibus intantum homo obedire tenetur, inquantum ordo iustitiae requirit. Et ideo si non habeant iustum principatum sed usurpatum, vel si iniusta praecipiant, non tenentur eis subditi obedire, nisi forte per accidens, propter vitandum scandalum vel periculum[22].

Potest enim contingere ut qui contra tyrannum agunt praevalere non possint, et sic provocatus tyrannus magis desaeviat».

[21] Cfr. Thomae Aquinatis *De regimine principum*, I, 7: «Videtur autem magis contra tyrannorum saevitiam non privata praesumptione aliquorum, sed auctoritate publica procedendum [...] Quod si omnino contra tyrannum auxilium humanum haberi non potest, recurrendum est ad regem omnium Deum, qui est auditor in opportunitatibus in tribulatione. Eius enim potentiae subest ut cor tyranni crudele convertat in mansuetudinem, secundum Salomonis sententiam, Prov.: Cor regis in manu Dei, quocumque voluerit, inclinabit illud».

[22] Thomae Aquinatis *Summa theologiae*, II-IIae, q. 104, a. 6, ad 3um. Una discussione recente sul tema dell'obbedienza in S. PERFETTI, «Quando è più virtuosa la disobbedienza. Tommaso d'Aquino su legge naturale, leggi umane e legittimità di resistenza», in S. Perfetti (ed.), S*cientia, Fides, Theologia. Studi di filosofia medievale in onore di Gianfranco Fioravanti*, ETS, Pisa 2011, pp. 217-251. Cfr. anche R.J. REGAN, «Aquinas on Political Obedience and Disobedience», *Thought*, 56

Tornando all'edizione del 1534 del *Compendium philosophiae moralis*, vediamo che l'intervento del Pincio si colloca subito dopo l'espressione *melius providendum,* con cui il Frate lasciava aperta la domanda sul modo più giusto di neutralizzare il tiranno: l'editore aggiunge una spiegazione che fissa l'argomentazione sul concetto di *bellum iustum*, e schiaccia la posizione di Savonarola su un'idea decisamente lontana dal suo concetto di mutamento politico:

> Et si hoc modo deponi non potest, ad Deum recurrendum est vel aliter *providendum*: *hoc autem intellige*: quando iuste acquisivit dominium; sed quando vi nolentibus subditis vel etiam ad consensum coactis illud usurpat, potest quilibet de populo illum occidere tamquam hostem publicum, quia populus habet iustum bellum contra eum. In bello autem iusto potest quilibet illum occidere hostem, unde laudatur qui illum occiderit ad patriae liberationem.

Dunque, l'atteggiamento cauto con cui Savonarola aveva affrontato la questione della destituzione o eliminazione del tiranno viene di fatto messo in secondo piano dalla netta presa di posizione contenuta nell'aggiunta dell'edizione a stampa. Come prima cosa, viene introdotta la distinzione tra chi acquisisce il potere legittimamente e chi lo usurpa: in questo caso, l'azione di chi si prende la responsabilità di uccidere il tiranno in nome del popolo, viene definita giusta, *iustum bellum contra eum*. Addirittura, si dice che chiunque ha il diritto di uccidere il nemico pubblico: *potest quilibet de populo illum occidere tamquam hostem publicum*; il tiranno, infatti, che ha ottenuto il potere per mezzo della violenza, si può chiamare a buon diritto nemico, anziché tutore, del popolo. Questa aggiunta dell'editore appiattisce la questione tratteggiata dal Frate secondo la fonte tomistica e semplifica puerilmente un problema assai complesso come quello del rapporto tra il popolo e chi lo governa, una questione che coinvolge la struttura della società, l'ordinamento giuridico e il concetto di *lex* in tutte le sue articolazioni, nonché anche la questione della volontà dei singoli e la possibilità di scegliere quale atteggiamento tenere nei confronti di un governo tirannico.

Precisiamo che, in questo contesto, ci pare facilmente spiegabile l'apparente negligenza del Frate, che lascia in sospeso la questione del tirannicidio: essa è da leggere nella prospettiva di un'opera come il *Compendium philosophiae moralis* che, a differenza delle prediche e dei

(1981) 77-88; G..D. COLEMAN, «Civil Disobedience: A Moral Critique», *Theological Studies,* 46 (1985) 21-37; MOLNAR, «La legitimité de la résistance ...», cit.

trattati, è destinata ad insegnare e spiegare concetti filosofici, più che a diffondere una tesi piuttosto che un'altra[23]. Un atteggiamento differente, come vedremo, sarà tenuto da Savonarola in altre circostanze, nella predicazione, ad esempio, e in un'opera espressamente dedicata all'ordinamento istituzionale fiorentino come il *Trattato circa el reggimento e governo della città di Firenze*[24].

Al di là della evidente forzatura della questione operata dal Pincio, ad ogni modo, possiamo constatare che almeno una parte dell'argomentazione aggiunta si può considerare conforme alla concezione savonaroliana del tiranno. Chi usurpa il potere, prescindendo dall'investitura popolare o istituzionale in genere, si pone come nemico della comunità: egli non vuole rappresentarne gli interessi, ma soltanto sfruttarne le risorse per ottenere tutto ciò che gli conviene. Nella conclusione 24 del X libro del *Compendium philosophiae moralis*, *Tyrannus gravissime est puniendum*, viene messo in evidenza che il tiranno è responsabile di danni non solo nei confronti di singoli, ma di tutto il popolo, convinto di poter attuare tutto ciò che gli sembra lecito; Savonarola lo definisce *malus minister*[25] la cui necessità di controllo sugli altri si esplica nella costrizione e nella punizione di chi non si adegua al suo volere:

> Tum quia non solum rapit et damnificat et expoliat unum, sed etiam totam multitudinem; tum quia vix vel numquam potest satisfacere laesis, cum tamen teneatur etiam illis quos utcumque laesit; tum quia cum omnia aexistimet sibi licere, statuit multa iniusta quae postea posteri sequuntur; tum ex multa omissione unde est puniendus tamquam malus minister, sicut etiam ipse punivit suos ministros qui contra eius voluntate agebant[26].

Come già detto, il tema della tirannide torna spesso nella predicazione savonaroliana, specialmente negli anni che seguono la cacciata di Piero de' Medici dalla città di Firenze e vedono crescere l'influenza del Frate nel dibattito per la ricostruzione dello stato e l'istituzione del Consiglio

---

[23] Sui tratti di originalità del *Compendium philosophiae moralis* e sulla sua destinazione si esprime LINES «Pagan and Christian Ethics ...», cit., pp. 437-438, che vede nella scelta delle fonti tomistiche operata da Savonarola un tratto di originalità.

[24] Edito in Girolamo Savonarola, *Prediche sopra Aggeo* ..., cit.

[25] L'espressione *malus minister* compare anche nell'opera dell'Aquinate, cfr. Thomae Aquinatis *Scriptum super Sententiis*, IV, d. 5, q. 2, a. 2, qc. 1, ad 1um, qc. 2 ad 1um.

[26] Girolamo Savonarola, *Scritti filosofici II*, cit., pp. 469-470.

maggiore[27]. Il danno che il tiranno fa alla comunità è uno degli elementi centrali della predica del 24 febbraio 1496, in cui, commentando il libro del profeta Amos, Savonarola comincia col ricordare a Firenze i benefici che ha avuto da Dio, tra i quali si annovera la liberazione dalla tirannide, compiutasi alla fine del 1494. *Grande beneficio ancora, o Firenze, è stato che Dio t'ha cavata di servitù*, egli rammenta alla città ingrata, e comincia ad elencare tutti i *difetti e inconvenienti del tiranno*. In questa lunga esposizione, Savonarola fornisce una descrizione dettagliata del modo di comportarsi del despota, in pubblico e in privato, nei confronti dei cittadini e dei propri familiari: il sospetto continuo e la paura del tradimento sono tra i suoi tratti più propri, ed egli sconta, in questo modo, la sua attitudine al dominio ed alla vessazione nei confronti di tutti coloro che lo circondano.

> *Prediche sopra Amos e Zaccaria*, 24 febbraio 1496:
> Prima, questo tiranno è destruttore e contrario al ben comune, perché tira a sé tutto quello che debbeno mangiare li altri [...] Praeterea, se è solo tiranno, sta più ed è più diuturna la sua potenzia che se fussino più tiranni in uno reggimento; la ragione è perché se son più tiranni l'uno ha invidia de l'altro e comincionsi a dare addosso l'uno a l'altro e scaccionsi, e però uno solo, non avendo contrarii, dura più. Item è pessimo e ha in sé il tiranno tutti e' peccati, perché tutte le iniquità si congregano insieme in lui [...] Per la qual cosa gli dispiace la laude del compagno e la virtù del suo cittadino e del suo parente e del suo fratello proprio e non può sentire che sieno laudati. [...] Quanto allo odio, ha in odio la verità come cosa a lui contraria. Quanto alla amicizia, è privato el tiranno d'ogni vera amicizia e non puo avere alcuno per vero amico, perché non si fida di persona e ha paura insino de' parenti e della moglie. Quanto alla abominazione, ha in abominazione tutti li uomini iusti perché non vogliano fare a suo modo; item ha in abominazione ancora tutti e' savi, perché ha paura della loro prudenzia, che con essa non lo scaccino; item ha ancora in abominazione tutti e' ricchi,

---

[27] Il Consiglio maggiore fu istituito il 22-23 dicembre 1494, circa due mesi dopo la fuga di Piero. Cfr. G. CADONI, «Tale stato non può stare così...», in G.C. Garfagnini (ed.), *Savonarola e la politica*, Sismel-Edizioni del Galluzzo, Firenze 1997, pp. 93-110 (Savonarola e la Toscana, 2); N. RUBINSTEIN, «I primi anni del Consiglio Maggiore di Firenze (1494-1499)», *Archivio storico italiano*, 112 (1954) 151-194, 321-347; ID., «Savonarola on the Government of Florence», in S. Fletcher-C. Shaw (eds.), *The World of Savonarola: Italian Elites and Perceptions of Crisis. Paper from the Conference Held at the University of Warwick, 29-31 May 1998*, Aldershot, Ashgate 2000, pp. 42-54; F. KLEIN, «Il mito del governo largo. Riordinamento e prassi politica nella Firenze savonaroliana», in Garfagnini (ed.), *Studi savonaroliani*, cit., pp. 61-65.

> perché teme che la loro ricchezza non gli nuoca e non lo scacci. Quanto alla tristizia, ha sempre l'animo perturbato e attristasi d'ogni bene che vede al prossimo e d'ogni eccellenzia d'altri. [...]. Il tiranno è sospettoso d'ogni cosuzza e non si fida di nessuno. *Leggesi di Dionisio siracusano* che quando le figliuole volevano andare a vederlo in camera, faceva cercarle s'elleno avevano arme. E però non è luogo alcuno, dove il tiranno può, che non vi tenga spie; non è signoria o magistrato, dove è tiranno, che non abbia il balio[28].

Dionigi di Siracusa, esempio tipico di tiranno tratto dal mondo classico[29], viene preso a modello per stigmatizzare il comportamento di chi, consapevole di aver fatto molti torti e di essersi guadagnato l'odio delle persone che lo circondano, è costretto a nutrire sospetti anche nei confronti dei suoi familiari. Da notare l'ammonimento iniziale del Frate alla sua città adottiva:

> Grande beneficio ancora, o Firenze, è stato che Dio t'ha cavata di servitù; e quando un particular cittadino non avessi mai altro che questo, gli doverria bastare di poter fare la sua bottega e starsi nella sua quiete. Ma e' non è bastato questo a Dio, e a cavarti di servitù e delle mani del tiranno, ché t'ha fatto ancora un maggior beneficio, e questo è stato che t'ha provisto in modo che in futuro non possa nascere più tiranni nella tua città, perché avendoti lui dato il Consiglio grande e tenendolo tu saldo, sia certo di questo, che non si farà più capi a Firenze[30].

Una precisazione necessaria, questa, che pone in primo piano il ruolo fondamentale dell'azione divina nello scenario politico fiorentino. Dio, per sua volontà, ha liberato Firenze dal tiranno ed ha permesso che si costituisse il Gran consiglio, facilitando così il ritorno ad un ordinamento repubblicano. Vediamo che Savonarola si riallaccia, con queste parole, a quanto aveva già affermato nel *Compendium philosophiae moralis* a proposito della deposizione del tiranno, nel caso in cui le normali procedure istituzionali

---

[28] Girolamo Savonarola, *Prediche sopra Amos e Zaccaria*, 3 voll., ed. P. GHIGLIERI, Belardetti, Roma 1971, vol. I, pp. 216-227 (Edizione Nazionale delle opere di Girolamo Savonarola), (mio il corsivo).

[29] Savonarola non specifica se si tratti di Dionigi il Vecchio, tiranno di Siracusa dal 405 a.C. oppure del figlio, Dionigi II il Giovane (367-344 a.C.): entrambi, ad ogni modo, vengono ricordati per il loro comportamento sospettoso, specialmente nei confronti delle figlie e delle mogli, cfr. Cicerone, *De officiis*, II, 7, 25, che potrebbe essere, anche indirettamente, la fonte di questo passo.

[30] Girolamo Savonarola, *Prediche sopra Amos e Zaccaria*, cit., vol. I, p. 213.

falliscano:

> Et si hoc modo deponi non potest, ad Deum recurrendum est vel aliter melius providendum[31].

Il fulcro dell'azione si sposta dall'uomo a Dio che rimane, in ultima analisi, l'unico depositario della facoltà di destituire chi ha usurpato il potere, e dal cui volere dipende il destino della città. In questo passo, i concetti che Savonarola aveva usato nel *Compendium philosophiae moralis* per illustrare astrattamente la questione della tirannide trovano una loro collocazione adeguata all'interno un discorso che nasce dalla considerazione delle circostanze storiche fiorentine della fine del Quattrocento.

La figura di Dionigi, rammentata da Savonarola nella predica del 24 febbraio 1496, compare anche nel *De doctrina Platonicorum*, la raccolta di appunti sui dialoghi platonici che Savonarola prese sulla base della traduzione ficiniana dell'opera platonica[32]. Citazioni e brevi osservazioni che egli utilizzava all'interno delle opere destinate alla divulgazione, in particolare nelle prediche. Il testo è suddiviso in 29 paragrafi, la maggior parte dei quali sono dedicati ai dialoghi platonici: *Alcibiade I* e *II, Eutifrone, Minosse, Filebo, Teeteto, Ione, Politico, Convivio* (preceduto da un paragrafo sul commento ficiniano), *Fedro, Apologia, Critone, Fedone, Repubblica, Timeo, Leggi* (I, II, V, VI, IX, X), *Epinomide* e *Epistole*, II, IV. Prima di questa parte del testo si trovano due paragrafi di carattere introduttivo: il primo raccoglie brani dalla *Vita Platonis* di Marsilio Ficino, un'opera scritta in forma epistolare nel 1477, indirizzata a Francesco Bandini; il secondo è un breve sommario del commento alla *Canzone d'amore* di Girolamo Benivieni scritto da Pico della Mirandola[33]. Tra i brani della biografia che riassumono i

---

[31] Girolamo Savonarola, *Scritti filosofici II*, cit., p. 469.

[32] Dalle citazioni letterali della traduzione del Figlinese non è stato possibile capire se gli appunti siano stati presi sull'*editio princeps* del 1484 oppure sulla seconda edizione riveduta da Ficino del 1491; cfr. J. HANKINS, «Some Remarks on the History and Character of Ficino's Translation of Plato», in G.. Garfagnini (ed.), *Marsilio Ficino e il ritorno di Platone: Studi e Documenti*, Istituto Nazionale di studi sul Rinascimento, L. S. Olschki, Firenze 1986, pp. 287-304 (Studi e Testi, 15).

[33] La *Vita Platonis* si legge in Marsilii Ficini *Opera omnia*, 2 voll., Basilea 1576, cc. 763-770, per il testo pichiano cfr. Giovanni Pico della Mirandola, *Commento dello illustrissimo signor conte Joanni Pico Mirandolano sopra una canzona de amore composta da Girolamo Benivieni cittadino fiorentino secondo la mente et opinione de' Platonici* in Giovanni Pico della Mirandola, *De hominis*

momenti significativi della vita di Platone, troviamo menzionato Dionigi di Siracusa, a proposito della permanenza del filosofo in Sicilia. Qui egli aveva creduto, invano, di poter convincere il tiranno a mettere in pratica il suo ideale di re-filosofo:

<I.> *Vita Platonis*:
Cum Dyonisius iratus ex eius reprehensione diceret: «Verba tua otiosorum senum sunt», respondit: «Et tua tyrannide sapiunt»[34].

Come nella predica del 24 febbraio 1496, qui il Frate non specifica se si tratti di Dionigi I o del figlio, Dionigi II, ma dalla fonte ficiniana emerge che l'episodio ha avuto luogo quando Platone aveva 40 anni, nel 388 a. C. Ficino precisa, inoltre, che si tratta del figlio di Ermocrate, cioè Dionigi il Vecchio che, evidentemente infastidito dai continui ammonimenti e rimproveri del filosofo, definisce i discorsi di Platone da vecchio sfaccendato; questi risponde mettendogli di fronte l'evidenza della sua tirannia.

Più significativo, per la nostra discussione, risulta il breve paragrafo XII del *De doctrina Platonicorum*, dedicato al *Politico*, del quale Savonarola annota unicamente un passo:

<XII.> *In libro De regno*:
Quod regimen unius optimum est quando rex regnat, pessimum autem tyranni; secundum optimatum; tertium multitudinis etc.[35]

Una sintetica riproposizione del tema della degenerazione delle forme di governo, che aveva trovato ampio spazio nella tradizione medievale di ricezione del pensiero aristotelico, in particolare dell'*Etica nicomachea* e della *Politica*[36]. Il discorso sulle forme di governo e sulle loro deformazioni

---

dignitate, Heptatplus, De ente et uno e scritti vari, ed. E. GARIN, Vallecchi, Firenze 1942, pp. 443-581 (Edizione nazionale dei classici del pensiero italiano, 1).

[34] Cfr. TROMBONI, *Inter omnes* ..., cit., p. 239.

[35] *Ibid.*, p. 249.

[36] Su questi temi si veda almeno C. FLÜELER, *Rezeption und Interpretation der Aristotelischen Politica im späten Mittelalter*, 2 voll., Grüner, Amsterdam 1992; ID., «Politischer Aristotelismus im Mittelalter. Einleitung», *Vivarium. A Journal for Mediaeval Philosophy and the Intellectual Life of the Middle Ages and Renaissance*, 40 (2002) 1-13; R. LAMBERTINI, «Lo studio e la recezione della «Politica» tra XIII e XIV secolo», in A. Andreatta et alii (eds.), *Il pensiero politico. Idee, teorie, dottrine*, UTET, Torino 1999, vol. I, pp. 145-73; ID., «Politische Fragen und politische Terminologie in mittelalterlichen Kommentaren zur Ethica Nicomachea», in M.

torna costantemente nella predicazione savonaroliana, ed egli utilizza lo schema degli opposti (ottimo-pessimo, re giusto-tiranno) in diverse occasioni. Nella predica del 14 dicembre 1494, ad esempio, trattando dell'origine delle comunità umane, accenna alla questione delle forme di governo, inserendo un brano che riprende i punti principali della citazione del *Politico* contenuta nel *De doctrina Platonicorum*, conservandone anche la forma sintetica: il rovesciamento del miglior reggimento nel peggiore, dalla monarchia alla tirannide:

> *Prediche sopra Aggeo*:
> El reggimento e governo d'uno capo solo, quando quel capo è bono, è el migliore o più ottimo governo che nessuno altro [...] Ma quando quel uno capo è cattivo, è el più pessimo governo e reggimento di questo, essendo el pessimo l'opposito dell'ottimo[37].

Nel brano che segue questa citazione, modellato sostanzialmente sui libri III-V della *Politica* di Aristotele, Savonarola tratta delle forme di

---

Kaufhold (ed.), *Politische Reflexion in der Welt des späten Mittelalters. Political Thought in the Age of Scholasticism. Essays in Honour of Jürgen Miethke*, E.J. Brill, Leiden 2004, pp. 109-27; L. LANZA, «I commenti medievali alla *Politica* e la riflessione sullo stato in Francia (secoli XIII-XIV)», in G. Fioravanti - C. Leonardi - S. Perfetti (eds.), *Il commento filosofico nell'Occidente latino (secoli XIII-XV). The Philosophical Commentary in the Latin West (13-15th Centuries). Atti del colloquio Firenze-Pisa, 19-22 ottobre 2000*, Brepols, Turnhout 2002, pp. 401-27; S. SIMONETTA, «Searching for An Uneasy Synthesis between Aristotelian Political Language and Christian Political Theology» in *Christian Readings of Aristotle from the Middle Ages to the Renaissance*, ed. L. Bianchi, Brepols, Turnhout 2011, pp. 273-86; *Virtue Ethics in the Middle Ages. Commentaries on Aristotle's «Nicomachean Ethics», 1200-1500. Nijmegen, Netherlands 26-27 January* 2006, I. Bejczy (ed.), E.J. Brill, Leiden-Boston, MA, 2008 (in particolare il saggio di R. LAMBERTINI, «Political Prudence in Some Medieval Commentaries on the Sixth Book of the *Nicomachean Ethics*», pp. 223-245); D.A. LINES, *Aristotle's «Ethics» in the Italian Renaissance (ca. 1330-1650). The Universities and the Problem of Moral Education*, E.J. Brill, Leiden-Boston, MA-Köln-New York 2002.

[37] Girolamo Savonarola, *Prediche sopra Aggeo* ..., cit., pp. 210-211. Su questo ciclo di prediche cfr. G.C. GARFAGNINI, «La predicazione sopra Aggeo e i salmi», in Garfagnini, *Savonarola e la politica*, cit., pp. 3-25. Sulla predica del 14 dicembre 1494 si soffermano anche M. TURCHETTI, «Savonarola: la tirannide secondo un profeta», in Garfagnini (ed.), *Savonarola. Democrazia tirannide profezia*, cit., pp. 17-41 e G. CADONI, «La croce e la spada», *Memorie domenicane*, 29 (1998) 51-74.

governo per arrivare a stabilire quale sia il miglior ordinamento per la città di Firenze, ma ci pare abbastanza evidente che tra le sue fonti ci sia anche l'annotazione del dialogo platonico. Siamo nel periodo immediatamente successivo alla caduta dei Medici e la discussione sulla forma di governo più adeguata è uno dei punti fondamentali del discorso del Frate che si adoperò con tutte le sue energie per la costituzione del Gran Consiglio[38].

Poco dopo il passo citato, egli conclude che per Firenze, *dove assai nella natura degli uomini abonda sangue e ingegno*[39], il regime governativo più adeguato è il *reggimento de' più*, appunto il Consiglio maggiore: tuttavia, precisa, il funzionamento di tale istituzione deve essere perfettamente regolato, in maniera da scongiurare il pericolo di continui dissensi e contrasti interni che impedirebbero di governare rettamente la città. Non deve stupire la sovrapposizione di fonti - platonica ed aristotelica[40] - in questa come in altre circostanze: nel momento in cui seleziona i passi e prende appunti dalle opere classiche, Savonarola non utilizza un criterio prettamente filosofico, ma è l'intento pastorale che lo porta a scegliere concetti e citazioni da inserire nelle prediche e nei trattati[41].

L'ultimo testo sul quale ci soffermeremo è il *De doctrina Aristotelis*, una raccolta di appunti sulle opere aristoteliche di Girolamo Savonarola, tramandata dal codice della Biblioteca Nazionale Centrale di Firenze, Conv. Soppr. D.VIII.985, ff. 190r-205r, che trasmette anche il testo completo del

---

[38] Cfr. RUBINSTEIN, «I primi anni del Consiglio Maggiore di Firenze ...», cit.; ID., «Savonarola on the Government of Florence», cit.; CADONI, «La croce e la spada», cit.

[39] Aristotele nel VII libro della *Politica* stabilisce un nesso tra il clima di un luogo e il temperamento dei suoi abitanti: questo tema è stato ripreso ed ampliato da gran parte dei commentatori medievali, tra cui Tommaso d'Aquino, e moderni. Savonarola ne parla anche nella predica del 14 dicembre 1494, per cui cfr. Girolamo Savonarola, *Prediche sopra Aggeo, con il Trattato ...*, cit., p. 212, e in quella dell'11 ottobre 1495, per cui cfr. Girolamo Savonarola, *Prediche sopra i Salmi*, cit., vol. II, p. 195.

[40] Si noti che i tiranni di Siracusa, Dionigi il Vecchio e Dionigi il Giovane, vengono citati, insieme a Dione, anche nel X capitolo del V libro della *Politica*, dove Aristotele fa una lunga rassegna di regimi tirannici descrivendo le cause della loro rovina.

[41] Cfr. L. TROMBONI, «Il *De doctrina Platonicorum*: note per un platonismo savonaroliano», in A. Musco (ed.), *Universality of Reason – Plurality of Philosophies in the Middle Ages*. Acts of the XIIth International Congress of Medieval Philosophy, SIEPM, Palermo 16-22 September 2007, Officina di Studi Medievali, Palermo 2012, pp. 811-818.

De doctrina Platonicorum, insieme al quale è ricordato nel *De operibus viri dei non impressis*, un catalogo di opere inedite posto in calce all'anonima *Vita latina* del Savonarola, composta intorno al 1528-1529[42]. In questo scritto, sensibilmente più lungo della raccolta di argomento platonico, Savonarola aveva raccolto *excerpta*, citazioni e annotazioni su numerose opere autentiche e pseudoepigrafe: *Metaphysica, Physica, De coelo et mundo, De generatione et corruptione, Meteora, De anima, De somno et vigilia, De sensu et sensato, De memoria et reminiscentia, De longiore brevioreque vita, De iuventute et senectute, De phisionomia, De bona fortuna, De motu animalium, De causis proprietatum elementorum, De mundo ad Alexandrum regem, Epistola ad Alexandrum* (*Rhetorica ad Alexandrum*), *De pomo* (*Vita Aristotelis*), *De inundatione Nili, De plantis, Liber de causis, Ethica Nicomachea, Politica, Rhetorica, De generatione animalium* (libb. II, IV).

Si tratta di un testo che, con tutta probabilità, non era destinato alla divulgazione: i paragrafi hanno una struttura disomogenea, formata da un insieme di citazioni, spesso bruscamente interrotte, e brevi rielaborazioni; i passi non hanno quasi legame tra di loro e espressioni quali *inquit, sic respondit, dicit, sic probat* riferite ad Aristotele, sono il segno di una scrittura veloce, della necessità di accumulare materiale da utilizzare in altre occasioni. Non si ha notizia, poi, di pubblicazione a stampa di questo scritto che pure, per argomento, poteva essere facilmente assimilabile agli altri *compendia* savonaroliani[43].

A titolo di esempio, riportiamo la parte finale del paragrafo LVIII, *In primo Politicorum*, in cui si Savonarola riprende concetti e citazioni dai capitoli IX-XIII del primo libro della *Politica* (1257b25-1260a31): si vede bene la struttura frammentaria dei periodi e le citazioni dalla fonte (in corsivo) che si alternano ai brevi sunti. Le sottolineature presenti nel codice indicano solitamente l'inizio di un nuovo periodo.

---

[42] La *Vita latina* è conservata nel codice Firenze, Biblioteca Nazionale Centrale, Conv. Soppr. I.VII.28, cfr. R Ridolfi, «Soluzione di un fondamentale problema savonaroliano: dipendenza dello Pseudo-Burlamacchi dalla *Vita latina*» in R. Ridolfi, *Prolegomeni e aggiunte alla Vita di Girolamo Savonarola*, Sismel-Edizioni del Galluzzo, Firenze 2000, pp. 49-64 (Savonarola e la Toscana, Atti e documenti, 12).

[43] Per una presentazione del *De doctrina Aristotelis* cfr. L. Tromboni, *Uno strumento per il predicatore: il compendio di filosofia aristotelica di Girolamo Savonarola,* in *L'antichità classica nel pensiero medievale*. Atti del XIX Convegno internazionale di studi della SISPM (Società Italiana per lo Studio del Pensiero Medievale) Trento, 27-29 settembre 2010, A. Palazzo (ed.), FIDEM, Porto 2011, pp. 441-469 (Textes et études du Moyen Âge, 61).

<LVIII.> *In primo Politicorum*
Sicut ergo medicinalis ad sanare in infinitum se habet, ita pecuniatione non finis, etc. *Rationabilissime* odio habet<ur> obolostachia, eo quod ab ipso numismate sit acquisitio, et non super quo quid acquisivimus; translationis enim gratia facta est usura quia maxime preter naturam ista pecuniarum acquisitio. *De Talete* qualiter factus est dives, cum ei exprobaretur paupertas etc. *De mercatore* qui solus vendebat etc. *Principem habere perfectam oportet moralem virtutem.* Poeta dicit *de muliere*: *mulieri ornatum silentium prestat*[44].

Nel paragrafo LXII del *De doctrina Aristotelis*, dedicato al V libro della *Politica*, troviamo una serie di annotazioni che riassumono la parte del testo in cui Aristotele descrive i mezzi per mantenere saldi i regimi tirannici (1313a40-1315a24). Come nella fonte, nel testo savonaroliano il brano è introdotto dalla figura di Periandro, tiranno di Corinto: «Periandri consilium de *evulsione spicarum* etc.»[45], comincia ad annotare il Frate, alludendo all'episodio narrato nel terzo libro della *Politica*[46] e ripreso brevemente nel V libro. Aristotele racconta che Trasibulo, tiranno di Mileto, inviò un messo a Periandro per sapere quale fosse il modo migliore per mantenere il potere nella sua città: questi, che si trovava in un campo, non proferì parola e con la spada tagliò le spighe più alte che aveva di fronte, fino a renderle uguali a quelle più basse; il messo non comprese il significato di quel gesto e si limitò a riferirlo al suo signore. A Trasibulo fu chiaro che tagliare le spighe più alte equivaleva ad eliminare le persone di valore che potevano distinguersi dagli altri.

<LXII.> *In quinto Politicorum*
Tyrannus *excellentes* perimit, *sapientes* deprimit, sodales non vult, nec

---

[44] Cfr. TROMBONI, *Inter omnes* ..., cit., p. 213. Il corsivo indica le citazioni letterali dalla fonte, cfr. *Aristotelis Politicorum libri octo cum vetusta translatione Guillelmi de Moerbeka*, ed. F. SUSEMIHL, Teubner, Leipzig 1872; Aristoteles Latinus XXIX.1, *Politica (libri I-II.11). Translatio prior imperfecta interprete Guillelmo de Moerbeka (?)*, ed. P. MICHAUD-QUANTIN, Desclée De Brouwer, Bruges-Paris 1961. Le sottolineature sono presenti nel codice, generalmente indicano l'inizio di un nuovo periodo.

[45] TROMBONI, *Inter omnes* ..., cit., p. 216; Aristotele, *Politica* V, 1311a20-22.

[46] Aristotele, *Politica* III, 1284a28-34; l'episodio è raccontato anche da Erodoto, *Storie*, V 92, dove è Trasibulo che dà il consiglio al messo di Periandro.

collectiones fieri patitur, *ut omnes ignoti invicem* existant; ubique habet exploratores, conturbat amicos et *ponit discordias inter populum et insignes ac divites*; *subditos pauperes facit* et *occupantur circa* necessaria; et sicut *regnum salvatur per amicos*, ita *tyrannus* discredit *amicis* etc. Adulatores honorat. *Nullo venerabili* et *libero* gaudet quia valde *solus* gloriosus etc. Communia cum *extraneis potius quam cum civibus* facit, quia cives adversarios putat. Et omnia reducuntur ad tria: *primum* et *modica sapiant subditi*, 2um *ut discredant invicem*, 3m ut non habeant potentiam. Occultus autem vult videri, *curare communia* et exhibet *se custodem et non proprioum sed communium*, etc. Vult videri mansuetus, ut nec iuvenculo nec iuvencule iniurietur, *uxores suas familiares* vult esse *ad alias* ut, etc. Vult videri religiosus. Vult *distribuere honores, suplicia autem per alios* distribuit. *Nullum* hominem vult qui facit aliquid magni et mirandi, etc. *Inhonoratos* vult reparare *et redimere maioribus honoribus*[47].

In questo paragrafo del *De doctrina Aristotelis* vediamo nuovamente la combinazione di citazioni letterali (in corsivo) e di passi riassunti dalla fonte, tipica delle due raccolte di appunti savonaroliane. Soprattutto è interessante notare che in queste note troviamo alcuni degli elementi già incontrati nelle opere analizzate in precedenza, in particolare nelle conclusioni 23 e 24 del X libro del *Compendium philosophiae moralis* e nella predica del 24 febbraio 1496, dove veniva rammentata la figura di Dionigi siracusano: il tiranno mira a eliminare le persone più meritevoli, perché le ritiene una minaccia per sé e per la sua autorità; si adopera per fomentare il dissidio e minare la pace sociale, impoverisce i sudditi e li tiene nell'ignoranza; ama contornarsi di adulatori e preferisce la compagnia degli estranei a quella dei suoi che reputa avversari. Teme i familiari più stretti, dei quali sospetta continuamente; si finge benevolo, religioso, mentre in ogni azione è guidato solamente dal suo interesse particolare che mette sopra ad ogni cosa.

Questi appunti, dunque, possono essere facilmente avvicinati alla predica del '96 ed è molto probabile che Savonarola ne abbia fatto uso nel momento in cui la imbastiva. Durante il lavoro di edizione del *De doctrina Aristotelis*, tuttavia, è stato possibile individuare un altro testo nel quale ci sembra che gli appunti sul V libro della *Politica* abbiano trovato la loro perfetta collocazione: si tratta di una parte del II libro del *Trattato circa el reggimento e governo della città di Firenze*, una delle ultime opere del Frate, conclusa e pubblicata nel 1498[48]. A differenza delle prediche, in cui si

---

[47] Cfr. Tromboni, *Inter omnes* ..., cit., pp. 216-217.
[48] Girolamo Savonarola, *Prediche sopra Aggeo, con il Trattato* ..., cit., pp. 458-461. Cfr. P. Prodi, «Gli affanni della democrazia. La predicazione del

percepisce chiaramente il coinvolgimento del Frate e l'impegno che egli mette nel convincere il suo uditorio - ricorrendo spesso ad accorgimenti retorici come l'utilizzo di un particolare tono di voce, il dialogo con un interlocutore immaginario e il fatto di rivolgersi al popolo con continue esortazioni - il *Trattato* permette di comprendere con più chiarezza la concezione politica savonaroliana, soprattutto quella relativa alla recente storia fiorentina. Molti sono i temi che accomunano quest'opera al ciclo di prediche su *Aggeo*, in particolare la riflessione sulla migliore forma di governo per Firenze che si trova nel I libro: il popolo fiorentino, caratterizzato per natura da sagacia e ingegno, non può sopportare il governo di un solo principe, dice il Frate, nemmeno nel caso in cui questi sia *buono e perfetto*: il governo di un tiranno, dunque - il riferimento è anche qui ai Medici - risulta del tutto insostenibile, conclude il Frate, proponendo anche in questo contesto un argomentazione che si basa in parte sul legame tra l'attitudine di un popolo verso una determinata forma di governo e le caratteristiche del luogo in cui esso vive. Nel secondo libro Savonarola prende in esame proprio la figura del tiranno, «il cui errore capitale è di curare il proprio personale interesse, non quello comune dei cittadini»[49]. Leggendo questa parte dell'opera, ci troviamo di fronte ad una dettagliata descrizione del tiranno:

> *Trattato circa el reggimento e governo della città di Firenze*:
> Ancora, el tiranno è pessimo quanto al governo, circa al quale principalmente attende a tre cose. Prima, che li sudditi non intendino cosa alcuna del governo [...]. Secondo, cerca di mettere discordia tra li cittadini, [...] ed *etiam* tra li consiglieri e familiari suoi; perchè, così come il regno di uno vero e iusto re si conserva per la amicizia delli sudditi, così la tirannia si conserva per la discordia delli uomini, [...]. Terzio, cerca sempre di abbassare li potenti, per assicurarsi; e però amazza o fa male capitare li uomini eccellenti, o di roba, o di nobilità, o d'ingegno, o di altre virtù: e li uomini savii tiene senza reputazione, e fagli schernire per tòrgli la fama, acciò che non siano seguitati: non vuole avere per compagni li cittadini, ma per servi: proibisce le congregazioni e ragunate, acciò che li uomini non faccino amicizia insieme, per paura che non facessino coniura contra di lui;

Savonarola durante l'esperienza del governo popolare», in G.. C. Garfagnini, *Savonarola e la politica*, cit., pp. 27-74; C. LEONARDI, «Savonarola e la politica nelle prediche sopra l'Esodo e nel *Trattato circa el reggimento e governo della città di Firenze*», in Garfagnini (ed.), *Savonarola e la politica*, cit., pp. 75-89.

[49] Cfr, LEONARDI, «Savonarola e la politica nelle prediche sopra l'Esodo ...», cit. p. 83.

[...] e ha li esploratori e le spie in ogni loco, che li referiscono ciò che si fa o che si dice [...]: onde fa che la sua donna e le figliuole, o sorelle e parente, abbino amicizia e conversino con le altre donne, acciò che cavino li secreti delli cittadini da loro e tutto quello che fanno o dicono in casa. Studia di fare ch'el popolo sia occupato circa le cose necessarie alla vita; e però, quanto può, lo tiene magro con gravezze e gabelle. [...] Onora li adulatori, acciò che ognuno si sforzi di adularlo e di essere con lui; [...]. Non fa conviti molto con li suoi cittadini, ma più tosto con li estranei. E tiene le amicizie de' signori e gran maestri forestieri, perchè li cittadìni reputa suoi avversarii e di loro ha sempre paura; e però cerca di fortificarsi contra di loro con li forestieri. [...] onde cerca di essere dimandato conservatore del bene commune, e dimonstrasi mansueto ancora nelle cose minime, dando qualche volta audienzia a fanciulli e fanciulle [...]. E di tutti li onori e dignità, che si distribuiscono alli cittadini, lui se ne monstra autore, [...] Similmente cerca di apparere relligioso e dedito al culto divino [...]. E molte volte abbassa occultamente li uomini grandi, e, poi che li ha abbassati, li esalta manifestamente ancora più che prima [...][50].

Confrontando questo passo con il paragrafo LXII del *De doctrina Aristotelis* si riconosce bene la sequenza delle annotazioni sul V libro della *Politica* inserite, l'una dopo l'altra, nel contesto più discorsivo e piano del trattato; le citazioni, adattate alle esigenze di un testo pensato per l'affermazione e la divulgazione di una precisa idea della politica fiorentina, si inseriscono nella trama di argomentazioni che negli anni precedenti Savonarola aveva già proposto ai suoi uditori: la figura del tiranno ricompare qui con tutte le sue caratteristiche, quasi a suggerire e giustificare, nel suo ultimo anno di vita, ciò che il Frate aveva sempre predicato. Sembra quasi di vedere il predicatore a lavoro sulla fonte aristotelica, mentre intreccia gli appunti raccolti dalla lettura dei testi con i temi teologico-pastorali, con le *actoritates* bibliche e patristiche, in modo tale da darci ancora la possibilità di scomporre il testo, di separare i frammenti e di ricomporli, in quella sorta di mosaico mobile che costituiva la base dei suoi scritti.

Conclusioni

I testi che abbiamo proposto in questa breve rassegna consentono di comprendere lo spirito con cui Savonarola si avvicinava alle fonti filosofiche, ed il ruolo ausiliario che egli riservava alla filosofia all'interno della

---

[50] Girolamo Savonarola, *Prediche sopra Aggeo, con il Trattato* ..., cit., pp. 458-461.

predicazione e della produzione trattatistica: i testi platonici, aristotelici o tomistici, in quest'ottica, non vengono considerati solo per il loro significato proprio, ma vengono impiegati come strumenti, in tempi e modi diversi, per approfondire ed arricchire il nucleo fondamentale del discorso savonaroliano, che è religioso e sociale insieme.

Il tema della tirannide ha permesso di svelare una sorta di rete che tiene insieme opere scritte in momenti diversi e con diverse finalità: il *Compendium philosophiae moralis* risale agli anni '80 del Quattrocento, in esso è ben evidente la fonte tomistica, in particolare è presente il *De regimine principum* nell'ultima parte del testo, dove si tratta della figura del tiranno; gli elementi utilizzati nel *Compendium* ricompaiono nella predica del 24 febbraio 1496, di circa dieci anni dopo, che fa parte del ciclo di sermoni sul libro del profeta Amos. In questa stessa predica, Savonarola cita Dionigi di Siracusa come esempio di tiranno, un nome che compare anche nella raccolta di appunti intitolata *De doctrina Platonicorum*, a proposito delle vicende biografiche di Platone; questo scritto, difficilmente databile, contiene, tra le altre, delle annotazioni sul *Politico* (par. XII), cioè un accenno in forma molto sintetica alla questione della degenerazione delle forme di governo che si trova anche, quasi letteralmente, nella predica del 14 dicembre 1494, del ciclo di sermoni sul libro del profeta Aggeo. Anche gli appunti sul V libro della *Politica*, contenuti nel *De doctrina Aristotelis* e dedicati ai mezzi con cui il tiranno mantiene saldo il suo potere, sembrano essere tra gli elementi che arricchiscono la trama della predica del 24 febbraio 1496: essi costituiscono sicuramente la base su cui Savonarola modella la figura del tiranno nel II libro del *Trattato circa el reggimento e governo della città di Firenze*, finito e stampato nel 1498.

Tomas Zahora, Dmitri Nikulin, Constant Mews and David Squire[*]

DECOMPILING THE *SPECULUM MORALE*. UNCOVERING FRANCISCAN VOICES IN AN ENCYCLOPEDIA OF ETHICS WITH THE AID OF FACTOTUM SOFTWARE

Compilation, in the sense of arrangement of extracts drawn from a range of texts within a larger framework, is a feature common to all medieval encyclopedias. Its use, however, could vary quite broadly. Some encyclopedists, like Vincent of Beauvais, compared, selected, and paraphrased their sources and thus imparted them with distinct voices; others built their compendia from extensive verbatim quotations amended in places with comments and insertions of (often unidentified) passages from other works.[1] Among the latter, one encyclopedic work stands out both in the extent of application of compilation strategies, and in lack of source acknowledgment: the early-fourteenth-century *Speculum morale*. Presented as the continuation of Vincent of Beauvais' three-volume *Speculum maius*, the *Speculum morale* proposes to complement Vincent's mirrors of history (*Speculum historiale*), nature (*Speculum naturale*), and the sciences (*Speculum doctrinale*), with an extensive treatment of the passions, virtues, vices, penance, death, and spiritual consolation—subjects Vincent himself

---

[*] Monash University, Wellington Road, Clayton, VIC 3800; Tomas.Zahora@monash.edu, Dnikulin@gmail.com, Constant.Mews@monash.edu, David.Squire@monash.edu.
[1] A. Minnis, «'Nolens auctor sed compilator reputari': the late-medieval discourse of compilation», in M. Chazan - G. Dahan (eds.), *La Méthode critique au Moyen Age*, Brepols, Turnhout 2006, pp. 47-63; R Luff; «Du compilateur anonyme à l'auteur autonome: figure de l'écrivain encyclopédique au Moyen Age européen», in D. Buschinger (ed.), *L'«Effet auteur» au Moyen Age: Actes du Colloque d'Amiens (mars 2001)*, Centre d'Etudes Médiévales, Université de Picardie-Jules Verne, Amiens 2003, pp. 55-67; M. Paulmier-Foucart - M.-C. Duchenne, *Vincent de Beauvais et le Grand miroir du monde*, Brepols, Turnhout 2004; S. Lusignan - M. Paulmier-Foucart (eds.), *Lector et compilator: Vincent de Beauvais, frére prêcheur, un intellectuel et son milieu au XIIIe siècle*, Créaphis, Grâne 1997.

probably intended to describe in more detail in a separate work.[2] Yet unlike Vincent's kaleidoscopic constructions of an array of mostly acknowledged sources, the *Speculum morale* gives the reader no sense of the fact that it is an arrangement of almost exclusively verbatim citations from Aquinas' *Summa theologiae* and five other works, several of which were composed well after Vincent's death.[3]

While it has been associated with the names of the Dominicans Vincent of Beauvais and Thomas Aquinas, the *Speculum morale* is most likely a Franciscan composition with links to the Parisian *studium*.[4] Its interplay of Dominican and Franciscan sources and voices comprises not only valuable evidence of the range of compilation techniques practiced in Paris in the early fourteenth century, but also evidence of knowledge-politics during the period marked by internal tension within the Franciscan order, and by the (mostly Dominican) efforts to shore up the authority of Aquinas prior to his canonization in 1323. The work has nevertheless received little scholarly attention, due as much to the general neglect which until has recently marked attitudes to medieval compendia, as to the *Speculum*'s disadvantaged position in the debates on plagiarism and authenticity.[5] An additional factor discouraging study is its sheer length: at 1558 columns of B4 format of the 1624 edition, and over 850,000 words consisting to a large extent of an arrangement of verbatim extracts, it poses a daunting problem for detailed scholarly analysis.

As a way of approaching the challenge of the *Speculum morale*, a team of medieval and IT researchers at Monash University has developed textual recognition software to deal specifically with compilations. Named Factotum, the program joins text matching ability with a graphic interface allowing comparison and navigation through large bodies of text. In this paper we present preliminary results of our project to decompile this anonymous work

---

[2] S. LUSIGNAN, *Préface au* Speculum maius *de Vincent de Beauvais: réfraction et diffraction*, Bellarmin, Montréal 1979, pp. 20-23, 29-36, 77-90.

[3] J. ECHARD, *Sancti Thomae summa suo auctori vindicata, sive de V. F. Vincentii Bellovacensis scriptis dissertatio*, Delespine, Paris 1708; T. ZAHORA, «Amending Aquinas: textual bricolage of the *Speculum dominarum* as an authorial strategy in the compilation *Speculum morale*», *Cahiers de Recherches Médiévales et Humanistes* (Dec. 2012, forthcoming).

[4] J. ECHARD, *Sancti Thomae summa...*, pp. 456-490; T. ZAHORA, « Amending Aquinas...».

[5] C.J. MEWS - T. ZAHORA - D. NIKULIN - D. SQUIRE, «The *Speculum morale* (c. 1300) and the study of textual transformations: a research project in progress», *Vincent of Beauvais Newsletter*, 35 (2010) 5-15.

and uncover its principles of composition, in particular its re-working of the *Summa theologiae*. Focusing on the Franciscan voices of the encyclopedia, we will argue that the *Speculum morale* represents an appropriation of the *Summa* which selectively omits passages that could be seen as too controversial or too obscure for an audience of Franciscan preachers, and reframes its presentation within a perceptibly neutral discourse, supplemented by the work of the Franciscan theologian Richard de Mediavilla.

In the most general terms, the *Speculum morale* is a massive verbatim digest of the *Prima* and *Secunda secundae* of Thomas Aquinas' (1225-1274) *Summa theologiae* and the *Tractatus de diversis* of another Dominican, Etienne de Bourbon (c. 1195-c. 1261). These are in turn accompanied by extracts from the anonymous *Tractatus de consideratione novissimorum* (after 1300), the *Speculum dominarum* of Durand of Champagne, Franciscan confessor to Queen Jeanne de Navarre (d. 1305) and the commentaries on the *Sentences* by the scholars Peter of Tarentaise (1225-1276), a Dominican, and Richard de Mediavilla (c. 1249-1302), a Franciscan. The dependence on Aquinas in particular is so extensive it was acknowledged by scholars as early as in the fifteenth century, and was subjected to detailed scrutiny by Jacques Echard, whose *Sancti Thomae* Summa *suo auctori vindicata, sive de V. F. Vincentii Bellovacensis scriptis dissertatio* remains the most detailed analysis of the *Speculum morale* to date. The immensely useful work of Echard can also serve as an inadvertent primer of the history of compilations: its mission was to defend the Dominican order's most eminent saint against accusations of plagiarism resulting from textual coincidence between the *Summa theologiae* and the *Speculum morale*. Consequently, Echard's aim in his analysis of the compendium was not so much to understand its underlying principles as to «return» the sources back to their proper owners. Once Aquinas was «liberated from the prison» of the *Speculum morale*, he dismissed it as no more than a farrago of incoherent fragments compiled by an amateurish plagiarist.[6]

A proud Dominican writing in an age that valued individual authorship and defined the modern notion of plagiarism, Echard elevated the *Summa theologiae* to the status of a superior text. Yet his assumption of Aquinas' unquestionable authoritative and textual inviolability builds on the

---

[6] J. ECHARD, *Sancti Thomae summa...*, p. vi r; T. ZAHORA, «Thomist Scholarship and Plagiarism in the Early Enlightenment: Jacques Echard (1644-1724) Reads the *Speculum morale*, Attributed to Vincent of Beauvais,» *Journal of the History of Ideas*, 73, no. 4 (2012) 515-536.

construction of *auctoritas* that took centuries of devotion, fighting, and creative interpretation by succeeding waves of Thomists to establish. Echard's grand historical projection did not exist in the Middle Ages.[7] After the death of Aquinas, and during the time of the composition of the *Speculum morale*, his works were widely admired, but also questioned and vituperated, even among Dominicans—to the extent that his supporters were referred to as *defensores*.[8] Among the Franciscans, the situation was even more complex as Aquinas' *Summa* touched on a sensitive spot in the discussions of the respective roles of the intellect and the will in the construction of a virtuous life. Moreover, compilations and digests of the *Summa* adjusted the contents and structure of the original to suit different needs, and the *Speculum morale* is part of that tradition of appropriation. During his analysis, Echard discovered that the compiler made subtle changes to the original: he added the name of Francis next to the name of Dominic, and selectively eliminated some Dominican references.[9] This fact, combined with the reliance on the Franciscan Richard de Mediavilla's commentary on the *Sentences*, implied a Franciscan provenance—to Echard a convenient foil for denigrating the compilation as not worthy of Dominican standards.[10] In light of more recent work the Franciscan authorship, confirmed by the subsequent identification of Durand of Champagne's *Speculum dominarum* as another Franciscan source for the *Speculum morale*, this seemingly awkward digest of the *Summa* can in fact serve as a valuable barometer of the reception of Aquinas' *magnum opus*.[11]

---

[7] M. JORDAN, *Rewritten Theology: Aquinas After His Readers*, Blackwell, Oxford 2006; S.H. DE FRANCESCHI, «L'empire thomiste dans les querelles doctrinales de l'a☐ge classique», *Dix-septième siècle*, 62, no. 247 (2010) 313-34; P. LÉCRIVAIN, «La Somme Théologique de Thomas d'Aquin aux 16e-18e siècles», *Recherches de science religieuse*, 91, no. 3 (2003) 397-427.

[8] H. OBERMAN, «The Reorientation of the Fourteenth Century», in A. Maierù - A. Paravicini Bagliani (eds.), *Studi sul XIV secolo in memoria di Anneliese Maier*, Edizioni di storia e letteratura, Rome 1981, pp. 513-530, at 517.

[9] Altogether there are 45 mentions of the name of Francis (and two of Clare), against 18 mentions of Dominic's name, in the *Speculum morale*.

[10] J. ECHARD, *Sancti Thomae summa...*, pp. 456-490.

[11] Anne Dubrulle identified a large number of passages of the *Speculum morale* within the *Speculum dominarum*, but presumed that Durand had drawn from the *Speculum morale*, «Le Speculum Dominarum de Durand de Champagne», 2 vols. Thèse présentée pour l'obtention du diploma d'archiviste-paléographe, Ecole nationale des chartes, Paris 1987–1988. We are indebted to Madame Anne (née Dubrulle) Flottes for permission to drawn on her edition. The absence of any

In order to uncover some of the Franciscan threads of the *Speculum morale*, we have used Echard's work as a guide, but have reversed the approach. Rather than deconstructing the compilation to restore its original sources, we have sought a way of balancing the identification of borrowed passages with the ability to study their transformation through juxtaposition, rewriting, or omission. The result of this attempt is the software Factotum (www.webfactotum.com), which combines experience with plagiarism detection (Damocles program developed by David Squire) and an innovative approach to recognizing text similarity (textual similarity algorithm created by Dmitri Nikulin).[12] Designed specifically as a tool for analysing and comparing large texts, Factotum allows the user to upload texts for comparison against one another or against an internal database of select digitized texts such as the Vulgate Bible, Aquinas' *Summa theologiae*, or the *Speculum morale*. After identifying potential matches, the user is able to locate visually matching passages within a text, and then compare select matches in a two-column display that allows for interactive scrolling through each text.[13]

For the analysis of the *Speculum morale* we have used a manual transcript of the 1624 edition against publicly available texts of Aquinas' *Summa theologiae*, Etienne de Bourbon's *Tractatus*, and manual transcripts of the *Speculum dominarum* along with selections of Richard de Mediavilla's commentary on the *Sentences*.[14] The extent of borrowing from the *Summa theologiae*, which so interested Echard, is immediately evident in the DNA-diagram-like representation of textual coincidence in Factotum (Image 1). Depending on the task, the matching can be adjusted for different symbol-string lengths. In this example, we chose 8 consecutive symbols as a match

passages directly quoted from Aquinas within the passages of the *Speculum dominarum* also found in the *Speculum morale*, is one of several indications that Durand's treatise is the earlier work.

[12] C.J. MEWS - T. ZAHORA - D. NIKULIN - D. SQUIRE, «The Speculum morale...».

[13] T. ZAHORA - D. NIKULIN - C.J. MEWS - D. SQUIRE, «Deconstructing Bricolage: Interactive Online Analysis of Compiled Texts with Factotum», *Digital Humanities Quarterly*, forthcoming.

[14] Vincentius Belovacensis, *Speculum morale*, Douay 1624; *Summa theologiae* at www.corpusthomisticum.org; Etienne de Bourbon, *Anectdotes Historiques, Légendes et Apologues tirés du recueil inédit d'Etienne de Bourbon*, ed. A. LECOY DE LA MARCHE (Paris: Renouard, 1877), available on http://archive.org/details/anecdoteshistori00stepuoft; Richard de Mediavilla, *Super quatuor libros sententiarum*, 4 vols. (Brixen, 1591).

criterion—a setting that allows some possibility of false positives and captures the extent of coincidence between the texts. Although some of the identified passages are in fact false positives (a number of narrow bars corresponds to extended biblical or other source citations in a variety of different contexts), the visual match gives an instant sense of the *Speculum morale* being a compilation of a significant portion of the 1a and 2a 2ae of the *Summa*.

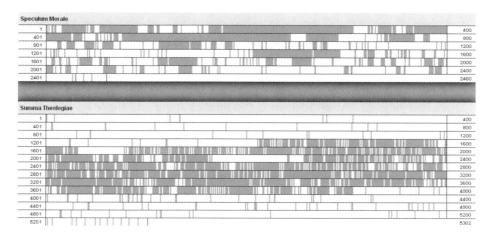

Image 1: Factotum-identified textual match between the *Speculum morale* and the *Summa theologiae* (segments of at least 8 symbols matched in exact order).

Moving the mouse over a matched passage in one work will highlight corresponding texts in both displays, with gaps corresponding to omitted questions or articles. If we adjust the match criterion to 10 consecutive symbols—eliminating a number of false positives, but also potentially meaningful matches—we get a rough skeleton of the large consecutive blocks of the digest of the *Summa* (Image 2). This digest begins with Aquinas' «treatise on the emotions»[15] (1a 2ae 22-48—cluster of matches up to 1/3 of the first horizontal bar), continues with his treatment of laws, grace, and virtues in general (1a 2ae 91-116 and 1a 2ae 55-67—large blocks of matches in the middle of the first horizontal bar), specific virtues (drawn

---

[15] P. KING, «Aquinas on the Emotions», in B. Davies - E. Stump (eds.), *The Oxford Handbook of Aquinas*, Oxford University Press, Oxford 2011; IDEM., «Emotions in Medieval Thought» in P. Goldie (ed.), *Oxford Handbook of the Emotions*, Oxford University Press, Oxford 2010, pp. 167-188.

selectively from 2a 2ae 1-169), gifts of the Holy Spirit (2a 2ae 680A), vices and sins in general (1a 2ae 71-89—large block on the right side of the fourth line) and specific sins (drawn selectively from 2a 2ae 10-167). The less intense reliance on the *Summa* in the latter half of the *Speculum morale*, visible in the diagram as larger proportion of blank spaces, is a good gauge of the compiler's approach to Aquinas' work in general. Although Aquinas provided an excellent treatment of the passions and virtues, the *Summa* is above all a sum of virtues. Vices, although discussed in some detail, receive nothing like the attention paid to them by Etienne the Bourbon—who is in fact a major source in book 3 of the *Speculum morale*. In addition to heavily supplementing Aquinas' discourse on the vices, the compiler also separated Aquinas' treatment of virtues alongside with comparable vices into a scheme of virtues (book 1 of the *Speculum morale*) and vices (book 3), joined together by the transitional book 2, which deals with the four last things. A good example of the reordering of Aquinas' *Summa* is the treatment of the sin of pride, which plays a prominent role in the *Speculum morale* as the first of the capital sins. Aquinas discusses pride as a sin contrary to humility— humility in turn being a species of modesty, which is a part of temperance— in section devoted to temperance (2a 2ae 141-170). The compiler of the *Speculum morale* separated the sections into the corresponding passages on virtues (book 1) and vices (book 3), and, as he probably found Aquinas' description of pride too brief, accompanied it with the much more extensive treatment of pride as a capital sin by Etienne de Bourbon.[16]

Image 2

On one hand, the extensive borrowing from Aquinas testifies to the compiler's recognition of the importance and usefulness of the *Summa*. The *Speculum morale* imports in entirety and with minimal emendation the section on the passions of the soul, one of Aquinas' major contributions to the medieval discourse on the passions, as well as large segments of his

---

[16] *Speculum morale* 3.3.1-2 (cols. 990-1003).

treatment of laws and virtues.[17] At the same time, the transformation of the *Summa*'s description of vices suggests a mindset acquainted with the traditional presentation of virtues and vices as clusters of forces fighting for control of the soul, rather than the Aristotelian continuum of excess and lack, which is prominent in Aquinas' scheme. In this sense, the compiler is similar to other transmitters of Aquinas' *Summa* who transformed its structure to fit specific needs.[18]

Analysis with Factotum has allowed us to identify an additional characteristic of this compilation not noticed by Echard. Along with revealing the order of borrowing and reordering of passages, the overview-display also brings out gaps representing omitted source text. Some omissions are minor and reflect the compiler's practice of copying only Aquinas' *responsiones*. But some omissions are more particular. The extensive borrowing from Aquinas' 1a 2ae 22-30—the treatment of human passions—appears suddenly, without Aquinas' discussion of human acts and habits which introduces this section in the *Summa*. Instead, the compiler prefaced the copied section with a very different text: the treatise *Tractatus de consideratione novissimorum*, a hitherto anonymous collection of sermons on the last things. The omission appears quite explicitly on Factotum where the highlighted matched text contrasts with non-*Summa* material (Image 3).

---

[17] R. MINER, *Thomas Aquinas on the Passions*, Cambrixge University Press, Cambridge, 2009.

[18] S. WENZEL, «The Continuing Life of William Peraldus' *Summa vitiorum*», in M. Jordan - K. Emery (eds.), *Ad litteram: Authoritative Texts and Their Medieval Readers*, University of Notre Dame Press, Notre Dame, Ind. 1992, 135-63; L.E. BOYLE, «The *Summa Confessorum* of John of Freiburg and the Popularization of the Moral Teachings of Thomas and of Some of his Contemporaries», in A.A. Mauer (ed.), *St Thomas Aquinas 1274-1074: Commemorative Studies*, PIMS, Toronto 1974, 254-68.

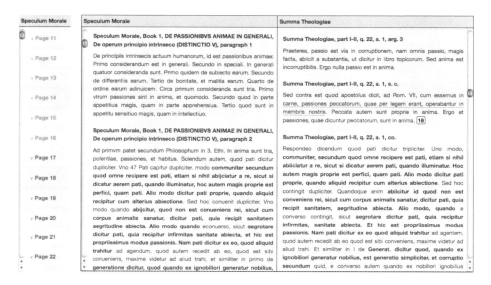

Image 3. Omission of Aquinas' 1a 2ae q.1-21 in the *Speculum morale*, represented (grey on the left, non-highlighted on right) in contrast to the extensive borrowing from 1a 2ae q.22-48, which follows (black, highlighted and bolded text on right).

Aquinas' discourse on human motivation, habits, and the will typifies his assimilation of the ideas of Aristotle within the Christian context which gained him many admirers but also opponents. In discussing freedom of choice, Aquinas noted that the intellect is a more noble and decisive factor than the will.[19] Subsequent scholars extended this line of reasoning to imply that reason dominated the will, earning Aquinas the appellation of intellectualist against a growing body of voices claiming an opposing voluntarist position. The tensions ensuing from the discussion of the respective roles of reason and will can be seen in William de la Mare's 1279 *Correctorium Fratris Thomae* which pointed out problematic passages in the *Summa* along with suggested «corrections.» Following the Franciscan chapter meeting at Strasbourg in 1282, only the more advanced members of the order were allowed to read the *Summa*—and even those had to read William de la Mare's work as ancompaniment.[20] Of the *Correctorium*'s 12

---

[19] B. KENT, *Virtues of the Will: The Transformation of Ethics in the Late Thirteenth Century*, Catholic University of America Press, Washington DC 1995, 105.

[20] P.G. FUSSENEGGER, «Definitiones capituli generalis argentinae celebrati abnno 1282», *Archivum Franciscanum Historicum*, 26 (1933) 127-40.

articles devoted to the 1a 2ae—most dealing with the respective roles of intellect and the will—all but two coincide with the section mitted by the compiler of the *Speculum morale*. The omission of 1a 2ae q.1-21 in the *Speculum morale* is thus consistent with a Franciscan author appreciative of the *Summa* but also aware the work was not without its problems.

The transition between the homiletic style of the *Tractatus de consideratione novissimorum* and the scholastic rhythm of the *Summa* creates a rather abrupt stylistic break, of which the compiler seems to have been quite conscious. In order to create a transition between the discussion of human works in the *Tractatus* and Aquinas' discussion of the passions, he inserted a slightly reworded segment 1a 2ae 80 a1 into his own text. It is, at first sight, a rather curious choice, as the borrowed question has to do with the devil's role in human sinning. But it is also a succinct encapsulation of prominent ideas on the role will and the ability of an object to move it expressed in 1a 2ae 9 a3, and 1a 2ae 10 a 1, 2—sections the *Speculum morale* avoids. Undaunted, and probably closely familiar with the *Summa*, the compiler reworded the original to fit a different, broader context by erasing references to the devil yet maintaining crucial wording, which was picked up by Factotum even with the 8-character recognition limit (Image 4).

| tripliciter. Vno modo ipsum obiectum propositum appetui sensitiuo, vel etiam intellectiuo, mouet aliqualiter, et inclinat, sicut cibus excitat desiderium hominis ad edendum. **Alio modo ille, qui proponit, vel offert huiusmodi obiectum. Tertio ille, qui persuadet obiectum propositum habere rationem boni,** quia in hoc proponit obiectum proprium voluntati, quod ostendit illud esse bonum verum, vel apparens. Primo igitur 1955 modo res sensibiles exterius apparentes mouent voluntatem hominis ad volendum bonum, vel malum, sicut consideratio creaturarum mouet, et inducit hominem ad laudandum sapientiam, honorandum omnipotentiam, et amandum bonitatem creatoris; et econtra, delectatio, quae inuenitur in creaturis, et varietas pulchritudinis, insipientibus est occasio concupiscentiae, et multiplicis deceptionis, sicut dicitur Sap. 14. Creaturae Dei in odium factae sunt, et in tentationem animae hominum, et in muscipulam pedibus insipientium. Secundo autem, et tertio modo, potest homo hominem excitare, vel inclinare ad bonum, vel malum agendum diabolus vero ex intentionis suae peruersitate nititur, et intendit inducere ad peccatum, vel offerendo aliquid appetibile sensui, vel persuadendo rationi. | quod aliquid moveat voluntatem tripliciter. Uno modo, ipsum obiectum propositum, sicut dicimus quod cibus excitat desiderium hominis ad comedendum. **Alio modo, ille qui proponit vel offert huiusmodi obiectum. Tertio modo, ille qui persuadet obiectum propositum habere rationem boni,** quia et hic aliqualiter proponit proprium obiectum voluntati, quod est rationis bonum verum vel apparens. Primo igitur 17 modo, res sensibiles exterius apparentes movent voluntatem hominis ad peccandum, secundo autem et tertio modo, vel Diabolus, vel etiam homo, potest incitare ad peccandum, vel offerendo aliquid appetibile sensui, vel persuadendo rationi. Sed nullo istorum trium modorum potest aliquid esse directa causa peccati, quia voluntas non ex necessitate movetur ab aliquo obiecto nisi ab ultimo fine, ut supra dictum est; unde non est sufficiens causa peccati neque res exterius oblata, neque ille qui eam proponit, neque ille qui persuadet. Unde sequitur quod Diabolus non sit causa peccati directe et sufficienter; sed solum per modum persuadentis, vel proponentis appetibile. |

Image 4. *Speculum morale* 1.1.3 (left column) and its use of 1a 2ae q.80 a.1 co (right column).

The paraphrased passage maintains Aquinas' distinction of the three ways in which a thing can move the will (object presents itself to our will; someone else proposes an object to our will; someone persuades our will that an object is worthy). Yet as the paraphrase refers to human acts in general, rather than those leading to sin, Aquinas' objects which can lead us to sin are changed to objects that can move our will towards both good or evil, «just as the contemplation of creatures moves and leads man to praising wisdom, honoring omnipotence, and loving goodness of the creator». The reference to praise, honor, and love, is consistent with the homiletic tenor of the *Tractatus de consideratione* which precedes the insertion of Aquinas, as well of the extracts from the *Speculum dominarum* by Durand of Champagne that accompany Aquinas' treatise on the passions—and above all it is consistent with the insistence of William de la Mare and Franciscans following the *Correctorium*, that the ultimate goal of the creature is not just to know through intellect, but to love through action.

Apart from minor adjustments the compiler draws on the *Summa* freely and without changing the wording. For the most part, he uses the *responsiones*, which means that the *ad* and *contra* arguments, as well as the corresponding replies, are omitted. On occasion, though, the borrowing is a combination of multiple elements, as we see in the section on temperance, where the *responsio* is complemented with a borrowing from Aquinas' *ad tertium*. On Factotum, the parallel passages appear in bolded font with a background highlight (Image 5).

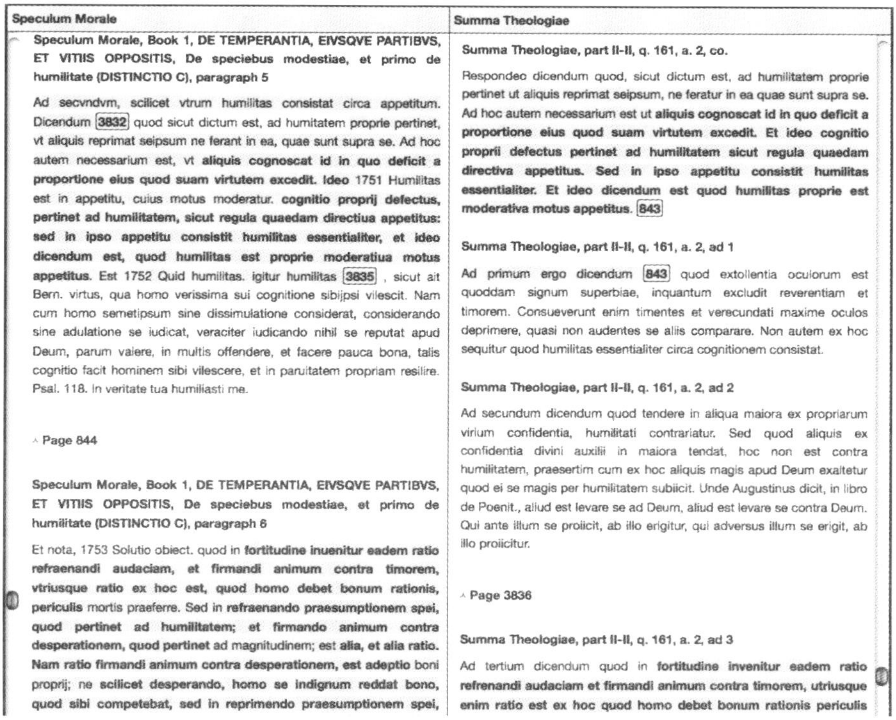

Speculum Morale

Speculum Morale, Book 1, DE TEMPERANTIA, EIVSQVE PARTIBVS, ET VITIIS OPPOSITIS, De speciebus modestiae, et primo de humilitate (DISTINCTIO C), paragraph 5

Ad secvndvm, scilicet vtrum humilitas consistat circa appetitum. Dicendum 3832 quod sicut dictum est, ad humitatem proprie pertinet, vt aliquis reprimat seipsum ne ferant in ea, quae sunt supra se. Ad hoc autem necessarium est, vt **aliquis cognoscat id in quo deficit a proportione eius quod suam virtutem excedit. Ideo** 1751 Humilitas est in appetitu, cuius motus moderatur. **cognitio proprij defectus, pertinet ad humilitatem, sicut regula quaedam directiua appetitus: sed in ipso appetitu consistit humilitas essentialiter, et ideo dicendum est, quod humilitas est proprie moderatiua motus appetitus.** Est 1752 Quid humilitas. igitur humilitas 3835 , sicut ait Bern. virtus, qua homo verissima sui cognitione sibijpsi vilescit. Nam cum homo semetipsum sine dissimulatione considerat, considerando sine adulatione se iudicat, veraciter iudicando nihil se reputat apud Deum, parum valere, in multis offendere, et facere pauca bona, talis cognitio facit hominem sibi vilescere, et in paruitatem propriam resilire. Psal. 118. In veritate tua humiliasti me.

^ Page 844

Speculum Morale, Book 1, DE TEMPERANTIA, EIVSQVE PARTIBVS, ET VITIIS OPPOSITIS, De speciebus modestiae, et primo de humilitate (DISTINCTIO C), paragraph 6

Et nota, 1753 Solutio obiect. quod in **fortitudine inuenitur eadem ratio refraenandi audaciam, et firmandi animum contra timorem, vtriusque ratio ex hoc est, quod homo debet bonum rationis, periculis** mortis praeferre. Sed in **refraenando praesumptionem spei, quod pertinet ad humilitatem; et firmando animum contra desperationem, quod pertinet** ad magnitudinem; est **alia, et alia ratio. Nam ratio firmandi animum contra desperationem, est adeptio** boni proprij; ne **scilicet desperando, homo se indignum reddat bono, quod sibi competebat, sed in reprimendo praesumptionem spei,**

Summa Theologiae

Summa Theologiae, part II-II, q. 161, a. 2, co.

Respondeo dicendum quod, sicut dictum est, ad humilitatem proprie pertinet ut aliquis reprimat seipsum, ne feratur in ea quae sunt supra se. Ad hoc autem necessarium est ut **aliquis cognoscat id in quo deficit a proportione eius quod suam virtutem excedit. Et ideo cognitio proprii defectus pertinet ad humilitatem sicut regula quaedam directiva appetitus. Sed in ipso appetitu consistit humilitas essentialiter. Et ideo dicendum est quod humilitas proprie est moderativa motus appetitus.** 843

Summa Theologiae, part II-II, q. 161, a. 2, ad 1

Ad primum ergo dicendum 843 quod extollentia oculorum est quoddam signum superbiae, inquantum excludit reverentiam et timorem. Consueverunt enim timentes et verecundati maxime oculos deprimere, quasi non audentes se aliis comparare. Non autem ex hoc sequitur quod humilitas essentialiter circa cognitionem consistat.

Summa Theologiae, part II-II, q. 161, a. 2, ad 2

Ad secundum dicendum quod tendere in aliqua maiora ex propriarum virium confidentia, humilitati contrariatur. Sed quod aliquis ex confidentia divini auxilii in maiora tendat, hoc non est contra humilitatem, praesertim cum ex hoc aliquis magis apud Deum exaltetur quod ei se magis per humilitatem subiicit. Unde Augustinus dicit, in libro de Poenit., aliud est levare se ad Deum, aliud est levare se contra Deum. Qui ante illum se proiicit, ab illo erigitur, qui adversus illum se erigit, ab illo proiicitur.

^ Page 3836

Summa Theologiae, part II-II, q. 161, a. 2, ad 3

Ad tertium dicendum quod in **fortitudine invenitur eadem ratio refrenandi audaciam et firmandi animum contra timorem, utriusque enim ratio est ex hoc quod homo debet bonum rationis periculis**

Image 5

The interstices between different Aquinas passages are complemented with other texts, most prominently the *Tractatus de diversis* of the Dominican Etienne de Bourbon and the *Speculum dominarum* of the Franciscan Durand de Champagne. Etienne's *Tractatus* provides exempla and itemized characteristics of individual passions and virtues, while Durand is a source of material on human vileness, misery of women, love, hate, desire, abomination, enjoyment (*delectatio*), sadness (*dolor* and *tristicia*), joy, hope, desperation, fear, boldness (*audacia*), and zeal.[21] In Image 3, for instance, the passage from St Bernard added after 2a 2ae q.161 a2 co, has been copied from the *Speculum dominarum*.[22] The compiler's interweaving of sources is consistent with what Monica Calma, borrowing a term from literary studies, has identified as bricolage, consisting of a combination of often-unacknowledged quotations and commentary or paraphrase to create a composite text.[23] In the *Speculum morale*, the textual bricolage results in a compendium that fuses a more technical, scholastic disquisition with examples that could be used both as a pedagogical tool as well as an aid in the composition of sermons. If we consider the expanded discussion of vices, it comprises a very effective manual for Franciscan preachers and confessors.

Given the *Speculum morale*'s target audience and heavy dependence on the *Summa*, its recourse to Richard de Mediavilla can help us further understand the circumstances of its composition. As Edgar Hocedez had observed, while strongly influenced by Bonaventure, Richard de Mediavilla had departed from Bonaventure's mystical conception and adopted the rationalist point of view of Aquinas. His affinity for Aquinas was well recognized by his Franciscan contemporaries, who also respected Mediavilla's ability to propose a more moderate interpretation of Aquinas, seen by many as dangerously preferring the capacity of the intellect against that of the will.[24] In an atmosphere of growing suspicion towards Aquinas, as well as the mounting tensions within the Franciscan order, the position

---

[21] T. ZAHORA, «Amending Aquinas...»; A. DUBRULLE, «Le *Speculum Dominarum* de Durand de Champagne».

[22] A. DUBRULLE, *Speculum dominarum* 1.3.4.35, p. 339.

[23] M. CALMA, «*Plagium*», in I. Atucha, D. Calma, C Ko☐nig-Pralong, and I. Zavattero (eds.), *Mots médiévaux offerts a Ruedi Imbach*, Fidem, Porto 2011, 559-568.

[24] E. HOCEDEZ, *Richard de Middleton: sa vie, ses oeuvres, sa doctrine*, E. Champion, Paris 1925, p. 384. For a recent reinterpretation of Mediavilla's works, see A. BOUREAU, *L'inconnu dans la maison. Richard de Mediavilla, les Franciscains et la Vierge Marie à la fin du XIIIe siècle*, Les Belles Lettres, Paris 2010.

represented by Mediavilla offered a relatively balanced alternative to staunch Thomists as much as to the more radical views of scholars like Duns Scotus and Peter John Olivi—Mediavilla was among those who examined the orthodoxy of Olivi's works.[25] The *Speculum morale* thus offers a fusion of material that could be of interest to a wide range of readers, but which also potentially avoided opinions that could cause discord among Franciscans.

Echard identified borrowing from 50 articles of Mediavilla's commentary on the *Sentences*.[26] Mediavilla's contribution addresses questions of faith and hope, but above all of penance, a subject not covered in the unfinished *Summa*. Mediavilla also provides an important update in the form of a brief commentary on the bull *Ad fructus uberes* issued by Martin IV in 1281, which confirms the confessing rights of mendicant friars against opposition by secular clergy.[27] As Mediavilla had written an extended disputed question on the subject, the choice to use an extract from his commentary on the *Sentences* is not likely to be accidental.[28] As a scholar sympathetic to the work of Thomas, a defender of both mendicant orders, and more than qualified on the matters of confession and penance, he is an ideal source for a Franciscan compiler.

Although the *Summa* charts a different territory than the traditional *Sentences* commentary, there are considerable areas of coincidence between Aquinas and Mediavilla, and the compiler had several opportunities to choose between the two authors' treatment of the same subject. A good example is the *Speculum morale*'s discussion of faith (1.3.14-20), which combines Aquinas (2a 2ae 1-10), Mediavilla (3.23 a6; 3.24 a1, a2, a4, a5), as well as extracts from Etienne de Bourbon (fols. 390va-393rb). In the question on whether the object of faith is the *Prima Veritas*, Aquinas presents a succinct argument that distinguishes between the material and formal aspect of a cognitive habit (*habitus cognoscitivus*). Using an analogy with the discipline of geometry, in which conclusions represent that which is known materially and the means of demonstration its formal aspect, he concludes that nothing but the *Prima Veritas* is the object of faith formally. When only the material aspect is considered, however, many other things that aid on the journey to fruition in God, can be considered the object of faith.

---

[25] E. HOCEDEZ, *Richard de Middleton...*, pp. 71-75.
[26] J. ECHARD, *Sancti Thomae summa...*, p. 357.
[27] J. ECHARD, *Sancti Thomae summa...*, pp.374-377.
[28] F.M. DELORME (ed.), *Fr. Richardi de Mediavilla Quaestio disputata de Privilegio Martini papae IV*, Quaracchi, Florence 1925.

Rather than utilizing Aquinas' elegant conclusion, the compiler turned to Mediavilla, who offers the same distinction between material and formal respects of belief, and even a reference to geometry, but whose example is more descriptive and particular than Aquinas'. Instead of referring to geometry in general, Mediavilla writes about how different people know about the roundness of the earth. Similarly, in the description of the material aspects of belief, he points out that different people can believe the same thing for different reasons—but only *prima veritas* has bearing on true faith (Image 6).

Speculum Morale, Book 1, DE VIRTVTIBVS THEOLOGICIS, ET 1 DE FIDE, ET VITIIS OPPOSITIS, De obiecto fidei (DISTINCTIO XIV), paragraph 2	Summa Theologiae, part II-II, q. 1, a. 1, co.
Ad primvm, scilicet vtrum obiectum fidei sit veritas prima: dicendum, quod de obiecto fidei contingit loqui dupliciter, aut de eius obiecto materiali, quod est creditum; aut de formali, quod est ratio credendi [2377]. Primo modo obiectum fidei non tantum est verum increatum, sed etiam creatum. Sic enim esse plura obiecta respectu vnius habitus non est inconueniens, nec plures habitus esse respectu eiusdem obiecti. Idem enim potest esse creditum per credulitatem acquisitam, et per fidem infusam; nec mirum: Videmus enim scitum posse esse obiectum materiale diuersorum habituum scientiae. Verbi gratia, per habitum scientiae naturalis, scit homo terram esse rotundam; et hoc idem scit alius per habitum scientiae metaphysice: formalia tamen obiecta, quae sunt rationes sciendi, hoc est ipsa media per quae probatur praedicta conclusio, sunt specie differentia. Si 588 Obiectum formale fidei est veritas prima, materiale vero tam. Deus, quam alia inquanum in Deum eferuntur. autem loquamur de formali obiecto fidei; sic dico, quod est tantum verum increatum, quia tale est ratio credendi, cui innititur, fidelis in assentiendo vero credito: ista autem ratio est tantum prima veritas. Quicquid enim per fidem credimus, ideo credimus, quia credimus, quod prima veritas hoc reuelauit; nec potest dici, quod tale obiectum sit obiectum acquisitae credulitatis. [2377] [2378] [2379] [2387]	Respondeo dicendum quod cuiuslibet cognoscitivi habitus obiectum duo habet, scilicet id quod materialiter cognoscitur, quod est sicut materiale obiectum; et id per quod cognoscitur, quod est formalis ratio obiecti. Sicut in scientia geometriae materialiter scita sunt conclusiones; formalis vero ratio sciendi sunt media demonstrationis, per quae conclusiones cognoscuntur. Sic igitur in fide, si consideremus formalem rationem obiecti, nihil est aliud quam veritas prima, non enim fides de qua loquimur assentit alicui nisi quia est a Deo revelatum; unde ipsi veritati divinae innititur tanquam medio. Si vero consideremus materialiter ea quibus fides assentit, non solum est ipse Deus, sed etiam multa alia. Quae tamen sub assensu fidei non cadunt nisi secundum quod habent aliquem ordinem ad Deum, prout scilicet per aliquos divinitatis effectus homo adiuvatur ad tendendum in divinam fruitionem. Et ideo etiam ex hac parte obiectum fidei est quodammodo veritas prima, inquantum nihil cadit sub fide nisi in ordine ad Deum, sicut etiam obiectum medicinae est sanitas, quia nihil medicina considerat nisi in ordine ad sanitatem. Summa Theologiae, part II-II, q. 1, a. 1, ad 1 Ad primum ergo dicendum quod ea quae pertinent ad humanitatem Christi et ad sacramenta Ecclesiae vel ad quascumque creaturas cadunt sub fide

Image 6. *Speculum morale*'s use of Richard de Mediavilla against a parallel passage in the *Summa*.

This example is one of several where the compiler chose to omit Aquinas' compact presentation of universal principles and selected Mediavilla's more explanatory style with specific examples and elaborations of particular points. Such choices suggest that easy communicability consistent with the didactic aims of a preacher, rather than doctrinal differences from Aquinas, as the reasons behind appealing to Mediavilla's commentary. This principle of selection may explain why, on the other hand, the compiler chose a clearer, if more intellectualist, interpretation by Aquinas against a more voluntarist but rambling position presented by Mediavilla, as in the question of whether the object of faith is a complex or simple truth.[29]

---

[29] *Speculum morale* 1.3.14, a. 3; R. de Mediavilla, *Super quatuor libros sententiarum* lib. 3, d. 24, a. 1, q 2; 2a 2ae, 1. 2 co.

On occasion, the compiler's selection of material opens a window to the broader social context of scholastic debates. Under ordinary circumstances, meat, but not wine, was prohibited on fasting days. But this seemed to result in a paradoxical situation since wine was believed to lead to concupiscence and thus directly counteract the effects of fasting whose aim was to suppress desire. Both Mediavilla and Aquinas approached this standard theological question, and Factotum identified the common thread—that drinking wine seems to be more problematic than eating flesh (Image 8).

Richard of Middleton Sentences Commentary, paragraph 62

4 d.15 a.3 q.5 Utrum esus carnium frangat ieiunium Et videtur quod non: quia ieiunium institutum est ad reprimendum carnalem concupiscentiam: sed vinum magis excitat concupiscentiam quam **esus carnium, iuxta illud Prouer. 20. Luxuriosa res est vinum**: cum ergo ieiunantibus licitum sit vinum bibere, multo fortius licitum est esus carnium [3708]. Item aliqui sunt cibi magis delectantes gustum, quam alique carnes grosse, et tamen illis ieiunantibus non interdicuntur: ergo nec esus carnium grossarum. Contra, in diebus sabbatorum a carnis abstinere debemus de conse. di. 5. Quia dies: ergo multo fortius in diebus ieiunabilibus.

Summa Theologiae, part II-II, q. 147, a. 8, arg. 1

Ad octavum sic proceditur. Videtur quod inconvenienter ieiunantibus indicatur abstinentia a carnibus et ovis et lacticiniis. Dictum est enim supra quod ieiunium est institutum ad concupiscentias carnis refrenandas. Sed magis concupiscentiam provocat potus vini quam **esus carnium, secundum illud Prov. XX, luxuriosa res est vinum**; et Ephes. V, nolite inebriari vino, in quo est luxuria. Cum ergo non interdicatur ieiunantibus potus vini, videtur quod non debeat interdici esus carnium.

Summa Theologiae, part II-II, q. 147, a. 8, arg. 2

Image 8

As we scroll down to compare the texts, however, we discover significantly different solutions—whose lack of mutual textual parallels is signified in Factotum by absence of highlighting (Image 9).

Richard of Middleton Sentences Commentary, paragraph 66

Secundum igitur istos dicendum est ad argumentum, quod ecclesia magis interdicit ieiunantibus esum carnium, quam vini potum duplici ratione. Una est, quia difficilius est abstinere a potu vini, quam ab esu carnium: et ideo si ecclesia interdixisset vini potum, plures fuissent expositi periculo transgressionis, quam per interdictum esus carnium. Alia est, quod ieiunium frequenter tristitiam excitat, et vinum laetificat, iuxta illud Psal. 103. Et vinum letificet cor hominis: et ideo congruentissime ieiunantibus usus vini permissus est. Ad secundum dicendum, quod leges date sunt propter ea, quae ut in pluribus accidunt, ut in pluribus autem esus carnium magis delectat carnis naturam, quam esus piscium, vel pulmentorum.

Summa Theologiae, part II-II, q. 147, a. 8, ad 1

Ad primum ergo dicendum quod ad actum generationis tria concurrunt, scilicet calor, spiritus et humor. Ad calorem quidem maxime cooperatur vinum, et alia calefacientia corpus; ad spiritus autem videntur cooperari inflativa; sed ad humorem maxime cooperatur usus carnium, ex quibus multum de alimento generatur. Alteratio autem caloris et multiplicatio spirituum cito transit, sed substantia humoris diu manet. Et ideo magis interdicitur ieiunantibus usus carnium quam vini, vel leguminum, quae sunt inflativa.

Summa Theologiae, part II-II, q. 147, a. 8, ad 2

Ad secundum dicendum quod Ecclesia, ieiunium instituens, intendit ad id quod

Image 9

For Aquinas, the solution to the quandary is a clear syllogistic answer. There are three things that lead to the act of generation: heat (associated with wine), spirit (legumes), and humor (associated with meat), and since the substance of humor lasts the longest it is meat rather than wine that is prohibited. Mediavilla's account is less straightforward, but perhaps more interesting from a historical point of view. Unlike Aquinas he opens up several possible explanations for the prohibition of meat instead of wine. The first one, a telling comment on medieval dietary habits, is the pragmatic acknowledgment that it is easier to abstain from meat than from wine, and if the church prohibited drinking wine, rather than purifying its members from concupiscence and preparing them for penance, it would increase the believers' risk of additional transgression. The second explanation uses medical reasoning to offer a perspective sympathetic to the hardships of fasting: because fasting is a depressant, wine acts as a counterweight which lightens the burden of the heart. Mediavilla's matter-of-fact reasoning is wordier than Aquinas', which tightly manipulates general principles, but it can also be seen as more specific and potentially more helpful to preachers looking for an argument that could be attached to an effective *exemplum*, or even a joke. The choice de Mediavilla overall confirms the observations of Hocedez that while he was considered an *abbreviator Thomae*, Mediavilla introduced a distinctly personal—and perhaps distinctly Franciscan— tendency, which the compiler found appealing.

Yet Mediavilla provides the *Speculum morale* with more than just an analogue to the *Summa*. In the discussion of the knowledge of faith in 2a 2ae q.1 a.5, Aquinas makes a distinction between knowledge and faith and concludes that, because the object of science is something seen and that of faith something unseen, knowledge and faith mutually exclude each other: «fides et scientia non sunt de eodem». Mediavilla, the compiler's preferred source in this instance, builds on a more subtle understanding of the relationship between perception and faith that allows for their mutual coexistence.[30] He begins his argument along lines very similar to Aquinas, but moves in a different direction by emphasizing the possibility that something can be glimpsed in this life through non-intellectual knowledge, and that a «visio patriae» with its corresponding knowledge is available even in this life (Image 10).

---

[30] E.g. *Super quatuor libros sententiarum*, lib. 3, d. 24, a. 1, q. 4 [p.268]: «Unde idem secundum aliquid sui potest esse sensibile visum, et secundum aliud creditum».

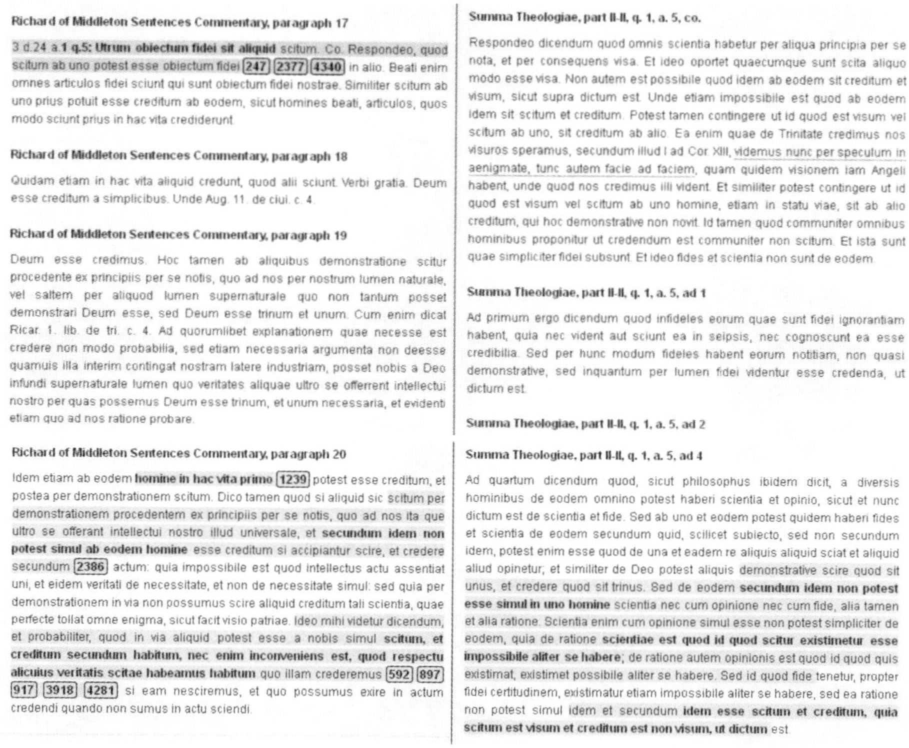

Richard of Middleton Sentences Commentary, paragraph 17

3 d.24 a.1 q.5: Utrum obiectum fidei sit aliquid scitum. Co. Respondeo, quod scitum ab uno potest esse obiectum fidei [247] [2377] [4340] in alio. Beati enim omnes articulos fidei sciunt qui sunt obiectum fidei nostrae. Similiter scitum ab uno prius potuit esse creditum ab eodem, sicut homines beati, articulos, quos modo sciunt prius in hac vita crediderunt.

Richard of Middleton Sentences Commentary, paragraph 18

Quidam etiam in hac vita aliquid credunt, quod alii sciunt. Verbi gratia. Deum esse creditum a simplicibus. Unde Aug. 11. de ciui. c. 4.

Richard of Middleton Sentences Commentary, paragraph 19

Deum esse credimus. Hoc tamen ab aliquibus demonstratione scitur procedente ex principiis per se notis, quo ad nos per nostrum lumen naturale, vel saltem per aliquod lumen supernaturale quo non tantum posset demonstrari Deum esse, sed Deum esse trinum et unum. Cum enim dicat Ricar. 1. lib. de tri. c. 4. Ad quorumlibet explanationem quae necesse est credere non modo probabilia, sed etiam necessaria argumenta non deesse quamuis illa interim contingat nostram latere industriam, posset nobis a Deo infundi supernaturale lumen quo veritates aliquae ultro se offerrent intellectui nostro per quas possemus Deum esse trinum, et unum necessaria, et evidenti etiam quo ad nos ratione probare.

Richard of Middleton Sentences Commentary, paragraph 20

Idem etiam ab eodem **homine in hac vita primo** [1239] potest esse creditum, et postea per demonstrationem scitum. Dico tamen quod si aliquid sic scitum per demonstrationem procedentem ex principiis per se notis, quo ad nos ita que ultro se offerant intellectui nostro illud universale, et **secundum idem non potest simul ab eodem homine** esse creditum si accipiantur scire, et credere secundum [2386] actum: quia impossibile est quod intellectus actu assentiat uni, et eidem veritati de necessitate, et non de necessitate simul: sed quia per demonstrationem in via non possumus scire aliquid creditum tali scientia, quae perfecte tollat omne enigma, sicut facit visio patriae. Ideo mihi videtur dicendum, et probabiliter, quod in via aliquid potest esse a nobis simul **scitum, et creditum secundum habitum, nec enim inconveniens est, quod respectu alicuius veritatis scitae habeamus habitum** quo illam crederemus [592] [897] [917] [3918] [4281] si eam nesciremus, et quo possumus exire in actum credendi quando non sumus in actu sciendi.

Summa Theologiae, part II-II, q. 1, a. 5, co.

Respondeo dicendum quod omnis scientia habetur per aliqua principia per se nota, et per consequens visa. Et ideo oportet quaecumque sunt scita aliquo modo esse visa. Non autem est possibile quod idem ab eodem sit creditum et visum, sicut supra dictum est. Unde etiam impossibile est quod ab eodem idem sit scitum et creditum. Potest tamen contingere ut id quod est visum vel scitum ab uno, sit creditum ab alio. Ea enim quae de Trinitate credimus nos visuros speramus, secundum illud I ad Cor. XIII, videmus nunc per speculum in aenigmate, tunc autem facie ad faciem, quam quidem visionem iam Angeli habent, unde quod nos credimus illi vident. Et similiter potest contingere ut id quod est visum vel scitum ab uno homine, etiam in statu viae, sit ab alio creditum, qui hoc demonstrative non novit. Id tamen quod communiter omnibus hominibus proponitur ut credendum est communiter non scitum. Et ista sunt quae simpliciter fidei subsunt. Et ideo fides et scientia non sunt de eodem.

Summa Theologiae, part II-II, q. 1, a. 5, ad 1

Ad primum ergo dicendum quod infideles eorum quae sunt fidei ignorantiam habent, quia nec vident aut sciunt ea in seipsis, nec cognoscunt ea esse credibilia. Sed per hunc modum fideles habent eorum notitiam, non quasi demonstrative, sed inquantum per lumen fidei videntur esse credenda, ut dictum est.

Summa Theologiae, part II-II, q. 1, a. 5, ad 2

Summa Theologiae, part II-II, q. 1, a. 5, ad 4

Ad quartum dicendum quod, sicut philosophus ibidem dicit, a diversis hominibus de eodem omnino potest haberi scientia et opinio, sicut et nunc dictum est de scientia et fide. Sed ab uno et eodem potest quidem haberi fides et scientia de eodem secundum quid, scilicet subiecto, sed non secundum idem, potest enim esse quod de una et eadem re aliquis aliquid sciat et aliquid aliud opinetur; et similiter de Deo potest aliquis demonstrative scire quod sit unus, et credere quod sit trinus. Sed de eodem **secundum idem non potest esse simul in uno homine** scientia nec cum opinione nec cum fide, alia tamen et alia ratione. Scientia enim cum opinione simul esse non potest simpliciter de eodem, quia de ratione **scientiae est quod id quod scitur existimetur esse impossibile aliter se habere**; de ratione autem opinionis est quod id quod quis existimat, existimet possibile aliter se habere. Sed id quod fide tenetur, propter fidei certitudinem, existimatur etiam impossibile aliter se habere, sed ea ratione non potest simul idem et secundum **idem esse scitum et creditum, quia scitum est visum et creditum est non visum, ut dictum** est.

Image 10

As the argument develops, the distance from Aquinas becomes more apparent. Mediavilla's reference to «a supernatural light», which «can be infused into us by God, through which certain truths offer themselves beyond intellect, [and] through which we can demonstrate that God is triune and one», points towards a reluctance to privilege the intellect as the dominant factor in the formation of human knowledge. The passage recalls the preface of Bonaventure's *Breviloquium* where the Franciscan master stresses that progress in scriptural studies is not limited to the procedures of human knowledge, but is rather dependent on the infusion of supernatural light.[31]

[31] Bonaventure, *Breviloquium,* in *Library of Latin Texts* (http://www.brepolis.net): «Progressus autem sacrae scripturae non est coarctatus ad leges ratiocinatiorum definitionum et divisionum iuxta morem aliarum scientiarum et non est coarctatus ad partem universitatis sed potius cum secundum lumen supernaturale procedat ad dandam homini viatori notitiam rerum sufficientem

Yet rather than posing a distinction between human knowledge and faith (just as he is reluctant to separate faith and vision) Mediavilla expands the parameters of knowledge. Not confined by a definition tied to the intellect but given an additional supra-intellectual dimension, knowledge is allowed to exist in a continuum between demonstrable and revealed truth.

The linguistic parallels between Aquinas and Mediavilla, identified in the side-by-side display of Factotum visible in the lower part of Image 7, confirm the two scholars' participation in the same discursive community as well as the malleability of the discourse to allow for subtle variations. The compiler's ability to navigate the *Summa* and Mediavilla's commentary testifies to his familiarity not only with the genre, but also with the specific works. Their integration, however, is not entirely even. While some sections, such as that on faith, are a complex fusion of several sources, others represent wholesale borrowing, mostly from Aquinas and Etienne de Bourbon. It is in one of such blocks of borrowed text that the compiler included another reference to «supernatural light»—but this time from Aquinas, who uses the term to discuss the intellectual gift of the Holy Spirit, without an explanation of its potentially conflicting relationship to the passage above.[32] Do such inconsistencies indicate, as Echard went to great pains to demonstrate, that the author of this «farrago» was a fumbling Franciscan amateur?[33] The most likely answer is no. A more useful and, in light of the evidence presented so far, more realistic interpretation is that the compiler applied techniques available and practiced at the beginning of the fourteenth century both on a «macro» and «micro» level. The macro-level, represented by the inclusion of large portions of the *Summa* and other sources, as well as the omission of 1a 2ae q.1-21, reflects the large-scale arrangement of texts whose internal organization roughly harmonized with the plan of the *Speculum morale*. The micro-level, visible in particular in the compiler's treatment of the *Commentary on the Sentences* by Richard de Mediavilla, reflects the fine-tuning of specific points thought to be of particular importance.

The textual comparison software Factotum has allowed us to reverse the approach to the *Speculum morale* initiated by Echard: rather than attempting

---

secundum quod expedit ad salutem partim per plana verba partim per mystica describit totius universi continentiam quasi in quadam summa in quo attenditur latitudo describit decursum in quo attenditur longitudo describit excellentiam finaliter salvandorum in quo attenditur sublimitas describit miseriam damnandorum in quo profunditas consistit non solum ipsius universi verum etiam divini iudicii».

[32] 2a 2ae, q. 8, a. 1, co.; *Speculum morale* 1.4.5, col. 602.
[33] J. ECHARD, *Sancti Thomae summa...*, p. 386.

to restore the borrowed passages to their owners, it is now possible to begin to understand the compilation as an autonomous work, and to trace its Franciscan author's creative manipulation of sources. The *Summa* is without doubt the *Speculum's* primary guide, but it is a guide whose potentially controversial edges have been excised, and whose fabric was amended to offer, under the respectable guise of Vincent of Beauvais, a moderate version of Thomas' treatment of virtues and vices, perhaps as an antidote to the anti-Thomist sentiment rising within the Franciscan order. As a way of dealing with the sheer quantity of works like the *Speculum morale*, the identification of textual parallels and the visual display allowed by Factotum presents an early stage of a promising approach.

GIORGIA ZOLLINO[*]

POLIZIANO E IL LESSICO *SUDA*

Nell'ambito di un convegno sulla 'compilazione del sapere' hanno, di certo, grande importanza quelli autori che recuperano concretamente la tradizione classica, in modo da poterla poi utilizzare come un 'prontuario' per la stesura di opere di varia natura. Questo metodo è pienamente accolto da Angelo Poliziano[1] (1454-1494) che fa degli *excerpta* di testi antichi, greci e latini, l'oggetto di numerosi zibaldoni, creando per sé una raccolta di *adnotationes*, che, opportunamente rimaneggiate, troveranno posto soprattutto all'interno dei suoi scritti filologico-grammaticali. E ciò accade anche per un'opera che non gode di buona fortuna durante il periodo medievale e umanistico: il lessico *Suda*. Poco diffuso, capitò, nei primi decenni del Quattrocento[2], nelle mani di Guarino Guarini[3], che ne conservò un esemplare, «vetustus» e in molti luoghi illeggibile, nella sua ricca biblioteca, e fu tra i libri di Francesco Filelfo[4]. Sebbene il *Suda* fosse noto a Giorgio da Trebisonda[5], chi lo conobbe bene e lo utilizzò spesso fu senza dubbio proprio Angelo Poliziano.

In due codici, infatti, rimangono tracce del suo interessamento per l'antico lessico: il Magl. VIII. 1420 della Biblioteca Nazionale Centrale di

---

[*] Università del Salento (Lecce), giorgiazollino@libero.it.

[1] Cfr. fra i tanti E. BIGI, «Ambrogini Angelo, detto il Poliziano», in *Dizionario Biografico degli Italiani*, II, Roma, Istituto della Enciclopedia Italiana, 1960, pp. 691-702.

[2] In merito alla diffusione del lessico *Suda* in età umanistica, cfr. in particolare R. SABBADINI, *Le scoperte dei codici latini e greci ne' secoli XIV e XV*, Firenze, Sansoni, 1967, pp. 45, 48 e 51.

[3] Cfr. almeno G. PISTILLI, «Guarini Guarino», in *Dizionario Biografico degli Italiani*, LX, Roma, Istituto della Enciclopedia italiana, 2003, pp. 357-369.

[4] Cfr. tra gli altri P. VITI, «Filelfo Francesco», in *Dizionario Biografico degli Italiani*, XLVII, Roma, Istituto della Enciclopedia Italiana, 1997, pp. 613-626.

[5] Cfr. in particolare P. VITI, «Giorgio da Trebisonda (Giorgio Trapezunzio)», in *Dizionario Biografico degli Italiani*, LV, Roma, Istituto della Enciclopedia italiana, 2001, pp. 373-382.

Firenze[6], una raccolta miscellanea di autori greci e latini che conserva anche alcune note e riassunti tratti dal *Suda*, e il manoscritto greco 182 della Staatsbibliothek di Monaco[7], che raccoglie *excerpta* del *Suda* e di altri scoliasti ellenici. Il primo dedica tre sezioni di modesta estensione al lessico bizantino del X secolo: i ff. 9r-16r, il f. 51r e il f. 104r; si tratta di annotazioni in merito ad argomenti di varia natura, delle quali, almeno nel primo caso, non è segnalata la fonte di riferimento. Più interessante è il Monacense, in cui il *Suda*, direttamente utilizzato sempre sotto forma di estratti o paragrafi, è contenuto nei ff. 1r-58r. Questa volta è presente anche una *subscriptio* che consente di collocare cronologicamente il momento in cui Poliziano viene in contatto con il *Lexicon*: proprio a f. 58r, infatti, a conclusione degli *excerpta*, l'autore annota che ha potuto consultare il testo ἐν φαισουλανῷ ἀγρῷ grazie alla generosità del dottissimo Lorenzo de' Medici, concludendo la sua trascrizione in data 5 agosto 1472[8] da un esemplare non ancora rintracciato ma di certo interpolato[9]. Tale datazione è relativamente alta: Poliziano, infatti, si è da poco inserito nel panorama intellettuale fiorentino con la dedica a Lorenzo della traduzione latina del II libro dell'*Iliade* (1470) e lavora a quella del III, - completata proprio nel giugno del 1472 -; ma egli non è ancora stato accolto nella cerchia medicea: sarà definitivamente nell'*entourage* di Lorenzo il Magnifico solo a partire dal novembre del 1473[10]. Il *Suda*, quindi, entra tra le fonti polizianee molto presto e diventa anche uno stimolo per una più approfondita conoscenza del

---

[6] Per una descrizione più dettagliata del codice, cfr. almeno I. MAÏER, *Les manuscrits d'Ange Politien*, Genève, Librairie Droz, 1965, pp. 117-123.

[7] Riguardo a tale manoscritto, cfr.: *Mostra del Poliziano nella Biblioteca Medicea Laurenziana. Manoscritti, libri rari, autografi e documenti. Firenze, 23 settembre – 30 novembre 1954. Catalogo*, a cura di A. Perosa, Firenze, Sansoni, 1955, p. 79-80; MAÏER, *Les manuscrits*, op. cit., pp. 201-203.

[8] «Ἐτελειώθη αὐτὴ ἡ ἐπιτομὴ ε ἡμέρᾳ αὐγούστου μηνὸς ἔτει αυοβ ἐν φαισουλανῷ ἀγρῷ καὶ ἐν τῇ οἰκίᾳ λαυρεντίου τοῦ μηδίκος *(sic)*, ἀνδρὸς ἐπισημοτάτου παρ' ἐμοῦ ἀγγέλου πωλιτιανοῦ ἐκ τυρρηνίας». Cfr. MAÏER, *Les manuscrits*, op. cit., p. 201.

[9] Cfr.: L. CESARINI MARTINELLI, «Grammatiche greche e bizantine nello scrittoio del Poliziano», in *Dotti bizantini e libri greci nell'Italia del secolo XV. Atti del Convegno internazionale. Trento 22-23 ottobre 1990*, a cura di M. Cortesi e E.V. Maltese, Napoli, M. D'Auria, 1992, pp. 271-272; Angelo Poliziano, *Appunti per un corso sull'Odissea. Editio princeps dal Par. gr. 3069*, a cura di L. SILVANO, Alessandria, Edizioni dell'Orso, 2010, pp. CII-CIII.

[10] Cfr. almeno V. BRANCA, *Poliziano e l'umanesimo della parola*, Torino, Einaudi, 1983, p. 39.

greco, di certo necessaria per chi, pur già bilingue, si dedica all'impegnativo lavoro della resa di Omero, riuscendo così bene da esser salutato da Marsilio Ficino come l'«homericus adulescens»[11].

Se l'utilizzo del *Suda* non appare manifesto in queste prove 'giovanili' dell'ingegno polizianeo, a partire dal 1480 il lessico diventerà un repertorio a cui attingere i significati per la compilazione di numerosi commenti accademici: dopo un breve esilio (1479-1480), probabilmente determinato da incomprensioni con casa Medici, Poliziano è chiamato da Lorenzo come *magister* di poesia e retorica nello Studio fiorentino, dove continuava ad avere grande importanza Cristoforo Landino, rappresentante del vecchio metodo di analisi del testo, basato su un approccio 'poetico', ossia sullo studio dello stile e del messaggio morale delle opere antiche, secondo un procedimento di certo poco rigoroso e scientifico[12]. Sia che la scelta laurenziana risenta o meno di motivazioni politiche, Poliziano riesce a superare persino i suoi maestri ricorrendo a «novae tamen quasique intactae viae»[13] e giungendo a detenere, già nell'Anno accademico 1485-1486, la cattedra di greco, nonostante la presenza nello Studio di Demetrio Calcondila[14].

---

[11] Cfr. Marsilio Ficino, *Lettere*, I, a cura di S. GENTILE, Firenze, Olschki, 1990, pp. 40-41 (*Epist*. I, 17).

[12] Cfr.: S. FOÀ, «Landino Cristoforo», in *Dizionario Biografico degli Italiani*, LXIII, Roma, Istituto della Enciclopedia Italiana, 2004, pp. 428-433; R. CARDINI, *La critica del Landino*, Firenze, 1973, Sansoni, pp. 1-64 e Cristoforo Landino, *Scritti critici e teorici*, a cura di R. CARDINI, Roma, Bulzoni, 1974.

[13] Cfr. l'*Oratio super Fabio Quintiliano et Statii «Sylvis»*, pubblicata in E. GARIN, *Prosatori latini del Quattrocento*, Milano-Napoli, Ricciardi, 1952, p. 870.

[14] Cfr. in particolare G. CAMMELLI, *I dotti bizantini e le origini dell'Umanesimo, III, Demetrio Calcondila*, Firenze, Le Monnier, 1954. I rapporti fra i due umanisti non sono di certo idilliaci: già nel 1481, Poliziano aveva ricevuto l'incarico di tenere «etiam unam lectionem in greco sive in poetica sive in oratoria facultate et privatim domi Herotimata» (cfr. A.F. VERDE, *Lo Studio fiorentino. 1473-1503. Ricerche e documenti*, II, Firenze, Istituto Nazionale di Studi sul Rinascimento, 1973, p. 27). Questa invasione del settore altrui avviene dapprima in sordina, dal momento che Poliziano sceglie per i suoi corsi di grammatica spicciola opere in qualche modo 'minori', come le *Opere e i giorni* di Esiodo, gli *Idilli* di Teocrito e le *Favole* di Esopo, ma prepara già il terreno per una grande battaglia, sicché, dopo pochi anni, quando ancora Calcondila è impegnato «ad legendum phylosophie moralis et ad aliam lecturam in graeco sermone» (cfr. CAMMELLI, *Demetrio Calcondila*, op. cit., pp. 64-65) nello *Studium*, Poliziano annuncia a gran voce il suo corso su Omero, in evidente opposizione con quei bizantini che giungono ad insegnare le lettere ai figli di Roma antica (cfr. Angelo Poliziano, *Oratio in*

Lungi dall'essere esaustivo, questo lavoro vuol dar prova del metodo utilizzato da Poliziano nella stesura delle esegesi - che hanno già avuto un'edizione moderna[15] -, in particolare rispetto ad una fonte lessicale, non letteraria, quale è il *Suda*: gli *exempla* scelti nel corso della trattazione, pertanto, sono atti a mettere in luce il peculiare interesse per argomenti poco noti e curiosità erudite che caratterizza questo umanista in tutti i suoi scritti.

Nel commento alle *Selve* di Stazio, argomento, insieme all'*Institutio oratoria*, del primo anno di corso (1480-1481)[16], si risconta già l'impiego del lessico bizantino. In tale circostanza, tuttavia, si citano come tratti dal *Suda* anche passi che provengono dall'*Etymologicum magnum*: le reali riprese, quasi tutte riportate in lingua greca, servono a inquadrare meglio alcuni autori della Grecia classica (come Arato, Anacreonte, Callimaco, Simonide), e determinati personaggi mitologici,- quali Nemesi e Orfeo , o ancora a fornire indicazioni topografiche ovvero il significato di intere espressioni o semplici termini greci, utilizzati all'interno dell'analisi.

---

expositione Homeri, a cura di P. MEGNA, Roma, Edizioni di Storia e Letteratura, 2007, p. 4)! Secondo Paolo Giovio, proprio i continui attacchi polizianei avrebbero determinato l'allontanamento di Calcondila dallo *Studium* fiorentino. Lo stesso dotto bizantino, per parte sua, ricambia l'ostilità di Poliziano, dal momento che, in una epistola a Marcello Virgilio Adriani del 24 giugno 1492, critica il collega sia in quanto letterato sia in quanto *professor* (cfr. J. HUNT, «A letter of Demetrius Chalcondyles and the background to Politian's *Lamia*», *Pluteus*, 8-9 (1990-1998) 243-254). Cfr.: Angeli Politiani, *Liber epigrammatum graecorum*, a cura di F. PONTANI, Roma, Edizioni di storia e letteratura, 2002, pp. 88-89; Bartholomaei Fontii, *Epistolarum libri I*, a cura di A. DANELONI, Messina, Centro Internazionale di Studi Umanistici, 2008, pp. 480-481.

[15] Molti commenti di Poliziano, infatti, giacciono ancora senza una pubblicazione nei numerosi zibaldoni: in questa sede non mi è possibile indagare tali scritti, che pur meriterebbero una grande attenzione per ricostruire l'evoluzione del metodo filologico polizianeo durante il suo insegnamento presso lo Studio fiorentino.

[16] Poiché è lo stesso Poliziano a indicare la data e l'argomento del suo primo corso accademico, l'accordo della critica è unanime. Cfr., ad esempio: BRANCA, *Poliziano*, op. cit., p. 86; A. WASSERSTEIN, «Politian's commentary on the *Silvae* of Statius», *Scriptorium*, 10 (1956) 83-89; M. PASTORE STOCCHI, «Sulle *Curae statianae* del Poliziano», *Atti dell'Istituto Veneto di scienze, lettere ed arti*, 129 (1966-1967) 39-74; L. CESARINI MARTINELLI, «Poliziano professore allo Studio fiorentino», in *La Toscana al tempo di Lorenzo il Magnifico, Convegno di studi promosso dalle Università di Firenze, Pisa e Siena, 5-8 novembre 1992*, II, Pisa, Pacini, 1996, pp. 463-481; EAD., «Poliziano e Stazio: un commento umanistico», in *Il Poliziano latino. Atti del Seminario di Lecce, 28 aprile 1994*, a cura di P. Viti, Galatina, Congedo, 1996, pp. 59-102.

Per dare un esempio, Stazio cita all'inizio delle *Sylvae* (1, pr., 7) la parola «Culicem»[17], facendo riferimento all'omonimo componimento virgiliano. Poliziano, riconoscendo il rimando al Virgilio minore, offre immediatamente al suo uditorio la sintesi di tale scritto, soffermandosi a puntualizzare la «tam supina negligentia» del «vir», pur «alioqui non neglegendus» Domizio Calderini[18], secondo il quale Virgilio nel *Culex* piange la morte di un incerto pastore di nome 'Culice', mentre il lamento è chiaramente rivolto all'ingiusta fine della zanzara (*culex*). Non soddisfatto delle informazioni raccolte, Poliziano indirizza il suo discorso all'ambito etimologico, spiegando, attraverso la testimonianza di Plinio il Vecchio (*nat.* 11, 1), l'origine del nome «insecta», la famiglia zoologica cui appartiene l'animale in questione: la *Naturalis historia* pliniana ricorda, infatti, che il *verbum* è legato alle «incisurae», le segmentazioni, che separano in varie parti le membra di queste bestiole. Perché, poi, non bisognerebbe degnare di attenzione proprio la zanzara, di cui persino Omero, nella *Batracomiomachia* (199-200), si è occupato? Di nuovo Plinio (*nat.* 11, 2-3) è chiamato in causa per la sua ammirazione nei confronti di un essere così piccolo, ma perfettamente dotato di ogni senso, in grado di emettere un suono così acuto e persino di nuocere all'essere umano con il suo minuscolo ma aguzzo pungiglione. La *Storia naturale* apporta ancora notevoli indicazioni in merito alle tipologie di zanzare, distinte a seconda del luogo di nascita: esse hanno origine «in aquis et in napis hortensibus et ipsis etiam nivibus» (cfr. PLIN. *nat.* 11, 118), «in caprificis» «ex fico putrescente» (cfr. PLIN. *nat.* 15, 79-80), ovvero «ex aceto» (cfr. PLIN. *nat.* 9, 160; 11, 118; 19, 180; 22, 157). Anche in greco la zanzara ha diversi nomi: κώνωπας, da cui il latino deriva «conopeum», la rete utilizzata soprattutto dagli Alessandrini per difendersi dalle molestie di questo animaletto, in base anche alla testimonianza di Orazio (*epod.* 9, 15-16); κνῖπες sono, invece, chiamate le zanzare che si riversarono sull'Egitto al tempo di Mosè, secondo la *Vita di Mosè* (1, 19) di Filone Giudaico; ἐμπίδες, dette «tipulae» in latino, menzionate da Plauto (*Pers.* 244) e dotate di sei zampe e di una leggerezza tale da poter volare sull'acqua; λαμπίδες *latine* «culices muliones», ossia le zanzare 'mulattiere';

---

[17] Cfr. Angelo Poliziano, *Commento inedito alle Selve di Stazio*, a cura di L. CESARINI MARTINELLI, Firenze, Sansoni, 1978, pp. 40-43.

[18] Cfr. almeno A. PEROSA, «Calderini Domizio», in *Dizionario Biografico degli Italiani*, XVI, Roma, Istituto della Enciclopedia italiana, 1973, pp. 596-605. Come si vedrà in seguito, Domizio Calderini è spesso oggetto di critica da parte di Poliziano che, nel corso della sua attività filologica, prenderà sempre più le distanze dal poco rigoroso metodo del collega.

ψῆνες, ovvero i già nominati «culices caprificari». Quest'ultima specie trova spazio all'interno del *Suda* (psi, 71), poiché legata alla pratica di fecondazione e maturazione dei fichi. Come già appare da questo solo caso, Poliziano non si limita ai dati immediatamente utili alla comprensione del testo, ma procede oltre, dando credito a curiosità etimologiche e al tempo stesso zoologiche, senza trascurare lo sfoggio di erudizione rappresentato dal confronto, assolutamente accessorio, con la cultura greca: il lessico, quindi, sebbene entri in sordina e occupi pochi righi, apporta una degna chiusura per questa nota, che annovera così al suo interno anche una indicazione di carattere 'agricolo'.

Nel commento ai *Fasti* (1481-1482)[19], poi, la gamma dei lemmi studiati è meno pertinente alla ricerca eziologica e mitologica e maggiormente interessata ai nomi comuni e alle espressioni rintracciabili all'interno della letteratura greca e collegate in qualche modo all'opera ovidiana: pure questa volta si riportano direttamente i passi in questione, sebbene, quando la *nota* risulta piuttosto ampia, come nel caso di Σιβύλλα[20], l'autore prediliga la traduzione latina[21].

---

[19] La cronologia di questo corso è assolutamente attendibile, dal momento che lo stesso Poliziano scrive nel margine superiore di f. 1*r* del Monacense latino 754 della Staatsbibliothek di Monaco, il codice miscellaneo che tramanda il commento ai *Fasti*: «Collectanea in enarrationem Fastorum. Kalendis Novembribus MCCCCLXXXI». Se questo non bastasse, altre tre sottoscrizioni, oltre a riferimenti più generici, collocano nel 1481-1482 la lettura di tale scritto ovidiano: la prima si legge nel Magl. VIII. 1388 della Biblioteca Nazionale Centrale di Firenze, a f. 143*r*, a conclusione dei *dictata* staziani («[…] Annus excipit 1481 et 1482, in quo, Deo volente, lecturus sum Fastos Ovidianos […]»), la seconda nell'incunabolo parigino della Bibliothéque Nationale, Rés. S. 439. a f. 85*v* («[…] Anno altero scilicet nostrae publicae professionis, cum ovidianos Fastos […] enarrabimus […]»), la terza, invece, dovrebbe appartenere allo stesso incunabolo ovidiano di Poliziano, l'attuale Auct. P II 2 della Bodleian Library di Oxford, ma, asportata da un collezionista, si può ora trovare nel codice della Bayerische Staatsbibliothek di Monaco 2° h impr. c. n. mss. 35, a c. 3*r* («Recognovit Angelus Politianus cum vetusto codice collato Fastorum libros anno MCCCCLXXXV Kal. Quintilis Florentinae in Divi Pauli. Eosdem anno MCCCCLXXXII° publice enarrabat»). Cfr. Angelo Poliziano, *Commento inedito ai Fasti di Ovidio*, a cura di F. LO MONACO, Firenze, Olschki, 1941, pp. XV-XVIII; BRANCA, *Poliziano*, op. cit., p. 86; CESARINI MARTINELLI, *Poliziano professore*, op. cit., p. 467.

[20] Cfr. Poliziano, *Commento inedito ai Fasti*, op. cit., pp. 281-282.

[21] La scelta, tuttavia, appare alquanto soggettiva dal momento che estratti assai lunghi, come quello tratto da Polluce in riferimento a «Tyrios» (cfr. Poliziano, *Commento inedito ai Fasti*, op. cit., pp. 286-287), sono completamente in greco.

Analizzando il termine «Cado» (Ov. *fast.* 1, 186)[22], ad esempio, Poliziano inizialmente non fornisce alcuna segnalazione di carattere lessicale, lasciando spazio a due versi di Virgilio (*Aen.* 1, 195 e 6, 228), in cui compare la medesima parola. Ricorda poi che il *verbum*, oltre che il generico recipiente, può indicare anche la brocca («lagoena») e il vaso per il vino, come indica anche Orazio (*carm.* 2, 7, 20)[23]. A questo punto si inserisce il *Suda* che spiega il significato del corrispettivo nome greco καδίσκος, un contenitore utilizzato per raccogliere i voti dei giudici, secondo la testimonianza di Frinico (*frg.* 32, 1-2), leggibile sempre all'interno del *Lexicon*. Dopo aver così integrato con un riferimento al mondo greco, Poliziano torna a fare un confronto con gli umanisti contemporanei: dapprima puntualizza che molti termini derivati, ma non meglio specificati, da «cadus» e raccolti nel *De priscorum proprietate verborum* di Giuniano Maio[24] sono

---

[22] Cfr. Poliziano, *Commento inedito ai Fasti*, op. cit., pp. 74-75.

[23] In realtà questa informazione si legge identica nel *De priscorum proprietate verborum* di Giuniano Maio, di cui si dirà in seguito. Per un confronto in merito al lemma «cadus» si rimanda all'edizione IUNIANUS MAIUS, *De priscorum proprietate verborum*, Venetiis, apud Johannem Rubeum, 1490, p. 114.

[24] Il *De priscorum proprietate verborum* di Giuniano Maio uscì a Napoli nel 1475, per i tipi di Mattia Moravo, ed ebbe almeno altre cinque edizioni fino al 1490: si tratta di un dizionario di termini latini, disposti non in perfetto ordine alfabetico, che dovevano fornire una base per successive speculazioni. In realtà il progetto fu ultimato solo per alcune parole, ma il lavoro risultò assai utile per chi, come Poliziano o Fonzio, si dedicava all'insegnamento. Questo scritto, tuttavia, è meno originale di quanto si creda, dal momento che risente molto del *Lexicum Latinum* che Calcillo aveva compilato anni prima (1460-1463). Cfr. tra gli altri: E. PERCOPO, «Nuovi documenti su gli scrittori e gli artisti dei tempi aragonesi», *Archivio storico per le province napoletane*, 18 (1893) 527-537, 784-812; ID., «Nuovi documenti su gli scrittori e gli artisti dei tempi aragonesi», *Archivio storico per le province napoletane*, 19 (1894) 740-779; L. FRATI, «Rarissimi incunabuli ritrovati nella R. Biblioteca universitaria di Bologna», *La Bibliofilia*, 17 (1915-16) 360-367 n. 20; C. DE FREDE, *I lettori di umanità nello Studio di Napoli durante il Rinascimento*, Napoli, L'Arte tipografica, 1960, pp. 46-48; G. A. PALUMBO, «Giuniano Maio e la genesi del *De priscorum proprietate verborum*», in *Tradizioni grammaticali e linguistiche nell'Umanesimo meridionale. Convegno internazionale di studi. Lecce – Maglie, 26-28 ottobre 2005*, cura di P. Viti, Galatina, Congedo, 2006, pp. 227-238; A.M. CARACCIOLO ARICÒ, «Giuniano Maio», in *Dizionario Biografico degli Italiani*, LXVII, Roma, Istituto della Enciclopedia Italiana, 2007, pp. 618-621.

Il 'vocabolario' di Giuniano Maio è una fonte molto importante all'interno dei commenti polizianei (cfr. almeno: R. RICCIARDI, «Angelo Poliziano, Giuniano Maio e Antonio Calcillo», *Rinascimento*, II s., 8 (1968) 277-309; L. CESARINI

ancora in uso presso il volgo; in seguito, riporta l'osservazione di Giovanni Tortelli[25] che, nel *De orthographia*[26], conferma la presenza di una doppia grafia per «cadus», che può avere una oppure due 'd', e quest'ultimo caso si riscontra soprattutto per la lingua greca, come dimostra la forma καδδίσκος in Polluce (8, 17), immediatamente recuperato da Poliziano. Secondo altri, piuttosto fedeli alla lezione latina scempiata, il termine si collega al verbo «cadere», dal momento che indica un vaso a tal punto profondo da non poter stare in piedi senza sostegno. Per metonimia, poi, l'autore ritiene lecito che «cadus» possa indicare anche il vino o più semplicemente il miele, in riferimento all'intero passo ovidiano analizzato (*fast.* 1, 186: «et data sub niveo candida mella cado?») e in conformità con alcuni versi di Tibullo (1, 7, 49-50 e 53-54), che chiudono questa riflessione. In tale circostanza, il *Suda* fa da anello fondamentale per il passaggio dall'ambito latino a quello greco, introducendo il confronto tra Poliziano ed altri umanisti che si dedicano al recupero dei significati o dell'ortografia delle parole latine.

L'*Enarratio in Sapphus epistulam*, destinata a chiudere il ciclo di lezioni del 1480-1481[27] e dedicata alla ovidiana epistola di Saffo a Faone, presenta

---

MARTINELLI, «In margine al commento di Angelo Poliziano alle *Selve* di Stazio», *Interpres*, 1 (1978) 96-145; EAD., «Poliziano e Stazio: un commento umanistico», in *Il Poliziano latino. Atti del Seminario di Lecce – 28 aprile 1994*, a cura di P. Viti, Galatina, Congedo, 1996, pp. 59-102) almeno fino alla fine degli anni Ottanta, quando sarà gradatamente sostituito dall'uso del *Cornu copiae* di Niccolò Perotti. Cfr. tra gli altri V. FERA, *Un'ignota expositio Suetoni del Poliziano*, Messina, Centro di Studi Umanistici, 1983, pp. 56-58.

[25] Per ulteriori notizie su Giovanni Tortelli (1400 c.-1466), cfr. anche: G. MANCINI, «Giovanni Tortelli cooperatore di Niccolò V nel fondare la Biblioteca Vaticana», *Archivio Storico Italiano*, 78 (1920) 1-108; G. DONATI, *L'Orthographia di Giovanni Tortelli*, Messina, Centro Interdipartimentale di Studi Umanistici, 2006 (Percorsi dei classici, 11).

[26] Per quest'opera, pubblicata postuma nel 1471 e scritta per fissare la corretta grafia delle parole latine di derivazione greca, Lo Monaco fa riferimento all'edizione *Ioannis Tortelli Arretini Commentariorum grammaticorum de ortographia dictionum e Graecis tractarum prooemium incipit*, Vicentiae, per S. KOBLINGER VIENNENSEm, 1479, ff. L 2*v*-3*r*. Cfr. Poliziano, *Commento inedito ai Fasti*, op. cit., p. 75.

[27] È il già menzionato Monacense 754 che tramanda, ai ff. 123*r*-151*r*, il commento alla ovidiana epistola di Saffo a Faone. Proprio il foglio 123*r* segnala che il ciclo di lezioni si tenne «extremis annuae enarrationis mensibus 1481». Cfr. in particolare: Angelo Poliziano, *Commento inedito all'epistola ovidiana di Saffo a Faone*, a cura di E. Lazzeri, Firenze, Sansone, 1971, p. XI; BRANCA, *Poliziano*, op. cit., p. 86; CESARINI MARTINELLI, *Poliziano professore*, op. cit., pp. 466-467.

solo un caso di indagine mitologica, legato al termine 'Musa'[28], uno dedicato allo studio della figura di Saffo[29], in cui il lessico, opportunamente rimaneggiato, si affianca ad altre fonti greche, e pochissime ricorrenze incentrate su *verba* di uso comune: si passa, inoltre, dalla citazione diretta in greco, quasi sempre adottata nei commenti precedentemente indicati, alla traduzione in latino per tutti gli estratti più lunghi contenuti nell'esegesi ovidiana. Il *Suda* sembra comunque trovare meno applicazione, al punto che nel commento alle *Georgiche*, proposto per il corso del 1483-1484[30], è riportato per una sola volta, con il fine di fornire notizie sulla resa in greco di quest'opera virgiliana da parte del poeta epico Arriano[31], mentre, caso assai singolare, l'unico *excerptum* di carattere eziologico che Poliziano attribuisce al *Lexicon* all'interno dell'esegesi all'*Andria* di Terenzio (probabilmente degli anni 1484-1485)[32] in realtà appartiene agli *scholia* al *Protrepticon* di Clemente Alessandrino[33].

Questo non vuol dire che Poliziano si dimentichi di tale referente, ma, all'interno della sua collazione di fonti per la compilazione di questi scritti, dà maggior spazio ad altri riferimenti, con cui il lessico spesso è integrato e arricchito: nella maggior parte dei casi appena menzionati, inoltre, il dizionario antico è direttamente nominato, abitudine non sempre rispettata da Poliziano, che, al contrario, preferisce spesso tacere le fonti da lui adoperate.

---

[28] Cfr. Poliziano, *Commento inedito all'epistola*, op. cit., p. 26.

[29] Cfr. Poliziano, *Commento inedito all'epistola*, op. cit., pp. 5-7.

[30] Cfr. almeno: BRANCA, *Poliziano*, op. cit., p. 86; CESARINI MARTINELLI, *Poliziano professore*, op. cit., p. 469.

[31] Cfr. Angelo Poliziano, *Commento inedito alle Georgiche di Virgilio*, a cura di L. CASTANO MUSICÒ, Firenze, Olschki, 1940, p. 3.

[32] Il commento appare ancora nel Monacense latino 754, ai fascicoli 24 e 25, ed è da considerare posteriore al 1484, anno in cui Poliziano intraprese il primo dei suoi soggiorni a Roma che lo portò a convalidare due lezioni proprio dell'*Andria* grazie alla consultazione del *codex Palatinus*, poi *Romanus* di Terenzio (probabilmente l'attuale ms. Vat. lat. 3868). Cfr. tra gli altri: Angelo Poliziano, *La commedia antica e l'Andria di Terenzio*, a cura di R. LATTANZI ROSELLI, Firenze, Sansoni, 1973, pp. XI-XII; BRANCA, *Poliziano*, op. cit., p. 86; CESARINI MARTINELLI, *Poliziano professore*, op. cit., pp. 470-475.

[33] Cfr. Poliziano, *La commedia antica*, op. cit., p. 32. Un caso analogo è anche nel già menzionato commento alle *Selve* di Stazio. Cfr. Poliziano, *Commento inedito alle Selve*, op. cit., pp. XXV e 742.

Più di una decina di ricorrenze, poi, si rintracciano nel commento alle *Satire* di Persio (verosimilmente del 1484-1485)[34]: ricostruendo la storia del genere letterario della satira, Poliziano approntà, già a partire dalla *Praelectio in Persium*, una serie di confronti tra le forme del comico in Grecia e quelle nella Roma antica, che trovano applicazione soprattutto nelle rappresentazioni estemporanee delle feste contadine. Il *Suda* è qui adoperato soprattutto per il recupero delle modalità di svolgimento dei primi agoni comici (ἐξ ἁμάξης[35]), per il reperimento di notizie relative agli antichi commediografi greci, come Cratino, Eupoli ed Aristofane[36], e ad un personaggio fisso della *fabula Atellana*, ossia Pappo[37], e infine per la spiegazione di usanze apotropaiche. Analizzando l'espressione «infami digito» (PERS. 2, 30), ad esempio, Poliziano studia dapprima il ricorso del medesimo nesso in altri autori latini (Giovenale, l'Orazio delle *Satirae* e Marziale), e in seguito cita per intero il *Suda* in riferimento al verbo Ἐσκιμάλλισε (epsilon, 3150): il termine descrive un gesto, che prevede il congiungimento del dito medio al pollice con l'agitazione della mano e rappresenta una grave offesa per chi lo riceva. Il lessico, inoltre, tende a precisare che in origine σκιμαλίσαι indicava letteralmente un movimento alquanto volgare ed equivoco ossia τὸ τὸν μέσον δάκτυλον εἰς τὸν πρωκτὸν τοῦ ὀρνέου ἐμβαλεῖν (letteralmente «porre il dito medio nell'ano di un uccello», ma con il passare del tempo il 'rituale' si semplifica e a chi voglia offendere qualcuno basta sollevare il solo dito medio tenendo serrate le altre dita al cospetto dell'interlocutore, come indica il verso di Aristofone (*Pax* 549) in chiusura. Poliziano, che pur non ignora riferimenti retorico-stilistici o lessico-grammaticali, qui preferisce tracciare una storia della 'gestualità popolare', se così si può dire, per fornire al suo uditorio la giusta chiave di lettura del passo di Persio.

Tra i commenti citati, non ne può di certo mancare uno di argomento greco: annunciato nel 1485, con una lunga *oratio*, il corso sull'*Iliade*, Poliziano affianca all'esegesi di questa opera omerica anche lo studio

---

[34] Poiché l'anno accademico 1484-1485 è il «meno documentato dell'intero periodo di insegnamento del Poliziano allo Studio fiorentino», anche il corso su Persio, così come quello sull'*Andria*, ha una datazione congetturale. Cfr.: BRANCA, *Poliziano*, op. cit., p. 86; Angelo Poliziano, *Commento inedito alle Satire di Persio*, a cura di L. CESARINI MARTINELLI e R. RICCIARDI, Firenze, Olschki, 1985, pp. XII-XVI; CESARINI MARTINELLI, *Poliziano professore*, op. cit., pp. 470-475.
[35] Cfr. Poliziano, *Commento inedito alle Satire*, op. cit., p. 19.
[36] Cfr. Poliziano, *Commento inedito alle Satire*, op. cit., p. 56.
[37] Cfr. Poliziano, *Commento inedito alle Satire*, op. cit., p. 78.

dell'*Odissea* pochi anni più tardi[38]. La natura del lavoro è prettamente grammaticale, pertanto l'autore si sofferma sull'analisi di singole parole o espressioni, studiandone soprattutto il valore lessicale e la forma grammaticale senza però trascurare anche l'aspetto stilistico e contenutistico del poema. Per fare ciò, Poliziano si avvale di fonti apposite, quali l'*Etymologicum magnum*, gli *scholia* e ovviamente il lessico *Suda*, integrando con citazioni di molteplici autori latini e greci, che risultano di volta in volta in qualche modo confrontabili con i passi omerici in questione, e con altri testi grammaticali tardoantichi e umanistici[39]. Prendendo in esame la prima parola commentata, ad esempio, ἄνδρα (HOM. *Od.* 1, 1), incomincia dall'indicazione dei differenti significati, tutti supportati da *exempla* tratti unicamente dai *carmina* omerici: questa lunga riflessione risente sia degli *scholia* sia dell'*Etymologicum* ed è arricchita da una osservazione tutta polizianea, atta a ricordare che anche gli «Hebraei» percepiscono la differenza tra «vir» e «homo», «quia alterum 'isc', alterum vocant 'adam'»[40]. Dopo aver messo in evidenza le particolarità della declinazione del termine greco, l'autore fa una carrellata di nomi derivati dalla stessa radice di ἀνήρ riportando per ognuno il significato: è qui che si inserisce il *Lexicon*, a volte reso pure in latino e abbondantemente impiegato per la sezione conclusiva della *nota*[41].

Ancora più interessante è l'utilizzo del *Suda* all'interno della *Praefatio in Suetonii expositionem*, lezione di apertura del corso sullo storiografo

---

[38] Per la cronologia del corso sull'*Odissea*, tradito dal manoscritto greco 3069 (52*r*-119*r*) della Bibliothèque Nationale di Parigi, Branca propone già l'anno accademico 1486-1487 (cfr. BRANCA, *Poliziano*, op. cit., p. 86). Cesarini Martinelli, invece, postula una datazione più tarda, collocando il ciclo di lezioni omeriche nel 1487-1488 (cfr.: L. CESARINI MARTINELLI, *Grammatiche greche*, op. cit., pp. 260-261; EAD., *Poliziano professore*, op. cit., p. 476). Silvano, poi, che di recente ha pubblicato per la prima volta l'intera *enarratio in Odysseam*, riconosce all'interno dell'esegesi chiari rimandi all'*editio princeps* dei poemi omerici del 1488 e colloca, pertanto, il corso polizianeo nel 1488-1489 (Cfr. L. SILVANO, «Per la cronologia delle lezioni del Poliziano sull'«Odissea»», *Medioevo greco*, 1 (2001) 227-231; ID., «Angelo Poliziano: prolusione a un corso sull'*Odissea*», *Medioevo greco*, 2 (2002) 241; POLIZIANO, *Appunti per un corso sull'Odissea*, op. cit., pp. LX-LXIV).

[39] Cfr.: CESARINI MARTINELLI, *Grammatiche greche*, op. cit., pp. 263-273; Poliziano, *Appunti*, op. cit., pp. XCVII-CXII.

[40] Cfr.: CESARINI MARTINELLI, *Grammatiche greche*, op. cit., p. 277; Poliziano, *Appunti*, op. cit., p. 7.

[41] Cfr. ancora: CESARINI MARTINELLI, *Grammatiche greche*, op. cit., pp. 278-279; Poliziano, *Appunti*, op. cit., 6-10.

latino, datato al 1490-1491[42]: nella parte finale di questa lunga prolusione, molto attenta al valore dell'*historia*, Poliziano inserisce anche un cenno bio-bibliografico su Svetonio. I riferimenti sono la stessa opera svetoniana, il *De vita Caesarum*, la *Historia Augusta*, il *Cronicon* di San Girolamo, Prisciano e l'epistolario di Plinio il Giovane, tutte fonti più o meno utilizzate anche dai precedenti commentatori. Per la carrellata degli scritti del biografo, invece, Poliziano si rifà proprio al *Suda*, in cui sono enumerati, ovviamente in lingua greca, tutti i titoli delle opere di Svetonio, che Poliziano si premura di rendere in latino.

Suda (tau 895, 1-10)
Τράγκυλλος, ὁ Σευητόνιος χρηματίσας, γραμματικὸς Ῥωμαῖος· ἔγραψε Περὶ τῶν παρ' Ἕλλησι παιδιῶν βιβλίον α', Περὶ τῶν παρὰ Ῥωμαίοις θεωριῶν καὶ ἀγώνων βιβλία β', Περὶ τοῦ κατὰ Ῥωμαίους ἐνιαυτοῦ α', Περὶ τῶν ἐν τοῖς βιβλίοις σημείων α', Περὶ τῆς Κικέρωνος πολιτείας α' ἀντιλέγει δὲ τῷ Διδύμῳ· Περὶ ὀναμάτων κυρίων καὶ ἰδέας ἐσθημάτων καὶ ὑποδημάτων καὶ τῶν ἄλλων οἷς τις ἀμφιέννυται, Περὶ δυσφήμων λέξεων ἤτοι βλασφημιῶν, καὶ πόθεν ἑκάστη, Περὶ Ῥώμης καὶ ἐν αὐτῇ νομίμων καὶ ἠθῶν βιβλία β', Συγγενικὸν Καισάρων (περιέχει δὲ βίους καὶ διαδοχὰς αὐτῶν ἀπὸ

Poliziano
Hiatoria duodecim Caesarum a Iulio in Domitianum usque descendens octo in volumina tantum distribuenda est. Scripsit item permulta alia ut de Graecorum lusibus librum unum, de Romanorum certaminibus et spectaculis duos, de anno romano unum, de signis quae in libris reperirentur unum; ad haec de republica Ciceronis contra Didymum grammaticum, de vestium genere atque nominibus, de ominosis verbis et unde quaeque fuerint appellata, de Roma ipsa eiusque institutis et moribus libros annales. Primum etiam stemma seriemque illustrium Romanorum de quo scilicet volumine et divus Hieronymus meminerit de officiorum institutione, de praetoribus, cuius ex quarto octavoque libro nonnulla verba et Priscianus adducit[43].

---

[42] Poliziano aveva già dedicato un corso a Svetonio nell'anno accademico 1482-1483, testimoniato da una serie di appunti contenuti ancora nello zibaldone Monacense 754 (ff. 233*r*-235*r*): questo autore, in realtà, sarà tra i più studiati all'interno dall'attività esegetica polizianea e troverà spazio, come si vedrà in seguito, anche nei *Miscellanea*. Cfr. almeno: BRANCA, *Poliziano*, op. cit., p. 86; V. FERA, *Una ignota Expositio Suetoni del Poliziano*, Messina, Centro di Studi umanistici, 1983, pp. 22-23; A. BETTINZOLI, *«Daedaleum iter». Studi sulla poesia e la poetica di Angelo Poliziano*, Firenze, Olschki, 1995, p. 113; CESARINI MARTINELLI, *Poliziano professore*, op. cit., pp. 476-477.

[43] Cfr. Angelus Politianus, *Opera*, Basileae, apud Nicolaum Episcopium iuniorem, 1553 (rist. anast. I, a cura di I. MAÏER, Torino, Bottega d'Erasmo, 1971), p. 505.

Ἰουλίου ἕως Δομετιανοῦ) βιβλία η',
Στέμμα Ῥωμαίων ἀνδρῶν ἐπισήμων.

Traducendo l'intero elenco degli scritti svetoniani dal *Suda*, Poliziano per la prima volta suddivide le *Vitae* in otto libri; riconosce, inoltre, in Didimo, citato dal lessico, il grammatico Didimo Calcentero e rende con *De Roma ipsa eiusque institutis et moribus libros annales* il «corruttissimo» Περὶ Ῥώμης καὶ τῶν ἐν αὐτῇ νομίμων καὶ ἠθῶν βιβλία β' Συγγενικόν, «leggendo quindi il problematico Συγγενικόν della tradizione con il titolo precedente e intendendo molto vagamente nel senso di *per genera* (scil. *hominum*) = *per annum*»[44]. Quello che sembrerebbe un mero elenco apporta, tuttavia, una notevole novità nella ricerca sulla *vita Suetonii*, di cui persino il già citato Domizio Calderini, dal quale Poliziano prende di nuovo le distanze, aveva ignorato molte delle affermazioni radunate nella *Praefatio*, prediligendo notizie meno accreditate e pettegolezzi: proprio Calderini, infatti, chiamato ironicamente da Poliziano «ipse Aristarchus alter», aveva fatto affidamento ad un certo Mario Rustico per il recupero della biografia di Svetonio. Ebbene, morto l' 'illustre' collega, Poliziano in persona, pur cercando accuratamente tra i libri di Calderini, non aveva trovato traccia di questo sconosciuto scrittore, iniziando a sospettarne l'inesistenza[45], ma demandando il giudizio effettivo agli *auditores* della *Praefatio in Suetonii expositionem*[46].

---

[44] Cfr. G. BRUGNOLI, «La *Praefatio in Suetonium* del Poliziano», *Giornale italiano di filologia*, 10 (1957) 214-215.

[45] In realtà, in due lettere inedite che Calderini invia dalla Francia all'umanista Oliviero Palladio, pervenute in una tarda trascrizione di Pietro Crinito (ms. 915, ff. 211v-212v della Biblioteca Riccardiana di Firenze), l'umanista sostiene di aver trovato, all'arrivo a Lione, una grande quantità di libri, tra i quali una «historiam» di Mario Rustico, di cui fa eseguire in gran fretta una copia da inviare agli amici romani. Calderini nomina questo storico sia nella sua *Vita Suetoni*, sia in una nota marginale del manoscritto contenente il suo commento a Marziale: la citazione di Mario Rustico potrebbe essere un'invenzione calderinana, nata dalla confusione fra i nomi di Fabio Rustico e di Mario Massimo o un equivoco in cui è involontariamente incorso l'autore (Cfr. BRUGNOLI, *La «Praefatio in Suetonium»*, op. cit., p. 220; PEROSA, *Calderini*, op. cit., pp. 599, 600 e 603).

[46] Poliziano conclude, infatti: «Itaque neque obfirmabo temere quae ille scribat, neque ut commenticia refellam, quia neutram mihi in partem satis constat. Vos qui rem, qui hominem nostis, de eo pro arbitrio iudicaritis». cfr. Politianus, *Opera*, p. 506.

Se nella presentazione del corso non sono generalmente segnalate le fonti di riferimento, negli appunti preparatori al commento, invece, il *Suda* è sempre indicato, insieme a tutti i testi-guida.

> Hunc [*scilicet* Svetonium] autem *Suidas* grammaticis potius connumerat quam historici. Scripsit autem multa, sed de quibus equidem nunc facile recordor haec: librum *De viris illustribus* unum, cuius apud nos meminit Hieronimus[47], apud Graecos idem autem *Suidas*: Στέμμα Ῥωμαίων ἀνδρῶν ἐπισήμων. (...) Sed eminet inter omnes opus hoc de XII Caesaribus, quod idem *Suidas* vocat Συγγενικόν Καισάρων ac vitas continere succesionesque eorum tradit, a Iulio ad Domitianum. Sed eos libros ait octo, non plures[48].

Sebbene l'indicazione del lessico compaia solo accanto ad alcuni titoli, non è escluso tuttavia che anche gli altri siano traslitterati in latino sulla base del *Suda*, questa volta ben integrato da ulteriori rimandi, come Prisciano, Ausonio, Gellio e Isidoro di Siviglia.

Il commento vero e proprio a Svetonio, tramandato nelle 'lezioni farnesiane'[49], permette una nuova riflessione: per la spiegazione del termine «ascopera» (SUET. *Ner.* 45, 2), Poliziano rimanda al XX capitolo della I centuria dei *Miscellanea*, un'opera, pubblicata nel 1489, che raccoglie «centum quaedam adnotationes, doctae [...] et laboriosae»[50], tutte concernenti problemi linguistico-lessicali, fonetici, metrici, correzioni a errate tradizioni di testi classici e curiosità antiquarie. In maniera più dettagliata, si tratta di approfondimenti eruditi di molteplice natura che Poliziano aveva appuntato nei suoi zibaldoni o nelle postille alle opere antiche e che erano anche stati oggetto di discussione durante le lezioni. Il *Suda*, pertanto, è impiegato pure in questa fase del lavoro polizianeo, e si ritroverà, sia pur con minore frequenza, nella II centuria dei *Miscellanea*, - rimasta incompleta-, con la solita alternanza tra citazioni dirette e le traduzioni in latino: non si è, quindi, lontani dall'attività del maestro di retorica che continua a dare prova del suo acume critico anche fuori dalla cattedra universitaria, indirizzando non solo agli studenti, ma anche e soprattutto agli intellettuali del suo tempo un lavoro nuovo e vario, salutato

---

[47] Hier. *Vir. ill.*, praef.

[48] Gli appunti preparatori sono pubblicati in G. GARDENAL, *Il Poliziano e Svetonio*, Firenze, Olschki, 1975, pp. 56-57.

[49] Cfr. FERA, *Un'ignota expositio*, pp. 13-31.

[50] Così scrive lo stesso Poliziano nella *coronide* della *Centuria prima* (cfr. Politianus, *Opera*, op. cit., p. 310).

come la pietra miliare della nuova filologia[51]. Se è vero che non tutti i contemporanei accolgono con entusiasmo la I centuria, è altrettanto corretto affermare che tale opera, che perfeziona e consacra il genere della miscellanea tardo-umanistica[52], costituisce un modello, in positivo o in negativo, con cui gli studiosi della classicità continuano a confrontarsi per tutto il Cinquecento[53].

[51] Il successo della prima *Centuria* è testimoniato persino da un'epistola che Jacopo Antiquario invia a Poliziano il 13 novembre 1489 (cfr. *Epist.* III, 18, in Politianus, *Opera*, op. cit., I, pp. 39-40): anche a Milano si vedono di fronte alla bottega del libraio «complureis adolescentes […] rogranti quid nam operis novi emisisset, Miscellanea, inquiunt, Politiani» (cfr. Angelus Politianus, *Miscellaneorum Centuria Secunda,* per cura di V. BRANCA e M. PASTORE STOCCHI, Firenze, Olschki, 1978, p. 3). Dopo la morte di Lorenzo il Magnifico (1492), quando Poliziano già da tempo lavora alla seconda *Centuria*, l'entusiasmo degli intellettuali umanistici inizia a raffreddarsi e Giorgio Merula, altro rappresentate d'ambito milanese, che pur si era dimostrato un grande ammiratore del collega fiorentino (cfr. ad esempio *Epist.* XI, 5, in Politianus, *Opera*, op. cit., pp. 149-150), non esita ad attaccare battaglia, opponendo ai lavori polizianei le sue centurie. Cfr. V. FERA, «Il dibattito umanistico sui *Miscellanea*», in *Agnolo Poliziano poeta scrittore filologo*, a cura di V. Fera e M. Martelli, Firenze, Le Lettere, 1998, pp. 333-359; R. FABBRI, «Per la polemica Poliziano-Merula», in *Agnolo Poliziano poeta scrittore filologo*, a cura di V. Fera e M. Martelli, Firenze, Le Lettere, 1998, pp. 551-556; Politianus, *Miscellaneorum Centuria Secunda*, op. cit., pp. 3-7.

[52] Cfr. C. DIONISOTTI, «Calderini, Poliziano e altri», *Italia Medievale e Umanistica*, 11 (1968) 151-185; F. MARIANI ZIINI, «Poliziano, allievo degli antichi, maestro dei moderni», in *Poliziano nel suo tempo. Atti del VI Convegno internazionale (Chianciano-Montepulciano, 18-21 luglio 1994)*, a cura di L. Secchi Tarugi, Firenze, F. Cesati, 1996, pp. 165-193.

[53] Sebbene Poliziano tenti di costruire il suo *Epistolario* come una fabbrica del consenso per la sua attività culturale, non mancano immediate reazioni negative ai *Miscellanea*, come quella di Marullo, che, nei suoi epigrammi, non esita a additare alcuni capitoli come esempio di incompetenza prosodica. Del resto, anche Battista Guarini esprime, per bocca di Pico della Mirandola, alcuni dubbi in merito alla prosodia di Poliziano, che si premura di pubblicare, appena nel 1490, le *Emendationes* ai *Miscellanea*. A questo si aggiungono la reazione di Bartolomeo Scala e quella di Bartolomeo della Fonte: se il primo rinfaccia l'eccessiva erudizione e oscurità delle chiose, il secondo, invece, fornisce l'avvio per l'accusa di plagio, di certo aggravata dalle continue note di Giorgio Merula, filologo importante e rispettato, per non ben identificate lacune e imprecisioni. Ad accogliere l'eredità polizianea e antipolizianea sarà, poi, l'intero Cinquecento (si pensi, ad esempio, all'Avanzi, a Pierio Valeriano, a Giovan Battista Pio), in particolare nella figura di Aulo Giano Parrasio. Cfr. FERA, *Il dibattito*, op. cit., pp. 333-359.

Tornando al capitolo XX, Poliziano corregge l'errata lezione «scopo», inesistente perché il termine latino «scopa» (= scopa, ramo) è femminile e inoltre poco calzante all'interno del contesto (tradurrebbe 'una scopa legata al collo'), in «ascopa» o meglio «ascopera», parola che indica un «saculus pelliceus» e che deriva da un nome greco, composto «ex utre et sacco». A testimonianza di tale affermazione, cita e riporta il lessico *Suda* (alpha, 4178) che recita: ἀσκοπήρα τὸ μαρσίπιον ἤτοι σακκοπάθνιον. Se l'interpretazione polizianea è corretta, e quindi Svetonio riprende la traslitterazione in latino del *verbum* greco indicante un 'sacco', il senso di questo passo della *Vita Neronis* nasconderebbe la condanna da parte del popolo romano di Nerone: l' «ascopera», infatti, affissa dai Romani presso una statua dell'imperatore, era utilizzata come raffigurazione del «culleus», il sacco in cui erano cuciti, insieme ad una scimmia e a numerosi serpenti, i parricidi, poi gettati in acqua (come in: CIC. *S. Rosc.* 30 e 71; CIC. *inv.* 2, 50; SEN. *clem.* 1, 15, 7) e Nerone si era macchiato dell'assassinio della propria madre.

Da abile conoscitore del greco, quindi, Poliziano può attingere personalmente al materiale del dizionario antico, inserendolo nell'ambito della sua analisi terminologica: il riferimento a una fonte, che resta comunque meno sfruttata dai colleghi, permette, inoltre, uno sfoggio di eruzione, sia nei confronti dell'uditorio di *adulescentes* cui erano rivolte le lezioni nello Studio fiorentino, sia nei confronti degli intellettuali contemporanei, e contribuisce ad avvalorare la presa di distanza dai precedenti studiosi, in particolare dalla meno scientifica filologia di Domizio Calderini.

Louis Holtz[*]

CONCLUSIONS

Chers collègues,

Nous voici déjà au terme de notre colloque et c'est à votre serviteur que les organisateurs ont fait l'honneur de parler en dernier en l'invitant à tirer les conclusions de ces trois journées. J'ai jugé que cela n'était pas incompatible avec l'exposé que j'avais prévu sur la compilation à l'époque carolingienne, et c'est donc en partie à la lumière de ma propre expérience que j'essaierai de rendre compte de tout ce qui s'est dit dans notre colloque et qui m'apparaît d'une grande richesse. C'est ce que je vais faire d'abord. au cours de cette ultime leçon, avant de remercier chaleureusement, au nom de tous, le comité d'organisation et nos hôtes de la Complutense qui ont si bien préparé cette rencontre madrilène en tous points réussie.

Dans ces conclusions je voudrais vous citer tous. Mais mon intention n'est pas de faire une compilation, ni un florilège. Donc je demande instamment à ceux qui dans mes propos n'auront pas reconnu une allusion directe à leur communication, de ne pas estimer pour autant que j'aie négligé leur apport ou que j'aie porté un jugement défavorable sur ce qu'ils ont dit.

Le thème de la compilation, est au point de convergence des recherches que mènent sur la littérature médiévale nos instituts affiliés à la FIDEM, que ces instituts soient d'université ou dépendent d'un centre comme le CNRS en France. Nous pouvons donc savoir gré à Madame la présidente du comité d'organisation, le professeur María José Muñoz Jiménez, qui a publié une étude sur les florilèges médiévaux[1], d'être tombée d'accord avec la présidente de la FIDEM sur le choix du thème de la compilation au Moyen

---

[*] Institut de Recherche et d'Histoire des Textes, Paris. President d'honeur de la FIDEM. louis.holtz@wanadoo.fr.

[1] M.J. Muñoz Jimenez (éd.), *El florilegio: espacio de encuentro de los autores antiguos y medievales*, FIDEM. Textes et études du Moyen âge 58, Porto 2011.

âge. Je sais, au vu de la bibliographie[2] et après avoir entendu son introduction à nos journées, combien ce thème tient à cœur à Jacqueline Hamesse. Il est aussi généraliste que les thèmes qui avaient été retenus pour les précédents congrès de la FIDEM, comme la notion de frontière, les glossaires ou la tolérance.

Il ne s'agit rien de moins ici que d'étudier un des modes majeurs de la création littéraire au Moyen âge pratiqué aussi bien dans le monde byzantin qu'en Occident, et même, comme on nous l'a montré, dans le monde juif de la diaspora, dans le monde arabe, et dont les éléments se transmettent d'une civilisation à l'autre, depuis la nuit des temps, comme c'est par exemple le cas pour la fable.

La compilation est une technique de création par récupération d'éléments préexistants, qui répond à des nécessités soit didactiques soit documentaires et concerne tous les genres littéraires. Voilà pourquoi les communications que nous avons entendues ont été si variées. Je le devine, la confection du plan de notre colloque a dû donner, comme on dit en français, beaucoup de fil à retordre aux organisateurs. Ils s'en sont pourtant bien tirés en optant pour quatre conférences générales et huit sessions de cinq communications regroupées selon des critères tantôt thématiques, tantôt historiques ou même régional. Je les rappelle: antécédents, domaine philosophique, encyclopédies, aspects religieux, résumés, domaine hispanique, florilèges, compilations humanistiques ou pré-humanistiques.

Cette technique de composition qu'est la compilation ne caractérise pas spécifiquement le Moyen âge, comme on l'a vu lors de la première séance de notre rencontre avec l'exposé consacré à Évagre le Pontique. Elle est forcément à la base de toute œuvre encyclopédique, à commencer par l'*Histoire naturelle* de Pline l'Ancien dont la méthode et le travail sont décrits minutieusement par son neveu dans une lettre célèbre. Plus tard dans le Haut moyen-âge les *Etymologies* d'Isidore de Séville en relèvent aussi, comme au temps de saint Louis l'œuvre gigantesque de Vincent de Beauvais.

Les encyclopédies sont des compilations qui ont la prétention d'englober tout le savoir humain ou tout un secteur de ce savoir, en le résumant branche par branche. L'apport personnel de l'auteur varie beaucoup selon les encyclopédies et chacune d'entre elles peut à son tour servir de source à une nouvelle encyclopédie: tel est le cas des *Étymologies* d'Isidore, exploitées à fond durant tout le Moyen âge, c'est aussi le cas de Vincent de Beauvais

---

[2] Cfr. J. HAMESSE, *Les Auctoritates Aristotelis. Un florilège médiéval. Étude historique et édition critique* (Philosophes médiévaux, XVII). Louvain, Publications Universitaires, 1974.

exploité entre autres par Giovanni Colonna et par la *General Estoria* commandée par Alphonse X le Sage.

On peut dire que parmi les compilations l'encyclopédie représente le summum du genre. Le plus souvent pourtant la méthode compilatoire s'applique à un seul domaine ou à un seul auteur, et c'est l'étude de ces compilations particulières qui a caractérisé la plupart des communications de notre colloque. Les domaines en cause ont été nombreux: la théologie, la liturgie, la philosophie, et spécialement la philosophie platonicienne et aristotélicienne, celle-ci ayant fourni un nombre record de communications, la gnomologie, la grammaire, l'orthographe, les glossaires, la rhétorique, la médecine, la l'astrologie, l'histoire, le comput, domaine, celui-là, dans lequel il reste tant de textes à exploiter.

Un certain nombre de ces compilations sont anonymes ou transmises par un seul manuscrit., ce qui est bien sûr le cas de ce genre de compilations qu'est le *vademecum*, manuscrit personnel dans lequel un lecteur recopie les textes qui au fur et à mesure de ses lectures lui ont paru importants, tel le ms. 878 de l'abbaye de St-Gall, qui est le *vademecum* autographe de Walahfrid Strabon, élève de Raban Maur et grand personnage lié à Reichenau et à Fulda.

Certaines compilations sont l'ouvrage d'un seul, d'autres supposent un travail en équipe, certaines exploitent une seule source, d'autres plusieurs sources l'une après l'autre ou mêlées l'une à l'autre. Mais quoi qu'il en soit des sources ou des éléments réunis dans une compilation, quelle que soit l'ampleur de cet ouvrage, il suppose toujours l'existence d'un maître d'œuvre auquel on ne saurait refuser le titre d'auteur, qu'il soit identifié ou qu'il reste pour nous anonyme, parce qu' à l'origine de toute compilation il y a une motivation, une intention de créer un texte autonome, même s'il est constitué de pièces et de morceaux, et il y a aussi quelqu'un qui a opté personnellement pour cette technique de création textuelle.

On l'a souvent dit, les écrivains du Moyen âge ont les yeux tournés en priorité vers la grandeur du passé antique: l'époque de l'incarnation du fils de Dieu et de sa résurrection, l'époque des Pères de l'Eglise, mais aussi celle des grands philosophes et des grands poètes, un trésor qu'ils sentaient comme un devoir de transmettre à leurs contemporains, en jouant le rôle d'intermédiaires entre les savants de jadis, ces géants sur lesquels ils sont juchés, et les clercs de leur temps pour que ceux-ci puissent en léguer quelque chose à l'humble peuple d'alors, qui dans sa grande majorité ne savait ni lire ni écrire, ne parlait plus la langue du livre et ne connaissait l'existence de cet objet qu'en voyant le prêtre feuilleter le missel à la messe.

Les livres étaient dans les bibliothèques des monastères ou des chapitres cathédraux, non loin du scriptorium attenant où ils étaient copiés. Mais chacune de ces bibliothèques ne disposait à elle seule que d'une partie infime de la riche production de l'ère patristique, la littérature profane ne subsistait que par quelques exemplaires de ci de là, le livre manuscrit était un objet rare dont la matière et la production coûtaient cher: il y a là des circonstances matérielles indéniables, qui engageaient à faire des économies et à résumer les œuvres les plus longues. Je pense à ce grand succès de la littérature du haut Moyen âge, les *Moralia in Job* de Grégoire le Grand dont nous possédons encore 31 témoins manuscrits copiés avant l'an 800, ce qui est considérable, et dont au VIIe siècle l'Irlandais Lathcen[3] composa un résumé.

Les conditions matérielles de la production du livre expliquent à elles seules pour une bonne part la floraison des compilations de tout genre à une époque où le livre était un objet bien plus rare et bien plus coûteux que dans le lointain passé où les œuvres avaient été composées.

Mais ce facteur matériel est de peu d'importance par rapport aux nécessités pédagogiques qui se sont imposées et qui font de chaque compilation une œuvre au sens plein, une œuvre nouvelle, quand bien même le compilateur n'aurait pas glissé un seul mot de son cru dans l'ouvrage qui sort de ses mains. Il s'agit toujours de mettre à la portée des élèves ou plus généralement des lecteurs l'œuvre ou les œuvres dont on retient des extraits. Le compilateur est donc lui-même un auteur, y compris quand son travail consiste à résumer une œuvre.

Ce type de compilation, le *compendium*, semble à première vue le plus simple, mais n'en repose pas moins sur un travail très minutieux du compilateur, qui doit sans cesse sélectionner dans l'œuvre qu'il est en train de dépouiller les passages à retenir en fonction de l'objectif qu'il s'est assigné, en formulant chaque fois un jugement de valeur sur le texte qu'il lit afin de séparer l'essentiel de l'accessoire. Je prendrai ici l'exemple d'un texte grammatical qui m'est cher, puisque j'en prépare l'édition princeps. Il s'agit du travail opéré par Alcuin lui-même pour résumer la grande grammaire de Priscien toujours transmise dans les mss sous le titre *Ars Prisciani* et que les éditeurs intitulent à tort *Institutions grammaticales*. Cette grande grammaire de Priscien en 18 livres est monumentale, elle représente à elle seule une sorte de trésor lexicographique dans lequel les auteurs de glossaires ne manqueront pas de puiser, et surtout elle inaugure l'étude de la syntaxe de la langue latine, un domaine qui échappait jusque là aux

---

[3] Lathcen filius Baith, *Egloga de moralibus Iob quas Gregorrius fecit*, éd. ADRIAEN, CCSL 145, 1969

grammaires traditionnelles. Le résumé d'Alcuin porte comme titre *Excerptiones super Priscianum*. Cette compilation n'est pas le fruit d'un travail automatique ou de routine, mais d'un travail pleinement mûri et qui suppose d'abord une lecture approfondie du texte de l'auteur antique, un texte hérissé de concepts tout à fait nouveaux, les 16 premiers livres formant la base du contenu des deux derniers consacrés à la syntaxe et regroupés sous le titre annexe *De constructione*.

Ce rapport entre ce que les successeurs d'Alcuin à partir du XIIe siècle nommeront le Priscien majeur, c'est-à-dire les 16 premiers livres, et le Priscien mineur, le *De constructione*, Alcuin l'a bien saisi, il est sans doute l'un des premiers ou le premier à avoir compris que l'étude des parties du discours qui occupe les 16 premiers livres de Priscien a pour objet de préparer aux deux derniers et c'est selon ce principe qu'il va orienter sa compilation, qui est du genre résumé (*compendium*).

Il prend l'initiative de remanier complètement le plan du grammairien antique. À la base de ce plan, il place les deux derniers livres, qu'il enrichit chemin faisant de passages empruntés aux 16 premiers, en exploitant les renvois internes de l'œuvre qu'il a en mains. Dans les *Excerptiones* les extraits sont répartis en deux livres, de 98 chapitres pour le premier, de 93 pour le second, chaque chapitre ayant un titre issu du texte même de l'auteur antique. Mais d'autre part, Alcuin est conscient que l'œuvre si touffue de Priscien contient des éléments inutiles pour ses propres élèves, par exemple tant de citations de Virgile, de Térence ou d'auteurs latins archaïques. Il n'en garde qu'un certain nombre, mais en supprimant le nom de leur auteur. La grammaire de Priscien était enseignée à Constantinople au début du VIe siècle et s'adressait à un auditoire hellénophone, d'où tant de comparaisons entre le grec et le latin ou même tant de citations grecques: tout cela était important pour les élèves de Priscien à Constantinople mais n'apportait rien aux lecteurs carolingiens ignorant le grec: la plupart de ces éléments disparaissent chez Alcuin. Il en résulte chez lui un exposé tout à fait adapté à ce qu'il convenait de savoir strictement à l'époque carolingienne pour comprendre comment se construit la phrase latine. La démarche de Priscien n'est en rien trahie, car l'exposé simplifié, épuré, met en valeur les grandes orientations de sa pensée.

Tirons un enseignement de cet exemple: il faut toujours se demander dans quelles circonstances une compilation a été réalisée. De même que chaque manuscrit médiéval a été produit dans des circonstances précises et pour répondre à un besoin précis, de même procéder à une compilation n'était pas un pur jeu de l'esprit mais avait une utilité qui répondait à un besoin inscrit dans un lieu et dans un temps déterminés. Ainsi pour Vincent de Beauvais: ses compilations ont été entreprises sur un ordre reçu du Maître général des Dominicains et l'œuvre répondait à un besoin politique précis. Dans le cas d'Alcuin, on ne peut pas oublier qu'il est à l'origine de l'*Admonitio generalis* de mars 789, le grand texte officiel faisant une place, parmi de multiples sujets, au renouveau de l'école et de la culture écrite dans le royaume de Charlemagne. L'innovation était désormais à l'honneur dans les Lettres, une vie culturelle reprenait, à commencer par la création poétique, du moins à la Cour. Alcuin introduit Priscien sur le continent et les études grammaticales vont se transformer peu à peu, à mesure que l'on renoue avec l'idéal des arts libéraux, désormais fondés sur le socle d'un enseignement renouvelé de la langue écrite et couronnés non pas comme dans le monde antique par la rhétorique mais par la philosophie et la théologie: le trivium, le quadrivium des Anciens retrouvaient une certaine place, mais dans des conditions et pour un public tout différent et la finalité de ces disciplines se trouvait transformée.

Ce que nous devons nous demander, c'est quel rôle a joué le résumé d'Alcuin dans la grande diffusion de l'*Ars* de Priscien, inconnue jusque là dans le royaume franc, mais qui rapidement va se trouver dans tous les centres importants, et plus généralement nous devons nous demander quelle est la destinée comparée entre un texte source et les compilations qui en dérivent.

Une surprise nous attend. Si nous examinons quelle est la diffusion des *Excerptiones* d'Alcuin et la comparons à la diffusion de l'*Ars* de Priscien elle-même, le résultat est sans appel. Du seul IXe siècle nous avons conservé 61 exemplaires de l'*Ars Prisciani*, complets ou fragmentaires, Et pour l'ensemble du Moyen âge le nombre des manuscrits complets de l'*Ars* est de 518 à quoi s'ajoutent au moins autant de témoins fragmentaires. En revanche, la diffusion des *Excerptiones* d'Alcuin se réduit en tout et pour tout à quatre exemplaires conservés, copiés tous au IXe siècle, trois en provenance de Saint-Amand-en-Pévèle, le monastère dont l'abbé était Arn de Salzbourg, l'élève préféré d'Alcuin, tandis que le quatrième, Paris Bibliothèque nationale de France lat 7502 a pour origine Tours, dont Alcuin était l'abbé et où il finit sa vie.

C'est donc comme si les *Excerptiones* avaient connu une diffusion confidentielle et restaient liées à la personne de l'auteur, qui dans ce cas a peut-être volontairement renoncé à la diffusion de son résumé pour des motifs qui nous échappent mais qui ont toutes chances d'être des motifs pédagogiques. On peut supposer qu'Alcuin a réalisé que l'enseignement de la syntaxe se situait à un niveau beaucoup trop élevé pour la moyenne des élèves, et que le meilleur moyen de diffuser Priscien dans le royaume franc était non pas d'enseigner la syntaxe, mais de renvoyer les élèves au manuel de Donat, assez bref pour être appris par cœur, quitte à commenter Donat par Priscien et à rendre compte du désaccord entre les deux grammairiens antiques sur certain points mineurs.

Ainsi à l'époque carolingienne on voit fleurir de nombreux commentaires de Donat, dont le texte est souvent explicité par celui des 16 premiers livres de *l'Ars Prisciani*. Le propre manuel d'Alcuin, son *De grammatica* emprunte beaucoup aux 16 premiers livres de Priscien, mais rien aux deux derniers.

Que les *Excerptiones* d'Alcuin aient très tôt disparu de la circulation, si circulation a eu lieu, nous est attesté par un étrange phénomène. Le ms, de Paris contenait dans sa première partie les *Excerptiones*, copiées dans les premières années du IXe siècle, peut-être du vivant d'Alcuin. Or, vers l'an 820, moins d'une génération après sa mort, le texte des *Excerptiones* a été effacé par grattage (sauf sur un folio qu'on a oublié de traiter) et les cahiers désormais libres d'écriture ont reçu un nouveau texte, en sorte que nous avons affaire à un palimpseste. Mais qu'a-t-on recopié par dessus le résumé d'Alcuin désormais effacé ? On a recopié le texte complet de l'*Ars* de Priscien lui-même. C'est ainsi que la compilation s'efface devant le texte qui en est la source. Tel est également, du moins pour sa diffusion le sort qu'a connu le résumé des *Moralia in Iob* de l'Irlandais Lathcen: si le commentaire de Grégoire nous a laissé 31 témoins du haut Moyen âge et beaucoup d'autres de l'époque carolingienne, en revanche l'*Ecloga* de Lathcen, (*ecloga*, autre mot pour désigner un *compendium*) n'est transmise que par trois mss antérieurs à l'an 800 et quelques uns du IXe siècle, mais le nom de l'auteur n'apparaît jamais nulle part hors de Saint-Gall en milieu irlandais.

Ces constatations soulignent la fragilité des résumés. Dans le matériel pédagogique, les *compendia* trouvent leur place, c'est certain, mais ils gardent un caractère local, provisoire ou personnel qui en limite l'emploi et surtout la diffusion. Je ne connais pas de cas, ou s'il en existe ils doivent être très rares, où le *compendium* a fait disparaître l'œuvre qu'il résume. Ce qu'ils peuvent faire au mieux c'est de participer à la diffusion de l'œuvre en la faisant connaître donc d'être des instruments pédagogiques provisoires avant de s'effacer devant l'œuvre qu'ils résument.

À l'inverse, cet autre instrument pédagogique qu'est le commentaire, a une portée beaucoup plus considérable. Car le commentaire comporte une double entrée, celle du texte commenté, rappelé de phrase en phrase par le lemme, et celle du commentaire lui-même, qui en rend compte et l'explique sous ses multiples aspects. Le commentaire sauvegarde intégralement le texte commenté, alors que la compilation le réduit à son ossature, en éliminant les passages estimés superflus par le compilateur. Dans le cas de Priscien, c'est par le texte mémorisable de Donat que Priscien s'est largement diffusé, puisque les seize premiers livres de l'Ars Prisciani étaient utilisés pour commenter l'Ars Donati: on voit donc fleurir à l'époque les commentaires de Donat, l'anonyme *Donatus orthigraphus*, le commentaire de Smaragde, celui de Murethach, celui de Sédulius Scottus.

Nous devons à un homme du IXe siècle, indirectement dans la mouvance d'Alcuin, un ouvrage qui associe étroitement la technique de la compilation à celle du commentaire, la technique de la compilation dans la mesure où l'auteur sélectionne certains passages du texte exploité et en élimine d'autres, la technique du commentaire dans la mesure où les passages qu'il vient de sélectionner lui servent à commenter un autre texte qui lui fournit les lemmes.

Je m'explique. Cet homme du IXe siècle, c'est le diacre Florus de Lyon, (800-860 environ). Le texte qu'il exploite, c'est l'œuvre immense de saint Augustin. Les passages prélevés sont tous ceux où saint Augustin cite saint Paul à l'appui de tel ou tel aspect de la foi. Les lemmes du commentaire, c'est le texte même de saint Paul, emprunté à un ms du Nouveau Testament et déroulé entièrement épître après épître et verset après verset.

La mise au point de cette œuvre de Florus, actuellement en cours d'édition dans le *Corpus Christianorum*, (sous-collection *Continuatio mediaevalis*), suppose un travail de plusieurs années, d'abord pour lire toute l'œuvre d'Augustin, la plus vaste que nous ait léguée l'Antiquité, une œuvre qui était présente à Lyon au IXe siècle dans son intégralité ou presque, repérer et délimiter les passages à recopier (en les ponctuant et en corrigeant l'orthographe si nécessaire, mais sans toucher au texte d'Augustin), identifier l'épître citée, classer les extraits dans l'ordre des versets de chaque épître, les recopier dans l'original. Nous suivons le travail de Florus et de son équipe, car nous avons conservé une partie des mss augustiniens dans lesquels Florus a personnellement marqués de sa main les passages à recopier, mais surtout nous avons avec le ms. 484 de la bibliothèque municipale de Lyon la seconde moitié de l'original de Florus, c'est-à-dire du manuscrit où il a, avec son équipe, rassemblé dans l'ordre du texte paulinien les passages à l'appui desquels Augustin cite saint Paul..

Nous sommes en mesure grâce à ce manuscrit de nous faire une idée du soin avec lequel lui et son équipe ont réalisé cette étape finale du travail. Saint Paul et saint Augustin, ont assez de rayonnement pour que cette compilation-là se soit rapidement diffusée dans tous les grands centres de l'époque.

Dans plusieurs des communications il a été insisté sur le rôle de la mémoire. On peut se demander si Florus ne connaissait pas par cœur tout saint Paul, en un temps où les versets n'étaient pas plus numérotés que ne l'étaient les folios des manuscrits. On peut se demander aussi quel était matériellement la phase intermédiaire entre le passage repéré tel qu'on peut le lire encore dans tel ms augustinien et la copie de ce passage dans l'original du commentaire: le texte repéré était-il en une première étape recopié sur des tablettes ou sur des bribes de parchemin déclassé ? Bref, doit-on supposer tout un jeu de fiches souples intermédiaires ? Ou de tablettes permettant de ranger les extraits dans le bon ordre ? Bien sûr, il faut souligner aussi que Florus était dans le scriptorium à la tête d'une équipe formée en grande partie d'élèves à lui, dont nous sommes en mesure d'individualiser les mains, malgré leur ressemblance. Un travail d'équipe, cela signifie non seulement des conditions matérielles favorables, mais un projet précis, des responsabilités partagées, un ordre strict des opérations, des règles de copie unifiées et surtout un maître d'œuvre ayant de l'autorité.

C'est ainsi que les savants carolingiens donnaient à lire les auteurs du passé, en confectionnant des ouvrages à la portée des connaissances encore balbutiantes des clercs. Les deux exemples que j'ai cités, tout comme l'analyse qui nous a été faite de la méthode de Hraban Maur, lui-même élève direct d'Alcuin, pour bâtir cette compilation carolingienne monumentale, qu'est le *De Institutione clericorum* vont dans le même sens: les compilateurs de cette époque de renouveau sont d'abord des lecteurs attentifs, enrichis profondément par leurs vastes lectures, avant d'être des assembleurs et des créateurs à l'ombre de leurs devanciers.

Mais on aura remarqué la différence d'attitude de Hraban par rapport à l'auteur des *Excerptiones* et par rapport à Florus, probablement élève direct de Leidrat, lui-même élève d'Alcuin. Hraban explique comment il s'y prend, cherche à justifier sa méthode pour résumer la pensée de sa source dans les passages qu'il ne cite par littéralement, *innitens*, nous dit-il, *auctoritate maiorum*. En revanche ni Alcuin ni Florus ne signent leur montage compilatoire, ne donnent la clef de leur méthode. Ils ne disent jamais « je ». Nous savons que les *Excerptiones* sont d'Alcuin non par les trois manuscrits de Valenciennes, mais par les catalogues de la bibliothèque de St-Amand datant du XIIe siècle.

De même, Florus ne dit rien sur sa méthode: nous la déduisons de la technique qui apparaît dans l'original où sa main intervient à chaque page,

pour corriger, compléter ce qu'ont copié ses élèves, pour rajouter dans les marges, de sa main, tous les passages que la première main n'avait pas insérés, pour en supprimer d'autres[4]. Cette humilité de Florus a failli le plonger pour toujours dans un anonymat total. Déjà Wandalbert de Prüm, dans l'introduction de son martyrologe métrique, où il parle de lui de façon élogieuse, joue sur son nom en évoquant la fleur (*florem*) qui s'épanouit à Lyon au milieu des richesses de sa bibliothèque. Or nous voyons bien ce que peuvent évoquer les bouquets de fleurs dans le langage littéraire: Ces fleurs butinées parviennent à nous sans nom d'auteur. Florus ne signe du reste aucune de ses œuvres, comme si elles exprimaient collectivement la voix de l'église locale, celle de Lyon.

Nous n'avons pas le droit de négliger l'apport de ces grandes personnalités à l'histoire de la littérature latine et de la culture: l'historien aurait tort de ne pas tenir compte de l'effort intellectuel colossal qui s'est déployé alors, de la part de ces hommes partageant tous le même idéal de rénovation de la culture écrite. Quand on parle de Renaissance carolingienne, c'est de cela dont, pour une bonne part, il s'agit. Songeons au travail que représente la confection des *Étymologies* d'Isidore, du *Liber glossarum*, des compilations de Vincent de Beauvais

Le monde carolingien a connu un nouveau départ. Mais dans la suite des temps de nouveaux enjeux se sont révélés avec la création des universités et la mise au premier plan de la pensée aristotélicienne, avec l'influence des penseurs arabes qui avaient une plus ample connaissance de la pensée du Stagirite grâce aux textes qui avaient été traduits du grec en syriaque et du syriaque en arabe. L'arrivée de ces textes en Occident et leur exploitation a été une véritable révolution. On nous a montré combien les multiples compilations de la logique aristotélicienne ont eu le mérite d'acclimater Aristote malgré l'hostilité de l'Église et de transformer les horizons du savoir. Là encore le texte original triomphe et les résumés qui ont aidé à l'imposer s'effacent, même s'ils sont encore à notre disposition dans tant de manuscrits inexploités.

Les compilations sous leurs formes diverses nous apparaissent donc comme des outils privilégiés de la transmission des textes, de la diffusion du savoir et de la transformation des mentalités. Grâce à elles les valeurs du passé, loin de sombrer dans l'oubli, servent à révolutionner le présent.

On a souligné plus d'une fois lors de notre rencontre l'importance qu'ont eue les ordres mendiants, Dominicains, Franciscains dans cette projection du passé vers l'avenir: les œuvres de Thomas d'Aquin, d'Alexandre de Halès, de

---

[4] Cfr. L. HOLTZ, «Le manuscrit Lyon B.M. 484 (414) et la méthode de travail de Florus», *Revue Bénédictine*, 11 (2, décembre 2009) 270-315.

Roger Bacon sont au cour du renouveau de ce riche XIIIe siècle, à l'époque où Paris était devenu la capitale intellectuelle de l'Europe;

Mais notre colloque n'était pas consacré spécifiquement à l'époque carolingienne, même si pour la littérature latine médiévale, mais aussi dans la majorité des cas pour la littérature latine antique, c'est un point de départ incontournable et irréversible. Toutes les époques du Moyen âge ont été abordées et en particulier le XIIe siècle et à partir du XIIIe l'époque des universités et de la scolastique, ainsi que le rôle très important des ordres mendiants et de leurs ténors, Thomas d'Aquin, Alexandre de Halès.

À l'heure où se clôture notre colloque, nous pouvons dire que nous avons bien travaillé puisque nous nous sommes contraints les uns les autres, jeunes ou moins jeunes, à sortir de notre spécialité pour entendre parler, selon le même angle de vues, d'auteurs, de textes, de méthodes que nous ne connaissions que superficiellement ou même pas du tout, car la littérature latine médiévale est immense, et il en reste encore beaucoup au secret dans des mss que personne n'ouvre jamais, ce qui a été confirmé par plusieurs des communications centrées sur le contenu d'un manuscrit jusqu'ici insuffisamment étudié. Les échanges, les discussions, la rencontre des collègues que l'on ne connaissait que sur le papier, c'est à tout cela que servent les colloques organisés par la FIDEM

Celui-ci, comme les précédents a vraiment été international, encore que dominé par l'Espagne, ce qui est normal, puisque c'est le pays d'accueil. Sur les 44 orateurs qui ont parlé ou qui parlent encore, ce que je fais, l'Europe a largement la majorité, mais il m'est agréable de constater que la lointaine Australie nous a apporté une communication, l'Amérique du Sud deux venant d'Argentine, et que c'est le Pontifical Institute de Toronto qui par sa bibliothécaire représentait l'Amérique du Nord, le Pontifical Institute où enseignait le premier président et fondateur de la FIDEM, le regretté P. Leonard Boyle, dont je salue ici respectueusement la mémoire,

Nos collègues espagnols ont donc de loin la majorité avec 50% des orateurs soit 22 sur 44 et parmi les universités espagnoles représentées, la Complutense qui nous donne l'hospitalité vient largement en tête, suivie de l'université de Barcelone et de Valladolid. Voilà qui atteste la vitalité des études médiévales en Espagne. Outre le pays d'accueil l'Europe est présente par les orateurs de dix pays, l'Italie, la France, l'Angleterre, l'Autriche, la Belgique de notre président, la Finlande, la Hongrie, la Norvège, la Pologne, le Portugal, la Suisse. Je ne suis du reste pas sûr que mon décompte soit tout affait exact, car il y a parmi nous un certain nombre de collègues originaires de tel pays et qui enseignent ou pratiquent la recherche dans tel autre. C'est l'effet bénéfique d'une meilleure organisation sur le plan international, puisque les programmes eux-mêmes associent désormais des chercheurs originaires de plusieurs pays. Faut-il les compter en fonction de leur pays d'origine ou du pays où ils travaillent ?

La mondialisation de la recherche et le développement des moyens de communication ont en quelques années transformé nos méthodes de travail ainsi que la multiplication des colloques: le chercheur est de moins en mois seul.

Mais il faut dire que cela tombe bien, car il reste de grands domaines que seule une équipe peut prendre en mains efficacement. Pour rester dans le champ de la compilation, souhaitons que les nombreux manuscrits philosophiques du XIVe siècle évoqués par Jacqueline Hamesse sortent de l'oubli ne fût-ce que par un répertoire ou que les 20700 hexamètres de l'encyclopédie métrique des sept jours de la création trouvent un éditeur.

Il me reste, mes chers collègues, à remercier nos hôtes: les autorités universitaires de la Complutense, le comité présidé par le Professeur Maria Jose Munoz Jiménez, qui a tant fait pour l'organisation et la réussite de ces trois journées, Jacqueline Hamesse, co-fondatrice de la FIDEM et digne héritière du P. Boyle, le bureau et le secrétaire de la FIDEM, et vous tous, mes chers collègues, qui avez bien voulu participer à notre rencontre, soit en présentant une communication soit en participant aux discussions, qui ont été fructueuses et amicales: ce sont là autant d'encouragements pour tous à poursuivre dans la collaboration, dans l'amitié et dans la joie notre passionnante carrière de chercheurs.

ÍNDICES

Preparados por Marta CRUZ e Irene VILLARROEL

ÍNDICE DE MANUSCRITOS

Arezzo
Biblioteca comunale di Poppi
  147: 305

Arras
Bibliothèque Municipale
  335 (204): 322

Asís
Biblioteca de del Sacro Convento
  508: 318

Monte Atos
Monasterio de Vatopedi
  Gr. 57: 236

Aviñón
Bibliothèque Municipale
  228: 140

Bamberg
Staatsbibliothek
  Patr. 61: 219

Barcelona
Archivo de la Corona de Aragón
  Ripoll 226: 322
Biblioteca de Cataluña
  559: 296, 298

Basilea
Öffentliche Bibliothek der Universität
  B.IX.6: 140
  B.XI.3: 139

Benevento
Biblioteca Capitolare
  13: 108
  33: 113

Bruselas
Bibliothèque Royale
  10127-10144: 113

Boston
Medical Library
  15: 369

Bourge
Bibliothèque Municipale
  44: 107, 110

Budapest
Egyetemi Könyvtar
  112: 140

Burgo de Osma
Archivo de la Catedral
  133: 322

Cambridge
University Library
  Add. 3479: 107
  Add. 6865: 369-370, 372, 375, 378

Cesena
Biblioteca Malatestiana fondo Comunitativo
  166.133: 140

Ciudad del Vaticano
Biblioteca Apostólica Vaticana
  Borghes. 166: 329
  Gr. 507: 236
  Ott. 2073: 305
  Reg. Lat. 309: 226
  Reg. Lat. 1762: 19-20, 25,
  Reg. Lat. 1260: 79
  Urb. Lat. 585: 111
  Urb. lat. 1377: 296, 299
  Urb. lat. 1396: 296, 299
  Vat. Gr. 12 Y 1144: 140
  Vat. Lat. 645: 226
  Vat. lat. 3010: 296
  Vat. lat. 3868: 585
  Vat. Lat. 4222: 108-110

Clermont-Ferrand
Bibliothèque Municipale et Universitaire
  1512: 107, 110

Colmar
Bibliothèque Municipale
  288: 322
Colonia
Erzbischöfliche Diözesan- und Dombibliothek
  83[II]: 223
Douai
Bibliothèque Municipale
  749–II: 21, 126
El Escorial
Biblioteca del Monasterio
  L.I.15: 82
  M.II.17: 483
  V.III.10: 164-165, 169, 171-172, 175-180
Eton
Eton College
  119: 140
Florencia
Biblioteca Medicea Laurenciana
  Edili 173: 385
  Plut. XVII sin. 8: 265
  Redi, 100: 140
Biblioteca Nazionale
  Chigiano E.IV.126: 534
  Conv. a. 5. 1365 : 253, 256
  Conv. c. 4. 263 : 256
  Conv. soppr. D.VIII.985: 534-535, 549
  Conv. soppr. I.VII.28: 550
  Magl. VIII 1388: 582
  Magl. VIII 1420: 577
  II. I. 81: 257
  II.IX.169: 535
Biblioteca Riccardiana
  915: 589
Kues
Stiftsbibliothek
  126: 322

Laon
Bibliothèque Municipale
  422: 226-227
Leipzig
Universitätsbibliothek
  716: 322
Londres
British Library
  Add. 18334: 140
  Burney 275: 153, 156-157
  Harley 4977: 354
  Harley 6258b: 356
  Royal 12.D.XVII: 355
  Sloane 475: 356
  Sloane 2839: 354
Luxemburgo
Athenée
  58: 322
Lyon
Bibliothèque municipale
  484: 600, 602
Madrid
Archivo del Museo Nacional de Ciencias Naturales_CSIC
  Ref. 1: 465
Biblioteca Histórica de la Universidad Complutense
  136: 385
Biblioteca Nacional
  3307: 226
  8999: 165, 180
  9513: 132-134, 142-143, 145
  9522: 133-134, 145
  9748: 165, 167, 169, 179
  10113: 153, 156-157
Marsella
Bibliothèque Municipale
  396: 322

Milán
Biblioteca Ambrosiana
  O 28 Sup.: 326
  P. 140 sup.: 139
Biblioteca Nazionale Braidense
  AD._XIV.38: 140
Montecassino
Archivio dell'Abbazia
  69: 79
  98: 105, 109-110
  100: 108
  101: 109-110
  103: 108
  106: 108, 110-111
  110: 109-110
  115: 109-110
  117: 110
  127: 113
  534: 108
Mónaco
Staatsbibliothek
  Gr. 182: 578
  Monacense lat. 754: 582, 584-585, 588
Montserrat
Biblioteca de la Abadía 981:
  147-149, 151-153, 156, 158
Múnich
Bayerische Staatsbibliothek
  Clm 75: 369
  Clm 2711: 322
  Clm 4564: 107-108, 110
  Clm 7953: 110
  Clm 17194: 107, 110
  Clm 18092: 107-108, 110
  Clm. 23797: 140
Nápoles
Biblioteca Nazionale
  VI.E.43: 111

New Haven
Yale University Library
  Marston, 23: 140
Oxford
Bodleian Library
  Add. 44: 81
  Barlow 21: 195, 200-201, 204-205
  Bodley 309: 217
  Can. lat. 131: 391
  Canonici Liturgici 293: 322
  Canonici Pal. Lat. 52: 265
Padua
Biblioteca Antoniana
  470: 323, 327, 330
  517: 326-327, 330
París
Bibliothèque Nationale
  Bastard 6045: 430
  Bastard 6083: 430
  gr. 3069: 578
  lat. 3783: 107-108, 110
  lat. 5690: 383
  lat. 6428 : 141
  lat. 7502: 588
  lat. 7530: 218-219, 222
  lat. 10612: 106
  lat. 11219: 352-354
  lat. 14025: 352
  lat. 15958: 322
  lat. 15961: 322
  lat. 16510: 322
  lat. 17436: 113
  n.a.l. 456: 226
Bibliothèque Mazarine
  364: 111, 113
  1026: 322
Bibliothèque de la Sorbonne
  53: 141

Perugia
Biblioteca Comunale Augusta
1096: 141

Pisa
Biblioteca Cateriniana del Seminario
54: 140

Pommersfeld
Biblioteca Municipal
178: 368

Ripoll
Biblioteca de la Abadía
74: 76

Roma
Biblioteca Vallicelliana
A 16: 109
T XVI: 109-110

Regensburg
Fürst Thurn und Taxis Zentralarchiv Hofbibliothek
176: 140

Salamanca
Biblioteca Universitaria
82: 165, 178, 180
2682: 165, 178-179, 180

San Marino (EE.UU)
Huntington Library
HM 26959: 140

Sankt Gallen
Stiftsbibliothek
225: 219-220, 225
878: 595

Sélestat
Bibliothèque Humaniste
19: 140

Sevilla
Biblioteca Colombina
5-4-32: 164-166, 169, 171-173, 175, 177, 179-180
7-2-24: 164

Shrewsbury
Library of the Shrewsbury School
5: 140-141

Siena
Biblioteca Comunale
F.V.8: 79

Soest
Stadtbibliothek
18: 139

Stuttgart
Württembergische Landesbibliothek
HB.III.35: 140

Tarragona
Biblioteca Pública del Estado
94: 140-141, 144

Toledo
Biblioteca del Cabildo de la Catedral
17-25: 142

Troyes
Bibliothèque Municipale
816: 318
1840: 322

Uppsala
Universitetsbibliotek
C. 333: 140

Valencia
Archivo de la Catedral
1: 141
192: 322

Venecia
Biblioteca Marciana
Lat.Z.158: 324
Lat.Z.38: 305

Viena
Österreiche Nationalbibliothek
4827: 140

ÍNDICE DE AUTORES Y OBRAS ANTIGUOS, MEDIEVALES Y RENACENTISTAS

Aachen encyclopedia, 225-228
Abauus, 80, 83
Abstrusa, 83
Abulcasis, 449, 490
Adamus Anglicus, 414
Adamus Wodehamensis, 253
Ademarus Engolismensis, 34, 40-42, 47-49, 59
Adrastus de Afrodisia, 293
Aegidius Corboliensis, 368
Aegidius Romanus, 253
Aelius Donatus, 176-177, 599-600
Aesopus latinus, 35, 56, 176, 178, 579
Affatim, 80
Agazel, 296
Al-Farabi, 337-338, 347, 521
Al Ğazzar, 373-374
Alanus ab Insulis, 139, 338
Alanus de Farfa, 106-110
Albertinus de Verona, 323
Albertus de Sassonia, 253
Albertus Magnus, 28, 150, 253, 255, 272, 279, 533, 535
Alcuinus, 18, 42, 222, 495-496, 498, 505, 507, 509-510, 596-601
Alexander III, 88
Alexander de Villa Dei, 177
Alexander Halensis, 87, 182, 253, 602-603
Alexander Neckam, 34, 42-44, 46-50, 59, 69, 85, 438
Alexander Trallianus, 358, 490
Alfredus Magnus, 498, 512
Alhazen: 270
Alphita, 492

Alphonsus de Carthagena (*sive* de Sancta Maria), 124, 134-135, 145-146
Alphonsus X, 595
Ambrosius, 68, 119, 134-135, 142, 201, 203-204, 498
Ambrosius Autpertus, 106
Amianus Marcelinus, 119
Anacreonte, 580
Anastasius Sinaiticus, 233-234
Angelus Politianus, 577-592
Angelomus de Luxeuil, 509
Anselmus Cantuariensis (sanctus), 501
Antidotarium Nicolai, 459, 489, 491
Antonius de Padua (sanctus), 315, 317, 321-324, 326-332
Aphthonius, 36, 37, 41-42
Appendix Probi, 78
Apuleius Madaurensis, 20, 29, 294
Arator, 422-424, 512
Aratus, 288, 580
Aristophanes, 586
Aristoteles, 17, 23, 28-29, 35, 72-73, 134, 150, 181-182, 184-189, 191-194, 211, 231-232, 236, 242, 250, 257, 270, 294-296, 298, 337, 346, 433, 428, 459, 516-518, 522, 528, 530, 548-551, 565, 602
Aristoteles (pseudo-), 242
Arnaldus de Vilanova, 483, 485-486, 488, 491
Arnaldus de Vilanova (pseudo-), 447, 452-455
Arquimedes Siracusanus, 438

Articella, 448, 491
Athanasius Alexandrinus, 404
Auctoritates Aristotelis, 134-135, 142, 181, 183, 186-189, 192, 194
Augustinus Hipponensis, 17, 68, 73, 87, 90-92, 94, 96-97, 99, 111, 119, 134-135, 142, 237, 269-270, 290, 294, 298, 330, 335, 340, 392, 435, 496, 498, 507, 512, 600
Augustinus (pseudo-), 105-106, 196, 236, 296
Aulus Gellius, 65-67, 590
Aulus Ianus Parrhasius, 591
Aurelius Pincius Venetus, 536, 542-543
Aurelius Victor, 117
Ausonius, 61, 119, 590
Auerroes, 29, 256, 346, 491
Auianus, 35, 39, 44
Auicenna, 269-270, 278-279, 296, 449, 458-459, 462, 485-486, 488, 490-491,
Barsanuphius, 415
Bartholomaeus Anglicus, 85-103, 196, 447, 455-458, 462
Bartholomaeus Bononiensis, 263-266, 268, 270-280
Bartholomaeus de Bregantia, 274
Bartholomaeus Salernitanus, 491
Bartholomaeus Fontius, 591
Bartholomaeus Scala, 591
Basilius Caesarensis, 234, 237
Beda Venerabilis, 106, 176-177, 211, 213-219, 223-224, 227-228, 390, 436-437, 498, 511-512

Beda Venerabilis (pseudo-), 228
Bene Florentinus, 148, 152, 158
Benedictus XIII, 259
Bernardus Carnotensis, 426
Bernardus Claraeuallensis, 87, 92, 100, 134-135, 142, 148-149, 319, 435, 568
Bernardus de Gordonio, 368, 379, 485-486, 489, 491
Bernardus Siluestris, 338-339, 346, 441
Bertoldus de Ratisbona, 318-319
Biblia, 18, 49, 51-52, 57, 79, 85, 87, 92, 95,102, 112, 133, 145, 176, 178, 195, 196-202, 220-222, 271, 274, 315, 319, 334, 346, 400, 404, 407, 434, 437, 458, 504-505, 509, 561
Bocados de oro, 151
Boethius, 17, 20, 29, 68, 72-73, 87, 90, 92, 94, 97-98, 100, 176-177, 211, 232, 298, 340-341, 345, 348, 501, 533
Bonaventura (sanctus), 182, 253, 279, 316-318, 568, 573
Caecilius Balbus, 19
Calcidius, 17, 212, 286, 289, 291-300, 437
Callimachus, 580
Carolus Magnus, 221-222
Cassianus, 498
Cassiodorus, 63-64, 219, 350, 498, 519, 526
Cassius Felix, 356-358, 360-362
Christophorus Landinus, 579
Cicero, 20, 35, 57, 68, 134-135, 142, 286-294, 296-298, 300,

340, 343, 348, 353, 438, 507, 509, 545
Circa instans, 449-450, 455, 488, 491-492
Claudianus, 119
Claudius Ptolemaeus, 147-152, 154, 158, 205, 438
Copho Salernitanus, 373, 492
Colutius Salutatus, 538
Computus Einsidlensis, 216
Conradus Hirsaugensis, 139
Constantinus Africanus, 373-374, 376-377, 379, 448, 450, 454, 457-459, 485, 489, 491-492
Contentus terenalis, 465, 467-468
Cratinus, 586
Culex, 47
Cuthbertus, 511
Cyprianus Carthaginensis, 498
Daniel Becclesiensis, 148-149
Daniel Morlanensis, 150, 158
Dante Allegeherius, 276-280, 311
Dares Phrygius, 306
De ratione computandi, 216
Demetrius Calcondila, 579
Democritus, 352
Demosthenes, 288
Desiderius Erasmus Rotterodamus, 36
Dionysus (pseudo-), 87, 92, 95, 101, 269-270, 318
Dioscorides, 350, 450, 490-491
Disticha Catonis, 19
Dominicus Gundissalinus, 523, 525, 529-530
Domitius Calderinus, 581, 589, 592
Donatus orthigraphus, 600

Durandus Campanus, 559-561, 567-568
Durandus de Santo Porciano, 97
Ebrardus Bethuniensis, 177
Aëtius Amidenus, 490
Eginardus, 396
Elinandus, 390, 392
Eloissa de Paraclito, 429
Engelbertus Admontensis, 30
Epistola Alexandri ad Aristotelem, 303-304, 309-310
Epistola peri hereseon, 352-353
Ermengaudus Bernardus Urgellensis, 422
Eucherius Lugdunensis, 68, 83
Euclides, 211, 296
Eugenius Toletanus, 423-424
Eupolus, 586
Eusebius, 68, 385, 389-390, 392-393
Eustratius de Nicea, 190
Eutropius, 117, 304, 306, 392, 394
Euagrius Ponticus, 399-407, 409, 412-416
Fabius Rusticus, 589
Favorinus, 65, 67
Flauius Josephus, 509, 512
Florilegium Angelicum, 26
Florilegium Duacense, 22
Florilegium Gallicum, 144
Florilegium Sancticrucianum, 25
Florus, 306, 384, 387-388, 390-392
Florus Lugdunensis, 18, 24-25, 600-601
Franciscus Filelfus, 577

Franciscus Petrarcha, 135, 148-149, 158, 383, 385, 391, 393, 396
Franciscus Rabelais, 101
Franciscus Assisias (sanctus), 89, 326-327, 330
Franco Leodiensis, 22
Fulbertus Cartonensis, 348
Fulgentius, 68
Galenus, 68, 376, 450, 459, 488, 490-491
Galenus (pseudo-), 358-363
Gaufredus de Vinosaluo, 307, 346
Georgius Merula, 591
Georgius Trapezuntius, 577
Gerardus Cremonensis, 149-153, 158
Gerardus de Solo, 489, 491
Gerardus Iohannus Vossius, 291
Geruasius Tilberiensis, 306
Gesta Romanorum, 44
Gilbertus Anglicus, 378, 447, 455, 479-461, 491
Gilbertus de Tornaco, 316-318
Glossarium Ansileubi, v. *Liber Glossarum*
Glossarium Salomonis, 440
Gonsalvus Hispanus, 184
Gratianus, 88, 503
Gregorius VII, 105
Gregorius IX, 88-89, 94
Gregorius Ariminensis, 253
Gregorius Magnus, 24, 53, 68, 280, 498, 596
Gregorius Nazianzenus, 106, 234, 237, 412
Gregorius Turonensis, 219, 228
Gualafridus Strabus, 595

Gualterius Agulinus, 491
Gualterus Anglicus, 34, 42-49, 59
Gualterus Brugensis, 184
Gualterus de Chatillon (*sive* de Insulis), 176, 178, 435
Guarinus de Guarinis Veronensis, 577
Guido Faba, 139
Guillelmus Autissiodorensis, 87
Guillelmus de Bricia, 491
Guillelmus de Conchis, 295, 437
Guillelmus de la Mare, 184, 565, 567
Guillelmus de Moerbeka, 182, 186
Guillelmus de Ockham, 243, 245, 252-253
Hadoardus, 19-21, 25, 290
Haimo Autissiodorensis, 25, 68
Haimo de Halberstadt, 198, 201
Haly Abbas, 485, 490-491
Helpericus Autissiodorensis, 215
Hemericus, 177
Henricus Autissiodorensis, 25
Henricus de Wintoniensis, 491
Henricus Gandavensis, 182
Herrada de Hohenbourg, 429, 431-442
Hermes Trismegistus, 87, 101
Hermes Trismegistus (pseudo-), 296
Hesiodus, 579
Hesychius, 509
Hieronymus Avanzi, 591
Hieronymus Benivieni, 534, 546
Hieronymus Pardus, 253
Hieronimus Pragensis, 253
Hieronymus Savonarola, 533-550, 552-555

Hieronymus (sanctus), 68, 119, 298, 389-390, 392, 437, 496, 498, 501, 509, 588
Hildegarda de Bingen, 429, 433, 437, 439-442
Hincmarus Remensis, 508
Homerus, 306, 579, 581
Honorius Augustodunensis, 435-437, 441
Horatius, 57, 68, 176, 178, 307, 581, 583, 586
Hrabanus Maurus, 196-197, 215, 436, 495-498, 501-505, 508-510, 512, 595, 601
Hroswitha de Gandersheim, 41
Hugo de Sancto Victore, 87, 90, 93, 94, 99, 139, 298, 334, 336-339, 347, 515-524, 526, 528-530
Hugo Aurelianensis, 307
Hugutio Pisanus: 165-166, 176-177, 180
Humbertus.de Romanis, 27
Humbertus Wirciburgensis, 496
Hyppocrates, 68, 296, 459, 490
Iacobus Beneventanus, 135
Iacopus Antiquarius, 591
Iamblichus, 294
Innocentius III, 50, 87-94
Ioaquimus Florensis, 93
Iohannes Buridanus, 241-257, 260
Ioannicius, 490-491
Iohannes Albertus Fabricius, 291
Iohannes Baptista Guarinus, 591
Iohannes Baptista Pius, 591
Iohannes Climacus, 415
Iohannes de Columna, 383-388, 390-394, 396, 595

Iohannes Corbechon, 91
Iohannes Damascenus, 87, 92, 94-96, 100-102, 232, 236, 270, 296, 491
Iohannes de Bononia, 170-172
Iohannes de Francoforte, 254
Iohannes de Garlandia, 176-177, 345
Iohannes de Ianua, 179
Iohannes de Meun, 150
Iohannes de Parma, 171
Iohannes de Pastrana, 167-168
Iohannes de Rupella, 317
Iohannes de Sancto Paulo, 367-369, 374, 376, 378-379, 381, 459
Iohannes de Tornamira, 491
Iohannes Dorp, 242, 256-260
Iohannes Duns Scotus, 181-187, 189-194, 253, 506
Iohannes Gazaeus, 415
Iohannes Gil de Zamora, 124
Iohannes Hus, 254
Iohannes Mesue iunior, 490
Iohannes Petrus Valerianus, 591
Iohannes Picus de Mirandola, 546, 591
Iohannes Platearius, 369, 371, 373-374, 379, 447-448, 450-455, 457-462
Iohannes Saresberiensis, 426
Iohannes Scottus.Eriugena, 95
Iohannes Serapio, 490
Iohannes de Schepeya, 34, 50-57, 59
Iohannes Tortellius, 584
Iohannes Wyclif, 255
Iohannitius, 459

Isaac Iudaeus, 368, 374, 458-459, 488, 490-491, 523
Isaias (frater), 415
Isidorus Hispalensis, 35, 63-65, 68-69, 71-76, 81, 83, 87, 92, 94, 101-102, 135, 176-177, 196, 198, 200-202, 204, 211, 217, 219-220, 223-224, 227-228, 298, 337, 340, 342, 348, 353, 392, 441, 462, 498, 501-503, 512, 526, 590, 594, 602
Iulianus de Spira, 322, 324, 327-330, 332
Iulius Caesar, 304
Iulius Obsequens, 117
Iunianus Maius, 583
Iuuenalis, 68, 79, 176, 178, 586
Ivo Carnotensis, 435
Lactantius, 353, 389-390, 512
Lambertus Audomarencis, 435
Landolfus Colonna, 383, 391
Laurentius Magnificus, 526, 397
Lanfrancus Cantuariensis, 290
Lathcen filius Baith, 596, 599
Liber iste, 449
Leonardus Brunus Aretinus, 134, 538
Leontius Byzantinus, 234, 238-239
Liber Aurelii, 357
Liber Byzantii, 357
Liber Esculapii, 357
Liber Exameron: 195-197, 200-202, 204-205
Liber calculationis, 226
Liber glossarum, 61, 79-84, 602
Liber ordinarius, 109
Liber passionalis, 357-358

Liber sententiarum, 315
Liuius, 115, 148-149, 158, 304, 307, 309, 383, 387-388, 392
Lucretius, 20
Lucas Lector, 321, 330
Luctatius Placidus, 68
Lupus Servatus, p. 18, 25
Macer, 176, 178
Macrobius, 20, 211-212, 215, 224-225, 391-392, 438, 506
Marcus Verrius Flaccus, 66
Marius Massimus, 589
Marius Victorinus, 63-64, 67
Marsilius de Inghen, 253-254, 259-260
Marsilius Ficinus, 299, 534, 546-547, 579
Martialis, 586, 589
Martianus Capella, 20, 211-212, 215, 225
Martinus V, 259
Martinus Oppavensis, 385
Matthaeus ab Aquasparta, 329
Matthaeus Platearius, 491
Maurus Salernitanus, 459
Maximus Confessor, 232, 234, 236, 238-239
Medicinale Anglicum, 354-355
Michael Scotus, 337
Miro Bonifilius, 417-420, 423-426
Munich computus, 216
Muridac, 600
Nicolaus Cusanus, 101
Nicolaus Perottus, 584
Notker Balbulus, 497, 511
Odo Bellouacensis, 508
Odo de Cheriton, 34, 50-56, 59
Oribasius, 450, 490

Origenes, 405
Orosius, 68, 304, 306
Ouidius, 44, 176, 178, 307, 583
Palladius, 400
Papias de Hierapolis, 68-69, 176-177
Parisius de Altedo, 171-179
Parvi flores, 29
Paschasius Radbertus, 509
Passionarius Galieni, 357
Paulus (sanctus), 24, 600-601
Paulus Aegineta, 490
Paulus Diaconus, 304, 308-309
Paulus de Pergula, 254
Peri didaxeon, 355
Persius, 586
Petrus Abaelardus, 97, 148, 348
Petrus Aliacensis, 253
Petrus Blesensis, 128-129
Petrus Chrysologus, 106-107, 110
Petrus Comestor, 435
Petrus Crinitus, 589
Petrus Damianus, 113
Petrus de Crescentius, 135
Petrus Lemovicensis, 272
Petrus de Tarantasia, 559
Petrus Hispanus, 242, 244-246, 254, 256, 447, 450-451, 461
Petrus Iohannes Olivi, 569
Petrus Lombardus, 13, 87, 94, 435-436, 503
Petrus Lucratorius, 491
Phaedrus, 35, 38-43, 45-49, 56
Philo Iudaeus, 543
Photius, 231
Phrynicus, 583

Plato, 20, 68, 283, 285-286, 288, 291-300, 337, 353, 433, 437, 439, 547, 555
Plinius Maior, 35, 120, 177-178, 212, 215, 223, 225-226, 456, 581, 594
Plinius Minor, 588
Plotinus, 294
Porphirius, 231-232, 235-236, 259, 294
Posidonius de Apamea, 293
Practica Petrocelli Salernitani, 352, 355
Priscianus, 68, 170-172, 176-178, 180, 218-219, 588, 590, 596-600
Proclus Constantinopolitanus, 112
Prudentius, 17, 176, 178
Ptolomeus, 148-152
Ptolomeus de Lucca, 537
Publilius Syrus, 18, 20, 134
Quintilianus, 35, 62, 340, 348
Quintus Curtius Rufus, 394
Raimundus de Penyafort, 88-89
Raoul de Saint-Trond,12, 22
Rhazes, 449, 489-491
Regimen sanitatis, 449
Remigius Autissiodorensis, 42, 68, 176, 177
Rhetorica ad Herennium, 340, 343, 348
Riccobaldus Ferrarensis, 304-311
Richardus Anglicus, 491
Richardus de Mediavilla, 559-561, 568-574
Richardus de Sancto Victore, 87, 90, 93-94, 98-100
Richardus Pictauiensis, 385

Robertus de Meliduno 30
Robertus Grossatesta, 182, 186-187, 189-191, 193, 527
Robertus Holcot, 302, 309-312
Robertus Kilwardby, 515-518, 520- 530
Roger Bacon, 271, 529, 603
Rogerius Salernitanus, 452, 459
Romulus, 34-35, 41-44, 46-47, 54-56, 59
Rufinus Aquileiensis, 106, 393
Rufus Festus Auienus, 117
Rupertus Tuitiensis, 435
Sallustius, 20, 158
Sedulius, 512, 600
Seneca Philosophus, 17, 20, 29, 57, 298, 438, 506, 592
Seneca (pseudo-), 134-135, 158
Sententiae philosophorum, 18
Servasantus de Faenza, 275, 322
Sextus Pompeius Festus, 66
Sigebertus Gemblacensis, 385
Simon Ianuensis, 491
Simonides, 580
Simplicius, 507
Smaragdus de Saint-Mihiel, 600
Socrates, 258, 283-285, 293, 299, 433
Socrates Scholasticus, 400
Solinus, 301-304, 306, 309-310
Supermons de Busti (frater), 316
Supermons de Busti
Statius, 580, 581
Stephanus de Borbone, 559, 561, 563, 568-569, 574
Suda, 231, 577-580, 582-590, 592
Summa medicinae, 483, 485, 490-492

Summarium Heinrici, 436
Suetonius, 25, 304, 311, 588-590, 592
Terentius, 41, 134-135, 585
Tereoperica, 350, 352-365
Tertulianus, 73, 498
Theocritus, 579
Theodorus Priscianus, 357
Theodotus de Ancyra, 112
Theodulus, 176, 178
Theon Smyrnaeus, 293
Thomas Aquinas, 30, 98, 182, 184, 190, 192, 253, 279, 511, 533, 535, 537, 540-541, 543, 549, 558-575, 602-603
Thomas Bricot, 253
Thomas Cantipratensis, 85, 456
Thomas Palmeranus (*sive* Hibernicus), 121, 129
Tibullus, 144, 584
Trotula, 449, 459
Turpinus (pseudo-), 395
Vademecum (Conde de Haro), 131-137, 139, 141-142, 144-145
Valerius Maximus, 25, 310-311
Varro, 62-63, 392, 456
Vegetius Renatus, 115-124, 126-129
Venantius Fortunatus, 423-424
Vergilius, 47, 68, 115, 176-177, 306, 338, 507, 581, 583, 597
Vincentius Bellouacensis, 28, 85, 132, 136-137, 139-141, 144, 333-348, 384-388, 390-392, 394-397, 456, 503-504, 557-559, 561, 575, 594, 597-598, 602

Vincentius Burgensis, 90
Wandalbertus.Prumiensis, 602

Xenophon, 288

ÍNDICE DE AUTORES MODERNOS

Abate, G., 321
Abeele, B. van den, 85-87, 476
Adriaen, M., 596
Agrimi, J., 490
Albanese, G., 393
Alberto, P. F., 38
Albl, M., 399
Aldama Roy, A. M., 121-122, 162
Alessio, G. C., 516
Alfaric, P., 294
Allmand, Ch., 116, 119-120, 124
Alonso Guardo, A., 490
Alvar, A., 374
Álvarez Maurin, M. P., 162
Alverny, M.-T. d', 211, 434
Andreatta, A., 547
Andrés, G. de, 159, 165, 302
Angelis, V. de, 68
Antolín y Pajares, G., 171, 379
Antón Martínez, B., 132
Aparicio, P. H., 304
Araujo, M., 185
Ariani, M., 277, 279-280
Aris, M.-A., 504, 508
Aronco, M. A. d´, 354
Arribas Hernáez, M. L., 334-335
Ashworth, J., 255, 260
Atucha, I., 568
Ausécache, M., 449
Autenrieth, J., 26
Auzzas, G., 275
Avray, D. L. d´, 320
Baader, G., 350
Backus, I., 505, 512
Bádenas de la Peña, P., 296
Baffetti, G., 275
Baiterus, G., 501
Bakker, P. J. J. M., 251
Baldassarri, G., 273

Ballester, C., 429
Banks, S. E., 306
Barbero, G., 80
Baron, H., 538
Baron, R., 517
Barone, G., 329
Barras, V., 351
Barré, H., 109, 111, 113
Barrio Vega, M. F. del, 120, 122-124, 132
Bataillon, L.-J., 273, 320
Baur, L., 520, 523, 529
Beccaria, A., 448
Becq, A., 456
Beestermöller, G., 539
Bejczy, I., 548
Bekker, I., 187
Benson, R. L., 211, 338
Berchman, R. M., 235
Bergadá, D., 442
Bériou, N., 315-317, 320, 323
Bernabé, A., 467
Bertazzo, L., 319
Berti, E., 522
Bertini, F., 35, 40
Bettini, S., 277
Bettinzoli, A., 588
Bevan, W. L., 312
Bianchi, L., 126, 295, 548
Biard, J., 252
Bierbaumer, P., 356
Bigi, E., 577
Billanovich, G., 383, 392
Binkley, P. 476
Binns, J. W., 306
Bisagni, J., 216
Bisanti, A., 46, 497
Bischoff, B., 218, 430, 434-435
Blanco Quintela, J. A., 162

Blázquez, N., 97
Blumental, U.-R., 509
Boas, M., 19
Boatti, A., 49
Bollini, P., 279
Bologna, C., 264
Bolós, J., 418
Boretius, A., 220
Borges, J. L., 280-281
Borst, A., 214-215, 221- 222, 224-225, 227
Botschuyver, H. J., 19
Bottin, F., 252
Bougerol, J.-G., 182, 189, 316, 322
Bouhot, J.-P., 106
Boulnois, O., 251
Boureau, A., 568
Boyancé, P., 288, 290
Boyle, L. E., 564
Boyle, P. L., 603-604
Brady, I., 316-317
Braga, J. E., 120
Brakke, D., 400, 402-403, 408, 416
Branca, V., 578, 580, 582, 584-588, 591
Bremmer Jr., R. H., 218
Brentano Keller, N., 256
Brightman, F. E., 112
Brincken, A. D. von den, 384
Broadie, A., 254
Brown, G. H., 378
Brown, T. J., 430
Brown, V., 108
Brugnoli, G., 589
Brunet, A., 18
Brunetti, G., 277

Brunhölzl, F., 26
Bruun, O., 233
Bunge, G., 401, 416
Burghart, M., 316
Burnett, Ch., 149-153, 156, 158, 448
Burnyeat, M. F., 522
Buschinger, D., 557
Busnelli, G., 279
Buttimer, C. H., 518
Butzer, P. L., 218, 225
Cadoni, G., 544, 548
Callejas Berdonés, M. T., 124, 126
Callu, J. P., 393
Calma, D., 568
Calma, M., 568
Cameron, M. L., 354-355
Cammelli, G., 579
Cannone, D., 526
Cantarino, V., 276
Cantera, M., 89
Cantera, S., 89
Cañizares Ferriz, P., 131, 133, 135, 142
Caracciolo Aricò, A. M., 583
Cardini, R., 579
Carlevaris, A., 437
Carnicelli, T. A., 498
Carozzi, C., 331
Carruthers, M., 505-58
Cary, G., 394
Casagrande, C., 322
Casiday, A., 506
Castano Musicò, L., 585
Cavalli, F., 358
Cavallo, G., 118, 272, 281
Cazelles, H., 403

Cazier, P., 198
Cesarini Martinelli, L., 578, 580-588
Chaparro Gómez, C., 34, 37-39, 50
Charlo Brea, L., 162
Châtillon, J., 317, 456
Chazan, M., 557
Chenu, M.-D., 436, 524
Chiesa, P., 24
Ciappelli, G., 538
Ciociola, C., 393
Clark, A. C., 289
Clark, E., 400
Codoñer Merino, C., 70, 82, 118, 163, 168, 178, 439
Coleman, G. D., 542
Combés, G., 294
Compagnon, A., 17
Conde Parrado, P. P., 490
Congar, Y., 318, 467
Conklin Akbari, S., 272, 277
Constable, G., 211, 338
Contreni, J. J., 17, 212-213, 227, 509
Corbini, A., 516
Corsi, G., 244
Cortesi, M., 383, 391, 393, 578
Corti, L., 233
Corti, M., 276-277, 280
Costas Rodríguez, J., 163
Coulson, F. T., 19
Courcelle, P., 290, 294
Courtonne, Y., 237
Courtenay, W. J., 252
Crisciani, Ch., 490
Cróinín, D. Ó., 215-218, 220
Cruz Palma, O. de la: 164

Cruz Trujillo, M., 152, 158
Cuadra García, F., 163-164, 166, 170-172, 175-176, 178
Cuccia, E., 181, 183
Curschmann, M., 430
Cuttini, E., 533
Czerwon, A., 319
Dahan, G., 557
Daneloni, A., 580
Darbo-Peschanski, C., 14
Davis, C. T., 277
Debru, A., 357
Degni, J., 162
Dekker, K., 218
Dekkers, E., 16
Delcor, M., 403
Delcorno, C., 275, 320
Delhaye, Ph., 20
Delorme, F. M., 569
Demaitre, L. E., 349, 486, 490
Denery, D. G., 263
Déprez-Masso, M.-C., 213
Derolez, A., 435, 437
Deroux, C., 358
Díaz de Bustamante, J.M., 38
Díaz y Díaz, M. C., 38, 424
Dinkova-Bruun, G., 200, 202
Dionisotti, C., 81, 84, 591
Domínguez García, A., 485
Donati, G., 584
Draguet, R., 415
Dronke, P., 429, 437, 441
Dubrulle, A., 560
Duchenne, M. C., 336-337, 384, 557
Dufeil, M.-M., 318
Dummler, E., 497
Dunphy, R. G., 384

Dutihl Novaes, C., 251
Duval-Arnould, L., 317
Dysinger, L., 400, 408-409
Eastwood, B., 212, 225
Ebbesen, S., 253
Echard, J., 558-561, 564, 569, 574
Edwards, A. S. G., 204
Ehrsam Voigts, L., 378
El Kholi, S., 430
Elamrani-Jamal, A., 254
Emery, G., 540
Emery Jr., K., 488, 504, 564
Engels, J., 244
Ensen, P. J., 291-293
Erismann, C., 232, 239
Escagedo Salmón, M., 167
Escavy, R., 163
Esteban, L., 34
Étaix, R., 106-107, 110
Evans, M., 430-431
Eynde, D. van den, 517
Fabbri, R., 591
Falmagne, Th., 15, 22
Fattori, M., 290, 295, 374, 448
Fedeli, P., 118
Federici Vescovini, G., 255, 263
Fera, V., 582, 588, 591
Fernández, L. R., 303
Fernández de la Cuesta González, B., 22, 120
Fernández Martínez, C., 424
Fernández Pousa, R., 166
Ferraces Rodríguez, A., 350, 357
Ferrero Hernández, C., 164
Ferzoco, G., 320
Figuereido Frias, A., 317
Finger, H., 223
Finnis, J., 540

Fiocchi, C., 540
Fioravanti, G., 548
Fiorentino, F., 241, 245, 247,
Firpo, L., 540
Fischer, K.-D., 349, 353, 357, 358, 361-362
Fletcher, S., 544
Florovsky, G., 503-504
Flüeler, C., 547
Foà, S., 579
Folkerts, M., 211
Fontaine, J., 73-74, 293, 456
Fontana, E., 321
Formisano, M., 117-118
Forte, S. L., 384-386, 393, 396
Fraisse, A., 356-357, 359, 362, 364
Frances Jones, E., 339
Franceschi, S. H. de, 560
Frank, W., 184
Frankenberg, W., 401, 415
Fransen, P.-I., 24
Frati, L., 583
Frede, C. de, 583
Frede, M., 233
Freudenthal, J., 291
Friedman, R. L., 252-253
Frison, C., 322
Fritz, J. M., 453
Frova, C., 281
Frutos González, V. de, 449
Führkötter, A., 437
Furdell, E. L., 358
Fussenegger, P. G., 565
Gabriel, L., 253
Gabrielle, M., 438
Gaffuri, L., 274, 367
Gál, G., 330

Gallo, D., 319
Galonnier, A., 254
Gama Caeiro, F. da, 317
Gamboso, V., 321-323, 327-328, 330-331
Gandillac, M. de, 456
Garbugino, G., 46
García, F., 120
García Ballester, L., 484-485
García de Paso Carrasco, M. D., 50, 121
García González, A., 370
Gardenal, G., 590
Garfagnini, G. C., 533-534, 536-538, 544, 546, 548, 553
Garin, E., 255-256, 533-534, 547, 579
Garofalo, I., 358
Gasparotto, G., 317
Gauthier, R. A., 186
Gautier-Dalché, P., 312
Géhin, A. P., 407
Genet, J.-Ph., 301
Genette, G., 302, 380
Gentile, S., 579
Gentili, S., 277
Ghellinck, J. de, 233, 518
Ghiglieri, P., 540, 545
Ghirlanda, G., 89
Ghisalberti, A., 241
Giancotti, F., 18
Gianola, G. M., 383
Giardina, A., 118
Gibson, M., 21, 295
Gillespie, V., 204
Gilson, S. A., 264, 279
Giomini, R., 289
Giovannozzi, L., 537

Giuffré, V., 117
Glatthaar, M., 222
Glauche, G., 26
Glaze, F. E., 350, 357
Gleede, B., 239
Glick, Th., 367, 459
Goldie, P., 562
Gómez Pallarés, J., 424
González Iglesias, J. A., 163
González Rolán, T., 120, 122, 123-124, 134
Goulet, R., 235
Goullet, M., 302
Grabmann, 23
Green, M. H., 367, 369, 373, 448-449, 459
Green, R., 430-431, 438, 440
Gregg, R. C., 404
Grégoire, R., 107, 113
Gregory, T., 253, 295
Grellard, C., 253
Griffiths, F. J., 432, 435
Gros, M. D. S., 418
Grotans, A. A., 19
Guarnaschelli, T. M., 535
Guenée, B., 302, 384, 503
Guidubaldi, E., 264-265, 277
Guillaumont, A., 404, 405, 416
Guillaumont, C., 404, 407
Gutiérrez Morán, D., 170
Hadot, P., 63
Hamesse, J., 14, 16, 19, 29, 31, 81, 84, 126, 181-182, 186-187, 196, 272-273, 290, 295, 302, 317, 374, 448, 515, 594, 604
Hankey, A. T., 305, 307-308, 312
Hankins, J., 546
Hanna, R., 204

Hanska, J., 320
Hanslik, R., 400
Harvey, P. D. A., 312
Hathaway, N., 12, 498, 503, 508
Haug, W., 312
Haynes, D., 239
Hechich, B., 184-185, 192
Heil, J., 497
Heintke, F., 27
Helm, R., 389
Henderson, A. C., 52, 55
Hermand, X., 273
Hermann, C. F., 289
Hernández Muñoz, F. G., 467
Hernández Terrés, J. M., 163
Herrera, J. J., 183
Herrero Ingelmo, M. C., 490
Hervieux, L., 50
Herzog, R., 304
Hesbert, R.-J., 113
Heyse, E., 512
Hildebrandt, R., 436
Hiersemann, A., 26
Hocedez, E., 568-569, 572
Hochdanz, F., 289
Hoenen, M. J. F. M., 252
Holtz, L., 24, 162, 168, 602
Horden, P., 349, 351
Horowski, A., 316
Horst, H., 223
Huculak, B., 184-185, 192
Hughes, G. E., 244, 248
Hunt, J., 580
Hunt, R. W., 344
Jacobi, K., 260
Jacquart, D., 350, 358, 369, 448
Jeauneau, E., 291, 295
Jiménez, L., 162, 172

Johnstone, B., 503
Jones, C. W., 211, 214-215, 217, 225
Jones, D. M., 289
Jordan, M. D., 498, 504, 560, 564
Judy, A. G., 521
Junyent i Subirà, E., 423
Justenhoven, H.-G., 539
Kaluza, Z., 253-255
Kannengiesser, Ch., 293
Karger, E., 253, 260
Kärkkäinen, P., 251
Kaufhold, M., 548
Keil, G., 350
Kelly, D., 346
Kelly, T. F., 109, 111
Kendall, C. B., 215
Kennedy, G. A., 348
Kent, B., 183-185, 192, 565
Kibre, P., 369
Kienzle, B. M., 273
King, P., 251, 562
Klein, F., 544
Klima, G., 242, 251
Knoepfler, A., 497
Knuuttila, S., 251
König-Pralong, C., 568
Kotter, B., 236
Kretschmer, M. T., 302, 304-305, 308-309
Kristeller, P. O., 350, 448, 534
Krömer, H. H., 367, 369
Kuhn, T. S., 442
Kunitzsch, P., 150
Kuttner, S., 89
Laborda, A., 441
Lagerlund, H., 218, 251, 516
Lambardi, N., 289

ÍNDICE DE AUTORES MODERNOS

Lambertini, R., 318, 331, 547-548
Lambot, C., 106, 111
Langslow, D. R., 358
Lanham, C. D., 338
Lanza, L., 548
Lattanzi Roselli, R., 585
Lawrance, J. N. H., 133, 135
Lazzari, L., 354
Lazzeri, E., 584
Lazzeri, V., 416
Le Goff, J., 89, 263, 456
Leclercq, J., 320
Lecoy de la Marche, A., 561
Lecq, R. van der, 242
Lécrivain, P., 560
Ledda, G., 275
Leff, M., 341
Lehmann, P., 211, 475
Lemoin, M., 456
Lendinara, P., 354
Lenoir, M., 117
Leonardi, C., 272, 281, 341, 384, 391, 548, 553
Lerza, P., 49
Levison, W., 431
Levy, K., 430, 441
Lewis, C. S., 312
Libera, A. de, 254
Lindberg, D. C., 263, 272, 516
Lines, D. A., 533, 535, 543, 548
Livesey, S. J., 367, 459
Lizun, J., 264
Lo Monaco, F., 582, 584
Lobrichon, G., 315
Loew, E. A., 108-109
Löfstedt, L., 124
Lohrmann, D., 218
Lombardo, E., 316, 319, 324

Long, R. J., 85-86
Longère, J., 316, 323
Longpré, E., 264-265, 276
López de Ayala, M. J., 162-163, 172
López Figueroa, L., 352-353
Lohrmann, D., 218, 225
Lōweneck, M., 355
Lucentini, O., 101
Luff, R., 557
Luque, J. 163
Lusignan, S., 384-385, 390, 557-558
Lynch, K., 317
Machielsen, J., 106
Macken, R., 182
MacKendrick, P., 288
Madan, F., 195
Maestre Maestre, J. M., 162
Magallón García, A. I., 162
Maier, I., 578, 588
Maierù, A., 516, 560
Maion, D., 354-355
Mäkinen, V., 331
Mallet, J., 108, 113
Malta, C., 396
Maltese, E. V., 578
Mancini, G., 584
Mandolfo, C., 79
Mangione, C., 244
Manzanero Cano, F., 358
Mañas Nuñez, M., 39
Marangon, P., 321
Marenbon, J., 17
Marías, J., 185
Mariani Ziini, F., 591
Markowski, M., 254-255
Marrou, H.-I., 294

Martelli, M., 591
Martellotti, G., 396
Martín, H., 291
Martin, R. M., 30
Martín Ferreira, A. I., 370
Martinengo, M., 429
Martínez Gázquez, J., 164
Martínez Trapiello, M. I., 50
Mauer, A. A., 564
Maurach, G., 150
Mazzeo, J. A., 264, 266
McCulloh, J., 501, 511
McVaugh, M., 378, 459
Medina López-Lucendo, C., 122
Megna, P., 580
Meier-Oeser, S., 260
Meirinhos, J., 132
Melville, G., 301
Mence-Caster, C., 503
Menestò, E., 272, 281
Meredith-Jones, C., 395
Merisalo, O., 31
Mews, C., 558, 561
Meyer, H., 85-86
Meyer, R., 400
Michael, Ch., 116
Michaud-Quantin, P., 186, 551
Michetti, R., 319
Miethke, J., 331, 539
Migne, J. P., 128, 495
Milner, N. P., 115, 117, 120
Miner, R., 564
Minguzzi, L., 429
Minnis, A. J., 557
Mocan, M., 278
Modonutti, R., 384-385, 393, 396
Moliner, J. M., 89
Molnar, P., 539, 542

Mommsen, T., 301
Montagna, D., 112
Monteiro, J. G., 120
Montero Cartelle, E., 350, 353, 373, 376, 448-449, 483, 490
Monteverdi, A., 212
Moody, E. A., 252
Moos, P. von, 340
Morard, M., 320
Mordek, H., 222
Moreno, I., 118
Moreno Hernández, A., 134
Morenzoni, F., 320
Moreschini, C., 298
Moret, P., 426
Mortensen, L. B., 302
Mugnani, M., 244
Mückshoff, M., 264
Müller, C. F. W., 292
Mundó, A. M., 418-420
Munk Olsen, B., 15, 18, 25-26, 148
Munzi, L., 163
Muñoz Delgado, V., 255
Muñoz Gamero, C., 334-335
Muñoz Jiménez, M. J., 121-122, 126, 132, 135, 141-142, 593, 566
Murphy, J. J., 341
Musco, A., 329, 549
Mynors, R. A. B., 115, 520
Nadeau, A., 384
Nascimento, A. A., 38
Negrillo Pérez, D., 162
Nelson, J. L., 212
Newhauser, R., 272, 275
Newton, F., 108
Nicolet, C., 117

Nighman, Ch. L., 121, 123
Nikulin, D., 558, 561
Nolcken, C. von, 27
Nold, P., 331
Nonno, M., 162, 168
Not, R., 252
Nuñez Contreras, L., 162
Oberman, H., 560
Obrist, B., 227
Oehler, K., 232
Ogilvie, R. M., 115
Oliger, L., 275
Oliver, J., H., 430
Olschki, L., 276, 534
Olwer, L. N. d´, 418-419
Onofrio, G. d´, 510, 516
Orban, A. P., 424
Ordeig i Mata, R., 418, 420
Orellius, C., 501
Orlandi, G., 384
Orlandis, J., 89
Ostermuth, H. J., 367
Otten, W., 505, 512
Pagnoni Sturlese, M. R., 534
Palacz, R., 254
Palazzo, A., 550
Palmer, N. F., 312
Palmieri, N., 351, 357
Palumbo, G. A., 583
Paniagua, D., 82, 115, 117-118, 452
Paolis, P., 162, 168
Paravicini Bagliani, A., 350, 358, 367, 369, 448, 560
Paré, G., 18
Parronchi, A., 276
Parroni, P., 118
Pascual Barea, J. 162

Pastore Stocchi, M., 580, 591
Pásztor, E., 329
Paulmier-Foucart, M., 141, 336-337, 384-385, 390, 557
Pecere, O., 377
Pellegrin, É., 304-305
Percan, J., 184-185, 192
Percopo, E., 583
Pérez González, M., 162-163
Pérez Ilzarbe, P., 253
Pérez Martín, I., 140
Pérez Rodríguez, E., 162, 164
Perfetti, S., 541, 548
Peri, A., 162
Peris, A., 82
Perosa, A., 578, 581, 589
Petoletti, M., 385
Phillott, H. W., 312
Piana, C., 264
Piastra, C. M., 113
Picasso, J., 98
Picone, M., 476
Pigeaud, A., 350
Pigeaud, J., 350
Pinborg, J., 242-244
Pino, F. A. dal, 329
Pironet, F., 243
Piselli, L., 24
Pistilli, G., 577
Pizzamiglio, P., 150
Planas Bádenas, J., 44
Pluta, O., 255
Poggi, C., 429
Poirion, D., 503
Pomaro, G., 534
Pompei, A., 316
Poncelet, R., 289
Ponsich, P., 418, 420

Pontani, F., 580
Poppi, A., 317
Potestà, G. L., 315
Powell, J. G. F., 78
Prodi, P., 552
Prümmer, D., 511
Puentes Romay, J. A., 162
Quain, E. A., 26
Quetglas, P. J., 419, 422
Rabassó, G., 442
Ramírez-Weaver, E., 226
Ramos, A., 118
Ranner, E., 14
Raventós, J., 438
Recio Muñoz, V., 371, 379
Reeve, M. D., 18, 115-116, 119, 123-128
Regan, R. J., 541
Reichling, D., 177
Reinhardt, K., 317
Renzi, S. de, 352, 358, 367, 380-381, 448
Reydellet, M., 424
Reynolds, L. D., 18, 377
Ribémont, B., 91
Ricci, P. G., 277
Ricciardi, R., 579, 583, 586
Richardot, Ph., 115
Riche, P., 315
Richter, G., 232
Ridder, K., 436
Riddle, J., 351-352
Ridolfi, R., 533, 537, 540, 550
Riera i Viader, S., 418
Riese, A., 304
Riet, S. van, 279
Riha, O., 378
Rijk, L. M. de, 242-244

Rincón, M. D., 163
Rissel, M., 497
Ritchey, S., 436
Rius Gatell, R., 429, 433-434
Rivaud, A., 284
Robertis, D. de, 277
Roca Barea, M. E., 120
Rodríguez Adrados, F., 33, 39, 41
Rodríguez Herrera, G., 50, 121
Roldán, A., 163
Roling, B., 85-86
Romano, V., 540
Ronca, I., 437
Roos, P., 18
Rorem, P., 518
Rosa Cubo, C. de la, 491
Rose, V., 356, 368, 376
Roselli, A., 358
Ross, B., 384
Ross, J., 252
Rossi, P., 527
Rossi, V., 383
Roueché, M., 232-233, 236
Rouse, M. A., 15, 121, 315, 498, 503, 506
Rouse, R. H., 15, 22, 121, 315, 498, 503, 506
Rovira i Solà, M., 418
Rubinstein, N., 538, 544, 549
Ruiz de Loizaga, S., 184-185, 192
Russo, E., 277
Ryter, J., 302
Sabbadini, R., 384-385, 388, 391-392, 394, 577
Saco Alarcón, C., 185
Sáez de Guillén, J. F., 169
Salrach, J. M., 419
Sanchez Salor, E., 54

Sanford, E. M., 19
Santagata, M., 383-384
Santini, C., 117-118
Santini, M., 429, 432
Saquero Suárez-Somonte, P., 120, 122, 124, 134
Sarghissian, B., 415
Scapecchi, P., 537
Scarborough, J., 350
Schanz, M., 117
Schenk, D., 117
Schenkl, C., 203
Schipperges, H., 485
Schleissner, M. R., 214
Schmidt, P. L., 304
Schneider, J., 523
Schneider, J. H. J., 252
Schönbach, A. E., 319
Schrimpf, G., 504
Schrire, T., 404
Schuba, L., 369
Schwenke, P., 19
Scivoletto, N., 117-118
Severino Polica, G., 273
Sconocchia, S., 358
Scott, T. K., 252
Secchi, L., 591
Seybold, K., 403
Sharpe, R., 367
Shaw, C., 544
Shrader, C. R., 119
Sicard, P., 518
Siclari, A., 232
Silva, J. F., 523, 526
Silvano, L., 578, 587
Simon, B., 505
Simonelli, M., 277-279
Simonetta, S., 548

Smalley, B., 312, 315, 317
Smyth, M., 218
Sobrequés i Vidal, S., 418
Southern, R. W., 338
Spagnesi, E., 13
Spallone, M., 15, 26
Speer, A., 436
Spilsbury, S. R. P., 317
Springsfeld, K., 220, 223
Squire, D., 558, 561
Squadrani, I., 264
Stabile, G., 277
Stanton, R., 512
Steel, C., 290, 295
Steenberghen, F. van, 241
Stornajolo, C., 299
Stotz, P., 195, 390
Stump, E., 562
Sturlese, L., 435, 442
Suckale-Redlefsen, G., 219
Sudhoff, K., 367-368
Surdich, F., 384
Susemihl, F., 551
Tabarroni, A., 331
Tachau, K., 252
Talbot, C. H., 355-356
Tavernini, L., 429
Taylor, J., 518
Thibaut, A., 108, 113
Thijssen, J. M. M. H., 251, 253
Thom, P., 516
Thorndike, L., 369
Thunberg, L., 238
Tilatti, A., 319, 330
Tombeur, P., 12, 22
Torrell, J.-P., 540
Touati, F.-O., 316
Toubert, P., 426

Traglia, A., 293
Treadgold, W., 212
Tremblay, P., 18
Tristano, C., 31
Tromboni, L., 534, 547, 549-552
Trompf, G. W., 212
Tuomarla, U., 14
Turchetti, M., 548
Twomey, M.W., 85-87, 92
Ugolini, M., 49
Ullman, B. L., 144
Uthemann, K. H., 233-234
Valenziani, E., 535
Vandelli, G., 279
Varanini, G., 273
Vasoli, C., 277
Velázquez Soriano, I., 163, 424
Vázquez Buján, M. E., 357
Ventura, I., 449
Verde, A. F., 579
Vergara Ciordia, J., 88, 136, 334-335, 341, 504
Verger, J., 315
Vignaux, P., 255
Villa, C., 393
Villalba de la Güida, I., 122
Villanueva, J., 418
Villarroel Fernández, I., 135-136, 141, 144, 295
Viller, M., 317
Viti, P., 538, 577, 580, 583-584
Voigts, L. E., 352, 459
Vollmer, F., 424
Wachinger, B., 312
Wallis, F., 214-215, 367, 459
Walsh, M., 216
Walther, H., 195
Walther Boer, W., 303, 310

Walz, D., 254
Ward Jones, J. O., 339, 343-345
Warntjes, I., 213, 216-217, 220, 222-223
Wasserstein, A., 580
Waszink, J. H., 290-294, 437
Watson, A. G., 204
Watson, G., 455
Weijers, O., 16, 132, 302
Weiler, A. G., 253
Weinstein, D., 538
Weisheipl, J., 516
Weitzmann, K., 440
Wenzel, S., 564
Westrem, S. D., 312
Wetherbee, W., 338
Wichner, P. T., 31
Wieland, G., 252
Williams, T., 193
Wilson, N. G., 377
Wingell, A., 385
Woelfflin, E., 18
Woesthuis, M., 390
Wogan-Browne, J., 369
Wolter, A. B., 184
Worrel, W. H., 403
Wright, A. E., 44
Wright, Th., 438
Wrobel, I., 161
Zahora, T., 558-559, 561, 568
Zambon, M., 235
Zamponi, S., 534
Zavattero, I., 568
Zeichiel-Eckes, K., 222
Zimmermann, Z., 17, 419, 426
Zimpel, D., 498
Ziolowski, J. M., 506
Zupko, J., 252, 253

Collection « Textes et Études du Moyen Âge »

publiée par la Fédération Internationale des Instituts d'Études Médiévales

Volumes parus :

1. *Filosofia e Teologia nel Trecento. Studi in ricordo di Eugenio Randi* a cura di L. BIANCHI, Louvain-la-Neuve, 1995. VII-575 p.; ISBN   54 Euros

2. *Pratiques de la culture écrite en France au XVe siècle*, Actes du Colloque international du CNRS (Paris, 16-18 mai 1992) organisé en l'honneur de Gilbert Ouy par l'unité de recherche « Culture écrite du Moyen Age tardif », édités par M. ORNATO et N. PONS, Louvain-la-Neuve, 1995. xv-592 p. et 50 ill. h.-t.; ISBN   67 Euros

3. *Bilan et perspectives des études médiévales en Europe*, Actes du premier Congrès européen d'études médiévales (Spoleto, 27-29 mai 1993), édités par J. HAMESSE, Louvain-la-Neuve, 1995. xiii-522 p. et 32 ill. h.-t.; ISBN   54 Euros

4. *Les manuscrits des lexiques et glossaires de l'Antiquité tardive à la fin du Moyen Age*, Actes du Colloque international organisé par le «Ettore Majorana Centre for Scientific Culture» (Erice, 23-30 septembre 1994), édités par J. HAMESSE, Louvain-la-Neuve, 1996. xiii-723 p.; ISBN   67 Euros

5. *Models of Holiness in Medieval Studies*, Proceedings of the International Symposium (Kalamazoo, 4-7 May 1995), edited by B.M. KIENZLE, E. WILKS DOLNIKOWSKI, R. DRAGE HALE, D. PRYDS, A.T. THAYER, Louvain-la-Neuve, 1996. xx-402   49 Euros

6. *Ecrit et pouvoir dans les chancelleries médiévales : espace français, espace anglais*, Actes du Colloque international de Montréal (7-9 septembre 1995) édités par K. FIANU et D.J. GUTH, Louvain-la-Neuve, 1997. viii-342 p.; ISBN   49 Euros

7. P.-A. BURTON, *Bibliotheca Aelrediana secunda (1962-1996)*. Ouvrage publié avec le concours de la Fondation Universitaire de Belgique et de la Fondation Francqui, Louvain-la-Neuve, 1997. 208 p.; ISBN   27 Euros

8. *Aux origines du lexique philosophique européen. L'influence de la 'latinitas'*, Actes du Colloque international de Rome (23-25 mai 1996) édités par J. HAMESSE, Louvain-la-Neuve, 1997. xiv-298 p.; ISBN   34 Euros

9. *Medieval Sermons and Society : Cloisters, City, University*, Proceedings of International Symposia at Kalamazoo and New York, edited by J. HAMESSE, B.M. KIENZLE, D.L. STOUDT, A.T. THAYER, Louvain-la-Neuve, 1998. viii-414 p. et 7 ill. h.-t.; ISBN   54 Euros

10. *Roma, magistra mundi. Itineraria culturae medievalis*. Mélanges offerts au Père L.E. Boyle à l'occasion de son 75e anniversaire, édités par J. HAMESSE. Ouvrage publié avec le concours de la Homeland Foundation (New York), Louvain-la-Neuve, 1998. vol. I-II : xii-1030 p., vol. III : vi-406 p.; ISBN   épuisé

11. *Filosofia e scienza classica, arabo-latina medievale e l'età moderna. Ciclo di seminari internazionali (26-27 gennaio 1996)* a cura di G. FEDERICI VESCOVINI, Louvain-la-Neuve, 1999. viii-331 p.; ISBN   39 Euros

12. J.L. JANSSENS, *An annotated Bibliography of Ibn Sînæ. First Supplement (1990-1994)*, uitgegeven met steun van de Universitaire Stichting van België en het Francqui-Fonds, Louvain-la-Neuve, 1999. xxi-218 p.; ISBN 26 Euros

13. L.E. BOYLE O.P., *Facing history : A different Thomas Aquinas*, with an introduction by J.-P. TORRELL O.P. Louvain-la-Neuve, 2000. xxxiv-170 p. et 2 ill. h.- t. 33 Euros

14. *Lexiques bilingues dans les domaines philosophique et scientifique (Moyen Age – Renaissance)*, Actes du Colloque international organisé par l'Ecole Pratique des Hautes Etudes – IVe Section et l'Institut Supérieur de Philosophie de l'Université Catholique de Louvain (Paris, 12-14 juin 1997) édités par J. HAMESSE et D. JACQUART. Turnhout 2001, 240 p.; ISBN 35 Euros

15. *Les prologues médiévaux*, Actes du Colloque international organisé par l'Academia Belgica et l'Ecole française de Rome avec le concours de la F.I.D.E.M. (Rome, 26-28 mars 1998) édités par J. HAMESSE. Turnhout 2000, 716 p.; ISBN 75 Euros

16. L.E. BOYLE, O.P., *Integral Palaeography*, with an introduction by F. TRONCARELLI, Turnhout 2001. 174 p. et 9 ill. h.-t. ; ISBN 33 Euros

17. *La figura di San Pietro nelle fonti del Medioevo*, Atti del convegno tenutosi in occasione dello *Studiorum universitatum docentium congressus* (Viterbo e Roma, 5-8 settembre 2000) a cura di L. LAZZARI e A.M. VALENTE BACCI, Louvain-la-Neuve, 2001. 708 p. et 153 ill. h.-t.; ISBN 85 Euros

18. *Les traducteurs au travail. Leurs manuscrits et leurs méthodes*. Actes du Colloque international organisé par le « Ettore Majorana Centre for Scientific Culture » (Erice, 30 septembre – 6 octobre 1999) édités par J. HAMESSE. Turnhout 2001. XVIII + 455p.; ISBN 55 Euros

19. *Metaphysics in the Twelfth Century*. Proceedings of the International Colloquium (Frankfurt, june 2001) edited by M. LUTZ-BACHMANN et al. Turnhout 2003. XIV + 220 p.; ISBN 43 Euros

20. *Chemins de la pensée médiévale. Etudes offertes à Zénon Kaluza* éditées par P.J.J.M. BAKKER avec la collaboration de E. FAYE et CH. GRELLARD. Turnhout 2002. XXIX + 778 p.; ISBN 68 Euros

21. *Filosofia in volgare*. Atti del Colloquio Internazionale de la S.I.S.P.M. (Lecce, 27-28 settembre 2002) a cura di L. STURLESE. Louvain-la-Neuve, 2003. 540 p. 43 Euros

22. *Bilan et perspectives des études médiévales en Europe (1993-1998)*. Actes du deuxième Congrès européen d'études médiévales (Euroconference, Barcelone, 8-12 juin 1999), édités par J. HAMESSE. Turnhout, 2003. XXXII + 656 p.; ISBN: 978-2-503-51615-8 65 Euros

23. *Lexiques et glossaires philosophiques de la Renaissance*. Actes du Colloque International organisé en collaboration à Rome (3-4 novembre 2000) par l'Academia Belgica, "Le corrispondenze scientifiche, letterarie ed erudite dal Rinascimento all' età moderna" et l'Università degli studi di Roma "La Sapienza", édités par J. HAMESSE et M. FATTORI. Louvain-la-Neuve, 2003. IX + 321 p. ISBN 978-2-503-51535-9 39 Euros

24. *Ratio et superstitio. Essays in Honor of Graziella Federici Vescovini* edited by G. MARCHETTI, V. SORGE and O. RIGNANI. Louvain-la-Neuve, 2003. XXX + 676 p. – 5 ill. h.-t. 54 Euros

25. « *In principio erat verbum* ». *Mélanges offerts à Paul Tombeur par ses anciens élèves* édités par B.-M. TOCK. Turnhout, 2004. 450 p., ISBN 2-503-51672-6 54 Euros

26. *Duns Scot à Paris, 1302-2002. Actes du colloque de Paris, 2-4 septembre 2002*, édités par O. BOULNOIS, E. KARGER, J.-L. SOLERE et G. SONDAG. Turnhout, 2005. XXIV + 683 p., ISBN 2-503-51810-9. 54 Euros

27. *Medieval Memory. Image and text,* edited by F. WILLAERT, Turnhout, 2004. XXV + 265 p., ISBN 2-503-51683-1 54 Euros

28. *La vie culturelle, intellectuelle et scientifique à la Cour des Papes d'Avignon*. Volume en collaboration internationale édité par J. HAMESSE. Turnhout, 2006. XI + 413 p. – 16 ill.h.t., ISBN 2-503-51877-X 43 Euros

29. G. MURANO, *Opere diffuse per «exemplar» e pecia.* Turnhout, 2005. 897 p., ISBN 2-503-51922-9 75 Euros

30. *Corpo e anima, sensi interni e intelletto dai secoli XIII-XIV ai post-cartesiani e spinoziani*. Atti del Colloquio internazionale (Firenze, 18-20 settembre 2003) a cura di G. FEDERICI VESCOVINI, V.SORGE e C. VINTI. Turnhout, 2005. 576 p., ISBN 2-503-51988-1 54 Euros

31. *Le felicità nel medioevo*. Atti del Convegno della Società Italiana per lo Studio del Pensiero Medievale (S.I.S.P.M.) (Milano, 12-13 settembre 2003), a cura di M. BETTETINI e F. D. PAPARELLA. Louvain-la-Neuve, 2005. xvi-464 p., ISBN 2-503-51875-3. 43 Euros

32. *Itinéraires de la raison. Etudes de philosophie médiévale offertes à Maria Cândida Pacheco*, éditées par J. MEIRINHOS. Louvain-la-Neuve, 2005. XXVIII + 444 p., ISBN 2-503-51987-3. 43 Euros

33. *Testi cosmografici, geografici e odeporici del medioevo germanico*. Atti del XXXI Convegno dell'Associazione italiana di filologia germanica (A.I.F.G.), Lecce, 26-28 maggio 2004, a cura di D. GOTTSCHALL. Louvain-la-Neuve, 2005. XV + 276 p., ISBN 2-503-52271-8. 34 Euros

34. *Ecriture et réécriture des textes philosophiques médiévaux. Mélanges offerts à C. Sirat* édités par J. HAMESSE et O. WEIJERS. Turnhout, 2006. XXVI + 499 p., ISBN 2-503-52424-9. 54 Euros

35. *Frontiers in the Middle Ages*. Proceedings of the 3rd European Congress of the FIDEM (Jyväskylä, june 2003), edited by O. MERISALO and P. PAHTA. Louvain-la-Neuve, 2006. XII + 761p., ISBN 2-503-52420-6 65 Euros

36. *Classica et beneventana*. Essays presented to Virginia Brown on the occasion of her 65th Birthday edited by F.T. COULSON and A. A. GROTANS. Turnhout, 2006. XXIV + 444 p. – 20 ill.h.t., ISBN 978-2-503-2434-4 54 Euros

37. G. MURANO, *Copisti a Bologna (1265-1270)*, Turnhout, 2006, 214 p., ISBN 2-503-52468-9 44 Euros

38. « *Ad ingenii acuitionem* ».Studies in honour of Alfonso Maierù, edited by S. CAROTI, R. IMBACH, Z. KALUZA, G. STABILE and L. STURLESE. Louvain-la-Neuve, 2006. VIII + 590 p., ISBN 978-2-503-52532-7 54 Euros

39. *Form and Content of Instruction in Anglo-saxon England in the Light of Contemporary Manuscript Evidence*. Papers from the International Conference (Udine, April 6th-8th 2006) edited by P.LENDINARA, L. LAZZARI, M.A. D'ARONCO. Turnhout, 2007. XIII + 552 p., ISBN 978-2-503-52591-0 65 Euros

40. *Averroès et les averroïsmes latin et juif*. Actes du Colloque International (Paris, juin 2005) édités par J.-B. Brenet. Turnhout, 2007. 367 p., ISBN 978-2-503-52742-0
   54 Euros

41. P. LUCENTINI, *Platonismo, ermetismo, eresia nel medioevo*. Introduzione di L. STURLESE. Volume publié en co-édition et avec le concours de l'Università degli Studi di Napoli « l'Orientale » (Dipartimento di Filosofia e Politica). Louvain-la-Neuve, 2007. XVI + 517 p., ISBN 978-2-503-52726-0 54 Euros

42.1. *Repertorium initiorum manuscriptorum latinorum medii aevi* curante J. HAMESSE, auxiliante S. SZYLLER. Tome I : *A – C*. Louvain-la-Neuve, 2007. XXXIV + 697 p. ISBN 978-2-503-52727-7 59 Euros

42.2. *Repertorium initiorum manuscriptorum latinorum medii aevi* curante J. HAMESSE, auxiliante S. SZYLLER. Tome II : *D – O*. Louvain-la-Neuve, 2008. 802 p., ISBN 978-2-503-53045-1 59 Euros

42.3. *Repertorium initiorum manuscriptorum latinorum medii aevi* curante J. HAMESSE, auxiliante S. SZYLLER. Tome III : *P-Z*. Louvain-la-Neuve, 2009, 792 p., ISBN 978-2-503-53045-1 59 Euros

42.4. *Repertorium initiorum manuscriptorum latinorum medii aevi* curante J. HAMESSE, auxiliante S. SZYLLER. Tome IV : *Supplementum. Indices*. Louvain-la-Neuve, 2010. 597 p., ISBN 978-2-503-53603-3 59 Euros

43. *New Essays on Metaphysics as Scientia Transcendens*. Proceedings of the Second International Conference of Medieval Philosophy, held at the Pontifical Catholic University of Rio Grande do Sul (PUCRS), Porto Alegre / Brazil, 15-18 August 2006 ed. R. H. PICH. Louvain-la-Neuve, 2007. 388 p., ISBN 978-2-503-52787-1 43 Euros

44. A.-M. VALENTE, *San Pietro nella letteratura tedesca medievale*, Louvain-la-Neuve, 2008. 240 p., ISBN 978-2-503-52846-5 43 Euros

45. B. FERNANDEZ DE LA CUESTA GONZALEZ, *En la senda del Florilegium Gallicum. Edición y estudio del florilegio del manuscrito Córdoba, Archivo Capitular 150*, Louvain-la-Neuve, 2008. 542 p., ISBN 978-2-503-52879-3 54 Euros

46. *Cosmogonie e cosmologie nel Medioevo*. Atti del convegno della Società italiana per lo studio del pensiero medievale (S.I.S.P.M.), Catania, 22-24 settembre 2006. A cura di C. MARTELLO, C. MILITELLO, A. VELLA. Louvain-la-Neuve 2008. XVI + 526 p., ISBN 978-2-503-52951-6 54 Euros

47. M. J. Muñoz Jimenez, *Un florilégio de biografias latinas: edición y estudio del manuscrito 7805 de la Biblioteca Nacional de Madrid*, Louvain-la-Neuve 2008. 317 p., ISBN 978-2-503-52983-7   43 Euros

48. *Continuities and Disruptions Between the Middle Ages and the Renaissance*. Proceedings of the colloquium held at the Warburg Institute, 15-16 June 2007, jointly organised by the Warburg Institute and the Gabinete de Filosofia Medieval. Ed. by C. Burnett – J. Meirinhos – J. Hamesse, Louvain-la-Neuve 2008. X + 181 p., ISBN 978-2-503-53014-7   43 Euros

50. *Florilegium mediaevale*. Études offertes à Jacqueline Hamesse à l'occasion de son éméritat. Éditées par J. Meirinhos et O. Weijers. Louvain-la-Neuve, 2009. XXXIV + 636 p., ISBN: 978-2-503-53146-5   60 Euros

51. *Immaginario e immaginazione nel Medioevo*. Atti del convegno della Società Italiana per lo Studio del Pensiero Medievale (S.I.S.P.M.), Milano, 25-27 settembre 2008. A cura di M. Bettetini e F. Paparella, con la collaborazione di R. Furlan. Louvain-la-Neuve, 2009. 428 p., ISBN: 978-2-503-53150-2.   55 Euros

52. *Lo scotismo nel Mezzogiorno d'Italia*. Atti del Congresso Internazionale (Bitonto 25-28 marzo 2008), in occasione del VII Centenario della morte di del beato Giovanni Duns Scoto. A cura di F. Fiorentino, Porto 2010. 514 p.; ISBN 978-2-503-53448-0   55 Euros

53. E. Montero Cartelle, *Tipologia de la literatura médica latina: Antigüedad, Edad Media, Renacimiento*, Porto 2010, p. 243; ISBN 978-2-503-53513-5   43 Euros

54. *Rethinking and Recontextualizing Glosses : New Perspectives in the Study of Late Anglo-Saxon Glossography*, edited by P. Lendinara – L. Lazzari – C. Di Sciacca, Porto 2011, XX + 564 p. + XVI plates ; ISBN 978-2-503-54253-9   60 Euros

55. *I beni di questo mondo. Teorie etico-economiche nel laboratorio dell'Europa medievale*. Atti del convegno della Società italiana per lo studio del pensiero medievale (S.I.S.P.M.) Roma, 19-21 settembre 2005. A cura di R. Lambertini e L. Sileo. Porto 2010. 367 p.; ISBN 978-2-503-53528-9   49 Euros

56. *Medicina y filología. Estúdios de léxico médico latino en la Edad Media*, edición de A. I. Martin Ferreira. Porto 2010. 256 p.; ISBN 978-2-503-53895-2   49 Euros

57. *Mots médiévaux offerts à Ruedi Imbach*, Publié par I. Atucha, D. Calma, C. Konig-Pralong, I. Zavattero, Porto 2011. 797 p.; ISBN 978-2-503-53528-9   75 Euros

58. *El florilegio, espacio de encuentro de los autores antiguos y medievales*, editado por M. J. Muñoz Jimenez, Porto 2011. 289 p.; ISBN 978-2-503-53596-8   45 Euros

59. *Glossaires et lexiques médiévaux inédits. Bilan et perspectives*. Actes du Colloque de Paris (7 mai 2010), Edités par J. Hamesse et J. Meirinhos, Porto 2011. XII + 291 p.; ISBN 978-2-503-54175-4   45 Euros

60. *Anselm of Canterbury (1033-1109) — Philosophical Theology and Ethics*. Proceedings of the Third International Conference of Medieval Philosophy, held at the Pontifical Catholic University of Rio Grande do Sul, Porto Alegre / Brazil (02-04 September 2009), Edited by R. Hofmeister Pich. Porto 2011. XVI + 244 p.; ISBN 978-2-503-54265-2   45 Euros

61. *L'antichità classica nel pensiero medievale.* Atti del Convegno de la Società italiana per lo studio del pensiero medievale (S.I.S.P.M.) Trento, 27-29 settembre 2010. A cura di A. PALAZZO. Porto 2011. VI + 492 p.; ISBN 978-2-503-54289-8   59 Euros

62. M. C. DE BONIS, *The Interlinear Glosses to the* Regula Sancti Benedicti *in London, British Library, Cotton Tiberius A. III.* ISBN 978-2-503-54266-9 (sous presse)

63. J. P. BARRAGÁN NIETO, *El* De secretis mulierum *atribuido a Alberto Magno – Estudio, edición crítica y traducción.* I Premio Internacional de Tesis Doctorales Fundación Ana María Aldama Roy de Estudios Latinos, Porto 2012. 600 p.; ISBN 978-2-503-54392-5   65 Euros

64. *Tolerancia: teoría y práctica en la Edad Media.* Actas del Coloquio FIDEM de Mendoza (15-18 de Junio de 2011), Editadas por R. PERETÓ RIVAS, Porto 2012. XXI + 295 p.; ISBN 978-2-503-54553-0   49 Euros

65. *Portraits de maîtres offerts à Olga Weijers*, Édité par C. ANGOTTI, M. BRÎNZEI, M. TEEUWEN, Porto 2012. 521 p.; ISBN 978-2-503-54801-2

66. L. TROMBONI, *Inter omnes Plato et Aristoteles: Gli appunti filosofici di Girolamo Savonarola.* Introduzione, edizione critica e comento, Prefazione di G. C. GARFAGNINI, Porto 2012. XV + 326 p.; ISBN 978-2-503-54803-6   55 Euros

67. M. MARCHIARO, *La biblioteca di Pietro Crinito. Manoscriti e libri a stampa della raccolta libraria di un humanista fiorentino.* II Premio della Fundación Ana María Aldama Roy de Estudios Latinos, Porto 2013. 342 p.; ISBN 978-2-503-54949-1
       55 Euros

68. *Phronêsis – Prudentia – Klugheit. Das Wissen des Klugen in Mittelalter, Renaissance und Neuzeit. Il sapere del saggio nel Medioevo, nel Rinascimento e nell'Età Moderna.* Herausgegeben von / A cura di A. FIDORA, A. NIEDERBERGER, M. SCATTOLA, Porto 2013. 348 p.; ISBN 978-2-503-54989-7.   59 Euros

69. *La compilación del saber en la Edad Media / La compilation du savoir au Moyen Age / The Compilation of Knowledge in the Middle Ages.* Editado por M. J. MUÑOZ, P. CAÑIZARES y C. MARTÍN, Porto 2013. 632 p.; ISBN 978-2-503-55034-3   65 Euros

Orders must be sent to // Les commandes sont à adresser à :
Brepols Publishers
Begijnhof 67
B-2300 Turnhout (Belgium)
Phone +32 14 44 80 30   Fax +32 14 42 89 19
http://www.brepols.net   E-mail: orders@brepols.net

Printed by Rainho & Neves, Lda
Santa Maria da Feira / Portugal